ANNALES HISTORIQUES

DU COMTÉ DE

NEUCHATEL ET VALANGIN

BERNE. — TYPOGRAPHIE B.-F. HALLER ET ED. MATHEY.

ANNALES HISTORIQUES
DU COMTÉ DE
NEUCHATEL ET VALANGIN

DEPUIS
JULES-CÉSAR JUSQU'EN 1722

CONTENANT

LA PART QUE CE COMTÉ A EUE DANS LES RÉVOLUTIONS DE L'HELVÉTIE, DES ROYAUMES DE BOURGOGNE, DE L'EMPIRE ET DES LIGUES SUISSES; LES COMTES DE NEUCHATEL, LEURS GUERRES, LEURS ALLIANCES, LEURS GOUVERNEMENTS, LEURS SUCCESSIONS ; LES CONDITIONS DIFFÉRENTES DES SUJETS, LEURS LIBERTÉS, FRANCHISES, ETC., ETC.; ET GÉNÉRALEMENT TOUT CE QUI EST ARRIVÉ DE PLUS MÉMORABLE DANS LA SUISSE ET DANS LE DIT COMTÉ, QUI EN A TOUJOURS FAIT PARTIE

PAR

JONAS BOYVE
PASTEUR DE L'ÉGLISE DE FONTAINES

PUBLIÉES POUR LA PREMIÈRE FOIS, AVEC QUELQUES ANNOTATIONS
D'APRÈS LE MANUSCRIT DE L'AUTEUR
REVU ET COMPLÉTÉ PAR SON NEVEU
J.-F. BOYVE
MAIRE DE BEVAIX

ET PRÉCÉDÉES D'UN AVANT-PROPOS ET D'UNE NOTICE BIOGRAPHIQUE SUR L'AUTEUR

PAR

GONZALVE PETITPIERRE
MEMBRE DU GRAND-CONSEIL DE NEUCHATEL ET ANCIEN DÉPUTÉ A L'ASSEMBLÉE FÉDÉRALE SUISSE.

TOME I

BERNE ET NEUCHATEL
EDOUARD MATHEY   SOCIÉTÉ LITTÉRAIRE
EDITEUR   F.-L. DAVOINE
BALE. — HENRI GEORG (LIBRAIRIE NEUKIRCH)

1854-1855

AVANT-PROPOS.

A toutes les époques, il s'est rencontré des hommes de trempe supérieure, chez lesquels la passion des études historiques n'a connu aucune limite, et qui, pour satisfaire l'irrésistible besoin qui les poussait à pénétrer dans les arcanes du passé, n'ont reculé devant aucune espèce de labeurs et de sacrifices ; trop heureux lorsque, dans les régions élevées où ils pouvaient espérer un concours intelligent, ils ne se sont pas heurtés contre des entraves inattendues, plus heureux encore quand ils ont rencontré de la part de la génération à laquelle ils appartenaient un sympathique appui.

Ce que ces esprits privilégiés ont fait, la plupart pour de grands états, a été réalisé, au commencement du siècle dernier, dans une sphère plus modeste, par un homme qui, ne mesurant pas l'importance d'une contrée à l'horizon qu'elle embrasse, a cru faire une œuvre utile et remplir un devoir patriotique en accomplissant une mission analogue à celle qui vient d'être signalée, et en recueillant avec une ardeur infatigable tous les documents, toutes les traditions orales et écrites, tous les faits, et même toutes les particularités de nature à jeter du jour sur ce petit coin de terre qu'on a appelé pendant des siècles le *Comté de Neuchâtel et de Valangin*, et auquel la transformation politique qu'il a subie depuis sept ans, n'a, abstraction faite de l'opinion qu'on peut avoir de cette transformation, rien fait perdre de l'intérêt qui s'attache à la connaissance de son origine et de son développement successif.

Ce laborieux chroniqueur, cette intelligence d'élite, M. J. Boyve, était tout à la fois le pasteur d'une des modestes cures de campagne du Val-de-ruz, et le descendant d'une de ces familles françaises que le zèle pour la réforme religieuse du seizième siècle avait entraînées à la suite de Guillaume Farel et qui ont produit une série de vigoureux athlètes pour la propagation de la foi évangélique. M. Boyve a cru devoir, à son tour, payer son tribut à la patrie d'adoption de ses ancêtres, en consacrant plus d'un demi siècle d'une existence d'ailleurs sereine et paisible, à rassembler tous les matériaux qui pouvaient jeter du jour sur les antécédents du pays de Neuchâtel et sur ceux de la Suisse, dont il envisageait ce pays comme partie intégrante.

Après avoir, à cet effet, compulsé les actes qui se trouvent dans les archives de l'état, exploré les cartulaires des anciennes maisons religieuses, il s'était mis en rapport avec quelques hommes marquants des contrées voisines de la Suisse et de la Franche-Comté, doués d'un penchant en harmonie avec le sien; et c'est à l'aide de leurs renseignements non moins qu'aux démarches et aux investigations personnelles auxquelles il s'est livré, qu'il a écrit les *Annales sur le Comté de Neuchâtel* qui voient le jour pour la première fois.

Ce serait sans doute une prétention quelque peu hasardée de vouloir assigner à l'œuvre de Jonas Boyve une place que l'auteur, s'il vivait encore, serait le premier à récuser, en représentant le fruit de ses veilles comme un chef-d'œuvre du genre. Mais entre l'opinion qui n'aurait que des formules laudatives pour les *Annales*, parce que c'est réellement une œuvre de patience et de savante érudition, et celle qui voudrait asseoir des motifs de dénigrement sur des erreurs inévitables à l'époque où le pasteur de Fontaines enregistrait le résultat de ses recherches et où l'absence de documents locaux laissait facilement s'accréditer des traditions reposant sur des faits supposés ou tronqués, entre ces deux opinions, il y a certes un milieu à garder; et si les lumières qu'on a acquises de nos jours à l'égard de certains faits admis jadis comme des vérités à l'abri de toute contestation, ont réduit ces faits à leur juste valeur et ont modifié considérablement certaines appréciations empreintes d'une crédulité inhérente à l'époque où l'auteur a vécu, ce n'est pas une raison pour méconnaître l'immense service que Boyve a rendu à la science historique en recueillant et transcrivant soigneusement, année par année, pour ne pas dire jour par jour, tout ce qui, dans le domaine de la vie publique d'un État, lui semblait propre à atteindre le but qu'il s'était proposé.

De vives clartés ont déjà sans doute été jetées sur l'histoire de Neuchâtel par les ouvrages qui ont vu le jour durant les quarante dernières années, et entr'autres par la publication des *Mémoires du chancelier de Montmollin* (composés du reste il y a un siècle et demi) et par les travaux si consciencieux et si méritoires à des titres divers des Huguenin, des Chambrier, des Sandoz-Rollin, des Tribolet, des Matile, des Du Bois de Montpéreux, etc., etc. Toutefois les écrits de ces hommes sont tous ou de simples résumés historiques ou des dissertations plus ou moins approfondies sur des sujets spéciaux d'histoire, de jurisprudence, d'archéologie ou de statistique neuchâteloise. Quant à Jonas Boyve, il a tout embrassé dans le cadre qu'il s'était tracé : ses *Annales* sont, jusqu'à l'époque où il s'est arrêté, une véritable encyclopédie neuchâteloise rédigée par ordre chronologique ; et si les détails dans lesquels il a trouvé convenable d'entrer paraissent parfois trop minutieux à une certaine classe de lecteurs, ils plairont assurément au plus grand nombre, précisément parce qu'ils jettent de la variété dans le récit et qu'ils font plus facilement pénétrer dans ce qui constitue l'essence nationale d'un peuple. Il ne faut d'ailleurs pas perdre de vue que ce n'est point un corps d'histoire dans le sens rigoureux du mot et avec toutes les exigences académiques imposées à des œuvres de cette nature que Boyve a voulu retracer, mais qu'il a écrit de véritables chroniques comportant, par conséquent, dans le choix et l'assemblage des matières, une certaine diffusion, et si je puis m'exprimer ainsi, un certain laisser-aller qu'on aime à retrouver dans ce genre d'écrits. Les nombreux actes publics et documents de toute espèce qu'il reproduit soit en entier, soit par extraits, donnent d'ailleurs à son travail une valeur toute particulière et d'autant plus appréciable, que si les *Monuments de l'Histoire de Neuchâtel* publiés par M. G.-A. Matile, ont comblé une lacune importante sous ce rapport, le prix exorbitant de ce recueil, qui d'ailleurs ne dépasse pas le quatorzième siècle, et qui n'a eu en outre qu'un tirage limité, ne le met à la portée que d'une classe très-restreinte de la population. Ce qui est sans contredit à regretter dans les *Annales de Boyve*, même à un point de vue exclusivement bibliographique, c'est que l'auteur n'ait presque nulle part indiqué les sources où il a puisé; toutefois il faut dire pour sa justification qu'il n'a fait en cela que de se conformer à l'exemple de la plupart des chroniqueurs anciens et modernes.

On se demandera sans doute pourquoi la Société d'émulation patriotique de Neuchâtel qui, dans une période d'activité de plus de cinquante ans, a contribué à donner une puissante impulsion aux recherches concernant notre pays, et qui disposait de ressources assez considérables, ne s'est pas déterminée à faire bénéficier la génération actuelle du manuscrit si précieux déposé dans la bibliothèque de Neuchâtel.

Pour répondre à cette question, le champ des conjectures est ouvert. Suivant ce que j'ai entendu de la bouche de membres influents de la société dont il s'agit, notamment de M. le ministre Monvert, ce qui a paralysé la bonne volonté de la Société d'émulation, c'est que les *Annales de Boyve* embrassant une nombreuse série de faits qui, au premier coup-d'œil, paraissent complétement étrangers à la chronique neuchâteloise, bien que s'y rattachant en réalité de près ou de loin, le cadre que la Société s'était imposé par ses statuts même, lui aurait semblé prodigieusement dépassé si elle eût pris sur elle de faire publier dans toute leur étendue trois volumes in-folio.

Les considérations réglementaires et autres qui paraissent avoir arrêté la société n'existaient sans doute pas pour moi à un même degré ; mais il y avait cependant matière à réflexion avant de s'embarquer seul dans une entreprise d'aussi longue haleine. Heureusement que toutes mes hésitations ont cessé devant le concours d'un jeune éditeur plein d'intelligence et d'activité, Neuchâtelois comme moi, M. Edouard Mathey, qui s'est chargé de tout ce qui concerne la partie matérielle de la publication, laquelle peut hardiment défier toutes les critiques quant à la beauté de l'exécution typographique. Telle qu'elle est, en effet, grâce à la sollicitude de M. Mathey, cette exécution ne peut, à mon avis, que rehausser sensiblement le mérite général de la publication.

C'est maintenant le cas de parler des sources que j'ai utilisées ; car si l'on se figurait que ma tâche a dû se borner à la reproduction textuelle de matériaux écrits, et aux soins à donner à l'impression, on serait dans une grande erreur.

Deux manuscrits ont été à ma disposition : l'un, celui que possède la bibliothèque de Neuchâtel, est le travail primitif de l'auteur écrit en entier de sa main, mais rempli de passages à intercaler, de corrections et de ratures ; l'autre, qui m'a été confié, avec la plus grande obligeance, par une des familles les plus respectables de la ville de Neuchâtel, est une copie de l'édition revue et complétée par le neveu du pasteur de Fontaines, M. J.-F.

Boyve, maire de Bevaix, connu entr'autres par les *Remarques sur les Loix et Statuts du Pays-de-Vaud*, et par l'*Examen d'un candidat pour la charge de justicier dans la Principauté de Neuchâtel*.

C'est naturellement ce dernier manuscrit qui a dû servir de base à la publication que j'entreprends, comme étant complété par des recherches postérieures et par conséquent plus à l'abri d'erreurs que le travail primitif de l'auteur. Toutefois il m'aurait été impossible, à l'aide de ce second manuscrit seulement, de venir à bout de la tâche que je m'étais imposée ; car ce n'est qu'une simple copie et une copie faite par un homme peu lettré, qui, par défaut d'attention, a souvent omis des phrases entières, défiguré des noms de lieux et de personnes, de manière à altérer ou à rendre parfois insaisissables la pensée de l'auteur et le sens entier de certains paragraphes. En présence de ces inconvénients, le manuscrit primitif m'était d'une absolue nécessité pour collationner le texte tout entier, et rétablir, autant que possible, les passages dénaturés. En outre, je n'ai pas hésité à adopter la rédaction de l'oncle là où j'ai trouvé qu'elle était préférable aux amplifications du neveu.

Ce n'est point à dire que je me sois permis de changer le style de l'un ou de l'autre. J'aurais pu, il est vrai, et plusieurs personnes me l'avaient conseillé, habiller le texte tout entier à la moderne ; mais, ainsi travesti, il aurait à mon avis perdu une grande partie des qualités qui le distinguent. Ceux qui savent combien le style est étroitement lié à la pensée, reconnaîtront en effet qu'il est difficile de rajeunir complètement un langage inhérent à l'époque où un écrit a été composé, sans anéantir tout à la fois le cachet individuel de l'auteur et celui de cette époque, et sans lui faire perdre l'espèce de naïveté, qui fait, à bien des égards, le charme de la narration de Boyve. A ce point de vue-là, tout enjolivement de style aurait donc constitué un véritable anachronisme.

Mais si, par ces considérations, je me suis fait une loi d'être excessivement sobre de modifications en ce qui concerne la reproduction littérale du texte, me bornant en général à rapprocher parfois des mots ou des membres de phrase qui par leur éloignement prêtaient à une interprétation amphibologique, j'ai été moins scrupuleux, je l'avoue, et cela dans l'intérêt de la clarté du sujet, quant à ce qu'on appelle, en style typographique, les *manchettes*, c'est-à-dire ces notes marginales qui indiquent en substance le contenu de chaque paragraphe, manchettes qu'on a supprimées presque entièrement dans les publications modernes ; preuve, à mon avis, pour le dire en passant, que les innovations auxquelles a donné lieu l'exubérance de civilisation ne sont pas toutes également heureuses.

Quant à l'orthographe, sauf pour la plupart des actes et documents officiels, elle m'a paru pouvoir, sans inconvénient, subir l'empreinte moderne ; le texte se fera ainsi lire plus agréablement. Les noms propres ne sont pas toujours écrits d'une manière uniforme par l'auteur même ; j'ai cherché, autant que possible, à faire disparaître cette anomalie. Il est bon d'ailleurs de ne pas perdre de vue que, en matière de noms propres, l'arbitraire le moins équivoque domine dans les écrits historiques, surtout quand il s'agit d'un pays où deux langues sont usitées ; et pour citer des exemples sans quitter le domaine neuchâtelois, le comte *Rodolphe* se trouve fréquemment être *Raoul* ou *Rollin*, *Berthold* devient *Berthoud*, *Tœterich* se transforme indistinctement en *Dietrich* ou *Thierri*; il en est de même des noms de localités, *Voens* s'écrit dans Boyve *Voing*, *St-Sulpice* est tantôt *St-Sulpi*, tantôt *St-Sulpit*, et ainsi de beaucoup d'autres noms.

Enfin, en ce qui concerne les annotations que j'ai renvoyées à la fin de chaque volume, il m'eût été facile de les étendre, si ma tâche eût comporté des remarques critiques ou des dissertations polémiques avec l'auteur, surtout pour les époques reculées au sujet desquelles des travaux postérieurs aux siens ont rectifié bien des faits et des assertions hasardées ; mais j'ai pensé que ce qu'il importait avant tout, c'était de laisser exclusivement la parole à l'auteur, en lui abandonnant également la responsabilité de ses opinions et de ses remarques. Je me suis donc, à peu d'exceptions près, borné à indiquer, là où cela me semblait à propos, d'autres sources où l'on peut recourir dans l'occasion.

C'est une considération analogue qui m'engage à faire suivre cet Avant-propos d'un relevé de quelques-uns des ouvrages principaux que les lecteurs pourront consulter pour établir, au besoin, un contrôle sur la narration de Boyve. On comprendra pourquoi, dans cette nomenclature, j'ai laissé de côté les histoires et les traités généraux pour me borner à ceux qui ont un rapport plus ou moins direct avec les intérêts neuchâtelois. L'écrit de Boyve est, en effet, une œuvre essentiellement neuchâteloise, bien que les affaires de la Suisse en général et des cantons limitrophes en particulier y occupent une large place. Cette extension doit du reste accroître considérablement l'intérêt de l'ouvrage aux yeux des personnes vouées aux études historiques, et surtout aux yeux des membres de la Société d'histoire de la Suisse romande et à ceux de la Société d'émulation jurassienne, dont le mandat embrasse des travaux du genre de celui dont je m'occupe.

Décembre 1854.

Gonzalve PETITPIERRE.

PRINCIPAUX OUVRAGES

auxquels on peut avoir recours au besoin pour contrôler le récit de Boyve sur les affaires de Neuchâtel.

---

1. **Monuments de l'histoire de Neuchâtel,** publiés par G.-A. Matile. Neuchâtel 1844-1848. Un très-fort vol. in-f°. (en trois livraisons.)
    N. B. Il serait bien à désirer que ce recueil si précieux, qui s'arrête au quatorzième siècle, fût continué par le gouvernement actuel, qui devrait être en mesure de faire, dans ce louable but, des sacrifices au moins analogues à ceux que s'était imposés le précédent régime.

2. **Monuments de l'histoire de l'ancien évêché de Bâle,** publiés par Trouillat. Tome I. Porrentruy 1852, gr. in-8°.

3. **Mémoires historiques de la république séquanoise** et des Princes de la Franche-Comté et de Bourgogne, par Loys Gollut. Arbois, 1846, un fort vol. gr. in-8°. (Réimpression.)

4. **Observations sur les titres des droits de justice, des fiefs, des cens,** etc., de la coutume du Comté de Bourgogne, par Dunod. Besançon, 1656, in-4°.

5. **De l'autorité du Droit romain,** de la coutume de Bourgogne et de la Caroline, etc., par Matile. Neuchâtel, 1838, in-8°.

6. **Etude sur la loi Gombette,** par le même. Turin 1847, in-4°.

7. **Mémoires critiques** sur l'histoire ancienne de la Suisse, etc. par Loys de Bochat. Lausanne, 1747-1749, 3 vol. in-4°.

8. **Priviléges des Suisses** (les) ensemble ceux accordés aux Villes impériales et anséatiques et aux habitants de Genève. Yverdon, 1770. in-4°.

9. **Les Lois, us et coutumes** de la Souveraineté de Neuchâtel et Valangin, par Samuel Ostervald. Neuchâtel, 1785, in-f°.

10. **Recueil historique des droits, franchises, immunités et priviléges,** accordés aux bourgeois de Valangin, etc. Suivis de l'Histoire des guerres des Suisses auxquelles les Peuples de cet Etat ont pris part, etc. Verrières-suisses. Imprimerie de Jérémie Vuitel, 1790, in-4°.

11. **Recueil des articles passés en loix,** etc., avec les articles généraux. Neuchâtel, 1759, in-12.

12. **Recueil de diverses pièces** concernant les Franchises et Libertés des Peuples de la Principauté de Neuchâtel et Valangin. Neuchâtel, 1762, in-12.

13. **Examen d'un candidat** pour la charge de justicier, par J.-F. Boyve. Neuchâtel, 1757, in-12.

14. **Travaux législatifs des plaits de Mai, Etats et Audiences,** etc. par G.-A. Matile. Neuchâtel, 1837, in-8°.

15. **Histoire des institutions judiciaires et législatives** de la Principauté de Neuchâtel et de Valangin, par le même. Neuchâtel, 1838, in-8°.

16. **Recueil d'Actes publics** relatifs aux institutions de la ville et bourgeoisie de Neuchâtel. Neuchâtel, 1834, in-8°.

17. **Déclarations ou Points de coutume** rendus par le Petit conseil de la ville de Neuchâtel, etc., par M. G.-A. Matile. Neuchâtel, 1836, in-8°.

18. **Recherches sur l'indigénat helvétique** de la Principauté de Neuchâtel et de Valangin, par J.-F. Boyve. Neuchâtel, 1788, in-8°.

19. **Extraits des Chroniques ou Annales des Chanoines** du chapitre de N.-D. de Neuchâtel, etc. Neuchâtel, 1839, in-8°.

20. **Mémoires sur le Comté de Neuchâtel** en Suisse, par le chancelier de Montmollin. Neuchâtel, 1831, 2 vol. in-8°.

21. **Abrégé de l'histoire des Suisses** par un Neuchâtelois (comte de Wesdehlen). Neuchâtel 1849, in-12.

22. **Abrégé chronologique de l'histoire du Comté de Neuchâtel et Valangin,** etc., par un ancien justicier du Locle, bourgeois de Valangin (D. Quartier dit Mayre) 1787, in-8°.

23. **Fragments neuchâtelois** ou Essai historique sur le droit public neuchâtelois, etc., etc., par U. Guinand. Lausanne, 1833, in-8°.

24. **Histoire de Neuchâtel et Valangin,** jusqu'à l'avénement de la maison de Prusse, par Fréd. de Chambrier. Neuchâtel, 1840, in-8°.

25. **Histoire de Neuchâtel et Valangin** depuis l'avénement de la maison de Prusse, par G. de Tribolet. Neuchâtel, 1846, in-8°.

26. **Histoire de la Seigneurie de Valangin** jusqu'à sa réunion à la Directe en 1592, par G.-A. Matile. Neuchâtel 1852, in-8°.

27. **Abrégé de l'histoire et de la statisque du ci-devant Evêché de Bâle,** par G.-F. Morel. Strasbourg, 1813, in-8°.

28. **Troisième Jubilé de la Réformation** du pays de Neuchâtel, par Andrié, pasteur au Locle, Lausanne, 1830, in-8°.

29. Leu (J.-J.) **Allgemeines Helvetisches Lexicon.** Zurich, 1747-1795. 26 vol. in-4°.

30. **Dictionnaire géographique,** historique et politique de la Suisse. Neuchâtel. J.-P. Jeanrenaud, 1775.

31. **Essai statistique sur le canton de Neuchâtel** (par Sandoz-Rollin). Zurich 1848, in-18.

32. **Descriptions des Montagnes et des Vallées** qui font partie de la Principauté de Neuchâtel et Valangin. Neuchâtel, 1766.

33. **Description topographique et économique** de la Mairie de Neuchâtel, avec planches, par S. de Chambrier. Neuchâtel, 1840, in-8°.

34. Les diverses descriptions de juridiction publiées (la plupart) par la Société d'émulation patriotique, savoir: **La Mairie de Valangin. — La Brévine. — Lignières. — Les Ponts. — Bevaix. — Cortaillod. — Neuchâtel. — Le Landeron. — Val-de-Travers. — Travers. — Les Verrières.**

35. **Châteaux neuchâtelois,** anciens et modernes, par D.-G. Huguenin. Neuchâtel, 1843, in-8°.

36. **Monuments de Neuchâtel,** par Du Bois de Montperreux, 1852, gr. in-4°, (planches.)

37. **Dissertation sur l'Eglise collégiale** de Neuchâtel, par G.-A. Matile, gr. in-4°, (planches.)
38. **Musée historique de Neuchâtel et Valangin,** par le même. Neuchâtel, 1844-1845, 3 vol. in-8° (le dernier n'a pas été achevé.)
39. **La bataille de Laupen** et l'entrée de Berne dans la Confédération suisse, etc., par Gonzalve Petitpierre. Berne, 1853, in-8°.
40. La collection des **Messagers boiteux** de Neuchâtel depuis 1805 à 1855, in-4°,
41. L'**Almanach Neuchâtelois**, publié à la Chaux-de-Fonds pour les années 1849, 1850, 1854 et 1855, in-4°.
42. Quelques-unes des publications faites par la **Société d'histoire** de la Suisse romande.

ANNALES HISTORIQUES

DU COMTÉ

DE NEUCHATEL ET VALANGIN.

LIVRE PREMIER

CONTENANT

la description historique de la Suisse en général, pendant que le pays de Neuchâtel était sous la même domination, avec un abrégé de la vie des empereurs et des rois qui y ont régné, et où l'on rapporte tout ce qu'on a pu découvrir à l'égard de Neuchâtel depuis Jules-César jusqu'en l'an 1034.

CHAPITRE I.

Des remarques générales sur l'histoire et l'état auxquels étaient la Suisse et Neuchâtel en particulier avant Jules-César *).

Le Pays de Neuchâtel et Valangin a toujours été enclavé dans les limites de la Suisse et compris dans cette province, et son sort a toujours dépendu de celui de la Suisse en général.

Situation de Neuchâtel.

La Suisse portait avant Jules-César le nom d'Helvétie. On dit communément que ce nom dérive d'Helvetus, prince descendu d'Hercule, lequel, après l'incendie de la malheureuse

La Suisse a été nommée Helvétie. D'où elle a été ainsi nommée.

---

*) Les notes de l'Editeur sont transportées à la fin de chaque volume avec l'indication de la page et de la ligne auxquelles elles se rapportent; celles de l'auteur et de son continuateur figurent dans le corps de l'ouvrage.

Origine de l'Helvétie, de la Bourgogne et de la Savoie.	Troie, ayant passé les Alpes, s'embarqua sur le lac Léman et vint aborder de l'autre côté au port que l'on croit être aujourd'hui celui d'Ouchy; qu'il trouva la situation du pays fort agréable quoique inculte alors et rempli de forêts; ce qui le détermina à y fixer sa demeure; que pour cet effet ayant fait abattre du bois, il fit d'abord construire un fort qu'il nomma Arpentras du nom de son fils. Lemanus, qui donna le sien au lac, fut un des successeurs d'Hercule. Eructonius lui succéda et étant mort sans enfants, il laissa la province à trois frères du sang d'Hercule, savoir : Helvetus, Sequanus et Allobrox. L'aîné poussa sa passion pour la belle Aventica jusqu'à une espèce de fureur, ce qui déplut tellement à ses cadets, que, dans un transport de colère, l'un des deux, après l'avoir chargée d'injures, eut la hardiesse de lui donner un soufflet. Cette femme, irritée au-delà de toute expression contre son agresseur et infiniment sensible à un tel affront, ne s'occupa plus que du soin d'en tirer vengeance; elle en chargea Helvetus et l'obligea de se séparer de ses frères. Sequanus et Allobrox y consentirent. Allobrox eut pour son partage la Savoie, Sequanus la Bourgogne;
Helvetus eut la Suisse.	Helvetus garda tout le pays qui est entre les lacs Leman et Brigantinus, aujourd'hui Constance. Comme ses deux cadets avaient donné leurs noms aux provinces qui leur échurent, il donna de même le sien à celle qui lui était tombée en partage.
Avenches bâti.	Il bâtit ensuite la fameuse ville d'Avenches à l'honneur et gloire d'Aventica.
Noms différents donnés à l'Helvétie.	Le nom d'*Helvétie* a été changé en divers temps : 1° Lorsque les Bourguignons, peuple d'Allemagne, auxquels s'étaient joints les Vandales et les Nuittons, passèrent le Rhin environ l'an 443
Petite Bourgogne.	et se saisirent de la Suisse; ils lui donnèrent le nom de *Petite Bourgogne*, parce qu'elle n'était pas de si grande étendue que l'autre, qui comprenait tout le pays qu'ils occupaient et qui renfermait au moins le Duché et le Comté de Bourgogne. 2° L'Helvétie eut ensuite le nom de *Bourgogne Transjurane*, et c'est ainsi que les Bourguignons nommaient la Suisse qui, à leur égard, était outre le Mont Jura. 3° Elle reçut encore le
Nuchtland.	nom de *Nuchtland* ou *Nuitland* à cause de ces Nuittons ou Nuchters qui s'étant habitués dans la Suisse, lui donnèrent ce nom. Ce mot là est interprété par pays désert, parce que, pour lors, une partie de cette contrée n'était pas habitée; aussi le lac de Morat s'appelait *Uchtersee*.
Suisse.	Enfin tous ces noms furent changés en celui de Suisse environ l'an 1307, lorsque Uri, Schwyz et Unterwald se liguèrent ensemble. Comme il n'y avait aucune ville plus considérable que celle de Schwyz ou Suitz dans les trois cantons, ils en

voulurent aussi prendre le nom. Et c'est ce qu'ont depuis fait tous les autres cantons qui se sont alliés avec eux, chacun se glorifiant de porter le nom de ces vaillants hommes qui, pour procurer la liberté à leur patrie, avaient fait des actions si héroïques. La ville de Schwyz avait autrefois été bâtie par une colonie de Sueces ou Suedes, qui y étaient venus habiter environ l'an 570, sous le règne de Sigibert, roi d'Austrasie, fils de Clotaire I, roi de France.

L'ancienne Helvétie avait pour limites, du côté d'orient, le Rhin et le pays des Rhétiens aujourd'hui les Grisons; au midi, les Alpes et le pays des Allobroges qui est la Savoie; au couchant le mont Jura, communément les Faucilles, qui la séparait de la Séquanie, qui porte maintenant le nom de Bourgogne, et au septentrion le Rhin et le pays des Rauraques où est le canton de Bâle. Le Nuchtland ou la Petite Bourgogne a eu depuis les mêmes limites, à la réserve qu'elle ne s'étendait du côté d'orient que jusqu'à la rivière de Reuss, qui tirant sa source du mont St-Gotthard, passe par le lac de Lucerne et va se jeter dans l'Aar au-dessous de Brugg; tellement que la Suisse d'aujourd'hui est d'une plus grande étendue quelle n'était pendant qu'elle a porté le nom d'Helvétie et de Petite Bourgogne ou de Nuchtland. Bâle est dans le pays des Rauraques ou Alsace, Schaffouse au-delà du Rhin en Souabe; une partie du pays de Glaris dans les Grisons et une partie de celui d'Uri en Italie. Des alliés il n'y a que St-Gall, Bienne et Neuchâtel qui soient dans les limites dont parle César dans ses Commentaires: *Undique loci natura Helvetii continentur, una ex parte flumine Rheno latissimo, atque altissimo, qui agrum helveticum a Germanis dividit, altera ex parte Monte Jura altissimo, qui inter Sequanos et Helvetios, tertia lacu Lemano et flumine Rhodano qui provinciam nostram ab Helvetiis dividit.* Les Grisons sont dans la Rhétie; le pays de Valais est dans le Sedunois; Mulhouse est dans la haute Alsace, dans le Sundgau; le Rheinthal et Sargans dans la Rhétie, Lugano, Luggarus, Mendris et Meinthal dans la Lépontie, aussi bien que Bellinzone. D'un côté la ville de Constance est sortie des anciennes limites, celle de Genève en échange y est rentrée de l'autre; de manière que le Corps helvétique (c'est ainsi qu'on nomme encore tout le Corps des cantons et des alliés) affronte, du côté du septentrion, à l'Allemagne, particulièrement au Brisgau, Kletgau et à la Souabe; du côté du couchant à la Franche-Comté, à la Bresse et à la Savoie; du côté du midi à l'Italie, particulièrement à la Seigneurie de Venise, au duché de Milan en Piémont; et encore du côté de l'orient

<small>Limites anciennes de la Suisse.</small>

<small>Limites que César donne à la Suisse.</small>

<small>On appelle les Cantons et les Alliés, Corps helvétique.</small>

<small>Limites actuelles de la Suisse.</small>

particulièrement au Tyrol et à une partie de la Souabe vers le comté de Montfort.

 La Suisse était dans les Gaules que le Rhin séparait de la Germanie, et comme les Gaules ont été partagées diversement par les empereurs romains, aussi la Suisse a été comprise tantôt dans l'une et tantôt dans l'autre partie des Gaules. Du temps de Jules-César les Gaules furent divisées en trois parties. La première était appellée *Togata* ou Cisalpine, ainsi nommée par les Romains; elle portait ce nom à cause de certaines longues robes que les habitants portaient et qu'ils nommaient *Toga*; cette partie des Gaules était dans l'Italie, et comprenait ce qu'on a dès lors appelé la Lombardie. On nommait la seconde partie *Braccata* ou porte-braye, à cause de certains hauts-de-chausses que ceux qui y habitaient étaient accoutumés à porter et elle comprenait la Provence, le Languedoc, le Dauphiné et la Savoie. La troisième était nommée *Comata* ou chevelue, parce que ses habitants portaient de longs cheveux. La première n'était pas proprement dans les Gaules, dont les véritables bornes étaient le Rhin, les Alpes, les monts Pyrénées et les mers Océane et Méditerranée. La deuxième fut depuis appelée Narbonaise. La troisième a été subdivisée en trois parties, savoir: la Celtique, la Belgique et l'Aquitaine. La Celtique comprenait l'Ile-de-France, le Lyonnais, la Normandie, la Touraine, les deux Bourgognes, la Suisse etc. Dans la Belgique étaient compris les Pays-Bas, la Lorraine, l'Alsace, les Archevêchés de Mayence, Trèves et Cologne etc. L'Aquitaine contenait la Guyenne, la Gascogne, le Berry etc. L'empereur Auguste y apporta quelques changements, car il en fit une quatrième partie qui fut la Gaule lyonnaise, dans laquelle il mit la Suisse qui s'étendait jusqu'au Rhin. L'empereur Tibère mit depuis la Suisse dans la Gaule belgique, comme l'assure Strabon. Pline, qui vivait du temps de Vespasien, la place aussi dans la même Gaule belgique. Et Ptolomée, qui a écrit sous l'empire de Marc-Antonin-le-pieux, parlant de la Gaule belgique, la divise en haute et basse Allemagne; il met une partie de la Suisse dans la haute, et l'autre partie, où est la contrée d'Avenches, dans la Séquanie, qui est la Bourgogne, et par ce moyen dans la Gaule celtique. Sous l'empire de Gratien, l'an 378, les Allemands, par le consentement de cet empereur, vinrent habiter dans la Suisse, savoir dans cette partie qui est devers l'orient de la rivière de Reuss, où sont Zurich et les petits cantons. De là vient que ces pays ont toujours été considérés dès lors comme dépendants de l'Allemagne et qu'ils ont été sous la domination des ducs de Sueve ou de Souabe, et depuis sous celle des rois de Germanie, n'ayant jamais appartenu aux rois de Bourgogne, si ce n'est aux trois derniers, qui l'ont tenue comme une province d'Allemagne; et c'est pour cette raison que le Nuitland, ou petite Bourgogne, ne s'est étendu que jusqu'à cette rivière de Reuss.

Du temps de l'empereur Constantin-le-grand, la Séquanie comprenait la Suisse et le pays des Rauraques; ce dernier avait pour limites le Rhin, l'Aar, Pierre-Pertuis et cet endroit du mont Jura qu'on nommait *Vocetius* et en allemand *Wötzberg*; ce qui fait voir que la Suisse a souvent augmenté ou diminué.

Il paraît, par le rapport des historiens, que la Suisse était déjà bien peuplée avant Jules-César; non pas tant à la vérité qu'elle l'est aujourd'hui, car il y avait plusieurs endroits qui n'étaient point habités. Cet empereur nous assure, dans ses Commentaires, que la Suisse était pour lors partagée en quatre cantons, entre lesquels étaient Zurich et Avenches; mais il est bien difficile de savoir quels étaient les deux autres. Quelques historiens estiment qu'Orbe en était un et qu'il comprenait la contrée des Antuates, qui était le pays de Vaud, et qui s'étendait jusqu'au pays de Valais. Il paraît qu'Orbe était une grande ville par les masures et autres antiquités qu'on y trouve en creusant dans les vignes. On croit que l'autre canton était Amma, grande ville qui était sur la rivière de l'Emme, mais qui est aujourd'hui entièrement détruite; et on estime que ce canton comprenait l'Ergau et qu'il s'étendait jusqu'aux Alpes.

Il y avait avant Jules-César une puissante ligue, qu'on appellait Suevique, qui était composée de plusieurs cantons, et dans laquelle étaient compris non-seulement les quatre de la Suisse, mais aussi les Séquanois, les Auvergnats et autres. Les villes et républiques qui composaient cette grande ligue, s'assemblaient tous les ans pour établir un chef, qui se prenait tour à tour de chaque canton; et c'est ainsi que tous les habitants de ces contrées se conduisirent jusqu'au temps de cet empereur. Et même on croit qu'Orgetorix, qu'on assure avoir été d'Avenches et dont parle Jules-César dans ses Commentaires, était de son temps le chef de cette ligue. Ce chef s'appellait Antvoigat, c'est-à-dire magistrat de très-grande puissance; les Romains les nommaient Ambigat, d'où quelques-uns font dériver le nom d'Avoyer. Dans chaque ville il y avait un officier subalterne qui dépendait de ce chef général et qu'on nommait *Mayr*, c'est-à-dire, chef ou prince de la ville, et c'est de là qu'est dérivé le nom de maire qui est encore en usage.

Il est certain que les Suisses de ce temps là étaient déjà d'une humeur fort guerrière, comme ils le sont encore aujour-

La Suisse peuplée.

Quatre Cantons en Helvétie.

Ligue Suévique.

Orgetorix.

Antvoigat.

Mayr.

Suisses guerriers.

d'hui. Plusieurs historiens rapportent qu'ils ont non-seulement repoussé leurs ennemis, mais qu'ils les ont aussi souvent attaqués et ont remporté sur eux des victoires considérables.

Histoire de Brennus.

Brennus, fils d'Alabre, roi de Sens, assembla une armée de 300,000 Gaulois, parmi lesquels il y avait un grand nombre de Suisses, et s'en alla en Italie, où il brûla la ville de Rome. Il attaqua ensuite quelques villes en Italie et en remporta un très-grand butin. Ce Brennus était natif de Praux [1]), ville de la Franche-Comté, dite autrement Broya ou Labroya.

[1]) Voici comment M. d'Alt, dans son *Histoire des Helvétiens*, Tom. Ier, raconte cette entreprise de Brennus: «Pline est le premier, dit-il, qui parle des Helvétiens; il rapporte que du temps d'Ancus Martius, roi de Rome, environ 114 ans après que cette ville fut bâtie, Elico, au retour d'un voyage qu'il fit en Italie, apporta des raisins et des figues; qu'il vanta les bons vins et l'huile de ce pays-là et en fit un éloge qui détermina ses compatriotes à passer les Alpes et à vouloir se rendre maîtres de ces contrées; ils inondèrent l'Italie par la multitude des Helvétiens qui s'y rendirent, mais on ne sait pas positivement avec quel succès, ni à quoi se termina leur entreprise. Celle qu'ils firent sous le consulat de Camille, conduits par Brennus, est dans son authenticité. Elle arriva environ l'an du monde 3582, qu'ils passèrent en Italie, assiégèrent Clusium, battirent les Romains auprès du fleuve Allia, se rendirent maîtres de Rome, pillèrent et saccagèrent cette grande ville. Ils étaient alors connus sous le nom de *Gésattes*, parce qu'ils étaient à la solde des Senonois, suivant Tite-Live; suivant Polybe, parce qu'ils étaient armés d'une façon d'épieu qu'ils appelaient *Gesum*. C'est ce qu'ils avaient de commun avec les Sequanois ou Senonois, et ce qui a peut-être confondu ces deux peuples, parce qu'ils étaient armés de la même manière et qu'ils habitaient dans la Gaule qu'on appelait transalpine par rapport à Rome. Par-là on a voulu priver les Helvétiens de la gloire de cette entreprise, pour l'attribuer aux Bourguignons ou Senonois, ne laissant aux premiers que celle qu'on ne peut refuser à des troupes auxiliaires ou soudoyées. Cette idée est fondée, du côté des Sequanois, sur ce qu'ils prétendent que Brennus fut avoyer d'Avenches, ville de Bourgogne, qui périt par le feu environ l'an de J. C. 588 et qu'il nâquit à Praux, autre ville de Bourgogne, anciennement appelée *Labroia*. Les Helvétiens, au contraire, sont persuadés que Brennus était avoyer d'Avenches en Helvétie, fondés sur ce que cette ville subsistait avec éclat en leur pays, dont elle était la capitale, et que les Romains, après sa destruction, la rebâtirent pour en faire une colonie romaine; ils ajoutent que la raison du concile de Mâcon, auquel Gontran, roi de Bourgogne, convoqua les prélats de ses Etats en 588, n'est pas une preuve que cette ville d'Avranches en Bourgogne doive avoir la préférence sur celle qui existe dans l'Helvétie, puisque Marius, qui se souscrivit au concile dont on parle, ne fut point évêque de la première, mais d'Avenches en Suisse. Il est constant, d'ailleurs, que ce saint prélat a transféré le siége épiscopal à Lausanne, ce qu'il n'aurait pas fait s'il avait été évêque en Bourgogne, où l'ordinaire de Lausanne n'a juridiction que sur trois paroisses, tout le reste de la Franche-Comté dépendant de l'archevêché de Besançon. La raison qu'apporte Glareau pour prouver que Seckingen, petite ville sur le Rhin entre Rheinfelden et Laufenburg, a été la capitale de la Sequanie,

Lucius-Cassius, consul romain, dont le lieutenant était aïeul de Pison, beau-père de Jules-César, vint avec une armée attaquer les Séquanois et Allobroges, c'est-à-dire, les Bourguignons et Savoyards, lesquels il vainquit et soumit à la domination des Romains, et voulant ensuite leur assujettir aussi les Helvétiens ou Suisses, il en fut vaincu, tué et toute son armée défaite; ce qui arriva l'an 647 à compter depuis la fondation de Rome et 107 ans avant la naissance de Jésus-Christ. Les Suisses firent un grand nombre de prisonniers de l'armée de Cassius, qui pour s'allibérer, promirent aux vainqueurs une grosse somme d'argent, pour laquelle ils leur donnèrent des ôtages, jusqu'à ce qu'elle fut acquittée. Les Romains étant indignés de cette victoire proclamèrent les Suisses ennemis de leur République, et les ayant subjugués dans la suite, ils les déclarèrent de servile condition et de main-morte pour les punir. *Lucius-Cassius défait et vaincu par les Suisses. Les Suisses déclarés de main morte.*

Mais comme les Gaulois dont les Suisses faisaient une partie, ont été un peuple fort ancien et que, d'autre côté, toutes les nations ont adoré quelque divinité, aussi est-il nécessaire de dire quelque chose en passant de leur antiquité et de leur religion. *Gaulois, leur antiquité et leur religion.*

Plusieurs anciens historiens nous assurent que Samothés ou Dis, fils de Japhet et petit-fils de Noé, commença à peupler les Gaules, qu'il y établit des lettres et des caractères que les Grecs ont depuis empruntés des Gaulois. Ces caractères ont toujours été en usage parmi les Celtes qui occupaient une partie de la Gaule, jusqu'à ce que les Romains y en introduisirent d'autres, qui étaient différents des premiers. Magus, fils de Dis, fut le premier qui y bâtit des villes, et c'est en sa mémoire que plusieurs villes des Gaules furent nommées *Rotomagus, Borbetomagus, Neomagus*, etc. Sarron, son fils, lui succéda, qui établit des écoles parmi les Celtes. Dris ou Druis, son fils, fut le père et l'auteur des grands philosophes nommés *Caractères et lettres des Gaulois.*

ferait voir que l'Helvétie était sous la domination des Senonois, mais elle ne détruirait pas l'opinion de ceux qui prétendent que Brennus a été avoyer d'Avenches en Suisse, puisque l'un n'est pas incompatible avec l'autre, d'autant plus que l'idée de la grandeur d'Avranches en Bourgogne n'existe nulle part que dans la conjecture assez faible du Père Duneau, jésuite, qui dit en avoir découvert les ruines l'an 1698 sous le lac d'Antre, situé entre St-Claude et Moirans. Il faut, ajoute M. d'Alt, que le télescope de ce Père ait été excellent, pour pouvoir distinguer dans le fond d'un lac les ruines d'une ville ensevelie pendant l'espace de onze-cent-dix ans, et pouvoir en discerner la grandeur; ce sont là de ces spéculations alambiquées qui ne méritent d'attention qu'autant qu'on veut bien leur en donner.»

Druides qui faisaient le service divin. Bardus, son fils, enseigna la poésie et la musique, et c'est de lui que sont descendus les Bardes. Après lui vécut Langus qui bâtit Langres. Et depuis Celtes, qui donna le nom aux Celtes, qui signifiait autrefois noble et vaillant.

Pour ce qui est de la religion dont les anciens Gaulois faisaient profession, on apprend des mêmes historiens qu'on adorait dans la Suisse, aussi bien que dans la plupart des Gaules, Teutates, qui est Mercure et qui était fils de Jupiter et de Maya, fille d'Atlas. Ce Mercure était estimé l'inventeur des arts, le conducteur des voyageurs. On croyait qu'il donnait les richesses et qu'il faisait réussir le négoce. Les Suisses adoraient encore Apollon, Mars, Jupiter et Minerve [1]. Ils croyaient qu'Apollon guérissait les maladies, que Minerve présidait sur le travail et sur les bâtiments, que Jupiter conduisait les choses célestes et Mars celles de la guerre. Ils nommaient Mercure Teutates, Mars Hæsus, et Pallas Taramis. Il y a à Payerne une inscription à l'honneur de Jupiter; à Avenches une à l'honneur d'Apollon; à Soleure une à Mercure et une autre à la déesse Epone; à Wettingen il y en a une autre consacrée à la déesse Isis, qui était adorée près des eaux. Aventia était la déesse tutélaire de la ville et de la contrée d'Avenches; mais comme Teutates était la principale divinité qu'ils adoraient, aussi les Suisses faisaient des feux sur le jour des Brandons à l'honneur de Maïa, la mère de ce faux dieu. De là vient que les tas de bois ou de paille qu'on fait à dessein d'y mettre le feu, portent encore aujourd'hui dans le langage usité au comté de Neuchâtel le nom de Maïa, et cet acte d'idolâtrie n'a été aboli dans ce pays que depuis environ cent ans; encore se pratique-t-il en quel-

---

[1] M. d'Alt, dans son *Histoire des Helvétiens*, tome Ier, page 15, rapporte le sentiment de Glarean que le nom d'Helvétien dérive du culte qu'ils rendaient à Pluton, le Dieu des enfers, non-seulement comme au souverain maître de tous les morts indifféremment, mais aussi comme étant celui des trésors cachés; il fonde sa pensée sur ce que *Hel* signifie en allemand enfer, et *Vetter*, garde ou parent; voulant prouver par-là que ce culte rendu à Pluton les a fait nommer *Helveti*, à peu près comme l'on donne aux sectateurs de Calvin le nom de Calvinistes. Olaus Rudbeck pense différemment là-dessus: son sentiment est que les Helvétiens étant une colonie suédoise, le nom de *Helveti* leur est donné parce qu'ils habitent un pays de montagnes, le mot de *Hellar* signifiant *Montagne* dans son langage. D'un autre côté Stumpfius, Hottinger et Guillemin croient que Helvetus signifie un homme entier, *Heel* en vieux celte voulant dire *ganz*, et ils font de *Vetter* un synonyme à *Mann*, et prononcent *gantzer Mann*, pour faire connaître par-là la valeur et la bravoure de ce peuple. D'un autre côté, Simler veut que les Helvétiens n'aient été connus sous ce nom que par les commentaires de César.

ques endroits malgré les défenses. Le mercredi était le jour consacré à Mercure et on estimait que cette fausse divinité punissait ceux qui travaillaient en ce jour en faisant mal réussir leur travail; et c'est l'origine de cette horrible superstition que les ignorants ont encore aujourd'hui, que ce qu'on fait le mercredi est fatal, et on peut dire qu'il y a encore présentement plusieurs superstitions païennes parmi nos peuples. *Mercredi consacré à Mercure.*

Les Suisses, aussi bien que les autres Gaulois, avaient de trois sortes de personnes qui administraient les choses sacrées, savoir: les Druides, les Bardes et d'autres qu'ils nommaient *Vates*. Les Druides offraient des sacrifices; ils faisaient tous les ans leurs assemblées à Chartres, où ils terminaient tous les différends qu'on leur proposait. Les Bardes chantaient en vers les louanges des hommes illustres, et les Vates prédisaient les choses futures. Les Gaulois avaient encore des fées, qui étaient des enchanteresses ou des devineresses, qui se retiraient dans des lieux écartés et solitaires, où elles passaient leur vie dans le célibat et où on les allait consulter sur les choses qu'on désirait savoir. Les Druides sacrifiaient des hommes à ces fausses divinités, savoir: des étrangers et des passants, des meurtriers, des larrons et autres criminels qu'ils croyaient leur être le plus agréable; mais, à défaut de malfaiteurs, ils sacrifiaient des innocents. Ils faisaient de grandes statues d'osier qu'ils remplissaient d'hommes et ils y mettaient le feu, les offrant par ce moyen à leurs faux dieux pour les apaiser et se les rendre propices. Les Druides allaient cueillir le gui de chêne avec des serpes d'or le jour de l'an; les Gaulois attribuaient au gui beaucoup de vertu, et ils l'avaient en grande vénération. Les Suisses avaient encore plusieurs autres semblables superstitions et idolâtries. *Ceux qui administrent les choses sacrées. Les Druides. Les Bardes. Les Vates. Les Fées. Sacrifices d'hommes. Le gui de chêne.*

Comme il y avait déjà plusieurs villes en Suisse avant Jules-César, aussi croit-on que Neuchâtel subsistait déjà dans ce temps-là, et que c'est ce Noidenolex dont la notice des provinces fait mention, et comme il est surnommé Aventicus, on infère de là qu'il était dans la contrée d'Avenches. On tient aussi que cette ville était pour lors située au lieu qu'on nomme aujourd'hui Vieux-Châtel, où l'on trouve encore bien souvent des tuiles et autres marques qu'il y a eu des maisons lorsqu'on y cultive les vignes qui y sont présentement. Ce lieu fut sans doute ainsi nommé lorsqu'on rebâtit la ville où elle est aujourd'hui, ce mot de Vieux-Châtel montrant évidemment qu'il y a eu dans ce lieu-là un vieux château, et cela en suppose aussi un nouveau qui a fait donner le nom de vieux au précédent. C'est aussi ce que dit M. d'Alt (*Histoire des Helvétiens*, p. 41), et *Neuchâtel s'appelait Noidenolex. Vieux-Châtel.*

il ajoute que le vieux fut détruit par les Allemands, et que pour s'opposer à leurs fréquentes incursions, on bâtit le nouveau où il est actuellement. Il y a 500 pas géométriques de l'un à l'autre.

Situation du Pays de Neuchâtel.

Neuchâtel est aux confins de la Franche-Comté en Bourgogne, et comme il est dans les limites de la Suisse, aussi a-t-il été sous la même domination jusqu'en l'an 1034. Et quoiqu'il ait

Érigé en Comté.

été pour lors érigé en Comté et qu'il ait eu des comtes depuis plusieurs siècles, il a cependant toujours été étroitement lié avec la Suisse en général et avec quelques cantons en particulier par des alliances et des combourgeoisies, tellement que le comté de Neuchâtel a toujours eu part aux affaires qui ont regardé la Suisse en général, à la paix, à la guerre et aux libertés, et il a aussi toujours été compris avec tous les Suisses dans les traités de paix qui ont été faits entre diverses puissances de l'Europe, étant envisagé comme étant du Corps helvétique.

Le Comté de Neuchâtel habité avant Jules-César.

Quoique la contrée de Neuchâtel, le long du lac en particulier, fût déjà habitée avant Jules-César, elle ne l'était pas comme aujourd'hui, puisqu'outre qu'on a bâti dès lors des bourgs, villages et châteaux dans le vignoble, les montagnes qui font partie du pays n'étaient pas habitées; le Val-de-Travers l'était très peu, et pour ce qui est de la seigneurie de Valangin, il ne se constate pas qu'il y eût encore aucun habitant, puisque le Val-de-Ruz ne fut défriché que dans le douzième siècle, et que les montagnes qui en dépendent et qu'on appelle aujourd'hui le Locle, la Sagne, la Chaux-de-Fonds et les Brenets ne le furent qu'au commencement du quatorzième siècle, comme il sera plus particulièrement remarqué ci-après.

Avant le dernier royaume de Bourgogne il contenait peu d'habitants. Depuis quand il s'est accru.

Le pays de Neuchâtel, qui est aujourd'hui une Principauté, ne contenait que fort peu d'habitants avant le dernier royaume de Bourgogne; mais dès lors il s'est extrêmement peuplé, et surtout depuis l'an 1214, que les comtes donnèrent de grandes franchises aux bourgeois de Neuchâtel. Avant ce temps-là, il n'y avait presque que des forêts et des terres incultes; mais aujourd'hui, à la réserve des rochers et des bois qui n'occupent que des lieux qu'on ne saurait labourer, il n'y a point de place qui ne soit tout habitée et qu'on ne cultive avec soin.

Mœurs des habitants de Neuchâtel.

En effet, les habitants de cet État sont extrêmement laborieux; ils ne se contentent pas de faire valoir leurs terres par une exacte culture en les couvrant de marne, qui est une terre grasse et grise qui s'y trouve en abondance, et en semant du sainfoin, du triol, de la luzerne, de l'esparcette, etc. ce qui les met en état de garder plus de bétail; mais ils vont encore travailler dans les Etats voisins, où l'on voit tous les étés un très grand nombre d'ouvriers charpentiers, maçons, architectes et autres, qui reviennent chez eux passer l'hiver; ils ont aussi beaucoup d'industrie pour les arts mécaniques et l'on porte de leur travail et surtout de l'horlogerie dans les pays les plus éloignés. Ils ont presque tous du penchant pour les armes; plusieurs mêmes s'y sont signalés au point qu'ils ont obtenu au dehors des emplois très considérables. Ils ont aussi beaucoup d'adresse pour le négoce, et par les connaissances qu'ils ont acquises dans les pays étrangers de toutes sortes de commerce, il y en a beaucoup qui ont établi de riches maisons. Enfin, comme le pays n'est pas des plus fertiles, et que cependant il est fort peuplé, cela fait que plusieurs vont s'établir dans les pays étrangers, où la plupart réussissent très bien dans leurs entreprises. On parlera ailleurs des antiquités, des minéraux, des raretés et de la religion.

CHAPITRE II.

Des empereurs qui ont régné sur la Suisse en général et par conséquent aussi sur Neuchâtel et des choses les plus considérables qui s'y sont passées pendant qu'ils y ont régné.

Jules-César a été, comme chacun le sait, le premier empereur de Rome, et ce fut aussi lui qui soumit la Suisse à sa domination.

On ne se propose pas ici de décrire la vie de ce grand personnage, ni ses actions héroïques, non plus que celles de ses successeurs. Le but de l'auteur est de faire l'abrégé de la vie de tous les princes qui ont régné sur Neuchâtel, et surtout des choses qu'ils ont faites et qui ont du rapport à la Suisse dans laquelle Neuchâtel a toujours été compris. On se propose d'établir leur généalogie et de quelle manière la Suisse a passé d'un royaume à l'autre; mais lorsqu'on aura atteint l'érection de Neuchâtel en Comté, on s'attachera principalement à l'histoire qui le regarde en particulier.

Pendant que Jules-César était gouverneur des Gaules, les

CHAPITRE II. — DE LA SUISSE SOUS LES EMPEREURS ROMAINS.

Suisses considérant que les Romains les avaient déclarés leurs ennemis, qu'ils les environnaient presque de tous côtés et prévoyant que leur dessein était de les soumettre à leur domination, voulurent prévenir cette servitude, à laquelle ils ne pouvaient se résoudre ayant toujours aimé la liberté ; ce qui leur fit prendre la résolution de se retirer bien avant dans les Gaules pour s'y établir et même pour les subjuguer et s'en rendre les maîtres s'il leur était possible. Ils y furent sollicités par Orgetorix d'Avenches, homme puissant en richesses et en autorité. Ils arrêtèrent entre eux de se pourvoir pendant deux ans de grains et de toutes les choses nécessaires pour le voyage et de partir la troisième année. Mais comme ceux d'Avenches remarquèrent qu'Orgetorix aspirait à la royauté, ils l'emprisonnèrent à dessein de le faire mourir, parce qu'il y avait une loi chez eux qui condamnait au feu celui qui entreprendrait de parvenir à la royauté; ce qui était contraire à la liberté publique qu'ils désiraient de conserver. Pendant qu'Orgetorix était détenu, il prit du poison pour se priver de la vie; mais cette mort n'empêcha pas qu'ils ne continuassent leur dessein; ils partirent la troisième année comme ils l'avaient résolu. Ils avaient convié les peuples voisins de se joindre à eux, ce qu'ils firent, tellement qu'ils partirent le 6 mars de l'an de Rome 703 au nombre 368,000, entre lesquels il y avait 92,000 combattants; les Suisses étaient 263,000, les Stulingiens 36,000, les Boyens 32,000, les Rauraques 23,000 et les Entuates 14,000. Mais, avant que de partir, afin de faire perdre à toute cette nombreuse armée le désir de retourner dans sa patrie, ils brûlèrent leurs maisons et entr'autres douze villes et 400 villages. Les douze villes qui furent consumées étaient à ce qu'on croit : Zurich, Orbe, Amma, Soleure, Avenches, Vindisch, Winterthour, Baden, Constance, Noidenolex, Yverdon et Nyon. Mais comme il n'y avait pour lors que deux chemins pour aller de la Suisse dans les Gaules, l'un par la Savoie et l'autre à travers le mont Jura, ils préférèrent le premier comme étant le moins difficile. Mais Jules-César, qui pour lors était à Rome, ayant appris le départ des Suisses, les prévint et leur coupa le passage auprès de Genève, où il fit une muraille longue de 19,000 pas et haute de 16 pieds; ou plutôt, comme d'autres l'estiment, une ligne ou fossé de cette longueur et profondeur, puisque Jules-César ne fut dans ce lieu-là que quinze jours et qu'il n'avait qu'une légion et quelque peu de milices des environs, outre qu'il n'avait pas les matériaux pour une muraille telle que celle-là. Il les obligea par ce moyen de retourner en arrière et de reprendre l'autre route à travers le mont Jura.

Ce dernier chemin passait par le lieu où César bâtit depuis la petite ville de Jougne; de là il tendait à Chalamont et à Salins; ce chemin était pavé entre ces deux derniers lieux: c'était la grande route pour aller depuis l'Italie et la Suisse dans la Bourgogne. Il était plus fréquenté que celui du Val-de-Travers; l'un et l'autre passaient auprès du château de Joux. *Jougne bâti.* *Val-de-Travers.*

César ne voulait pas que les Suisses abandonnassent leur pays, non-seulement parce qu'il se proposait de les subjuguer, mais principalement parce que la Suisse servait de rempart à quelques provinces romaines contre les Germains ou Allemands qui étaient les plus grands ennemis des Romains; la Suisse devenant un désert par cette sortie, les Romains n'auraient pas pu la repeupler facilement, ni mettre par là à couvert leurs provinces contre les courses des barbares. (C'est ainsi que les Romains nommaient leurs ennemis et particulièrement les Allemands.) C'est pourquoi César ayant résolu de forcer les Suisses de retourner dans leur patrie, il entra dans la Bourgogne, les atteignit auprès d'Autun, les combattit et les vainquit après une grande résistance. Il n'en resta que 110,000 qui furent obligés de rentrer en Suisse et d'y rebâtir leurs villes qu'ils avaient brûlées. César leur fournit pour cet effet les moyens nécessaires; mais comme leur nombre avait beaucoup diminué, ils ne rebâtirent que de petites villes, en comparaison des précédentes, ainsi que cela paraît par la ville d'Avenches qui était incomparablement plus grande qu'elle n'est aujourd'hui, comme on le voit par l'enceinte des anciennes murailles qui paraissent encore [1]), et ce qu'on peut aussi dire d'Orbe et de quelques autres. *Pourquoi César s'opposait aux Suisses.* *César défait les Suisses, qui sont forcés de retourner en arrière et de rebâtir leurs villes.*

C'est depuis cette victoire que Jules-César remporta que les Romains ont dominé sur la Suisse. Quelques historiens estiment qu'une partie de ces Suisses passèrent les Alpes, qu'ils s'habituèrent sur les côtes de la mer Adriatique et on tient même que leurs descendants ont bâti la ville de Venise environ l'an 452 du temps d'Attila, roi des Huns, qui, par ses barbaries, obligea ces peuples à se retirer dans la mer. *Origine de Venise.*

Ce retour des Suisses dans leur patrie arriva environ l'an 704 depuis la fondation de Rome et 50 ans avant la naissance de Jésus-Christ. *Quand les Suisses retournèrent dans leur pays.*

Neuchâtel fut pour lors rebâti au lieu où il était avant qu'il *Neuchâtel rebâti.*

[1]) Il est bien vrai qu'Avenches fut construite beaucoup plus petite qu'elle n'était auparavant; cependant elle était d'une plus grande étendue qu'elle n'est présentement; mais elle a depuis diminué en diverses occasions, et surtout par les courses de plusieurs peuples qui entrèrent dans la Suisse et la ravagèrent, comme on le verra dans la suite.

fut brûlé, et qui s'appelle Vieux-Châtel, comme il a été remarqué au chapitre précédent.

César fait bâtir des tours.

Jules-César ne se fiant pas aux Suisses retournés en leur patrie et craignant qu'ils ne prissent encore une nouvelle résolution de s'en aller une seconde fois, il fit, pour les empêcher, bâtir des tours et des forts sur les plus grands passages. Il y eut pour lors deux tours qui furent bâties dans le comté, l'une à Neuchâtel appelée la *Tour de Diesse* et qui subsiste encore aujourd'hui en partie. Elle est construite de gros quartiers de pierres brutes, ce qui fait voir son antiquité; elle gardait un grand passage. Le pont du *Vaux Seyon* n'ayant été bâti que plusieurs siècles après, il fallait nécessairement passer par et auprès de cette tour pour aller de Suisse en Bourgogne. Il la donna en fief de garde, à ce qu'on croit, à un certain seigneur nommé de Diesse; ceux de cette famille ont même conservé la tour et la maison jusqu'au seizième siècle l'ayant toujours tenue en fief jusqu'à l'an 1580 [1]). On croit que ceux de cette famille ont été les seigneurs de la montagne de Diesse, qui est aujourd'hui sous la domination de Berne et de l'évêque de Bâle.

La tour de Diesse à Neuchâtel.

Famille de Diesse.

La tour de Bayard au Val-de-Travers.

L'autre tour que Jules-César fit bâtir est la *Tour-Bayard*, au-dessus du village de St-Sulpice, dans un lieu fort étroit auprès de la source de la Reuse, et qui tenait par ce moyen un fort passage qui était le plus commode pour passer le mont Jura qu'on nommait Erasius. De là on passait à côté de cette hauteur sur laquelle le château de Joux a été bâti. Ce passage était appelé *Jors* par les anciens Séquanois et du temps de l'empereur Frédéric-Barberousse il fut nommé Mirval qui vient du latin *mira vallis*. Jules-César mit une garnison dans cette tour de Bayard. Cet empereur fit encore bâtir le temple de Cressier qui fut consacré au Dieu Mars, à cause de la victoire qu'il avait remportée sur les Suisses, et dont il attribuait l'heureux succès à cette fausse divinité. Cela paraît par une grande pierre qui fut transportée l'an 1608 depuis le susdit temple au village de Cressier. Lorsqu'on bâtissait la chapelle qui y est présentement, on trouva ces mots gravés sur cette pierre: *Fanum Martis Sacrum Julius Cæsar*. Il y a tant plus d'apparence que ce temple a été bâti par Jules-César, qu'il est placé sur une hauteur, puisque les païens choisissaient ordinairement des lieux élevés pour bâtir leurs temples, et c'est ce que l'Ecriture appelle des hauts lieux; ce temple de Mars fut depuis dédié à St-Martin, lorsque les habitants de Cressier em-

Château de Joux.

Mirval.

Le temple de Cressier

Dédié à Mars ensuite à St-Martin

---

[1]) Ces de Diesse ont été les plus anciens hommes royés, qu'il y eut dans le canton de Neuchâtel, dont il sera parlé dans la suite.

brassèrent le christianisme, et cela apparemment par la ressemblance qu'il y avait entre les noms de Mars et de St-Martin.

Jules-César ayant soumis les Suisses à sa domination, il subjugua ensuite le reste des Gaules, ce qui arriva l'an 705 de Rome. Il y établit pour la gouverner Munatius Plancus, qui agrandit la ville de Lyon et qui eut pour successeur Quintus-Fusidius Calenus. Ce monarque envoya une colonie dans le pays des Rauraques, qui est le canton de Bâle, et ce sous la conduite de ce Munatius, qui en était le chef et qui avait sous lui d'autres officiers, dont les principaux étaient Hirtius et Pansa. Il voulait repeupler ce pays-là plutôt que la Suisse, parce qu'ils étaient plus exposés aux courses des Allemands, et que par conséquent il fallait qu'il y eût du monde pour leur résister. Ces colonies qui étaient envoyées en Suisse convenaient avec les Romains des conditions sous lesquelles ils pourraient y habiter; les unes obtenaient plus de franchises et les autres moins suivant le traité, et c'est là l'origine des différentes conditions qu'il y a encore aujourd'hui parmi les peuples de la Suisse. Les chefs qui conduisaient ces colonies y habitaient aussi avec elles, et en étaient les magistrats ou les seigneurs et le plus souvent ces nouveaux habitants avaient plus de libertés que les anciens. Ces chefs dépendaient immédiatement des empereurs romains et ceux qui composaient ces colonies étaient les sujets de ces chefs, qui exerçaient sur eux la justice et la police, et ils avaient droit de les revendiquer dans quelque lieu qu'ils se retirassent, quoique d'autre part ils fussent les sujets les plus libres de la Suisse, tellement que ces chefs dominaient plutôt sur les personnes que sur une certaine étendue de pays, comme cela se pratique aujourd'hui. C'est le même droit qu'ont eu dès-lors les seigneurs, comtes et barons de la Suisse et qu'ils ont conservé jusqu'au XVIe siècle.

Jules-César ayant vaincu tous ses ennemis et apaisé tous les troubles, reforma le calendrier. Cette réforme fut faite l'an 708 de Rome. Il fit aussi plusieurs lois qu'on appela Juliennes. Et après avoir été établi dictateur perpétuel et salué comme empereur, il fut cruellement massacré en sénat le 15 mars 711 par Cassius et Brutus, où il reçut vingt-trois coups de poignards. Ainsi périt cet homme incomparable, âgé de cinquante-six ans. Il était né l'an 654, le douzième jour du mois Quintilis, qui était aussi celui auquel il avait été créé dictateur. Aussi le sénat arrêta que ce mois serait nommé Julius à cause de lui et c'est celui que nous nommons Juillet; ce mois était auparavant nommé *quintilis* parce qu'il était le cinquième à compter depuis le mois de Mars. Jules-César avait, en moins de dix ans, subjugué 800 villes et 300 nations; il avait défait trois millions d'hommes; il avait été quatre fois consul, depuis dictateur à temps et enfin dictateur perpétuel et empereur. Il s'appelait proprement Caïus-Julius-César, et il était fils de Lucius-Julius-César, consul et préteur de Rome. Jules-César avait eu trois femmes, savoir : Cossucie, femme d'un chevalier romain extrêmement riche; Calpurnie, fille de Pison, et Cornélie, fille de Cinna. Il eut une fille de cette dernière nommée Julie qui fut mariée à Pompée, qui n'en eut point d'enfants. César eut encore un fils de Cléopâtre, reine d'Egypte, nommé Césarion, que l'empereur Auguste fit mourir. César avait adopté cet Auguste qui était le petit-fils de sa sœur Julie. Après la mort de César, le sénat de Rome envoya Domitius Aenobardus pour gouverner les Gaules.

OCTAVE, nommé ordinairement *César-Auguste*, n'avait que vingt ans lorsque Jules-César, qui l'avait adopté et nommé son héritier universel, mourut; il l'avait même déjà établi général de cavalerie quoiqu'il fût hors d'état d'exercer cet emploi. Octave se ligua l'an 643 avec Marc-Antoine et Lepidus qui gouvernait en Provence, lesquels firent par ce moyen un triumvirat. Peu de temps après Lepidus en fut exclu et Sextus-Pompeius fut mis à sa place. On vit l'an 714 trois soleils ou parhélies qui se réduisirent peu à peu à un seul. Octave défit dans la suite ses deux associés et resta seul empereur.

Cet empereur fit réparer la ville de Raurica. Municatius Planus fut celui qui la rebâtit en son nom et qui la nomma en sa mémoire Augusta Rauracorum; il la fortifia, afin qu'elle pût s'opposer aux courses des Allemands. La ville de Bâle a été depuis bâtie de ses ruines; car n'en étant éloignée que d'une lieue, on y transporta la plupart des matériaux d'Augusta pour la construire.

Le sénat donna, à cet empereur, l'an 727, le titre d'Auguste, qui a depuis passé à tous ces successeurs. Ce nom, qui lui fut donné parce qu'il avait augmenté l'empire d'Auguste, dérive du mot latin *augere* qui signifie augmenter. Avant ce temps le nom d'Auguste était inconnu.

L'empereur Octave-Auguste donna le gouvernement des Gaules à son gendre Marc-Agrippa qui était consul. Ce fut le premier qui passa le Rhin et qui fit la guerre aux Allemands et qui les vainquit. Caïus Carinates lui succéda; il repoussa les Suèves qui étaient les habitants de la Souabe qui avaient passé le Rhin et qui étaient entrés dans la Suisse. Nonius-Gallus gouverna les Gaules après lui; il dompta ceux de Trèves, qui s'étaient soulevés contre les Romains. Les Grisons, sous l'empire d'Auguste, firent des courses en Italie, où ils exercèrent plusieurs cruautés. Auguste envoya contre eux Drusus, fils de sa sœur Octavie, qui les vainquit et les repoussa. Ces Grisons ou Rhétiens vinrent ensuite attaquer la Suisse; Auguste envoya contre eux Tibère, qui fut son successeur à l'empire et qui était fils de Livia Drusilla sa femme; il remporta encore sur eux la victoire l'an 738 de Rome. Les Allemands ayant ruiné et dépeuplé les Gaules par leurs courses continuelles, Auguste y envoya plusieurs colonies pour les rétablir et les renforcer contre leurs ennemis. Ce fut sous son empire que Sedunum, qui est Sion, Tarnadas, appelé depuis Agaunum et aujourd'hui St-Maurice, et Octodurum, qui est Martigny, y furent bâtis. Dans le premier il y a une inscription à l'honneur d'Auguste. St-Maurice fut rétabli sur les ruines d'Agaunum, comme il sera dit sous l'empire de Maximien. Colonies. Villes du Valais bâties : Sion, St-Maurice et Martigny.

L'empereur Auguste ayant été élu consul au mois sextilis et ayant en ce même mois fait son triomphe dans Rome, après qu'il eut mis fin à toutes les guerres civiles, le sénat ordonna que ce mois serait nommé *Augustus* à cause de lui, et c'est pour cela que nous le nommons le mois d'août. Le mois d'août sextile.

Ce monarque, après qu'il eut apaisé tous les troubles, ferma les portes du temple de Janus qui était dans Rome, ce qu'on ne faisait jamais que lorsque l'empire jouissait d'une profonde paix. Ce fut pendant ce temps que Jésus-Christ, le sauveur du monde, naquit sur la terre, et qui étant le prince de paix, devait aussi naître dans un temps de paix. Cette naissance arriva l'an 754 depuis la fondation de Rome; c'est pourquoi désormais on quittera la date de cette fondation pour prendre celle de cette naissance. On raconte de l'empereur Auguste qu'il ne voulut pas qu'on l'appelât seigneur, ce qui semblait être un pronostic que le seigneur des seigneurs devait naître sous son empire. Temple de Janus fermé. Naissance de J. C. prince de paix. L'an 754 de Rome. Epoque chrétienne. L'an 1 de J.C.

L'année 13, les Suisses allèrent au secours des Romains contre les Allemands, qui devinrent par là les ennemis irréconciliables des Suisses. 13 Allemands ennemis des Suisses.

L'empereur Auguste partagea les Gaules en diverses provinces; la Suisse se trouva dans celle qui fut appelée *Magna Sequanorum*. Elle comprenait la Bourgogne, la Suisse, l'évêché de Bâle, le pays des Rauraques, le comté de Montbéliard, le Sundgau et autres. Celui qui gouvernait cette grande province tenait son siège à Besançon. Magna Sequanorum. Besançon.

Octave-Auguste mourut à Nola le 19 août de l'an 14. Mort d'Auguste 14

29
Qualités de Tibère.

TIBÈRE-NÉRON succéda à Octave-Auguste. Au commencement et pendant la vie de Livie Drusilla sa mère, il fut un bon prince; mais dès qu'elle fut morte, il remplit la ville de Rome de meurtres, et enfin il se retira dans l'île de Caprée, près de Naples, où il s'abandonna à toutes sortes d'excès et de débauches.

Kaiserstuhl forum Tiberii.

Ce fut sous son empire que Kaiserstuhl, petite ville du bailliage de Baden, près de Zurzach, fut bâtie et nommée *Forum Tiberii*. Ce nom lui fut donné parce que cet empereur y administra la justice aux peuples voisins après la guerre qu'il eut avec les Grisons et les habitants de la Souabe. Pendant qu'il était dans sa retraite, les Allemands désolèrent les Gaules.

*Les Allemands désolent les Gaules.
Mort de J. C.*

34
*Sacrifices d'hommes abolis.
Allemands ravagent la Suisse.*

Jésus-Christ fut crucifié l'an 18 de son empire et l'an 34 de l'ère chrétienne. On tient que Tibère abolit les sacrifices des hommes parmi les Gaulois et par conséquent parmi les Suisses. Les Allemands passèrent le Rhin l'an 37 et ravagèrent la Suisse.

37
Généalogie.

Tibère mourut l'an 37 auprès de Misène, ville de la Campanie; il avait 55 ans lorsqu'il parvint à l'empire; il régna vingt-deux ans et demi. Il avait un père appelé Drusus Néron qui fit construire quarante châteaux ou forts sur le Rhin pour empêcher les courses des Allemands.

40 châteaux bâtis sur le Rhin.

D'où vient le nom de Caligula.

Caïus-César, qui succéda à Tibère, fut surnommé CALIGULA à cause d'une espèce de chaussure que les soldats portaient, dont il s'était servi dès sa jeunesse et que les Latins nomment *caliga*.

Il entre dans les Gaules.

Ses tyrannies.

Sa mort.

Cet empereur entra dans les Gaules avec une armée sous prétexte de faire la guerre aux Allemands; il y exerça de grandes tyrannies et il imposa aux Gaulois des tailles excessives. Il fut enfin tué par Cassius et Chereas le 24 janvier de l'an 44; il était âgé de vingt-neuf ans et il en avait régné quatre moins deux mois.

41

*Les Romains veulent abolir l'empire.
Franchises accordées aux Gaulois.
Famine.*

CLAUDE-TIBÈRE fut élu par les soldats, quoique le sénat eût résolu d'abolir cette dignité, pour rétablir de nouveau une république. Il s'occupa à bâtir des maisons magnifiques. Il donna aux Gaulois le pouvoir de devenir sénateurs et d'avoir suffrage dans le sénat[1]). L'an 46 il y eut une grande famine. L'an 49 trois soleils apparurent qui enfin se réunirent, et l'an 52 on vit encore une grande comète. Claude était fils de Drusus-Néron, surnommé Germanicus, et d'Antoine, fille de Marc-Antoine et

46

Trois soleils { **49**
52

Généalogie de Claude.

---

[1]) Ils pouvaient former un corps de légion, ils avaient leurs enfants en leur puissance et ne pouvaient être faits esclaves; ils furent exempts de gabelles et pouvaient devenir tribuns, centuriers et autres chefs de guerre.

d'Octavie, sœur d'Auguste. Il avait un frère nommé Germanicus, père de Caligula. Il fut empoisonné avec des champignons par sa femme Agrippine, le 13 octobre de l'an 54, âgé de 64 ans. Il épousa : 1° Messaline, une femme très-impudique, dont il eut Britannicus. 2° Julie Agrippine, veuve de Cneïus Domitius Aenobardus, duquel elle avait eu Néron. Cette dernière sollicita tellement l'empereur Claude en faveur de son fils, qu'il l'adopta et le déclara successeur à l'empire au préjudice de son propre fils Britannicus; il donna même à Néron sa fille Octavie en mariage.

<small>Sa mort.</small>
<small>54</small>

NÉRON, nommé Tibère-Néron, fut un prince des plus corrompus et des plus cruels; il était en outre voluptueux et prodigue.

<small>Qualités de Néron.</small>

Cet empereur fit bâtir une grande ville dans le Comté de Neuchâtel qu'il nomma *Neronica* ou Nereu en langue du pays. Elle s'étendait depuis le village de Cressier jusqu'à un petit ruisseau qui est près de la Neuveville nommé de la Tour, et jusqu'à l'embouchure de la Thielle dans le lac de Bienne; elle fut bâtie environ l'an 60. Néron y envoya une colonie pour la peupler. Caïus-Julius-Vindex, Gaulois de nation et qui se disait descendu des anciens rois des Gaules, bâtit cette ville au nom de Néron. Il était en ce temps-là gouverneur des Gaules, et il sollicita les Gaulois à se soulever contre Néron et à élire pour empereur Galba, qui commandait en Espagne. Virginus Rufus, qui commandait en Allemagne de la part des Romains, vint attaquer Vindex et l'assiégea dans Besançon; mais ces deux chefs ayant eu une conférence, ils s'accordèrent. Vindex se retirant ensuite avec ses troupes, celles de Rufus, sans ordre de leur chef, le poursuivirent et le tuèrent.

<small>Neronica bâtie.</small>
<small>Son étendue.</small>
<small>Vindex.</small>
<small>Besançon assiégé.</small>

Lucius Vetus fut établi gouverneur des Gaules, et pour commander les troupes de Néron en place de Vindex. Galba ayant été élu empereur en Espagne, il fut confirmé par le sénat. Les Romains ne pouvant plus souffrir les cruautés de Néron, et le voulant massacrer, il les prévint en se privant lui-même de la vie; ce qui arriva le 10 juin 68. Il était originaire d'Actium, capitale des Volsques, dans la Campanie de Rome, et qu'on nomme aujourd'hui Nettuno. Il était né le 15 décembre 37. On vit cette année 68 une comète qui s'arrêta sur la Judée. Néron avait épousé : 1° Octavie, fille de Claude, laquelle il relégua, et la fit ensuite assassiner parce qu'elle était stérile. 2° Il épousa Poppée Sabine, veuve de Rufus Crispinus, dont il fit tuer le fils nommé Crispinus-Néron et la tua aussi elle-même d'un coup de pied qu'il lui donna au ventre étant enceinte. 3° Il épousa enfin Statilie Messaline qu'il ravit à Othon son mari. Il ne laissa point

<small>68</small>
<small>Lucius Vetus.</small>
<small>Mort de Néron.</small>
<small>68</small>
<small>Sa généalogie.</small>
<small>Race des Césars éteinte.</small>

d'enfants, tellement que, par sa mort, la race des Césars fut entièrement éteinte. Les Romains témoignèrent beaucoup de joie de cette mort, tout le monde allant par les rues avec des chapeaux, qu'on portait comme étant une marque de liberté.

Chapeau signe de la liberté.

GALBA, voyant que les Bourguignons et les Suisses avaient épousé son parti avec Vindex leur gouverneur, leur donna le droit d'avoir des bourgeoisies et des communautés. Il leur quitta le quart des tributs qu'ils devaient aux Romains, et il les déclara ses alliés, les délivrant de la main-morte.

Droit de bourgeoisie.
Main-morte.
Généalogie.

Cet empereur était né dans un village du Latium, auprès de Terracine en Italie. Il ne régna que sept mois et sept jours. Othon son successeur le fit assassiner l'an 69, étant âgé de 72 ans et 23 jours. Il était né le 24 décembre l'an de Rome 654, et il fut massacré, le 16 janvier 69, par les soldats d'Othon qui lui coupèrent la tête. Il était de la maison des Sulpices qui était fort illustre.

Tué l'an
69

Nom de César conservé.

Quoique la maison de César fût éteinte par la mort de Néron, Galba ne laissa pas que de conserver le nom de César. De là vient que ce nom a toujours été dès-lors en usage, et c'est de là que dérive le nom de *Kaiser* que les Allemands donnent aujourd'hui à leur *empereur* et celui de *czar*, c'est-à-dire César qui est en usage en Moscovie. Galba mit deux légions en quartier d'hiver dans le pays des Antuates qui est le Pays de Vaud. Il avait nommé Pison pour son successeur, et c'est ce qui porta Othon à les faire mourir tous deux.

Pays de Vaud.

OTHON fut élu empereur par ses troupes. Il alla ensuite à la rencontre de Galba qu'il vainquit, et après le combat il le fit tuer par trahison. Il ne tint l'empire que trois mois et cinq jours; car Vitellius ayant été proclamé empereur par ses troupes en Allemagne presque en même temps qu'Othon l'avait été à Rome, il le vint attaquer et gagna sur Othon une bataille auprès de Bebriac. Ce dernier, craignant de tomber entre les mains de son ennemi, se tua soi-même, d'un coup de poignard, le 20 avril 69, étant âgé de 38 ans. Il était issu d'une des principales familles de l'Etrurie; son père était chevalier romain, il s'appelait Lucius-Silvius Otho, et il était régent ou gouverneur en Afrique.

Othon tue Galba.
Bataille de Bebriac.
Il se tue lui-même.
69
Sa généalogie.

Les Suisses s'opposent à Vitellius.

VITELLIUS. Les Suisses ne sachant pas la mort de Galba auquel ils étaient affidés, ne voulurent pas reconnaître Vitellius, ce qui fit que ses troupes conduites par Aulus-Cecinna les vinrent attaquer. Ce général ayant demandé à son secours les

Allemands et les Grisons, les Suisses furent vaincus par le grand nombre.

Ils sont vaincus par Cécinna.

Les Romains commencèrent la guerre en enlevant aux Suisses une somme d'argent qu'ils envoyèrent à leurs soldats qui étaient dans la ville de Baden, laquelle ils étaient obligés de garder à leurs dépens; sur quoi les Suisses, pour se venger, interceptèrent des lettres aux Romains. Ceux-ci défirent les Suisses et ravagèrent l'Ergau et la contrée d'Avenches dans laquelle était Neuchâtel; de sorte que cette guerre fut une des plus cruelles que les Suisses aient souffertes. Cécinna détruisit aussi la ville de Baden. Vitellius ne régna que huit mois et quelques jours. Vespasien ayant été proclamé empereur par ses troupes en Judée, ses amis qui étaient à Rome étranglèrent Vitellius le 24 décembre de l'an 70; et l'ayant traîné tout nu par les rues de la ville, ils jetèrent son corps dans le Tibre. Il était extrêmement dissolu et somptueux en ses banquets.

Baden gardé par les Suisses.

L'Ergau et Avenches ravagés.

Baden détruite.

70

Vitellius étranglé.

VESPASIEN étant au pays de Canaan lorsqu'il fut élu empereur par ses troupes, il partit pour Rome et remit son armée entre les mains de son fils Tite. Comme il avait déjà soixante ans lorsqu'il fut proclamé empereur par les légions romaines, il refusa le diadème; mais elles l'obligèrent à l'accepter. La ville de Jérusalem fut assiégée par Tite l'an 71, le 14 avril. Il y avait pour lors 46,000 juifs dans cette ville, qui étaient venus de dehors pour assister à la fête de Pâques. Il y eut pendant ce siège 1,100,000 juifs qui périrent tant par la guerre et la famine que par la peste. Cette ville fut prise le 5 août 72.

Vespasien.

Jérusalem assiégée

71

Elle est prise

72

Vespasien procura la paix à l'empire que ses prédécesseurs avaient troublée par leur tyrannie et surtout il témoigna beaucoup d'affection aux Suisses, qui le regardaient comme le père de leur patrie. Il en mena plusieurs avec soi dans la Judée, lorsque Néron l'y envoya pour réprimer les juifs. Comme ces Suisses souffrirent beaucoup au siège de Jérusalem, il repeupla la Suisse et particulièrement la contrée d'Avenches par une nombreuse colonie qu'il y envoya et surtout pour la rétablir des désolations que Cécinna y avait causées du temps de Vitellius.

Vespasien ami des Suisses.

Les Suisses en Judée.

Colonie.

Beatus et Achates étant venus en Suisse avec ceux de cette nation qui étaient retournés du siège de Jérusalem, prêchèrent l'Évangile dans la contrée d'Avenches, où plusieurs personnes quittèrent le paganisme et embrassèrent la foi chrétienne; de sorte que ces deux saints personnages posèrent les fondements du christianisme non-seulement dans Avenches, d'où Neuchâtel dépendait en ce temps-là, mais aussi dans les pays voisins, et

Beatus et Achates prêchent l'Évangile.

Commencement du christianisme.

c'est ce qui a toujours augmenté dès-lors dans la Suisse jusqu'en l'an 630 auquel St-Gall acheva de convertir le reste des païens qu'il y avait encore.

Avarice de Vespasien.
Vespasien était fort estimé pour ses belles qualités; le seul vice qu'on condamnait en lui, était l'avarice. Il mit de grands impôts sur le peuple, jusques sur l'urine, ce dont son fils Tite le blâmant un jour, il lui répondit que l'odeur du gain était toujours agréable, d'où qu'il procédât.

77 Peste.
Il y eut l'an 77 une grande peste en Suisse.

79
Vespasien fut attaqué l'an 79 d'une dyssenterie dont il mourut. Pendant sa maladie il ne refusa audience à personne et il se fit dresser sur son lit, disant qu'il fallait qu'un empereur

Mort de Vespasien.
mourût debout. Il mourut à Riette dans un bain chaud, le 1er

Sa généalogie.
juin 79, âgé de soixante-neuf ans et sept mois. Il était né dans un petit village des Sabins, nommé Phalacrine, près de Riette, le 17 novembre de l'an 11; il était fils de Titus-Flavius Sabinus, receveur des taxes en Asie, qui de là étant envoyé en Suisse pour y recevoir les tailles et impôts de la part des

Son père habitait Avenches.
Romains, vint habiter dans la ville d'Avenches où il prêtait à usure et il y mourut. Ce sien père lui avait procuré ces troupes suisses dont il a été parlé. C'est ce qui a donné sujet à quelques historiens de croire que Vespasien était d'Avenches, et ce d'autant plus qu'il y a dans cette ville une inscription à

Amphithéâtre à Avenches.
l'honneur de ce monarque. Il avait bâti dans Avenches un amphithéâtre et il avait passé quelques quartiers d'hiver à Vindonisse en Suisse. Sa mère s'appelait Vespasia Polla.

Prise de Jérusalem.
TITE ayant pris la ville de Jérusalem, la démolit entièrement. Cécinna, capitaine romain, qui avait été établi par Vitellius, conspira contre Tite, ce qui ayant été découvert, cet empereur

Mort de Cécinna.
le fit mourir et par ce moyen il vengea les Suisses des cruautés que Cécinna avait exercées contre eux, comme il a été remarqué en la vie de Vitellius. Ce dernier, aussi bien que Cécinna, avait été si animé contre les Suisses, qu'ils les réduisirent dans un état pitoyable; car quoique ceux d'Avenches

Députés d'Avenches.
leur eussent envoyé deux députés, savoir Julius Alpinus et Claudius Cossus, pour les apaiser et les fléchir, cependant ils furent inexorables et ne laissèrent pas que de les détruire; mais ces deux tyrans furent massacrés dans la suite par un juste jugement de Dieu.

Tite ami des Suisses. Caractère d'un bon prince.
Tite témoigna beaucoup de bienveillance aux Suisses, comme avait fait son père; il fut un bon prince et très-vertueux. Il disait ordinairement que personne ne doit sortir malcontent de l'audience de son prince, et lorsque le soir il se souvenait qu'il

n'avait fait aucun bien à personne pendant ce jour, il disait à ceux qui étaient autour de lui : «Mes amis, nous avons perdu cette journée.» Il était si bienfaisant qu'on l'appelait le délice du genre humain. Il mourut d'une fièvre l'an 82 le 13 septembre, âgé de quarante-quatre ans; on crut que son frère Domitien l'avait empoisonné. Il était né le 30 décembre de l'an 38. On voyait autrefois à Saint-Maurice une inscription à son honneur.

82
Sa mort.

Domitien, fils de Vespasien, succéda à l'empire. Il était né le 24 octobre de l'an 51. Il fut un cruel persécuteur des chrétiens. Il relégua l'apôtre Saint-Jean dans l'île de Patmos, nommée aujourd'hui Palmossa, après l'avoir fait jeter dans une chaudière d'huile bouillante qui ne l'endommagea aucunement par un très-grand miracle. Cet apôtre écrivit dans cette île l'Apocalypse, l'an 95, âgé de quatre-vingt-treize ans. On dit que Domitien s'occupait pendant quelques heures du jour à tuer des mouches dans son cabinet, il les transperçait avec un poinçon, et c'est de là que procéda un proverbe; car lorsqu'on demandait à ses domestiques s'il y avait quelqu'un avec l'empereur, ils répondaient qu'il n'y avait pas seulement une mouche, parce qu'il les tuait toutes. Il ordonna qu'on devait l'adorer. Il fut tué par Stephanus, maître d'hôtel de l'impératrice nommée Domicilla, qui consentit à ce massacre; ce qui arriva le 18 septembre 96.

Domitien.
Cruel persécuteur de St-Jean.
95
Domitien tue les mouches.
Sa mort.
96

Nerva fut un bon prince qui aimait la justice et qui faisait de grandes libéralités aux pauvres. Il rappela de l'exil tous les chrétiens. Il était fort âgé lorsqu'il parvint à l'empire. Il ne régna qu'un an et quatre mois. Il adopta Trajan qui était pour lors à Cologne et qui commandait en Allemagne; il le nomma pour son successeur, quoiqu'il ne lui fût point parent, et ce à cause de ses belles qualités. Nerva mourut de la fièvre le 26 janvier de l'an 99, âgé de soixante-sept ans. On croit que ses ancêtres étaient originaires de l'île de Candie. Il y a à Baden une inscription à son honneur.

Nerva.
Ses belles qualités.
Sa mort.
99
Sa généalogie.

Trajan fut proclamé empereur à Cologne, âgé de 44 ans. Il était fort aimé des Suisses. On voit encore aujourd'hui à Avenches un monument qu'on dressa en sa mémoire, et en l'an 1534 on trouva dans les champs près de Baden, en labourant la terre, un écriteau qui fait mention de lui. Il fit fortifier plusieurs châteaux sur le Rhin pour repousser les Allemands. Il était un très bon prince; ses amis lui reprochant un jour sa trop grande douceur, il répondit qu'il vivait avec ses sujets comme il eût voulu qu'ils eussent vécu avec lui s'ils avaient été ses maîtres.

Trajan aimé des Suisses.

Mort de Trajan.
119

Persécutions en Suisse.

Martyre de St-Béat

Trajan mourut d'hydropisie et d'apoplexie à Selinunte, ville de la Cilicie, qui à cause de cette mort fut appelée Trajanopolis; cette mort arriva le 10 août de l'an 119. Il avait épousé Platine; l'historien Plutarque avait été son précepteur. Il défendit aux chrétiens leurs assemblées et il se fit aussi des persécutions en Suisse sous son empire; car on tient qu'en l'an 110 Saint-Beat, dont on a parlé sous l'an 75, fut martyrisé à Interlacken, âgé de quatre-vingt-dix ans, et qui fut, à ce qu'on croit, le premier évêque de Vindonisse. On se vante à Lucerne d'avoir encore ses reliques qui y furent transportées après sa mort.

Qualités d'Adrien.

126

Il vient au Pays-de-Vaud.

Il bâtit Pontarlier.

Il bâtit un temple à Jérusalem, dédié à Jupiter.

Les Juifs se soulèvent. Barcosbas.

Dispersion des Juifs.
135

Il donne audience à chacun.

ADRIEN succéda à Trajan son oncle. Il marchait à la tête de ses troupes et le plus souvent à pied et à tête nue; il voyagea de la sorte presque par tout l'empire romain, visitant toutes les villes et châteaux et faisant réparer et fortifier ceux qui en avaient besoin et démolir ceux qui paraissaient inutiles. Il supporta patiemment le froid des Alpes et les ardentes chaleurs de l'Egypte. Il fut aussi en Suisse, et fit rebâtir l'an 126 la ville de Baden dans le Brisgau et y découvrit les bains d'eau chaude. De là il vint au pays de Vaud et fit faire quelque travail au lieu nommé Entreroches, où l'on découvrit il y a quelque temps une inscription qui fait mention de lui. Il fit aussi bâtir Pontarlier et le pont qui y est qu'il nomma Pont Aelien. Il voulut aussi rebâtir Jérusalem qu'il nomma Aelia Capitolina; il y redressa un temple sur les ruines de celui qui fut démoli par Tite Vespasien. Il le dédia à Jupiter; mais les juifs ne pouvant souffrir qu'on bâtit un temple à une idole sur les ruines de celui qui avait été consacré au vrai Dieu, ils continuèrent à se soulever contre l'empereur, étant conduits par leur chef nommé Barcosbas, qui se disait être le Messie et qui persécutait les chrétiens de ce qu'ils ne voulaient pas se joindre à lui contre l'empereur. Mais Adrien leur fit une cruelle guerre; il défit Barcosbas, et fit périr 580,000 juifs, qui dès-lors furent dispersés par toute la terre, ce qui arriva l'an 135.

Cet empereur donnait audience aux personnes de la plus basse condition; mais un jour n'ayant pas le temps d'écouter une vieille femme, elle lui répondit: «Si tu ne veux pas m'écouter, cesse donc aussi de régner;» ce qui l'obligea à lui donner audience et à lui faire justice.

137
138

Mort de cet empereur.

Il adopta Aelius Verus l'an 137 et le nomma César; mais Aelius étant mort le 1er janvier 138, il adopta Antonin son gendre. Adrien mourut la même année le 9 juillet à Bayes, âgé de soixante-trois ans. Il distribua vingt millions parmi le peuple et fit brûler toutes les lettres de rentes et les obligations. Il avait épousé Julie Sabine, fille de Marcianne, sœur de l'empereur Trajan. Il était savant et surtout dans les mathématiques ; Suétone fut son secrétaire. Adrien fut un grand persécuteur. De son temps Ferréol et Ferius vinrent prêcher l'évangile à Besançon, de sorte qu'il se convertit un grand nombre de personnes dans la Bourgogne, et par ce moyen les chrétiens s'augmentèrent aussi dans la Suisse.

Il abolit les lettres de rentes.

Ferréol et Férius prêchent l'Evangile à Besançon.

ANTONIN, surnommé le pieux, fut un très bon prince et fort aimé de ses sujets, dont il fut appelé le *père de la patrie*. L'empire romain jouit d'une profonde paix sous son règne. Il disait qu'il aimait mieux sauver un seul citoyen que de tuer mille ennemis. Il fut favorable aux chrétiens, ayant défendu de les maltraiter. Il adopta Marc-Aurèle qui avait épousé sa fille Faustine. Il mourut l'an 161 à Loria pour avoir trop mangé de fromage des Alpes ; il était âgé de 75 ans.

Belles qualités d'Antonin.

Favorable aux Chrétiens.

Sa mort.
161

MARC-AURÈLE était fort modéré, ne se laissant surmonter par aucune passion. Il s'était attaché dès sa jeunesse à la secte des Stoïciens, et c'est pour ce sujet qu'il fut surnommé le philosophe.

Marc-Aurèle était Stoïcien.

L'an 165 Aufidius Victorinus, général de l'empereur, vint avec des Romains et des Suisses au secours des Grisons qui étaient attaqués par les Bohémiens et Moraviens, lesquels il repoussa. Il apaisa des troubles qu'il y avait en Bourgogne et il agrandit Genève. En ce temps Curtius Paterius ou Paternus gouvernait la Suisse de la part des Romains et il demeurait à Avenches.

165
Il vient secourir les Grisons.

Genève agrandi.

Curtius Paterius, gouverneur de la Suisse.

On croit que Marc-Aurèle envoya une colonie dans le pays des Rauraques pour le repeupler, et que c'est en ce temps que Pierre-Pertuis fut coupé et que l'écriteau qui y est y fut gravé, à cause de ce Durvus Paternus dont il y est fait mention et qui aurait pu être parent de ce Paternus, gouverneur de la Suisse. Mais il y a plus d'apparence que cela s'est fait sous l'empire de Chlorus, comme il sera dit ci-après (v. l'an 304).

Pierre-Pertuis.

Marc-Aurèle s'associa à l'empire Lucius Verus, Romain, son frère adoptif et son gendre ; ils régnèrent neuf ans ensemble dans une parfaite union. Lucius mourut l'an 171 d'apoplexie à Altino près d'Aquilée.

Lucius, son frère, associé à l'empire.

Du temps de ces empereurs un certain Lucius, Anglais, vint prêcher l'Evangile aux Grisons et à ceux de Zurich et y souffrit le martyre ; ce qui fit encore augmenter le nombre des chrétiens dans la Suisse. Il y eut aussi une peste dans l'empire romain qui enleva une infinité de personnes.

Un Anglais vient prêcher aux Grisons et souffre le martyre.

Marc-Aurèle mourut à Vienne ou à Sirmisch en Hongrie l'an 181, le 16 avril. Son fils et son successeur fut soupçonné de

Mort de Marc-Aurèle.
181

l'avoir empoisonné; il était âgé de cinquante-neuf ans et il en avait régné dix-neuf.

Cruauté de Commode.

COMMODE fut un prince très cruel et débauché. Il fit mourir sa sœur Lucille, veuve de Lucius Verus, pour avoir conspiré contre lui. Martia, sa concubine, lui fit donner du poison; mais l'ayant rejeté, il fut étouffé par Narcisse le 31 décembre 192, âgé de vingt-neuf ans.

Sa mort. **192**

Pertinax. Bon prince. Sa mort. **193** *Sa basse origine.*

PERTINAX fut créé empereur par les assassins de Commode. Il était un bon prince, mais il ne régna qu'environ trois mois. Julien, le jurisconsulte, le fit massacrer par les soldats prétoriens à dessein de lui succéder; ce qui arriva le 25 mars 193. Il était de basse naissance; son père, Helvius Successus, était fils d'un affranchi et trafiquait sur le bois. Pertinax avait au commencement enseigné la grammaire dans la Ligurie; depuis ayant pris les armes, il gouverna les Grisons et autres peuples voisins après qu'il les eut délivrés des Allemands sous l'empire de Marc-Aurèle, et enfin il devint empereur à l'âge de soixante-cinq ans et quelques mois.

Il devient empereur à l'âge de 65 ans.

Didier Julien. Il était savant. Il achète l'empire.

DIDIER JULIEN ne régna que six mois et cinq jours. Il était savant, mais comme il avait acheté l'empire, ayant promis à chaque soldat 250 écus, et qu'il ne put pas payer les sommes qu'il avait promises, il fut dégradé par le sénat et ensuite assassiné le 29 septembre 193 par Sévère qui avait été élu en sa place, et ce d'autant qu'il avait fait mourir son prédécesseur. Didier Julien était né à Milan, le 26 mai 133.

Sa mort. **193**

Son origine.

194 *Sévère.*

SEPTIME SÉVÈRE, qui commandait dans les Gaules, parvint à l'empire l'an 194. Il bannit les soldats prétoriens qui avaient fait mourir Pertinax. Il fut fort sévère, conformément à son nom; il se faisait craindre plutôt qu'aimer. Il apaisa les troubles de l'empire. Il dit en mourant: «J'ai reçu l'empire agité de »troubles, je l'ai affermi, je le laisse à mes fils auxquels il sera »ferme s'ils sont bons, et chancelant s'ils sont mauvais.» Il fit faire une muraille qui séparait l'Angleterre de l'Ecosse, dont on voit encore aujourd'hui les ruines. Il y a à Yverdon une inscription en son honneur.

Fut fort sévère.

Son discours en mourant.

Muraille qui sépare l'Angleterre et l'Ecosse.

Premier évêque de Genève. **199** *Mort de Sévère.* **211**

On croit que Paracolus fut le premier évêque de Genève 199. Sévère mourut de la goutte dans la ville de York en Angleterre, le 4 février 211. Etant près de sa fin, il s'écria: «J'ai tout été, mais tout cela ne me sert de rien.» Il eut deux femmes, Marcia Octacilia dont il eut Bassien, surnommé Caracalla, qu'il créa Auguste, et Julia Donna de laquelle il eut Geta qu'il fit César. Sévère était né en Afrique dans la ville de Lebeda au royaume de Tripoli, le 18 juin 145.

CARACALLA s'adonna au luxe, à l'impiété et même à la magie et fut très cruel. Il régna quelque temps avec son frère Geta qu'il tua. Cet empereur fut surnommé Caracalla à cause d'une longue robe à la gauloise qu'il portait. La prédiction de son père fut accomplie à son égard, car ses domestiques s'animèrent contre lui et même plusieurs peuples qui causèrent de grands maux à l'empire. Il vainquit cependant les Allemands dans le pays des Grisons, et il en prit le titre d'Allémanique.

Caracalla. Mauvaises qualités

Il vainquit cependant les Allemands.

Du temps de cet empereur le nom d'Allemand commença à être en usage et on donna dès-lors à une partie de la Germanie le nom d'Allemagne, savoir à la Bavière, à la Souabe et à quelques provinces voisines, qui étant composées de toutes sortes de nations qui s'y étaient rendues, on prit occasion de les appeler Allemands, comme si on disait *Allemann* ou *Allerleymann*. D'autres estiment que le mot *allemand* vient d'une idole ou fausse divinité nommée Almann, qui était Hercule et une des plus considérables qui fût adorée dans toute la Germanie.

Origine du mot Allemand

Il y avait une de ces idoles dans l'abbaye de Reichenau, qui est dans une île du lac de Constance, où elle a été gardée jusques à l'an 1510 auquel l'empereur Maximilien I la fit transporter depuis cette abbaye à Inspruck.

Idole à Reichenau transportée à Inspruck l'an 1510.

Caracalla fut tué par ses propres domestiques, ou plutôt par un soldat qui le transperça par l'ordre de Macrin, grand prévôt de l'empire: il était descendu de son cheval pour ses nécessités; ce qui arriva à Carris, ville de la Mésopotamie, le 8 avril l'an 217. Il avait épousé Plautille, fille de Plautien, gouverneur de Rome, qu'il tua pour avoir conspiré contre lui. Il épousa encore Julie, sa belle-mère, et il eut un fils de Sémiamire sa cousine germaine, qui fut l'empereur Héliogabale. Caracalla était né à Lyon, le 8 avril 188, de sorte qu'il avait précisément 29 ans lorsqu'il fut tué.

Mort de Caracalla.
217

MACRIN fut élu empereur par Martial et ses autres complices qui avaient assassiné Caracalla. Il était natif de Marusie où il naquit l'an 164; son père était un esclave. Il perdit une bataille contre Héliogabale et s'enfuit ensuite à Chalcédoine dans la Bythinie avec son fils Antonin Diadumène, où ils furent tous deux massacrés l'an 219. Sa tête fut portée à Rome.

Basse extraction de Macrin.

Sa mort.
219

HÉLIOGABALE fut élu empereur par les troupes. De son temps les Allemands firent des courses dans les Gaules et ravagèrent les villes qui étaient sur la frontière. Il était surnommé Alagabale, qui était le nom du faux dieu des Emisséniens, dont il avait été le prêtre. Il adopta Alexandre Sévère et fut massacré à l'âge de dix-huit ans dans Rome le 20 février 222 avec sa mère Sémiamire. Son corps fut traîné par les rues et ensuite jeté dans le Tibre.

ALEXANDRE SÉVÈRE fut un très bon prince. Il aimait fort la justice et avait toujours cette sentence dans la bouche: « Ne fais pas aux autres ce que tu ne voudrais pas qu'on te fît. » Il favorisa beaucoup les chrétiens. Il fit la guerre aux Allemands, mais comme cela ne lui réussit pas et que, d'autre côté, il faisait observer une exacte discipline, ses troupes se mutinèrent contre lui et le massacrèrent dans un village nommé Sicila près de Mayence, et ce à la sollicitation de Maximin qui s'était fait élire empereur par ces troupes auprès de cette ville. Sa mère qui s'appelait Maméa était la sœur de Sémiamire, mère de Héliogabale. Cette mère fut aussi assassinée avec lui. Elle avait été instruite dans la religion chrétienne par Origène et elle était fort vertueuse. La mort de cet empereur arriva le 18 mars 235. Il était né dans le village d'Arca en Syrie par un même jour 18 mars 205. Cet empereur avait de très belles qualités; il punissait sévèrement les juges qui se laissaient corrompre ou qui vendaient ses grâces. Il défendit la vénalité des charges et chassa de sa cour les bouffons et les fainéants; il méprisait les flatteurs et il défendit de lui donner le titre de seigneur et de se prosterner devant lui. Quoiqu'il fût païen, il avait beaucoup de vénération pour Jésus-Christ, l'ayant même voulu mettre au rang des Dieux; mais il n'y put pas réussir. Cependant il ne laissa pas que d'avoir son image dans son cabinet. Il consultait toujours les plus habiles jurisconsultes lorsqu'il s'agissait de faire la justice.

MAXIMIN était de très grande stature, long de huit pieds, mais très cruel. Le sénat de Rome ayant désavoué son élection faite par ses troupes, dès qu'elles l'eurent appris, elles le massacrèrent au siège d'Aquilée avec son fils Maximin. Il était âgé de soixante-cinq ans. On porta sa tête sur une lance par la ville de Rome. Il courait aussi vite que le cheval de Sévère. Il fit une cruelle guerre en Allemagne et en désola plusieurs contrées, et surtout il remporta une signalée victoire près de Constance. Il s'était associé à l'empire son fils Maximin qui régna deux ans avec lui et qui était âgé de vingt ans quand il fut tué. Il était natif d'un village de Thrace et Goth d'origine. Il était de basse condition, *Sa basse naissance.* ayant été bouvier dans sa jeunesse; il avait épousé Paulina Augusta. Son prédécesseur lui avait confié le commandement de son armée, mais par une noire ingratitude, il le fit massacrer pour avoir l'empire, et par un juste jugement de Dieu il fut assassiné lui-même par les mêmes troupes, ce qui arriva l'an 237.

BALBIN et PUPIEN furent créés Augustes par le sénat, après *Plusieurs empereurs créés et pourquoi.* qu'il eut déclaré Maximin ennemi de la république à cause de ses cruautés inouïes. Le sénat créa aussi césars le vieux Gordien *Les Gordien créés empereurs.* premier du nom, âgé de quatre-vingts ans, et Gordien son fils. Le sénat élut plusieurs personnes, afin de pouvoir tant mieux s'opposer aux violences de Maximin. Ces deux Gordien furent massacrés l'an 237 à Carthage en Afrique par Capélien, lieute- *Leur mort. 237* nant et bon ami de Maximin.

Gordien le vieux était de la famille de l'empereur Trajan. Il *Son extraction.* était né l'an 157 et avait épousé Fabia Orestilla dont il eut Gordien II. Celui-ci fut tué le 1er juin 237 âgé de 46 ans. Il avait une sœur qui fut mère de Gordien III, qui, après la mort de Gordien II, fut associé à l'empire à Balbin et Pupien et qui régna *Balbin et Pupien tués par leurs soldats.* un an avec eux. Mais ces deux derniers ayant conspiré contre Gordien III, furent tués eux-mêmes par les soldats le 17 juin 238. *238* Les soldats se dépitèrent de ce que le sénat les avait élus, croyant que le droit d'élire les empereurs leur appartenait. Balbin était âgé de soixante ans lorsqu'il fut tué. Son père était d'une famille illustre, mais Pupien était fils d'un maréchal.

Pantalus, premier évêque des Rauraques, vivait en ce temps. *Pantalus, premier évêque des Rauraques.* Il était de la maison des comtes de Frobourg et fut canonisé dans la suite. Quelques historiens assurent qu'il vivait seulement l'an 346. Il demeurait dans la ville d'Augst. Ses successeurs ont depuis tenu leur siége à Bâle et enfin à Porentrui, où ils sont présentement.

GORDIEN III n'avait que seize ans lorsqu'il parvint à l'empire. *Belles qualités de Gordien III.* Il était né le 20 janvier 222 et avait de très belles qualités. Ce jeune prince ayant été surpris par les flatteurs, il s'écria: «Malheureux est le prince auquel on cache la vérité.» Il avait épousé la fille de Mysithée qui était son conseiller et par les avis duquel il conduisit très bien l'empire. Mais Mysithée étant mort, Gordien établit Philippe son conseiller en la place de son beau-père, *Sa mort. 244* mais après avoir été quelque temps son favori, Philippe le fit massacrer le 30 janvier 244.

PHILIPPE ayant succédé à Gordien, s'associa son fils Jules Sa- *Philippe. Il se déclare chrétien.* turnin. Philippe se déclara chrétien; il fut converti à la foi par

Pontian ou Pontius, sénateur romain, et baptisé par Fabien. Son père était capitaine de voleurs.

Sa basse extraction

Paul Hermite.

L'an 248 vivait Paul Hermite qui menait une vie sainte. On le croit le fondateur de Notre-Dame des Hermites. (Voyez l'an 863).

Peste.
250

L'an 250 fut le commencement d'une peste qui dura quinze ans et qui ravagea toutes les provinces de l'empire romain.

La mort de Philippe.
251

Les deux empereurs Philippe et son fils furent massacrés par le commandement de Décius le 29 janvier 251, savoir, Philippe le père à Vérone, par ses propres soldats, et le fils à Rome.

Decius, cruel persécuteur.

DECIUS étant monté sur le trône, persécuta les chrétiens; ce qu'il fit à ce qu'on croit pour la haine qu'il portait à ses prédécesseurs qui les avaient favorisés. Il apaisa des troubles qu'il y avait dans les Gaules, et combattit les Goths qu'il y avait en Hongrie; mais ayant perdu la bataille, il s'enfonça par désespoir dans un marais où il fut noyé, ce qui arriva par la trahison de Gallus l'an 252. Il était âgé de 50 ans lorsqu'il mourut. Son fils fut tué dans le combat d'un coup de flèche. Décius était originaire de la Basse-Hongrie, de la ville de Bubalia, où il était né l'an 238.

Sa fin tragique.
252

Gallus et son fils sont tous deux massacrés.
255

GALLUS et *Volusianus*, son fils, ayant été élus empereurs par les soldats, furent aussi massacrés auprès d'Interamna par les mêmes troupes l'an 255, après avoir régné trois ans, pendant qu'ils marchaient contre Emilien, gouverneur de la Moésie, qui faisait des mouvements pour se faire élire empereur. Gallus avait fait une paix honteuse avec les Goths, ayant rendu le peuple romain tributaire de ces barbares; mais Emilien, son lieutenant général, voyant qu'ils avaient violé le traité fait avec eux en saccageant plusieurs provinces de l'empire, les attaqua et les vainquit, ce qui lui attira l'affection des soldats, qui ayant tué Gallus et son fils, élurent Emilien empereur. Gallus était pour lors âgé de 46 ans. Il était originaire des Gaules et c'est pour cela qu'il portait le nom de *Gallus*.

Gallus rendit les Romains tributaires des Goths.

Gallus était Gaulois

Mort d'Emilien.

EMILIEN ayant beaucoup contribué à la mort de Gallus, ne posséda pas longtemps l'empire; car il fut tué au bout de trois mois à Terni, ville d'Ombrie, d'autres disent à Spolette, âgé de 40 ans. Emilien était d'une naissance fort obscure et originaire de la Mauritanie en Afrique.

Son origine.

Valérien et Gallien, élus.
255

Les Allemands entrent dans les Gaules.
258

VALÉRIEN et son fils *Gallien* furent créés empereurs par le sénat l'an 255. Sous leur empire les Allemands passèrent le Rhin et entrèrent dans les Gaules, où ils ravagèrent plusieurs contrées.

Ils firent des courses dans la Suisse l'an 258, et ruinèrent presque entièrement la ville d'Augst et toutes les fortes places de la Suisse. Mais Posthume, préfet des Gaules, les fit ensuite rebâtir et fortifier l'an 260. L'année 261 il y eut des tremblements de terre et de profondes ténèbres, la peste continua, plusieurs villes furent renversées, les eaux étaient puantes, la mer déborda, et plusieurs peuples inondèrent l'empire romain. Valérien était né l'an 183. Après qu'il eut régné sept ans, il fut fait prisonnier l'an 262 par Sapor, roi de Perse, qui s'en servait de marchepied lorsqu'il montait à cheval. Il mourut dans la Perse; Sapor le fit écorcher, les uns disent vif, et les autres après sa mort, ce qui lui arriva sans doute par un juste jugement de Dieu, parce qu'il avait été un cruel persécuteur des chrétiens.

GALLIEN, son fils, continua à régner seul pendant sept ans, après que son père eut été fait prisonnier. Cet exemple le porta à faire cesser la persécution; mais comme il n'était point guerrier, l'empire fut attaqué par diverses nations. Après la mort de son père, il s'adonna à l'ivrognerie et à l'impureté. Il s'était associé Odenat à l'empire. Posthume, qui commandait dans les Gaules, voulut se faire empereur.

Enfin Gallien étant âgé de cinquante ans fut massacré à Milan, l'an 269 par Auréole; son frère Valérien et son fils Salonin furent aussi assassinés avec lui.

FLAVE-CLAUDE fut élu empereur par le sénat le 24 mars 269. Il était bon et vaillant prince. Il défit auprès de Lugan 40,000 Allemands qui étaient entrés en Italie. Il vainquit les Goths et en tua en diverses batailles 32,000. Etant près de sa mort, il nomma pour son successeur Aurélien. Il mourut à Sirmisch, ville de la Basse-Hongrie, d'une maladie contagieuse, le 4 février 271. Il était l'aïeul de Constance Chlore. Son frère Aurélius *Quintillus* ayant été élu empereur par les soldats, ils l'assassinèrent au bout de quinze jours; d'autres disent que ce Quintillus ayant appris que les soldats avaient créé Aurélien empereur à Rome, par la crainte qu'il eut de tomber entre ses mains, se fit ouvrir plusieurs veines, dont il mourut le 21 février 271.

AURÉLIEN fut un cruel persécuteur des chrétiens. Il fit rebâtir Genève qui avait été brûlée quelques années auparavant, et on croit qu'il fit aussi construire Orléans et agrandir la ville de Lausanne des ruines d'Arpentras. Il fut enfin massacré par Ménesthée, son secrétaire, auprès de Bysance l'an 275, âgé de soixante-quinze ans. Il était de basse extraction, né dans la Dace. Il

Il défait les Allemands. repoussa les Allemands, qui étaient entrés dans les Gaules et les défit en diverses occasions. Il aimait fort les Grisons et en avait toujours parmi ses troupes.

La vigne plantée. On commença l'an 275 à planter la vigne en divers endroits de l'Allemagne.

Claude-Tacite. Modeste en ses vêtements. CLAUDE-TACITE était un prince fort modeste en ses vêtements; il avait en horreur la somptuosité. Après qu'il eut été élu empereur par le sénat, il porta les mêmes habits qu'il portait auparavant, savoir une longue robe blanche, ou tunique dont les Romains s'habillaient en temps de paix. Il défendit à l'impératrice de porter de l'or, des pierreries et d'autres choses semblables. Il était né à Rome l'an 202. On croit qu'il fut tué dans une sédition en 276. Il était fils d'Annius, chevalier romain, et de la famille du fameux historien Corneille Tacite.

Sa mort. 276

Florien, créé empereur. FLORIEN, frère utérin de Tacite, lui succéda à l'empire; mais comme il s'en était saisi de sa propre autorité, craignant Probus qui avait été nommé empereur par les troupes, il se tua soi-même à Tarse le 3 juillet 276, s'étant coupé les veines. Il ne régna qu'environ deux mois.

Sa mort. 276

Probus forcé d'accepter l'empire. PROBUS fut forcé par les soldats d'accepter l'empire. Il résista longtemps, leur tenant ce langage: « Compagnons, il n'est pas « avantageux, ni pour vous ni pour moi, que je sois votre maître, « car je ne saurais vous flatter. » Dès qu'il fut monté sur le trône, il punit les meurtriers d'Aurélien. Après la mort de ce dernier, *Allemands passant le Rhin.* il y eut plusieurs princes allemands qui passèrent le Rhin et qui se saisirent de plusieurs villes dans les Gaules et particulièrement dans la Suisse, où ils ravagèrent les pays qui sont *Probus les chasse.* entre le lac de Zurich et le Rhin. Probus les en chassa et les poursuivit jusques bien avant dans l'Allemagne. Il en tua 400,000, en fit 16,000 prisonniers et reconquit les villes dont ils s'étaient emparés dans les Gaules. Les princes qu'il combattit étaient Chrocus, Bonose, Procule et autres; il prit prisonnier Sérano et son fils. Il donna tout le butin à ceux qui avaient été ravagés et les bœufs pris sur les ennemis pour labourer leurs terres. *Il s'oppose aux Bourguignons et aux Vandales.* Il s'opposa aussi aux Francs, Bourguignons et Vandales qui voulaient passer le Rhin. Enfin il fit une paix avec tous ces peuples après les avoir repoussés. Bonose, capitaine des confins des Grisons, voulant se faire empereur, Probus le vainquit et *Vignes permises aux Gaulois.* apaisa les troubles qu'il avait causés. Il permit aux Gaulois, l'an 280, d'avoir des vignes, et c'est dès lors qu'on en a eu en *Sa mort.* Suisse. Il fut massacré à Sirmium ou Sirmisch, ville de Hongrie,

280

282

l'an 282, par ses soldats, ceux-ci refusant de se soumettre à une discipline qui leur paraissait trop sévère. Il avait tenu l'empire cinq ans. Il était jardinier, fils d'un paysan et originaire d'une ville près de Sirmisch; mais sa mère était noble. *Sa basse extraction*

CARUS alla continuer la guerre contre les Perses que Probus avait commencée. Il s'associa son fils Carinus à l'empire et lui remit les affaires d'Occident; mais Carus ne régna qu'un an et quelques mois, car étant à Clésipsonte l'an 283, il fut frappé de la foudre le 2 novembre et trouvé mort dans sa tente. Il était originaire de Narente en Dalmatie et natif de Narbonne en Languedoc. Il laissa deux fils, Carinus et Numérien. Ce dernier pleura tellement la mort de son père, qu'il en devint presque aveugle. *Carus s'associe son fils.* *283* *Carus frappé de la foudre.*

CARINUS continua à régner dans l'Occident après la mort de son père, auquel Numérien succéda dans l'Orient. Carinus fut extrêmement cruel et débauché, ce que Carus ayant appris, il s'écria qu'il n'était pas sorti de lui. Numérien ayant été tué dans l'Orient par la trahison d'Aper, son beau-père, qui aspirait à l'empire, Dioclétien fut proclamé empereur par les troupes; ce que Carinus ayant appris, il voulut aller le combattre; mais il fut tué lui-même dans une bataille l'an 285, auprès de Mursia en Hongrie, d'autres disent près de Margues, ville de la Moésie. On croit qu'il fut tué par un de ses principaux officiers dont il avait séduit la femme; d'autres disent que ce fut par les ordres de Dioclétien. Pendant ces troubles, les francs peuples d'Allemagne passèrent le Rhin pour la première fois et entrèrent dans la Hollande, mais ils furent repoussés outre ce fleuve par ceux qui y commandaient de la part des Romains. *Carinus cruel.* *Mort de Numérien.* *Aper.* *Mort de Carinus.* *Les Francs passent le Rhin.*

DIOCLÉTIEN étant monté sur le trône, déclara césar Maximien le 10 mars 286, et l'établit sur l'Occident. Il créa aussi césars, l'an 291, Constance surnommé Chlore et Galère Maximien son gendre. Avant qu'il fût empereur, il tua Aper le meurtrier de Numérien. Une Druide hongroise lui avait prédit qu'il parviendrait à l'empire après qu'il aurait tué le sanglier, et c'est ce que signifie le mot *Aper*. *Dioclétien déclare Maximien césar.* *286* *Constance Chlore et Maximien.* *Aper tué.*

Dioclétien fut le plus cruel persécuteur des chrétiens, jusque-là que dans le seul royaume d'Egypte, il y eut 144,700 personnes qui souffrirent le martyre. Enflé d'un orgueil insupportable, il ordonna qu'on lui rendît des honneurs divins; il couvrait jusqu'à ses souliers de pierres précieuses. Cependant sa naissance était fort obscure; il était affranchi d'un sénateur et originaire d'un *Dioclétien, cruel persécuteur des chrétiens.* *Homme vain.* *Sa basse extraction* village qui était près de Salone en Dalmatie. Il régna dix-neuf ans, savoir un an en Occident et dix-huit ans en Orient. Après avoir renoncé à l'empire et vécu comme particulier à Salone, *Il se donne la mort.* il se donna la mort de chagrin, en se refusant les aliments, l'an 313, étant âgé de soixante-huit ans.

Maximien.
Félix et Régule, sa sœur, et Exupérentius prêchent l'Evangile.
Leur martyre à Zurich.

MAXIMIEN, surnommé Herculius, fut empereur d'Occident dès l'an 286. L'année suivante Félix et Régule sa sœur, avec Exupérentius, vinrent en Suisse pour y prêcher l'Evangile. Ils passèrent par le pays de Valais, par celui d'Uri, et s'étant arrêtés à Glaris, ils souffrirent le martyre à Zurich. Cependant ils attirèrent plusieurs personnes à la religion chrétienne.

Amandus et Elianus.
Bagaudes.
Légion thébaine.

Amandus et Elianus soulevèrent dans les Gaules un grand nombre de paysans qu'on nommait Bagaudes. Maximien y vint pour s'y opposer. Il amena avec soi la légion de Thèbes qu'il fit venir d'Egypte. L'empereur ayant passé les Alpes et étant arrivé au pays de Valais, il y offrit des sacrifices à Jupiter Pœonien, auxquels cette légion, qui était composée de chrétiens, ne voulut pas assister. Un certain Maurice en était le chef; Urs et Victor étaient du nombre de ces capitaines. Pour punir cette légion, Maximien la fit décimer au commencement, mais voyant qu'elle persistait dans le christianisme, il l'extermina entièrement. Il y en eut cependant quelques-uns qui échappèrent, comme Urs et Victor et soixante-six de leurs compagnons, qui s'étant retirés à Soleure, y souffrirent le martyre; d'autres s'en allèrent à Zurich. Maximien écrivit à Décius et à Hirtacus de les faire mourir; ce qu'ils firent. Urs et Victor furent martyrisés à Soleure le 30 septembre 288. Ils ont été tous deux canonisés et St.-Urs est devenu le patron de la ville de Soleure. Maurice fut aussi mis au rang des saints, et la ville de St.-Maurice a été bâtie au même lieu où se fit le massacre, en mémoire de ce Maurice, et où était auparavant Agaunum ou Ternades. Ste-Vérène, proche parente de St-Maurice, se retira aussi à Soleure, d'où elle échappa, ayant guéri Hirtacus d'une maladie dangereuse. Elle se retira à Zurzach, où elle mourut le 1er septembre 300. Elle a été depuis en si grande vénération, que ceux de Zurzach l'ont choisie dans la suite pour leur patronne, et qu'ils tiennent encore aujourd'hui la plus considérable de leurs foires sur le même jour, 1er septembre, qui a aussi été dédié à Ste-Vérène après sa canonisation. Décius et Hirtacus étaient en ce temps gouverneurs de la Suisse de la part de l'empereur; le premier résidait à Zurich et le dernier à Soleure. Quoique ce qu'on raconte de cette légion thébaine paraisse véritable, cependant plusieurs historiens d'aujourd'hui la regardent comme une fable.

Maurice, Urs et Victor.

Persécution.

Martyrs à Soleure.
288
Urs et Victor martyrisés.
Urs, patron de Soleure.
St-Maurice bâti.

Mort de Ste-Vérène.
300
Patronne de Zurzach.

Décius à Zurich et Hirtacus à Soleure.

CHAPITRE II. — DE LA SUISSE SOUS LES EMPEREURS ROMAINS.

Maximien s'associa, l'an 290, Constance, surnommé Chlore, à l'empire d'Occident, ou, selon d'autres, il le créa césar et il obligea Amandus et Elianus qui commandaient dans les Gaules de se soumettre à lui. Chlore eut la domination des Gaules et de l'Angleterre. Maximien remporta plusieurs victoires sur les Allemands ; mais dès qu'il se fut éloigné d'eux, ils rentrèrent de nouveau dans les Gaules avec une puissante armée. Après avoir ravagé le pays des Grisons, ils entrèrent dans la Suisse, la désolèrent comme étant une province ennemie ; ils y ruinèrent plusieurs villes et entre autres Zurich, Vindonisse, Winterthur et Avenches. Ils firent la même chose dans le pays des Rauraques et dans la Bourgogne. Constance Chlore alla les attaquer auprès de Langres, où il fut à la vérité vaincu et eut de la peine d'échapper ; mais après qu'il eut ramassé ses troupes, il défit entièrement les Allemands, en tua 60,000, et le reste s'étant retiré en Suisse près de Bruck, il alla de nouveau les attaquer, et après les avoir encore vaincus avec le secours des Suisses, l'an 294, et en avoir tué 30,000, il les repoussa outre le Rhin. Il fit ensuite rebâtir plusieurs forteresses sur ce fleuve pour empêcher les Allemands de rentrer dans les Gaules ; il les poursuivit même fort avant dans l'Allemagne, où il remporta encore plusieurs victoires.

Maximien voyant que la Suisse était exposée aux courses perpétuelles des Allemands, qui la désolaient, y causaient de grands troubles et empêchaient le commerce ; qu'il y avait même un grand nombre de voleurs qui rendaient les chemins mal assurés, crut que pour remédier à ces désordres, il fallait non-seulement bâtir des forts sur le Rhin pour s'opposer à ces courses, mais qu'il était encore nécessaire de construire plusieurs petits forts ou châteaux dans toute la Suisse et sur les grands chemins, pour la sûreté des voyageurs et du commerce et surtout dans les lieux qui n'étaient pas habités. Il les fit bâtir de distance en distance, de telle sorte qu'ils pouvaient se donner du secours les uns aux autres. Il mit dans chacun de ces châteaux une petite garnison avec un officier et y établit des péages considérables. Ces forts servaient de retraite aux voyageurs et aux marchands, principalement lorsqu'ils conduisaient leurs marchandises ; les officiers qui les gardaient étaient obligés de les recevoir, et même de leur donner une escorte s'ils la demandaient. Lorsqu'un voyageur ne faisait que de passer, il ne payait que le péage ordinaire ; s'il portait des marchandises, des denrées, il payait davantage ; mais lorsqu'il fallait lui donner une escorte, il devait un péage extraordinaire, et c'est ce dernier péage que les Allemands appelaient *Gleit* qui vient du mot *gleiten*, qui signifie *accompagner*. On employait ces péages à l'entretien des grands chemins et des châteaux, et on en payait les gages des officiers et de la garnison; le reste appartenait aux Romains. Ces châteaux, qui étaient en très grand nombre, étant devenus la plupart inutiles lorsque la Suisse s'est fort peuplée, les em-

Ces châteaux ont été inféodés. pereurs et les rois les ont donnés en fief à des seigneurs, en leur inféodant les terres qui en dépendaient et en leur confiant la juridition que ces officiers exerçaient auparavant.

Henri, évêque d'Avenches. On tient qu'en l'an 300 ou environ, vivait Eric ou Henri, premier évêque d'Avenches; ce qui fait voir qu'il y avait déjà pour lors des chrétiens dans la Suisse, quoiqu'il y eût plusieurs païens.

303
Ritiovare, persécuteur des chrétiens. Ritiovare, lieutenant-général de Maximien dans les Gaules, persécuta les chrétiens en Suisse l'an 303. Il en fit noyer plusieurs à Bâle par ordre de l'empereur son maître.

304
Maximien renonce à l'empire. Maximien renonça à l'empire le 1er avril 304, et ce en faveur de Constance Chlore et à la sollicitation de Dioclétien, qui avait fait la même chose en Orient en faveur de Galère Maximien, qui avait épousé Valéria, fille de Dioclétien. Ce Galère était natif de Gérofaco en Valachie, fils d'un paysan; il fut aussi un

Galère brûle les Bibles. grand persécuteur et fit brûler toutes les Bibles des chrétiens qu'il put trouver. Comme Dioclétien s'était retiré à Salone après avoir renoncé à l'empire, ainsi Maximien fit sa retraite à Milan.

308
Mort de Maximien. Le dernier ayant fait quelque effort, l'an 308, pour remonter sur le trône, Constantin-le-grand, son gendre, le fit mourir à Marseille; il le fit prisonnier, et lui ayant laissé choisir le genre de

Son origine. mort qu'il voulut, il se pendit. Ce Maximien était originaire de Dace près de Sardique, d'autres disent de Philippes, ville de Thrace; son père était un paysan. Maximien avait été bouvier dans sa jeunesse.

Constance Chlore était un bon prince. Il aimait les chrétiens et les Suisses. CONSTANCE, surnommé *Chlore*, ou le pâle, fut un bon prince. Quoiqu'il fût païen, il aimait cependant beaucoup les chrétiens. Il eut aussi bien de l'affection pour les Suisses; ceux-ci ayant été désolés par les Allemands, leurs plus grands ennemis, et

Il rebâtit Winterthour et Constance. leur pays étant devenu un désert, non-seulement il rétablit la ville de Winterthur dans le canton de Zurich et celle de Constance à laquelle il donna son nom, mais il envoya encore en

Colonie en Suisse. Suisse une puissante colonie pour la repeupler; elle était composée de plusieurs bandes, dont chacune avait son chef. Lorsque ces nouveaux habitants furent arrivés en Suisse, les chefs jetèrent le sort entre eux pour savoir quel pays leur était échu pour y habiter. Il y a bien de l'apparence que c'est en ce temps

Pierre-Pertuis. que le rocher de Pierre-Pertuis fut coupé, et que le pays des Rauraques échut à Marcus-Durvius-Paternus, pour y aller demeurer avec sa colonie. Ce rocher, au pied duquel se tire la Birse qui entre dans le Rhin un peu à côté de Bâle, est tout proche du village de Tavannes et fait la limite du pays des Rauraques devers l'occident; il a quarante-six pieds d'épaisseur et son ouverture est haute de quarante; mais depuis quelques années on a rempli le fond, afin de rendre moins rapide le chemin qui y aboutissait. On voit encore aujourd'hui une inscription, qui est une des plus belles antiquités qu'il y ait en Suisse et qui, étant dans le voisinage du comté de Neuchâtel, mérite d'être rapportée ici. Voici ce qui en paraît encore :

La Birse.

NVMINI AVGS
VM
VIA VCTA PER M.
DVI VM PATERN
II VII COL. HELVET.

Inscription de Pierre-Pertuis.

Comme la suite du temps a effacé plusieurs lettres de cette inscription, que les Suédois les gâtèrent l'an 1636, et que d'autres, en tirant contre ce roc à coups de balles, en ont emporté des pièces, on voit aussi évidemment qu'il y en manque plusieurs et qu'il faut nécessairement suppléer. Voici donc comme on peut l'expliquer de la manière la plus probable :
NUMINI AUGUSTORUM VIA DUCTA PER MARCUM DURVUM PATERNUM DUUMVIRUM COLONIÆ HELVETIÆ, c'est-à-dire : *Au Dieu des Augustes, chemin fait par Marcus Durvus Duumvir de la Colonie suisse*. Sur quoi il faut remarquer : 1° Qu'il est fait mention des Augustes, ce qui montre évidemment que cette inscription n'a pas été faite du temps de Jules-César, comme quelques-uns l'estiment, puisque le nom d'Auguste n'était point pour lors en usage : il ne fut inventé et donné qu'à l'empereur Octave, successeur de Jules-César. D'autre part il faut conclure de ce mot *Augustes*, qui est pluriel, que cette inscription a été faite en un temps où il y avait plus d'un empereur, ce qui convient très bien aux années qui ont précédé l'an 304. 2° Le Val de Tavannes portant encore aujourd'hui le nom de Durvaux, il y a bien de l'apparence que c'est à cause de ce Durvus qu'il a pris ce nom, comme si on disait Val de Durvus; et l'ouverture faite à ce rocher a aussi fait donner à ce lieu le nom de *porta raurica*, parce qu'on entre par-là dans le pays des Rauraques. 3° Le nom de Marcus Durvus Paternus se trouve dans les annales de Soleure, et il était d'une ancienne famille de Rome. A Villars-le-moine, près de Morat, il y a une inscription qui fait mention de P. Graccius Paternus, qui était apparemment de la même famille, et qu'on croit avoir donné son nom à Payerne. (V. l'an 595) A

Explication de l'inscription.

Remarques.

Le nom d'Auguste.

Durvaux.

Paternus.

un demi quart de lieue de la ville de Soleure, il y a une inscription à la muraille du temple de Ste-Catherine, faite par Statilius Paternus à l'honneur de Tugénia Marcellina. 4° Enfin ce mot de Duumvir était donné à ceux qui exerçaient la magistrature sur les colonies. Dans Rome, les Duumvirs, qui étaient ordinairement deux, étaient établis pour juger des crimes capitaux, comme des attentats contre le souverain, des trahisons, des parricides, etc. On pouvait appeler de leur jugement devant tout le peuple; ils ne possédaient cet office que pour un temps. Les chefs des colonies portaient aussi le titre de Duumvirs, parce que non-seulement ils en étaient les magistrats, mais parce qu'ils l'étaient aussi des villes municipales, auxquelles ils étaient envoyés. Ils pouvaient emprisonner ou relâcher ceux que bon leur semblait, mais ils ne pouvaient pas violer les libertés de ceux qui leur étaient soumis. Ces villes municipales étaient celles auxquelles les Romains avaient donné de grandes franchises, ou celles dont les bourgeois avaient le privilége de pouvoir parvenir aux charges et offices de la république; ce mot municipal dérivant du mot *munus* qui signifie un office, ou de celui de *munificentia* qui dénote la libéralité des princes, il en résulte que le droit municipal signifie un droit accordé par le prince, qui approche des droits qu'ont les souverains. Ces chefs des colonies s'appelaient *Duumvirs*, soit parce qu'ils avaient la même autorité sur leurs colonies que les Duumvirs avaient dans Rome, soit parce qu'ils avaient auparavant exercé dans Rome l'office des Duumvirs.

L'empereur Constance mourut à York en Angleterre le 25 juillet 306, âgé de cinquante-six ans. Il avait épousé Théodora, fille de l'empereur Maximien, dont il eut deux fils et une fille, savoir Constance et Dalmatius, qui s'intitulait roi des rois et des peuples du Pont. La fille s'appelait Constantia, elle fut mariée à l'empereur Licinus. Constance eut encore de sa concubine, appelée Hélène, un fils nommé Constantin, qui lui naquit à Naisse en Transylvanie. Il préféra ce dernier à ses autres fils par son testament, le déclarant son successeur à l'empire. Il régna seize ans en Occident, savoir quatorze ans avec Maximien et deux ans depuis que ce dernier avait renoncé à l'empire.

CONSTANTIN eut l'empire d'Occident après la mort de son père. Maximien, dont il avait épousé la fille, lui donna le titre d'Auguste l'an 307. Il avait été créé césar deux ans auparavant. On remarquera ici en passant que la dignité de césar tenait le premier rang après celle d'empereur; c'était à-peu-près la même chose qu'est aujourd'hui en Allemagne la dignité de roi des Romains, elle était le plus proche degré pour parvenir à l'empire.

Galère régnait paisiblement en Orient; mais comme il se sentit incapable de porter un si pesant fardeau, il créa césars Sévère et Maximin, surnommé Daza, l'an 305. Sévère était neveu de Galère, fils de sa sœur et né dans la Valachie; il fut tué à Rome l'an 307 par la trahison de Maxence, fils de l'empereur Maximien. Galère créa césar Licinius à la place de Sévère et se l'associa. Galère fut un des plus cruels persécuteurs des chrétiens; il mourut d'une maladie aussi honteuse que douloureuse en 311. Il était de basse extraction.

Galère règne en Orient.
Sévère, Maximin.
Mort de Sévère. 307
Mort de Galère. 311

Maxence, fils de l'empereur Maximien, et gendre de Galère, s'étant saisi de Rome, et y ayant été proclamé empereur par les soldats prétoriens l'an 307, Sévère, ensuite Maximin et enfin Galère même l'y attaquèrent inutilement; mais Constantin étant aussi allé le combattre, il défit Maxence à Vérone, d'où ce dernier voulant se sauver à Rome, se noya dans le Tibre. La tête de Maxence fut ensuite portée en triomphe.

Mort de Maxence

L'empereur Constantin quitta le paganisme l'an 312 et embrassa la religion chrétienne, et ce à cause d'un signe de croix qui lui avait apparu au ciel avant la victoire qu'il remporta à Vérone et d'une voix qui lui fut adressée disant : *Tu vaincras en ce signe.* Constantin s'allia ensuite avec Licinius, empereur d'Orient, auquel il donna sa sœur Constance en mariage, ce qui arriva l'an 313; auquel temps ils partagèrent l'empire. Constantin eut celui d'Occident et Licinius celui d'Orient. Et ce fut dès lors que l'empire prit pour ses armes un aigle à deux têtes.

Constantin se fait Chrétien. 312
313
Partage de l'empire
Aigle à deux têtes.

Constantin vainquit les Francs et plusieurs autres peuples d'Allemagne, comme aussi les Goths; mais comme Licinius, qui était originaire de Valachie, fils d'un laboureur, et des plus ignorants dans la science, continuait de persécuter les chrétiens dans l'orient, Constantin alla le combattre, le vainquit à diverses fois, tant sur mer que sur terre, et l'ayant fait prisonnier l'an 324, il lui accorda sa grâce à la sollicitation de Constance sa femme, et il se contenta de le reléguer à Thessalonique; mais Licinius faisant de nouveaux mouvements pour remonter sur le trône, Constantin le fit mourir l'an 325. Licinius était âgé de quatre-vingt-dix-ans. Constantin demeura par ce moyen seul maître de l'empire. Ce monarque fit aussi mourir cette même année son fils Crispus, sur l'accusation que fit contre lui Fausta sa belle-mère d'avoir voulu attenter à sa pudicité. Mais ayant appris quelque temps après la fausseté de cette accusation, il fit étouffer l'impératrice Fausta, l'an 326, par la vapeur d'un bain chaud.

Constantin vainqueur.
Constantin bat Licinius.
Constantin fait mourir Licinius, 324-325 et demeure maître de l'empire.
Il fait mourir aussi son fils Crispus, puis sa femme Fausta.

Constantin fit rebâtir Bysance, la fortifia et en fit sa ville capitale; elle s'appela d'abord Nouvelle Rome, et de là vient que l'ancienne Thrace, où cette ville était située, s'appelle Romanie;

Il fait rebâtir Bysance. Nouvelle Rome.

mais elle fut ensuite nommée Constantinople. Il acheva de réparer cette ville l'an 328. Il assembla le concile à Nicée contre les Ariens. Enfin, après avoir fait plusieurs actions héroïques, qui lui firent donner le nom de *grand*, Constantin mourut à Nicomédie l'an 337, le jour de la Pentecôte, âgé de soixante-cinq ans, et ce d'une médecine empoisonnée. Il avait régné trente ans et dix mois. Il avait épousé: 1° Minervine, dont il avait eu Crispus; 2° Maxima Fausta, fille de l'empereur Maximien, dont il eut plusieurs enfants. Il laissa trois fils, savoir: Constantin, Constant et Constance, auxquels il partagea l'empire, et deux filles dont l'une fut mariée à Julien. Constantin-le-grand avait aussi deux frères, Constantius qui fut père de Gallus et de Julien, et Dalmatius ou Anafalianus, qui eut un fils nommé Dalmatius que Constantin créa césar l'an 335 et qui eut l'Arménie; mais il fut tué bientôt après par Constance.

Constantin II eut, ensuite du partage que son père avait fait de l'empire, l'Espagne, les Gaules et l'Angleterre; mais comme l'ambition aveugle souvent les hommes, il prétendit avoir encore l'Italie qui était parvenue en partage à son frère Constant; c'est pourquoi il lui déclara la guerre, de sorte qu'étant entré l'an 340 dans ses Etats, il fut tué le 3 novembre auprès de la ville d'Aquilée dans une embuscade qui lui fut dressée par les généraux de l'armée de Constant, et par ce moyen ce dernier acquit tout l'Occident. Constantin II était né à Arles l'an 315. Il avait embrassé l'hérésie des Ariens.

Justinien, évêque des Rauraques, vivait en ce temps; il tenait son siége à Augst. Il assista au concile de Cologne, où il signa, le 12 mars 347, la condamnation d'Ephrata, évêque de Cologne, qui niait la divinité de Jésus-Christ. D'autres mettent ce concile en l'an 440.

Constant s'étant adonné à une vie voluptueuse après la mort de son frère, cela donna occasion au comte Magnentius de se saisir de l'Espagne et des Gaules, et s'étant fait ensuite proclamer empereur, il créa césars Décentius et Désidérius ses frères. Il remit au premier le soin des Gaules et au dernier l'administration de l'Espagne. Décentius s'étant voulu opposer à Chonodomarius, roi des Allemands, qui étaient entrés dans les Gaules, il fut vaincu, et ce roi barbare y désola et ruina plusieurs villes considérables. Constant voulut attaquer Désidérius, il fut tué lui-même dans les monts Pyrénées, au lieu nommé Hélène, l'an 350, étant âgé de trente ans. Il fut assassiné par Gaïson, général de l'armée de Magnentius; après cette mort Vétranion, général de la cavalerie, prit le titre d'empereur le 1ᵉʳ mai dans Mursa, ville de la Hongrie; mais au bout de huit mois, il fut obligé de quitter le sceptre pour mener une vie privée.

Vetranion prend le titre d'empereur.

CONSTANCE devint, après la mort de son frère, le maître absolu de tout l'empire romain. Il avait créé césar son cousin Gallus l'an 351; mais il le fit tuer bientôt après dans l'Illyrie. Julien, frère de Gallus, fut fait césar l'an 355, le 6 novembre, et Constance lui donna sa sœur Hélène en mariage. Il l'envoya ensuite dans les Gaules pour les gouverner.

Constance, maître de tout l'empire.
Gallus créé césar.
351
Julien fait césar.
355

L'an 353 Gaudemad et Vadomar frères, rois d'Allemagne, étant entrés dans la Suisse, la Bourgogne et le pays des Rauraques, à dessein d'y faire leur demeure, Constance y accourut pour les en chasser, ce qu'il fit; mais ces rois ayant imploré sa grâce, il la leur accorda et fit même une alliance avec eux. Les Allemands ayant recommencé la guerre l'an 356, Julien vint camper auprès de Besançon, d'où il les alla chasser de l'Alsace qu'ils avaient occupée, et dont ils tenaient les principales villes. Il délivra aussi Cologne et accorda aux Francs la paix qu'ils lui demandèrent. De là il se retira à Paris; mais les Allemands qui ne cherchaient que de la proie, entrèrent de nouveau dans les Gaules l'an 357, pénétrèrent jusqu'à Lyon et firent un grand butin. Julien occupa tous les passages, afin de les défaire à leur retour, ce qu'il fit; il en tua un grand nombre, prit leur dépouille et les rechassa outre le Rhin. Il fit ensuite rebâtir toutes les villes que les Allemands avaient ruinées. Ayant laissé Barbetio avec 25,000 hommes pour garder la Suisse avec le pays des Rauraques, les Allemands vinrent surprendre ce général et le poursuivirent jusqu'à la ville d'Augst, qu'ils ruinèrent. On croit que la ville de Bâle a pris son commencement de ces ruines, que Julien jeta les fondements de cette ville et lui donna le nom de sa mère Basile (V. l'an 407).

Les Allemands entrent en Suisse.
Ils sont chassés.
Ils recommencent la guerre.
356
Ils sont encore chassés par Julien.
Ils entrent dans les Gaules.
357
Ils sont vaincus.
Barbetio, général d'armée.
Augst ruiné.
Origine de la ville et du nom de Bâle.
360

Les Allemands voyant que ceux de leur nation avaient quelque avantage sur Barbetio, plusieurs de leurs rois y accoururent, entre autres Chonodomarius, Vestralpus, Urius, Hortarius avec toutes les troupes qu'ils purent ramasser, et s'en allèrent camper auprès de Strasbourg. Cependant Julien ne s'en effraya point; quoiqu'il fût de beaucoup inférieur à ces barbares, il alla les attaquer avec intrépidité, prit Chonodomarius prisonnier, l'envoya lié à Rome à Constance, qui était occupé à la guerre contre les Perses. Julien eut toutes les dépouilles de ces rois allemands. Il retourna, l'an 360, à Paris, où les soldats le proclamèrent empereur. Constance craignant Julien, prit la résolution d'aller le combattre; mais il mourut en chemin d'une

Les Allemands rentrent dans les Gaules.
Ils sont vaincus par Julien.
Mort de Constance.

apoplexie, d'autres disent d'une fièvre, le 3 novembre 364, âgé de quarante-cinq ans. Il ne laissa pas, avant que de mourir, que de nommer Julien pour son successeur.

Julien l'Apostat. Persécuteur des chrétiens.

JULIEN, surnommé l'*Apostat*, parce qu'il quitta la religion chrétienne pour embrasser le paganisme, persécuta cruellement les chrétiens. Il abolit toutes les écoles et défendit l'étude des sciences, afin de plonger les chrétiens dans une grossière ignorance. Il s'appliqua entièrement à rétablir les idoles et se fit même sacrer souverain pontife. Il employait plutôt les voies de la douceur que celles de la rigueur pour détourner les hommes du christianisme, en quoi il y avait d'autant plus de danger, que le poison était caché. Mais Dieu délivra bientôt son église de ce malheureux apostat, car étant allé à la guerre contre les Perses, il périt dans le combat. Plusieurs historiens assurent qu'il fut transpercé d'un javelot qui était descendu du ciel, puisqu'on ne put jamais découvrir qui l'avait lancé, et on tient que prenant de sa main du sang qui coulait de sa plaie et que le jetant contre le ciel, il prononça ce blasphème : *Tu as vaincu, Galiléen!* Cette mort arriva le 26 juin 363. Il était né à Constantinople l'an 332. Il avait été instruit dans sa jeunesse par Eusèbe, évêque de Nicomédie.

Il emploie la douceur.

Mort de Julien.
363

Eusèbe fut son précepteur.

Jovien fut un prince pieux.

JOVIEN fut élu empereur par les soldats dès le lendemain de la mort de Julien; mais comme il avait beaucoup de piété, il ne voulut pas accepter cette dignité, que toute son armée n'eût fait serment de faire profession de la religion chrétienne, et par ce moyen il rétablit ce que son prédécesseur avait détruit. Il fit une paix honteuse avec Sapor II, roi de Perse. Comme il retournait à Constantinople, il mourut en chemin dans la ville de Datastane, entre la Galatie et la Bithynie, le 19 février 364, âgé de trente-trois ans. On croit qu'il mourut de la vapeur du charbon qu'on avait mis dans une chambre nouvellement bâtie, dans laquelle il fut logé. Il avait été instruit par St-Athanase.

Il rétablit la religion chrétienne.

Sa mort.
364

Valentinien, créé empereur.
364
Les Allemands entrent de nouveau en Suisse.
365
Sont repoussés.

Il exerce la jeunesse suisse.

VALENTINIEN fut créé empereur à Nicée l'an 364. La même année il donna l'empire d'Orient à son frère Valens; les Allemands étant de nouveau entrés dans la Suisse et dans les pays des Grisons et des Rauraques, Valentinien vint les repousser l'an 365. Jovien, qui commandait les troupes de l'empereur, les vainquit en diverses rencontres; mais afin de pourvoir à la sûreté des Suisses et de tous les peuples des Gaules, contre les courses des Allemands, non-seulement il fit exercer leur jeunesse au maniement des armes, afin qu'ils fussent en état de

CHAPITRE II. — DE LA SUISSE SOUS LES EMPEREURS ROMAINS.

se défendre contre les insultes de ces fâcheux voisins; mais il fit construire plusieurs forts sur le Rhin, auxquels il mit des garnisons pour mettre les Suisses à couvert des assauts de ces barbares qui ne cessaient de les opprimer. Il en fit bâtir en divers lieux, depuis les Grisons jusqu'à la mer, pour empêcher que dans la Suisse les Allemands ne pussent plus passer ce fleuve; il en fit construire un auprès de Bâle, que les habitants du pays appellèrent Robur qui signifie *force*, parce qu'ils le regardaient comme imprenable. On croit que c'est celui qu'on nomme aujourd'hui Rothberg. Toutes ces précautions firent que les Allemands laissèrent les Suisses en paix pendant neuf ans.

Valentinien créa césar son fils Gratien, le 24 septembre 367, dans la ville d'Amiens; il fit encore construire l'an 368 des forts sur le Necker contre les Allemands, afin de les tenir en bride et d'empêcher les fréquents mouvements qu'ils faisaient. Macrian, roi des Allemands, sollicitant ces peuples à remuer de nouveau, l'empereur fit venir l'an 370 les Bourguignons depuis la Poméranie et le Brandebourg, etc. pour le secourir, après leur avoir fait de grandes promesses, afin de les engager dans son parti contre les Allemands. Mais les Bourguignons étant arrivés sur le Rhin, et ne trouvant pas les troupes impériales, crurent que Valentinien s'était moqué d'eux, et s'en retournèrent après y avoir fait quelques ravages. C'est la première fois que les Bourguignons vinrent sur le Rhin; on croit même que quelques-uns y demeurèrent et s'y habituèrent, et que cela fut la cause qu'ils y vinrent depuis, ayant reconnu que le pays auprès du Rhin était meilleur que le leur.

Valentinien aimait fort la justice. Il disait ordinairement que ce devait être le premier et le plus grand soin d'un prince. Aussi il punissait sévèrement les magistrats qui prévariquaient à cet égard. Il possédait de très belles qualités et du corps et de l'esprit. Il mourut le 17 novembre 375 à Brigition, qui est un château dans la Hongrie, où, s'étant emporté de colère contre les ambassadeurs des Sarmates ou Moscovites, il fut saisi d'une apoplexie; d'autres disent qu'il mourut d'une perte de sang ou hémorragie. Il était né à Cibale, ville de la Basse-Hongrie, le 28 février 320. Son père s'appelait Gratien et était cordier de profession.

Gratien étant monté sur le trône, associa son frère Valentinien II à l'empire, six jours après la mort de son père, et lui remit la Dalmatie, l'Italie et l'Afrique. Ce dernier était fils de Justine, seconde femme de Valentinien I, et qui lorsqu'il l'épousa était veuve de Magnentius. Gratien était né à Sirmisch en Hongrie, le 20 août 359. Les Allemands ayant passé le Rhin l'an 378 au nombre de 40,000 hommes, d'autres disent 70,000, Gratien les défit entièrement près de Colmar; il en tua 35,000, leur roi et tous les chefs; le reste s'enfuit sur les montagnes des Vosges, des Alpes et du mont Jura, au nombre d'environ 5000. Les généraux de l'empereur qui firent cette expédition étaient Narmienus et Mallaubaudes. Les fugitifs ayant imploré la grâce de l'empereur, il la leur accorda à condition que leur jeunesse servirait dans ses troupes. Il leur permit aussi de se saisir de cette partie de la Suisse qui est entre le Rhin, l'Aar, la rivière de Reuss et les Alpes, et d'y habiter, parce qu'elle était presque entièrement déserte et destituée d'habitants, à cause des fréquentes courses des Allemands; et c'est dès lors que cette partie de la Suisse a été séparée et annexée à l'Allemagne et qu'elle a dépendu de la Souabe pendant plusieurs siècles. Ce fut aussi par ce moyen que la langue allemande fut introduite dans la Suisse, la langue gauloise étant avant ce temps-là en usage jusqu'au Rhin. Mais quoique l'empereur n'eût permis qu'à ces fugitifs de faire leur demeure en Suisse, il s'y en joignit cependant un grand nombre d'autres, et au lieu de se contenter d'occuper le pays compris dans les limites qu'on leur avait prescrites, ils ne laissèrent pas que de les outrepasser, et de s'établir plus avant dans la Suisse, ce qu'on reconnaît par la langue allemande qui est aujourd'hui en usage dans les cantons, puisqu'il n'y a qu'une partie des terres de Berne, de Fribourg, de l'évêché de Bâle et la principauté de Neuchâtel et Valangin où l'on ait conservé les anciennes langues gauloise et romaine qui, avant ce temps-ci, étaient seules en usage dans toute la Suisse, de sorte que la langue allemande n'y doit être regardée que comme une langue étrangère et avenaire.

Les Allemands vinrent encore l'an 380 ravager la Suisse, où ils brûlèrent plusieurs villes qui n'étaient pas habitées par ceux de leur nation. C'est le sort fâcheux qu'eut la ville de Nérónica ou Nereu, qui était dans le détroit du comté de Neuchâtel; elle fut entièrement consumée à la réserve d'un faubourg qui s'étendait d'orient en occident au pied du mont Jura et qui a subsisté jusqu'à l'an 1340 (voir ce qui est dit de Nereu, page 19). On croit que Neuchâtel s'augmenta des ruines de Néronica et que 30,000 Allemands furent défaits par Maxime à leur retour de cette expédition. On a bâti depuis au même lieu le Landeron, nom qui lui a été donné parce que c'était là où était le *Land*, c'est-à-dire le port de Nereu ou le lieu où les bateaux abordaient dans l'ancienne ville de Néronica (Voyez l'an 1345).

En ce temps-là Maxime s'érigea en tyran dans les Gaules et

choisit Trèves pour y faire sa demeure. Comme il voulait se saisir de l'empire, Gratien voulut aller le combattre, mais il en fut empêché par Andragatius, lieutenant de Maxime, qui l'assassina dans la ville de Lyon le 26 août de l'an 383. Théodose vint ensuite attaquer Maxime l'an 388, le défit et rétablit par ce moyen Valentinien II dans l'empire d'occident. Maxime fut tué auprès d'Aquilée dans le Frioul le 27 août 388, et son fils Victor fut aussi tué bientôt après par Arbogaste, et Andragatius se précipita dans la mer.

Mort de Gratien.
383
Mort de Maxime et de son fils Victor.

VALENTINIEN II vint dans les Gaules pour remédier à quelques désordres. Pendant qu'il y était, l'an 391, Eugène voulut se faire empereur, étant soutenu du comte Arbogaste, qui fit étrangler de nuit Valentinien par son homme de chambre, étant dans son lit, et ce près de Vienne en Dauphiné. Ces parricides le pendirent à un arbre avec son propre mouchoir, pour faire croire qu'il s'était fait mourir lui-même, ce qui arriva l'an 395, le 15 mai; il n'était âgé que de vingt-six ans et quatre mois. Il apparut cette même année une grande comète.

Valentinien II.
391
Eugène. Mort de Valentinien.
392
Comète.

Théodose ayant appris la mort de Valentinien, résolut d'en prendre vengeance; il alla pour cet effet attaquer Eugène et Arbogaste. Pendant le combat un vent impétueux qui s'éleva des Alpes incommoda tellement l'armée d'Eugène, qu'il fut vaincu et fait prisonnier, ses propres officiers l'ayant mené à Théodose qui l'abandonna aux soldats qui lui coupèrent la tête. Eugène était de basse extraction, il avait au commencement enseigné la rhétorique. Arbogaste, voyant ce désastre, s'enfuit dans les montagnes où il se tua lui-même l'an 394.

Un vent rend Théodose victorieux.
Basse extraction d'Eugène.
Mort d'Arbogaste.
394

THÉODOSE, surnommé le Grand, avait déjà régné seize ans en Orient, lorsque par cette victoire, il obtint l'empire d'Occident. Il créa cette année ses deux fils césars, Honorius et Arcadius. Il remporta plusieurs victoires et particulièrement sur les Huns, les Alains et les Goths. Il se rendit illustre par sa piété et par sa soumission aux ordres de St-Ambroise, évêque de Milan, qui lui fit faire une rigoureuse pénitence de ce qu'il avait fait massacrer, l'an 390, une partie des habitants de Thessalonique, pour avoir tué dans une émeute populaire Botheric, gouverneur de l'Illyrie et général des armées de Théodose. St-Ambroise lui fit faire cette loi, de ne plus faire exécuter aucune sentence de mort que trente jours après qu'elle aurait été prononcée, afin de ne rien faire avec précipitation, comme il était arrivé dans ce massacre; mais qu'on eût le temps de bien examiner les choses et de les révoquer au cas qu'on eût condamné quel-

Honorius et Arcadius créés césars.
Théodose fait pénitence.
Loi d'exécution pour les sentences de mort.

Mort de Théodose.
395

qu'un à tort. Théodose mourut d'hydropysie dans la ville de Milan, le 17 janvier 395, âgé de soixante ans. Il était fils de Théodose, un vaillant capitaine, que l'empereur fit massacrer l'an 370 en Afrique, et ce tant seulement que son nom commençait par ces lettres *Théod.* qu'on avait appris, par un augure, devoir être les premières lettres du nom de son successeur. Théodose était Espagnol, de la famille des Eliens, et de la même qu'était l'empereur Adrien. Il avait épousé Flaccille ou Placile qui était aussi de la même maison; il en eut les deux fils ci-dessus nommés auxquels il partagea l'empire, donnant celui d'Occident à Honorius et celui d'Orient à Arcadius. Théodose favorisa beaucoup les Suisses; il leur donna de grandes franchises, les exemptant de tous impôts et leur permettant de vivre selon leurs lois et coutumes; ce qu'il fit pour les récompenser de ce que quoique toutes les Gaules eussent déjà reconnu Eugène, dont il a été parlé, les Suisses s'étaient cependant toujours attachés à lui, et l'avaient aidé à le vaincre.

Il favorisait les Suisses.

Coutumes déjà réservées.

Honorius, un prince doux.

HONORIUS n'avait que onze ans lorsqu'il monta sur le trône. Il fut un prince doux et paisible, qui évitait de tout son pouvoir les embarras et qui n'aimait que les divertissements.

395
Stilicon, son tuteur.

Stilicon, Vandale de nation et païen de profession, avait été établi son tuteur par son père Théodose, dont il épousa la veuve nommée Sérène, qui avait été la seconde femme de Théodose et de laquelle Stilicon eut deux filles. Il avait eu d'une première femme un fils, nommé Eucher, qui, lorsque son père embrassa la religion chrétienne, demeura toujours dans le paganisme.

Eucher.

397
Ses exploits.

L'an 397, Stilicon fit prisonnier Marcomir, duc des Français, et l'envoya à Honorius. Il était un vaillant homme, mais fort ambitieux. Théodose l'avait établi lieutenant-général des deux empires. Il vainquit l'an 406 Radagaise, roi des Goths, qui était entré en Italie avec 200,000 hommes, d'autres disent 400,000; il en tua 100,000 et le reste se rendit aux Romains. Après cette victoire, Stilicon se proposa de remettre l'empire à son fils Eucher, et pour y réussir, il crut qu'il fallait y susciter des troubles, ce qu'il fit en attirant les Vandales, les Alains, les Suèves et les Bourguignons. Ces derniers vinrent l'an 407 jusqu'au Rhin, à dessein de le passer et d'entrer dans les Gaules; mais ne trouvant pas encore l'occasion favorable, ils séjournèrent pendant quelque temps dans les provinces voisines; ces peuples souhaitaient ardemment de quitter le septentrion et des lieux froids et stériles pour venir faire leur demeure dans les Gaules, c'est pourquoi ils en embrassèrent l'occasion dès quelle se présenta. A leur arrivée, ils démolirent la ville d'Augst, dont une partie

406
Radagaise vaincu.

Il suscite des troubles.

407
Les Bourguignons viennent sur le Rhin.

Ils démolissent Augst.

avait été rebâtie (Voyez l'an 357), ce qui contribua encore à l'agrandissement de la ville de Bâle, où les habitants d'Augst se retirèrent.

Les évêques d'Augst, dont Pantalus, qui vivait l'an 238, avait à ce qu'on croit été le premier, se nommèrent dès-lors évêques des Rauraques, jusques à l'an 748. On assure qu'en cette année 407, St-Rustic était évêque d'Avenches, d'autres disent de Martigny au pays de Valais.

Il y eut en ce temps plusieurs tyrans qui s'élevèrent dans les Gaules, se prévalant des désordres qu'il y avait pour s'établir.

Attalus fut créé empereur par le sénat de Rome, il refusa de partager l'empire avec Honorius. Constantin, qui n'était qu'un simple soldat, s'empara des Gaules et fut proclamé empereur par les troupes à cause du nom qu'il portait. Marc et Gratien s'étaient déjà saisis de cette province.

Honorius ayant découvert les desseins de Stilicon et qu'il était l'auteur de tous ces troubles, le fit tuer à Ravennes l'an 408 par Héraclien. Sérène et Eucher furent aussi massacrés l'an 409.

Ataulphe, roi des Goths en Espagne, et qui avait épousé Placidie, sœur de l'empereur Honorius, entra dans les Gaules l'an 412. Cette même année Constantin, qui avait pris le titre d'empereur, étant accompagné de ses deux fils Constant et Julien, eut la témérité d'attaquer le comte Constance, qui était le général des troupes d'Honorius, mais Constantin ayant été vaincu, se retira à Ravennes, où il fut tué par l'ordre de l'empereur. Attalus eut aussi à peu près le même sort, car voulant se donner le titre d'empereur dans les Gaules, le comte Constantin le vainquit et l'envoya prisonnier à Honorius, qui, à la vérité, lui laissa la vie, mais lui fit couper la main.

Les Bourguignons, les Vandales et autres peuples, ayant fait leur demeure sur les frontières des Gaules pendant quelques années, se prévalant des troubles et des divisions qu'il y avait pour lors dans l'empire, passèrent le Rhin l'an 413, au nombre de 300,000 hommes, et se saisirent de la Suisse, des deux Bourgognes, auxquelles ils donnèrent leur nom, et de plusieurs autres provinces voisines qu'ils érigèrent en royaume. Tel fut le commencement de la décadence de l'empire romain en Occident.

Comme le pays de Neuchâtel était compris dans ce nouveau royaume, il faut désormais quitter les empereurs romains d'Occident, pour parler de la domination des rois de Bourgogne, comme souverains de cette contrée de Neuchâtel et même d'une partie de la Suisse.

CHAPITRE II. — DE LA SUISSE SOUS LES EMPEREURS ROMAINS.

Les Suisses sous les Romains, gouvernés par des lieutenants-généraux. Ceux-ci y avaient leurs sous-officiers.

Pendant les règnes des empereurs, la Suisse avait été gouvernée par les lieutenants-généraux, qui étaient établis dans les Gaules par les empereurs romains. Ces lieutenants en avaient d'autres qui dépendaient d'eux et qui résidaient dans la Suisse pour la gouverner; ces derniers étaient le plus souvent au nombre de deux, dont l'un faisait sa demeure à Zurich et l'autre à Avenches et quelques fois à Soleure, comme on l'a vu ci-devant en l'an 288. Ceux-ci avaient encore en divers lieux des officiers subalternes qui dépendaient d'eux et auxquels on donnait le titre de hauts barons ou de grands sires, mais qui n'étaient que des chefs de justice.

Apparence que les officiers de Neuchâtel avaient le titre de barons.

Il y a de l'apparence qu'il y en avait un à Neuchâtel, et que c'est de là que Neuchâtel a pris le titre de baronie qu'on lui donna dans la suite. (Voyez ci-après l'an 805 et 930.) C'est ce qu'on peut conclure de ce que dit Gollut p. 128 : *Les seigneurs de Neufchâtel de çà Joux, de Neufchâtel outre Joux, de Montbéliard, de la Roche, etc., furent enfin titulés de comtes après avoir été appelés les grands sires ou les hauts barons.*

Neuchâtel n'était pas considérable.

Il est certain que Neuchâtel n'était pas fort considérable du temps de ces empereurs, car le pays contenait pour lors très peu d'habitants, les montagnes qui y sont en étant entièrement destituées, et le vignoble n'en ayant dans ce temps-là qu'un très petit nombre.

Ce pays était conduit comme le reste de la Suisse.

Le Val-de-Ruz n'était point défriché ni habité, et c'est ce que l'on peut dire de la plus grande partie du pays. Il était conduit de la même manière que tout le reste de la Suisse; il avait les mêmes lois et les mêmes souverains; en sorte que, par le changement de domination qui arriva avec l'établissement des Bourguignons en place des Romains, il ne se fit aucun changement à Neuchâtel que celui que les rois de Bourgogne voulurent bien y faire.

Noms de quelques lieutenants-généraux des Romains.

Voici les noms de quelques-uns de ces lieutenants-généraux qui ont gouverné la Suisse sous les Romains : *Munatius Plancus* amena une colonie dans l'évêché de Bâle du temps de Jules-César. *Quintus Fusidius Calenus* lui succéda. *Domitius Aenobardus* fut établi gouverneur des Gaules par le sénat de Rome après la mort de César. Il eut pour successeur *Marc Agrippa*. *Caïus Carinatex. Nonius Gallus. Vindex* (l'an 60). *Lucius Vetus* (l'an 68). *Curtius Paterius* ou *Paternus* était gouverneur d'Avenches l'an 165. *Posthume* commandait dans les Gaules l'an 260. *Tetricus* (l'an 275). *Amandus* et *Elianus* (l'an 290). *Décius* résida à Zurich l'an 288 et *Hirtacus* à Soleure la même année. *Lollianus* et *Ritiovare* (l'an 300) et *Aurélius Proculus* (l'an 304), etc.

CHAPITRE III.

Des rois du premier royaume de Bourgogne, dans lequel était compris le comté de Neuchâtel, et de l'origine des Bourguignons jusqu'à l'an 526.

Gaudisèle, fils d'Athanaric, duc des Bourguignons, et de Blisinde ou Blisurde, fille de Clotaire, fils de Marcomir, duc des Français, a été, selon le sentiment des plus fameux historiens, le premier roi des Bourguignons. Ces peuples étaient originaires des pays qui sont entre la Vistule et l'Oder, lesquels sont le Brandebourg, la Poméranie, la Haute-Saxe, la Silésie, la Cujavie et autres.
413
Gaudisèle.

Origine des Bourguignons.

Les Bourguignons avaient déjà des ducs avant que de passer le Rhin, dont voici les noms: Hunimund, Thorismund, Valdric, Bermund, Valmir, Vinderic, Ganser et Athanaric; ce dernier eut deux fils de Blisinde, savoir: Gaudisèle et Gondioch. Ces peuples, auxquels s'étaient joints les Nuittons et quelques Vandales, ayant séjourné dans le Brisgau et autres provinces voisines depuis l'an 407, comme on l'a remarqué, en attendant une occasion favorable pour passer le Rhin et entrer dans les Gaules, ils exécutèrent leur dessein l'an 443.
Ducs des Bourguignons.

Les Nuittons et les Vandales, étant joints avec les Bourguignons, entrent dans les Gaules.

Le comte Constance, qui commandait les troupes de l'empereur Honorius, entreprit, l'an 444, de rechasser ces peuples outre le Rhin; mais avant de les combattre, ils le prévinrent par la voie de la douceur, le priant de leur permettre d'habiter dans le pays qu'ils occupaient, ce que Constance leur accorda, et ce d'autant qu'ils étaient chrétiens et des gens fort paisibles. Il fit même une alliance avec eux. Il leur permit d'habiter dans la contrée dont ils s'étaient saisis, à condition qu'ils n'inquiéteraient point les Romains qui y faisaient leur demeure; qu'ils les maintiendraient, et en particulier la noblesse qui y possédait des fiefs; qu'ils conféreraient les offices aux Romains, aussi bien qu'aux Bourguignons, et qu'ils auraient part à la domination. De là vient qu'après que le royaume de Bourgogne fut affermi, on y établit une justice mi-partie, qui était composée de Bourguignons et de Romains. On choisissait ordinairement pour juger des différends un comte ou baron bourguignon, et un comte ou baron romain, sur lesquels présidait un homme de la part du roi; et c'est ce qu'on appelait *l'arbitrage de bon baron*, qui est un
Alliance entre Gaudisèle et le général de l'armée de l'empire.

Conditions.

Etablissement d'un tribunal.

Arbitrage de bon baron.

terme qui se trouve encore dans quelques-uns de nos vieux actes des 14e et 15e siècles. Il faut remarquer ici que les comtes de ce temps-là n'étaient que des gouverneurs et des officiers de justice, que les souverains établissaient pour un temps et auxquels ils donnaient des rentes considérables.

Quelques historiens assurent que les Bourguignons embrassèrent seulement le christianisme après qu'ils furent entrés dans les Gaules; mais il y a de l'apparence qu'ils étaient déjà chrétiens avant ce temps-là, puisque le pape Anastase Ier écrivit une lettre, l'an 401, aux évêques d'Allemagne et à ceux des Bourguignons, et que Theudlinde, femme du roi Gaudisèle, bénit un temple à Genève l'an 415, où elle remit les reliques de St-Victor, qu'elle avait fait transporter depuis Soleure. Avant que de passer le Rhin et qu'ils eussent embrassé le christianisme, ils avaient des prêtres, dont le chef s'appelait Sinist, qui est un mot qui vient de Sinam, qui, en langue celtique, signifiait esprit. Ils nommaient leur chef ou roi Hendin. Mais, pour ce qui est des Vandales qui les accompagnaient, ils étaient païens, puisqu'ils firent souffrir le martyr à Florentin et Hilaire, que ceux du pays de Valais vénèrent encore aujourd'hui. Le mot *Vandale* signifie vagabond et errant, qui n'a aucune demeure fixe. On appelait autrefois Vandales tous ceux qui voyageaient par le monde avec les armes, de quelle nation qu'ils fussent; de là vient que le mot allemand *wandelen* ou *wanderen* signifie *voyager*, et c'est de là aussi que dérive le mot *Wandergesell*. On croit que ces Vandales étaient originaires des pays qui sont près du fleuve Vandale, qu'on nomme aujourd'hui la Vistule. Comme les Bourguignons ne cessaient de voyager, il y a quelques historiens qui, pour cette raison, les ont aussi appelés Vandales.

En ce temps Domitien était évêque de Genève, St-Rustic l'était d'Avenches, et Théodore l'était du pays de Valais et tenait son siége à Martigny. Gaudisèle les consultait lorsqu'il s'agissait de quelque affaire importante; quoiqu'il fût arien, il ne laissait pas que d'être ami des évêques qui étaient d'une religion contraire à la sienne.

Les pays que ces peuples occupèrent et qui, au commencement, composèrent ce royaume, étaient la Bougogne duché et comté, la Suisse qui n'allait que jusqu'à la rivière de Reuss, la Lorraine, le Dauphiné, la Champagne, la Bresse, le Forest, le Nivernois, le Beaujolois, le Charolois, le Maconnois, la Savoie, la Haute-Alsace, le canton de Bâle, l'évêché de Porrentruy, le comté de Montbéliard. Dès que les Bourguignons se virent paisibles possesseurs de ces états, ils élurent Gaudisèle pour leur roi; il n'avait été auparavant que leur chef et leur général. Ils le couronnèrent l'an 418.

Gaudisèle couronné. 418

Ce fut en ce temps que la plupart de ces contrées changèrent de nom. La Séquanie prit celui de Bourgogne, à cause de ses nouveaux habitants, qui portaient le nom de Bourguignons, parce qu'ils ne bâtissaient que des *bourgs*, et qu'ils ne se souciaient pas des grandes villes. On donna à l'Helvétie le nom de Nuchtland ou de Nuitland, à cause de ces Nuchters ou Nuittons qui, comme on l'a dit, s'étaient joints aux Bourguignons, et qui étaient aussi un peuple d'Allemagne fort ancien, puisque Corneille Tacite, qui vivait sous l'Empire de Trajan, parle déjà des Nuittons, qu'il met parmi les Suèves. Ils occupèrent cette partie de la Suisse qui est entre les Alpes et le mont Jura; le pays des Antuates fut habité par les Vandales, et c'est de là qu'on lui a donné le nom de Pays-de-Vaud, comme si on disait le *pays de Vaud*, l'*n* ayant été changé dans la suite en *u*, parce que la prononciation en est plus agréable et plus facile. Il y en a qui estiment que ce nom dérive de celui de *Waat*, dont les Allemands se servent encore aujourd'hui pour dénoter ce pays, et qui fait une partie du nom d'*Ant-Waat* qui lui était autrefois donné; mais ce nom, qui a produit celui d'Antuates, n'a rien de bien conforme à celui de Vaud. Il est évident que le nom de *Pays-de-Vaud* ne peut pas lui avoir été imposé à cause des *Vaux* ou *Vallées*, puisque, outre qu'il n'y en a point de considérables, il faudrait encore qu'on écrivît *Vaux* et non *Vaud*, ce qui est contraire à l'usage.

Changem^t de nom de la Séquanie.

Pourquoi l'Helvétie fut appelée Nuchtland.

Pays-de-Vaud. Pourquoi ainsi nommé.

Gaudisèle rétablit, dans son nouveau Royaume, la main-morte dont l'empereur Galba avait affranchi les Suisses, l'an 68. Comme tous les peuples du Nord, d'où ces Bourguignons venaient, étaient tout autant d'esclaves, Gaudisèle ne changea point leur condition, mais il les mit dans le même état que les anciens habitants, savoir dans la main-morte. Il y avait trois sortes de sujets dans ce nouveau royaume de Bourgogne: 1° des Bourguignons qui avaient la plus grande autorité et la domination qu'ils s'étaient acquise par la force des armes; et outre ces Bourguignons il y en avait de deux sortes: des hommes libres qui avaient été affranchis et qui exerçaient les offices de magistrature, et des taillables ou de main-morte, auxquels ces offices de magistrature n'étaient jamais conférés. 2° Des Romains qui étaient venus habiter dans la Suisse depuis Jules-César jusqu'à ce temps, tant par des colonies qu'autrement; ils avaient part à la domination; ils pouvaient posséder des fiefs et parvenir aux offices, en vertu du traité que le comte Constance avait fait avec Gaudisèle, l'an 414. Cependant ces Romains étaient

Gaudisèle rétablit la main-morte.

420

Trois sortes d'habitants en Suisse: Bourguignons.

Romains.

de condition fort différente. (Voyez ci-dessus l'an 705 depuis la fondation de Rome.) 3° Enfin il y avait dans ce royaume de Bourgogne des anciens habitants qui, étant tous devenus taillables et de servile condition par les conquêtes des Bourguignons, ne pouvaient parvenir à aucune charge de magistrature, à moins qu'ils ne fussent affranchis de leur servitude.

Les taillables n'étaient pas admis à la judicature.

Toutes les terres de ce royaume de Bourgogne appartenaient aux rois, de sorte qu'ils en pouvaient disposer à leur volonté; aussi ils les remettaient à leurs sujets sous différentes clauses.

Les terres appartenaient aux rois.

Ils les leur donnaient en fief et comme des terres de franc-aleu, sous la réserve de l'hommage et autres conditions, comme de fournir un cavalier en temps de guerre à leurs dépens, ce qu'on nommait la *chevauchée*, et autres choses semblables. Lorsque les rois érigeaient une terre en comté, ils se réservaient toujours les hommes qui tenaient des fiefs dans le détroit de cette terre, qui devaient toujours dépendre des rois immédiatement, et non pas des comtes; aussi on les nommait des hommes *royaux* ou *royés*. Ces terres que les rois érigeaient en comtés ou baronies, étaient remises à ces nouveaux comtes ou barons pour en retirer tous les revenus et pour en disposer à leur volonté. Mais, outre ces inféodations, les rois faisaient des accensements à tous les particuliers qui demandaient des terres, et sous une cense directe et annuelle, pour les cultiver et les tenir en amodiation pendant leur vie; car ces terres accensées retournaient au souverain à la mort de chaque père de famille, les enfants étant pour lors obligés de les redemander.

Ils les inféodaient.

Chevauchée.

Hommes royaux ou royés.

Les rois accensaient les terres.

Le règne de Gaudisèle fut fort paisible; il ne fut point inquiété par les Romains. Le comte Constance observa exactement le traité qu'il avait avec lui. Ce comte ayant épousé, l'an 446, Placidie, veuve d'Ataulphe, roi des Goths en Espagne, et sœur de l'empereur Honorius, il en eut un fils qui fut Valentinien III. Constance fut lui-même créé empereur par Honorius; mais il ne régna que sept mois, il mourut l'an 448 et Honorius l'an 423. Gaudisèle ayant régné environ quatorze ans et travaillé à l'établissement et à l'affermissement de son nouveau royaume, il mourut sur la fin de l'année 431. Il laissa deux fils, Gundicaire et Sigmund, qui eut le duché et comté de Bourgogne.

Règne de Gaudisèle paisible.

Mort de Gaudisèle.
431
Ses fils.

GUNDICAIRE, que quelques-uns appellent aussi Gundioch, ne fut pas si paisible que son père. Il étendit les limites de son royaume jusqu'à Marseille, tellement qu'il conquit encore plusieurs provinces, comme sont le Bassigni, la Maurienne, Suse, Saluces, le Vivarais, la Provence et le comté de Nice. Il s'en alla ensuite dans la Gaule belgique, qui est la Hollande, d'où

Gundicaire agrandit son royaume.

Il va en Hollande.

il emporta un grand butin; mais le comte Aetius, qui commandait dans les Gaules de la part de l'empereur Valentinien III, et qui avait dans son armée beaucoup d'Allemands, savoir de ceux qui habitaient entre le Rhin et la Reuss et qui sont aujourd'hui Zurich et les petits cantons, et qui, concevant de l'ombrage de l'agrandissement des Bourguignons leurs voisins, les regardaient comme leurs ennemis; ce comte, étant sur le point de livrer une bataille à Gundicaire, l'an 434, et ce dernier appréhendant ces Allemands, demanda la paix à Aetius, qui la lui accorda et renouvela avec lui l'alliance que le comte Constance avait faite avec son père. D'autres croyent qu'ils se battirent, et qu'Aetius ayant remporté la victoire, renvoya généreusement Gundicaire et se contenta de la promesse qu'il lui fit de vive voix de vivre en paix dans son royaume, où ce dernier fut de retour l'an 435.

<small>Il renouvelle l'alliance avec les Romains.</small>

<small>435</small>

Attila, roi des Huns, qui se nommait le *fléau de Dieu*, passa le Rhin l'an 449, à la tête de 400,000 hommes, et entra dans la Suisse, où il détruisit plusieurs villes, et entre autres Zurich, Soleure, Orbe, Yverdon, St-Maurice, Constance, Zurzach, Baden et plusieurs autres. Il passa ensuite en Bourgogne. Sigmund, frère de Gundicaire, qui était à la tête d'une armée de Bourguignons auprès de Bâle, lorsque ces barbares passèrent le Rhin, y fut tué et son armée défaite. Aetius, voyant venir ce torrent qui allait se déborder sur les Gaules, fit tous ses efforts pour s'y opposer. Non-seulement il amassa autant de monde qu'il lui fut possible, mais il appela encore à son secours Mérovée, roi de France, Théodoric, roi d'Italie ou des Ostrogoths, et Gundicaire, roi de Bourgogne, qui y allèrent tous à la tête de leurs troupes. La bataille se donna aux champs catalauniens, c'est-à-dire auprès de Châlons en Champagne, l'an 451; Aetius fut victorieux, Attila y perdit 180,000. Il ramassa le reste de ses troupes et s'en alla du côté de l'Italie, à dessein de la ruiner et de la ravager. Il passa par la Suisse, où il détruisit encore plusieurs villes, et entre autres Bâle, Avenches, Winterthur etc. Ceux qui habitaient les côtes de la mer Adriatique voulant se mettre à couvert de cet orage, se retirèrent dans de petites îles qu'il y avait dans la mer, et y jetèrent les fondements de la ville de Venise, ce qui arriva l'an 452. On croit que les peuples qui bâtirent cette ville étaient originaires d'Avenches, et qu'ils s'étaient retirés sur les côtes de la mer du temps de Jules-César, comme on l'a déjà remarqué ci-dessus.

<small>Attila, roi des Huns.</small>
<small>449</small>
<small>Entre en Suisse.</small>

<small>Sigmund défait. Aetius arme.</small>

<small>Attila vaincu.</small>

<small>Il repasse par la Suisse et détruit plusieurs villes.</small>

<small>Origine de Venise.</small>
<small>452</small>

Les Allemands ayant de nouveau passé le Rhin, achevèrent de ruiner la ville de Zurich; mais elle fut rebâtie bientôt après par Thuricus, fils de Théodoric, roi des Ostrogoths, et c'est à cause de lui qu'elle fut appelée *Thuric* ou *Zurich*; au lieu

<small>Zurich ruinée et rebâtie.</small>

qu'auparavant elle s'appelait *Tigurum*. Théodoric et Gundicaire furent tués dans la bataille contre Attila qui se donna auprès de Châlons. Gundicaire laissa deux fils; Hundéric, qui lui succéda, et Chilpéric.

GUNDÉRIC ne fit rien de considérable pendant son règne, si ce n'est qu'il alla, l'an 456, à la requête de l'empereur Avitus, assister Théodoric, roi des Ostrogoths, contre Ricaire, roi des Suèves en Espagne, qui étant vaincu se vit obligé de retourner dans son royaume. Les Allemands, étant entrés dans les Grisons l'an 457, ravagèrent tout ce pays; mais ils en furent chassés par l'empereur. Gundéric mourut l'an 473. Il laissa quatre fils, Gondebaud, Chilpéric, Godemar et Gondégisil.

GONDEBAUD n'ayant voulu donner à ses frères que de petites portions des Etats que leur père leur avait laissés, ils se liguèrent contre lui; mais il sut si bien entreprendre le plus jeune, qu'il le détacha des autres, lui promettant la moitié du royaume. Ces deux frères s'étant alliés ensemble, ils allèrent attaquer, l'an 476, Chilpéric et Godemar, les surprirent et les obligèrent de s'enfuir outre le Rhin, où, ayant ramassé de nouvelles forces, ils hasardèrent une seconde bataille auprès d'Autun l'an 479, en laquelle ils furent victorieux. Gondebaud se retira en Italie, où il se cacha pendant quelques années; il fit même publier partout qu'il était mort, ce que ses frères crurent.

Il y eut l'an 480 un grand tremblement de terre qui dura trois semaines, pendant lesquelles il réitera souvent ses secousses. Il plut du sang et on vit au ciel des flambeaux ardents.

Clovis, roi de France, fit décapiter, l'an 490, Siagrius qui soutenait encore les Romains dans les Gaules. Il faisait sa demeure à Soissons. Par cette mort les royaumes de France et de Bourgogne furent entièrement libérés de la domination des Romains.

Gondebaud sachant que ses frères ne pensaient plus à lui, alla les surprendre, l'an 494, dans la ville de Vienne en Dauphiné, qui était pour lors la capitale du royaume de Bourgogne. Il fit couper la tête à son frère Chilpéric et il fit brûler son frère Godemar dans une tour où il s'était retiré; il fit aussi noyer leurs femmes et massacrer leurs fils, mais il conserva en vie les deux filles de Chilpéric, savoir: Corona qu'il fit mettre dans un couvent, et Clotilde à cause de son extrême beauté. Gondebaud s'étant de nouveau emparé de tout le royaume de Bourgogne, Clovis, roi de France, lui envoya des ambassadeurs l'an 495, pour faire alliance avec lui. Ces ambassadeurs étant de retour, parlèrent à Clovis de la beauté de Clotilde qu'ils avaient vue à la cour de Gondebaud. Sur leur relation il renvoya un de ses favoris, nommé Aurélien, pour la demander en mariage ; elle lui fut accordée, et les noces se firent à Soissons. Gondebaud obtint aussi cette année de Théodoric, roi des Ostrogoths, en Italie, sa fille Amalaberge en mariage pour son fils Sigismond. *Clovis épouse Clotilde.*

Clovis se fit chrétien l'an 496, après avoir remporté une victoire admirable sur les Allemands. St-Fridolin vint cette année 496 en Suisse. Il y prêcha l'Evangile, et par sa prédication bon nombre de païens se convertirent à la foi chrétienne. St-Fridolin demeura quelque temps à Seckingen. *496 Clovis se fait chrétien.*

Gondégisil étant très mécontent de son frère Gondebaud de ce qu'il n'avait pas effectué sa promesse, et qu'au lieu de lui donner la moitié du royaume, il ne lui avait remis que la Suisse tant seulement, envoya pour cet effet, l'an 498, des ambassadeurs à Clovis pour l'inciter à faire la guerre à son frère Gondebaud et qu'ils partageraient entre eux le royaume de Bourgogne; ce que Clovis accepta, outre que Clotilde, sa femme, le sollicitait continuellement à venger la mort de son père. Dès que Clovis eut levé des troupes, Gondebaud envoya des ambassadeurs à son frère Gondégisil pour le prier de l'assister, ce qu'il lui promit, dissimulant l'accord qu'il avait fait avec Clovis. Les trois armées étant près l'une de l'autre, Gondégisil se joignit à Clovis, tellement que Gondebaud fut vaincu ; il se retira à Avignon, où ayant été assiégé l'an 499, il fut obligé de se rendre. Ces trois rois firent une paix qui porta que Clovis aurait le duché de Bourgogne, qui dès lors fut annexé à la France, et que les deux frères partageraient le reste du royaume de Bourgogne. *Mécontentement de Gondégisil. 498 Clovis se joint à Gondégisil. Gondebaud vaincu. 499 Paix entre les trois rois. Clovis eut la Bourgogne.*

Prothasius était évêque d'Avenches l'an 500. On tient qu'il abolit l'arianisme environ ce temps dans son diocèse. Gondebaud y renonça à la sollicitation des évêques et sa conversion fut suivie de celle de ses sujets ariens. Ce fut aussi environ dans ce temps-là que Clovis ayant vaincu les Allemands, se saisit de quelques unes de leurs provinces, et entre autres de la Souabe, de l'Alsace, du Brisgau et de cette partie de la Suisse qui est entre le Rhin, l'Aar, la Reuss et les Alpes. Clovis rebâtit Zurich qui avait été brûlée par les Allemands. L'an 502, Lucerne fût bâtie, elle prit son nom d'un phare ou d'un flambeau qu'on tenait allumé pendant la nuit sur une tour qui était dans le lac de Lucerne. *500 Prothasius abolit l'arianisme. Clovis fait des conquêtes. 501 Zurich rebâtie. 502 Lucerne bâtie.*

Gondebaud ayant caché pendant quelque temps la haine qu'il avait conçue contre son frère Gondégisil, il l'alla surprendre *503 Gondebaud surprend Gondégisil.*

l'an 503 dans la ville de Vienne. Il le tua quoiqu'il se fût réfugié dans une église; il y tua aussi l'évêque qui y était survenu pour tâcher de l'apaiser et d'empêcher ce fratricide. Gondebaud se voyant en possession de tout le royaume de Bourgogne, y établit des lois, l'an 504; pour cet effet il assembla les grands de son royaume, savoir trente comtes et autres, pour les consulter sur une affaire si importante. Il établit aussi des juges dont les uns étaient Bourguignons et les autres Romains; ces deux nations étant mêlées ensemble, ils devaient aussi juger conjointement, sans que le comte romain pût juger sans les Bourguignons et le comte Bourguignon sans les Romains. Il fit cette loi préliminaire que s'il arrivait à ces juges de juger contre les lois par négligence ou par ignorance, ils seraient châtiés par une amende de 30 sols, et que s'il se présentait quelque cas qui ne fût pas compris dans ces lois, le roi s'en réservait le jugement.

Voici quelques-unes de ces lois qui furent alors établies: 1° Pleine puissance est donnée aux pères de laisser à tels de leurs enfants que bon leur semblera ce qu'ils ont reçu de la munificence et de la bénignité du prince. 2° Si le père, après avoir fait partage avec ses enfants, se remarie, les enfants nés du second lit ne doivent rien prendre sur la portion des frères; mais ils prendront seulement ce que le père s'était réservé par le partage. 3° Que si quelqu'un a reçu du prince ou de ses proches et par leur bénéficence quelque marque de dignité et d'honneur, il doit en conserver les titres, afin que lui et ses enfants s'en souviennent et qu'ils reconnaissent d'en être obligés au roi. 4° Qui tuera un sujet ou serviteur du roi sera mis à mort, mais si c'est à son corps défendant, il sera tant seulement condamné à une amende; s'il a tué un noble il paiera 75 sols d'or, pour un citoyen 50 sols et pour un mécanique 37½ sols. 5° Qui aura enlevé un esclave, ou dérobé un cheval, une jument, un bœuf, une vache, il mourra, qu'il soit Romain ou Bourguignon ou habitant, et il restituera le larcin, ou la somme à laquelle il aura été apprécié. Pour un esclave il donnera 25 sols, pour un bon cheval 10 sols, pour un médiocre 5 sols, pour un bœuf 2 sols, pour une vache un sol. 6° Si l'esclave dérobe, qu'il meure et que son maître paie l'estimation de son larcin. 7° Si l'on dérobe un pourceau de la valeur d'un sol, un mouton d'un sol, une chèvre d'un tiers de sol, le triple sera payé. 8° Mais si c'est un esclave, il recevra 300 coups de fouet et son maître paiera le prix du larcin. 9° Celui qui aura dérobé la clochette d'un cheval, et que celui-ci vienne par ce moyen à s'égarer, il paiera le prix du cheval. 10° Qui donnera à un homme libre des coups de poing, ou de bâton, ou de pied, il paiera pour chaque coup de poing un sol et pour amende six sols; mais s'il a donné ces coups à un esclave, il ne lui donnera que la moitié de la moitié de l'amende. 11° Celui qui empoignera un homme libre par les cheveux avec une main, il paiera 2 sols, si avec les deux mains 4 sols, et pour l'amende 6 sols. 12° L'esclave qui donnera un coup à un homme libre, recevra cent coups de fouet pour chaque coup qu'il aura donné. 13° Un homme libre qui aura donné des lettres de recommandation à un serviteur fugitif de la maison de son maître, aura la main coupée, et le serviteur aura 300 coups de fouet et la main coupée. 14° Pour une plaie faite au visage on paiera une triple (ce qui s'appelait *trigeltum*), parce que les habits ne la cachent pas (c'est-à-dire qu'on devait payer trois fois autant que pour une plaie faite sous les habits). 15° Tout Bourguignon qui aura ému une querelle dans la maison d'autrui, paiera au maître de la maison 6 sols; s'il y a fait violence, il en paiera 12. 16° Celui qui aura enlevé une fille, mais qui ne l'aura pas violée et qui l'aura rendue à ses parents, paiera un sexte. (Cette loi s'appelait *sexgeltum*.) 17° L'homme libre qui sera soupçonné d'avoir fait une conjuration contre son prince, lui et douze de ses plus proches parents seront obligés de s'en purger par serment devant les juges. 18° Celui qui se sera parjuré pour une dette sera condamné à payer neuf fois autant que vaut la chose qui est en conteste, (cette loi s'appelait *Nuingeltum* ou *Novigildum*.) 19° Qui dérobera quelque chose jusqu'à un poulet, paiera neuf fois autant que vaut le larcin. 20° En fait de succession, les fils, ensuite les filles et après eux les autres parents emportent les biens. Le mari n'aura pas les biens de sa femme décédée sans enfants, ni la femme ceux du mari. 21° Une religieuse emporte son contingent des biens paternels; mais si elle a un frère, elle n'aura que le tiers des biens; mais après la mort de ces religieuses, leurs biens retournent à leurs plus proches parents. 22° Que tous les procès entre les Bourguignons qui n'étaient pas finis avant la bataille de St-Maurice soient éteints.

Il paraît par ces lois, qu'il y avait pour lors dans le royaume de Bourgogne plusieurs habitants dont la condition était bien différente, puisqu'il y est fait mention des Romains, des Bourguignons, des nobles, des citoyens, des mécanistes, des esclaves, des affranchis et des hommes libres.

On croit recueillir de la troisième de ces lois, que c'est là l'origine des us et coutumes de Bourgogne en matière de fiefs. Il y a plusieurs de ces lois qui subsistent encore en divers lieux des pays qui relevaient de la Bourgogne, particulièrement quant aux successions.

Clovis veut punir Gondebaud.

Clovis, roi de France, voyant qu'outre tant de parricides dont Gondebaud s'était déjà rendu coupable, il venait encore de tuer son frère Gondégisil et même l'évêque de Vienne dans un temple de cette ville, il en conçut tant d'indignation, de même que des 5000 Français qu'il avait tués dans la ville de Vienne, où ils étaient en garnison, qu'il le vint assiéger lui-même l'an 506. Mais Gondebaud trouva moyen de s'évader et de s'enfuir en Italie auprès de Théodoric, roi des Ostrogoths, où il mourut l'an 508, saisi d'un horrible désespoir. Il laissa deux fils, Sigismond et Gondemar. Clovis étant dans le dessein de se saisir de ce royaume, les grands de Bourgogne intercédèrent si fortement auprès de lui en faveur de Sigismond, qu'il lui remit le royaume de son père, et même il lui donna les états de Gondemar, son oncle, qui possédait entre autres la Franche-Comté de Bourgogne. Clovis se retint tant seulement le Dauphiné.

506
Gondebaud s'enfuit
508
Sa mort.
Ses enfants.
Clovis laisse le royaume au fils de Gondebaud.

Sigismond.
506

SIGISMOND commença à régner l'an 506. Il eut d'Amalaberge, ou selon d'autres, de Théodelle, fille de Théodoric, roi des Ostrogoths, un fils nommé Suger ou Sigeric. Sigismond ayant depuis épousé une seconde femme, elle lui persuada que son fils Suger avait dessein d'attenter à sa vie et à sa couronne, ce qui porta le père à faire étrangler ce sien fils dans son lit. Mais comme tout le monde était persuadé de l'innocence de Suger et de la cruauté de sa belle-mère, cela aliéna à Sigismond l'affection de ses sujets, et lui-même en conçut un extrême déplaisir qui le porta à bâtir plusieurs églises et monastères pour réparer ce crime. Il rebâtit entre autres Agaunum au pays de Valais, qu'il nomma St-Maurice en mémoire de ce saint (V. l'année 288). Il y fit bâtir l'abbaye qui subsiste encore aujourd'hui, lui donna plusieurs rentes et y logea des moines.

Il fait étrangler son fils.

Il bâtit des églises.

St-Maurice.

Adelphius.
510
Concile d'Orléans.
Biens d'église.
Leur usage.

Adelphius était évêque des Rauraques l'an 510. Il assista au premier concile d'Orléans que Clovis y assembla, après qu'il y eut embrassé la religion chrétienne. On décréta dans ce concile que les revenus des biens d'église seraient employés à l'entretien de ceux qui font le service divin, et le surplus à la réparation des temples, à des aumônes et au rachat des prisonniers. Ce décret portait que les évêques pourraient retirer la quatrième partie des dîmes de leur diocèse, pour les employer à ces usages pies et principalement pour l'entretien des pauvres malades et pour fournir à ceux qui ne pourraient pas travailler, la nourriture et les vêtements. Ce droit des évêques

Droits des évêques.
Les dîmes.

s'appellait *Quartæ episcopales*. Mais ils en abusèrent dans la suite : les uns vendirent ce droit à des nobles et les autres les engagèrent, tellement que les pauvres n'en prévalurent pas. On décréta encore dans ce concile que toutes les villes et les temples qu'on bâtirait dans le diocèse d'un évêque, dépendraient de lui. On tint encore l'an 540 un concile à Besmes en Bourgogne, où Bubulcus, évêque de Vindonisse ou Vindisch, assista. St-Fridolin mourut l'an 514. Il était Irlandais, noble d'extraction et moine de profession ; il amena plusieurs païens à la foi chrétienne, tant du pays des Rauraques, de Glaris, des Grisons, que des petits cantons. St-Sévérin prêcha aussi dans le même temps au pays de Vaud et dans celui de Valais, où il y avait encore quelques restes de païens. St-Prothase, évêque d'Avenches, assista l'an 517 au concile d'Epeaune en Savoie.

Clodomir, roi d'Orléans, fils de Clovis, voyant que Sigismond s'était emparé de la Bourgogne, qu'il croyait lui appartenir à cause de sa mère Clotilde, il lui fit la guerre et le vainquit. Sigismond se réfugia à St-Maurice ; mais Clodomir l'y poursuivit et l'ayant fait prisonnier, il le mena à Orléans avec sa seconde femme et deux siens enfants, où il les fit massacrer l'an 520. Le corps de Sigismond fut transporté dans l'abbaye de St-Maurice, où il fut inhumé. Ainsi mourut Sigismond, qui, à la réserve du meurtre de son fils Suger, avait mené une vie sainte. Il avait fait tenir un concile contre les Ariens à la sollicitation de Maxime, évêque de Genève, et de Théodore, évêque de Valais, et un autre à Besme en Bourgogne, où Constantius, évêque de Valais, assista. Sigismond fut mis au rang des saints ; ceux qui ont la fièvre l'invoquent. Il eut une fille qui fut mariée à Thierri, roi de Metz. Après la mort de Sigismond, les Bourguignons reconnurent pour leur roi son frère Gondemar.

GONDEMAR étant monté sur le trône et prévoyant que Clodomir, roi d'Orléans, le viendrait attaquer, leva une armée pour se défendre ; mais voyant qu'il était le plus faible, parce que Thierri, roi de Metz, ou d'Austrasie, s'était joint à son frère Clodomir, il ne combattit que par finesse, et par ce moyen il tua Clodomir auprès de Vienne, et lui ayant fait couper la tête, il la mit sur une lance ; ce que les Français, conduits par Thierri, voyant depuis leur camp, ils combattirent avec tant de fureur pour venger la mort de Clodomir, qu'ils furent victorieux et obligèrent Gondemar, roi de Bourgogne, à s'enfuir, comme il fit, auprès d'Amalaric, roi des Visigoths en Espagne, qui avait épousé sa parente. Gondemar y mourut l'an 526, et par cette mort le premier royaume de Bourgogne prit fin et tomba entre les mains de Thierri, roi d'Austrasie, dont la ville capitale était Metz.

CHAPITRE IV.

Des rois de Metz, de Soissons, d'Orléans et des rois de France qui ont régné sur la Suisse, et par conséquent sur le comté de Neuchâtel qui y est enclavé, et des choses les plus importantes qui s'y sont passées pendant qu'ils ont régné.

Thierri se saisit de la Bourgogne.

THIERRI ou *Théodoric*, roi d'Austrasie, ayant vaincu Gondemar, roi de Bourgogne, il s'empara de ses états, dans lesquels la Suisse était comprise, et ce non-seulement par droit de conquête, mais aussi d'autant que ces pays lui appartenaient par droit de succession, comme ayant épousé la fille du roi Sigismond, et par ce moyen le royaume de Bourgogne changea de maître et fut soumis à d'autre rois.

La Suisse change de domination.

Généalogie de Thierri.

Clovis, roi de France, eut trois fils de Clotilde, savoir: Childebert, roi de Paris; Clodomir, roi d'Orléans, et Clotaire, roi de Soissons; il en eut aussi une fille nommée Clotilde, qui fut mariée à Amalaric, roi des Visigoths en Espagne. Il eut encore un fils naturel avec Tichilde, religieuse de St-Pierre-de-Sens, qui fut ce Thierri dont il s'agit, et comme il était né avant le mariage de son père et pendant qu'il était encore païen, cela fit qu'il fut admis à partager avec ses frères. Thierri eut plusieurs guerres avec les rois de Danemarck et de Thuringe, comme aussi avec ses deux frères les rois de Paris et de Soissons et autres. Il retrancha des lois de son royaume tous les abus qui y étaient restés depuis le paganisme. Les Pandectes furent compilées par Justinien l'an 534 et introduites dans l'empire; mais il y eut plusieurs peuples qui ne voulurent pas s'assujétir à ces lois. [1]

Ses guerres.

Il retranche les abus des lois. Les Pandectes.

Mort de St-Prothase, évêque d'Avenches.
531
Son successeur.

St-Prothase, qui avait été évêque d'Avenches depuis environ l'an 500, mourut l'an 534, et fut enseveli à St-Prés qu'il avait bâti. Chilmegisile lui succéda. En ce temps vivait Leudemonde, évêque de Valais. Le second concile d'Orléans se tint l'an 537.

---

[1] D'après les *Mémoires de Gollut*, le nouveau roi Thierri ne voulut point le recevoir.

Le prêtre Asclepius y assista, qui signa en qualité de vicaire d'Adelphius, évêque des Rauraques. Chilmegisile, évêque d'Avenches, mourut cette année; Superius fut son successeur. Thierri mourut aussi dans ce temps. Il avait eu deux femmes : la première était fille de Sigismond, roi de Bourgogne; la seconde était Lombarde de nation, et il eut un fils nommé Théodebert qui lui succéda.

2e concile d'Orléans.
537
Mort de Thierri.

Théodebert étant monté sur le trône assembla, l'an 538, un concile en Auvergne, auquel Supérius, évêque d'Avenches, assista et en signa les canons. On y abolit les brigues et on y établit la manière d'élire les évêques; ce qui devait se faire par les suffrages du clergé et du peuple conjointement, et ce en la présence et par l'approbation de l'archevêque, et c'est ce qui s'est pratiqué dans la suite.

538
Théodebert. Concile d'Auvergne. Il abolit les brigues Election des évêques.

L'an 538, il apparut une comète épouvantable, qui fut suivie d'une grande famine qui obligea plusieurs personnes de se repaître de chair humaine.

538
Comète et famine.

L'an 540 dix mille Suisses, joints aux Ostrogoths, se saisirent de Milan et en firent passer les habitants par le fil de l'épée.

540
Les Suisses se saisissent de Milan.

Théodebert eut plusieurs guerres. Il chassa et vainquit les Danois qui étaient entrés dans son royaume. Il entra aussi en Italie, où il fit de grandes conquêtes. Ses deux généraux étaient Bucelin et Anringus; le premier subjugua presque toute l'Italie et même la Sicile l'an 541. Supérius, évêque d'Avenches, mourut environ ce temps. Guido ou Gundes fut élu en sa place.

Guerres du roi Théodebert.
541
Supérius, évêque d'Avenches.

Théodebert ayant été guéri miraculeusement et par les prières de St-Germain, évêque d'Auxerre, d'une maladie mortelle, il fit dès lors beaucoup de bien aux gens d'église. Enfin en 548, étant à la chasse, il mourut d'une branche d'arbre qu'un bœuf sauvage lui fit tomber sur la tête. D'autres assurent qu'étant à la chasse en Italie et s'y étant endormi entre les jambes d'Azinilus, fils d'Ilduïn, qu'il avait fait mourir quelque temps auparavant, Azinilus, voulant venger la mort de son père, lui enfonça une épine dans la tête, dont il mourut, et fut ensuite déchiré par les sangliers, et c'est en mémoire de cette histoire tragique qu'on bâtit un château au même lieu qu'on nomma Malespine, et qui a été longtemps possédé par les marquis de Malespine milanais. Théodebert avait épousé Visegarde, fille de Vaton, roi des Lombards d'Allemagne, de laquelle il n'eut point d'enfants; mais comme il avait un fils naturel, nommé Théobald, fils de Deutéric qu'il avait amenée d'Italie et ravie à son mari, il lui fit épouser la sœur de la reine son épouse, nommé Vaderade, et l'établit son successeur.

Théodebert est guéri. Il fait du bien aux églises.
548
Sa mort.

Malespine.

Théodebert n'eut qu'un fils naturel.

THÉOBALD ou *Thiébault* ne fit rien de bien considérable pendant son règne, qui ne dura que sept ans, si ce n'est qu'il continua la guerre en Italie comme son père avait fait. Les Goths ayant été chassés d'Italie l'an 555, il y en eut plusieurs qui vinrent habiter dans le pays d'Uri, et c'est ce que firent aussi quelques Huns.

Théobald mourut de paralysie, l'an 555, et comme il ne laissa point d'enfants, il donna par testament tout son grand royaume à Clotaire, roi de Soissons, son oncle et frère de Thierri, son aïeul.

CLOTAIRE, roi de Soissons, s'étant mis en possession du royaume d'Austrasie et de Bourgogne, les Saxons se révoltèrent, ce qui obligea Clotaire d'y aller avec une armée pour les dompter. Pendant qu'il y était, Childebert, roi de Paris, son frère, qui avait eu de la jalousie de ce que Clotaire avait eu lui seul tout le royaume d'Austrasie, attira pour cet effet Chramme ou Chremes, bâtard de Clotaire, dans son parti, ce qui causa de longues guerres, jusqu'à la mort de Childebert, qui arriva l'an 558, et qui n'ayant point laissé d'enfants, Clotaire eut encore en héritage tout le royaume de France.

Guidon, évêque d'Avenches, mourut environ ce temps. Martin fut son successeur.

Clotaire mourut à Compiègne l'an 563, Il avait eu cinq femmes. La première était Radegonde, fille de Berthaire, roi de Thuringe; elle se retira dans un couvent et n'eut point d'enfants. La deuxième était Ingonde, veuve de son frère Clodomir, roi d'Orléans, de laquelle il eut quatre enfants, savoir: Charibert, Gontran, Sigibert et une fille nommée Clodesinde, qui fut mariée à Alboin, roi des Lombards. La troisième fut Arigonde, sœur de sa femme Ingonde, et qu'il épousa pendant qu'elle était encore en vie; il en eut un fils nommé Chilpéric. La quatrième, qui n'était proprement dite qu'une concubine, fut Chunsène, de laquelle il eut un fils nommé Chramme, qui s'étant rebellé contre son père, fut brûlé, l'an 556, par son ordre avec sa femme et ses enfants dans une maison de campagne où il s'était retiré après la perte d'une bataille. Enfin Clotaire épousa encore Vaderade, veuve de son neveu Théobald, roi d'Austrasie; mais il la quitta à l'instance des évêques. Ses fils partagèrent son royaume. Charibert fut roi de Paris; Gontran fut roi d'Orléans, et il eut la Bourgogne et la Suisse; Chilpéric fut roi de Soissons et Sigibert, roi d'Austrasie, qui comprenait la Lorraine, l'Alsace, le duché de Suève ou Souabe et quelques provinces d'Allemagne.

Il y a deux remarques à faire ici en passant. La première, que ce royaume d'Austrasie, dans lequel le comté de Neuchâtel a été pendant quelque temps, s'appelait en allemand *Westreich*, c'est-à-dire royaume d'Occident, et ce par opposition à l'*Oestreich*, qui signifie royaume d'Orient; le mot Austrasie dérive de *Westreich* et celui d'Autriche vient d'*Oestreich* (V. l'an 784). La seconde remarque est que la Suisse d'aujourd'hui a presque toujours été sous deux rois différents; le duché de Suève, dans lequel sont huit cantons, avait un autre souverain que le reste de la Suisse, où sont les autres cantons. Les ducs de Suève ou de Souabe faisaient leur résidence à Kempten, et depuis à Uberlingen, qui est sur le lac de Constance. Ils gouvernaient depuis là cette partie de la Suisse qui dépendait de ce duché, l'an 500.

Westreich.
Oestreich.

Duché de Suève.

GONTRAN, roi d'Orléans, eut des difficultés avec son frère Sigibert, au sujet de la Provence, que l'un et l'autre voulaient avoir, comme étant une dépendance du royaume de Bourgogne dont ils avaient eu chacun une portion. Gontran établit l'an 570 Mummolus gouverneur et lieutenant-général de la Suisse. La même année les Lombards firent à diverses fois des courses dans la Suisse et dans la Bourgogne, mais Mummolus les repoussa. La ville de Vindonisse ayant été ruinée par les Lombards, Maxime, évêque de cette ville, transporta son siége à Constance. Il apparut cette même année une comète épouvantable. Les Lombards firent encore l'an 579 des courses dans la vallée d'Aoste, dans le pays de Valais et en divers endroits de la Suisse, où ils causèrent de grands maux et désolèrent ces provinces.

Gontran.
La Provence est contestée.

Mummolus, gouverneur de la Suisse.
570
Il repousse les Lombards.
Maxime, premier évêque de Constance.
Comète.
579
Les Lombards font de nouvelles incursions.

Martin, évêque d'Avenches, mourut l'an 581; il avait succédé à Gundes, et il eut pour successeur Marius, qu'on croit originaire de la ville d'Autun et d'une extraction noble et illustre. Gontran fit assembler un concile à Mâcon, l'an 585, où Marius assista aussi bien que Cariathe, évêque de Genève. On y fit divers canons, tant à l'égard des mœurs que de la doctrine. Il y eut soixante-deux évêques qui y assistèrent.

581
Mort de Martin, évêque d'Avenches. Marius établi.
585
Concile de Mâcon.

On remarque ici que Gontran écrivit l'an 585 une lettre de censure aux évêques de Genève et de Lausanne, sur leur négligence à châtier leurs inférieurs. Il leur dit que l'impunité était un grand mal, que par une pareille conduite, ils se chargeaient des fautes de ces personnes, tout de même que les princes se chargent des crimes de leurs sujets lorsqu'ils ne les punissent pas.

Gontran censure les évêques.

On croit que la ville de Lausanne fut bâtie l'an 593, ou du moins agrandie des ruines d'Arpentras; que Marius y bâtit un temple, qu'il y transporta son siége depuis Avenches, qu'il fit

593
Lausanne bâtie. Devient le siége épiscopal.

de grands dons à cette église, et que le roi Gontran, dont il était fort aimé, fit aussi des libéralités très considérables à cet évêché. Marius ayant quitté Avenches pour aller faire sa demeure à Lausanne, bâtit le village de Payerne, où il y avait déjà auparavant quelques maisons et un pont qui portait ce nom (V. l'an 304). Il y bâtit aussi un temple, l'an 595, qu'il consacra le 24 juin; il le fit construire sur un fond qui lui appartenait et il le donna à l'église ou au clergé.

Mort de Gontran.
595

Gontran mourut cette année, ayant toujours préféré le concubinage à un mariage légitime. Il n'eut point d'enfants. Chilbert, fils de Sigisbert, eut une partie de ses états après sa mort, et entre autres la Bourgogne et la Suisse.

Childebert.

CHILDEBERT avait déjà été roi d'Austrasie depuis l'an 575. Il s'était fait le 17 octobre 589 dans la Suisse et dans l'Italie un si grand débordement d'eaux, qu'on n'en avait point vu de semblable depuis plusieurs siècles, et il y eut encore des inondations l'an 590; ce qui fut suivi d'une peste qui dura jusqu'à l'an 595.

Inondations extraordinaires en **589 et 590**
Peste de **590 à 595**
Théodefred, gouverneur de la Suisse.
Il repousse les Lombards et meurt. Valdemar succède.

Dès que Childebert eut la Suisse, il y envoya Théodefred pour la gouverner en son nom. Les Lombards étant entrés dans la Suisse et dans la Bourgogne, Théodefred les repoussa, mais il mourut bientôt après. Valdemar fut après lui gouverneur de la Suisse.

Childebert meurt.
597

L'année 597 Childebert mourut avec sa femme Failube dans un même jour; ils laissèrent deux fils, Théodebert qui fut roi d'Austrasie et de quelques provinces d'Allemagne, et Thierri II qui fut roi de Bourgogne et de la Suisse, de la Touraine, de la Champagne, de l'Artois et de l'Alsace, etc. Ils eurent aussi une fille, nommée Theudelane ou Théodelinde, qui se retira en Suisse après la mort de son père et tint sa cour à Orbe.

Sa fille Theudelane se retire à Orbe.

Soupçon contre Brunehaut.

On croit que Brunehaut, veuve de Sigisbert, roi d'Austrasie, avait empoisonné Childebert et sa femme, afin de pouvoir régner seule pendant la minorité de ses deux petits-fils.

Thierri II.
Il épouse Mamberge.

THIERRI, ou Théodoric II, régna longtemps sans se marier; mais les grands du pays l'en ayant prié, il épousa Mamberge, fille de Dateric, roi d'Espagne. Brunehaut, son aïeule, qui ne souhaitait pas qu'il se mariât, afin de posséder seule l'esprit de son petit-fils, fit tous ses efforts pour désunir ce mariage, de sorte que ce Thierri renvoya sa femme à son père en Espagne, ce qui lui attira la guerre, Dateric avait pour cet effet prié plusieurs rois de l'assister. Mais Thierri, pour détourner ce coup, acheta la paix en donnant la Touraine, la Champagne et l'Ar-

Il renvoie sa femme à son père, qui lui fait la guerre.

tois à son frère Théodebert, roi d'Orléans, qui était du nombre de ceux qui avaient armé contre lui. Théodebert ayant désarmé, Thierri l'alla surprendre, le poursuivit jusqu'à Metz, de là à Cologne, d'où il s'enfuit en Allemagne; mais étant retourné à Cologne avec quelques troupes, Thierri l'y assiéga, et l'ayant pris, il le fit décapiter par le conseil de Brunehaut.

<small>Thierri surprend son frère Théodebert par trahison, le fait décapiter.</small>

Ce fut environ l'an 600 qu'un certain Himmerius, qu'on croit Bourguignon d'origine et noble d'extraction, ayant fait le voyage de la Terre-sainte, pendant lequel, à ce qu'on assure, il fit un vœu à St-Martin qu'il lui bâtirait un temple, s'il le faisait retourner heureusement de son voyage, ce fut, dis-je, étant de retour, qu'Himmerius exécuta son vœu, en faisant construire le petit temple de St-Imier qu'il dédia à St-Martin. Il y bâtit aussi une petite maison qui n'était d'abord qu'un hermitage, mais qui dans la suite fut changée en un couvent qui contenait des chanoines et qu'on a depuis nommé le haut chapitre de St-Imier, qui a possédé des rentes très considérables; et c'est de cet Himmerius que St-Imier a pris son nom. (V. l'an 884 et 932.)

<small>600
Himmerius, son origine.

Il bâtit un temple à St-Imier.</small>

Marius, évêque de Lausanne, mourut l'an 602, le 18 février, et fut enseveli à Lausanne. Il y a une inscription à Neuchâtel, au lieu qu'on appelle *à Cloître*, qui porte son nom. Macmerius ou Manerius lui succéda.

<small>602
Mort de Marius, évêque de Lausanne.
Inscription à Neuchâtel.</small>

On vit l'an 603 une grande comète de la figure d'une épée. Le lac de Thoune bouillit l'an 604 et jeta une grande quantité de poissons sur ses bords. (Guillimann lib. 2. Cap. 12.)

<small>603
Comète et prodige au lac de Thoune.</small>

Vivile, un comte allemand, rebâtit l'an 605 la ville d'Avenches, qui avait été détruite l'an 451 par Attila, roi des Huns, et c'est dès lors que les Allemands l'ont nommée *Wiflisbourg*.

<small>Vivile rebâtit Avenches.</small>

Ce fut dans ce même temps que Prothasius fut établi gouverneur et lieutenant-général de la Suisse. Il succéda à Vadenar, qui fut déposé à cause de son impureté. Ce Prothasius fut tué l'an 610 par la trahison d'Unclin, duc de Suève. Erpon succéda à Prothasius.

<small>Prothasius, gouverneur de Suisse.
Il est tué en 610
Erpon lui succède.</small>

Théodebert, frère de Thierri, laissa quatre fils de deux femmes, et sept bâtards qu'il avait eus avec des concubines. Ces fils étaient Sigibert, Gontran, Lothaire et Odbert. Thierri, après avoir décapité leur père, les fit tous mourir, excepté Sigibert qui, à ce que plusieurs historiens estiment, se sauva en Franconie et de là en Suisse, et duquel sont sortis les ducs de Zæhringen, les comtes de Kibourg, de Habsbourg et plusieurs autres maisons illustres de la Suisse (V. l'an 625).

<small>Postérité de Théodebert.

Sigibert se retire en Suisse.

On le croit la tige de la maison de Zæhringen et de Habsbourg.</small>

Théodebert laissa aussi une fille, que Thierri conserva en vie et qu'il épousa l'an 612, ce qu'il fit pour avoir par là le pré-

<small>Thierri épouse sa nièce.</small>

texte de s'emparer de tous les états de son frère. Brunehaut s'étant opposée à ce mariage de Thierri avec sa nièce, il ne laissa pas que de l'épouser contre son gré; et c'est ce qui lui coûta la vie, car Brunehaut le fit empoisonner cette même année. Mais les grands de ce royaume, voyant que cette cruelle reine continuait d'exercer ses meurtres et sa tyrannie, et ne la pouvant plus supporter, écrivirent à Clotaire, roi de France, fils de Chilperic, roi de Soissons, pour le prier de venir s'emparer du royaume de Thierri, avec promesse de le lui livrer, ce qu'il fit. Les grands lui remirent d'abord non-seulement le royaume, mais aussi Brunehaut, qu'il fit mourir, l'ayant fait attacher par les mains et les cheveux à la queue d'un jeune cheval fougueux, qui la traîna jusqu'à ce qu'elle fut tout-à-fait brisée. Elle fut convaincue d'avoir fait mourir dix rois et commis une infinité d'autres cruautés.

Thierri avait laissé quatre fils illégitimes. Clotaire sauva la vie à Mérovée, qui était son filleul; il en fit mourir deux et le quatrième, qui était Théodebert, se sauva sans qu'on ait jamais su ce qu'il était devenu, ce qui arriva l'an 614. Ceux du Thurgau, qui avaient soutenu le parti de Théodebert contre Thierri son frère, vinrent ravager la contrée d'Avenches, dont les habitants avaient soutenu les intérêts de ce dernier. Erpon, gouverneur de la Suisse, ne put pas leur résister. Thierri avait fait construire dans Genève plusieurs maisons pour la dévotion.

Clotaire II réunit tous les états que Clovis son bisaïeul avait possédés. Il régna encore dix-sept ans depuis qu'il eut conquis le royaume de Bourgogne.

Erpon, gouverneur de la Suisse, envoya l'an 614 Theudelane, fille de Childebert, à Clotaire; mais il la relâcha, de sorte qu'elle retourna à Orbe, où elle avait fait son séjour depuis la mort de son père. Clotaire établit l'an 615 Varnerius gouverneur de la Bourgogne.

Colomban, Anglais, vint en Suisse l'an 616. Il prêcha l'Evangile dans les terres de Zurich, à Zug et aux environs, où il y avait encore quelques païens, d'où il s'en alla en Italie, et il laissa en Suisse un certain Gallus qui était son disciple. On croit que Colomban était parent du roi Thierri II, et que ce prince le fit venir dans le Sundgau l'an 603, où il bâtit le monastère de Blumer.

L'an 617 les Allemands rentrèrent dans la Suisse à dessein de la ravager. Erpon voulut s'y opposer, mais les Suisses furent battus et chassés jusque sur les montagnes. Les Allemands brûlèrent et saccagèrent tout ce qu'ils purent et s'en retournèrent chez eux avec un grand nombre de prisonniers et un riche butin. Erpon ayant mal réussi dans cette guerre et ayant même violé les libertés de la Suisse, usé de la tyrannie, cela lui attira des malveillants. Aléthée, gentilhomme suisse, qui se disait descendu des rois de Bourgogne, et Leudemonde, évêque de Valais, ayant conspiré conte lui, le firent assassiner l'an 619. Clotaire en ayant été fort indigné, vint lui-même en Suisse l'an 620 pour venger cette mort. Il fit trancher la tête à Aléthée et il condamna Leudemonde, qui avait même conspiré contre lui, à ne point sortir de son pays pendant sa vie.

619 Erpon assassiné.

620 Clotaire en Suisse.

Clotaire rectifia et augmenta les lois en Suisse, que Gundebaud y avait introduites et que Thierri et Childebert avaient déjà amplifiées. On les regarde comme les quatre législateurs de la Suisse.

Il réforme les lois.

Législateurs des Suisses.

Manerius, évêque de Lausanne, mourut l'an 620. Il eut Egilolphe pour successeur. Clotaire établit, avant de s'en retourner, Arnobert gouverneur et lieutenant-général de la Suisse, en la place d'Erpon.

Mort de Manerius, évêque de Lausanne.

620 Arnobert, gouverneur de la Suisse.

Colomban mourut l'an 622, et fut enseveli à Dissentis dans les Grisons. Vandalin était encore en ce temps gouverneur de Bourgogne.

622 Mort de Colomban.

Sigibert dont il a été parlé, fils de Théodebert, qui en l'an 612 s'était retiré dans la Franconie, obtint de Clotaire, l'an 625, les pays et cités de Constance, Bâle et Coire, sur lesquels il l'établit comte ou duc, et il lui remit encore le Brisgau et le Sundgau, et ce fut par le moyen de cette donation que Sigibert renonça à toutes ses prétentions sur le royaume d'Austrasie (V. l'an 610).

625 Sigibert obtient de Clotaire des Etats en Suisse.

Clotaire changea l'an 625 les gouvernements des villes en duchés et comtés, et il les établit à vie, au lieu qu'auparavant les gouverneurs ne l'étaient que pour un certain nombre d'années (V. l'an 860). Il érigea même plusieurs provinces en duchés et comtés; les ducs, pour avoir soin des affaires qui regardent la guerre et pour conduire les armées, et les comtes, pour présider sur les affaires civiles et pour exercer la judicature. Il crut qu'au lieu que les gouverneurs ne l'étaient que pour un temps, les peuples seraient mieux conduits par des personnes qui exerceraient ces offices pendant toute leur vie, parce qu'on apprend tant mieux à connaître les peuples, les lois, les coutumes, les besoins d'un état, et qu'on acquiert de plus en plus de l'expérience, outre qu'on n'est pas si porté à tyranniser les sujets, lorsqu'on sait qu'on exerce une charge à vie, que lorsqu'on ne la possède que pour un peu de temps;

Changement des gouvernements en duchés et comtés.

et c'est pour les mêmes raisons que ces offices sont depuis devenus héréditaires.

630
Sigibert bâtit un château.
Les Bourguignons sont exempts de gouverneurs.

Sigibert bâtit l'an 630 un château au pied du mont Jura, où il fit sa demeure. Clotaire exempta les Bourguignons de gouverneurs, parce qu'ils lui avaient témoigné qu'ils n'en souhaitaient point d'autre que lui. Ce gouvernement fut aussi érigé dans la suite en comté (V. l'an 860).

Abbaye de St-Gall.

Gallus, gentilhomme écossais, que quelques historiens assurent avoir été fils de Ketternacus, roi d'Ecosse, étant venu en Suisse l'an 646 avec Colomban, il prêcha l'Evangile dans les lieux où il y avait encore des païens. Gallus habita premièrement à Toggen, qui est à l'embouchure de la rivière de Limmat dans le lac de Zurich ; il fut depuis à Bregenz et en divers

630

autres endroits de la Suisse, et enfin il se retira l'an 630 dans une petite maison écartée, où l'on a depuis bâti l'abbaye de St-Gall, qui en a pris le nom. Ce lieu était pour lors inhabité et dans des montagnes, sur le couchant du lac de Constance. Gonso, duc de Bavière, le voulut établir évêque de Constance, mais il le refusa, lui conseillant de donner cet évêché à un sien disciple nommé Jean, ce qu'il fit.

631
Mort de Clotaire.

Clotaire mourut l'an 631. Il était un prince savant, pieux, charitable envers les pauvres, et il fit de grands dons à l'église. Il eut deux femmes : Bertrude, de laquelle il eut Dagobert, auquel il donna déjà pendant sa vie l'Austrasie, l'Alsace et les états qu'il possédait en Allemagne. Sa seconde femme était Sichilde, fille de Brunulphe, duc d'Aquitaine, qui fut mère d'Aribert.

Dagobert I.
Aribert, frère de Dagobert, eut l'Aquitaine.

DAGOBERT Ier succéda à son père dans tous ses états. Il donna seulement à son frère Aribert l'Aquitaine, dont la capitale était Toulouse ; mais comme il ne vécut que huit ans et qu'il ne laissa qu'un fils unique nommé Chilpéric, qui ne survécut à son père

Elle revient à Dagobert.
Dagobert vient en Suisse.

que de quelques jours, tous les états d'Aribert retournèrent par ce moyen à Dagobert. Ce monarque vint en Suisse l'an 632. Il y rétablit la justice ; il fut aimé des gens de bien, redouté des méchants et craint de ses voisins, dont aussi il acquit le nom

Il chasse les Juifs.

de *grand*. Il chassa de son royaume les juifs qui refusèrent d'embrasser la religion chrétienne. Il eut plusieurs guerres, où il employa toujours les Bourguignons et les Suisses, dont il

Il aimait les Suisses

faisait bien du cas. Il fit plusieurs fondations pieuses.

640
Mort de St-Gall.

St-Gall mourut dans le château d'Arbon, le 16 octobre 640, âgé de quatre-vingt-quinze ans, dont aussi ce jour lui fut dédié. Il fut enseveli dans sa petite maison où il avait habité pendant dix ans ; il laissa plusieurs disciples et entre autres Magnus et Othmar. Les rois de France et les ducs de Souabe ont depuis donné de grandes rentes à ses successeurs et ont érigé ce lieu en abbaye. Le comte Sigibert donna à ce monastère le pays d'Appenzell, qui prit de là ce nom qui vient du latin *Abbatis cella*.

On érige une abbaye.
Appenzell.

Dagobert mourut le 19 janvier 644. Il eut trois femmes. Il répudia la première, qui était stérile, pour épouser Nantilde, une religieuse, qu'il avait fait tirer d'un couvent. Depuis il épousa Ragnetrude et en eut un fils nommé Sigibert. Il eut ensuite un fils de Nantilde, nommé Clovis. Il donna des franchises aux Bourguignons et aux Suisses à cause des bons services qu'ils lui avaient rendus dans les guerres qu'il avait eues.

644
Mort de Dagobert.
Il donne des franchises aux Suisses.

CLOVIS II eut le royaume de France, la Bourgogne et la Suisse, et Sigibert eut celui d'Austrasie et plusieurs provinces d'Allemagne, entre autres le duché de Suève, qui s'étendait jusqu'à la rivière de Reuss.

Clovis II et Sigibert Partage des États.

Clovis convoqua un concile à Châlons-sur-Saône l'an 650, d'autres disent l'an 659, auquel Arricus ou Eritius, évêque de Lausanne, assista. Il établit aussi l'an 651 Vilibald gouverneur de la Suisse; mais il ne le fut pas longtemps, car étant obligé la même année de se trouver à Châlons, où les états du royaume étaient assemblés et où le roi Clovis se trouva aussi avec Flaucat, le maire de son palais de Bourgogne, Vilibald y ayant voulu aller armé et avec un grand train, à cause de Flaucat son ennemi, Clovis ne voulut pas le lui permettre; c'est pourquoi il n'y parut point, mais les mêmes états s'étant peu de temps après assemblés à Autun et Clovis lui ayant ordonné de s'y trouver, Vilibald fut tué en chemin par les gens de Flaucat. Clovis mourut l'an 662. Il laissa trois fils de Batilde de Saxe sa femme, Childéric, qui fut roi d'Austrasie, Clotaire qui fut roi de France, et Thierri, qui ne put rien obtenir de ses frères que la Bourgogne et la Suisse.

650
Concile de Châlons.
Vilibald, gouverneur de la Suisse.

662
Mort de Clovis.

THIERRI ou Théodoric III était très mal content de ses frères. Après la mort de Clotaire, qui ne laissa pas d'enfants, son frère Childéric se saisit du royaume de France sans lui en faire aucune part, ce qui obligea Thierri à prendre les armes contre Childéric; mais quoique Thierri fût vaincu par ce sien frère et mis dans un couvent, cependant il en sortit et eut peu de temps après tout le royaume de Childéric, qui fut tué aussi bien que Blithilde, son épouse, sans laisser aucune postérité.

Thierri III est mal content de ses frères.
664
Il attaque son frère Childéric, et est vaincu.
Childéric tué.

L'an 678 il apparut une grande comète, qui fut suivie d'un temps déréglé, d'une grande cherté et d'une contagion.

678
Comète et cherté.

Les Huns dans les Grisons.

Les Huns entrèrent l'an 680 dans les Grisons, où ils firent de grands ravages.

691
Mort de Thierri.

Thierri mourut l'an 691. Il laissa deux fils, Clovis III, qui lui succéda, et Childebert.

Clovis III.
Ebroin tué.
688
Pepin succède à la régence.
Son origine.
Mort de Clovis.

Clovis III succéda à son père, non-seulement en son royaume, mais aussi en ce qu'il fut un fainéant comme lui. Ebroin, maire du palais de France, ayant été assassiné l'an 688, et Pepin lui ayant succédé, eut la régence des deux royaumes, qui lui fut remise l'an 691. Il fut aussi établi gouverneur de l'Austrasie et de la Bourgogne. Il était fils d'Ansigie et de Bagge, fille de Pepin-le-vieux ou de Landau, maire du palais d'Austrasie, et il a été la souche de la seconde famille royale de France. Clovis mourut l'an 695, sans laisser aucune postérité.

Childebert.

Childebert régna dix-sept ans, mais il n'avait que le nom de roi, Pepin continuait à conduire le royaume.

706
Villaire rebelle.
711
Mort de Childebert.

Villaire, un prince bourguignon, ayant voulu s'emparer de la Bourgogne, Pepin le vainquit l'an 706. Childebert mourut l'an 711, laissant deux fils, Dagobert qui lui succéda, et Clotaire.

Dagobert II.
L'autorité est continuée à Pepin.
Grimoald, maire du palais, tué.
Theudoant, son fils bâtard, lui succède.

Dagobert II laissa, aussi bien que ses prédécesseurs, toute l'autorité à Pepin-le-gros, qui trouva par là le moyen d'établir sa postérité et de se saisir du royaume. Il avait eu de sa femme Plectrude un fils nommé Grimoald, qu'il fit maire du palais de France, mais qui à cause de ses impudicités fut tué par Rabold, à Liège, dans le temple de St-Lambert. Ce Grimoald laissa un bâtard nommé Theudoant, qui lui succéda.

Mort de Pepin.
Charles, son fils bâtard.
Pourquoi il fut surnommé Martel.

Pepin donna à son fils puîné le gouvernement de la Bourgogne; mais il mourut bientôt après. Outre ses deux fils, Pepin en eut encore un autre d'Alpaïde, nommé Charles, qui était illégitime; il lui remit l'an 713 la dignité de maire du palais d'Austrasie et le gouvernement de la Bourgogne. Ce Charles fut surnommé *Martel*, à cause de sa valeur et de son humeur martiale.

Mort de Dagobert.
715

Pepin désirant de faire passer le royaume entre les mains de son fils Charles, envoya Thierri, fils du roi Dagobert, dans l'abbaye de Chelles. Dagobert mourut l'an 715.

Chilpéric.
Il avait été clerc.

Chilpéric, nommé autrement Daniel Clerc, fut tiré du couvent par les Français, qui voyant que Plectrude voulait régner et ne pouvant souffrir qu'une femme conduisît le royaume, ils élevèrent Chilpéric sur le trône; on croit qu'il était fils de Clovis III. Il fut surnommé *Clerc*, parce qu'il avait été longtemps dans le clergé et du nombre des gens d'église. Chilpéric établit Raginfrède maire de son palais. Charles Martel s'opposa à l'élection de Chilpéric, soutenant que c'était contraire aux lois fondamentales du royaume, que de donner la couronne à un homme qui était pourvu des ordres sacrés; c'est pourqui il fit couronner Clotaire, fils de Childebert, et fit la guerre à Chilpéric et à Raginfrède. Charles les ayant vaincus, Raginfrède s'enfuit auprès d'Eudes, duc d'Aquitaine, et Clotaire mourut bientôt après. Chilpéric étant aussi tombé entre les mains de Charles, mourut l'an 720, n'ayant laissé aucune postérité, non plus que Clotaire, qui était mort un peu avant lui.

THIERRI ou Théodoric IV fut retiré de l'abbaye de Chelles, par Charles Martel, et couronné la même année. Raginfrède, voulant se soutenir dans sa dignité de maire du palais, fut attaqué par Charles dans Angers et fait prisonnier; et par ce moyen Charles acquit toute l'autorité, Thierri lui laissant la conduite du royaume, et se contentant de vivre dans les plaisirs et dans l'oisiveté.

L'an 725, il apparut une grande comète, qui fut suivie d'une peste.

Une difficulté étant survenue entre les églises du Pays-de-Vaud et celles de Neuchâtel, on tint l'an 726 un concile à Genève, pour terminer leurs différends, de sorte que les tumultes et séditions qu'il y avait entre elles furent apaisées. Ce fut aussi en ce temps que les habitants du Nuitland et du Pays-de-Vaud se soulevèrent contre Thierri, de ce qu'il ne les conservait pas dans leurs priviléges; mais Charles Martel calma ces troubles.

Il y eut l'an 729 une grande peste en Europe, 300,000 personnes en moururent dans la seule ville de Constantinople.

Le duc d'Aquitaine qui, quelque temps auparavant, avait soutenu Chilpéric contre Charles, mais qui en avait été vaincu, fit venir Abderham, roi des Sarasins, avec 400,000 hommes pour se venger de Charles Martel; mais ce dernier le vainquit, tua Abderham avec 375,000 Sarasins auprès de la ville de Tours, l'an 730. Il y eut plusieurs Suisses, dans cette guerre, au service de Charles, qui y ayant fait paraître beaucoup de valeur et de courage, Charles leur accorda en récompense plusieurs priviléges.

Thierri mourut l'an 735, laissant un fils, qui étant fort jeune, ne fut couronné que sept ans après; ce fut Childéric III.

CHARLES MARTEL ayant conduit seul le royaume pendant la

minorité de Childéric, a été, pour cet effet, mis au nombre des rois, aussi bien à cause de son grand mérite, que de ses vertus héroïques.

Les Sarasins reviennent en France et Charles Martel les chasse en 740

Les Sarasins désirant de se venger du mauvais traitement qu'ils avaient reçu en la bataille de Tours, et s'étant joints aux Vandales, Ostrogoths et Alains, entrèrent de nouveau en France, étant conduits par le roi Athin; ils désolèrent plusieurs provinces, comme le Languedoc, le Dauphiné, le Lyonnais, la Savoie, la Suisse et autres. Mais Charles Martel les ayant battus en plusieurs rencontres et entre autres auprès d'Avignon, les obligea de s'en retourner chez eux l'an 740.

Pepin, fils de Charles, gouverneur de la Suisse. Bâtit le château de Bipp.

Charles Martel avait donné à son fils Pepin le gouvernement de la Suisse, dès qu'il fut en état de le conduire; le jeune prince s'y plaisait tellement, qu'il y fit bâtir le château de Pipp, ou Bipp, qui porte son nom, et où il se divertissait souvent à la chasse.

742 Fin de la race des Mérovingiens en la personne de Thierri.

Charles Martel fit couronner Childéric, fils de Thierri, l'an 742, qui fut le dernier roi de la première race des rois de France, appelés Mérovingiens à cause de la valeur de Mérovée, qui succéda à Clodion le Chevelu, l'an 451.

Childéric III, roi fainéant.

CHILDÉRIC III ne fut roi que de nom, tout de même que ses prédécesseurs, Charles Martel ayant tout le pouvoir entre les mains, pendant que Childéric menait une vie oisive.

745 Comète, peste.

On vit l'an 745 une comète qui fut suivie d'une peste qui dura trois ans.

Mort de Charles Martel. 746 Il laisse quatre fils.

Charles Martel mourut en Provence, l'an 746, dans la ville d'Aix, âgé de cinquante-cinq ans. Il laissa quatre fils; Griphon, qu'il avait eu de la fille d'Odillon, duc de Bavière; Carloman qui eut pour sa part l'Allemagne et la Thuringe; Pepin qui eut la Bourgogne, la Suisse, la Provence et la Neustrie, aujourd'hui la Normandie, et Gilles qui fut archevêque de Rouen. Griphon voyant que ses frères ne lui voulaient faire aucune part au gouvernement, se saisit de la ville de Laon, mais Carloman l'y assiégea et le fit prisonnier. Ce Carloman se plaisant davantage à la vie contemplative qu'au maniement des armes, se fit moine, l'an 747. Il passa par St-Gall, où il fit sa dévotion, s'en alla en Italie au mont Soracte et fit bâtir le monastère du Mont Cassin, où il entra. Carloman ayant ainsi tout abandonné à son frère Pepin, qui avait pris le titre de duc des Français, ce dernier acquit par là toute l'autorité et continua de régner et même plus absolument que son aïeul et son père n'avaient fait.

Carloman se fait moine. 747 Bâtit le monastère du Mont-Cassin en Italie. Pepin prend le titre de duc des Français, et a toute l'autorité.

Valanus, premier évêque de Bâle. 748 Alexandre, évêque de Lausanne déposé.

Valanus fut en ce temps le premier évêque de Bâle et le dernier des évêques des Rauraques. Il vivait l'an 748. Alexandre, évêque de Lausanne, fut déposé l'an 750, pour avoir refusé de reconnaître le roi Chilpéric. Alphonse fut établi évêque en sa place.

Pepin souhaitant passionnément la royauté, fit voir aux seigneurs de la France les grands dangers auxquels le royaume avait été exposé, par l'incapacité des rois, aux années 730 et 740. Les Sarasins et autres peuples qui entrèrent pour lors dans la France, ayant mis le royaume en danger de périr, il mit Childéric en si mauvaise odeur parmi les peuples, qu'ils l'élurent pour leur roi, et il sut si bien s'insinuer dans l'esprit du pape Zacharie, qu'il dispensa les sujets du serment de fidélité qu'ils avaient prêté à Childéric; de sorte qu'ils le mirent dans un couvent et firent monter Pepin sur le trône. Il fut couronné à Soissons et commença la seconde famille des rois de France l'an 752.

PEPIN, surnommé *le Bref*, parce qu'il était de petite stature, fut le premier roi de la seconde race de France. Il tâcha de se rendre recommandable aux peuples.

Son frère Griphon, étant échappé de sa prison, se révolta contre lui; il fut pris de nouveau, mais il se sauva encore en Italie. Il fut tué dans les Alpes l'an 753.

Pepin alla l'an 754 secourir le pape Etienne III, qui était venu en France pour l'en prier; c'était contre Astulphe, roi des Lombards. Le pape donna en récompense à Pepin le titre de roi *très-chrétien*, qui a passé à tous ses successeurs.

Valanus, évêque de Bâle, mourut l'an 760. Baldebert, abbé de Richenau, lui succéda. En ce temps Théodin était gouverneur et lieutenant-général de la Suisse, et Bertrand l'était de cette partie de la Suisse qui dépendait du duché de Suèves. Ce dernier envoya Omer à Pepin pour être établi premier abbé de St-Gall, ce que Pepin confirma. Les moines souhaitèrent d'avoir un homme d'église pour leur chef au lieu qu'auparavant ils avaient un séculier de qui ils dépendaient. Cet Omer était de Coire et prêtre de profession. L'abbaye choisit pour lors la règle de St-Benoît.

Il apparut l'an 763 une comète qui fut suivie d'une grande sécheresse et froideur.

Le 1er octobre 764 il fit un froid si violent que toutes les eaux gelèrent, tous les lacs de la Suisse et même la Mer Noire jusqu'à cent lieues d'Allemagne depuis son bord.

Pepin mourut l'an 768, à Paris. Il avait épousé Vertrade, qui aussi bien que lui vint souvent en Suisse; ils y laissèrent plusieurs preuves de leur bénéficence, tant à Soleure et Constance qu'en d'autres lieux. Cette reine fit de grandes libéralités au monastère de Moutier-Grandval, dans l'évêché de Bâle.

Pepin eut deux fils : Charles, qui fut couronné roi de France à Worms ou à Noyon, et Carloman, qui le fut à Soissons, et qui fut roi de tous les pays que les Français possédaient pour lors en Allemagne. Il eut aussi une fille, nommée Berthe, qui fut mariée à Milon, comte d'Angers, duquel elle eut Roland, auquel on attribue plusieurs actions héroïques.

CHARLEMAGNE ou Charles-le-Grand naquit à Carlsbad en Bavière, d'autres disent à Ingelheim, l'an 742.

Carloman, fils de Pepin, étant venu en Suisse l'an 770, il confirma à Gondowald, abbé de Moutier-Grandval, les donations que Pepin lui avait faites des couvents de St-Ursanne et de St-Paul-de-Werd, avec toutes les franchises qu'il possédait déjà auparavant (V. les années 884, 891 et 1000). Carloman lui promit qu'aucun duc, comte ou député, ni aucun officier du souverain, ne pourrait imposer aucun tribut à ce monastère, ni lui demander aucune chose.

Carloman mourut l'an 771 sans enfants; tous ses états furent réunis à la couronne de France.

La veuve de Carloman, nommée Berthe, sollicita Didier, roi des Lombards, à faire la guerre à Charlemagne, ce qu'il entreprit; mais le pape Adrien Ier, ayant une difficulté avec Didier, roi des Lombards, ce pontife eut recours à Charlemagne, qui après avoir assemblé, l'an 773, les états de son royaume à Genève, pour avoir leur consentement sur cette entreprise, traversa la Savoie, passa les Alpes, surprit et battit Hunaud, général des troupes de Didier. Didier se sauva dans Pavie, où il fut assiégé et fait prisonnier par Charlemagne, qui se saisit du royaume de Lombardie, lequel prit fin par cette conquête. Comme il y avait beaucoup de Suisses dans l'armée de Charlemagne et qu'ils se comportèrent vaillamment, ce monarque usa envers eux de grandes libéralités et il leur accorda des franchises très considérables.

Les habitants d'Uri embrassèrent le christianisme par les soins de Charlemagne l'an 775, et par ce moyen il ne resta plus de païens dans la Suisse.

Charlemagne étant venu en Suisse l'an 784, y laissa plusieurs marques de sa bénéficence. Il fut quelques jours à Soleure. Il établit préfet de la contrée d'Avenche Gevelin, qui était de la maison de Glana, qu'on croit descendue des premiers rois de Bourgogne, et qui a toujours été considérable en Suisse jusqu'en l'an 1126.

Charlemagne fit de grandes conquêtes en Allemagne, et c'est en ce temps qu'on croit que le nom d'Autriche a commencé et qui vient du nom allemand *Ostreich*, c'est-à-dire royaume d'orient, qui comprenait non-seulement l'Autriche, mais aussi la Hongrie, la Bohème, le Danemarc, la Pologne, la Transylvanie, la Valachie et autres provinces. Le mot d'Austrasie, qui vient de *Westreich*, qui signifie royaume d'Occident, était déjà en usage auparavant (V. l'an 563).

<small>Conquêtes de Charlemagne en Allemagne. Origine du mot Autriche</small>

<small>et de celui d'Austrasie.</small>

Charlemagne fit assembler, l'an 794, un concile à Francfort, où 300 évêques se trouvèrent, et entre autres ceux de la Suisse. Charlemagne y assista lui-même aussi bien que les députés du pape, Théophilacte et Etienne. Le culte des images y fut condamné.

<small>794
Concile de Francfort.
Culte des images condamné.</small>

Il y eut, l'an 797, une éclipse de soleil qui dura dix-sept jours, tout ce temps-là ayant paru fort obscur.

<small>Eclipse de soleil
797</small>

Le pape Léon III ayant été soutenu par Charlemagne, et voyant les progrès étonnants de ses armes, l'établit empereur d'occident le jour de Noël l'an 800. Et ce monarque lui fit aussi de grandes libéralités, car non-seulement il lui confirma tout ce que Pepin, son père, lui avait donné, mais il lui remit encore le territoire des Sabins, le duché de Spolette, celui de Bénévent et autres.

<small>800
Charlemagne établi empereur d'Occident.

Etats donnés au Pape.</small>

On vit l'an 800 une comète qui brillait extraordinairement.

On sentit le 30 avril 802 un tremblement de terre des plus terribles, qui renversa plusieurs maisons en France et en Suisse. Il y eut ensuite une peste très violente. L'hiver fut fort humide.

<small>Comète l'an 800
802
Tremblem'de terre suivi d'une peste.</small>

Uldarich, parent de Charlemagne, était évêque de Lausanne et Baldebert évêque de Bâle. Il était fort aimé de Charlemagne, qui lui donna de grands droits sur la ville de Bâle l'an 803.

<small>Uldarich, évêque de Lausanne, et Baldebert, évêque de Bâle.</small>

L'an 804 le pape Léon III vint au pays de Valais, où il consacra lui-même l'abbaye de St-Maurice.

<small>804
Abbaye de St-Maurice.</small>

Pepin, fils de Charlemagne, mena l'an 805 une armée de Suisses dans l'île de Corse, contre les Maures, qu'il vainquit.

L'empereur remit aussi l'an 805 le pays de Valais à St-Théodule, en toute souveraineté, tellement que lui et tous les évêques, ses successeurs, en ont dès lors été souverains et ont possédé le temporel aussi bien que le spirituel. Ce monarque étant à St-Maurice, l'abbé Altheus lui montra les os de ce saint et des autres qui furent martyrisés par Maximien l'an 287.

<small>805
Armée des Suisses en Corse.
St-Théodule.
Valais érigé en souveraineté.</small>

On tient que Charlemagne inféoda, l'an 805, à Memphus, Neuchâtel qu'il érigea en baronie, que les descendants de ce Memphus l'ont possédé fort longtemps, et que c'est à cause de cette inféodation que Neuchâtel a porté le titre de baronie jusqu'à l'an 1118. Il est vrai qu'avant ce temps et depuis les

<small>805
Memphus, à ce qu'on croit, premier baron de Neuchâtel.</small>

premiers rois de Bourgogne, il y a eu dans Neuchâtel des grands sires ou hauts barons qui étaient des officiers de justice établis à temps par les souverains; mais ils n'en étaient pas les propriétaires, au lieu que Neuchâtel, comme on l'assure, serait devenu par cette inféodation faite à Memphus un fief propre et une baronie héréditaire (Voyez ce qu'on a dit de ces hauts barons sous l'année 443). Cependant il y a de l'apparence que tout ce qu'on a dit de ce Memphus est fabuleux, quoiqu'il y ait plusieurs anciens manuscrits qui en fassent mention.

Valdo, évêque de Bâle.
Autres droits donnés à l'évêque.

Valdo, évêque de Bâle, qui avait succédé à Baldebert, quitta son évêché l'an 806. Il était aumônier de Charlemagne. Il mourut à St-Denis l'an 836. Charlemagne lui donna la ville de Bâle et son territoire, avec tous les droits qu'il y possédait, il augmenta la donation qu'il avait faite à Baldebert l'an 803. (V. l'an 1000.) Othon ou Haito ou Hatto lui succéda à l'évêché de Bâle.

809
Priviléges accordés aux Suisses.
Uri annexé à l'empire.
Charlemagne lui donne deux cors.

Charlemagne s'était toujours servi des Suisses dans toutes ses guerres; aussi il leur donna plusieurs priviléges. Il incorpora et annexa le pays d'Uri comme un pays libre à l'Empire l'an 809. Ce canton obtint aussi de ce monarque deux cors qui retentissent d'une façon toute particulière, dont on se sert pour animer les soldats au combat et desquels Roland, neveu de Charlemagne, se servait déjà en ce temps-là. Ces cors étaient des cornes de bœufs d'une grosseur extraordinaire, garnies d'argent. Ce canton en fait une estime toute particulière, à cause de Charlemagne qui les leur donna et qui leur en permit l'usage, et ce en mémoire de la valeur que leurs troupes firent paraître dans une sanglante bataille, où les Sarasins, qui se servaient de ces cors, furent défaits; outre que, par superstition, on leur attribue la vertu d'effrayer l'ennemi (Voyez comment ces cors furent pris à ce canton l'an 1712).

Libertés confirmées aux Genevois.
Fondations pieuses Rentes à l'église de Zurich, et aux abbayes de St-Gall et de St-Maurice.
Donations faites aux évêques de Bâle, de Lausanne et Genève.
Universités fondées
Hôpitaux bâtis.

Charlemagne confirma aussi à la ville de Genève ses libertés et les quatre foires franches qu'elle a tous les ans. Comme cet empereur aimait fort les gens d'église, il fit aussi en leur faveur un grand nombre de fondations pieuses. Il augmenta les rentes de la grande église de Zurich, que les chanoines ont possédées depuis. Il assigna des revenus considérables aux abbés de St-Gall et de St-Maurice. Il accorda à ce dernier de quoi entretenir trente moines, lorsqu'il fut dans cette abbaye l'an 805. Il fit aussi de grands dons aux évêques de Bâle, de Lausanne et de Genève. et il n'y a presque point de monastères, ni de colléges dans la Suisse qui n'aient eu part à ses libéralités. Il fonda aussi plusieurs universités, comme celles de Paris l'an 790, de Pavie, de Pise, et autres. Ce monarque fit aussi bâtir un grand nombre d'hôpitaux, et même dans la Syrie, dans l'Afrique et dans plusieurs provinces des Sarasins, dont aussi Aaron, un de leurs chefs, lui rendit hommage. Enfin il assembla encore plusieurs conciles, comme à St-Jean de Latran qui est dans Rome, à Ratisbonne, à Francfort, à Rheims, à Châlons, à Tours, à Arles et à Mayence [1]). *Plusieurs conciles assemblés.*

Charles, roi de Hongrie, fils de Charlemagne, mourut l'an 809, ce qui affligea beaucoup ce monarque, et surtout la mort de son fils Pepin, roi d'Italie, qui arriva l'an 810, et qui était un jeune prince de grande espérance. *Mort de Charles, roi de Hongrie, en 809 et de Pepin, en 810*

L'an 811 il y eut un nombre prodigieux de sauterelles qui volèrent à travers la Méditerranée depuis l'Afrique en Italie, et qui désolèrent ce royaume. *811 Sauterelles.*

Charlemagne étant cette année 811 à Aquilée, envoya une députation à Constantinople, auprès de l'empereur Nicéphore, pour faire une alliance avec lui. Othon, évêque de Bâle, fut du nombre des députés. Udalrich, évêque de Lausanne, beau-frère de Charlemagne, étant mort l'an 812, Fredarius lui succéda l'an 813. *Ambassade à Constantinople. 812 Mort d'Udalrich, évêque de Lausanne*

Enfin ce puissant monarque mourut l'an 814 à Aix-la-Chapelle, où il fut enseveli. Il y avait presque toujours fait sa demeure, et surtout depuis la mort de ses deux fils, ayant dès lors mené une vie solitaire et retirée. Il était âgé de soixante-douze ans. Il avait eu pour précepteurs Pierre Pisan et Alcuin, Anglais. Ses principaux favoris étaient Roland d'Anglaire, Olivier de Vienne, Naymes de Bavière, etc. Ce grand prince avait des qualités admirables; il était savant, pieux et vaillant guerrier. Il fit dresser des règlements pour la réformation de l'église dans un livre intitulé: *Capitula Caroli Magni.* *814 Mort de Charlemagne à soixante-douze ans. Ses précepteurs. Ses favoris. Ses qualités. Ses règlements.*

Il avait eu quatre femmes, savoir: 1° Théodora, fille de Didier, roi des Lombards, qu'il répudia et de laquelle il n'eut point d'enfants. 2° Hildegarde, fille de Hildebrand, duc de Souabe, de laquelle il eut quatre fils et six filles; ses quatre fils étaient Charles, roi de Hongrie, mort sans enfants; Pepin, roi d'Italie, qui ne laissa qu'un fils naturel, nommé Bernard, aussi roi d'Italie; Louis, surnommé le débonnaire, et Lothaire qui mourut jeune. Ses filles furent Rotrude; Ima, mariée à Eginhard, secrétaire de Charlemagne, et qui est la souche des comtes d'Erpach; Berthe, mariée au comte Angibert; Giselle qui fut religieuse; Hildegarde et Adelaide. 3° Il épousa encore Fastrade, fille de Rodolphe, duc de Franconie, de laquelle il eut deux filles, savoir: Iltrude et Thédrade. Sa quatrième femme fut Lintgarde, *Ses femmes et ses enfants.*

[1]) Dans celui de Latran, on lui accorda le droit de confirmer tous les prélats, et même d'élire les papes.

une allemande, dont il n'eut point d'enfants. Il eut aussi quatre concubines.

815
Louis-le-débonnaire. Libéralités faites à Frédarius, évêque de Lausanne.

Louis, surnommé le *pieux* ou le *débonnaire*, fut roi de France et empereur d'Occident. Il fit l'an 815, dès le commencement de son règne, de grandes libéralités à Frédarius, évêque de Lausanne, que quelques-uns appellent Frédérich.

816
Châteaux de Morat et de Grandson bâtis.

On croit qu'un certain Fabius bâtit en 816 les châteaux de Morat et de Grandson.

Manière de recevoir le pape.

Le pape Etienne V vint l'an 816 à Rheims en Champagne, où il couronna Louis et la reine Hermengarde. Ce monarque alla au devant du pape à quelque distance de la ville et l'ayant rencontré, Louis marcha toujours à pied et à côté du pape, qui ne descendit point de cheval.

817
Pascal, évêque de Lausanne, puis David.

Frédarius, évêque de Lausanne, mourut l'an 817. Il eut Pascal pour successeur, qui mourut l'an 827 et fut remplacé par David.

820
Pluies abondantes. Mortalité et cherté.

L'année 820 fut extrêmement pluvieuse et humide, ce qui causa des vapeurs puantes qui produisirent une mortalité d'hommes et de bétail et une grande cherté.

Othon et Udalrich, évêques de Bâle.

Othon, évêque de Bâle, renonça à l'évêché l'an 822. Udalrich lui succéda.

828
Valeur des Suisses récompensée.

L'an 828 les habitants de Schwyz, d'Unterwald et du pays d'Hasli retournèrent d'Italie. Ils y étaient allés contre les Sarasins, dont ils tuèrent un grand nombre. La ville de Rome, ayant été par leur valeur préservée du pillage, le pape Grégoire IV leur fit de grands dons et il obtint pour ces Suisses de grands privilèges de l'empereur.

829
Les Suisses encore victorieux.

L'an 829, les Suisses, conduits par Guy, marquis de Lombardie, général de l'empereur, battirent encore les Sarasins et en emportèrent un riche butin.

829
Tremblement de terre, vents.

On sentit l'année 829 un grand tremblement de terre et des vents si violents qu'ils renversèrent des arbres et des maisons.

832
Grêle.

L'an 832 il tomba une grêle en Suisse qui tua plusieurs personnes.

838
Comète.

Le 1er janvier 838 on vit une comète qui dura longtemps.

840
Eclipse de soleil.

Le 6 mai 840, à huit heures, on vit une éclipse de soleil épouvantable, tellement qu'on voyait les étoiles comme pendant la nuit.

840
Mort de Louis-le-débonnaire. Ses femmes et ses enfants.

Louis-le-débonnaire mourut le 20 juin 840 à Ingelheim près de Mayence et fut inhumé à Metz dans le temple de St-Arnoux. Il avait eu deux femmes: la première fut Hermengarde, dont il eut trois fils et quatre filles. Les fils furent Lothaire, Louis et Pepin. Ce dernier eut le royaume d'Aquitaine et mourut l'an 837; il avait épousé Egellande, fille de Thiebert, comte de Matrie, de laquelle il eut Pepin, roi d'Aquitaine, Charles, archevêque de Mayence, et une fille. La seconde femme de Louis fut Judith, fille de Welphe, duc de Bavière, de laquelle il eut un fils nommé Charles-le-chauve.

LOTHAIRE étant l'aîné des fils de Louis-le-débonnaire, voulut aussi avoir lui seul tous les Etats de son père, ce qui obligea Louis et Charles à s'unir contre lui et à lui faire la guerre. Lothaire fut vaincu auprès de Fontenay, qui n'est pas loin d'Auxerre, où il périt près de 100,000 hommes le jour de Pâques 841. L'année suivante, 842, Lothaire fut encore battu, ce qui l'obligea à faire la paix avec ses frères et à partager avec eux. Lothaire eut l'Empire et l'Italie, la Gaule belgique, qui est entre le Rhin et l'Escaut, l'Austrasie à laquelle il donna son nom, l'appelant Lotharingia ou Lorraine, la Provence, la Bourgogne et la Suisse. Louis eut tous les pays qui sont au delà du Rhin, avec les villes de Mayence, Spire, Worms avec cette pertie de la Suisse qui est contre le Rhin et la Reuss, et il s'appella roi de Germanie. Charles, surnommé *le chauve*, fut roi de France. Le partage se fit l'an 843. Pepin et Charles, fils de Pepin, roi d'Aquitaine, pensèrent redemander à Charles le royaume de leur père, mais il les obligea à prendre le froc.

Charles-le-chauve et Louis de Germanie firent une étroite alliance par ensemble pour se soutenir l'un l'autre contre leur frère Lothaire. Ils s'assemblèrent pour cet effet à Strasbourg le 16 des calendes de mars 842, où ils se firent un serment réciproque. Louis jura en langue romaine, c'est-à-dire en romand, qui était un latin corrompu, et Charles en langue teudesque, qui est devenue la langue allemande.

Dès l'an 843 Lothaire, s'étant réuni avec ses frères, régna paisiblement jusqu'à la fin de sa vie. Son frère Louis alla à Rome l'an 844, où il eut l'honneur de baiser les pieds du pape Sergius II, qui s'appelait avant son pontificat Groin de Pourceau. Ce vilain nom l'obligea d'en prendre un autre, et c'est dès lors que les papes ont toujours changé de nom à leur élection. Lothaire n'eut pas la même complaisance pour ce pontife, car ayant appris que le clergé et les bourgeois de Rome avaient eu la témérité d'élire ce Sergius sans sa permission, qui était pour lors nécessaire pour l'élection d'un pape, il envoya à Rome vingt évêques accompagnés de gens de guerre qui forcèrent le pape de se soumettre à l'empereur et de le reconnaitre pour son supérieur (V. l'an 809).

Le 8 des calendes de septembre 849, Lothaire, à l'instance de Luitfried, comte d'Egisheim, son beau-frère, et qui était seigneur du monastère de Moutier-Grandval, confirma à ce couvent toutes ses franchises. Il est dit dans l'acte qui en fut passé, que Moutier-Grandval était situé dans le duché d'Alsace (V. l'an 770).

850
Mort tragique de David, évêque de Lausanne, à Anet.

David, évêque de Lausanne, venant à Neuchâtel l'an 850, et passant par Anet, village du bailliage de Cerlier, il y fut attaqué par le baron de Degerfeld, qui fut tué lui-même, mais l'évêque mourut aussi de ses blessures. On assure qu'une grande pierre, qui était au lieu où se fit le combat, demeura pendant plusieurs années teinte de son sang. Le village le plus près de là fut

Origine du nom du village de Traitron.

nommé Traitron, parce que ceux que l'évêque David avait pris pour l'escorter et qui le trahirent étaient de ce lieu là. Un cer-

Hartman, évêque de Lausanne.

tain Hartman, qui avait été aumônier de l'hopital de St-Bernard, fut élu évêque de Lausanne en la place de David.

Grande famine en **851**

Il y eut, l'an 851, une si grande famine en Allemagne, qu'il y eut des pères qui mangèrent leurs enfants; cette famine se fit aussi sentir en Suisse. Vicardus était en ce temps-là évêque de Bâle.

Lothaire associe son fils Louis à l'empire.
Abbaye de religieuses à Zurich, à laquelle le pays d'Uri est donné.

Lothaire s'associa son fils Louis à l'empire l'an 852. Louis de Germanie, frère de Lothaire, fit bâtir à Zurich une abbaye de religieuses et une maison pour loger des chanoines. Il donna à cette abbaye le pays d'Uri; sa fille Hildegarde en fut abbesse.

853
Hildegarde abbesse et Berthe, sa sœur. Il leur donne aussi Zurich en souveraineté, en réservant le château pour un gouverneur.

Il lui remit, l'an 853, aussi bien qu'à Berthe, son autre fille, la ville de Zurich, la souveraineté et toute la juridiction et même le couvent des chanoines; mais il se réserva le château de Zurich pour y loger un gouverneur, qui serait le protecteur de ce monastère de la part du roi de Germanie. Cette Berthe fut abbesse après la mort de sa sœur Hildegarde (V. l'an 884).

855
Mort de Lothaire.

L'empereur Lothaire se retira, l'an 855, dans l'abbaye de Pruim auprès de Trèves et quitta le monde. Il y mourut le 21 septembre de la même année. Ce monarque avait épousé

Sa postérité.

Hermengarde, fille du comte Hugues, dit le Couard, de laquelle il eut trois fils, auxquels il partagea ses Etats quelque temps avant sa mort. Louis, son fils ainé, fut empereur et roi d'Italie; Lothaire fut roi d'Austrasie ou de Lorraine, et il eut encore la Bourgogne; Charles fut roi de Provence, et il eut le Dauphiné, la Savoie et la Suisse. Mais ce Charles étant mort bientôt après ce partage et n'ayant point laissé d'enfants, ses deux frères partagèrent entre eux son royaume.

856
Lothaire eut le Dauphiné, la Savoie et la Suisse.
Mort de Vicardus, évêque de Bâle.
Friedebert lui succède.

LOTHAIRE, roi de Lorraine, eut, après la mort de son frère Charles, le Dauphiné, la Savoie et la Suisse. Il épousa Thietberge, fille de Boson, duc des Ardennes. Dès le commencement de son règne, Vicardus, évêque de Bâle, mourut. Friedebert lui succéda l'an 856.

Les comtés rendus héréditaires.

Lothaire changea la condition des comtes ses vassaux, car

voyant qu'ils ne l'étaient qu'à vie (V. l'an 625) et que cela était la cause qu'ils tyrannisaient les peuples, il rendit les comtes héréditaires dans son royaume et il érigea même plusieurs provinces en comtés. Après cet établissement, il donna le comté de Bourgogne à Girard de Roussillon, qui en a été le premier comte. Avant ce temps-là il n'y avait eu en Bourgogne que des gouverneurs et lieutenants-généraux, qui conduisaient cette province de la part de ceux qui en étaient les souverains.

Girard de Roussillon.

Ce fut ce Girard de Roussillon, qui bâtit le château qui était auprès de Buttes au Val-de-Travers et qu'on nomma le château de Roussillon, auquel il mit un receveur pour recevoir le péage qu'il fallait payer dans ce lieu-là; Buttes étant pour lors le lieu par où l'on passait pour aller en Bourgogne, et il était aussi une dépendance de la Franche-Comté, de même que le Val-de-Travers, Orbe et Grandson; mais ils en ont été détachés depuis ce temps-là (V. l'an 1453).

Château près de Buttes.

Lothaire érigea aussi pour lors la Suisse en comté, qu'il donna à Hugues, frère de la reine Thietberge son épouse. La Suisse avait été, tout de même que la Bourgogne, conduite auparavant par des gouverneurs et lieutenants-généraux sous les règnes des rois de France et d'Austrasie. Tels avaient été Mummolus, l'an 570, Théodefred l'an 595, Prothadius l'an 600, Erpon l'an 610, Arnobert l'an 620, Vilibald l'an 654, Vadelmar l'an 696, Théodin l'an 760, Bertran et autres.

La Suisse érigée en comté, et donnée à Hugues, frère de la reine.
Gouverneurs de la Suisse.

Comme la Suisse changea pour lors d'état par la création de ces comtés et surtout des comtés de Suisse, on finit ici ce chapitre des rois français, quoique ces comtes fussent des vassaux de Lothaire et de ses successeurs.

La Suisse change d'état par la création des comtés.

Ce comté de Suisse comprenait la Petite-Bourgogne ou Nuitland, qui ne s'étendait que jusqu'à la rivière de Reuss qui passe par la ville de Lucerne du côté d'orient; les Alpes et le Rhône le bornaient au midi, et le mont Jura du côté du septentrion; le pays des Rauraques et une partie du comté de Bourgogne devers l'occident. Le pays de Neuchâtel était pour lors enclavé dans ce nouveau comté de la Petite-Bourgogne; mais comme il n'en faisait pas entièrement partie et qu'il était très peu peuplé, il ne s'y passait pas des choses bien importantes. C'est pourquoi je ne parlerai particulièrement de Neuchâtel que lorsque j'aurai atteint le temps où il eut ses comtes particuliers, ce qui arriva l'an 1034.

Ce que comprenait alors la Suisse.
Limites.
Neuchâtel compris.
Les comtés.

Il est à remarquer ici que c'est l'établissement de ces comtés qui donna occasion à leurs successeurs d'ériger le second royaume de Bourgogne qui, par ce moyen, fut détaché de la France et de la Germanie, comme on le verra dans la suite.

Ces comtés érigés donnèrent occasion de renouveler le royaume de Bourgogne.

Tremblement de terre en Suisse en 858.
Gelée des lacs en 859.
Pluie de sang dans les Gaules.
L'eau d'insectes qui produisent une peste.

L'an 858 il y eut un tremblement de terre si violent en Suisse que plusieurs maisons en furent renversées. L'année suivante, 859, il y fit un froid si violent que tous les lacs de la Suisse furent gelés.

Du temps de Lothaire il plut du sang durant trois jours dans les Gaules, et on vit une infinité de petites bêtes qui avaient six ailes et deux dents aussi dures que du fer; elles volaient comme en une bataille rangée qui avait quatre lieues d'étendue, et elles détruisaient tout dans le lieu où elles passaient. S'étant enfin jetées dans la mer, cela engendra une écume qui, étant poussée sur le bord, produisit une peste universelle.

CHAPITRE V.

Des comtes qui ont régné sur la Suisse pendant l'espace d'environ trente ans et des choses les plus considérables qui s'y sont passées pendant leur vie.

Hugues Ier, comte. 858

Hugues ou *Hubert*, fils de Boson, duc des Ardennes, fut établi l'an 858 comte de la Petite-Bourgogne, qui était la Suisse, par Lothaire, roi de Lorraine, son beau-frère. Mais quoiqu'il eût rendu tous les duchés et comtés de son royaume héréditaires, cependant ils ne passaient pas aux filles, mais seulement aux descendants mâles, à défaut desquels ils étaient réunis au domaine et à la couronne (V. les années 888 et 942).

Il bâtit le château de Strættlingen.

Hugues bâtit d'abord un château en Suisse, qu'il nomma Strættlingen, et dont il prit le nom; ce château était auprès du lac de Thoune, dans la baronnie de Spietz. On en voit encore les masures. Hugues était surnommé l'abbé de St-Richier, parce qu'il possédait le monastère de ce nom. Les abbayes dépendaient pour lors des rois qui les avaient fondées et qui les donnaient aux princes, aux comtes et barons leurs vassaux, pour en avoir la direction, et qui en retiraient les revenus à condition d'entretenir les moines; ce qu'on appelle donner une abbaye en commande, et ce qui restait des revenus, après l'entretien des religieux, appartenait à l'abbé. On établissait pour lors dans ces couvents un doyen ou *decanus*, qui était le supérieur des autres et en avait le soin. Ce doyen fut ainsi nommé

Il était abbé.
De qui dépendaient les abbayes.

Doyen; origine de ce mot.

parce qu'au commencement et d'après la règle, il ne devait y avoir que dix moines dans chaque couvent, sur lesquels il présidait. Mais dès-lors les couvents ont presque tous été affranchis de ces abbés séculiers, et le nombre des moines a si fort augmenté, qu'on souhaiterait aujourd'hui qu'ils fussent remis sur l'ancien pied. *Les abbés séculiers supprimés.*

Le roi Lothaire ayant répudié Thietberge, l'an 861, pour épouser Valdrade, sœur de Gontier, archevêque de Cologne, et nièce de Thiébaud, archevêque de Trèves, le comte Hugues en étant indigné, il se déclara contre Lothaire pour soutenir les intérêts de sa sœur Thietberge; il entra pour cet effet à main armée dans le royaume d'Austrasie, se saisit de quelques villes et y établit des officiers selon sa volonté; ce que Lothaire ne pouvant souffrir, il envoya contre lui une armée, l'an 863. Hugues se défendit vaillamment et remporta deux victoires, obligeant par ce moyen son ennemi à se retirer. *861 Lothaire répudie sa femme. Ce fut le sujet d'une guerre. 863 Hugues remporte deux victoires.*

Le 21 janvier 863, St-Meinrad fut tué par des voleurs dans une petite maison qu'il avait bâtie et où il avait habité comme hermite pendant plusieurs années. Les voleurs croyaient d'y trouver de grandes richesses. Ce Meinrad était fils d'un comte de Sulgau en Souabe. Cet hermitage a été l'origine de l'abbaye de Notre-Dame-des-Hermites, qui est dans le canton de Schwyz (V. l'an 1000). *Saint-Meinrad est tué. Origine de l'abbaye de Notre-Dame-des-Hermites.*

Lothaire ne pouvant souffrir la perte de deux batailles sans se venger, et surtout d'un sien vassal, envoya une troisième armée en Suisse contre le comte Hugues, son beau-frère, l'an 867, et qui était conduite par un général nommé Conrad. Hugues fut vaincu et tué dans cette troisième bataille, qui se donna près d'Orbe. Il laissa un fils, nommé Conrad, qui obtint du roi Lothaire, son oncle, la succession de son père. *867 Hugues vaincu dans une troisième bataille et tué.*

CONRAD, surnommé de *Strættlingen*, fut comte de la Petite-Bourgogne, qui est la Suisse, après la mort de son père Hugues. *Le Comte Conrad était fils de Hugues.*

Quelques historiens, entre autres Guillimann, estiment que ce Conrad était ce général de Lothaire qui avait vaincu Hugues et qui obtint ce comté en récompense. Mais ils se trompent, car ce Conrad qui succéda à Hugues était son fils, puisqu'il se surnommait de Strættlingen, tout de même que son père, et qu'il a porté les mêmes armes, qui étaient d'or à trois pals de gueules. Lothaire ne voulut pas dépouiller ce jeune prince de la succession de son père, puisque lui-même avait déclaré les comtés héréditaires et que le jeune Conrad était innocent de la guerre que son père Hugues avait commencée. *Ses armes.*

Ce Conrad régna assez paisiblement, environ vingt ans, quoique pendant ce temps-là il arrivât de grands changements à l'égard des rois dont il était vassal. Car Lothaire, roi de Lorraine, étant allé à Rome, l'an 868, pour obtenir du pape Adrien II d'être réadmis à la paix de l'Eglise, Nicolas I l'ayant excommunié pour avoir répudié Thietberge et épousé Valdrade, il mourut, en revenant, à Plaisance le 6 août 868. Il y fut enseveli dans l'église de St-Antoine. On crut qu'il avait été empoisonné en prenant l'hostie.

Lothaire avait eu de Thietberge un fils et une fille, Louis qui mourut jeune, et Herningarde. Il eut quatre enfants de Valdrade, savoir : Adelaïde, Hugues, Berthe, mariée en premières noces au comte Thiébaud, et en secondes à Adelbert, marquis de Toscane; et Giselle, mariée à Godefroi, roi des Normands.

Ces derniers enfants étant considérés comme illégitimes, Charles-le-chauve, roi de France, et Louis, roi de Bavière ou de Germanie, oncles de Lothaire, partagèrent ses états entre eux, à l'exclusion de l'empereur Louis, frère de Lothaire; Charles-le-chauve eut pour sa part la Provence, le Dauphiné et le duché de Bourgogne, et Louis, roi de Bavière, eut la Lorraine, le comté de Bourgogne et la Suisse, tellement que le comte Conrad de Strættlingen fut vassal de Louis.

Fridebert, évêque de Bâle, mourut l'an 870, Adelum lui succéda, et ce fut l'année suivante, 871, que Girard de Roussillon bâtit la tour de Buttes dont il a déjà été parlé (V. l'an 858).

Louis I, roi de Bavière, mourut l'an 876; il laissa trois fils qui partagèrent ses états. Carloman eut la Moravie, la Carinthie, la Hongrie, la Bavière et la Bohême. Louis II eut la France orientale ou Germanie, la Thuringue, la Saxe, la Frise et une partie de la Lorraine. Et Charles, surnommé le gros, eut les Grisons, le comté de Bourgogne, la Suisse, la Souabe, l'Alsace et cette partie de la Lorraine qui leur était voisine.

On vit une comète l'an 876.

Hartman, évêque de Lausanne, mourut l'an 878. Il y eut de grandes difficultés après sa mort pour le choix d'un successeur; l'église de Lausanne, qui avait le droit d'élire ses évêques, ayant rejeté un certain Jérôme qui aspirait à cette dignité, il eut recours au pape Jean VIII, qui le nomma et qui le recommanda par une lettre à Charles-le-gros, souverain de la Suisse, pour le faire établir par son autorité; mais l'église ne voulut point le recevoir pour cette fois.

Le 29 octobre 878, il se fit une éclipse de soleil qui fut si obscure qu'on vit les étoiles en plein jour.

Boson, comte de Provence, et qui, comme il a déjà été remarqué, était le frère du comte Hugues de Strættlingen et oncle de Conrard, fut couronné roi d'Arles par l'archevêque de Lyon, le 15 octobre 879. Après ce couronnement, il se tint une conférence à Orbe, la même année, entre l'empereur Charles-le-gros, Carloman, roi de Bavière, et Louis II, roi de Germanie, pour s'opposer à Boson. Ils résolurent d'envoyer une armée contre lui, ce qu'ils firent. Ils assiégèrent Vienne pour lui faire quitter le titre de roi; mais Boson leur fit lever le siège et se soutint dans son royaume.

Boson, couronné roi d'Arles.

Conférence à Orbe contre Boson.

Boson se soutient.

Charles-le-gros, retournant d'Orbe et allant en Italie pour s'y faire couronner empereur, passa par Zurich, où il s'arrêta quelques jours, et donna à cette ville le droit de battre monnaie. Zurich n'avait pas encore été entièrement rebâtie depuis qu'elle fut désolée par Attila l'an 449. C'est ce qui se fit l'an 879, auquel elle fut fermée de portes, et environnée de murailles et de fossés.

Charles-le-gros donne à Zurich le droit de battre monnaie.

Zurich rebâtie.

Ce Jérôme dont il a été parlé, fut enfin, après plusieurs instances et à la sollicitation de plusieurs grands qui s'en mêlèrent, reçu évêque de Lausanne l'an 881.

Jérôme élu évêque de Lausanne.
881

Girard de Roussillon, comte de Bourgogne, mourut cette année. Hugues lui succéda. Il eut une fille nommée Ives, qui fut mère de Berno ou Vernier, dont il sera parlé ci-après.

Mort de Girard de Roussillon.

L'hiver de 881 fut si froid qu'un grand nombre de personnes moururent de la toux que ce grand froid leur causait.

Hiver froid en 881

Charles-le-gros confirma aux chanoines et au couvent des religieuses de Zurich les libertés qui leur avaient été accordées par Louis, roi de Germanie, l'an 853.

Charles-le-gros confirme les priviléges au couvent de Zurich.

Le 18 janvier 882 on vit une grande comète.

Comète en 882

Charles-le-gros fit bâtir, l'an 882, le temple de St-Vérène à Zurzach et la maison des chanoines, et l'an 884 il donna aux chanoines de Moutier-Grandval le monastère de St-Imier avec toutes ses appartenances, qui étaient les dîmes de ce même lieu. Il leur donna encore Reconvilier et le village et la chapelle de Bidarich.

Il bâtit le temple de Ste-Vérène à Zurzach.

Don au chanoine de Moutier-Grand-val du monastère de St-Imier.
884

Hugues, fils de Lothaire, roi de Lorraine, et de Valdrade, voulant faire quelque mouvement pour se mettre en possession des états de son père, fut pris par Charles-le-gros, qui lui fit crever les yeux, et le relégua, l'an 885, dans l'abbaye de St-Gall, où il finit ses jours. Mais comme il arrive bien souvent que les jugements de Dieu retombent sur ceux qui ont maltraité les autres, Charles-le-gros eut lui-même bientôt après un triste sort; car quoiqu'il fût empereur et roi d'Italie et qu'il gouvernât le royaume de France comme curateur de Charles-le-simple, tout cela ne l'empêcha pas de faire une fin misérable. Les Normands

Hugues rendu aveugle.
885

qui étaient entrés dans la Suisse l'an 887 et qui y furent battus, ayant ensuite remporté une victoire considérable sur Charles-le-gros, qui se vit par là obligé de leur relâcher la Normandie, ce monarque en conçut tant de chagrin qu'il fit paraître un égarement d'esprit dans une assemblée de ses états qui se tenait dans son château de Tribur sur le Rhin; ce qui fit que ses sujets l'abandonnèrent et établirent en sa place Arnoud, son neveu, et bâtard de son frère Carloman, le lui donnant en outre pour tuteur; ce qui arriva le 10 novembre 887. Arnoud traita si mal son oncle, qu'il le réduisit à la mendicité; il ne lui donna que le revenu de deux ou trois villages de la Souabe pour son entretien. Charles se vit obligé de demander du pain à Arnoud, comme par aumône; il fut abandonné de tout le monde, tellement qu'il n'avait pas seulement un valet pour le servir dans ses nécessités. Ce fâcheux état le fit tomber dans une mélancolie qui lui causa la mort, qui arriva le 13 janvier 888 dans un village de la Souabe appelé Nidigen, sur le Danube. Il y en a qui croient qu'il fut étranglé secrètement par ses ennemis. Son corps fut transporté dans l'abbaye d'Auge-la-riche ou Reichenau, qui est dans une petite île du lac de Zell, où il fut enseveli dans le temple de St.-Jean; ce qui est un exemple bien remarquable de la vanité des grandeurs du monde.

Le comte Conrad mourut l'an 887 dans son château de Strættlingen, dans lequel il était né (V. les ans 858 et 1383). Conrad avait épousé Hermentrude, fille de Lintfrid, comte de Habsbourg, de laquelle il eut un fils nommé Raoul ou Rodolphe, qui lui succéda.

CHAPITRE VI.

Des rois du second royaume de Bourgogne, dont le comté de Neuchâtel de même que la Suisse a fait partie, et de ce qui s'y est passé de plus considérable pendant leur règne.

RAOUL I, ou Rodolphe, surnommé *de Strættlingen*, fut comte de la Suisse après la mort de son père Conrad. L'empereur Arnoud, qui avait succédé à Charles-le-gros, étant devenu son seigneur féodal, Raoul ne voulut pas le reconnaître, parce qu'il était bâtard. C'est pourquoi, à l'exemple de Boson, frère de son aïeul, qui, en l'année 879, s'était fait couronner roi d'Arles, il entreprit aussi d'ériger son pays en royaume. Comme il y avait pour lors de grands désordres en Europe, ce temps fut très favorable à Raoul. Il sollicita pour cet effet tous les comtes et barons de la Suisse et autres, ses voisins, à se soulever contre Arnoud, ce qu'ils firent; de sorte que s'étant assemblés à St-Maurice au pays de Valais, ils l'y couronnèrent roi de Bourgogne le 27 mai 888. Les prélats de ce nouveau royaume s'y rencontrèrent aussi, et pour l'affermir on y fit un traité solennel entre ce nouveau roi et les vassaux. *Il attire à soi les grands.* *888 Il est couronné roi.*

Ce traité porta que les comtes, barons et autres qui avaient des fiefs de dignité les posséderaient en toute propriété, comme des biens de franc-aleu et comme un véritable patrimoine, quoiqu'auparavant ils fussent déjà héréditaires (V. l'an 858); et c'est sur ce traité que furent ensuite fondés les us et coutumes de Bourgogne en matière de fief, par rapport aux comtes, barons et autres vassaux qui ont sous eux des sujets; mais les autres nobles qui possédaient des terres franches et qui avaient déjà ce droit, y furent confirmés (V. l'an 504). Ces derniers étaient ces hommes royés dont il est souvent parlé dans les anciens actes et qui dépendaient immédiatement des rois de Bourgogne, dans quelque endroit du royaume qu'ils habitassent, soit dans les terres des comtes, des barons, soit dans d'autres pays non inféodés. *Ce traité n'est accusé par aucun historien.* *Us et coutumes de Bourgogne.* *Hommes royés.*

Dès lors les comtes, barons et autres seigneurs de la Suisse ont possédé plusieurs droits qu'on a depuis appelés régaliens: 1° Ils pouvaient disposer de toutes les terres de leurs fiefs, les inféoder et les accenser à leur volonté. 2° Ils possédaient la haute, moyenne et basse justice. 3° Ils pouvaient augmenter ou diminuer leurs fiefs. 4° Ils pouvaient entre eux se faire la guerre et conclure la paix, et ils pouvaient imposer des amendes et des châtiments à leurs sujets, faire des lois et les y soumettre, etc. *Droits des comtes et barons.*

Les rois de ce nouveau royaume possédaient absolument toutes les terres qui n'étaient pas inféodées; il les accensaient à leurs sujets, qui étaient tous taillables et de main-morte, et ils avaient le droit de les retirer à la mort de chaque père de famille, à moins que les enfants ne les retinssent en finançant; mais à l'égard des vassaux, comtes, barons et seigneurs, ces nouveaux rois ne s'étaient réservé que la souveraineté et quelques droits sur leurs terres et juridictions, comme de battre monnaie, d'imposer des péages, de pouvoir chasser et pêcher sur les terres de ces comtes et barons aussi bien qu'eux. Ceux-ci demeuraient *Droits des rois de Bourgogne sur les terres de leur royaume.*

au reste dans tous les devoirs de fidèles vassaux et obligés à desservir le militaire. Les rois pouvaient disposer des hommes royaux, qui leur devaient la chevauchée et qui ne dépendaient absolument point des comtes, encore qu'ils habitassent sur leurs terres. Et pour ce qui était de la justice, les comtes l'exerçaient sur leurs sujets suivant la nature de leur juridiction. Il y avait *Appel des sentences des comtes à la chambre royale.* appel de leur sentence par devant la chambre royale, à laquelle la chambre impériale succéda, lorsqu'en l'an 1034 le royaume de Bourgogne tomba entre les mains des empereurs d'Allemagne, comme il sera observé en son lieu.

Droits de Raoul. Sur quoi ils étaient fondés. Raoul, ce nouveau roi, se disait descendre de Charlemagne du côté des femmes, et c'est de là qu'il prétendait que le royaume de Bourgogne devait lui appartenir de droit. Ce nouveau royaume *Pays qui dépendaient de ce nouveau royaume de Bourgogne.* comprenait la Suisse, savoir: tout ce qui est de vers l'occident de la rivière de la Reuss, qui, tirant sa source du mont St-Gothard et passant par Urseren dans le canton d'Uri, par Lucerne, Bremgarten, Mellingen, se jette dans l'Aar à Windisch, qui est au-dessous de Brugg. Les Bourguignons appelaient pour lors *La Suisse appelée Bourgogne Transjurane ou Petite-Bourgogne.* la Suisse Bourgogne Transjurane, ou de là le Montjoux, ou Petite-Bourgogne. Ce nouveau royaume contenait encore le pays de Valais, la Bresse, la Savoie etc. Le comte de Bourgogne *Le comte de Bourgogne rend hommage à Raoul.* se reconnut aussi membre de cette nouvelle monarchie, rendit hommage à Raoul et s'engagea à le secourir dans la nécessité; mais outre cela le comte de Bourgogne ne devait rien à Raoul (V. l'an 143). Il était absolu et souverain dans son comté, qui comprenait pour lors le comté de Montbéliard, Porrentruy, le comté de Ferrette, le Sundgau et le pays des Rauraques, tellement que le comté de Bourgogne avait le Rhin pour limite. Enfin ce nouveau royaume comprenait une partie de la Lorraine.

Raoul fait des dons à l'évêché de Lausanne. Pour retourner au roi Raoul, il fit dès le commencement de son règne de grands dons à l'évêché de Lausanne, comme il paraît par un acte daté de l'an 888. L'empereur Arnoud, qui prétendait que tous ces pays lui appartenaient depuis la mort de Louis III, roi de Germanie, son cousin germain, et de Charles-le-gros, son oncle, regardait Raoul comme un usurpateur; mais, quoiqu'il désirât de l'attaquer, il ne put pas d'abord exécuter son dessein, parce qu'il faisait la guerre dans la Bavière et dans l'Esclavonie. C'est pourquoi il fut obligé de renvoyer cette affaire de quelque temps.

889
Mort de Boson. Son fils. Boson, roi d'Arles, mourut l'an 889. Il eut un fils d'Hermingarde, fille de l'empereur Louis II, qui lui succéda au royaume d'Arles. Ce fils s'appelait Louis.

890
Arnoud attaque Raoul. Arnoud, ayant terminé la guerre qui l'occupait, vint, l'an 890, attaquer Raoul. Celui-ci s'étant retiré avec son armée sur les

montagnes de la Savoie, dans des lieux presque inaccessibles, il fut impossible à Arnoud de l'en faire sortir, ni de l'y attaquer, et comme il survint des troubles en Italie, où Arnoud fut obligé d'aller, il quitta Raoul après lui avoir pris quelques villes qu'il remit à Louis, roi d'Arles; mais dès qu'Arnoud fut parti, Raoul les lui reprit. Arnoud, avant que d'aller en Italie, fut obligé de s'opposer aux Normands, qui ravageaient l'empire; il les vainquit auprès de Worms le 27 mai 891. Rodolphe, évêque de Bâle, qui avait épousé le parti d'Arnoud et qui l'avait suivi depuis la Suisse, s'étant trouvé dans cette bataille, y fut tué. Ce Rodolphe avait succédé à Adelwin ou Adelum, et celui-ci à Fridebert, et il eut pour successeur Iringus ou, selon d'autres, Tringus. Raoul donna, l'an 894, à Luitfrid, comte d'Egisheim, le monastère de Moutier-Grandval en fief, c'est-à-dire en toute propriété, pour pouvoir disposer des revenus après avoir pourvu à l'entretien des moines, comme cela se pratiquait en ce temps-là.
Il est obligé de se retirer.
Il est victorieux des Normands. Rodolphe, évêque de Bâle, tué.
891
Moutier-Grandval.

Jérôme, évêque de Lausanne, étant mort l'an 892, le roi Raoul se rendit dans cette ville pour vaquer à l'élection de son successeur; l'archevêque de Besançon et l'évêque de Langres s'y trouvèrent aussi. Le clergé et le peuple ayant rejeté Rainfroi, archi-diacre de Lausanne, qui s'était introduit dans l'épiscopat par des voies iniques, ils élurent unanimement Boson, qui était diacre de l'église; mais comme on apprit qu'Arnoud, revenant d'Italie (où il était allé après la bataille de Worms et où il avait pris Bergame et fait décapiter le comte Ambroise), entrait par la vallée d'Aoste dans la Savoie, cette assemblée se transporta de Lausanne à Soleure pour y être plus en sûreté, et c'est là où l'évêque élu fut sacré dans le temple de St.-Urs. Raoul retourna à St-Maurice, où il faisait presque ordinairement son séjour, et s'étant mis à la tête de ses troupes, il se retira, comme la première fois, sur les montagnes de Savoie, où Arnoud, n'ayant pu le combattre, s'en retourna encore cette fois, ce qui arriva l'an 893; de sorte que ce nouveau royaume fut affermi entre les mains de Raoul. Toutefois son pays fut tout ravagé par les troupes d'Arnoud, et surtout la ville de Soleure, qui fut presque entièrement ruinée de ce qu'elle avait épousé le parti de Raoul. Il y a des auteurs qui croient qu'il se fit un traité entre ces deux princes, par lequel il était dit que Raoul serait paisible possesseur du royaume, mais qu'il en rendrait hommage à l'empereur, ce qui n'est pas vraisemblable. Le passage des troupes de cet empereur en Suisse y causa une grande famine.
892
Raoul va à Lausanne pour établir un évêque.
Boson, élu évêque.
893
Raoul, poursuivi par Arnoud, se retire dans les montagnes.
Arnoud ravage la Suisse et ruine Soleure.
Famine.

Boson, évêque de Lausanne, ayant représenté à Raoul que cette guerre avait causé de grands dommages à l'évêché, celui-ci
Raoul dédommage l'évêque Boson.

lui fit de grandes libéralités pour le récupérer de ses pertes, ce qui paraît par un acte de l'an 895.

895 — Mort d'Iringus, évêque de Bâle. Concile de Fribourg.

Iringus, évêque de Bâle, mourut cette année. Il avait assisté peu de temps avant sa mort au concile de Fribourg, où se trouvaient vingt-deux évêques. Adelberg lui succéda.

Comtes de Bourgogne.

Pendant le règne de Raoul, il y eut plusieurs comtes de Bourgogne, savoir: Berno ou Vernier, dont il a déjà été parlé et duquel la mère était fille de Hugues, comte de Bourgogne. Ce fut ce Vernier qui se constitua vassal de Raoul et qui se fit abbé de Gigny et de Baume. Guy fut comte de Bourgogne après lui, et à ce dernier succédèrent Radulphe et Gibrard. En ce temps Richard et Raoul, frères, étaient comtes d'Autun; le premier a été l'aïeul paternel de la reine Berthe, dont il sera parlé dans la suite.

Assemblée à St-Maurice.

La guerre entre l'empereur Arnoud et le roi Raoul étant finie, les prélats, comtes, barons et autres seigneurs de ce nouveau royaume s'assemblèrent l'an 895 à St-Maurice, où ils couronnèrent Raoul, qui pour lors changea ses armes et prit celles des anciens rois de Bourgogne, qui étaient d'or au lion de gueules couronné d'azur (V. l'an 418). Celles qu'il portait auparavant et qui étaient celles de la maison de Strættlingen, étaient d'or à trois pals de gueules; mais les autres mâles de cette maison qui n'étaient pas rois, portaient toujours ces dernières armes de leur maison, que les comtes de Neuchâtel de la première famille ont aussi portées et que leurs successeurs ont introduites dans leurs armoiries, quoiqu'on y ait apporté de temps en temps quelque changement (V. les ans 1153 et 1248). D'où l'on peut conclure que les comtes de Neuchâtel de la première maison étaient sortis des rois de Bourgogne, comme il sera plus amplement expliqué au commencement du second livre.

Raoul change ses armes.

Origine des armes des comtes de Neuchâtel.

899 — Éclipse de soleil.

L'an 889, il parut une éclipse de soleil épouvantable, pendant laquelle on vit clairement les étoiles en plein jour.

Les Huns entrent en Suisse.

Les Huns étant entrés cette année dans la Suisse, ils achevèrent de ruiner la ville de Soleure, après le ravage que l'empereur Arnoud y avait fait six ans auparavant. Ce monarque mourut empoisonné l'an 900 à Ottingen, ville de la Souabe. Il laissa un fils nommé Louis, âgé de sept ans, qui lui succéda à l'empire sous le nom de Louis IV.

Arnoud meurt empoisonné.

900 — Louis, son fils mineur, empereur.

Raoul fait des libéralités à l'évêque de Lausanne.

Le roi Raoul donna encore, l'an 904, des rentes considérables à Boson, évêque de Lausanne, comme il en paraît par un acte.

905 — Comète, longue pluie, disette. Invasion des Huns en Suisse et leurs ravages.

Au mois de mai 905, on vit une grande comète, comme une flamme ardente, qui fut suivie d'une longue pluie et d'une extrême disette en Suisse causée par les invasions des Huns. Ce peuple barbare et furieux entra dans la Suisse treize fois pendant l'espace de cinquante-cinq ans, y mettant tout à feu et à sang. Les Hongrois vinrent encore l'an 910 ravager les Grisons et ils ruinèrent la ville de Bâle.

910 — Bâle ruinée.

Raoul mourut le 22 octobre 911 et fut inhumé à St-Maurice, quoique Lausanne fût sa ville capitale et le lieu de son séjour ordinaire. Il avait épousé Edvige, fille d'Erkembault, Landgrave d'Alsace; il en eut plusieurs enfants, savoir: Raoul II, qui lui succéda; Adelaïde, mariée à Richard, duc de Bourgogne, qui en eut un fils qui fut roi de France; Agnès, mariée à Berthoud, comte de Brisgau, et Valdrade, mariée à Boniface, marquis de Camerin et de Spolette.

911 — Mort de Raoul.

Ses enfants.

Raoul ou *Rodolphe* II, roi de Bourgogne, augmenta de beaucoup le royaume que son père lui avait laissé. L'empereur Louis IV, fils d'Arnoud, mourut l'an 942. Conrad, duc de Franconie, fut élu empereur en sa place, et par ce moyen, l'empire fut transféré des descendants de Charlemagne aux seigneurs allemands, qui l'ont toujours tenu dès lors.

Raoul ou Rodolphe II. Mort du jeune empereur Louis. L'empire transféré aux Allemands dans la personne de Conrad, duc de Franconie.

Ce fut du temps de ce Raoul que les duchés, comtés et autres fiefs devinrent héréditaires en France et en Allemagne *sub aliquo modo*, comme ils l'étaient déjà en Bourgogne, cependant avec cette différence, que les fiefs de dignité, quoique héréditaires, ne passèrent qu'aux mâles et aux descendants mâles de l'invêtu, au lieu qu'en Bourgogne, ils y sont devenus de véritables patrimoines.

Duchés et comtés devenus héréditaires.

Berthoud et Eckinger, frères, ayant été établis gouverneurs de la Souabe par l'empereur Louis IV et s'étant soulevés l'an 915 contre l'empereur Conrad I, il les fit saisir et condamner à la mort avec Luitfrid leur neveu. Il érigea de nouveau la Souabe en duché, qu'il donna, l'an 916, à Burckard, fils de Richard, comte d'Autun. Ce Burckard fut le père de la reine Berthe; il était aussi comte de Frobourg, d'autres l'appellent comte de Buchorn. Conrad I lui donna en fief les comtés et seigneuries de Veringen, Helfenstein, Rhinthal, Thurgau et autres jusqu'à la rivière de Reuss.

Conrad fait exécuter deux gouverneurs de la Souabe.

915 — Souabe érigée en duché.

916

L'an 917 les Huns vinrent de nouveau attaquer la ville de Bâle. Les habitants, voyant qu'ils n'étaient pas en état de leur résister, s'enfuirent sur les montagnes et y emportèrent le meilleur de leurs effets; les Huns pillèrent le reste, y mirent le feu, et comme ils furent campés pendant quelque temps au-dessous de cette ville, le lieu de leur camp fut appelé Huningue. Les Huns ravagèrent ensuite toute l'Allemagne et forcèrent l'empereur Conrad d'acheter la paix en leur promettant un tribut

Les Huns reviennent contre Bâle, Les bourgeois s'enfuient.

Huningue.

L'empereur tributaire des Huns.

annuel. Landcolus, évêque de Bâle, vivait dans le temps de cette irruption des Huns; il avait succédé à Adelberg Ier.

Burckard ayant été établi duc de Souabe et premier baillif de Zurich de la part de l'empire, quoiqu'il n'eût que la protection sur cette ville, il ne laissait pas que de commander absolument sur la Souabe et sur tout le pays qui est entre le Rhin, l'Aar, la Reuss et les Alpes; ce qui donnant de l'ombrage au roi Raoul, celui-ci fut par là porté à faire la guerre à Burckard, soit à dessein d'étendre les limites de son royaume, soit pour abattre un si puissant voisin; mais Raoul fut repoussé lui-même et battu auprès de Winterthur, et par ce moyen obligé de repasser la Reuss avec les débris de son armée et de retourner dans son royaume; Burckard l'y poursuivit et lui prit plusieurs villes, et entre autres Soleure, qui lui demeura par la paix qu'ils firent; de sorte que cette ville a dépendu du duché de Souabe, jusqu'à l'an 935. Cette paix fut scellée par le mariage de la fille de Burckard, nommée Berthe, avec Raoul.

L'an 920, l'empereur Conrad mourut. Henri Ier, surnommé l'oiseleur, lui succéda. Ce dernier érigea la même année le Brandebourg en marquisat. Henri était fils d'Othon, duc de Saxe, et de la fille de l'empereur Arnoud. Richard, duc de Bourgogne, qui avait épousé Adelaïde, sœur de Raoul II, mourut aussi cette même année.

Burckard, duc de Souabe, étant tombé dans la disgrâce de l'empereur Henri, il fit une alliance avec Raoul son gendre.

Bérenger, fils d'Everhard, duc de Frioul, et de Giselle, fille de Louis-le-débonnaire, et qui depuis quelques années s'était fait couronner roi d'Italie, s'étant rendu odieux aux Italiens, Adelbert, marquis d'Ivrée, Odalric, connétable de l'empire, le comte Gilbert et quelques autres princes et archevêques s'étant assemblés, envoyèrent une députation à Raoul II pour le prier de passer en Italie, afin de les délivrer de la fâcheuse domination de Bérenger, lui promettant de le couronner en sa place. Dès que Bérenger eut appris ce complot, il appela les Hongrois à son secours. Raoul entra, l'an 921, en Italie avec une puissante armée et vainquit Bérenger, quoique celui-ci fût secouru par les Hongrois, et il conquit tout ce qu'il possédait, excepté Vérone. Raoul fut couronné roi d'Italie l'an 922, dans la ville de Pavie, par Lambert, archevêque de Milan, et conserva ce royaume pendant l'espace de cinq ans.

Les Hongrois, retournant d'Italie dans leur pays, furent battus par l'empereur Henri Ier, qui se délivra par ce moyen du tribut qu'il leur devait et dont il a été parlé à la date de 917.

Raoul ayant repassé les Alpes, après qu'il y eut remporté la première victoire sur Bérenger l'an 924, les Hongrois rentrèrent dans la Lombardie, la pillèrent, brûlèrent Pavie et s'en retournèrent chargés d'un riche butin, sans qu'il fût possible à Raoul de les prévenir; ce qui fit qu'une partie des grands se dégoûtèrent de sa domination, vu que son éloignement ne le mettait pas à même de les protéger. Guy, évêque de Plaisance, et plusieurs autres grands conspirèrent contre lui et reprirent le parti de Bérenger qui, étant rentré en Italie avec une nouvelle armée de Hongrois, alla attaquer Raoul. Celui-ci le battit une seconde fois et le força de se sauver dans Vérone, où il fut tué. Après cette victoire, Raoul retourna en Suisse.

Les Hongrois rentrent en Italie.
Raoul ne peut empêcher le pillage de ces barbares.
On conspire contre lui en Italie.
Il y retourne et défait totalement Bérenger.

En ce temps Manasse était comte de Bourgogne, seigneur de Vergy et comte d'Autun. On tient que c'est de lui que la maison de Vergy est descendue, et que Gilbert, duc de Bourgogne, était son frère aîné.

924
Manasse, comte de Bourgogne.

Les Hongrois, continuant leurs ravages, vinrent attaquer, l'an 925, la ville d'Augsbourg, comme appartenant à Burckard, duc de Souabe, et beau-père de Raoul leur ennemi. St-Ulrich en était évêque depuis l'année précédente. Dès qu'il se vit assiégé, il mena dans le temple tous les enfants de la ville qui étaient à la mamelle, qui s'étant mis à pleurer et St-Ulrich ayant joint ses prières à ces pleurs, les Huns levèrent le siège, ce qu'on regarda comme un miracle. Mais St-Ulrich, prévoyant que les barbares reviendraient, parce que Burckard assistait Raoul de toutes ses forces, quitta Augsbourg et se retira en Suisse auprès de la reine Berthe sa nièce. On raconte de cet Ulrich, qu'étant l'an 947 dans l'abbaye de St-Gall, où il faisait pour lors ses études, il y eut une femme de grande réputation de sainteté et qui était dans ce couvent, nommée Wibberaddis, qui lui prédit qu'il serait dans peu de temps évêque d'Augsbourg, mais qu'il serait exposé à plusieurs persécutions. Cet Ulrich était de la maison de Kybourg, fils d'Hugobald, comte de Dillingen, et frère de Lutgarde, femme de Burckard, duc de Souabe, et mère de la reine Berthe. Ce fut cet Ulrich qui sollicita cette reine à bâtir plusieurs temples et couvents, pendant que le roi Raoul, son époux, était occupé aux guerres d'Italie.

925
Augsbourg attaqué par les Huns et délivré par St-Ulrich.
St-Ulrich se retire en Suisse, vers la reine Berthe, sa nièce.
Son origine.

Les Huns, ou Hongrois, ayant levé le siège d'Augsbourg, vinrent jusque dans le Thurgau, ce qui obligea les Suisses à fortifier plusieurs villes, pour se mettre à couvert des courses de ces barbares.

Les Huns entrent dans le Thurgau.

Ermengarde, fille d'Adelbert, marquis de Toscane, et veuve d'Adelbert, marquis d'Ivrée, une impudique qui avait plusieurs amants, voulut, par le secours de ces Hongrois, se saisir du royaume d'Italie; elle s'empara pour cet effet de la ville de

Ermengarde, femme impudique, cherche à s'emparer du royaume d'Italie.

Pavie, qu'elle fit promptement réparer et fortifier. Raoul l'y alla assiéger, ce qui obligea Ermengarde, se voyant réduite à l'extrémité, de se servir d'un artifice pour faire lever le siége à Raoul; c'est qu'elle lui écrivit en ces termes: « Il y a déjà long-« temps que tes serviteurs t'auraient livré entre mes mains si « j'avais voulu condescendre à leur désir et faire un accord avec « eux etc. » Ce que Raoul ayant cru trop légèrement, entra de nuit dans la ville, afin de se remettre lui-même entre les mains d'Ermengarde, et comme il n'avait communiqué son dessein à personne, ses officiers furent fort en peine de lui, craignant qu'on ne l'eût tué ou enlevé. Pendant qu'ils étaient dans cette perplexité, Ermengarde leur manda dire que le roi était dans la ville auprès d'elle, et que s'ils ne se retiraient, il irait lui-même les chasser, vu qu'il était devenu leur ennemi; ce qui les porta à lever le siége pour n'être pas obligés de combattre contre leur seigneur. Cette armée étant allée du côté de Milan, Lambert, qui en était archevêque, conçut tant d'aversion de la lâcheté de Raoul, qu'il conspira dès-lors contre lui et forma le dessein de remettre le royaume d'Italie entre les mains de Hugues, fils du comte Thibaud, et de Berthe, fille de Lothaire, roi de Lorraine. Ce Hugues s'était emparé du royaume d'Arles après la mort de Louis, fils de Boson.

L'an 926, Raoul s'en étant retourné en Bourgogne tout confus de ce qu'il s'était laissé surprendre par les ruses d'une femme, voulut réparer cette faute. Voyant que les Italiens avaient couronné Hugues roi d'Italie en sa place, de ce qu'il les avait quittés l'année précédente et laissé saccager par les Hongrois, il leva, pour cet effet, une armée aussi forte qu'il lui fut possible, retourna en Italie l'année suivante, 927, et pria même Burckard, duc de Souabe, son beau-père, de l'accompagner dans cette guerre, ce qu'il fit. Mais à son grand malheur, car après qu'ils eurent passé les Alpes, Burckard, étant allé à Milan, fut massacré par les ordres de l'archevêque Lambert. Raoul voyant qu'il avait tant de malheur en Italie, en fut tellement dégoûté, qu'il prit la résolution de faire un accord avec Hugues la même année 927. Ce Burckard, père de la reine Berthe, laissa un fils nommé Berthoud, dont le fils, nommé Eberhard, bâtit un couvent à Schaffhouse à l'honneur de tous les saints. Par le traité ci-dessus, Raoul cédait à Hugues le royaume d'Italie, et Hugues lui donnait en échange le royaume d'Arles, le comté de Vienne et la Bresse. Raoul quitta pour lors entièrement l'Italie et promit même au roi Hugues de l'assister et de le secourir contre ses ennemis.

Samson, un comte italien et gouverneur du royaume d'Arles,

fit présent à Raoul d'une lance, que quelques historiens assurent être celle qui avait percé le côté de notre Seigneur. D'autres au contraire soutiennent que le fer de cette lance était fait d'un clou qui avait percé ses pieds, ou l'une de ses mains, et que cette lance avait déjà appartenu à Constantin-le-grand ; ce qui non-seulement était cru comme une chose indubitable dans ce siècle ténébreux, mais on en faisait encore une estime toute particulière.

L'hiver de l'an 928 fut extrêmement froid, tellement que la plupart des rivières et des lacs gelèrent.

<small>928. Grand froid. Lacs gelés.</small>

Boson, évêque de Lausanne, mourut l'année 927. On choisit Libon, un ecclésiastique de la même ville, pour être son successeur ; l'évêque de Belley en Bresse le sacra ; Raoul, de retour d'Italie, tint les assises à Chavornay, où il confirma Libon.

<small>Mort de Boson, évêque de Lausanne. Il est remplacé par Libon. Raoul tient les assises à Chavornay.</small>

L'empereur Henri 1 étant à Magdebourg l'an 928, établit les joutes ou tournois, auxquels on s'exerçait aux armes, à monter à cheval et à d'autres choses semblables. Il y avait un prix qui était donné au vainqueur qui avait le mieux réussi dans cet exercice. On célébrait ces tournois de temps en temps, lorsque l'empereur les convoquait ; on y conviait de sa part tous les princes, les comtes et les nobles de l'empire. Ces tournois ont été en usage jusqu'à l'an 1487. On les a célébrés trente-six fois pendant ce temps. Les comtes de Neuchâtel y allaient quelquefois. On les tint pour la première fois à Magdebourg, l'an 935, et depuis en divers autres lieux où il plaisait à l'empereur, qui les assemblait et fournissait le prix. On les convoquait quelquefois en Suisse, comme à Constance et Zurich, où ils se tinrent l'an 1465, et où se trouva Louis de Neuchâtel, comte de Nidau (V. l'an 1487).

<small>928. Tournois établis.

Ils étaient fréquentés par les comtes de Neuchâtel.</small>

L'an 930, la reine Berthe avait commencé de bâtir le temple de Neuchâtel, pendant que le roi, son époux, était occupé aux guerres d'Italie ; ce temple fut achevé environ ce temps-là. Elle fit aussi bâtir deux couvents à côté de ce temple, l'un de religieux, qui étaient des moines blancs, et qui fut placé dans le lieu où est présentement le château, l'autre de religieuses Ursulines qui suivaient la règle de St-Augustin ; elles s'habillaient de noir et de gris. Ce dernier couvent était au lieu où est maintenant le Donjon.

<small>La reine Berthe commence à bâtir le temple de Neuchâtel et deux couvents.</small>

La reine Berthe fit encore bâtir dans Neuchâtel le vieux château qui est auprès de la porte de la ville. C'est là où les anciens comtes ont depuis fait leur demeure, mais qu'on a enfin destiné à des prisons, et c'est là aussi qu'on met aujourd'hui les criminels. Cette reine fit apparemment bâtir ce château pour y loger le gouverneur, qu'on nommait en ce temps-là *grand Sire*

<small>Le vieux château pour y loger un gouverneur ou haut baron. (V. l'an 413.)</small>

ou *haut Baron*. Ce dernier titre, qui était le plus en usage, pourrait bien avoir fait donner à Neuchâtel le nom de baronnie. On nommait ces gouverneurs que les rois établissaient dans les villes de leur dépendance, hauts Barons, parce que commandant sur tout un pays, ils étaient au-dessus de tous les barons qu'il y avait, qui possédaient des fiefs et auxquels les rois avaient inféodé quelques terres; le titre de haut baron était fort commun dans tout le royaume de Bourgogne (V. les ans 443 et 805).

<small>Il n'y avait alors aucun comte à Neuchâtel.</small>

Ces bâtiments que la reine Berthe fit faire sont une preuve qu'il n'y avait pour lors aucun comte, ni baron à Neuchâtel, puisqu'elle ne faisait bâtir que dans les lieux qui dépendaient immédiatement du roi, son époux, et jamais dans les terres qui appartenaient aux vassaux et qui étaient inféodées, les comtes et barons étant obligés de bâtir leurs propres châteaux et les temples qui étaient nécessaires dans le détroit de leurs juridictions.

<small>Vieux-Châtel.</small>

Neuchâtel était encore pour lors au lieu qu'on nomme présentement Vieux-Châtel, qui est à environ six cents pas géométriques de vers l'orient de cette ville. Le temple, qui est fort spacieux, fait voir que l'ancienne ville était déjà assez considérable, puisque la reine y fit bâtir un si grand temple, ce qu'elle n'aurait pas fait s'il n'y avait déjà eu pour lors dans ce lieu beaucoup d'habitants. Mais comme Neuchâtel a été brûlé depuis à diverses fois, aussi a-t-il souvent changé de face.

<small>Description du temple de Neuchâtel.</small>

Ce temple est bâti sur une hauteur devers le soleil couchant de la ville. C'est un bâtiment assez superbe et qui est digne d'une reine. Il est bâti tout de pierres de taille, et soutient deux belles et grandes tours. La nef, qui est fort haute, est soutenue de deux rangées de piliers de pierre qui, avec les murailles du temple, portent trois voûtes qui vont d'un bout à l'autre. Au-dessus du grand et principal portail, on voyait gravée en bosse sur une pierre de taille, la vierge Marie sur un trône et la reine Berthe à genoux devant elle au-dessous et du côté gauche, en habit de reine, présentant à la vierge un temple en relief, qu'elle portait sur ses mains, et St-Ulrich, en habits pontificaux, du côté droit, aussi à genoux devant la vierge; au haut de la tour, à l'endroit de ce même portail, il y a une galerie de pierres de taille à jour sur laquelle était gravée la salutation angélique *Ave Maria*. Il paraît de là que le temple fut bâti et dédié à la Vierge, et surtout par un écriteau qui était au haut du portail dont on vient de parler, qui contenait le langage de la reine Berthe à la Vierge par lequel elle lui dédiait ce temple en lui adressant ces mots en latin barbare et écrits en lettres gothiques, qui faisaient trois vers latins qu'on nomme hexamètres:

> **Respice virgo pia me Bertha sta Maria**
> **Et simul Ulricus qui it fugiens inimici**
> **Dat domus honoris id facientibus et paradisum.**

C'est-à-dire : *Regarde, vierge pieuse, sainte Marie, moi Berthe et tout ensemble Ulrich qui, fuyant ses ennemis, te donne cette maison pour t'y honorer et le paradis, à tous ceux qui le feront.* Ce qui fait voir l'erreur de ceux qui ont pris occasion de cet écriteau de confondre la reine Berthe avec Berthe de Samarie, femme d'Ulrich III, comte de Neuchâtel (V. les années 1175 et 1206). Ce qui a donné occasion à cette erreur, c'est qu'on a pris **sta Maria** pour **sca Maria**, le t et le c étant à-peu-près semblables dans l'écriture gothique ; mais on n'a pas considéré que le mot *Samarie* ne doit avoir point de *c*, et que d'autre part le vers serait mutilé. Il est donc très évident qu'il faut le lire ainsi : *Erreur réfutée.*

> *Respice virgo pia me Bertham sancta,*
> *Et simul Ulricum qui it fugiens inimicos*
> *Dat domum honoris id facientibus et paradisum.*

Il y en a qui estiment que le temple de Neuchâtel fut seulement bâti l'an 1076 par Berthe, épouse de l'empereur Henri IV, et que cet Ulrich, dont il est parlé dans cet écriteau, était un abbé de St-Gall qui vivait en ce temps-là ; que cette impératrice, qui était aussi reine de Bourgogne, avait accompagné l'empereur, son époux, jusqu'à Besançon, depuis l'Allemagne, allant à Rome, et qu'Ulrich, abbé de St-Gall, qui soutenait le parti de l'empereur, y était aussi venu avec elle ; qu'en attendant le retour de l'empereur, ils s'occupèrent à batir le temple de Neuchâtel. Mais tout cela n'a aucune apparence, car il ne paraît pas que cette impératrice ait séjourné en Suisse ; au contraire, c'est une chose certaine qu'elle passa les Alpes avec l'empereur. D'autre part, l'abbé Ulrich n'a jamais été chassé de son abbaye par ses ennemis, outre qu'ils n'auraient pas pu, dans si peu de temps, fonder tant de monastères et bâtir tant de temples qu'on en attribue à la reine Berthe. En un mot il n'est pas croyable qu'un simple abbé, qui pour lors était peu considérable, eût été mis à la droite d'une impératrice dans cette sculpture qui était sur le grand portail du temple, au lieu que St-Ulrich, évêque d'Augsbourg, étant l'oncle de la reine Berthe, pouvait à cette considération être mis à sa droite. *Autre erreur.*

Hugues, roi d'Arles, s'associa l'an 932 son fils Lothaire au royaume, et ce dernier épousa en même temps Adélaïde, fille de Raoul II. *932 Lothaire, roi d'Italie, épouse la fille de Raoul.*

La reine Berthe fit encore construire le grand temple de Payerne, l'an 932, à mesure qu'elle réduisit Payerne en ville, car auparavant ce n'était qu'un village (V. l'an 595), et dans la suite elle y fonda et bâtit une abbaye, où elle mit des moines de l'ordre de St-Benoît (V. l'an 964), auxquels elle assujettit cette ville par le consentement de son fils Conrad.

La reine Berthe réduit Payerne en ville et y bâtit un temple.

Cette reine fonda aussi le monastère de Montbenoît dans le comté de Bourgogne, et lui donna de grandes rentes aussi bien qu'à l'abbaye de Romainmotier. Elle bâtit encore le temple de Moutier-Grandval, dans la Prévôté, comme aussi le grand temple de St-Imier, et à côté un couvent de douze chanoines qu'elle fonda et qui dans la suite a eu de grandes rentes, tellement que St-Imier, qui n'était au commencement qu'un hermitage (V. l'an 600), a été depuis un monastère (V. l'an 884), et en ce temps il fut changé par la reine Berthe en une prévôté ou chapitre; le temple qu'elle bâtit devint une église collégiale qu'on nomma depuis ce temps le haut chapitre. La reine Berthe bâtit encore plusieurs autres châteaux, temples et couvents.

Elle fonde le monastère de Montbenoît. Elle bâtit le temple de Moutier-Grandval et celui de St-Imier.

Libon, évêque de Lausanne, étant mort l'an 932, on établit en sa place Béro ou Burckard, troisième fils de Raoul et de Berthe.

Libon, évêque de Lausanne, étant mort, le troisième fils du roi Raoul lui succède.

933

L'empereur Henri I vainquit les Hongrois auprès de Mersbourg l'an 933; il en demeura 50,000 sur la place. Parmi les troupes de cet empereur, il y en avait plusieurs de Soleure et de Constance et d'autres endroits de la Suisse, qui combattirent vaillamment contre ces barbares, qui les avaient si souvent pillés et saccagés.

Henri 1er défait les Hongrois à l'aide de troupes suisses.

935

L'empereur Henri I, Louis IV, dit Outremer, roi de France, et Raoul II, roi de Bourgogne, s'étant assemblés auprès de la Meuse, l'an 935, pour traiter des affaires qui tendaient au bien de leurs états et à conserver entre eux une bonne intelligence, l'empereur demanda avec tant d'instances au roi Raoul cette lance dont il a été parlé en l'an 927, qu'il lui en fit présent, et pour récompense, l'empereur lui donna une grande somme d'argent et une partie de la Souabe, tout de même que Burckard, beau-père de Raoul, l'avait possédée, quoi que ce fût un fief mâle. Il se nomma dès-lors duc de Souabe et même roi d'Allemagne, et par ce moyen le roi de Bourgogne devint vassal de l'empereur. On porte encore aujourd'hui cette même lance devant l'empereur, lorsqu'il marche en cérémonie. L'empereur remit aussi à Raoul la ville de Soleure, qui fut réunie au royaume de Bourgogne, et c'est là que le roi Raoul et la reine Berthe, son épouse, firent depuis le plus souvent leur séjour.

Entrevue de trois rois.

La lance remise à l'empereur par Raoul.

Raoul obtient par là le duché de Souabe.

Raoul reçoit aussi Soleure.

Ce fut environ ce temps que les villes de l'empire qui ne

Villes libres de l'Empire.

dépendaient d'aucun seigneur, commencèrent à devenir libres et à avoir des bourgmestres qui présidèrent dans les affaires de police.

Le roi Raoul ou Rodolphe II mourut l'an 936 et fut inhumé à Payerne dans le temple de la reine Berthe. Il avait presque toujours fait son séjour à Lausanne. Il fut surnommé le saint à cause de sa grande piété. Il régna vingt-cinq ans, pendant lesquels il y eut plusieurs comtes en Bourgogne, car à Radulphe et Gibrard, dont j'ai parlé en l'an 895, succéda Manassé, et à ce dernier Hugues, aïeul maternel d'Otte-Guillaume, dont il sera parlé dans la suite. Raoul laissa six enfants : 1° Conrad qui lui succéda. 2° Boson, qui fut établi roi d'Arles pendant la vie de son père, après que Hugues lui eut cédé ce royaume. 3° Burckard ou Béro, qui fut évêque de Lausanne et depuis archevêque de Lyon. 4° Adelaïde, mariée l'an 932 à Lothaire, roi d'Italie, fils de Hugues, qui lui donna pour son douaire la ville de Pavie et autres places. Adelaïde se remaria ensuite avec l'empereur Othon I, dit le Grand. 5° Gerburgis, mariée à Hermann, qui fut duc de Souabe après la mort de Raoul son beau-père. 6° Rodolphe, qui fut posthume. Ce dernier a été, selon toutes les apparences, la souche des comtes de Neuchâtel en Bourgogne et des comtes de Fénis et de Neuchâtel en Suisse. C'est de ce Rodolphe, duc, dont parle la reine Berthe dans le testament qu'elle fit l'an 961. Ce titre de duc fait voir qu'il commandait les troupes du royaume (V. les ans 948, 961 et 1246). Raoul, outre la Souabe et l'Italie, qu'il avait possédées pendant un temps, et le royaume d'Arles, qui lui fut cédé, possédait de patrimoine les pays qui sont renfermés entre les montagnes des Vosges, le Rhin, les Alpes, le Rhône et la Saône, où sont la Franche-Comté, la Suisse, la Savoie, le Dauphiné et la Provence et une partie de l'Italie. Les comtes de Bourgogne n'étaient pas ses sujets (V. l'an 888).

CONRAD ne succéda pas d'abord à son père; l'empereur Othon I, dit le Grand, voyant qu'il n'avait que seize ans, le retira dans sa cour pour l'y élever, et il conduisit aussi le royaume de Bourgogne jusqu'à ce que Conrad eut atteint l'âge de majorité. C'est de là que quelques historiens ont pris occasion d'assurer que l'empereur Othon s'était saisi du royaume de Bourgogne et qu'il avait obligé Conrad à se constituer son vassal.

On a vu que Soleure ayant été rendue à Raoul l'an 935, la reine Berthe y alla demeurer pendant quelque temps l'an 937. Elle y bâtit le château et le grand temple, qu'elle dédia à St-Urs; cette reine donna ce château au prévôt et chanoines avec toutes ses appartenances, le droit de battre monnaie, les péages et plusieurs autres droits très considérables; elle accorda encore au chapitre de Soleure la juridiction qu'avait le *scultetus*, c'est-à-dire le *Schultheiss*, qui présidait pour lors de la part du souverain sur la justice civile; elle se réserva seulement le droit qu'avait l'*advocatus*, qui était le lieutenant-général du roi d'Arles, qui présidait sur la justice criminelle pour marque de souveraineté, et c'est de là que le nom d'*avoyer* a tiré son origine. Le *scultetus* n'avait de l'autorité que sur une ville et à l'égard des choses civiles tant seulement; mais l'*advocatus* était établi sur toute la province, et son office concernait principalement les choses criminelles(1). L'*advocatus* était chargé de la garde de la ville, ce que Gollut, pag. 448, appelle l'*advocatie*, et depuis le mot d'*avoyerie*, qui signifie la même chose, a été en usage. La reine Berthe fonda par ce moyen le chapitre de Soleure, auquel elle donna non-seulement toute la juridiction civile sur cette ville, mais aussi sur son territoire, et le droit d'élire le *scultetus*.

La reine Berthe se remaria cette année 937 à Hugues, roi d'Italie, père du roi Lothaire son gendre.

Les Sarrasins passèrent le Rhin l'an 938 et entrèrent dans le Frickthal, où ils ravagèrent tout; mais ils furent repoussés par Hermingues, un gentilhomme du pays des Rauraques. Ils repassèrent par Strasbourg, d'où ils traversèrent l'Alsace, qu'ils ravagèrent. Ils allèrent se camper auprès de Besançon, qu'ils soumirent à leur domination, aussi bien que plusieurs autres villes de la Bourgogne et de la Suisse, et entre autres Avenches qui, à cause d'eux, porte encore aujourd'hui pour ses armes une tête de Sarrasin. Ils possédèrent ces villes jusqu'à l'an 967, sans qu'il fût possible au roi Conrad de les chasser avant ce temps-là.

---

1) On remarquera ici en passant que ces deux offices ont quelquefois été établis dans une même ville en un même temps, comme à Bâle, l'an 1253. Ces emplois sont même devenus héréditaires; on pouvait aussi les vendre et les aliéner : ainsi l'avoyerie de Lausanne, que Berthold V avait remise à Vernier, comte de Kybourg, son beau-frère, et duquel elle passa à Eberhard, comte de Kybourg, qui, l'ayant vendue à Amyon, seigneur de Faucigny, Guillaume d'Ecublens la racheta de ce dernier, l'an 1226, pour le prix de 320 marcs d'argent. L'avoyerie de Soleure ayant été remise, par l'empereur Henri VII, l'an 1313, à Hugues, comte de Bucheck, ce dernier la remit à cette ville l'an 1358. L'avoyerie de Payerne appartenait à l'abbé de ce lieu; et, pour ne pas sortir du comté de Neuchâtel, il y a des anciens actes où il est fait mention de l'avoyerie de Bevaix et de l'avoyerie de Ponthareuse. On dit encore *avoyers* aux chefs des corps de métiers.

L'empereur Othon remit, l'an 939, à Conrad son royaume de Bourgogne, vu qu'alors il avait atteint sa pleine majorité, qui était fixée pour les princes à dix-neuf ans. Conrad majeur vint en Suisse, se fit couronner à Genève, et après son couronnement, il retourna dans la cour d'Othon, où il fut encore neuf ans, pendant lesquels il suivit cet empereur dans les guerres qu'il eut contre la France, la Hongrie et l'Italie.

939. L'empereur remet le royaume à Conrad, qui est couronné à Genève.

L'hiver de l'an 939 fut extrêmement froid, ce qui causa une grande cherté et famine, les froments et les ceps de vigne étant péris par la gelée.

Froid rigoureux, cherté, famine en 939.

Il apparut l'an 942 une prodigieuse comète, qui fut suivie d'une mortalité d'hommes et de bêtes, et l'an 945 on vit encore une autre comète qui était comme une flamme ardente. Il y eut ensuite dans la Suisse une extrême famine.

942. Comète, suivie de mortalité.

Bérenger II, fils d'Albert, marquis d'Ivrée, et de Giselle, fille de Bérenger I, retourna d'Allemagne l'an 945, où il s'était retiré auprès d'Othon; il avait auparavant fait tous ses efforts pour ravir le royaume d'Italie à Hugues, mais il n'avait pas pu réussir jusqu'à cette fois, qu'il l'attaqua si fortement que Hugues fut obligé de faire un accord avec lui. Bérenger acquit par-là l'autorité souveraine, pendant que Hugues et son fils Lothaire ne retinrent que le titre de roi. Ce traité fut fait l'an 946. Hugues en conçut tant de chagrin qu'il se retira en Provence et entra dans un monastère, où il mourut l'an 947. La reine Berthe, son épouse, retourna pour lors d'Italie en Suisse, où elle passa le reste de sa vie; elle demeura pendant quelque temps au château de Baldern sur le mont Albis. Ce château fut autrefois bâti par Louis, roi de Germanie, neveu de Charlemagne, et il fut brûlé par Raoul de Habsbourg l'an 1266.

Bérenger attaque Hugues, roi d'Italie.

946. Hugues est contraint de faire un traité.

947. Hugues meurt de chagrin. La reine Berthe retourne en Suisse, va demeurer à Baldern.

Burckard, évêque de Lausanne, fils de Raoul II, fut établi archevêque de Lyon l'an 947. Magnérius ou Godescale lui succéda dans l'évêché de Lausanne. Conrad, roi de Bourgogne, épousa, l'an 948, Mathilde, fille de Louis IV, dit d'Outremer, roi de France, et sœur de Lothaire, aussi roi de France. Son père lui donna pour sa dot le Lyonnais, le Viennois et autres places sur le Rhône. Il quitta pour lors la cour d'Othon I, et vint demeurer à Lausanne.

Burckard, évêque de Lausanne, est fait archevêque de Lyon.

948. Mariage de Conrad. La dot de sa femme. Conrad vient demeurer à Lausanne.

On tient que Conrad donna cette année à Rodolphe, son frère posthume, plusieurs terres tant dans la Franche-Comté qu'en Suisse, et qu'il est la souche de la maison de Neuchâtel. Il y a de l'apparence que ces terres étaient Neuchâtel en Bourgogne, Montbéliard, Porrentruy, Hasenbourg, et que celles de la Suisse étaient le comté de Fenis, Nidau, Strasberg, Buren etc. Ce Rodolphe portait les armes de Strættlingen (V. l'an 895).

Conrad donne des terres à son frère Rodolphe.

Armes de Rodolphe.

948 — *Tournois à Constance.* On tint à Constance, l'an 948, le troisième tournois, où toute la noblesse de la Suisse assista.

949 — *Concile de Tournus.* Le concile de Tournus, qui est une abbaye dans la ville de Châlons, fut assemblé l'an 949. Godescalc, évêque de Lausanne, y assista et en signa les canons. La même année, Lothaire, roi d'Italie et beau-frère du roi Conrad, conçut tant d'horreur de la conduite de Bérenger II, qu'il en tomba dans une grande *Mort de Lothaire, roi d'Italie.* mélancolie et ensuite dans une frénésie, dont il mourut au bout de deux ans dans la ville de Pavie.

950 — *Conrad va à Arles voir son frère Boson.* Environ l'an 950 Conrad, roi de Bourgogne, étant allé à Arles, auprès de son frère Boson, qui en était roi, il manda dire à l'évêque, le jour avant Noël, qu'il devait l'attendre le matin pour la dévotion. L'évêque, ayant longtemps attendu et croyant qu'il ne voulait pas venir, fit l'office et chanta matines; *Il donne un soufflet à l'évêque. L'empereur, indigné, vient l'assiéger à Arles, et oblige les deux frères à lui rendre hommage.* pendant ce temps Conrad arriva, qui donna un soufflet à l'évêque, pour ne l'avoir pas attendu. L'évêque s'en plaignit à l'empereur Othon, qui conçut tant d'horreur de cette action, qu'il vint assiéger ces deux rois dans Arles, les fit prisonniers et les obligea à lui rendre hommage et à se constituer ses vassaux. Et c'est dès-lors que les royaumes de Bourgogne et d'Arles ont dépendu de l'Empire.

951 — *Adelaïde, veuve de Lothaire, est recherchée en mariage et refuse.* Bérenger II, roi d'Italie, s'étant associé son fils Adelbert au royaume, rechercha en mariage pour ce sien fils Adelaïde, veuve de Lothaire, roi d'Italie, et sœur du roi Conrad; elle était encore jeune et une des plus belles et des plus riches princesses de son temps; mais elle ne voulut point entrer dans cette alliance, sans doute parce que Bérenger avait si maltraité Hugues et Lothaire, beau-père et époux d'Adelaïde. Ce refus *Bérenger va l'assiéger à Pavie, où elle est prise.* porta Bérenger à aller assiéger cette princesse dans la ville de Pavie, et l'ayant fait prisonnière, il l'envoya dans le château de Garda, qui est sur le lac du même nom. Adelaïde, s'étant sauvée par adresse, se réfugia auprès du marquis Athon son parent, qui la mit dans le fort de Canossa, pour y être en sûreté. Bérenger la vint encore assiéger, mais elle envoya prier l'empereur Othon *Elle est enfin délivrée par l'empereur Othon, qui l'épouse.* de la venir délivrer, ce qu'il fit; car il entra d'abord en Italie avec une puissante armée, et ayant par ce moyen mis cette illustre prisonnière en liberté, il l'épousa avec beaucoup de pompe et de magnificence; Othon la conduisit en Allemagne

952 — *Othon oblige Bérenger à lui rendre hommage.* et laissa son armée en Italie, qui reprit à Bérenger, l'an 952, non-seulement Pavie, mais aussi toutes les autres places qui appartenaient à Adelaïde son épouse; il obligea Bérenger à lui rendre hommage et il retint le Véronais et le Frioul.

Othon bat les Hongrois. Othon Ier obtint par les prières de St-Ulrich, l'an 955, une célèbre victoire sur les Hongrois, desquels il ne resta que sept en vie; cet évêque accompagnait presque toujours l'empereur dans ses guerres.

Le roi Conrad, voyant que les descendants de Luitfried, comte d'Egisheim, s'appropriaient et distraisaient des rentes du monastère de Moutier-Grandval, fit demander dans une journée impériale, si un couvent, bâti par la permission du souverain, pouvait être donné à quelqu'un par un roi en toute propriété (V. l'an 894). La sentence ayant porté que cela ne se pouvait pas, lorsque le roi n'en était pas le fondateur, Conrad fit, ensuite de cette sentence, comparaître Hugues, fils de Luitfried; il fit déclarer nulle la donation de son aïeul et remit le chapitre et prévôt dans tous leurs droits. L'acte de réhabilitation est du 8 mars 957.

956
Moutier-Grandval restitué en ses droits par Conrad.

957

L'année suivante, 958, il tomba du ciel de petites croix qui causaient la lèpre à ceux qui les touchaient; ce qui donna occasion de bâtir une infinité de petites maisons pour loger ceux qui étaient atteints de cette maladie, et il y a eu dès-lors et pendant plusieurs siècles un grand nombre de lépreux. Il y a eu depuis de ces maisons en divers endroits du comté de Neuchâtel, et même aussi au Val-de-Ruz, dans le comté de Valangin.

Origine de la lèpre en Suisse.

958

«*Testament solennel et très célèbre de la très pieuse et auguste Reine*
«*Dame Berthe, Reine de toute la Bourgogne mineure, etc., etc.*
«*Par lequel elle fonde et institue la très renommée Abbaye de*
«*Payerne, l'an 24 du règne de Conrad.*

961
Testament de la reine Berthe.

«Il est notoire à toute personne bien avisée, que la dispensation
«de Dieu conseille tellement tous ceux qui sont riches, que des
«choses transitoires que l'on possède, si l'on sait bien s'en servir,
«ils puissent mériter une récompense perpétuelle, à savoir que ce
«que la parole de Dieu montrant possible et le persuadant du
«tout dit, les richesses de l'homme sont la rédemption de son
«âme. Ce que moi, Berthe, par la grâce de Dieu reine, consi-
«dérant de près et désirant pendant qu'il en est temps, de pour-
«voir à mon propre salut, voire même ai trouvé fort nécessaire
«que l'on employât quelque peu pour le salut de mon âme des
«choses qui m'ont été baillées temporellement, car il me sem-
«ble que j'ai tellement accru en icelles, et de peur que peut-
«être je ne sois regardée en haut d'avoir employé le tout pour
«le soin de mon corps et que plutôt, lors que le dernier sort
«aura tout emporté, je ne jouisse de m'être réservé quelque
«chose, ce qui me semble ne pouvoir être fait que sous cou-
«leur que ce soit plus dévotement que selon le commandement
«du Seigneur, je fasse ses pauvres mes amis, mais qui durent
«perpétuellement.

«Je veux nourrir et entretenir à mes propres dépens des
«moines sous cette foi et espérance, que combien que je ne
«puisse mépriser toutes ces choses, toutefois pendant que je
«prendrai en charge des contempteurs du monde que je crois
«être justes, je recevrai le salaire des justes.

«Soit donc notoire à tous ceux qui vivent dans l'unité de la
«foi et qui attendent la miséricorde de Christ et à tous leurs
«successeurs qui vivront jusques à la fin des siècles, que pour
«l'amour de Dieu et de Jésus-Christ notre Sauveur, je donne
«les choses qui m'appartiennent à Ste-Marie, à St-Pierre, à St-
«Jean et aux saints qui reposent dans ce lieu qui s'appelle
«Payerne, par l'avis de mes fils Conrad très glorieux et Rodolphe
«duc, je leur donne, dis-je, de mon propre pouvoir la ville de
«Payerne avec toutes ses appartenances, les esclaves de l'un et
«de l'autre sexe, avec leurs héritages, desquels les noms sont
«ici écrits (excepté un pré sis auprès de la maison de St-Pierre).
«Les champs, prés et bois, eaux, moulins, sorties et entrées,
«terres cultivées et non cultivées, une église auprès de la pri-
«son avec ses dépendances, et une autre église près de Pully,
«et une troisième, c'est-à-dire une chapelle auprès de Pybirsis
«avec toutes leurs appartenances, l'héritage tel qu'il est que je
«l'ai acquis (in Vatone et Vicilino et Visburga et filius ejus); avec
«sincérité je le donne à Ste-Marie et aux saints susnommés,
«Moi Berthe, par la grâce de Dieu Reine, premièrement pour
«d'amour de Dieu et en après pour l'âme de Monseigneur le
«bienheureux Rodolphe, Roi, et pour l'âme de mon fils Burckard,
«évêque, et de ceux desquels nous sommes débiteurs, et d'Othon,
«Roi très glorieux, comme aussi pour l'âme de ma fille Adelaïde
«et de ses fils, et pour mes bien-aimés fils Conrad, très valeu-
«reux, et Rodolphe Duc et pour moi-même et pour le salut de
«nos âmes et de nos corps et de tous ceux qui, pour l'amour du
«Seigneur, veulent gouverner et augmenter ce temple de Dieu,
«comme aussi pour l'état et intégrité de la religion catholique;
«toutefois je fais une telle donation à teneur que l'on bâtisse
«un monastère régulier à l'honneur de Ste-Marie et des saints
«susnommés, et qu'on y assemble des moines qui vivent selon
«la règle de St-Benoît, lesquels possèdent perpétuellement ces
«choses, tiennent, ayent et ordonnent ainsi, seulement que le
«seul domicile d'oraison y soit fidèlement fréquenté par vœux
«et par supplications, et que par un désir et ardeur intime, on
«désire et recherche une conversation céleste et que l'on y fasse
«de continuelles prières, requêtes et supplications au Seigneur,
«tant pour moi que pour ceux desquels il est ici fait mention,
«et que les dits moines soient avec les choses prescrites sous

«la puissance et domination de Majole, Abbé, qui pendant qu'il
«vivra, préside régulièrement sur eux selon son savoir et pou-
«voir; mais après son décès, que les dits moines ayent puis-
«sance et licence selon le plaisir de Dieu et la règle qui a été
«publiée par St-Benoît d'en élire lequel que bon leur semblera
«pour leur ordre pour Abbé, ou s'ils aiment mieux pour Rec-
«teur, afin qu'ils ne soient empêchés par la contradiction d'au-
«cune puissance supérieure en leur religion. Or les susdits moines
«payeront à Rome, par l'espace de cinq ans, dix sols pour ces
«apôtres pour faire des luminaires, afin qu'ils ayent la protec-
«tion des apôtres et la défense du Pontife romain, et les sus-
«dits moines édifieront de cœur et plein courage le susdit lieu
«selon leur pouvoir et connaissance. Nous voulons aussi que
«durant notre vie et celle de nos successeurs, selon que l'op-
«portunité et la possibilité de ce lieu se présentera, que l'on
«y fasse avec une souveraine intention, tous les jours, des œu-
«vres de miséricorde aux pauvres indigens, étrangers et pèle-
«rins. Il nous a aussi plu d'insérer dans ce testament, que dès
«le jour que les moines y seront assemblés, ils ne seront as-
«sujettis ni à notre joug, ni à celui de nos parents, ni aux gran-
«deurs de la puissance royale, ni à aucune puissance terrienne
«quelle que ce soit. Je prie et conjure de par Dieu et de tous
«ses saints et de par le jour épouvantable du jugement, que
«ni aucun prince séculier, ni comte, ni évêque que ce soit, pas
«même le Pontife romain, n'ayent à enlever les biens des dits
«serviteurs de Dieu, ni distraire, ni diminuer, ni échanger, ni en
«bénéficier aucun, ni établir aucun prélat par dessus eux contre
«leur volonté. Et afin qu'une telle méchanceté soit plus étroite-
«ment défendue à tous téméraires et méchants, j'ajoute encore
«en répétant le même et vous supplie de cela, ô vous, saints
«Apôtres et Glorieux Princes de la Terre, Pierre et Paul, et toi,
«ô Pontife des Pontifes du siége apostolique, que tu as reçu du
«Seigneur, que tu chasses de la compagnie de la Ste-Eglise de
«Dieu et de la vie éternelle, les ravisseurs et les voleurs, comme
«aussi les distracteurs des biens que je donne de franc cœur
«et prompte volonté à Ste-Marie et aux susdits saints, et que
«vous soyez tuteurs et défenseurs du dit lieu de Payerne et
«des serviteurs de Dieu qui y habiteront, comme aussi de
«tous leurs biens par aumône, clémence et miséricorde de notre
«très pieux Rédempteur. Si quelqu'un par aventure (ce qui n'ad-
«vienne et que par la miséricorde de Dieu et la garde des apô-
«tres n'estime à venir), soit des parents ou étrangers, soit de
«quelque condition ou puissance que ce soit contre ce Testa-
«ment soit fait, que j'ai fait pour l'amour de Dieu tout-puissant

«et que Dieu enlève sa part de la terre des vivants et efface «son nom du livre de vie et que sa portion soit avec ceux «qui ont dit au Seigneur Dieu: retire-toi de nous, et avec Dathan «et Abiram, lesquels la terre a engloutis et que l'enfer a dévorés «tout vifs, qu'il encoure une perpétuelle damnation, qu'il soit «aussi tenu pour compagnon de Judas, traître du Seigneur, re- «poussé aux terribles souffrances; et de peur qu'en ce présent «siècle on ne le voie impunément passer des yeux corporels, «qu'il expérimente en son propre corps les tourments d'une future «damnation, exposé à un double ravissement avec Heliodorus «et Antiochus, desquels l'un a été battu de verges si amères, «qu'à peine est-il échappé demi-vif, et l'autre frappé d'en- «haut est misérablement mort, ayant ses membres pourris «et pleins de vers, et qu'il soit compagnon de tous les autres «sacrilèges qui ont présumé de violer le trésor de la maison «de Dieu, et qu'il ait, sinon qu'il se repente, pour ennemi le «principal Gouverneur et l'entière monarchie des églises, con- «joint avec St-Paul, et pour contraire de l'entrée du plaisant «paradis, lesquels s'ils voulaient ils pourraient avoir peur de «très pieux intercesseurs; et veux que celui qui aura calomnié «ces choses paye selon la loi mondiale cent Livres d'or, étant «contraint par l'autorité de la justice, et que son entreprise frus- «trée n'obtienne du tout effet. Ainsi que la fermeté de ce Tes- «tament, appuyé de toute autorité, demeure toujours inviolable «et inébranlable avec la stipulation ci-jointe. Le sceau de Dame «Reine Berthe, laquelle ci-bas confirme la présente donation, «avec les mains de ses fils Conrad, fils du Roi, et Rodolphe Duc.

«(L. S.) de Conrad, fils du roi. (L. S.) d'Henry Comte.
«(L. S.) d'Eléar. (L. S.) de Sauslenus. (L. S.) d'Abo.
«(L. S.) de Vandalirte. (L. S.) de Turdinus. (L. S.)
«d'Emichon. (L. S.) de Azon. (L. S.) de Richferius.
«(L. S.) de Hivon. (L. S.) de Buronvard. (L. S.)
«d'Engel-Schalk. (L. S.) de Merius. (L. S.) de
«Rodolphe Comte. (L. S.) de Paton Comte. (L. S.)
«de Hanselme. (L. S.) de Vorad. (L. S.) de Berno.
«(L. S.) d'Andelgohus.»

Je Sunfhard ai écrit la présente lettre en la place de Pon- chonus, Chancelier. Donné le mardi 1er Avril 961 et le 24 du règne de Conrad, Roi. Fait à Lausanne la Cité. Et autour du sceau il y a: *Berthe, par la grâce de Dieu, humble Reine.*

961
Mort de la reine Berthe.

La reine Berthe mourut la même année 961, et on com- mença, d'abord après sa mort, de bâtir l'abbaye de Payerne;

elle mourut dans cette ville, et y fut inhumée dans le temple qu'elle y avait fait bâtir l'an 932.

Le roi Conrad accompagna, l'an 962, l'empereur Othon Ier, son beau-frère, jusqu'à Rome, où ce dernier fut couronné empereur par le pape Jean XII.

Quoique le roi Conrad ait régné fort longtemps, on ne lit pas qu'il ait fait, ni qu'il se soit fait aucune chose bien considérable pendant sa vie dans son royaume, si ce n'est qu'il vainquit les Sarrasins et les Huns par une adresse admirable, l'an 967. Les Sarrasins tenaient plusieurs places importantes qui dépendaient de sa domination, et dont ils s'étaient emparés l'an 938, sans qu'il eût pu jusqu'alors les chasser; mais il avait été obligé de les y laisser par accord, moyennant un tribut peu considérable qu'ils lui payaient annuellement. Les Hongrois, d'un autre côté, étant venus cette année 967 jusques sur les bords du Rhin, et menaçant de ravager la Bourgogne et la Suisse, le roi Conrad, ne pouvant pas s'opposer à ce torrent par la force, tâcha de les vaincre par adresse. Il envoya pour cet effet des députés aux Hongrois, pour leur dire que s'ils voulaient attaquer les Sarrasins qui étaient dans ses terres, non-seulement il leur donnerait tout le secours qui lui était possible, mais qu'il leur laisserait encore les places que les Sarrasins possédaient dans son royaume. Les Hongrois ayant accepté cette offre, il envoya pareillement dire aux Sarrasins à Besançon, où leur chef faisait sa résidence, que s'ils voulaient l'aider à chasser les Hongrois, il les laisserait paisibles possesseurs des villes qu'ils occupaient, ce que les Sarrasins acceptèrent avec bien de la joie.

Pendant ce temps Conrad leva une puissante armée. Les uns et les autres croyant que c'était en leur faveur, dès qu'ils virent approcher le roi Conrad, les Hongrois et les Sarrasins commencèrent à se battre, chacun croyant avoir bientôt du secours. Conrad marchant lentement, ils se défirent presque entièrement les uns et les autres. Mais bien loin que Conrad soutînt l'un ou l'autre parti, il acheva au contraire de les détruire, et ainsi il se débarrassa de tous ses ennemis, et reprit toutes les villes que les Sarrasins tenaient dans la Suisse depuis près de trente ans, et entre autres Soleure et Avenches (V. l'an 938).

Au mois de décembre 968, il se fit une éclipse qui causa de si grandes ténèbres et une aussi grande obscurité que s'il eût été nuit. L'hiver fut extrêmement froid.

Maynar ou Magnerius, appelé ordinairement Godescale, évêque de Lausanne, mourut l'an 968. Egynolphe, qui était né comte de Kybourg, lui succéda. Rodolphe, évêque de Bâle, étant mort l'an 970, Gébizo ou Gebhardt fut élu, évêque en sa place.

St-Ulrich, évêque d'Augsbourg, mourut l'an 973; il fut inhumé dans la chapelle de St-Affre, qu'il avait rebâtie et choisie pour le lieu de sa sépulture. Cet évêque ne voulut point admettre dans son diocèse la défense que le pape fit de son temps aux évêques de se marier. Il avait fait plusieurs fondations pieuses, outre celles qu'il fit faire à la reine Berthe, sa nièce, comme les couvents et le temple de Neuchâtel et autres.

L'an 978 on vit au ciel des armées de feu et il apparut, l'an 983, une grande comète qui fut suivie d'une peste et d'une famine.

Egynolphe, évêque de Lausanne, mourut l'an 985. Henri lui succéda, qui obtint de grandes libéralités d'Othon III. Cet évêque bâtit plusieurs églises, et entre autres celle de Notre-Dame de Lausanne, qui est la cathédrale. Il passait pour un homme saint et fort dévot.

La famine fut si grande en Suisse, l'an 987, que plusieurs personnes moururent de faim, et l'année suivante, 988, il fit une sécheresse si extraordinaire que les grains, les fruits et les raisins séchèrent, ce qui augmenta encore la famine.

Le roi Conrad mourut l'an 990. Il confirma avant sa mort la fondation de l'abbaye de Payerne et la donation que la reine Berthe, sa mère, avait faite à l'abbé de cette ville et de toutes ses dépendances. Conrad fut surnommé le *pacifique*, parce que son royaume jouit d'une profonde paix depuis la défaite des Huns et des Sarrasins. Conrad fut enterré à Payerne, aussi bien que Mathilde sa femme, d'autres disent à St-Maurice ; il laissa deux fils et deux filles : 1) Raoul III, qui lui succéda. 2) Conrard, qui épousa Mathilde et qui mourut sans enfants l'an 1026. 3) Berthe, qui fut mariée à Othon, comte de Champagne. 4) Giselle, mariée d'abord à Ernest, duc de Souabe, et duquel elle eut deux fils, Ernest et Hermann, qui furent ducs de Souabe; elle fut ensuite mariée à l'empereur Conrad II, dit le Salique, dont elle eut un fils, qui succéda à son père à l'empire.

RAOUL ou *Rodolphe* III, quatrième roi de Bourgogne, de la maison de Strættlingen, surnommé l'*ignare* ou le *fainéant* à cause de sa faiblesse de corps et d'esprit, succéda à son père Conrad l'an 990, et fut couronné à Lausanne.

Quelques-uns estiment qu'il était frère de Conrad et fils posthume de Raoul II; mais il est évident que c'est une erreur, car Raoul II étant mort l'an 936, et ce Raoul III seulement l'an 1034, il faudrait que ce dernier, pour être fils de Raoul II, eût vécu près de cent ans, ce qui n'est pas vraisemblable, outre que c'est une chose indubitable, selon le sentiment des plus fameux historiens, que Berthe et Giselle étaient filles du roi Conrad et sœurs de Raoul III. Ce qui a causé cette méprise, c'est que quelques auteurs ont pris Raoul III pour ce Rodolphe duc dont il a été parlé aux années 936 et 964.

Majole, abbé de Cluny et premier abbé de Payerne, mourut l'an 992. Le couvent de Payerne élut dès-lors son abbé, ensuite du pouvoir que lui en avait donné la reine Berthe par son testament.

Othon, comte de Champagne, beau-frère de Raoul II, mourut l'an 995, et Boson, roi d'Arles, en 998.

Raoul III, qui faisait pour lors son séjour à Vienne, se mit en possession du royaume de son oncle Boson d'après les conseils de Beroald, qui avait accompagné Boson dans la guerre qu'il eut contre les Gênois. Raoul envoya encore ce Beroald contre un grand nombre de voleurs qu'il y avait dans le Pays-de-Vaud, dans le Genevois et dans la Savoie. Il les défit et dissipa entièrement, ce qui fit que Raoul lui donna, l'an 999, pour le récompenser de ses bons services, la seigneurie de Maurienne; il l'établit aussi gouverneur de Vienne en Dauphiné. C'est de ce Beroald que sont sortis tous les comtes et ducs de Savoie qui ont vécu dès-lors.

Vernier, évêque de Bâle, mourut l'an 1000. Adalbert II lui succéda. Ce dernier donna des terres à son cousin Benno, fondateur de l'abbaye de N.-D.-des-Hermites, bâtie environ l'an 945; avant ce temps ce n'était qu'un hermitage (V. l'an 863) qu'on appelait St-Meinrad, et aujourd'hui les Allemands le nomment Einsiedeln. Cette abbaye est dans le canton de Schwyz, dans un lieu extrêmement sauvage; elle a acquis dès-lors des rentes très considérables. L'empereur Othon I lui fit de grands dons environ l'an 950. Au commencement on n'y recevait que des comtes, des barons et des nobles, qui lui ont donné des fiefs et des seigneuries. Elle fut dédiée à la B. H. vierge Marie. Les moines sont de l'ordre de St-Benoît. Elle a de si grands droits sur le temporel, qu'on peut dire qu'elle est presque souveraine, puisqu'elle possède des villages sur lesquels elle établit des officiers qui y exercent la justice. On y va en pèlerinage de divers lieux, et c'est ce qu'ont fait plusieurs princes et évêques, à dessein de trouver Jésus-Christ dans la chapelle qui y est, et qu'on croit superstitieusement qu'il a lui-même en personne consacrée à sa mère l'an 943, étant pour cet effet descendu du ciel. Cette abbaye possède des richesses immenses. La grande cloche qui y est pèse 140 quintaux. L'abbé prend le titre de prince du St-Empire.

1000
Evêché de Bâle ravagé.

Les Sarrasins, d'autres disent les Huns, ayant passé le Rhin l'an 1000, ravagèrent tout l'évêché de Bâle, qui pour lors était enclavé dans le royaume de Bourgogne. L'évêque Adalbéro en fit ses plaintes au roi Raoul, le priant de vouloir lui accorder quelque dédommagement, et Raoul, pour le récompenser, lui donna, à l'instance de la reine Ageltrude, et ce par

Donation de l'abbaye de Moutier-Grandval à Adalbéro.

acte daté de Bruxelles l'an 1000, le couvent de Moutier-Grandval, duquel dépendaient ceux de St-Ursanne, de St-Imier et de St-Paul de Verd (V. l'an 770), avec toutes leurs dépendances et tous les droits qu'ils possédaient. Ce monastère de Moutier contenait pour lors des moines de l'ordre de St-Benoît, et s'appelait l'abbaye de St-Germain, parce qu'elle avait été bâtie au commencement du septième siècle par Germain, fils d'Optard, un noble de Trèves. Il y a eu depuis à Moutier-Grandval un prévôt et des chanoines qui étaient presque souverains des Vaux de Tavannes, de Grandval et de St-Imier. Les deux premiers contiennent quatre églises qu'on nomme la Prévôté. Le

Le couvent de St-Imier collateur des églises de Dombresson, Savagnier et Serrières.

couvent de St-Imier avait quelques droits sur le temporel, mais peu considérables, quoiqu'il eût de grands revenus. Il était collateur de l'église de Dombresson et de la chapelle de Savagnier dans le Val-de-Ruz, et il l'a aussi été depuis de l'église

Le Val de St-Imier dépendant auparavant de l'évêché de Lausanne.

de Serrières près de Neuchâtel. Le Val de St-Imier était, avant la donation faite par Raoul à Adalbéro, dépendant de l'évêché de Lausanne, qui s'étendait pour lors jusqu'à Pierre-Pertuis, tellement que cet évêché fut par-là diminué et celui de Bâle augmenté. Adalbéro obtint encore de l'empereur Henri II la

Confirmation de droits sur la ville de Bâle.

confirmation des donations que Charlemagne avait faites aux évêques Baldebert et Othon, dans les années 803 et 806, de la ville de Bâle, avec tous les droits et les rentes qu'il y possédait (V. l'an 800 et 803). Le roi Raoul donna en outre au même

Spiegelberg.
Francmont.
Kalenberg.

évêque la seigneurie de Spiegelberg, de laquelle dépendait la Montagne des Bois, la seigneurie et forteresse de Francmont, et le village et château de Kalenberg.

1001
Comète et tremblement de terre.

On vit l'an 1001 une comète, des flambeaux ardents dans le ciel, et on sentit un grand tremblement de terre qui renversa plusieurs bâtiments.

1001
Otte-Guillaume et Gerberge, sa mère.

Henri, duc et comte de Bourgogne, frère de Hugues Capet, roi de France, étant mort le 15 octobre 1001, ne laissa point d'enfants, mais il adopta Otte-Guillaume, fils de Gerberge son épouse, qui était fille de Hugues, comte de Bourgogne. Gerberge avait eu ce fils d'Adalbert, roi d'Italie, son premier époux. Gerberge remit la Franche-Comté à son dit fils, qui prétendit encore au duché de Bourgogne après la mort d'Henri; mais ce duché étant un apanage de la couronne de France, Robert, fils d'Hugues Capet, s'en saisit; cependant il lui laissa la seigneu- *Seigneurie de Dijon* rie de Dijon, où Otte-Guillaume alla faire sa demeure, et c'est là qu'il est mort et enseveli. Ses descendants ont toujours dès-lors possédé la Franche-Comté. Il est la souche de plusieurs *qui est l'origine de* maisons illustres, et entre autres de celle de Châlons. *la maison de Châlons.*

L'an 1002, on posa des bornes pour délimiter les évêchés *Délimitation des* de Bâle et de Lausanne; on en planta une auprès du Doubs, *évêchés de Bâle et* qui subsiste encore aujourd'hui et qui est entre la Montagne *de Lausanne.* des Bois et la Chaux-de-fonds, au lieu qu'on appelle Beaufonds. On la nomme aussi la borne des trois évêques, parce qu'elle sépare les deux évêchés ci-dessus d'avec l'archevêché de Besançon. On convint encore d'une autre borne pour délimiter ces deux évêchés, laquelle est un rocher situé presque au haut *Rocher de* des Converts, auquel on grava la date de 1002. Et cette **1002** borne sert encore aujourd'hui à séparer les deux seigneuries de Valangin et d'Erguel, et on l'appelle la *Roche de mille-deux*.

L'an 1004 on vit une comète épouvantable qui fut suivie d'une **1004** grande cherté et d'un temps fort déréglé. *Comète épouvan-* *table, cherté, temps*

Il y eut l'an 1007 une grande famine en Suisse et une peste *déréglé.* des plus violentes, mais qui ne dura pas longtemps. **1007**
Famine et peste.

L'empereur Henri II donna à Adalbéro, l'an 1004, le droit *Droit de chasse ac-* de chasse jusqu'à la rivière d'Ill. Il lui remit aussi, l'an 1008, *cordé à l'évêque* des terres de six lieues d'étendue dans le Brisgau pour y avoir *Adalbéro.* lui seul le droit de chasse. Cet empereur fit réparer, l'an 1010, *Bâle fortifiée, son* la ville de Bâle et l'environna de remparts. Il fit bâtir la cathé- *temple bâti en* drale de cette ville; les fondements en furent posés la même **1010** année.

Le roi Raoul donna, l'an 1011, le comté de Vaud à Henri, **1011** évêque de Lausanne, pour le récompenser de ce qu'en l'an 1000 *Comté de Vaud* il avait retranché les terres de son diocèse de Lausanne pour *donné à l'évêque* les donner à l'évêque de Bâle. L'acte est daté de Vevey, l'an *de Lausanne.* 1011. Le même roi fit aussi réparer l'abbaye de St-Maurice au **1014** pays de Valais, comme cela paraît par un acte qui est dans la *St-Maurice réparé.* dite abbaye, daté de l'an 1014. Hugo ou Hugues était pour lors évêque de Valais. Raoul donna de nouvelles rentes à *St-Maurice recou-* cette abbaye et lui rendit celles qu'elle avait perdues, ce qu'il *vre ses rentes.* fit à l'instance des évêques de Genève, de Lausanne et autres.

Henri, évêque de Lausanne, fut massacré dans cette ville **1019** l'an 1019; Hugues fut élu en sa place. Il assista à la dédicace *Henri, évêque de* de l'église cathédrale de Bâle, qui se fit le 11 octobre 1019 par *Lausanne, mas-* Adalbéro, son évêque; ce temple avait été renversé par un *sacré;* tremblement de terre l'an 1001. L'empereur Henri II s'y trouva *Hugues, son suc-* aussi; il donna pour lors à Adalbéro Pfeffingen et Landorn. *cesseur.*
Dédicace du temple
de Bâle.

Otte-Guillaume, comte de Bourgogne, voyant que Raoul n'avait *Otte-Guillaume ou-* *trage Raoul.*

point d'enfants, et désirant de se faire proclamer roi de Bourgogne, s'efforça de rendre odieux son règne, sous prétexte qu'il était un fainéant incapable de gouverner et qu'il n'y avait qu'une pure anarchie dans son royaume. Raoul en ayant reçu plusieurs outrages et ne pouvant plus les souffrir, alla à Bâle s'en plaindre à l'empereur et pour lui demander du secours. Mais Henri II étant obligé d'aller en Italie, remit cette affaire à Vernier, évêque de Strasbourg, qui, ayant dressé une armée, vainquit Otte-Guillaume sous le commandement de Rathbot et Landol, frères, près de Genève l'an 1020.

La terre et les fontaines devinrent cette année rouge comme du sang. Il tomba du feu du ciel en divers lieux; la mer se déborda et les inondations furent très grandes, ce qui causa plusieurs malheurs, et il y eut partout une grande cherté.

La ville de Bâle fut encore presque entièrement ruinée par un tremblement de terre l'an 1021. L'évêque Adalbéro mourut cette année-là; il eut pour successeur Théodoric, auquel l'empereur Henri II donna Augst, Farnsberg, Hombourg, Liechsthal, Wallenbourg, et tout ce pays-là jusqu'à la rivière de Birse. Quelques auteurs donnent Udalrich pour successeur à Adalbéro.

Au mois de mai 1021 on sentit un tremblement de terre épouvantable. Et l'an 1022, il y eut une peste.

L'empereur Henri II étant mort le 13 juillet 1024, et Conrad II, dit le Salique, lui ayant succédé à l'empire, le roi Raoul alla assister à son couronnement. Ce nouvel empereur donna, l'an 1025, à Théodoric, évêque de Bâle, l'administration de l'abbaye de St-Blaise.

Othon, comte de Champagne, vint l'an 1025 attaquer le roi Raoul, son oncle, avec une armée pour l'obliger, par la force, à le constituer son héritier. Il entra dans le Bassigny et y prit quelques places; mais bien loin d'y réussir par cette voie, au contraire cela fit que Raoul le déshérita et le priva de sa succession.

Conrad II vint cette année à Bâle pour y tenir des conférences au sujet du royaume de Bourgogne, afin de s'en procurer la succession, parce qu'il avait épousé Giselle, sœur de Raoul III. Il prit alors la ville de Bâle sous sa protection et la déclara ville d'empire; il la retrancha par ce moyen du royaume de Bourgogne, et elle demeura dès-lors annexée à l'Allemagne, mais comme une ville libre.

Raoul III alla, l'an 1027, à Rome accompagner l'empereur Conrad II, son beau-frère, qui y fut couronné par le pape Jean XX.

On vit, l'an 1027, une comète, et il y eut en Suisse et en

divers pays une peste si épouvantable, qu'à peine ceux qui demeuraient en vie suffisaient pour enlever les morts.

En 1028, Othon, comte de Champagne, et Ernest II, duc de Souabe, se soulevèrent contre Raoul III, leur oncle, pendant son absence, parce qu'ils voyaient qu'il n'avait pas de penchant à les favoriser, mais plutôt Henri, fils de l'empereur Conrad II, quoique Henri ne fût que le plus jeune des fils de la cadette de ses sœurs. Othon prit au roi Raoul quelques places dans la Bourgogne; Ernest fit quelques dégâts dans l'Alsace et dans la Suisse et se saisit d'une île qui n'est pas éloignée de Soleure [1]). Raoul III étant de retour de Rome, fut si irrité contre ses deux neveux, qu'il prit une entière résolution de les exhéréder; c'est ce qui le porta, l'an 1029, à envoyer sa couronne et ses ornements royaux à Henri, fils de l'empereur Conrad et de sa sœur Giselle, avec un testament par lequel il instituait ce sien neveu héritier de son royaume. Henri prit dès lors aussi le titre de roi de Bourgogne, quoique Raoul vécût encore cinq ans, comme cela paraît par des actes auxquels Henri I, comme roi de Bourgogne, et III comme empereur, marque cette époque pour la première année de son règne sur la Bourgogne. Cependant Henri n'en posséda que le titre pendant la vie de l'empereur Conrad son père, qui régna jusqu'à sa mort, mais seulement en qualité de tuteur et curateur de son fils [2]).

Conrad II vint à Bâle l'an 1032. Le roi Raoul, qui l'y attendait, lui alla au devant jusqu'au village de Muttenz. Ce dernier lui remit le royaume de Bourgogne conformément à son testament, et par ce moyen ce royaume changea de maître et passa à la maison des Saliques. Conrad fit pour lors démolir le château de Kybourg, parce que Vernier, qui le possédait, avait épousé le parti d'Ernest, duc de Souabe, contre lui. Il établit Henri, duc de Franconie, régent de la Suisse.

Cet empereur, en revenant de Rome et passant par la Suisse, avait donné, l'an 1028, à Ulrich, évêque de Bâle, les mines d'argent du Brisgau, et confirmé à l'abbaye de N.-D.-des-Hermites la donation le l'empereur Othon I.

Les sujets de Raoul, qui n'avaient pas pour lui beaucoup de

---

[1]) Cette île près de Soleure pourrait bien être celle qui est dans le lac de Bienne, ou cette petite île que forme l'Aar, et sur laquelle la ville d'Arberg a été bâtie, où Ernest se retrancha, afin que l'empereur ne pût l'attaquer.

[2]) Ce qui obligea principalement Raoul III à remettre son royaume à l'empereur, c'est qu'il était son vassal et qu'il lui en avait rendu hommage, outre que le fils de l'empereur était son neveu, deux raisons qui se soutenaient.

respect à cause de sa fainéantise, voyant qu'il les avait remis entre les mains de l'empereur, qui était occupé à apaiser les tumultes et les séditions qu'il y avait dans la Franconie et dans la Bohême, et qu'il ne pouvait pas les ranger à leur devoir, tombèrent encore dans une plus grande anarchie qu'auparavant; tellement qu'il n'y avait pour lors dans la Suisse que des désordres et de la confusion. Hugues, évêque de Lausanne, crut y apporter du remède en convoquant, l'an 1033, un concile à Romont, où assistèrent plusieurs évêques. Il s'y fit à la vérité des règlements pleins de sagesse pour réprimer les scandales, les batteries, les meurtres et le désordre; on appelle ce règlement *Trêve de Dieu*, parce qu'il tendait à la gloire de Dieu, d'autant que pendant ce temps-là on devait poser les armes, quitter le péché et abandonner les affaires du monde pour ne penser qu'au service de Dieu[1]).

Othon, comte de Champagne, voyant que l'empereur Conrad était fort occupé dans la guerre contre les Hongrois, entreprit de faire une irruption dans le royaume de Bourgogne et de s'en saisir. Il entra dans la Lorraine, où il se saisit de quelques places. Mais Conrad victorieux, qui avait rendu les Hongrois tributaires, s'étant rendu sur les lieux, eut bientôt chassé Othon. Toutefois ce comte rentra bientôt dans la Suisse, où il s'empara de Neuchâtel, Payerne, Morat et de quelques autres lieux, dont les habitants avaient pris son parti.

L'empereur, voyant les nouveaux efforts que faisait son neveu pour se saisir du royaume de Bourgogne, se rendit en Suisse avec son armée l'an 1033. Etant à Bâle, il prit la résolution de ravager les terres d'Othon. Après être entré dans la Champagne, il se rendit à Montbéliard, et il revint de là assiéger Neuchâtel, qui était encore dans ce temps situé au lieu qu'on appelle Vieux-Châtel, par opposition à Neufchâtel; mais la saison se trouvant trop avancée, il fut contraint de lever le siège et de se retirer avec son armée en quartier d'hiver du côté de Constance et de Zurich. Il est à remarquer qu'Ulrich de Neuchâtel en Bourgogne, baron de Hasenbourg, accompagna l'empereur dans cette expédition. Cet Ulrich, qui n'avait pour lors qu'environ vingt ans, était connu de l'empereur, vu qu'il avait passé quelques années avec son fils Henri dans le château de Calwe en Souabe.

1034   L'empereur revint dès le printemps suivant, qui était l'an 1034,

---

[1]) Voyez les franchises de Neuchâtel en l'an 1214, art. 2, où les comtes mettent une grande différence entre ce qui se fait dans les tèrves et hors des trèves.

remettre le siége devant Neuchâtel; il le prit et le brûla, parce que les habitants s'étaient déclarés pour Othon. On croit que Neuchâtel était pour lors au lieu qu'on nomme aujourd'hui Vieux-Châtel, appelé ainsi plus tard par opposition au mot de Neufchâtel, et qui, après cet embrasement, fut bâti au lieu où il est présentement, parce qu'on crut que la proximité du temple et du Seyon procurerait une grande commodité aux habitants. Il y avait déjà pour lors des cabanes de pêcheurs au lieu où est présentement la Rue des Chavannes, et c'est de ces cabanes que cette rue a pris son nom. L'empereur Conrad ayant enfin rangé et réduit Othon, il se tint à Soleure une assemblée de tous les grands du royaume; l'empereur voulut bien rendre à son neveu toutes les places qu'il lui avait prises dans la Champagne et lui accorder la paix. A cette considération, le comte reconnut l'empereur son oncle pour roi de Bourgogne et lui rendit l'hommage qui lui était dû à raison de tout ce qu'il tenait en Bourgogne. L'impératrice Giselle avait accompagné l'empereur son époux en Suisse et y avait aussi amené son fils Henri, avec lequel elle fut quelque temps dans l'abbaye de St-Gall, qu'ils comblèrent de leurs bienfaits.

L'empereur prend Neuchâtel et le brûle.

Vieux-Châtel.

Origine de la rue des Chavannes.

Assemblée des grands du royaume à Soleure.

Othon rend hommage à l'empereur.

L'impératrice Giselle vient en Suisse avec Henri, son fils.

L'empereur, voulant reconnaître les services que lui avait rendus cet Ulrich de Neuchâtel dont il a été parlé, et le récompenser de sa fidélité, lui donna le comté de Fenis, qu'on nomme aujourd'hui le bailliage de Cerlier, et qui comprenait pour lors Nidau, Strasberg et Buren, et on croit aussi Arberg, comme compris dans Strasberg. On voit encore aujourd'hui les ruines du château de Fenis, où il se trouve un village qui forme une bonne paroisse. L'empereur remit encore à cet Ulrich la baronnie de Neuchâtel, qui s'étendait alors jusqu'au Doubs. La terre qui a depuis porté le nom de seigneurie de Valangin y était comprise, mais non pas le Val-de-Travers, les Verrières, la Brévine, ni la seigneurie de Travers (V. les années 1453 et 1248).

L'empereur donne à Ulrich Fenis.

Il lui donne aussi Neuchâtel, qui comprenait aussi Valangin, mais non le Val-de-Travers, les Verrières et la Brévine.

Conrad remit ces terres en fief à Ulrich, suivant les us et coutumes de Bourgogne (V. l'an 888), et il ne se réserva sur ces terres que les droits que les rois de Bourgogne avaient sur les autres vassaux, savoir: le droit de battre monnaie, la chasse, la pêche, les hommes royaux et les péages, avec le droit de les augmenter et d'en établir de nouveaux, la justice criminelle, la haute souveraineté et la chevauchée, qui obligeait les comtes et les autres seigneurs de fournir des troupes, chacun selon son pouvoir, lorsqu'il s'agissait de la propre guerre de ce royaume. Conrad remit aussi ces terres en fief à Ulrich, non-seulement pour avoir en lui un vassal affidé contre Othon, au

Les fiefs sont remis suivant les us et coutumes de Bourgogne.

Réserves de l'empereur.

cas qu'il voulût recommencer la guerre, mais aussi contre le comte de Bourgogne, dont il se défiait. Les empereurs et les rois avaient pour lors l'habitude d'établir des comtes dans les châteaux qui étaient sur les frontières de leurs états, pour les garder contre l'invasion des ennemis. Et c'est depuis ce temps que Neuchâtel a fait un petit état particulier, qu'il n'a plus été sous le gouvernement général de la Suisse, mais qu'il a été conduit par des comtes, et qu'il a eu ses lois et ses constitutions particulières, sans dépendre d'aucun état voisin.

Comtes établis dans dans des châteaux sur les frontières.

Neuchâtel état particulier.

Raoul III, dernier roi de Bourgogne, mourut l'an 1034 d'une squinance, et fut enseveli à Lausanne dans le grand temple. C'est par cette mort que ce royaume a pris fin. Il eut trois femmes : Ageltrude, Imnegarde et Hermengarde. Cette dernière fit de grandes libéralités à l'église de Lausanne, à l'abbaye de Clugny, à celle de St-Maurice, comme il paraît par plusieurs actes (V. l'an 1014). Il ne laissa point d'enfants.

Mort de Raoul III.

Ses femmes.

Le royaume de Bourgogne s'étendait pour lors depuis le Rhin, les montagnes des Vosges et la Saône jusques à la mer de Marseille. Le duché de Souabe fut par cette mort réuni à l'empire. C'est encore par cette mort que les empereurs ont acquis tous les droits qu'ils ont eus dès lors sur la Suisse, la Savoie, la Franche-Comté et le royaume d'Arles, qu'on a nommé depuis *Archisolium* (V. l'an 1356).

Étendue du royaume de Bourgogne lors de la mort de Raoul.

Droits des empereurs sur la Suisse.

L'empereur Conrad II étant entré par cette mort en pleine possession du royaume de Bourgogne, alla à Genève, où il se fit couronner le jour de St-Pierre-aux-liens, l'an 1035, par Héribert, évêque de Milan. Les évêques de Lyon, de Vienne en Dauphiné, d'Arles, de Besançon, de Bâle, de Genève et de Lausanne jurèrent fidélité, entre les mains de Conrad, au nom de son fils Henri. Cet empereur reçut aussi l'hommage des comtes et barons du royaume de Bourgogne. Il réduisit pour lors la Suisse en une province d'empire, laissant cependant les fiefs dans le même état qu'ils étaient auparavant, savoir conforme aux us et coutumes de Bourgogne.

Conrad se fait couronner à Genève en **1035**

La Suisse province de l'empire.

C'est depuis ce temps-là que la ville de Neuchâtel a pris l'aigle pour ses armes, pour montrer qu'elle souhaitait de dépendre de l'empire.

La ville de Neuchâtel prend l'aigle pour ses armes.

Conrad II étant à Genève, créa Humbert, fils de Beroald, comte de Maurienne, au lieu qu'auparavant il n'en était que le seigneur ; il lui donna aussi le Chablais et le pays du Valais, et il lui remit le gouvernement de la Suisse pendant sa vie. Mais comme Humbert ne la pouvait pas conduire lui-même, il en remit le soin au comte de Glanes, qui était de la maison de Vienne en Bourgogne, et qui fut son lieutenant-général. Les

Humbert créé comte de Maurienne et du Chablais.

descendants de ce comte de Glanes ont possédé cette dignité jusques à l'an 1126 [1]). *Comte de Glanes.*

C'est ici que s'arrête l'histoire des rois [2]) et des princes qui ont régné sur la Suisse, et conséquemment sur Neuchâtel. Désormais il ne s'agira plus que de l'histoire du comté de Neuchâtel, dès le premier comte jusques à aujourd'hui ; ce qui fera la matière du second livre et des suivants. Mais avant que d'aller plus loin, il est à propos de présenter quelques réflexions générales sur l'état dans lequel Neuchâtel a été pendant le second royaume de Bourgogne, dont on vient de faire la description, et ce qu'il est devenu par l'inféodation qui en a été faite à Ulrich de Neuchâtel, baron de Hasenbourg.

1. La baronnie de Neuchâtel, ainsi appelée parce qu'il y avait de grands sires, ou hauts barons, qui y commandaient de la part des rois de Bourgogne, avait pour limites du côté du vent, qui est le west-sud, le ruisseau près de Concise qui entre dans le lac de Neuchâtel. De là cette délimitation traversait la montagne jusqu'au Doubs par l'endroit qui sépare aujourd'hui la baronnie de Rochefort d'avec la seigneurie de Travers, et descendait le Doubs jusqu'au lieu où est présentement la borne dite des Trois-Evêques, laquelle sépare la Montagne des Bois de la seigneurie de Valangin. Depuis cette borne, elle tendait à Pierrefahu, de là au Fornel, près de Gléresse, d'où elle allait à la pierre de Villard en Vuilly, et depuis cette dernière borne cette délimitation traversait le lac de Neuchâtel, tendant au ruisseau près de Concise. *Limites du pays de Neuchâtel en* **1034**

Le Vuilly dépendait du pays de Neuchâtel.

2. Il paraît, par cette délimitation de la baronnie de Neuchâtel, qu'il y avait beaucoup de terres entre les lacs de Neuchâtel et de Morat qui en dépendaient et qui en ont été retranchées, aussi bien que du côté de la montagne de Diesse ; mais d'autre part le Val-de-Travers y a été ajouté dès-lors (V. l'an 1248). Les comtes de Neuchâtel ont possédé pendant plusieurs siècles les terres qui sont entre les deux lacs ci-dessus, qu'on nommait la seigneurie de Lugnores, qui contenait quatre villages, dont les habitants se firent dans la suite bourgeois de Neuchâtel, comme appartenant à un même comte. *Le Val-de-Travers a été ajouté au comté.*

Ceux du Vuilly se font bourgeois de Neuchâtel.

3. Il est certain que cette baronnie, quoique d'assez grande étendue, n'était pas peuplée en ce temps-là, puisque tous les bourgs, comme Valangin, le Landeron, Boudry et la plupart *La baronnie de Neuchâtel n'était pas peuplée.*

---

[1]) Il n'y a peut-être point d'histoire plus controversée que celle de Bourgogne des neuvième et dixième siècles, nonobstant tous les écrits qu'ont fait paraître plusieurs historiens du 18ᵉ siècle, entr'autres Dom Planches, Dunod, professeur à Besançon, et de Bochat, professeur à Lausanne.

[2]) C'est-à-dire des rois Strættlingiens.

des villages qui y sont, ont été bâtis depuis, et que presque toute la terre qu'elle contient a été défrichée dès-lors, comme entre autres la seigneurie de Valangin, la baronnie de Rochefort et divers autres lieux.

Des hommes royés.   4. Il y avait déjà pour lors, en divers endroits du pays, des hommes royés ou royaux (V. les années 1139, 1179, 1214, 1218, 1311 et 1329); ce qui paraît évidemment, parce qu'ils ne pouvaient avoir été anoblis et mis en possession de ces petits fiefs qu'ils possédaient que par les rois de Bourgogne ou les empereurs, et ce avant que Neuchâtel fût inféodé, ou érigé en comté ou baronnie; car tous ceux qui ont possédé les fiefs qui ont été établis et donnés depuis par les comtes de Neuchâtel, ont été leurs vassaux et n'ont point dépendu des empereurs, mais bien les hommes royés, les rois de Bourgogne leur ayant inféodé les terres qu'ils possédaient avant l'érection du pays en comté. De là vient qu'ils se réservaient toujours les hommes royés qu'il y avait dans une terre lorsqu'ils l'érigeaient en comté *Ce que c'était que* ou baronnie (V. l'an 1218). Ces hommes royés étaient des offi- *ces hommes royés.* ciers de guerre, à qui les empereurs, lorsqu'ils faisaient la paix, donnaient des terres pour subsister en attendant une nouvelle guerre. Ils étaient pour lors obligés de reprendre les armes, de monter à cheval, ou de fournir un cavalier en leur place; il fallait qu'ils gardassent les chevaux, qu'ils demeurassent à la campagne, et ils dépendaient immédiatement des empereurs, à tel point que les comtes dans les terres desquels ils habitaient, n'avaient aucune autorité sur eux. Lorsqu'ils devenaient vieux, ils quittaient les armes et on leur rendait les mêmes terres, qui passaient à leur postérité, et on les regardait comme nobles.

Neuchâtel n'a appartenu aux empereurs que comme rois de Bourgogne. Ces fiefs ont conservé leur nature.   5. Le comté de Neuchâtel n'a appartenu aux empereurs qu'en leur qualité de rois de Bourgogne, et quoique le royaume relevât des empereurs, les fiefs donnés par les rois ont toujours conservé leur nature, suivant les inféodations et la coutume du royaume de Bourgogne, sans adopter ni le droit de Germanie, ni celui des Lombards.

Neuchâtel devenu arrière-fief de l'empire.   6. Le comté de Neuchâtel a toujours été depuis ce temps un fief immédiat des empereurs, et il n'en est devenu un arrière-fief qu'en l'an 1288, lorsque l'empereur Rodolphe Ier le remit à Jean de Châlons, qui en rendit hommage à l'empereur et qui le reçut à son tour de Rollin, comte de Neuchâtel, comme on le verra en son lieu.

Les différentes conditions des grands du royaume.   7. Il y avait dans ce royaume de Bourgogne des personnes de différentes conditions, savoir: 1° des comtes, qui avaient été établis pour être juges dans tout le détroit de leur comté et qui en retiraient aussi les revenus. 2° Les barons et les seigneurs, qui avaient aussi une juridiction sur leurs sujets; toutefois ils exerçaient la justice comme relevante et dépendante du souverain. 3° Les hommes royés, qui étaient les nobles possédant des terres franches, mais sans aucune juridiction.

8. Les terres étaient aussi de différentes natures. Il y avait des fiefs nobles, qui étaient de véritables patrimoines et qu'on pouvait aliéner. Il y avait des terres emphythéotiques, des terres qui relevaient de la directe des seigneurs, sujettes aux censes directes, des terres accensées, pour lesquelles on payait des censes foncières, les dîmes, etc.; il y en avait aussi de sujettes à la main-morte. En un mot toutes ces terres étaient généralement sujettes aux impôts, aux tributs civils et militaires, et même à des tailles à la volonté des seigneurs auxquels elles appartenaient et qui pouvaient les retirer, lorsque bon leur semblait. Outre ces tributs et tailles, il y avait des droits seigneuriaux ordinaires, qui étaient dus par les tenaciers de fonds, comme étaient les corvées, les charrois, la gerberie et tant d'autres que les seigneurs inventèrent dans la suite, jusqu'à ce qu'enfin les sujets ne les pouvant supporter, les comtes furent pour ainsi dire contraints de les en affranchir. C'est ce qu'on verra dans la suite de cette histoire. *[margin: Terres de différentes natures. Fiefs. Emphythéoses. Main-morte. Droits seigneuriaux.]*

9. Enfin, quoique Neuchâtel fût inféodé à un comte, le pays ne laissait pas que d'être soumis aux rois de Bourgogne qui succédèrent aux rois Strættlingiens, comme furent premièrement les ducs de Franconie, empereurs; et quant au spirituel, le comté demeura sous l'évêque de Lausanne, qui était sous son métropolitain, l'archevêque de Besançon. *[margin: Le pays reste arrière-fief des rois de Bourgogne. Il faisait partie, quant au spirituel, de l'évêché de Lausanne.]*

LIVRE SECOND

CONTENANT

La description historique et chronologique de la Souveraineté de Neuchâtel et Valangin, depuis qu'elle a eu des comtes, avec la vie de ces comtes et leurs généalogies ; tout ce qui s'y est passé de plus considérable pendant qu'ils ont vécu et comment ce comté a passé d'une famille à l'autre. — Il y est aussi fait mention des droits que les empereurs d'Allemagne ont eus sur la Suisse en général et sur le comté de Neuchâtel en particulier, et comment ils les ont cédés. — Enfin il y est parlé des comtes de la maison de Châlons, de leur origine, des seigneuries qu'ils ont possédées et surtout de leurs droits sur Neuchâtel ; des évêques de Bâle, de leur évêché, et des prétentions qu'ils ont eues sur les seigneuries de Valangin ; des évêques de Lausanne et généralement de tous les princes auxquels les comtes de Neuchâtel et les seigneurs de Valangin ont rendu hommage.

CHAPITRE I.

1034   Des comtes de Neuchâtel de la première famille et de l'origine de cette seigneurie.

ULRICH Ier,

PREMIER COMTE DE NEUCHATEL.

Ulrich Ier reçoit Neuchâtel en fief en 1034 de l'empereur Conrad II.   ULRICH Ier de Neuchâtel en Bourgogne, baron de Hasenbourg, reçut Neuchâtel en fief de l'empereur Conrad II, duc de Franconie, sous le titre de baronnie l'an 1034. Il lui en remit tous les revenus, ne se réservant que les droits que les rois de Bourgogne possédaient sur les fiefs de la Suisse, auxquels il n'apporta aucun changement, les laissant toujours subsister, suivant les us et les coutumes de ce royaume [1]).

1034

L'empereur lui remit aussi le comté de Fenis, qui fut le lieu capital où Ulrich fit sa résidence; c'était comme le centre de ses états, vu que Nidau, Strasberg, Buren et autres lieux voisins en dépendaient; Cerlier n'était pas encore bâti, ni Arberg.

Comté de Fenis et son étendue.

Quoique le comté de Neuchâtel soit peu considérable aujourd'hui, il l'était encore beaucoup moins du temps de ce premier comte. 1° Il ne contenait qu'un très petit nombre d'habitants. 2° La seigneurie de Valangin n'était pas habitée, ni ses terres défrichées. 3° La ville n'était pas encore entièrement rétablie de l'embrasement de 1033. 4° La plupart des beaux villages et bourgs qui subsistent aujourd'hui n'étaient pas encore bâtis, ni les châteaux qu'on y voit présentement. Les rois de Bourgogne en faisaient peu de cas ou en avaient peu de soin, et ce d'autant plus que le terroir n'était pas des plus fertiles; ce qui a fait que ce pays est resté dans l'obscurité pendant plusieurs siècles et que presque aucun auteur n'en a fait mention.

Neuchâtel était peu considérable.

Les rois de Bourgogne en faisaient peu de cas.

Quoique Jules-César y eût déjà fait construire des tours et un temple, que l'empereur Néron y eût fait bâtir une grande ville appelée *Neronica* [2]), que Maximien y eût fait bâtir plusieurs petits châteaux (V. l'an 290), et surtout que la reine Berthe y eût fait bâtir un beau temple, un château et deux couvents, cependant tout cela était peu de chose en comparaison de ce qu'ont fait les comtes qui y ont habité. Car autant les rois qui les avaient précédés avaient négligé ce petit pays, peut-être aussi à cause de leur éloignement et de leurs guerres, autant au contraire les comtes, qui n'avaient que ce petit état, ou du moins que très peu de terres, en ont eu un soin extraordinaire et en ont fait l'objet de leur affection. Ils se sont fort appliqués à le rendre florissant, et comme ils remarquèrent que la main morte et que les grandes charges dont les habitants étaient foulés étaient un obstacle à la population et au bien d'un état, ils prirent le parti de les affranchir peu à peu, et enfin de leur accorder des franchises, et des privilèges qui, bien loin d'en diminuer les revenus, les ont augmentés, comme on le voit par l'expérience; la main morte étant levée a procuré le commerce

Mais les comtes en ont eu un grand soin.

Ils ont donné des franchises et des privilèges à leurs sujets.

Les revenus en ont augmenté.

---

[1]) A cause de l'identité du nom, Dunod a vu dans la maison des comtes de Neuchâtel une branche de celle de Neuchâtel en Bourgogne. «Une «seule chose est certaine, dit M. de Chambrier, c'est qu'Ulrich, comte de «Fenis, fut la tige de la maison de Neuchâtel en Suisse.»

[2]). Voir ce qui est dit de *Neronica* à la page 19.

1034

Origine de la maison du comte Ulrich.

Ses armes.

Son nom.

Hasenbourg.

Neuchâtel rebâti
1036
et réduit en bourg.

Ce qu'était un bourg.

Il n'était pas permis de le quitter.

des fonds, par conséquent les lods, les terres défrichées et cultivées et des dîmes.

Quant à l'origine d'Ulrich, il est bien difficile de découvrir quelle est la véritable, entre celles que les historiens indiquent. Quelques-uns ont estimé qu'il était descendu de ce Sigibert dont il a été parlé l'an 610, qui était fils de Théodebert, frère de Thierri, roi de Bourgogne et de la Suisse, environ l'an 600. Mais il y a bien plus d'apparence qu'Ulrich était issu des derniers rois de Bourgogne et particulièrement de ce Rodolphe, duc, qui était le fils posthume de Raoul II, et dont il est fait mention dans le testament de la reine Berthe. On se fonde, pour soutenir ce sentiment, sur ce que les comtes de Neuchâtel, depuis cet Ulrich et Ulrich lui-même, ont toujours porté les armes particulières de la maison de Strættlingen, de laquelle étaient les rois de Bourgogne, dont il a été parlé aux années 867 et 895. Et ce comte pouvait bien porter le nom d'Ulrich à cause de St-Ulrich, qui était l'oncle de la reine Berthe, et de laquelle il était apparemment descendu.

La baronnie de Hasenbourg a été longtemps possédée par la postérité d'Ulrich (Voyez les années 1070 et 1072). Il y avait deux Hasenbourg, celui-ci et l'autre qui était auprès de Willisau dans les terres de Lucerne (V. l'an 1386). La baronnie de Hasenbourg a été longtemps possédée par la postérité de cet Ulrich.

La ville de Neuchâtel ayant été brûlée l'an 1033 ou 1034, comme on l'a vu, il y a bien de l'apparence que le comte Ulrich fit tous ses efforts pour la rebâtir et qu'il contribua autant qu'il put et qu'il lui fut possible à la rétablir, les bons princes n'ayant rien plus à cœur que de rendre leurs états florissants et étant même sensiblement touchés lorsqu'ils voient leurs sujets affligés par un incendie ou par quelque autre malheur. Ce fut apparemment environ l'an 1036 que Neuchâtel fut rebâti de nouveau et même érigé en bourg, suivant la pratique des Bourguignons, qui ne prenaient plaisir que d'habiter dans ces lieux-là plutôt que dans les villes et villages, parce qu'ils en faisaient leurs places fortes. Ces bourgs étaient bâtis à côté d'un château qui était sur une hauteur. Au commencement les Bourguignons n'environnaient ces bourgs que d'une haie pour la sûreté des habitants; mais depuis ils les entourèrent de murailles. Ces bourgs n'étaient que d'une petite étendue et ne contenaient qu'autant d'habitants qu'il en fallait pour garder le château. Les seigneurs qui y habitaient donnaient à leurs sujets les maisons ou les places qui étaient dans l'enceinte des murailles. Il ne leur était pas permis de quitter le bourg, ni de bâtir dehors, et encore moins d'aller habiter dans d'autres pays, et lorsque cela arrivait, les comtes pouvaient les revendiquer, c'est-à-dire les aller chercher, les ramener et les punir. Les habitants de ces bourgs s'appelaient *burgarii*, d'où est dérivé le nom de *bourgeois*, et c'était pour les distinguer d'avec les *citoyens*, qui habitaient dans les grandes villes, qu'on nommait cités, et on donnait en ce temps-là aux villages le nom de ville, en mauvais latin *Villa*, et c'est de là que dérive le nom de *villageois*.

Ces maisons et ces places, que les comtes donnaient aux habitants des bourgs, étaient ce qu'on a depuis nommé *dédites et tenues* et qui rendaient les bourgeois de condition servile, les assujettissant à plusieurs choses onéreuses; car ils étaient obligés de garder le château, de le bâtir et réparer à leurs dépens, de payer des tailles. Ils ne pouvaient pas quitter leurs maisons et les abandonner, parce qu'en les quittant, ils se mettaient par là hors d'état de garder le château, duquel ils s'éloignaient, les habitants d'un bourg étant comme une garnison affectée à la garde du château, tellement que celui qui abandonnait la place était regardé comme un déserteur. Et on ne pouvait pas bâtir hors de l'enceinte des murailles, parce qu'en temps de guerre on aurait été inutile au comte et exposé aux attaques de l'ennemi. Les habitants de ces bourgs avaient aussi de leur côté l'avantage de demeurer dans une place forte et d'être en assurance contre l'ennemi, ce que n'avaient pas les habitants de la campagne; et même ils avaient le droit, en temps de guerre, de resserrer les meubles dans le château du bourg pour les mettre en sûreté; mais ces habitants étaient aussi obligés de leur côté de rebâtir leurs maisons dans trois ans et de recouvrir leurs toits lorsqu'elles étaient tombées en ruines ou incendiées. Si on négligeait de le faire, le comte avait le droit de confisquer les fonds ou chesaux pour les donner à d'autres, et c'est ce qu'on faisait pour empêcher la ruine de ces bourgs et la désertion de ses habitants. Et ils étaient obligés de servir leur seigneur en guerre et à leurs dépens. Il y a plusieurs anciens actes latins qui en font mention et qui expriment cela par ces mots *deditæ et tentæ*, qui signifient proprement *données et tenues*, c'est-à-dire des places données par les comtes et tenues par les bourgeois, sous des conditions fâcheuses et onéreuses. La ville de Neuchâtel en fut affranchie l'an 1340, et ce fut dès-lors qu'on commença à bâtir hors du bourg, qui ne s'étendait que depuis le château jusqu'à la tour de Diesse. On construisit d'abord le Neufbourg ou Neubourg, qui est au haut de la rue des Chavannes, parce que le lac couvrait tout le bas de la ville et qu'il allait jusqu'à la Maleporte; mais on a depuis repoussé le lac et travaillé à rétrécir

1036 le lit du Seyon, tellement qu'on a pu bâtir dans le bas et joindre par ce moyen le Neubourg avec le Vieuxbourg, qui est la rue du Château, mais qui a toujours porté le nom de Neuchâtel, en latin *Novum Castrum*, autrement *Neo comum*, et en allemand *Neuwenburg* ou *Neuenburg*. Il est parlé en divers actes de ces *données* et *tenues*, dont les bourgeois de Neuchâtel ont été affranchis, comme il paraît par le trente-cinquième article de l'acte des franchises accordé par le comte Jean de Fribourg l'an 1454.

1038
Mort de Hugues, évêque de Lausanne.

Hugues, évêque de Lausanne, mourut l'an 1038. On croit qu'un certain Anicius lui succéda, mais qu'il ne vécut que quelques mois.

L'empereur Conrad fait couronner son fils Henri à Soleure.

L'empereur Conrad II vint à Soleure avec son fils Henri, où il le fit couronner roi de Bourgogne dans le temple de St-Etienne; il lui remit en même temps le royaume. Tous les comtes, barons et autres seigneurs de la Suisse, ses vassaux, s'y trouvèrent et lui rendirent hommage, et c'est ce que fit aussi notre comte Ulrich. L'empereur Conrad mourut d'une apoplexie le 4 juin 1039. Son fils Henri lui succéda à l'empire sous le nom de Henri III. On établit aussi un évêque à Lausanne, qui fut Burckard, fils d'un comte d'Oltingen, qui était autrefois une seigneurie dans le bailliage de Loye.

Mort de Conrad en **1039**
Burckard, évêque de Lausanne.

L'empereur Henri vient en Suisse en **1040**

L'empereur Henri III, surnommé le noir, vint en Suisse, où il confirma plusieurs donations faites par ses prédécesseurs, l'an 1040.

Famine de **1042**

Il y eut l'an 1042 une grande famine qui dura sept ans.

1043
Eté froid. Long et rigoureux hiver.

L'été de l'an 1043 fut fort froid et humide. On fit peu de vin et de grain, et il fut cher et mal conditionné. L'hiver suivant fut fort long et très rigoureux; il tomba beaucoup de neige. Les vignes et les grains gelèrent au printemps, ce qui causa une grande cherté. Il y eut aussi une grande mortalité sur le bétail.

Cherté, mortalité sur le bétail.

1044
Concile à Constance.

L'empereur convoqua, l'an 1044, un concile à Constance, auquel il assista lui-même. Tous les comtes de la Suisse qui étaient ses vassaux, lui allèrent rendre hommage. Il fit de grands dons à plusieurs personnes, et entre autres il quitta les dettes à tous ses débiteurs. Il termina aussi un différend dans la ville de Soleure entre Renaud, comte de Bourgogne, et le comte de Montbéliard. Ce dernier refusant de rendre à Renaud l'hommage qu'il lui devait, fut assiégé dans sa ville; mais l'empereur ayant ordonné à Renaud de lever le siège, fit la paix entre eux.

L'empereur termine un différend entre le comte de Bourgogne et le comte de Montbéliard.

1045
Comète.

Il apparut le 28 octobre 1045 une grande comète, qui avait son cours d'orient en occident.

Renaud, comte de Bourgogne, ayant été très mal satisfait

du traité de paix qui avait été fait l'année précédente, se souleva contre l'empereur Henri III, prétendant de ne lui devoir aucun hommage, parce qu'Otte-Guillaume, son père, avait reçu le comté de Henri, frère de Hugues Capet, qui était un prince de France, et qui avait confirmé la donation de Henri, d'où il concluait que la Franche-Comté de Bourgogne était terre de France plutôt que d'Allemagne. Mais l'empereur l'ayant dépouillé de ses états, il se tint de nouveau une assemblée à Soleure l'an 1046, où l'empereur reçut Renaud en grâce et lui remit son comté; mais ce dernier lui rendit aussi en même temps hommage. Girard de Vienne, comte d'Auxonne, et autres princes bourguignons et comtes de la Suisse, se rencontrèrent à Soleure, et ce fut à leurs instances que cette paix fut conclue.

Il mourut cette année plusieurs personnes de peste et de famine.

Ulrich, évêque de Bâle, mourut l'an 1047. Il eut pour successeur Brunon, qui était chapelain de l'empereur Henri III. Ce monarque vint à Soleure, où il passa la fête de Pentecôte et où il tint une journée impériale des états du pays. L'empereur y pacifia les troubles qu'il y avait dans le royaume de Bourgogne. Il y confirma à Ulrich, comte de Neuchâtel, la donation que Conrad II lui avait faite de la baronnie de Neuchâtel l'an 1034. On célébra ensuite à Zurich des tournois et des joutes, où tous les comtes et seigneurs de la Suisse se trouvèrent, et qui étant achevés, l'empereur retourna en Saxe.

Les principaux de la Suisse étant sur le point de se soulever l'an 1052, l'empereur se préparait pour leur faire la guerre; mais ils implorèrent sa clémence et il revint à Soleure, où l'on régla si bien les choses, que tout fut tranquille dans la suite. Ulrich, comte de Neuchâtel, demeura toujours affidé à l'empereur. Pendant le séjour de ce monarque à Soleure, il inféoda plusieurs terres, afin d'avoir des vassaux affidés pour contenir les autres dans le devoir. On croit qu'il remit pour lors à Lambert la baronnie de Grandson.

Il y eut l'an 1052 une grande cherté, et l'an 1055 une famine presque générale.

L'empereur Henri III mourut en Saxe le 5 octobre 1056, âgé de trente-neuf ans, pour avoir avalé à demi un trop gros morceau de pain, qui lui ôta la respiration. Il avait épousé en secondes noces Agnès, fille de Guillaume V, dit le grand, duc de Guyenne et comte de Poitou, de laquelle il eut plusieurs enfants, dont Henri IV, qui lui succéda comme empereur, quoiqu'il n'eût que cinq ans. Henri IV établit, l'an 1057, Reimbold gouverneur de la Suisse. Il lui donna le titre de régent ou lieutenant-général.

Brunon, évêque de Bâle, mourut le 27 mai et il eut Béringer pour successeur.

Beringer succède à Brunon, comme évêque de Bâle.

1058. Grande mortalité en Suisse.
L'an 1058, il y eut une grande mortalité d'hommes et de bêtes dans toute la Suisse.

1059. Château de Zæringen bâti par Berthold de Habsbourg.
Agnès, veuve de l'empereur Henri III, remit, l'an 1059, à Berthold de Habsbourg le duché de Carinthie. Ce dernier y bâtit le château de Zæringen, dont il prit le nom et en fut le premier duc; il demeurait avant ce temps dans le château de Teck en Souabe. Il quitta par ce moyen le nom de Habsbourg et fut le premier de la maison de Zæringen. Il bâtit depuis un château qu'il nomma aussi de Zæringen, dans le Brisgau, qui lui appartenait, après qu'il en eut chassé Ulrich son beau-frère. Ce dernier se retira dans le Thurgau, où il bâtit le château de Kybourg, duquel il prit le nom; et c'est là l'origine de ces deux maisons de Zæringen et de Kybourg, dont il sera souvent parlé.

Autre château du même nom bâti dans le Brisgau.

Origine des maisons de Zæringen et de Kybourg.

1062. Peste et famine; tremblement de terre. Froid violent au printemps, vignes gelées, grains perdus et famine.
Il y eut l'an 1062 une grande peste et famine qui fut générale presque dans tout le monde. On sentit au mois de février un tremblement de terre des plus terribles, accompagné de tonnerre et d'éclairs; au mois d'avril il y eut un froid si violent que les oiseaux et le bétail en mouraient; les vignes furent gelées et les grains périrent, ce qui produisit la famine et ensuite la peste. L'hiver de l'an 1063 fut encore fort rude et accompagné de grands orages. Il apparut l'an 1065 une comète et l'on en vit encore une l'an 1066. Ces années furent encore un temps de misères, et surtout l'an 1068, en laquelle il y eut en outre une peste des plus violentes.

1063. Hiver fort rude.

1065-1066. Comète et temps de misère. Violente peste en 1068.

1070. Mort d'Ulrich Ier, comte de Neuchâtel. Ses enfants, et partage.
Ulrich Ier, comte de Neuchâtel, mourut environ l'an 1070 dans son château de Fenis, où il avait fait son séjour ordinaire. Il laissa trois fils, Rodolphe ou Raoul qui lui succéda, Burckard et Cuno qui se vouèrent à l'église, mais qui eurent quelques terres en partage. Burckard fut baron de Hasenbourg, et Cuno eut des terres dans le comté de Fenis, savoir: celles où l'on a depuis bâti Cerlier, le Landeron et l'abbaye de l'Ile de St-Jean; il eut aussi des dîmes sur la montagne de Diesse et autres terres, mais dont il rendit hommage à son frère Rodolphe.

RODOLPHE Ier ou RAOUL,

SECOND COMTE DE NEUCHATEL.

Rodolphe, ou *Raoul* de Neuchâtel, premier du nom, comte de Fenis, baron de Neuchâtel, succéda à son père et fit comme lui sa résidence à Fenis.

1072. Burckard de Neuchâtel devient évê-
Béringer, évêque de Bâle, mourut l'an 1072; on élut en sa place Burckard, frère du comte Rodolphe. Il a été le premier

évêque dont on trouve le nom de sa famille. Il fonda, l'an 1083, l'abbaye de St-Aubin, comme aussi le couvent de Ste-Marie-Madeleine, qui eut des filles pénitentes. Il donna des rentes aux monastères de St-Alban et de Cerlier, et comme il avait eu la baronnie de Hasenbourg en partage, il la donna en fief à un sien parent qui lui en rendit hommage, et il remit ce fief à l'évêché de Bâle, auquel il l'annexa. Hasenbourg dépendait de la Franche-Comté et ses barons étaient une branche de la maison de Neuchâtel en Bourgogne. C'était un château dans le mont Jura près de l'abbaye de Lucelle. On en voit encore aujourd'hui les ruines et il dépend de l'évêché de Bâle. Il y a eu depuis plusieurs barons de Hasenbourg, dont le dernier, nommé Jean Luthold, était en outre baron d'Usne et de Rotenbourg. Il remit son fief à Gaspard de Rhein, évêque de Bâle, son seigneur féodal, l'an 1479.

que de Bâle et fonde l'abbaye de St-Aubin et le couvent de Ste-Marie-Madeleine.
Rentes aux monastères de St-Alban et de Cerlier.
Baronnie de Hasenbourg donnée en fief.

Château de Hasenbourg.

Il est remis à l'évêque de Bâle.

Burckard, évêque de Lausanne, fut toujours fortement attaché à Henri IV contre le pape ; il s'était même opposé à la défense que le concile de Mayence, assemblé l'an 1054, avait faite aux ecclésiastiques de se marier, Burckard s'étant marié lui-même ; c'est pourquoi le pape le déposa. Cet évêque fit réparer Avenches et l'environna de murailles l'an 1076. Il y demeurait presque à l'ordinaire, il avait fait quelques donations à son église l'an 1074. Depuis qu'il fut déposé, il suivit toujours l'empereur et portait devant lui la lance sacrée.

Burckard, de Lausanne, demeure attaché à l'empereur Henri IV.

Burckard déposé.

1076
Il fait réparer Avenches.

Lance sacrée.

Au mois de mars 1076, les vignes gelèrent entièrement, et même les grains, ce qui causa une grande disette.

1076
Vignes gelées, disette.

L'empereur Henri IV, qui avait passé l'hiver à Besançon, en partit au printemps de 1077 pour passer de là en Italie ; il donna à Guillaume, comte de Bourgogne, son proche parent, le gouvernement de la Suisse pour lui et ses descendants, comme un fief d'empire, avec le titre de régent de la Petite-Bourgogne.

1077
L'empereur passe en Italie.
Il donne le gouvernement de la Suisse à Guillaume, comte de Bourgogne.

Amédée Ier, comte de Savoie, vint jusqu'à Vevey au-devant de l'empereur, qui lui donna les terres qui sont entre le Bas-Valais et le rocher qui est dans le lac Léman et sur lequel on a bâti depuis le château de Chillon : c'était Aigle et Villeneuve.

Amédée, comte de Savoie, vient au-devant de l'empereur, qui lui donne les terres entre le Bas-Valais et le rocher de Chillon.

L'empereur Henri IV eut de perpétuelles guerres, ce qui causa de grands troubles en Allemagne et en Italie. Toutefois Guillaume, comte de Bourgogne, régent de la Suisse, Rapot, comte de Habsbourg, Ulrich, comte de Lenzbourg, Vernier, comte de Baden, Rodolphe, comte de Fenis et de Neuchâtel, et autres, ayant toujours tenu le parti de l'empereur, cela conserva la paix en Suisse.

Guerres de l'empereur Henri IV.

Paix maintenue en Suisse.

L'an 1078 il resta si peu de bétail en Suisse, à cause de la mortalité des chevaux et des bœufs, qu'il fallait qu'une vingtaine

1078
Mortalité extraordinaire du bétail.

Hommes à la charrue.

d'hommes s'accouplassent devant une charrue pour labourer la terre.

1080
Le comte Guillaume de Gruyères fonde le prieuré de Rougemont.

Guillaume, comte de Gruyères, fonda, l'an 1080, le prieuré de Rougemont et lui donna de grandes rentes.

1084
L'empereur inféode la Souabe à Frédéric de Stauffen.
Guerre entre Frédéric et le duc de Zæringen.
Henri IV fait la paix entre eux. Il donne des terres à Berthold et le fait gouverneur de Zurich.

L'empereur Henri IV donna, l'an 1084, à Frédéric de Stauffen, son gendre, le duché de Souabe. Berthold II, duc de Zæringen, à qui Rodolphe, comte de Rhinfeld, son beau-père, l'avait promis, en étant malcontent, fit la guerre à Frédéric; mais il fut battu et obligé de lui donner le marquisat de Hochberg; Frédéric lui prit aussi le château de Zæringen. Henri IV fit ensuite la paix entre eux; il laissa la Souabe à Frédéric et il donna à Berthold toutes les terres qui sont entre le Rhin et la Reuss, et entre l'Alsace et les Alpes, qui dès-lors ont été détachées du duché de Souabe. L'empereur donna en même temps à Berthold le titre de gouverneur ou baillif du château de Zurich, qui était le lieu capital de tout ce pays-là (V. les années 853 et 881).

L'empereur réserve ses droits et ceux des couvents.

L'empereur remit ce pays-là à Berthold II comme un fief d'empire, mais il réserva les droits que les couvents des religieuses et des chanoines de Zurich avaient sur cette ville, et

Les ducs de Zæringen sont introduits en Suisse.
Berthold de Zæringen bâtit Fribourg en Brisgau et fonde le monastère de St-Pierre où il est enseveli.
Sa postérité.

c'est par ce moyen que les ducs de Zæringen ont été introduits dans la Suisse. Ce Berthold II, duc de Zæringen, bâtit Fribourg en Brisgau; il bâtit aussi et fonda le monastère de St-Pierre dans la Forêt-Noire, où il fut enseveli. Il était fils de Birthilo de Habsbourg, fils de Luthard. Berthold II eut quatre enfants: Berthold III, Conrad, Rodolphe et Agnès, qui fut mariée à Etienne, comte de Bourgogne. Cette petite généalogie servira dans la suite de cette histoire.

1087
Mort de Guillaume, comte de Bourgogne.
Sa postérité.

Guillaume, comte de Bourgogne, surnommé le grand, mourut l'an 1087. Il avait épousé Gertrude, fille du comte de Frobourg, de laquelle il eut six fils et trois filles: 1° Etienne, qui lui succéda. 2° Guy, qui fut archevêque de Besançon et depuis pape sous le nom de Calixte II. 3° Dom Rémond, qui épousa la fille de Dom Alonse, roi d'Espagne, et devint par là comte de Galice. 4° Dom Henri, duquel sont descendus plusieurs rois de Portugal. 5° Renaud II, qui fut aussi comte de Bourgogne. 6° Guillaume, duquel sont descendus les maisons de Châlons, de Vienne, de Vignory et d'Oisclay. Ce Guillaume fut comte d'Auxonne et il eut le Maconnais. Les filles furent: Giselle, mariée à Humbert II, comte de Savoie; Clémence, mariée d'abord à Robert, comte de Flandres, père de Baudouin, et ensuite à Godefroi, comte de Louvain; et Adelaïde, qui fut la troisième femme de Rodolphe, comte de Rhinfeld. Cette généalogie, qui fait voir

Origine de la maison de Châlons.

l'origine de la maison de Châlons, montre aussi combien elle était illustre.

Cette année 1087 eut un hiver fort doux et le printemps aussi, tellement qu'on moissonna au mois de mai et qu'on vendangea au mois d'août.

1087
Hiver très doux.

Burckard, évêque de Lausanne, ayant toujours suivi l'empereur Henri IV, fut tué à son côté au siége de Gleich dans la Thuringe, le 24 décembre 1088; il portait pour lors la lance sacrée. Lambert, fils de Lambert, baron de Grandson, fut élu en sa place l'an 1089. Mais comme il dissipait les biens d'église, voyant qu'on était malcontent de lui, il quitta son évêché au bout d'un an et disparut sans que personne ait su ce qu'il était devenu: les uns estiment que le diable l'avait enlevé, et les autres qu'il courait les bois pour faire pénitence. On choisit pour son successeur, l'an 1090, Cono ou Conrad de Neuchâtel, frère du comte Rodolphe Ier et de Burckard, évêque de Bâle. Ce Cono bâtit l'abbaye de l'Ile de St-Jean de son patrimoine. Son frère Rodolphe en eut la direction; ce qui a toujours dès lors appartenu au comte de Neuchâtel (V. les ans 1236, 1248, 1517). Cono construisit cette abbaye à dessein d'y mettre des moines, ce qu'il fit selon l'ordre de St-Benoît; il lui donna de grandes rentes et particulièrement des dîmes qu'il possédait sur la montagne de Diesse. Le village de Chules, qui a été bâti depuis, a dépendu de cette abbaye pour le temporel et pour le spirituel. Il lui donna aussi la dîme des vignes qui étaient autour du faubourg de Neureux et qui appartient aujourd'hui au Landeron. L'abbé de St-Jean est encore devenu dans la suite collateur et patron des églises du Landeron, de Diesse et de Lignières.

1088

Lambert de Grandson succède à Burckard, évêque de Lausanne.

1089

1090
Il est remplacé par Cono ou Conrad de Neuchâtel.
Il bâtit l'abbaye de St-Jean et lui donne des rentes.

Village de Chules.

L'an 1090, on vit dans les airs un très grand nombre de petits vers volants qui obscurcissaient l'air comme une épaisse nuée. — L'an 1094, il y eut une grande peste dans toute la Suisse et même dans l'Europe. — Il apparut, l'an 1097, une comète qui fut suivie d'une année très abondante en vin et en grain. — L'hiver de 1098 fut chaud et pluvieux, ce qui causa une mortalité.

1090
Vers volants.
1094
Peste.
1097
Comète, abondance
1098
Hiver doux, mortalité.

Guillaume, fils de Pierre de Glâne, bâtit l'abbaye de Hauterive près de Fribourg en Suisse et lui donna de grands revenus. C'est dans cette abbaye que le dernier prieur de Bevaix se retira, l'an 1534, avec tous les actes concernant son prieuré.

1098
Abbaye d'Hauterive.
Le prieur de Bevaix s'y retira après la Réformation.

Etienne, comte de Bourgogne, étant mort l'an 1099, Guillaume, son fils unique, surnommé l'enfant, lui succéda, et fut, aussi bien que son père, régent de la Petite-Bourgogne, qui est la Suisse. La mère de ce Guillaume était la sœur de Berthold III et de Conrad, duc de Zæringen. Ce fut dans ce temps que Rodolphe Ier,

1099
Mort d'Etienne, comte de Bourgogne.
Guillaume-l'enfant lui succède.

ULRICH II

TROISIÈME COMTE DE NEUCHATEL.

ULRICH II, comte de Fenis, baron de Neuchâtel, continua son séjour dans le château de Fenis; mais il le quitta dans la suite, comme on le verra ci-après.

Cono de Neuchâtel, évêque de Lausanne, son oncle, bâtit l'an 1099 l'abbaye de Cerlier de son propre bien et sur un fond qui lui appartenait; mais il mourut avant qu'il l'eut achevé. Il fut enseveli dans l'abbaye de l'Ile de St-Jean, qu'il avait construite quelque temps auparavant. Burckard, baron de Hasenbourg, son frère, évêque de Bâle, acheva de bâtir l'abbaye de Cerlier l'an 1100; il y mit des moines de l'ordre de St-Benoît. L'évêché de Lausanne fut vacant pendant quelques années; Gérold ou Gérard, fils de Guillaume, seigneur de Foucigny, ne fut élu pour succéder à Cono que l'an 1103.

Le monastère de St-Aubin, qui est hors des murailles de la ville de Bâle, et qui avait été bâti l'an 1072 par Burckard, évêque de Bâle, fut remis sous la protection de Rodolphe, marquis de Hochberg, duquel est descendu ce Rodolphe, marquis de Hochberg, qui succéda à Jean, comte de Fribourg, au comté de Neuchâtel l'an 1457.

Il apparut l'an 1106, depuis la chandeleur jusqu'à Pâques, une grande comète qui avait une longue queue. Et l'an 1111 on en vit encore une autre qui était épouvantable.

L'empereur Henri IV, après avoir traîné une vie extrêmement agitée, mourut à Liège le 7 août 1106, après un règne de 49 ans et 10 mois. Son fils Henri V lui succéda.

Au mois d'avril de l'an 1113 il tomba une si prodigieuse quantité de neige qu'elle brisa plusieurs arbres.

Burckard de Neuchâtel, baron de Hasenbourg, évêque de Bâle, mourut l'an 1114 et fut enseveli dans le temple de Cerlier. Rodolphe, comte de Hombourg, qui était fort aimé de l'empereur Henri V, lui succéda.

Girard de Foucigny, évêque de Lausanne, bâtit, l'an 1115, l'abbaye de Théla dans la forêt du Jorat, qui est éloignée de deux ou trois lieues de Lausanne devers le septentrion; elle fut depuis appelée de Montheron. Le nom de Théla lui fut donné au commencement à cause d'un ruisseau de même nom sur lequel elle fut bâtie et qui, entrant dans la rivière d'Orbe environ une lieue et demie au-dessus d'Yverdon, fait que cette rivière quitte son nom pour prendre celui de Thielle, et passant ensuite par les lacs de Neuchâtel et de Bienne, elle va se jeter dans l'Aar, où elle perd son nom environ deux lieues au-dessous de Nidau.

On sentit cette année plusieurs tremblements de terre et des tempêtes qui firent périr un grand nombre d'hommes et de bêtes.

Tremblements de terre et tempêtes.

Il se fit encore l'année 1117 un tremblement de terre des plus violents dans la Suisse et qui fut même presque universel; il renversa plusieurs maisons et châteaux en divers lieux, et il y a de l'apparence que le château de Fenis eut le même sort, et que ce fut ce qui donna occasion à notre comte Ulrich II de venir faire sa demeure à Neuchâtel, comme en effet c'est une chose certaine qu'il y habitait l'an 1118 et que tous ses successeurs, qui ont été de ses descendants, y ont toujours fait leur demeure. Depuis ce temps aucun historien n'a même plus fait mention ni du château, ni des comtes de Fenis. C'est donc précisément depuis ce temps qu'il y a eu des comtes à Neuchâtel; il n'y avait eu depuis l'an 1034 que des barons qui n'y habitaient pas, au lieu qu'après cela, il y eut des comtes qui, possédant déjà ce titre comme comtes de Fenis, l'ont toujours conservé, et ce n'est que par ce moyen que la baronnie de Neuchâtel est devenue un comté.

1117. Tremblement de terre général en Suisse. Le château de Fenis renversé. Le comte Ulrich vient demeurer à Neuchâtel. 1118

Les comtes de Fenis prennent le titre de comtes de Neuchâtel.

On vit, l'an 1118, deux lunes au ciel qui paraissaient se combattre, et il y eut des tempêtes très violentes.

Deux lunes. Tempêtes.

L'empereur Henri V, remarquant depuis quelques années que Guillaume II, comte de Bourgogne, avait dessein de se soustraire à son obéissance et de se détacher de l'empire, pour rétablir l'ancien royaume de Bourgogne, dont il possédait la plus grande partie, savoir: la Franche-Comté et la Suisse, dont il était régent, l'avait déjà fait citer à comparaître par devant lui l'an 1113 pour lui rendre l'hommage qu'il lui devait; mais Guillaume ayant refusé d'obéir, parce qu'il prétendait être souverain et indépendant de l'empire, Henri V le fit ajourner pour la seconde fois; mais ayant reçu un nouveau refus, il le fit mettre au ban de l'empire et il donna ses états à Conrad, duc de Zæringen, son oncle, frère de Berthold III. Mais comme le pape avait excommunié de nouveau l'empereur et que ce monarque fut obligé d'aller en Italie, outre que Conrad de Zæringen n'avait pas des forces suffisantes pour faire la guerre au comte de Bourgogne sans le secours de l'empereur, toutes ces raisons firent que cette félonie resta encore impunie pour cette fois.

L'empereur fait citer Guillaume, cte de Bourgogne, pour lui rendre hommage.

Guillaume s'y refuse.

Il est mis au ban de l'empire. L'empereur donne ses états à Conrad de Zæringen.

Cette affaire n'a pas de suite.

1121
Hiver rigoureux. Mortalité.

On eut, l'an 1121, un hiver des plus rigoureux et ensuite une grande cherté et une mortalité d'hommes et de bêtes.

1122
Mort de Berthold III, duc de Zæringen.
Son frère Conrad lui succède.

Une difficulté s'étant suscitée entre Hugues, comte de Tagsbourg en Alsace, et ses sujets, Berthold III, duc de Zæringen, voulut assister ce comte; mais ils furent tués tous deux auprès de Molsheim. Son frère Conrad lui succéda, non-seulement dans ses états du Brisgau, mais aussi au gouvernement de Zurich, qui était héréditaire.

1122
Sécheresse, cherté.

Pendant l'été de 1122, il ne plut point du tout durant trois mois; ce qui fit que les fruits séchèrent et qu'il y eut une grande cherté.

1125
Mort de Henri V, empereur d'Allemagne et roi de Bourgogne.

L'empereur Henri V mourut le 1er juillet 1125, ne laissant point d'enfants, et par cette mort la maison des Saliques, dont il y avait eu quatre empereurs de père en fils, fut éteinte. Ils avaient possédé le royaume de Bourgogne depuis la mort de Raoul III, qui en avait été le dernier roi.

Hiver rigoureux. Peste.

On eut cette année un hiver très rigoureux, tellement que plusieurs hommes, poissons et oiseaux gelèrent, et ensuite il y eut une peste si furieuse qu'elle enleva la troisième partie des hommes.

Rodolphe, cte de Hombourg est remplacé comme évêque de Bâle, par Berthold de Neuchâtel en Bourgogne.

Rodolphe, comte de Hombourg, évêque de Bâle, étant mort, Berthold, de la maison de Neuchâtel en Bourgogne, fut établi en sa place.

1126
Guillaume, cte de Bourgogne, tué à Payerne.
Sa mort attribuée à Conrad de Zæringen.
Renaud, son oncle, s'empare de ses états, sans le consentement de Lothaire, empereur.
Conflit entre l'empereur et les cités de Bourgogne, qui prétendaient ne point rendre hommage.
Raisons pour et contre.

Guillaume II, comte de Bourgogne, régent de la Suisse, fut tué à Payerne au mois de février 1126 avec Pierre et Philippe de Glane (V. l'an 1035) et plusieurs autres nobles. On crut que Conrad, duc de Zæringen, l'avait fait assassiner comme étant au ban de l'empire. Comme il n'avait point laissé d'enfants, Renaud II, son oncle, comte de Mâcon et marquis d'Autun, frère d'Etienne, surnommé tête hardie, s'empara des états de Guillaume sans le consentement de Lothaire, duc de Saxe, élu empereur après la mort d'Henri V. Renaud entreprit même de s'ériger en souverain et de secouer le joug de l'empire, et c'est ce que prétendirent aussi la plupart des comtes de la Suisse. La raison qu'ils en alléguaient, c'est qu'ils soutenaient que les ducs de Franconie avaient possédé le royaume de Bourgogne comme un bien propre et non point en leur qualité d'empereurs, et que la famille en étant éteinte, les successeurs à l'empire, qui étaient d'une autre famille, n'avaient plus aucun droit sur eux. Lothaire, au contraire, soutenait que la Bourgogne et la Suisse ayant été déclarées provinces relevant de l'empire, par l'empereur Conrad II, en 1035, elles en devaient toujours dépendre. C'est pourquoi il ne laissa pas que de faire

Renaud, cité pour rendre hommage.

citer Renaud pour venir lui rendre hommage l'an 1127. Renaud ayant refusé de le faire, l'empereur le fit encore ajourner par devant la chambre impériale, où n'ayant pas voulu comparaître, Renaud fut mis au ban de l'empire, et Lothaire confirma la donation de ses états que l'empereur Henri V avait déjà faite l'an 1118; ce qui causa une guerre entre Renaud et Conrad qui dura jusqu'à l'an 1153. Renaud s'opposa à cette donation de Lothaire, soutenant qu'il n'en était pas du comté de Bourgogne, où les filles succèdent aussi bien que les mâles, comme des fiefs d'Allemagne, qui ne passent qu'aux mâles, à défaut desquels l'empereur en peut disposer à sa volonté; outre que la Franche-Comté de Bourgogne n'avait jamais dépendu des rois de Bourgogne, ni de la France, ni de l'Allemagne, depuis que l'empire était sorti des descendants de Charlemagne etc. Cependant toutes ces raisons furent inutiles; Conrad, duc de Zæringen, soutenu de l'empereur, attaqua Renaud pour se mettre en possession de ses états; il se saisit d'abord de la Suisse et d'une partie du comté de Bourgogne. Renaud le repoussa outre le mont Jura et lui reprit toutes les places dont il s'était emparé dans le comté. Renaud, voyant qu'il avait besoin de l'affection des peuples et de ses sujets pendant cette guerre, les affranchit, au lieu qu'auparavant ils étaient de main morte, et c'est dès-lors que le comté de Bourgogne a porté le titre de Franche-Comté, c'est-à-dire *comté affranchi*, et Renaud prit aussi de son côté le titre de *franc-comte*, pour montrer qu'il ne dépendait de personne et qu'il prétendait être souverain. Le comte de Neuchâtel, qui était entre ces deux puissances, demeura toujours dans la neutralité pendant ces guerres.

Girard de Foucigny, évêque de Lausanne, mourut l'an 1128 et fut enseveli à Lutry; il aliéna quelques biens d'église. On élut l'année suivante pour lui succéder Guidon de Marlanie ou de Martinach.

Il tomba beaucoup de neige à la Pentecôte et il fit aussi cet été des tonnerres épouvantables. On sentit un tremblement de terre qui dura quarante jours, et dont les rudes secousses renversèrent plusieurs maisons. L'hiver avait été extrêmement froid, ce qui causa une grande famine, dont plusieurs personnes ainsi que du bétail moururent.

L'empereur Lothaire II assembla au commencement de février 1130, dans la ville de Bâle, tous les grands seigneurs des états voisins; il s'y trouva aussi lui-même. Ulrich, comte de Neuchâtel, envoya son fils Berthold dans cette assemblée. On tâcha de faire la paix entre Renaud et Conrad, mais on n'en put venir à bout; la guerre continua avec des succès divers, tantôt l'un était victorieux et tantôt l'autre.

1130
Adalbérus, évêque de Bâle.

Berthold de Neuchâtel, évêque de Bâle, était mort peu auparavant; Adalbérus, comte de Frobourg, lui avait succédé cette même année, et il assista à cette assemblée à Bâle.

Le pape Innocent II défend à Guidon, évêque de Lausanne, de rebâtir le château des Clées.

Le pape Innocent II ayant appris qu'on rebâtissait aussi le château des Clées dans le pays de Vaud, qui avait été autrefois un lieu de brigandage, écrivit à Guidon, évêque de Lausanne, l'an 1131, une lettre pour lui défendre de continuer ce bâtiment. Cependant Guidon ne laissa pas de le faire, ce qui lui attira la disgrâce de ce pontife, dont il était fort aimé auparavant; ce qui fit que le pape chercha dès-lors occasion de le déposer, comme cela arriva dans la suite.

1132
Mort d'Ulrich II.

Ulrich II, comte de Neuchâtel, mourut au mois d'août de l'an 1132. Sa femme était de la maison de Lorraine. Il en eut trois fils qui partagèrent ses états.

Partage entre les fils d'Ulrich : Rodolphe eut Neuchâtel, Mangolt eut Nidau et Strasberg, Berthold eut Valangin.

Rodolphe ou Raoul, l'aîné, fut comte de Neuchâtel; Mangolt eut Nidau et Strasberg, qui est aujourd'hui dans le bailliage de Buren et qui dépend de cette ville, au lieu que Buren dépendait pour lors du château de Strasberg. Le troisième fils d'Ulrich II fut Berthold, qui fut le premier seigneur de Valangin, mais à condition qu'il rendrait hommage à Raoul, son frère aîné, de sorte que Valangin devint arrière-fief de Neuchâtel.

RODOLPHE II ou RAOUL

QUATRIÈME COMTE.

Rodolphe ou *Raoul* II, comte de Neuchâtel et de Fenis, succéda à son père Ulrich II, l'an 1132.

Étendue du comté de Neuchâtel en **1132**

Le comté de Neuchâtel s'étendait pour lors jusqu'au Doubs et comprenait toute la seigneurie de Valangin; mais comme cette seigneurie n'était point habitée et qu'elle ne contenait que des bois et de la broussaille dans toute son étendue, il entreprit d'en défricher une partie avant que de la remettre à son frère Berthold, auquel il s'était engagé de donner une partie de son domaine par le partage qu'il avait fait avec ses frères.

Val-de-Ruz défriché.

Fenin bâti par Raoul. Val-de-Ruz inféodé.

Il commença à extirper le Val-de-Ruz par l'endroit le plus proche de Neuchâtel; il y bâtit le village de Fenin. Il remit ensuite cette seigneurie à son frère Berthold comme un fief dont il était seigneur féodal et comme une terre de franc-aleu, conformément aux us et coutumes de Bourgogne, où les fiefs et les terres inféodées devenaient de véritables patrimoines, qui passaient aux filles aussi bien qu'aux mâles, et dont ils pouvaient disposer (V. les années 1546, 1557, 1579).

Pourquoi il a été appelé Val-de-Ruz.

C'est à cause du comte Raoul que ce val prit le nom de *Vallis Roduli*, ou *Val-de-Raoul* ou *de Rud*. Il a été nommé dans la suite du temps *Val-de-Ruil* ou de *Viruil*; enfin on lui a donné le nom de *Val-de-Ruz* qu'il a aujourd'hui, soit par corruption des noms ci-dessus, soit à cause du ruisseau qui y passe; mais dans les anciens actes qu'on dressait en latin, il est toujours appelé *Vallis Roduli*.

Berthold, qui a été le premier seigneur de Valangin, y bâtit une petite ville qu'il nomma Bonneville, dont il fit sa capitale. On en voit encore aujourd'hui les fossés et les ruines (V. les ans 1295 et 1301).

<small>Bonneville bâtie par Berthold, premier seigneur.</small>

La seigneurie de Valangin, érigée en ce temps-là, n'était pas pour lors d'une aussi grande étendue qu'elle l'est aujourd'hui. Tout ce qui est devers l'orient du ruisseau du Seyon n'en faisait point partie, non plus que tout ce qui en était au midi, et qui contient maintenant les communautés de Fenin, Velard, Saules et Savagnier, non plus que Coffrane ; ce qui est devers le vent du Crêt de la Sagne n'en dépendait point non plus. Toutes ces parcelles ont été ajoutées depuis à cette seigneurie par les comtes de Neuchâtel, qui les ont données aux seigneurs de Valangin en accroissement de fief, dont ces derniers leur rendaient hommage.

<small>En quoi consistait la seigneurie de Valangin.</small>

Il y avait en ce temps-là un grand chemin qui allait de Neuchâtel en Bourgogne et qui servait de limite entre le comté de Neuchâtel et la seigneurie de Valangin. Ce chemin passait de Neuchâtel au lieu où est présentement Valangin, mais il était beaucoup plus élevé devers la bise que ne l'est celui d'aujourd'hui. De Valangin on allait par Boudevilliers, par Tête-de-Rang, le Crêt de la Sagne et par les portes du Locle, qu'on nomme aujourd'hui Roche fendue ou Cul-des-Roches, où il y avait un péage que Raoul de Neuchâtel se réserva.

<small>Grand chemin de Bourgogne.</small>

<small>Péage au Cul-des-Roches.</small>

Quoique le Val-de-Ruz n'ait point été habité avant ce temps-là, il y avait cependant deux grands chemins, outre celui dont on vient de parler : le premier passait depuis le Val-de-Travers par Rochefort et par les endroits où sont présentement les villages de Geneveys-sur-Coffrane, la Jonchère, Chésard, Villiers, d'où il tendait au Val de St-Imier. Il y avait sur ce chemin et dans le Val-de-Ruz deux petits châteaux ; l'un au-dessous de Chésard, appelé *Battoncourt*, et l'autre à Villiers, nommé *Hocquincourt*. Ces châteaux avaient été construits non-seulement pour la sûreté des voyageurs, mais aussi pour loger les passants. Le seigneur mettait dans ces petits châteaux un receveur ou péager qui recevait les péages, lui en rendait compte, et qui était obligé de protéger les passants et les voyageurs. Et c'est ce qui a donné occasion de loger par la suite dans ces châteaux des officiers ou châtelains, qui eussent l'autorité de

<small>Deux autres grands chemins dans le Val-de-Ruz.</small>

<small>Petits châteaux : Battoncourt. Hocquincourt.</small>

1132 châtier les voleurs ou ceux qui faisaient quelque tort aux passants, et ils avaient les péagers sous leur direction (V. l'an 290).

Le second chemin qui traversait le Val-de-Ruz, savoir: depuis Vaux-Seyon par Fenin et par Savagnier et qui tendait de là à St-Imier, était une branche de la *Videtra*, qui venait depuis le pays de Vaud, et qui passant par St-Aubin au-dessus du village de Bevaix, par Pontareuse, Peseux, Vaux-Seyon, Hauterive, la montagne de Diesse, etc. tendait à Bâle. Il y avait sur ce chemin du Val-de-Ruz deux petits châteaux, savoir: celui de la *Salette*, qui était auprès du village qu'on appelle aujourd'hui Saules; l'autre était auprès de Savagnier et nommé *Bacchontour*, c'est-à-dire tour de Bacchus; car dans les vieux actes il est nommé *Bacchiturris* et en allemand *Bacchenturen*. Ces châteaux avaient la même destination que les premiers. On croit que celui de Bacchontour avait été bâti et consacré à Bacchus l'an 290 par l'empereur Maximien, qui était païen. Ce chemin avait été nommé *Videtra*, soit parce que c'était le plus droit chemin, du latin *via dextra*, soit pour montrer que c'était un chemin royal, ce mot étant, ce semble, composé de *via* et *strada*, qui signifie un grand chemin. De là vient cette façon de parler *battre l'estrade*, dont les soldats se servent lorsqu'ils font quelque course et qu'ils suivent le chemin royal.

Château de Salette.
Château de Bacchontour.

Pourquoi ce chemin est nommé Videtra.

1134 Guidon de Marlanie, évêque de Lausanne, permit l'an 1134 à un Italien, aussi nommé Guido, de bâtir une abbaye, de l'ordre de Citeaux, entre Lausanne et Vevey. La terre où elle fut bâtie étant sur une éminence, l'abbaye fut appelée Haut-Crêt; elle est dans le bailliage d'Oron. Plusieurs seigneurs d'Oron donnèrent des terres à cette abbaye, que les moines cultivaient eux-mêmes.

Abbaye de Haut-Crêt.

1134 Le 2 août 1134, il se fit une éclipse de soleil qui fut si totale qu'à huit heures du matin on vit les étoiles du firmament.

Eclipse de soleil.

1135 Il y eut, l'an 1135, de violentes tempêtes, et des tremblements de terre qui renversèrent plusieurs tours, châteaux et maisons, et en été il fit une si grande sécheresse que la terre et les bois s'allumaient en divers lieux.

Tempêtes, tremblements de terre, sécheresse.

1136 Il fit, l'an 1136, plusieurs tonnerres, éclairs, pluies et tempêtes, ce qui fut presque continuel pendant toute l'année. Ce temps fut si extraordinaire que plusieurs personnnes crurent que c'était la fin du monde.

Tempêtes.

1137 L'empereur Lothaire II, retournant d'Italie en Allemagne, mourut dans une cabane au milieu d'une forêt, qui est entre les rivières de l'Inn et du Lech. Conrad III lui succéda à l'empire. Il était fils de Frédéric, duc de Souabe, et d'Agnès, fille de l'empereur Henri IV. Frédéric Barberousse, son frère, étant

Mort de l'empereur Lothaire.
Conrad de Souabe, empereur.
Frédéric Barberousse, son frère,

duc de Souabe, se saisit de la ville de Zurich et ôta à Conrad, duc de Zæringen, le gouvernement de cette ville, qui était autrefois de la dépendance de Souabe; il établit en sa place Welphe, duc de Bavière.

ôte le gouvernem¹ de Zurich au duc de Zæringen.

L'an 1137 il fit une chaleur telle qu'on ne se souvenait pas d'en avoir senti une si ardente.

L'abbé du lac de Joux et celui de Cornouille, par la permission de Guidon, évêque de Lausanne, et de Berthold, seigneur de Valangin, bâtirent, l'an 1139, dans le Val-de-Ruz, une abbaye dans un lieu auparavant inhabité. Il n'y avait pour lors que des buissons et des bois; elle fut nommée Fontaine-André, à cause d'une Fontaine qu'il y avait au-dessus de cette abbaye, auprès de laquelle il se faisait de prétendus miracles au nom de St-André. On attribuait à cette eau la vertu de guérir les malades qui en envoyaient quérir de loin, pour en avoir du soulagement et pour obtenir la guérison, et il s'est même trouvé depuis peu d'années des superstitieux qui, étant malades, en ont envoyé chercher. L'évêque de Lausanne, ainsi que Berthold, seigneur de Valangin, et autres donnèrent des rentes à cette abbaye; c'est ce que firent dès-lors également Rodolphe de Hochberg, comte de Neuchâtel (V. l'an 1470), et d'autres particuliers. Ainsi, le seigneur d'Oleyres lui donna le patronat et la collation de l'église de Meyri. Warter de Coffrane, donzel et chevalier du Val-de-Ruz, donna de grands biens à cette abbaye, aussi bien que Pierre, fils de Warter, qui était, selon toutes les apparences, un de ces hommes royés. Cette abbaye fut achevée l'an 1140. Le village de Fontaine a été depuis bâti environ cinq à six cents pas devers la bise de cette abbaye. La fontaine dont il vient d'être parlé, subsiste encore aujourd'hui. Son premier abbé s'appela Othon, compagnon de St-Guillaume[1]), qui est le patron de la grande chapelle du temple de Neuchâtel. Les moines de l'abbaye de Fontaine-André étaient de l'ordre des Prémontrés, qui est un couvent chef d'ordre près de Laon en Picardie; ils sont chanoines réguliers de St-Augustin. Cet ordre fut fondé par St-Norbert l'an 1116 et confirmé par le pape Calixte II l'an 1119. On les appelle Moines blancs, parce qu'ils portent un froc blanc et un rochet de fin lin, qui est une espèce de surplis de toile fort fine et à manches fort étroites; par dessus ils portent une chape blanche ouverte par devant comme celles des Carmes.

1139

L'abbé du Lac de Joux fonde au Val-de-Ruz l'abbaye de Fontaine-André.

Il s'y faisait des miracles.

Berthold de Valangin et Rodolphe de Hochberg, et des particuliers, font des dons à cette abbaye.

Patronat de Meyri.

L'abbaye fut achevée en 1140.

Les moines étaient de l'ordre des Prémontrés.

Ils furent appelés Moines blancs.

Comme ce siècle était le temps des fondations d'abbayes, Guidon ou Guy, évêque de Lausanne, confirma cette année

Ce siècle était celui des fondations.

---

[1]) Ce St-Guillaume était Anglais et fut le précepteur des deux fils du comte Raoul.

1141 les donations faites à l'abbaye de Monthéron dans la forêt du Jorat et à celle de la vallée du lac de Joux, qui était aussi de l'ordre des Prémontrés, dédiée à Ste-Marie-Madeleine.

Grande cherté. L'an 1141 il y eut encore une grande cherté.

1142 Guillaume, comte de Glane, fondateur de l'abbaye de Haute-
Extinction de la famille de Glane. rive près de Fribourg, mourut l'an 1142. Il était fils de Pierre de Glane, qui avait été tué à Payerne en 1126. Par sa mort, l'illustre maison de Glane, sortie des rois de Bourgogne, et qui avait longtemps gouverné la Suisse, fut éteinte.

1143 Guidon, évêque de Lausanne, confirma aussi par un acte,
Consécration de l'abbaye de Fontaine-André. l'an 1143, la fondation et toutes les donations faites à l'abbaye de Fontaine-André, bâtie et fondée par l'abbé de la vallée du lac de Joux. Cet évêque la consacra comme étant dans son diocèse; elle fut dédiée à Notre-Dame, à St-Michel l'archange
Guidon renonce à l'évêché. et à St-André. Cet évêque quitta et résigna son évêché, ou, selon d'autres, fut déposé cette année par le pape Innocent II
Amédée élu évêque à cause de ses débauches et de son impureté. Amédée, abbé
1144 de Haute-Combe, lui succéda l'an 1144.

1145 Dès qu'Eugène III fut parvenu au papat l'an 1145, il assembla
Concile de Vezelay. un concile à Vezelay dans le Nivernois sur les frontières de la Bourgogne, où il assista avec St-Bernard. Ce dernier porta
Troisième croisade Louis VII, roi de France, à prendre la croix et à faire le voyage de la Terre-sainte. L'empereur Conrad III, Alphonse, roi d'Espagne, Henri, roi d'Angleterre, y allèrent aussi et partirent
1146 l'an 1146. Amé II, comte de Savoie, les accompagna, ainsi que
Ulrich, fils du cte Raoul, y prend part. plusieurs comtes et barons de la Suisse, et entre autres Ulrich, fils du comte Raoul II, quoique pour lors il fût fort jeune. Ortlieb, comte de Frobourg, qui avait succédé cette année à Adalbérus, évêque de Bâle, fut aussi du voyage avec l'empereur Conrad, duquel il était proche parent et fort aimé. Ce voyage fut la troisième croisade.

1147 On vit cette année une comète épouvantable, et on sentit
Comète, tremblement de terre, peste et famine. de grands tremblements de terre presque dans toute l'Europe, et l'année suivante, il y eut une grande peste et famine. Le mercredi après la Pentecôte tous les arbres et les ceps de vigne furent gelés dans toute la Suisse, et c'est ce qui causa la famine et la mortalité de l'année 1147.

1149 Amé, comte de Genevois, ayant entrepris l'an 1149 de sou-
Siège de Lausanne, par Amé, comte de Genève. mettre à son obéissance les villes de Genève, de Lausanne et de Sion, vint attaquer Lausanne et l'assiégea. Amédée, son évêque, se défendit avec tant de vigueur qu'il obligea Amé à lever le siége.

1150 L'an 1150 l'abbaye de Bellelai fut érigée et fondée, d'autres
Fondation de l'abbaye de Bellelai. disent l'an 1136, par Sigenaud ou Sigismond, prévôt des cha-

noines de Moutier-Grandval. Celui-ci, étant à la chasse, poursuivit un sanglier ou une laie jusque dans des lieux farouches, d'où n'ayant pu sortir jusqu'au troisième jour, il fit au second jour le vœu de bâtir dans ce lieu une chapelle et même un couvent, si Dieu le délivrait; ce qui étant arrivé au troisième jour, il y bâtit une chapelle et quelque temps après le couvent qui y est, où il établit des moines de l'ordre des Prémontrés et leur donna de grands revenus. Cette abbaye a depuis fort augmenté en bâtiments, en biens et en rentes; elle a obtenu de grands priviléges de plusieurs empereurs, rois et princes, ainsi que la préséance et le premier suffrage parmi tous les ordres religieux qui sont dans l'évêché de Bâle. Elle est sous la protection de la ville de Soleure et possède cette bourgeoisie. Son premier abbé fut Gérold, qui acheva de bâtir le couvent et le temple, et qui mourut le 31 mars 1170.

1150

Elle est de l'ordre des Prémontrés.

Raoul, comte de Neuchâtel, et Mangolt ou Manegaut, comte de Nidau, frères, donnèrent à Vido, abbé de Fontaine-André au Val-de-Ruz, et qui avait succédé à Othon, premier abbé, savoir : la terre où est présentement cette abbaye avec Champreveyres, qui a été depuis réduit en vignes. La confirmation de cette donation fut faite la même année par Aimé, évêque de Lausanne, co-seigneur de Neuchâtel. C'est ainsi qu'il est nommé dans l'acte.

Don de Raoul et de Mangolt à l'abbaye de Fontaine-André du territoire de Champreveyres où est aujourd'hui l'abbaye.

Berthold, seigneur de Valangin, donna aussi cette année au même abbé Vido, par le consentement de Raoul, son frère, comte de Neuchâtel, cinq muids de froment et cinq muids d'avoine de rente perpétuelle, comme il paraît par un acte. Le receveur de l'abbaye de Fontaine-André retire encore actuellement ces dix muids sur la recette de Valangin. Berthold voulut bien gratifier cette abbaye, parce qu'elle était dans sa seigneurie, quoiqu'il eût déjà donné auparavant le fond sur laquelle elle était bâtie.

Il fit l'an 1150 de violents orages, la cherté continua et il y eut une grande mortalité. L'hiver précédent avait été rude et fâcheux.

Orages, cherté, mortalité.

L'abbé Vido bâtit, l'an 1151, une chapelle et une maison pour un curé, au lieu où est présentement cette abbaye de Fontaine-André. Cette chapelle fut aussi dédiée à Notre-Dame, à St-Michel l'archange et à St-André, et il y a aussi une fontaine, à laquelle on attribuait en ce temps-là beaucoup de vertu et même de prétendus miracles qui s'y faisaient au nom de St-André. L'abbaye de ce nom, qui était au Val-de-Ruz, envoyait un de ses moines à cette chapelle pour y résider et y faire le service divin. Il y bâtit aussi une maison pour un granger.

1151

L'abbé Vido bâtit une chapelle au lieu où est présentement l'abbaye.

1151	Ortlieb, évêque de Bâle, retourna l'an 1151 de la Terre-sainte
Ortlieb et l'empereur Conrad de retour de la Terre-Sainte. L'empereur donne à cet évêque le droit de battre monnaie.	avec Conrad III. Cet empereur lui donna le droit de battre monnaie pour lui et ses successeurs. Aussi cet évêque commença l'an 1152 à fabriquer des plapparts ou plapperts qui valent six rappes ou deux gros ou sols lausannois, qui font 1 1/3 sol monnaie de France. Conrad III lui donna en outre quelques châteaux dans le Wiesenthal, et c'est ce que firent
Henri de Rothelin remet au même évêque deux châteaux.	aussi Truddevin et Henri de Rothelin, qui remirent à Ortlieb les deux châteaux du vieux et du nouveau Waldeck, ce que l'empereur lui confirma. Ortlieb était conseiller secret de l'empereur.
Le voyage de la Terre-Sainte ne fut pas heureux.	Le voyage que Conrad III fit en Terre-sainte fut malheureux. L'empereur, après avoir assiégé inutilement Damas et avoir été à Jérusalem, fut obligé de retourner en Allemagne, où il mou-
1152 Mort de Conrad III	rut au château de Lautrec le 15 février 1152, après un règne de douze ans, dix mois et quinze jours.
L'empire remis de son vivant à son neveu.	Conrad avait remis l'empire de son vivant à Frédéric de Hohenstaufen, son neveu, fils de son frère Frédéric, surnommé le borgne, duc de Souabe.
Conrad de Zæringen meurt aussi cette année.	Conrad de Zæringen mourut aussi cette année et fut inhumé au monastère de St-Pierre dans la Forêt-Noire, qu'il avait réparé
1152 Il laisse cinq fils et deux filles.	et duquel il avait fort augmenté les rentes. Il avait épousé Clémence, duchesse de Franconie, de laquelle il eut cinq fils et deux filles.
Berthold IV succède à son père Conrad de Zæringen. Il recommence la guerre.	Berthold IV, duc de Zæringen, recommença, d'abord après la mort de son père, la guerre contre Renaud, comte de Bourgogne. Il bâtit Berthoud ou Bourgdorf, dont il fit sa capitale, lui donnant son nom. Conrad s'était déjà saisi d'une bonne partie de la Suisse que Renaud prétendait toujours de lui appartenir, en vertu de la donation qui fut faite à Guillaume son père, l'an 1077, par l'empereur Henri IV. Mais Berthold IV n'étant pas content de ce que son père avait conquis, entreprit encore de subjuguer la Bourgogne, en vertu de la donation qui en avait été faite l'an 1127. Berthold, voulant se fortifier contre son
Il bâtit Brisach.	ennemi et mettre ses états du Brisgau à couvert des courses des Bourguignons, bâtit pour cet effet Brisach, sur les frontières de la Franche-Comté, qui s'étendait pour lors jusqu'au Rhin.
Il ruine Montbéliard.	Il alla ensuite attaquer Montbéliard, qu'il ruina entièrement, et ce d'autant que Pierre de Scey, qui en était comte, était le
1153 L'empereur Frédéric Barberousse intervient et rétablit la paix.	vassal de Renaud. Mais l'empereur Frédéric Ier, surnommé Barberousse, entreprit de faire un traité de paix entre Renaud et Berthold IV et de terminer cette difficulté, qui existait depuis 1148. Cette paix fut faite l'année suivante 1153. Cet empereur ad-
Partage de Renaud.	jugea à Renaud tout ce qui est devers l'occident du Mont-Jura,

avec le titre de comte souverain de Bourgogne, et à Berthold IV tout ce qui est devers l'orient, à la réserve de quelques terres qui étaient au pied du dit Mont-Jura, qu'il retrancha du comté de Bourgogne et qu'il remit à Guillaume, frère de Renaud. Ces terres contenaient la seigneurie d'Orbe, la baronnie de Grandson, Echallens, Montricher, les Clées, le Val-de-Travers. Cette dernière contrée était annexée à la baronnie de Grandson et en faisait une partie; elle comprenait pour lors les mairies des Verrières et de la Brévine et toute la seigneurie de Travers, et elle n'était pas encore annexée à la seigneurie de Neuchâtel (V. l'an 1248). Les descendants de ce Guillaume ont possédé la seigneurie d'Orbe, d'Echallens et de Grandson jusqu'à l'an 1476 (V. l'an 1087). Ce Guillaume eut un fils nommé Renaud, qui fut connétable de Bourgogne, et duquel le fils, nommé Girard, qui fut aussi connétable de Bourgogne l'an 1243, eut un fils, nommé Etienne, qui fut le père de Jean de Châlons. Guillaume fut obligé de rendre hommage de toutes ses terres à son frère Renaud, mais différemment. Comme il était comte d'Auxonne et de Mâcon qu'il avait reçus de Renaud, qui les tenait du duc de Bourgogne, Guillaume les possédait comme un arrière-fief du duc. Mais pour ce qui est des terres qu'il eut ainsi dans la Suisse, savoir: Orbe, Grandson etc., il en fit à la vérité hommage à son frère Renaud; mais ce dernier les tenant de l'empereur, ces terres furent des arrière-fiefs de l'empire, comme étant enclavées dans la Suisse et hors des limites de la Franche-Comté, de laquelle l'empereur, par sa prononciation, venait de les retrancher. L'empereur y avait aussi bien qu'en tous les autres fiefs de la Suisse, la haute souveraineté, le droit de battre monnaie, d'imposer des péages, de faire grâce aux criminels, la chasse, la pêche et les hommes royaux, desquelles choses il pouvait disposer.

Comme Guillaume tenait ces terres de la Suisse de son frère Renaud en fief, aussi assistait-il en cette qualité aux états de Bourgogne, et c'est ce qu'ont fait dès-lors tous ses successeurs qui ont possédé ces fiefs (V. l'an 1248).

L'empereur Frédéric Ier posa pour lors des bornes entre la Franche-Comté de Bourgogne et l'empire, et entre autres il désigna la Combette de Mijoux, qui est entre les Verrières de Bourgogne et les Verrières du comté de Neuchâtel. Cette borne n'est éloignée du château de Joux que d'environ une lieue et demie, et elle sert encore aujourd'hui de limites entre la Bourgogne et la Suisse. Ce lieu fut pour lors appelé *Mira vallis*, en latin, et en langage du pays, Mirval ou Mirvaux.

L'empereur ayant laissé à Guillaume, par ce traité de paix,

le titre de comte de Bourgogne, parce qu'il était de la maison de ces comtes, cela causa plusieurs guerres dans la suite entre les descendants de Guillaume et les successeurs de Renaud.

L'empereur donna aussi à Berthold IV le titre de régent de Bourgogne, en lui remettant la Suisse, qui était nommée Petite-Bourgogne, parce que la Suisse ne contenait en ce temps-là ni les Grisons, ni le pays des Rauraques, comprenant le canton de Bâle, une partie de l'évêché de Porrentruy et du canton de Soleure, ni enfin toutes les terres qui sont entre le Rhin, l'Aar, la Reuss et les Alpes; d'où il est évident que pour lors la Suisse était d'une plus petite étendue que la Franche-Comté. C'est pourquoi aussi on la nommait la Petite-Bourgogne. Berthold en possédait déjà une partie, et l'empereur y ajouta les évêchés de Lausanne, de Genève et de Sion, tellement que par ce moyen Berthold eut toute la Suisse, c'est-à-dire toutes les terres qui n'étaient inféodées à personne et qu'aucun comte, baron, ni seigneur ne tenaient en fief, ceux-ci dépendant entièrement et immédiatement de l'empire.

L'empereur Frédéric réserva encore à Berthold IV tous les droits qu'avaient les évêques dans les évêchés qu'il lui remit, auxquels il ne toucha point, ne l'ayant mis en possession que des terres que les empereurs y possédaient encore, et c'est de ces terres que le duc de Zæringen lui rendit hommage.

L'année 1153 fut si abondante en vin, que plusieurs de ceux qui bâtissaient firent avec le vin du mortier, qui depuis lors s'est trouvé si dur et si fort, qu'il se brisait moins que les cailloux, et qu'il a fallu faire sauter par la poudre les châteaux et les murailles bâties de ce mortier.

Raoul, comte de Neuchâtel, changea en ce temps ses armes: auparavant il portait d'or à trois pals de gueules, qui étaient celles de la maison de Strættlingen (V. l'an 895). Il chargea chacun de ces pals de trois chevrons d'argent, ce qui a passé à ses successeurs jusqu'à l'an 1248.

Berthold, frère de Raoul, bâtit le château de Valangin, l'an 1155, et ce fut pour lors qu'il commença à porter le titre de seigneur de Valangin. Ce mot de *Valangin* vient du latin *Vallis angina*, et c'est ainsi qu'il est nommé dans de vieux auteurs latins; ce qui signifie un val étroit et resserré, et ce d'autant que Valangin est situé dans un lieu bas et fort étroit contenant un grand passage; et c'est particulièrement à quoi on avait autrefois égard lorsqu'on bâtissait des châteaux. D'autres font dériver ce mot de *Val-engin*, ou plutôt ils assurent qu'il est composé de ces deux mots: *Val*, parce qu'il est situé dans un vallon, et *Engin*, qui signifie une machine dont on se sert pour lever les grosses pierres lorsqu'on bâtit, comme en effet, il est très facile de juger qu'il fallut nécessairement des engins pour élever si haut de grands quartiers de pierres brutes, tels qu'on les voit encore en ce château.

L'empereur Frédéric revenant de Rome, où il s'était fait couronner, ramena avec lui, depuis Vérone, un marquis, nommé Hermann, qui épousa Judith, héritière du marquisat de Baden. L'empereur lui donna celui de Hochberg, que Frédéric de Hohenstaufen, son père, avait eu de Conrad, duc de Zæringen. Ce marquis est la souche des maisons de Baden, de Hochberg, de Rothelin et de Hohenberg.

L'empereur épousa, l'an 1156, Béatrix, fille unique de Renaud, comte de Bourgogne, qui était mort deux ans auparavant, et il acquit par ce mariage la Franche-Comté, qui passa à ses descendants, et qui sortit par ce moyen de la maison des comtes de Bourgogne, quoiqu'il y eût encore plusieurs mâles vivants de la postérité d'Otte-Guillaume; parce que, suivant la coutume de Bourgogne, les fiefs passent aux filles si elles n'ont point de frères. D'ailleurs l'empereur conservait ses prétentions sur la Bourgogne, du chef de feu Agnès de Franconie, son aïeule, femme du dernier roi de Bourgogne Henri III, et mère de Frédéric, duc de Souabe, son père.

L'empereur déclara cette année toutes les principautés de l'empire indivisibles, savoir: les duchés, les comtés et les marquisats. Neuchâtel y était compris, soit comme fief immédiat de l'empire, soit comme fief de Bourgogne, arrière-fief de l'empire; c'est ce qui fut confirmé l'an 1170.

Au mois d'avril 1157, il tomba une prodigieuse quantité de neige, qui fut suivie d'un grand froid et de violents orages, qui causèrent de grands maux aux hommes et aux bêtes, et beaucoup de dommage aux maisons, aux tours et aux arbres. L'été fut extrêmement chaud et sec. Le 1er juillet il tomba une forte grêle, accompagnée d'un vent extraordinaire, ce qui fit bien du dégât aux fruits de la terre. Le 17 septembre on vit en même temps trois soleils et trois lunes.

L'an 1158 mourut Amédée, évêque de Lausanne; il fut inhumé dans le grand temple de Lausanne. Ulrich, ou, selon d'autres, Landrich de Dornach, doyen de l'église de St-Jean de Besançon, fut élu en sa place l'an 1159. Ortlieb, évêque de Bâle, assista l'an 1160 au concile de Pavie, que l'empereur avait fait assembler pour apaiser un schisme causé par deux papes.

Berthold, seigneur de Valangin, mourut cette année, après avoir achevé de bâtir le château de ce lieu. Il extirpa plusieurs endroits du Val-de-Ruz, et entre autres le lieu où est le village de Dombresson, qu'il fit bâtir. Le chapitre de St-Imier y envoya un curé, auquel l'évêque de Bâle et le chapitre donnèrent des rentes. Berthold lui donna aussi des dîmes et remit la collature de cette nouvelle église au dit chapitre, qui l'a tenue jusqu'à la réformation, 22 juin 1552. Ce Berthold, qui avait été le premier seigneur de Valangin, laissa deux fils : Eberhard, qui lui succéda, et Nicolas, qui assista aux tournois à Zurich, l'an 1165.

Landrich de Dornach, évêque de Lausanne, allant à Rome et passant par Nidau, y fut arrêté par les officiers de l'empereur, l'an 1160. Ils le dépouillèrent et le retinrent longtemps. L'empereur était irrité contre cet évêque, parce qu'il avait épousé le parti du pape Alexandre III. Cela avait même été cause que l'empereur, pour se venger de l'évêque, avait remis au duc de Zæringen le vicariat sur la ville de Lausanne. Cependant Landrich fut enfin relâché sous promesse d'être fidèle à l'empereur, ce qu'il fit dès-lors.

Berthold IV, de Zæringen, alla l'an 1160 avec ses troupes suisses en Italie, pour aider l'empereur à prendre Milan. Il en fut récompensé par la donation des vicariats des évêchés de Lausanne, de Genève et de Sion, à quoi cependant il fut apporté quelque modification l'an 1162.

Ortlieb, évêque de Bâle, et Landrich, évêque de Lausanne, assistèrent, l'an 1163, au concile de Besançon. Il s'agissait de remédier au schisme, dont il est parlé ci-dessus, que le concile de Pavie, assemblé par ordre de l'empereur, n'avait pu terminer, entre Alexandre III et Victor IV. Les rois de Danemark, de Bohème et autres princes se trouvèrent à Besançon. On y reconnut pour pape légitime Victor IV; mais Alexandre ayant refusé de s'y rendre, soutenant qu'il n'y avait de concile légitime que ceux qu'il convoquait, en assembla un autre à Tours, où les rois de France et d'Angleterre se rencontrèrent. Ce concile prononça en faveur d'Alexandre; mais ce schisme n'ayant pu être éteint par les hommes, fut terminé par la mort, qui enleva bientôt après Victor de ce monde, et par ce moyen Alexandre fut victorieux.

Raoul ou Rodolphe II, comte de Neuchâtel, mourut l'an 1164. Il laissa deux fils, Ulrich et Berthold. Plusieurs auteurs, comme Stumpf, Hafner et Vurstitius, assurent qu'Ulrich eut Neuchâtel et des terres allemandes, qui étaient Fenis, Nidau et Strasberg, et que Berthold eut aussi sa part à Neuchâtel, et des terres romandes, qui étaient Colombier, Rochefort, Bevaix, Gorgier, Vaumarcus, etc., qu'il tint en fief de son frère Ulrich. L'aîné des fils du comte possédait le comté et en avait l'administration.

Ses frères étaient ses vassaux; ils lui rendaient hommage des terres qu'ils avaient eues en partage et qui étaient par ce moyen autant de fiefs dépendant de l'aîné. Tous les comtes de la maison de Neuchâtel, savoir ceux de Nidau, d'Arberg, de Valangin, de Strasberg et le bailli de Bienne étaient les vassaux de celui de Neuchâtel, qui tenait la branche aînée, et ils en dépendaient. Aussi celui de Neuchâtel, comme chef de cette maison, portait le titre de *dominus,* et tous les autres ne pouvaient se donner que celui de *domicellus,* ou de *donzel.*

1164
Les cadets rendent hommage à l'aîné.

Titre de ces seigneurs de Neuchâtel.

ULRICH III,
CINQUIÈME COMTE DE NEUCHATEL.

Ulrich III succéda à Raoul, son père, l'an 1164. Il régna fort longtemps. Il fut grand ami des ducs de Zæringen, Berthold IV et Berthold V, pendant que tous les autres comtes de la Suisse étaient leurs ennemis.

Ulrich III succède à son père.
Il était ami des ducs de Zæringen.

Mangolt, comte de Nidau et de Strasberg, oncle d'Ulrich III, mourut l'an 1165. Il laissa deux fils. L'aîné était Louis, qui fut comte de Nidau et assista cette année aux tournois de Zurich, où il y eut quatorze princes, quatre-vingt-onze comtes, quatre-vingt-quatre barons, cent trente-trois chevaliers et plus de trois cents nobles. C'était le dixième tournois qui s'y tint, et ce fut Welphe de Bavière, gouverneur de Zurich, qui en fit les frais. On le célébra la semaine de St-André (V. l'an 1138). Jean, comte de Neuchâtel, et Nicolas de Valangin y assistèrent. Il y eut six cent vingt-quatre casques; l'on y jouta trois jours consécutifs, à la fin desquels on dressa des bals, et les dames distribuèrent les prix. Christophe d'Erlach y assista aussi. Il était, selon toutes les apparences, descendu d'un cadet des comtes de Fenis, qui lui donna Cerlier ou Erlach en fief et qui y fit bâtir un château; et c'est de là que cette noble maison a pris son nom. Ce qui paraît en être une preuve, ce sont ses armes : elles portent un pal chargé d'un chevron brisé, les comtes de Fenis ayant pour leurs armes trois pals chargés chacun de trois chevrons brisés. L'aîné de la maison avait toujours les mêmes armes, mais les cadets en avaient qui étaient différentes, afin de les pouvoir discerner. (V. les ans 1153, 1248). Il y a toujours eu dès-lors de grands hommes dans cette noble maison d'Erlach.

1165
Mort de Mangolt, comte de Nidau.
Louis, son fils, etc de Nidau.
Tournois de Zurich.

Le duc Welphe de Bavière en fait les frais.

Il s'y trouve 624 casques.

Christophe d'Erlach y assiste.
On le croit descendu des comtes de Fenis.

Armes des comtes de Fenis.

Le second fils de Mangolt fut Ulrich, comte de Strasberg, qui est la souche de tous les comtes de ce lieu qui ont vécu dès-lors. Strasberg était un château au-dessus de Bettlach près de Bienne; il était sur une colline où ses masures paraissent

Ulrich, second fils de Mangolt, eut Strasberg.

1165
Strasberg est devenu la seigneurie de Läbern, possédée par les cantons de Berne et de Soleure.

encore. On l'appelle présentement la seigneurie de Läbern, parce qu'il est au pied de cette partie du mont Jura qu'on nomme Läberberg. Les cantons de Berne et de Soleure possèdent chacun une portion de ce comté.

1166
Le roi de Bohême ravage la Suisse.

Wladislas, roi de Bohême, étant venu avec une armée au secours d'Hugues, comte palatin, qui était en guerre avec Welphe, duc de Bavière, passa de là avec son armée de Bohémiens à travers la Suisse et alla jusqu'au lac de Genève, mettant tout à feu et à sang; ce qui arriva l'an 1166.

1167
Ortlieb, évêque de Bâle, meurt, et Gerward de Ferrette lui succède. Il est dégradé par le pape Alexandre III.

Les Bâlois excommuniés pendant dix ans.

Ortlieb, évêque de Bâle, mourut l'an 1167. Il eut pour successeur Louis de Petern, nommé Gerward, comte de Ferrette, qui fut établi l'an 1168; mais il fut dégradé et excommunié par le pape Alexandre III, parce qu'il avait soutenu avec ardeur le parti de l'empereur Frédéric. Le pape l'accusait de simonie; mais comme la ville de Bâle ne laissa pas que de reconnaître Gerward pour son évêque, le pape excommunia les Bâlois, de ce qu'ils l'avaient reçu dans leur ville. Cette excommunication dura dix ans. Landrich, évêque de Lausanne, soutint aussi toujours le parti de l'empereur contre le pape.

Frédéric 1er passe l'hiver en Bourgogne.
Il établit Othon, son fils, comte palatin de Bourgogne

L'empereur Frédéric 1er vint en Bourgogne, où il passa l'hiver. Ulrich III y alla pour rendre ses devoirs à ce monarque, Neuchâtel étant pour lors un fief qui dépendait de l'empereur. Frédéric créa Othon, le quatrième de ses fils, premier comte palatin de Bourgogne pour posséder ce comté après sa mort en toute souveraineté, et le nom de comte resta seulement aux descendants mâles des anciens comtes comme un titre d'honneur. Cet Othon fut aussi établi bailli de Glaris par l'empereur, comme il paraît par un acte du 1er septembre 1169. Il lui donna aussi les abbayes de Seckingen et de Lauffenbourg.

et gouverneur de Glaris.

Confirmation des trois évêchés à Berthold IV, duc de Zæringen.

Berthold IV, duc de Zæringen, ayant toujours accompagné l'empereur dans toutes ses guerres d'Italie, il lui confirma la donation qu'il lui avait faite l'an 1153 des trois évêchés de Lausanne, de Genève et de Sion, et encore de terres en Alsace et des seigneuries sur la Saône en Bourgogne (V. les années 1203 et 1218).

L'empereur fait Ulrich III bailli de Bienne pour lui et ses descendants. Ce qui dépendait de ce bailliage.

L'empereur donna aussi à notre comte Ulrich III l'office de bailli de Bienne de la part de l'empire, ce qui fut héréditaire à ses descendants (V. 1177 et 1274). De ce bailliage dépendaient le Val-de-St-Imier, la montagne de Diesse, etc. Les empereurs établissaient des baillis dans les lieux non inféodés et qui dépendaient d'eux immédiatement. Quelquefois ils limitaient le nombre des années que les baillis y devaient rester; quelquefois c'était à vie, et d'autres fois ils rendaient ces bailliages héréditaires : pour lors ces baillis étaient propriétaires comme

Droits et fonctions de ces baillis.

les comtes et les barons. Ils exerçaient la justice de la part des empereurs et ils retiraient les revenus des terres qui étaient dans leurs juridictions ; ils étaient même chargés de l'inspection sur leurs voisins et d'informer l'empereur de tout ce qui se passait au préjudice de ses intérêts.

Gerward, comte de Ferrette, évêque de Bâle, érigea l'an 1170 le monastère de Bellelai en abbaye et lui donna de grands priviléges. Il a été depuis lors indépendant de tout laïque ; il a pu disposer de ses rentes et il a eu la liberté de choisir son abbé et le soin de pourvoir à l'entretien de ses moines. Deux ans après, en 1172, cet évêque Gerward fut déposé, et Hugo de Hasenbourg fut élu en sa place évêque de Bâle.

Landrich de Dornach, évêque de Lausanne, ayant été accusé auprès du pape Alexandre III d'être un ignorant et un impudique, il le déposa l'an 1173. Il y a de l'apparence que ce fut plutôt à cause que Landrich avait suivi le parti de l'empereur. Ce pontife nomma de son autorité un successeur à l'évêché, qui fut Roger, que quelques-uns croient avoir été frère du comte Ulrich III ; mais ils se trompent, puisqu'il est certain que Roger était Italien de la Toscane. Il était fort aimé du pape, qui l'avait même établi son sous-diacre et son légat. Il en reçut aussi le pallium, qu'on ne donnait qu'à ceux qu'on voulait distinguer. Il fut reçu dans son évêché l'an 1174. Comme les évêques de Lausanne possédaient les novales et plusieurs autres dîmes dans le comté de Neuchâtel, Roger en fit des dons à l'église et il augmenta considérablement son évêché. Landrich, son prédécesseur, vécut encore longtemps depuis sa démission et il fut enseveli à Lausanne. Ermengarde, première femme d'Ulrich III, mourut cette année.

L'empereur Frédéric Ier alla, l'an 1175, avec une armée en Terre-sainte pour reconquérir Jérusalem. Berthold IV, duc de Zæringen, et Hugo, évêque de Bâle, furent du voyage ; Ulrich III, comte de Neuchâtel, les accompagna.

Ces voyages et ces croisades étaient très onéreux aux sujets, de même que les jubilés lorsque les princes allaient à Rome. Ils donnèrent lieu à trois des cinq aides qui ont été imposées que les bourgeois de Neuchâtel devaient à leurs seigneurs. 1° Lorsqu'ils allaient outre mer ; 2° lorsqu'ils étaient créés chevaliers ; ce qui arrivait presque toujours quand ils allaient dans la Terre-sainte ; 3° et enfin lorsqu'ils étaient faits prisonniers de guerre. Avant ceci, on ne les leur payait que dans deux occasions : lorsqu'ils mariaient une fille et qu'ils achetaient une terre ou seigneurie. Ces aides étaient des tailles extraordinaires que les comtes imposaient à leurs sujets ; mais outre cela, il y

1175

Ce que sont les giètes.

avait une taille ordinaire qui se faisait tous les ans. Le comte demandait une somme qu'on répartissait sur tous les sujets, et c'est ce qu'on nommait faire des *giètes*, parce qu'on jetait cette somme sur tout le peuple, savoir à chacun à proportion de son bien.

Ulrich III prend femme en Terre-Sainte.

Comme le comte Ulrich III était veuf depuis l'année précédente, il se remaria dans ce voyage, et il épousa Berthe, qu'on surnomma *de Samarie*, soit parce qu'elle en était originaire, soit parce qu'il l'avait épousée en ce lieu-là. Il la ramena avec soi à Neuchâtel l'an 1176.

Il revient en
1176
Hiver rigoureux, ouragan.

Il y eut, l'an 1176, un hiver très fâcheux et la veille de Pâques il s'éleva un vent si violent, qu'il renversa des maisons et des forêts en divers lieux.

1177

Hugo meurt. Henri de Homberg lui succède. L'empereur vient à Besançon. Il accorde des priviléges aux habitants.

Hugo, évêque de Bâle, mourut l'an 1177. Il eut pour successeur Henri, baron de Homberg dans le Wurtemberg.

L'empereur Frédéric vint l'an 1177 à Besançon. Il accorda de grandes libertés aux habitants de cette ville, les exemptant de tailles et d'impôts et leur permettant de disposer de leurs biens par testament, ce qu'ils ne pouvaient pas faire auparavant.

Il défend les banques.

Il défendit aussi les banques, comme étant préjudiciables au public et accompagnées d'une usure manifeste; il déclara qu'il n'y en pourrait point avoir dans Besançon que par le consentement de l'archevêque. Le comte Ulrich y étant allé, l'empereur le confirma bailli de Bienne, lui remettant cet office comme un fief qui devait passer à sa postérité. L'acte de franchises accordé à la ville de Besançon est daté de l'an 25 de l'empire de Frédéric; il se passa en la présence de Conrad, qui en était pour lors archevêque, et de plusieurs autres témoins illustres.

Ulrich va saluer l'empereur, qui le confirme bailli de Bienne.

Cet acte de franchises a été le modèle des franchises de Neuchâtel; on y a eu recours.

On tient que cet acte de franchises a été le modèle de celui qui fut depuis accordé à la ville de Neuchâtel l'an 1214, et auquel cette ville eut recours l'an 1453.

Le duc Welphe de Bavière vend ses États à l'empereur.

Welphe, duc de Bavière, n'ayant point d'enfants, son fils unique étant mort de la peste en Italie, vendit à l'empereur Frédéric Ier, les duchés de Bavière et de Souabe, le marquisat de Spolette, les îles de Corse et de Sardaigne et ces terres qui font aujourd'hui une partie de la Suisse, et qui sont entre le Rhin, l'Aar, la Reuss et les Alpes, lesquelles composaient le gouvernement de Zurich et qui dépendaient du duché de Souabe. L'empereur revendit ces dernières terres à Albert de Habsbourg, qui par là devint gouverneur ou bailli de Zurich, mais ce gouvernement était rédimable (V. l'an 1185).

L'empereur en revend à Albert de Habsbourg, qui devient, par là bailli de Zurich.

1178

Fribourg en Suisse bâtie par Berthold IV.

Berthold IV bâtit la ville de Fribourg en Suisse, aux années 1178 et 1179, pour se mettre par là à couvert de la noblesse qui était très nombreuse et fort animée contre lui. Elle ne cessait de l'insulter, n'ayant aucune affection pour lui, à cause de sa trop grande sévérité. Quoique les comtes, barons et seigneurs ne dépendissent pas de lui, mais immédiatement de l'empereur, il prétendait de les rendre ses vassaux.

<small>1178
Berthold n'était pas aimé des nobles.</small>

Ulrich, seigneur et comte de Neuchâtel, fit de grands dons à l'église de St-Michel de Fontaine-André, l'an 1179. Voici la copie de l'acte qui en a été dressé :

<small>1179
Ulrich fait de grands dons à l'église de St-Michel de Fontaine-André.</small>

« Moi Ulrich, seigneur de Neufchâtel, et Berthe, ma femme,
« Nous avons donné sans aucune rétention à l'église de St-Michel
« de Fontaine-André, une forêt que ceux qui demeurent aux
« environs appellent Vavra, pour pouvoir icelle défricher et cul-
« tiver, comme aussi une grange située entre Anet et Champion,
« laquelle il faut rebâtir. Nous avons pareillement concédé à la
« même église l'usage libre de nos pâturages partout où il y en
« a dans les limites de notre terre. Cependant où il arriverait
« que les donataires viendraient à causer quelque dommage
« aux circonvoisins, ils répareront ce dommage, sans procès et
« sans attendre qu'on l'exige par voie de justice séculière. Nous
« avons aussi permis aux frères, qui feront leur demeure dans
« ce lieu-là, d'avoir leur usage dans le bois qui est proche
« d'eux en la montagne, pour construire charrues, chariots et
« pour bâtir les logements qui seront nécessaires aux dits frères.
« De plus nous avons remis à perpétuité, aux frères de la dite
« église, les dîmes en grain de la terre qu'on appelle Cham-
« preveyres ; de quoi nous avons muni les donateurs du présent
« acte, en y imprimant notre sceau et en y prenant à témoins
« des hommes de probité qui sont, etc. Donné l'an 1179. »

<small>Teneur de la donation.</small>

Entre les témoins qui sont nommés dans cet acte, il y a Guillac de Savagnier, qui apparemment était un homme royé et la souche de ceux de cette maison, ce qui fait voir que le village de Savagnier était déjà bâti en ce temps-là, ou plutôt que, selon toutes les apparences, le comte Ulrich avait donné à ce Guillac cette terre en fief pour la défricher, et qu'il y bâtit le village de Savagnier. Le comte, dans l'acte ci-dessus, est nommé Udry, seigneur de Neuchâtel, et Berthe, Dame du lieu.

<small>Entre les témoins se trouve Guillac de Savagnier.</small>

L'abbé de Fontaine-André fit, après cette donation, bâtir une chapelle à Wavre à l'honneur de St-Théodule, où les femmes enceintes allaient en dévotion et en pèlerinage pour obtenir un heureux accouchement, et les femmes stériles pour devenir fertiles. Cette chapelle devint riche dans la suite par des donations qui lui furent faites. Ce Théodule était évêque de Sion, et vivait l'an 805.

<small>Chapelle de Wavre bâtie.
Lieu de pèlerinage pour les femmes.</small>

Ce fut environ ce temps que Mangolt, Emer et Frémund ;

1179

Trois nobles royés possédaient Voing et le donnent à l'abbaye de Cerlier

trois frères nobles, qui étaient hommes royés et qui possédaient la terre de Voing au-dessus de St-Blaise comme une terre franche dont ils pouvaient disposer, la donnèrent à l'abbé de Cerlier. Ces trois frères y prirent ensuite l'habit de religieux; mais ils jouirent pendant leur vie de ce bien-là (V. l'an 1215).

1180

Roger, évêque de Lausanne, donne à l'abbaye de Fontaine-André la cure de St-Martin de Cressier.

Roger, évêque de Lausanne, donna aussi à l'abbaye de Fontaine-André les revenus de l'église de St-Martin de Cressier, par un acte daté de l'an 1180, indiction 13. Par là l'abbé devint le patron et le collateur de l'église de Cressier, de laquelle il retirait tous les revenus, qui étaient très considérables, et il y envoyait pour faire l'office un de ses moines, auquel il ne donnait qu'une petite pension; outre cela tout ce que le dit moine avait épargné dans cette cure et qu'il possédait au temps de sa mort retournait à l'abbaye. C'est ainsi que les biens de cette église tombèrent en main morte et qu'ils y sont encore aujourd'hui.

Landrich avait fait une pareille donation à l'abbaye St-Maurice, de l'église de St-Aubin. 1176.

Landrich, évêque de Lausanne, fit à-peu-près une donation pareille à l'abbaye de St-Maurice, en l'an 1176, de l'église de St-Aubin, baronnie de Gorgier. En voici les termes:

Teneur de l'acte.

« Landrich, par la grâce de Dieu, évêque de Lausanne, au « révérend Boccard, abbé et chanoine de la Ste Eglise de St-Mau- « rice. Nous devons par un office, qui est enjoint par la grâce « de Dieu à notre petitesse, conserver aux églises leurs droits « et les leur augmenter par plusieurs dons; c'est pour ce sujet « que nous donnons à la prédite église de St-Maurice, qui n'est « pas une église comme les autres, mais qui seule est préfé- « rable à toutes les autres à cause des corps des martyrs de « Thèbes qui y reposent et particulièrement à cause de la fa- « miliarité qu'elle a avec l'église romaine et qui la rend res- « pectable à tout le monde, nous lui donnons l'église de St-Aubin « avec toutes ses appendances, pour obtenir le pardon de tous « nos péchés et ceux de nos prédécesseurs et successeurs les « évêques de Lausanne. Et afin que par aucune force ni con- « trainte ce don ne puisse être cassé, nous le confirmons par « notre présent sceau, dont nous avons muni les présentes; « ce qui a été fait à Lausanne dans l'église de la Bienheureuse « Marie, l'an du Seigneur depuis l'Incarnation 1176 etc. » Le sceau de Landrich est apposé à l'acte et il y a sept témoins.

L'abbé de St-Maurice en obtient la confirmation de l'évêque Roger, pour le remède de son âme et de ses frères.

Vuillesme ou Guillaume, abbé de St-Maurice, voyant que cette donation ne serait pas valable, puisqu'elle avait été faite trois ans après que Landrich avait été déposé, et que consé- quemment il n'avait pu disposer de quoi que ce fût apparte- nant aux églises, s'adressa à Roger, et l'ayant prié de lui en passer un autre acte, cet évêque voulut bien lui accorder sa demande, et ce d'autant plus que les abbés de Bon-Mont, de Balerne et d'Alcret intercédèrent pour lui. Roger déclare dans cet acte qu'il fait cette donation pour le remède de son âme et de celles de ses frères les chanoines qui y avaient tous consenti; que cet abbé pourra y planter et établir la religion de son ordre ou employer les revenus pour l'entretien de lui et de ses successeurs. Roger réserve un marc d'argent ou autant de sols lausannois que vaut un marc, qui devra être payé annuellement et perpétuellement à lui et à ses successeurs, à la fête de St-Gall, sur les revenus de l'église de St-Aubin. L'acte est daté de l'an 1180, indiction 13. Roger y a fait apposer son sceau et il s'intitule « Par la grâce de Dieu évêque de Lausanne et légat du St-Siége apostolique. » Othon de Cressier est nommé dans l'acte pour témoin avec plusieurs autres. La paroisse de St-Aubin paie encore aujourd'hui ce marc au château de Lausanne (V. l'an 1566).

1180

Roger réserve un marc d'argent sur les revenus de l'église de St-Aubin.

St-Aubin paie encore ce marc.

On gardait à St-Maurice la tête de Sigismond, roi de Bourgogne, que l'empereur Charles IV transporta l'an 1356 de St-Maurice à Prague en Bohême, parce que cet empereur se disait descendu de St-Sigismond.

La tête de Sigismond, roi de Bourgogne, transportée de St-Maurice à Prague.

L'évêque de Lausanne possédait quelques dîmes à Provence, qui dépendait pour lors du comté de Neuchâtel; il en avait aussi dans la paroisse que Roger remit à l'abbé Vuillesme, qui bâtit un temple à St-Aubin et une chapelle à Provence, qui fut l'annexe du prêtre de St-Aubin, et cet abbé devint par là le patron et le collateur de ces deux églises.

L'abbé de St-Maurice, patron de l'église de St-Aubin.

Cet évêque avait encore plusieurs autres dîmes dans le comté de Neuchâtel. Il les remit en fief au comte Ulrich, comme il paraît par un acte de l'an 1180, où il est dit qu'Ulrich reçut l'investiture des fiefs allemands et romands qu'il tenait de l'évêque de Lausanne. Entre ces fiefs allemands était la dîme de Kriegstetten (V. l'an 1539). Roger destina aussi une partie de ces dîmes à l'entretien de quelques chanoines qu'il introduisit dans Neuchâtel, de sorte qu'il a été le fondateur de ce chapitre; mais il n'en établit pour lors qu'un petit nombre, qui fut depuis augmenté jusqu'au nombre de douze (V. l'an 1206).

Ulrich reçoit de l'évêque de Lausanne des dîmes en fief à Kriegstetten.

Commencement des chanoines à Neuchâtel.

En ce temps vivait Renaud, fils de Guillaume de Vienne, dont il a été parlé en 1153, qui était connétable de Bourgogne et qui eut la baronnie de Grandson et la seigneurie d'Orbe après la mort de son père (V. l'an 1213). Le prévôt et le chapitre de Soleure inféodèrent, l'an 1181, au comte Ulrich le moulin et la forêt de Selzach. Ce chapitre exerçait la juridiction en divers lieux, et il y avait plusieurs hommes taillables qui en dépendaient et qu'on nommait les hommes de St-Urs; ils habitaient

Renaud de Grandson et d'Orbe.

1181

Le chapitre de Soleure inféode au comte Ulrich un moulin et une forêt.

1181 dans le Leberberg, qui est entre l'Aar et le Mont-Jura et entre Soleure et Bienne. Le comte Ulrich assista cette année aux joutes et tournois à Zurich.

L'empereur Frédéric, voulant se croiser pour la seconde fois, fait un partage entre ses fils.

L'empereur Frédéric étant sur le point de partir pour la Terre-sainte, partagea ses états entre ses quatre fils: Henri, Frédéric, Conrad et Othon. Ce dernier fut comte palatin de Bourgogne et il eut Mâcon, Salins, Hohenstaufen, et la régence du royaume d'Arles, nommé *Archisolium*. L'empereur détacha le comté de Ferrette de la Franche-Comté et le donna à son fils Frédéric, auquel il remit le duché de Souabe; mais le comté de Ferrette devait rester fief dépendant de la Franche-Comté.

Othon, régent du royaume de Bourgogne.

Il donna à son fils Othon le titre de vicaire-général ou de régent du royaume de Bourgogne. Pour distinguer le Palatin d'avec ceux qui portaient le titre honoraire de comtes de Bourgogne,

Changem' d'armes.

l'empereur Frédéric changea ses armes; il lui donna un lion d'or en champ d'azur billeté d'or, au lieu que les comtes de Bourgogne portèrent toujours comme auparavant l'aigle d'argent en champ de gueules.

Peste.

Il y eut cette année une peste en Suisse et en divers autres lieux.

Mort d'Ulrich de Strasberg, fils de Mangolt.

Ulrich de Neuchâtel, comte de Strasberg, fils de Mangolt et frère de Louis, comte de Nidau, mourut l'an 1181. Il eut un fils nommé Othon, qui lui succéda. Eberhard, seigneur de Valangin, fils de Berthold, mourut aussi cette année et laissa deux fils, Gebhard et Dietrich, qui possédèrent conjointement la seigneurie.

Mort d'Eberhard, seigneur de Valangin.

1182

Guerre du duc Berthold IV avec l'évêque du Valais.

Berthold IV voyant que Guillaume, évêque de Valais, ne voulait pas le reconnaître pour souverain, lui fit la guerre l'an 1182; mais les Bourguignons, qui avaient toujours été ennemis des ducs de Zæringen et qui appréhendaient même leur aggrandissement, donnèrent du secours à l'évêque, et outre cela le

Défaite du duc.

duc fut trahi par ses propres troupes, tellement qu'il fut battu et eut même de la peine à s'échapper à travers les montagnes.

1184

La noblesse de la Suisse s'étant soulevée contre Berthold, le duc fortifie ses villes.

La noblesse de Suisse se souleva encore l'année 1184 contre Berthold IV, à cause de sa trop grande sévérité; ce qui l'obligea à fortifier les villes de Berthoud et de Moudon pour tenir en bride cette noblesse et surtout les comtes de la Suisse, qui ne voulaient pas dépendre de lui, soutenant qu'ils étaient libres et qu'ils ne devaient qu'un simple hommage à l'empereur. Ce duc

Mort de Berthold IV.

mourut de la goutte, l'an 1185, et fut inhumé au monastère de St-Pierre dans la Forêt-Noire, où était le tombeau de ses pères.

Il laisse un fils et deux filles.

Il laissa un fils, qui fut Berthold V, et deux filles, savoir Agnès, mariée à Egon de Furstenberg, lequel est la souche de la maison de Fribourg, qui a depuis possédé le comté de Neuchâtel;

l'autre, nommée Anne, fut mariée à Wernhard ou Wernier, comte de Kibourg.

Berthold V fut, aussi bien que son père, aimé de l'empereur Frédéric Ier, qui ayant retiré d'entre les mains d'Albert, comte de Habsbourg, le gouvernement de Zurich, le remit à Berthold V et lui confirma aussi toutes les donations qu'il avait faites aux années 1153 et 1169. Aussi Berthold V se montra toujours attaché à la cause de l'empereur.

En l'année 1186 les arbres commencèrent à fleurir au mois de janvier; on moissonna au mois de mai, et on but du vin nouveau au commencement du mois d'août.

L'empereur Frédéric partit pour la Terre-sainte au commencement de l'an 1188. Le sujet de ce voyage était que Saladin, soudan d'Egypte, ayant pris la ville de Jérusalem, les chrétiens résolurent de la lui reprendre; on avait levé pour cet effet la dixième partie des biens des laïques et la dixième partie des revenus de tous les ecclésiastiques. Le duc de Zæringen, le comte de Neuchâtel, l'archevêque de Besançon, Henri de Hornberg, évêque de Bâle, Albert de Habsbourg, et plusieurs autres seigneurs et personnes considérables accompagnèrent l'empereur.

Comme les comtes de Neuchâtel exigeaient souvent de leurs sujets de ces tailles extraordinaires, toutes les fois qu'ils entreprenaient quelque voyage, outre les tailles ordinaires et annuelles qu'ils leur imposaient, elles furent, à leur instante requête, réduites aux cinq cas dont il a déjà été parlé, et qu'on appelle les aides (V. l'année 1175); et c'est ici le commencement des franchises que les comtes de Neuchâtel ont accordées à leurs sujets; car avant cela, ils pouvaient exiger ce que bon leur semblait sans aucune limite ni restriction.

Berthold V, duc de Zæringen, s'était proposé, peu de temps avant son départ, de bâtir encore une ville. Etant à la chasse avec ses gentilshommes, il leur déclara que le lieu où l'on tuerait la première bête, serait celui où il bâtirait la ville et qu'il lui donnerait le nom de cet animal. Comme il arriva que ce fut un ours, en allemand *Bär*, la ville retint ce nom, dont on a fait *Bern*; et elle fut bâtie précisément au lieu où cet animal fut tué. Ce lieu s'appelait auparavant *Sac*, parce que la rivière de l'Aar y forme une longue bande de terre qu'elle environne de trois côtés et dont elle fait une presqu'île. Il y avait sur cet emplacement une forêt de chênes, dont on se servit utilement pour la construction de la ville. Un petit château qui était tout au bas du lieu où cette ville fut bâtie, et qui appartenait au duc, fut appelé Nydeck. C'est là où le temple qui

1188
Berthold V remet le soin de la bâtir à Conrad de Bubenberg.

porte ce nom est présentement. Mais comme le duc devait partir pour la Terre-sainte, il remit les soins de la construction de la ville à Conrad de Bubenberg, un seigneur dont le château était tout près de là outre l'Aar; il lui ordonna d'étendre la ville tant seulement jusqu'au lieu où finit la *Kreuzgasse,* en commençant près du pont qui est sur la rivière. Après quoi Berthold partit pour la Terre-sainte.

1189
Mort de l'empereur Frédéric 1er en Asie.

L'empereur Frédéric Ier ayant obtenu dans l'Asie plusieurs victoires sur les infidèles, repoussé Saladin et voulant se baigner dans la rivière appelée Cydnus et aujourd'hui Salef, ou ayant dessein de la passer à cheval, près de la ville de Séleucie, s'y noya le 17 juin 1189.

1190
Berthold et le comte Ulrich reviennent en Suisse.

Berthold V et notre comte Ulrich III, ayant appris ce malheur, demeurèrent à Tyr jusqu'au mois d'août 1190, que l'empereur fut inhumé dans cette ville. De là Berthold et Ulrich revinrent en Suisse. Pendant que Berthold était absent, Conrad de Bubenberg avait achevé de bâtir la ville de Berne en 1191; mais il la fit plus grande que Berthold ne le lui avait ordonné, l'ayant fait construire jusqu'au lieu où est présentement la grande horloge.

Conspiration des comtes de la Suisse contre le duc de Zæringen.

Les comtes de la Suisse, prenant de l'ombrage de tant de villes que les ducs de Zæringen faisaient bâtir, conspirèrent contre cette maison et résolurent de l'éteindre. Pour cet effet, ils em-

Ses deux enfants sont empoisonnés.

poisonnèrent les deux fils de Berthold, nommés, suivant les uns, Burckard et Adrien, et suivant d'autres, Frédéric et Berthold, et ils firent donner à la duchesse, qui était de la maison de Vogbourg ou de Kybourg, une potion, sous prétexte de médecine, à dessein de la rendre stérile. Ces deux jeunes princes

Ils furent inhumés à Soleure avec leur mère.

furent ensevelis dans la chapelle de St-Urs à Soleure, et la duchesse fut aussi inhumée, quelque temps après, dans le même tombeau. Lorsqu'en 1544 on rebâtit cette chapelle, ils furent tous trois trouvés enveloppés ensemble dans un velours noir.

Comment cette action a été punie.

C'est sans doute cette action exécrable qui a attiré les jugements de Dieu sur les comtes qui y avaient trempé, et sur leurs familles, lesquelles ont toutes été éteintes, Dieu s'étant servi de la ville de Berne comme d'un moyen pour les détruire. La construction de cette ville ayant donné occasion à ces comtes de commettre ces horribles forfaits, « elle a eu dès lors le cœur outré comme une ourse qui est aux champs, à laquelle on a pris ses petits » (II Samuel 17. 8.).

Combien de comtes et de barons il y avait en Suisse.

Ces comtes étaient pour lors au nombre de cinquante dans la Suisse. Il y avait cent soixante barons et douze cents nobles et chevaliers, desquels on ne voit presque plus aucune trace. Ils devinrent dès lors les ennemis de la ville de Berne et ils ont souvent fait des complots pour la détruire; mais les coups qu'ils ont voulu lui porter sont retombés sur eux. Il n'y a eu que le comte de Neuchâtel, qui était pour lors absent de la Suisse et qui n'avait point trempé ses mains dans ce sang innocent, qui ait subsisté.

On peut facilement s'imaginer jusqu'à quel point de douleur le duc de Zæringen fut percé à son retour de Terre-sainte, de trouver ses deux fils morts et empoisonnés pendant son absence, et l'indignation extrême où il se porta contre les seigneurs qui avaient commis ce crime. Il fut en outre fâché de ce que Conrad de Bubenberg avait bâti la ville de Berne plus étendue qu'il ne l'avait ordonné, non-seulement à cause de la grande dépense, mais aussi parce qu'il craignait de ne la pas pouvoir peupler; mais Bubenberg s'en excusa le mieux qu'il put, et l'apaisa en lui promettant de la peupler à ses dépens, comme en effet elle le fut bientôt par un grand nombre de personnes de la campagne qui y vinrent habiter.

Henri de Hornberg mourut cette année, peu de temps après son retour de la Terre-sainte; il eut pour successeur à l'évêché de Bâle Luthold de Rothelin.

Roger, évêque de Lausanne, voyant que la nouvelle ville de Berne était dans son diocèse (V. l'an 540), et quelle dépendait de la paroisse de Könitz, qui appartenait au monastère d'Interlaken, fit des difficultés de l'en détacher; mais, par un traité qui fut fait entre Berthold et l'évêque, on convint que la ville de Berne serait séparée de la susdite paroisse et qu'elle aurait le droit d'avoir des temples et des cloches. Berthold, de son côté, promit à Roger et à ses successeurs vingt-deux marcs d'argent annuellement, afin qu'ils en eussent le soin et la direction. Ce fut ensuite de ce traité que le temple de Nydeck fut bâti.

Berthold V avait trouvé, à son retour, la plupart des comtes soulevés contre lui. C'est pourquoi il leva d'abord une armée, et donna la fuite aux rebelles entre Avenches et Payerne, et il en fit mourir et emprisonner quelques-uns. De là il marcha contre Thoune, qui se rendit d'abord, d'où étant allé en Valais avec Adelberg de Habsbourg, il soumit les Valaisans à son obéissance.

Ulrich III, comte de Neuchâtel, et Berthe, sa femme, donnèrent, par acte de l'an 1193, le clos de la Favarge à l'abbaye de Fontaine-André, et ce pour le remède de leur âme, etc.

Girard de Vienne, comte de Bourgogne, aïeul de Jean, comte de Châlons, dit le sage, eut la guerre avec Othon II, palatin, qui lui disputait le titre de comte; mais il fut obligé de le lui céder, ensuite de ce qu'en avait déjà déclaré l'empereur Fré-

1193
Othon donne sa fille à Girard.

déric Ier. Othon donna même, par le traité qui fut fait, sa fille Jeanne en mariage à Girard.

1194
Berne obtient des franchises.

Berthold V, voyant que les comtes et barons continuaient à le chagriner et qu'ils en voulaient surtout à la ville de Berne, donna à cette cité de grandes franchises et la remit ensuite, l'an 1194, entre les mains et sous la protection de l'empereur Henri VI, qui non-seulement confirma ces franchises,

Elle est mise au nombre des villes libres de l'empire.

mais qui les augmenta encore, la mettant au rang des villes libres de l'empire; et c'est ce que Berthold fit pour punir et dépiter la noblesse de la Suisse.

Grêle.

Il tomba, l'an 1194, de la grêle dont les grains étaient de la grosseur d'un œuf et qui fit un dégât extrême aux fruits de la terre.

1195
Mort de Dietrich, seigneur de Valangin. Renaud lui succède.

Dietrich, seigneur de Valangin, mourut l'an 1195. Il eut un fils, nommé Renaud, qui lui succéda. Gebhard, frère de Dietrich, était mort quelque temps auparavant, n'ayant laissé aucune postérité.

Orages, inondations.

Les vents violents et les débordements d'eau causèrent beaucoup de dommage en divers lieux, l'an 1196.

1198
Roger inféode au comte de Neuchâtel le droit de battre monnaie.

Roger, évêque de Lausanne, inféoda, l'an 1198, le droit de battre monnaie au comte Ulrich III, pour la somme de 105 marcs d'argent et 103 livres lausannoises, à condition que ce droit serait rédimable; les comtes de Neuchâtel l'ont possédé jusqu'à l'an 1225.

1201
Abondance de vin.
1202
Hiver froid, grêle en été, sécheresse et mortalité.

L'an 1201 il y eut une grande abondance de vin. Mais l'année suivante 1202 il fit un hiver extrêmement froid, dont la fin fut fort pluvieuse.

1203
Long hiver.

L'hiver de l'an 1203 fut extrêmement long. On ne put point semer dans les pays les plus avancés jusqu'au milieu du mois de mars, et l'année fut fort stérile.

Le second fils d'Ulrich III épouse la nièce de Berthold V.

Berthold V, duc de Zæringen, avait toujours fort aimé Ulrich III, qui avait accompagné Berthold IV, son père, l'an 1175, en la Terre-sainte et qui y était encore allé avec lui l'an 1188. C'est pourquoi il donna, l'an 1202, sa nièce Yolande en mariage à Ulrich, fils puîné d'Ulrich III. Elle était fille d'Egon de Furstenberg et d'Agnès de Zæringen, sœur de Berthold V. Ce duc

Sa dot fut les terres d'Arberg.

lui donna pour sa dot les terres où l'on a depuis bâti Arberg, qui fut dans la suite érigé en comté et qui est aujourd'hui un bailliage de Berne. Il céda encore à Ulrich ou à sa nièce Yolande les seigneuries sur la Saône que l'empereur Frédéric Ier lui avait données l'an 1169.

1205
Abolition des deux couvents de Neuchâtel, par suite d'actes d'impudicité.

On a remarqué, en l'an 930, que la reine Berthe bâtit à Neuchâtel, à côté du temple, deux couvents, l'un d'hommes et l'autre de femmes. Il arriva, l'an 1205, que la fille du comte

Ulrich III, étant abbesse du couvent des religieuses, se trouva enceinte et accusa l'abbé du couvent des moines de l'avoir séduite; ce dont Ulrich conçut tant d'horreur qu'il abolit ces deux monastères et chassa tous ceux qu'ils contenaient, tant hommes que femmes, hors de Neuchâtel. On croit que ces moines se retirèrent dans l'abbaye de Fontaine-André, qui étaient des moines blancs aussi bien qu'eux, et qui était pour lors au Val-de-Ruz et sous la domination des seigneurs de Valangin, et que les religieuses, qui étaient Ursulines, allèrent passer le reste de leur vie dans une maison de Cressier. Par ce moyen les deux couvents prirent fin et furent démolis l'an 1206, et Ulrich III donna leurs biens et revenus aux chanoines, qu'il augmenta jusqu'au nombre de douze, y compris le prévôt; et il fit du temple de Neuchâtel une église collégiale, comme il paraît par un acte de l'an 1206. Cette église fut remise à ces chanoines pour y faire le service divin. L'abbé de Fontaine-André fut aussi admis au nombre de ces chanoines et y tint même le premier rang après le prévôt.

 Ulrich III fit bâtir dans ce temple une chapelle. Il donna à ces chanoines de nouvelles rentes, et c'est ce que fit aussi Roger, évêque de Lausanne, qui, par ce moyen, fut entièrement déchargé de leur entretien; de sorte qu'il confirma et donna son consentement à tout ce que le comte Ulrich avait fait. Ce dernier bâtit à ces chanoines des maisons, qui sont celles où on loge les pasteurs de la ville et où sont les écoles. La maison qui est au-dessous du vieux château, fut aussi donnée aux chanoines. Mais comme ces maisons ne suffirent pas pour les tous contenir, le comte Ulrich leur donna encore la place qui est entre la porte du château et le donjon, où le chapitre bâtit une maison pour la demeure du prévôt, qui l'a possédée et qui y a habité jusqu'à l'an 1456. Il leur donna encore la vigne qui est auprès de la porte du château, la dîme des vignes de la mairie de Neuchâtel et la place de St-Guillaume, où les chanoines firent leur jardin. Ce chapitre ayant acquis de grandes rentes, bâtit bientôt après une chapelle à Fenin, qui pour lors était dans le comté de Neuchâtel (V. l'an 1132 et 1224). Le chapitre de Neuchâtel y envoyait un chapelain pour y faire le service divin, et c'est pour cette raison que cette chapelle fut bâtie au lieu où est présentement le temple de Fenin, c'est-à-dire dans l'endroit le plus proche de Neuchâtel pour la commodité du chapelain, sans avoir égard au peuple qui s'y assemblait et qui venait depuis Savagnier.

 De ce que le comte Ulrich III fit de l'église de Neuchâtel une église collégiale et de ce qu'il est dit dans un acte qu'il en avait fondé le temple, quelques-uns ont inféré qu'il l'avait bâtie. Mais ils se sont trompés; car il est impossible de lui appliquer ce qui était contenu dans l'écriteau qu'il y avait sur le portail du temple et dont on a fait mention en l'an 930, savoir: qu'Ulrich fuyait devant ses ennemis, lorsque ce temple fut construit, outre que, dans la figure relevée en bosse qu'il y avait sur le même portail, Ulrich y paraissait habillé en évêque; ce qui ne peut pas convenir au comte Ulrich. Enfin Berthe est nommée la première dans cette inscription, et elle est dépeinte comme présentant à la B.-H. Vierge un petit temple qu'elle tenait entre ses mains; lesquelles choses ne sauraient s'appliquer au comte Ulrich et à Berthe son épouse, car il est vraisemblable qu'Ulrich serait nommé le premier et qu'il présenterait lui-même le premier ce temple à la B.-H. Vierge plutôt que Berthe. Ce qui est dit qu'Ulrich fonda cette église ne se doit entendre que des rentes qu'il lui donna, ayant fait un fonds pour la subsistance du chapitre.

Difficulté entre Roger et Thomas, comte de Savoie. Roger, évêque de Lausanne, eut de grandes difficultés avec Thomas, comte de Savoie, qui fut obligé de laisser l'évêque en paix après lui avoir ruiné quelques châteaux.

Le pays de Valais de nouveau soulevé contre Berthold V, qui prend les armes, et est repoussé Le pays de Valais s'étant de nouveau soulevé contre Berthold V (V. l'an 805), Berthold y entra avec une armée, mais il fut repoussé. Les Bourguignons, qui avaient toujours été les ennemis des ducs de Zæringen, avaient donné du secours aux Valaisains.

1209

Froid et mortalité. L'hiver de l'an 1209 fut extrêmement froid et dura jusqu'à la St-George; ce qui causa une mortalité sur les hommes et sur les bêtes.

Mort du comte Ulrich. Les fils et les femmes d'Ulrich. Ulrich III, comte de Neuchâtel, mourut l'an 1209. Il eut trois fils, savoir; Raoul ou Rodolphe, qui lui succéda; Ulrich qui, en l'an 1202, avait épousé Yolande de Fribourg; et Berthold, qui fut évêque de Lausanne. Sa fille était cette abbesse dont il a été parlé en l'an 1205. Ulrich avait eu deux femmes, savoir: Ermengarde de Neubourg, proche parente du duc de Zæringen, Berthold IV, et Berthe, qu'on surnommait de Samarie, parce qu'on la croyait fille d'un prince de ce pays-là. Pendant la vie d'Ulrich III, comte, vivaient, dans le comté de Neuchâtel, Guillac de Savagnier 1179, et Othon de Cressier 1180, et autres hommes royés.

Pendant son règne, il y eut quatre empereurs, savoir: Frédéric Ier, qui mourut l'an 1190; Henri VI, qui mourut l'an 1199; Philippe, qui mourut l'an 1207 et Othon IV, qui régnait au temps de la mort du dit comte.

RAOUL ou RODOLPHE III,
SIXIÈME COMTE DE NEUCHATEL.

1209

Ce comte, nommé ordinairement Radulphe, ne vécut que quatre ans depuis la mort de son père, et il ne s'est pas passé des choses bien considérables durant son règne.

Aucune chose considérable durant le règne de Rodolphe III.

Othon, comte de Strasberg, qui était de la maison de Neuchâtel (V. l'an 1165) et fils d'Ulrich, frère de Louis, comte de Nidau, reçut de l'empereur Othon IV le pays et le val de Hasli en fief d'empire l'an 1210; avant ce temps ceux de ce pays-là avaient des baillifs de la part de l'empereur.

Othon de Strasberg reçoit le pays de Hasli.

1210

Luthold de Rothelin, évêque de Bâle, ayant accompagné Othon IV à Rome, et les Bâlois lui ayant fait présent d'une somme d'argent pour son voyage, il leur donna en récompense de grandes franchises à son retour. Luthold fit ensuite le voyage de la Terre-sainte avec Baudouin, comte de Flandre.

Luthold de Rothelin récompense les Bâlois.

Il se croise avec Baudouin.

Roger, évêque de Lausanne, résigna au mois de janvier 1211 son évêché, et Berthold, fils d'Ulrich III, comte de Neuchâtel, fut élu en sa place. Roger se réserva des rentes pour subsister pendant le reste de sa vie, se contentant d'être chanoine. Il avait augmenté de beaucoup les revenus de l'évêché. Berthold était avant cela trésorier de l'église cathédrale de Lausanne, et il avait été auparavant prévôt du chapitre de Bâle l'an 1208.

1211

Berthold est fait évêque de Lausanne.

Il était trésorier du chapitre.

Berthold V, duc de Zæringen, résigna la ville de Berne à l'empereur Fréderic II, qui avait succédé à Othon IV, et confirma la donation qu'il en avait faite à Henri VI l'an 1194.

Berthold résigne la ville de Berne à l'empereur Fréderic II.

Fréderic vint depuis Coire à Bâle, où il fut reçu magnifiquement. Il accorda des priviléges à diverses villes de la Suisse qui avaient épousé son parti; et surtout il donna de grandes franchises à la ville de Berne, après que Berthold V la lui eut remise. Ce qui porta ce duc à céder cette ville à l'empereur, fut la bataille qu'il perdit l'an 1211 à Ulrichen et que les Valaisans gagnèrent; outre les chagrins que lui causèrent toujours les comtes de la Suisse. Il crut que l'empereur serait plus en état de les dompter, et surtout par le moyen de la ville de Berne, qui était déjà considérable et que ces comtes avaient en aversion. Berthold remit aussi le pays de Vaud à l'empereur; cependant il se réserva encore une partie des terres qu'il possédait en Suisse.

1212

Visite de l'empereur Fréderic à Bâle.

Il accorde des franchises à plusieurs villes, et surtout à Berne.

Motifs qui engagèrent Berthold à résigner Berne à l'empereur.

Il remet aussi le pays de Vaud.

Luthold de Rothelin, évêque de Bâle, mourut de la peste l'an 1213; il eut pour successeur Valther ou Valdrich de Rothelin. La mortalité fut si grande en Suisse cette année que, dans la seule ville de Bâle, il mourut 14,000 personnes.

1213

Mort de Luthold, évêque de Bâle.

Mortalité extraordinaire.

Par un acte daté de St-Blaise, aux ides de novembre 1213,

Berthold, évêque de Lausanne,

1211
fait une donation au chapitre de Neuchâtel.

Berthold de Neuchâtel, évêque de Lausanne, donne de certaines terres et rentes au chapitre de Neuchâtel. Les témoins nommés dans cet acte sont Mathieu, prieur du Val-de-Travers, cinq chanoines de Neuchâtel et cinq chevaliers.

Lambert, fermier du Val-de-Travers pour Girard de Vienne, comte de Bourgogne et baron de Grandson.

Entre les personnages considérables qui ont vécu dans le comté de Neuchâtel pendant le règne de Raoul III, l'histoire fait entre autres mention d'un certain Lambert, qui tenait le Val-de-Travers en amodiation de Girard de Vienne, comte de Bourgogne et connétable de la Franche-Comté, lequel le tenait en fief du palatin de Bourgogne. Comme ce Girard, fils de Renaud de Vienne, était seigneur d'Orbe et baron de Grandson, et que le Val-de-Travers était en ce temps-là une dépendance de cette baronnie, Girard l'avait remis au susdit Lambert par amodiation; aussi est-il nommé dans des anciens manuscrits *villicus*, qui signifie amodiateur.

Mort de Raoul III. Il laisse un fils unique.

Raoul III, comte de Neuchâtel et de Fenis, frère d'Ulrich, baillif de Bienne, mourut l'an 1213, laissant un fils unique nommé Berthold, qui lui succéda.

Partage des frères de Raoul avec Berthold, leur neveu.

Les deux frères de Raoul III, savoir: Ulrich, baillif de Bienne, et Berthold, évêque de Lausanne, firent un partage avec Berthold leur neveu (V. les années 1236 et 1664).

BERTHOLD Ier,
SEPTIÈME COMTE DE NEUCHATEL.

Ulrich, tuteur de son neveu Berthold.

BERTHOLD, comte de Neuchâtel et de Fenis, était fort jeune quand son père mourut; c'est pourquoi son oncle Ulrich fut son tuteur et curateur, et conduisit l'état pendant plusieurs années. On peut dire que c'est Ulrich qui a rendu le pays un état comme on le verra dans la suite de ce chapitre.

Il donne des franchises aux bourgeois. Quel en fut le motif.

Ce fut lui qui, voyant que le comté de Neuchâtel dépérissait faute d'habitants et surtout depuis que la peste en avait enlevé une bonne partie, et considérant d'ailleurs que la condition servile où les précédents comtes avaient réduit les bourgeois, n'était pas un moyen de repeupler la ville, ni d'y attirer des étrangers, résolut de leur accorder de grandes franchises; il reconnut que ce n'était pas l'étendue d'un pays qui fait un grand prince, mais le nombre des sujets et leur commerce, et que d'autre côté des sujets qui sont nés libres ont toujours plus de générosité, de valeur et d'éducation, que ceux qui sont nés dans la servitude. Ce comte accorda à ces fins à ses sujets à-peu-près les mêmes franchises que l'empereur Frédéric Ier avait données à ceux de Besançon. De là vient qu'on a eu quelquefois recours aux franchises de Besançon pour expliquer celles de Neuchâtel quand il s'est agi de les renouveler (V. les années 1247 et 1453). Et comme ces franchises sont les premières, et sont l'origine de toutes celles que les bourgeois de la ville de Neuchâtel ont acquises dès-lors, il importe de rapporter tout au long l'acte que le comte Ulrich et Berthold, son neveu, passèrent aux bourgeois de Neuchâtel l'an 1214.

ACTE D'ULRICH ET DE BERTHOLD.

Franchises de 1214

Au nom de la sainte et individue Trinité, Ulrich, comte, et Berthold son neveu, co-seigneurs de Neufchâtel, à tous ceux qui ces présentes verront, salut.

Savoir faisons à tous, que nous inclinant à l'avancement et heureux état de notre château et ville de Neufchâtel, avons disposé, selon les coutumes de Besançon, sous cette forme, telle ordonnance à nos bourgeois de Neufchâtel, par leur aveu et consentement : *Coutumes de Besançon.*

1. Nous ne ferons au chastel ou en notre ville de Neufchâtel aucune exaction. (V. le 8 mai 1537.) *Exactions prohibées.*

2. Nous prendrons nos lois[1]) et forfaits au sang fait dedans les trèves soixante sols, au sang fait hors des trèves neuf sols. *Bans de batterie fixés.*

3. Pour armes dégaînées et tirées sur quelqu'un sans frapper, ou pour la pierre jetée contre aucun sans frapper coup, prendrons dix livres ; et si celui qui tire les armes ou jette la pierre, ne peut donner caution, son corps, selon la loi, sera tenu captif jusqu'à satisfaction. (V. le 8 mai 1537.) *Armes dégaînées. Pierre jetée.*

4. Et faut noter que toutes claires promesses pour comparaître en jugement seront de quatre sols n'étant accomplies. *Défaut de comparution.*

5. Nous ne prendrons nul au château ni en la ville sans jugement, sinon larrons, homicides et insidiateurs manifestes. *On ne doit saisir aucun bourgeois sans jugement.*

6. Avons aussi, par chaque bœuf ou vache vendue au mazel, quatre deniers, et la langue ; par chaque porc, *Droits de boucherie.*

---

[1]) Il y a dans d'autres copies *nos droits* et non *nos lois*.

deux deniers; pour le lard, un denier; pour le mouton et la brebis, un denier; pour le bouc ou la chèvre, une obole.[1])

7. Un chacun escoffier qui tiendra banc au marché nous donnera quatre paires de souliers, un chacun an en ces temps : à la nativité de notre Seigneur, une paire; à la St-Jean, une paire[2]); à Pâques, une paire, et à la St-Gall, une paire, ni des pires ni des meilleures.

8. Un chacun tavernier qui vend vin à taverne, pour un chacun muid de vin, devra un denier; en après pour un chacun vaisseau, de quelque grandeur qu'il soit, dès un muid en haut, un quarteron, et, si dedans la vendition, ne sont requis, ils ne répondront hors de la vendition.

9. Nous avons aussi en la ville ou au marché l'éminage et le pesage, qu'on nomme quintal, tant sur nos bourgeois que sur nos étrangers. Nous avons de plus le ban que nous pourrons vendre 24 muids de notre vin, autant que nous voudrons prendre notre ban hors des murs, et vendrons notre vin, étant légitime, pour plus grand prix que ne sont vendus les autres vins, depuis le temps des vendanges jusqu'au temps que nous prendrons le ban, et s'il nous plaît, nous vendrons le ban.

10. Aussi nous doit notre communauté des bourgeois de Neufchâtel sept livres, un chacun an, à rendre au jour de la Cène.

11. Si aucun de nos dits bourgeois trépasse sans hoirs ou parents, ses biens, tant meubles comme immeubles, seront nôtres. S'il a hoirs ou parents, mais qu'ils soient absents, on les attendra an et jour, et si dans cet an et jour, ils ne répètent et demandent l'hoirie, l'héritage sera nôtre, s'ils ne sont munis et garnis d'occasion légitime.

12. Nous percevrons aussi aux vignes, lesquelles ap-

---

[1]) Tout ceci a été changé par la remise de la boucherie à la ville.
[2]) Ce doit être à la Chandeleur. (V. la confirmation de 1454.)

partiennent à la cour de Neufchâtel, par un chacun muid, un setier de vin ; mais aux vignes de Champreveyres, pour chaque deux muids, un setier, et pour un chacun muid, trois deniers, pour le regard desquelles nous poserons et mettrons les gardes des vignes, le tout par le conseil des bourgeois.

Franchises de **1214**

13. Or, tous les chesaux hors les portes du château nous doivent cense, et si nous avons guerre propre, la communauté nous devra aider sans prendre taille, et auront nos dits bourgeois armes et chevaux compétents, selon leurs facultés, par le conseil de la communauté.

Censes des chesaux

14. Si le château a besoin de bâtiment, la communauté sera tenue de faire bâtiment à son pouvoir.

Réparations du château.

15. Une chacune boulangère nous devra, un chacun an, le jour de la Cène, dix-huit deniers, et ne doit gagner plus de seize deniers sur le muid de bled ; que si elle doit avoir gagné plus de seize deniers, son avoyer jurera qu'elle n'a pas plus gagné ; que s'il ne veut jurer, il paiera quatre sols pour l'amende.

Droits sur les boulangères.

16. En tous nos revenus, si aucun dit avoir prêté le serment, pourvu qu'il soit légitime, il en sera quitte. Toutefois si, par deux voisins légitimes étant accusé, il est convaincu l'avoir mal rendu, il donnera, suivant la loi, soixante sols, et ne sera puis après tenu pour légitime.

Serment prêté par un bourgeois jurant qu'il a payé ce qu'il doit au seigneur.

17. Quiconque apportera vendre des poissons de dehors, les vendra au mazel, et s'il les vend ailleurs dedans la ville, donnera quatre sols selon la loi, si d'aventure il ne les vend chez son hôte pour sa nourriture.

Vente du poisson.

18. Quiconque entre de nuit dans la ville, chacun peut gager son detteur et pleige qui n'est pas de la ville, et ce dehors du château et en bas, sinon au cimetière.

On peut gager son débiteur de nuit.

19. Les marchés, foires, venditions de gages, la coutume de prendre des fiefs des seigneurs, pour viande, foin, avoine et ferrures de chevaux soit gardée, et que

Marchés et foires confirmés.
Permis d'accenser ses biens.

les usages des anciens jugements demeurent, selon les anciennes coutumes, avec les choses devant mises.

Franchises de 1214. Anciennes coutumes gardées.

20. Mais si les chesaux du château ne sont édifiés ou habités des propres possesseurs ou hôtes compétents, ils nous rendront la cense comme les chesaux de dehors le château.

Chesaux du château non édifiés.

21. Si d'aventure quelqu'un délaisse sa vigne par trois ans sans la cultiver, elle sera nôtre.

Vigne non cultivée.

22. Or, de toutes les coutumes dessus écrites, auxquelles nous prenons cense et rente, les canoniques en demeurent francs et quittes, quant à ce qu'ils ont tenu pour l'église de Neufchâtel jusqu'au temps de cette ordonnance.

Chanoines francs de tout droit, même de la dîme.

23. Les gens d'armes aussi et leurs fiefs, et les portiers et les favres ayant fiefs et leurs fiefs sont francs. Mais les autres favres nous doivent un chacun an, au jour de la Cène, douze fers. De sorte que chacun d'eux, sinon les vassaux entre les favres, nous doivent rendre les dits douze fers par les dites coutumes.

Les gens de guerre francs. De même les favres qui ont fief. Les autres favres doivent douze fers de cheval.

24. Nous nommons nos bourgeois de Neufchâtel libres et quittes de toute exaction, extorsion et tailles.

Les bourgeois quittes de toute exaction et taille.

25. Nous ordonnons et permettons qu'ils vendent librement leurs possessions, savoir : maisons, vignes, champs, prés, et qu'ils les engagent à quiconque il leur plaira, toutefois sauf notre droit et par notre congé qu'on les vende, desquels ils devront lods et ventes, savoir : des choses vendues pour un sol, un denier, et pour les choses engagées pour un sol, une obole. De quoi celui qui a acheté ou retient par engagère paie les deux parties, et celui qui vend ou qui engage, la troisième partie. Toutefois, si quelqu'un vend ou engage ayant requis notre consentement, celui qui prendra la chose vendue ou l'engagère, la retiendra de nous, mais l'autre la perdra ; toutefois il pourra redemander son debt, si le detteur peut

Ils peuvent vendre leurs biens

moyennant les lods.

Engagère.

Consentement du comte.

avoir autant d'autre part pour pouvoir rendre; autrement il est exclu d'action tout entièrement.

Franchises de **1214**

26. Mais ayant changé de maître, les bourgeois ne reprennent pas le leur selon leur plaisir pour payer reprise.

Il n'y a point de reprise.

27. Et si aucun de nos dits bourgeois trépasse, ses hoirs succéderont en l'héritage sans reprise, et toutefois le doivent recevoir de la main du seigneur.

Les hoirs doivent reprendre le bien de la main du seigneur.

28. Or, ils peuvent faire testament de leurs possessions sans notre consentement (sauf toutefois notre droit) sinon à moines blancs.

Pouvoir de tester.

29. Et si aucun étranger, pourvu qu'il ne soit de nos hommes, refuit en notre ville de Neufchâtel, et y séjourne n'en étant requis an et jour, et se présente aux ministraux de la ville et à nous, et qu'il s'aide aux choses nécessaires aux communs usages, les bourgeois par ci-après le tiendront pour leur combourgeois et nous avec eux. S'il est besoin, lui ferons maintenance; mais s'il ne s'est point aidé, il ne sera point tenu pour combourgeois, et il ne lui sera point fait de maintenance dans la ville. Toutefois, pour l'autorité de la ville, nous ne permettrons pas qu'aucun outrage lui soit fait, mais s'il est pris ou tué hors de la ville, nous ne le vengerons ni le suivrons. Si, dedans l'an et jour, il est requis, raison sera faite de lui au requérant; que, si par sa coulpe il s'est refui et il compose avec le requérant, le requérant prendra les deux parts de toutes les choses du fugitif; mais s'il fuit par la coulpe du requérant, et il accorde avec lui, il prendra seulement la tierce partie des choses du fugitif; que s'il n'accorde pas, la ville le gardera quarante jours, dedans lesquels nous lui baillerons conduite par un jour et une nuit, afin qu'il fuie là où il voudra fuir, et si le fugitif veut nier qu'il appartienne au requérant, il se défendra personnellement par le champ de bataille entre eux deux, et le requérant

Comment on peut agréger dans la bourgeoisie les sujets d'un autre seigneur.

l'assaillira personnellement; si au champ de bataille il est occis, occis soit; s'il est vaincu, ne sera restitué au requérant, mais la ville le gardera par quarante jours, au bout desquels nous lui donnerons conduite comme dit est. Mais les étrangers à l'entrée, quand ils se représentent, ils ne donnent rien au seigneur ni aux ministraux; s'ils ne le donnent de leur gré et bon vouloir et quand il leur plaira, ils se peuvent d'ici retirer avec entière asportation de leurs biens en liberté, et s'ils veulent tenir leurs possessions, ils les peuvent tenir, sauf notre droit.

30. En tous nos articles qu'il sera nécessaire, Nous sommes entenus de faire maintenance et aide à nos bourgeois.

Or, nous avons corroboré les coutumes, ainsi qu'elles sont contenues au présent instrument authentique, par le serment imposé de les vouloir observer inviolablement, excepté que nous en exemptons les officiers de notre maison quand et cependant qu'ils administreront nos offices pour en ce n'estre obligés à notre dit serment qu'ils ne nous servent de leur propre, si nous requérons service d'eux, ou s'ils conduisent mal nos affaires, lors ils nous rendront compte et nous satisferont touchant le mauvais traitement. Aussi nos successeurs seront tenus d'observer par serment les prédites coutumes quand ils succèdent à l'hoirie, afin que les choses que nous avons faites, demeurent fermes sans les pouvoir rompre à perpétuité.

Que si d'aventure Nous et les nôtres transgressent ces ordonnances en quelque endroit et que nos successeurs contredisent de garder les dits serments sur ceci, Nous établissons Seigneurs et Juges les vénérables Pères Evêques de Lausanne et le chapitre de Neufchâtel, afin qu'ils assujettissent à l'interdit tant notre terre que celle de nos successeurs, hormis Neufchâtel jusques à ce que les prédites coutumes soient entièrement gardées aux bourgeois et que les serments leur soient tenus. Néanmoins, pour nous et nos successeurs, faisons justice des dits bourgeois par censure ecclésiastique, s'ils attendent de se distraire et aliéner des coutumes par lesquelles ils sont obligés et redevables à nous.

Franchises de 1214

Or, afin que ces choses demeurent fermes et stables, nous avons fait corroborer le présent Titre des Sceaux des vénérables personnes l'évêque Berthold et le chapitre de Lausanne et le chapitre de Neufchâtel et par nos propres sceaux. Fait l'an de l'incarnation de notre seigneur 1214 au mois d'avril.

Corroboration par les sceaux de l'évêque, du chapitre et du comte.

CONFIRMATION DE L'ÉVÊQUE.

Berthold, par la grâce de Dieu, évêque de Lausanne, et tout le chapitre d'icelle église, et le chapitre de Neufchâtel, à tous ceux qui ces présentes lettres verront, salut au Seigneur.

L'évêque accepte sa qualité de juge avec les deux chapitres.

Que tous sachent que nous approuvons et ratifions les conventions qu'ont les uns avec les autres nos bien-aimés Ulrich, comte, et son neveu Berthold, seigneurs de Neufchâtel d'une part, et les bourgeois du même lieu d'autre part; et, par la requête et consentement des deux parties, en avons pris la charge, de sorte que si les dits seigneurs, ou leurs successeurs se veulent retirer d'icelles conventions, ou s'ils les vicient en quelque endroit, les dits bourgeois auront leur refuge à nous et à nos successeurs, et obtiendront telle justice que toute la terre des dits seigneurs sera assujettie à l'interdit par nous et par nos successeurs, hormis Neufchâtel, jusqu'à l'entière observation des dites conventions. Mais si les bourgeois n'obéissent à leurs seigneurs ni à leurs successeurs, comme il est porté en cette chartre, nous les contraindrons ou nos successeurs par censures ecclésiastiques, pour l'observer comme ils doivent, afin qu'ils

Comment les seigneurs seront contraints.

demeurent fermes. Or, pour l'observer, nous avons fait corroborer le présent écrit sous l'autorité de nos sceaux.

Donné à Neufchâtel par la main de notre vénérable chancelier Aymé. Fait l'an de l'incarnation de Notre Seigneur 1214, au mois d'avril.

EXPLICATIONS ET REMARQUES PARTICULIÈRES SUR LES TRENTE ARTICLES DE FRANCHISES MENTIONNÉS CI-DESSUS.

Co-seigneurs. — Ce titre de *co-seigneurs*, qui est dans le préambule des franchises, fait voir que le plus proche parent du comte et qui était de sa maison avait beaucoup de crédit et d'autorité et que rien de bien important ne se faisait sans son aveu.

Le *consentement des bourgeois*, mentionné à la fin du préambule, marque que ce n'est pas ici une simple concession, mais un traité ou une capitulation, où chaque partie prend des engagements.

Exactions. — 1. Le premier article des franchises, qui libère les bourgeois de toute exaction, montre qu'avant cela ils étaient taillables, ce qui paraît encore davantage par l'article 24, où les mots d'*extorsion* et de *taille* sont ajoutés. Mais ceci ne doit s'entendre que des tailles qui n'avaient point d'autre borne que la volonté du seigneur auxquelles les taillables étaient assujettis, car le comte ne libérait pas les bourgeois de tout ce qu'ils lui devaient, puisqu'ils lui ont payé dès-lors les cinq aides, les lods, les ventes, l'éminage, le fournage, et plusieurs autres choses, mais qui étaient réglées. Il les affranchit donc seulement de ces tailles arbitraires et annuelles qui étaient insupportables aux bourgeois, et de véritables exactions et extorsions.

Bans ou amendes pour batteries. — 2. Dans le deuxième article, le comte déclare qu'il fera payer un ban ou amende à celui qui aura répandu du sang en frappant son prochain. Si c'est dans les trèves (V. l'an 1033), il paiera soixante sols, qui font douze batz; si c'est hors des trèves, il ne paiera que neuf sols faibles. Ce deuxième article est une explication du premier.

Epée dégaînée. — 3. Celui qui dégaînera ou tirera son épée contre quelqu'un, quoiqu'il ne frappe pas, ou qui aura jeté une pierre contre quelqu'un, quoiqu'il ne l'ait pas atteint, paiera dix livres. Et si celui qui aura dégaîné l'épée ou jeté la pierre ne paie pas ou ne peut pas donner une caution, il sera mis en prison jusqu'à ce qu'il ait satisfait.

Promesse violée. — 4. Celui qui aura promis de comparaître en justice et qui cependant n'effectuera pas sa promesse, paiera quatre sols d'amende [1]).

5. Le souverain ne pourra faire saisir personne, ni emprisonner qui que ce soit, que par une connaissance de justice [2]), sinon les larrons, les meurtriers, les insidiateurs manifestes, c'est-à-dire ceux dont le crime est tout prouvé et qu'on surprend en flagrant délit. Ce mot *insidiateur* signifie ici un espion qui sera reconnu être tel (V. l'an 1260, art. 2 des franchises de Nereu ou Neureux). *Ceux que le prince peut saisir. Insidiateur.*

6. Pour chaque bœuf ou vache qu'on débitera à la boucherie, on paiera au souverain quatre deniers, et on lui donnera la langue. Pour chaque pourceau on paiera deux deniers. Pour un lard, un denier. Pour le mouton ou la brebis, un denier. Pour le bouc ou chèvre, une obole, qui vaut un demi-denier [3]). *Droits sur la boucherie.*

7. Chaque cordonnier qui tiendra banc au marché ou qui aura une boutique ouverte, devra quatre paires de souliers: une paire à Noël; une paire à Pâques; une paire à la St-Jean, et une paire à la St-Gall, et qui ne seront ni des moindres, ni des meilleurs. *Les cordonniers.*

8. Chaque hôte qui vendra vin dans son cabaret, devra, pour chaque muid de vin qu'il débitera, un denier, et pour chaque tonneau qui contiendra plus d'un muid, de quelque grandeur qu'il soit, devra un quarteron, c'est-à-dire deux pots, ou le quart d'un seteret, qui contenait huit pots. Et si le seigneur ne fait demander ce que dessus pendant que l'hôte débitera le vin, il ne lui devra rien. *Les hôtes. Seteret.*

9. Le comte retirera aussi en la ville ou au marché l'éminage, qui consiste en une émine par muid de tout le grain qui se vendra, et il retirera aussi la livre qu'on nomme quintal, c'est-à-dire une livre par quintal des denrées qui se vendront au poids, et ce tant sur les bourgeois que sur les étrangers ou sujets qui ne sont pas bourgeois. Et il se réserve aussi le ban pour pouvoir vendre en détail vingt-quatre muids de son vin dans le temps qu'il lui plaira, pourvu que ce ne soit pas en temps de foire, et ce vin devra être bon et bien conditionné, et il pourra le vendre à un plus haut prix qu'il ne s'est vendu depuis les vendanges précédentes jusqu'au temps qu'il choisira; et s'il lui plaît, il vendra le ban. Ce droit est nommé *ban*, parce que pendant que le comte vendait son vin, il était dé- *L'éminage. Les poids et ventes. Ban du vin.*

---

[1]) Aujourd'hui cela n'est plus en usage.

[2]) Cela est encore observé; on ne peut emprisonner personne sans connaissance de justice.

[3]) Tout ceci a été changé par la remise de la boucherie à la ville.

fendu à tous les bourgeois de vendre vin en détail sous peine d'une amende. Le comte pouvait céder ce droit à qui bon lui semblait, lorsqu'il ne voulait pas vendre lui-même.

Cense annuelle. 10. La communauté des bourgeois devra payer annuellement au comte, sur le jour de la Cène, la somme de sept livres faible monnaie.

Héritages. 11. Si quelque bourgeois meurt sans laisser des hoirs ou parents, tous ses biens meubles et non-meubles appartiendront au comte. Mais s'il a des hoirs ou parents qui soient absents, on les attendra pendant un an et six semaines, et si pendant ce temps-là ils ne répètent et ne demandent pas l'héritage, il est échu au souverain, à moins que ces parents absents n'eussent une excuse valable et bien fondée, par laquelle il paraisse évidemment qu'ils n'ont pas pu venir dans le temps prescrit par les lois.

La dîme à la douzième. 12. Le comte aura aussi sur toutes les vignes qui sont dépendantes de la cour de Neuchâtel, c'est-à-dire qui sont dans la mairie de la ville, savoir: sur chaque muid qu'on y cueillera, un setier, qui était la dîme à la douzième. Et sur les vignes de Champreveyres, il retirait sur chaque deux muids un setier, *Dîme à la vingt-quatrième.* qui était la dîme à la vingt-quatrième, et outre cela, sur chaque muid, trois deniers (V. l'an 1480). — Le comte réserve qu'il *Gardes des vignes.* pourra mettre et établir les gardes des vignes, le tout par le conseil des bourgeois.

Chesaux de maisons. 13. Tous les chesaux des maisons qui sont hors des portes du château, doivent une cense foncière au souverain. Par les portes du château il faut entendre les deux portes qu'il y avait au bourg, savoir: celle du château et la Maleporte. Toutes les maisons qui étaient dans le détroit compris entre ces deux portes et qu'on nomme encore aujourd'hui la rue du château, étaient franches de censes directes, parce qu'elles étaient, d'un autre côté, assujetties à plusieurs autres astrictions (V. l'an 1036). Mais les chesaux des maisons qui étaient hors du bourg devaient une cense foncière. Et lorsque, est-il ajouté, le comte aura *Ce qui est dû en temps de guerre.* guerre propre, c'est-à-dire qui le regardera en son particulier ou son état, il s'engage à ne pouvoir pour lors imposer aucune taille aux bourgeois de Neuchâtel; mais ils devront l'aider et avoir des armes et chevaux, chacun suivant ses facultés, ce qui devra être réglé par la bourgeoisie.

Réparations du château. 14. Les bourgeois devront aussi, suivant leur pouvoir, entretenir le château et y faire les réparations nécessaires.

Boulangères. 15. Chaque boulangère devra payer annuellement, au jour de la Cène, dix-huit deniers, et elle ne devra gagner que seize deniers sur un muid de blé; son avoyer sera obligé de soutenir par serment qu'elle n'a pas gagné davantage, et s'il ne veut pas jurer, il paiera quatre sols pour l'amende.

16. En tous les revenus du prince, tout honnête homme qui soutiendra par serment de les avoir payés, sera à croire et devra être quitte; mais s'il est convaincu par deux voisins qui l'accusent d'avoir mal juré et qui soient des hommes de bonne réputation et dignes de foi, il paiera 60 sols d'amende, et il ne sera plus regardé comme un homme d'honneur. *Celui qui fait un serment est digne de foi.* *Mais le parjure est puni.*

Pour comprendre cet article, il faut remarquer qu'à Neuchâtel on ne payait la dîme du vin qu'après vendanges, et ce en moût et un setier par muid. Les dîmeurs allaient dans les maisons pour recouvrer la dîme; chacun était obligé de déclarer, par une espèce de serment, combien il avait eu de vendanges dans ses vignes, afin de pouvoir payer exactement ce qui était dû. C'est de cette manière de payer les dîmes que sont procédées celles qu'on nomme des *dîmes à la conscience*, parce que cela dépendait de la conscience d'un homme de déclarer la quantité de vendanges qu'il avait eue, et s'il lui arrivait de ne pas dire la vérité et qu'il en fût convaincu, il était puni sévèrement. *Dîmes à la conscience.*

17. Tous ceux qui apporteront de dehors des poissons pour les vendre dans la ville, les vendront à la boucherie, et celui qui les vendra auparavant dans la ville, paiera quatre sols d'amende, suivant la loi, à moins qu'il ne les vendît à son hôte, où il logera, pour lui servir de nourriture. *Vente des poissons.*

18. Chaque bourgeois pourra gager son débiteur ou sa caution qui ne sera pas de la ville, même pendant la nuit, et pour toute la ville, excepté dans le château et sur le cimetière. *Permission de gager.*

19. Par cet article, le comte confirme plusieurs anciennes coutumes, savoir: les marchés, les foires, les venditions des gages qu'on prend aux débiteurs pour se payer. Il veut que la coutume de prendre des fiefs des seigneurs, c'est-à-dire de recevoir d'eux des terres par des accensissements, à condition de leur payer annuellement de certaines denrées pour cense directe, comme de la viande, du foin, de l'avoine et des ferrures de chevaux, soit observée; et que l'ancienne manière de juger des différends subsiste conformément aux anciennes coutumes. *Confirmation de plusieurs coutumes.* *Fiefs.* *Accensissements pour des denrées.*

20. Si les chésaux, c'est-à-dire les maisons du château ne sont pas rebâties et qu'ils soient habités de propres possesseurs, en état de s'acquitter de tout ce à quoi les habitants des bourgs sont obligés, ces maisons-là devront payer une cense directe, tout de même que celles qui sont hors du bourg. *Les chésaux du château non rebâtis.*

Vignes non cultivées. — 21. Si quelqu'un néglige de cultiver sa vigne pendant trois ans, elle doit retourner au souverain.

Biens d'église exempts de censes foncières. — 22. Les chanoines ne paieront point de censes foncières ni dîmes pour les fonds qu'ils possèdent appartenant à l'église de Neuchâtel, et desquels ils ont joui jusqu'à ce temps.

Hommes francs. Fiefs ou accensissements. Favres. Vassaux. — 23. Les gens de guerre, les portiers et les favres qui, pour des services rendus au souverain, en ont obtenu des fiefs, c'est-à-dire des terres par accensissements, seront aussi francs et ne paieront aucunes censes directes pour ces terres de fiefs; mais les autres favres paieront annuellement chacun douze fers au jour de la Cène, c'est-à-dire au temps de la communion ou à Pâques. Les vassaux d'entre les favres sont exceptés, savoir: ceux qui possédaient des terres qui leur avaient été accensées franches.

Cet article fait voir que les terres franches sont nommées des fiefs et que ceux qui les possédaient sont appelés vassaux, quoiqu'ils fussent roturiers. Les comtes de ce temps ne pouvant pas anoblir, il n'y avait, à la réserve de ceux de leur maison, aucun noble dans le pays, si ce n'est les hommes royés ou royaux, qui n'étaient cependant pas les vassaux des comtes, mais des empereurs, desquels ils dépendaient immédiatement. Ces hommes royaux sont depuis devenus les vassaux des comtes de Neuchâtel (V. l'an 1311).

Extorsion. Tailles. — 24. Cette franchise est déjà contenue au premier article, mais elle est plus étendue dans celui-ci. Au premier, le comte se lie pour ne pouvoir user d'exaction; ici il ajoute les mots *d'extorsion* et de *tailles*. Il déclare les bourgeois de Neuchâtel libres, dans quelque lieu qu'ils habitent, puisqu'il ne spécifie point ici le lieu de leur demeure, comme il l'avait fait dans le premier article, où il fait mention du châtel et de la ville, c'est-à-dire du bourg et du reste de la ville.

Bourgeois de Neuchâtel libres.

Les fonds donnés en propre. — 25. Avant ceci, les bourgeois ne tenaient leurs fonds que par un accensissement qui n'était que comme une amodiation, le comte en était toujours le propriétaire; mais par cet article il remit aux bourgeois, en toute propriété, les terres qu'ils tenaient de lui; de sorte que les accensissements à leur égard changèrent de nature, car au lieu qu'ils ne pouvaient pas les vendre, il leur en permit ici la vente. Et quoiqu'il s'engage à ne pas s'opposer à ces venditions et engagements qui se feront des fonds, cependant il ne laisse pas que de réserver son congé, parce que les lods et ventes de ces venditions lui étaient dus; c'est pourquoi il fallait nécessairement les lui découvrir et ne les pas faire en secret, afin qu'il ne fût pas privé de ses droits.

Permission d'aliéner.

Réserve du prince.

Pour posséder il faut un acte public. — De là vient qu'encore aujourd'hui on ne peut posséder un fonds que par un acte public reconnu par un notaire, qui a serment au souverain, et qui par conséquent est pour lui présent, ou par une prise de possession et investiture. On voit ici l'origine des lods, qui sont réglés au douzième denier, et les engagères au vingt-quatrième; ce dont l'acheteur devait payer les deux tiers et le vendeur le tiers. Toutefois, dit le comte, si quelqu'un engage ou vend par notre consentement, l'acheteur retiendra de nous la chose vendue, c'est-à-dire que l'ayant acquise sous notre autorité, nous le maintiendrons dans son acquisition. Mais celui qui n'aura pas suivi les formalités requises, perdra la possession, qui lui sera confisquée. Cependant le vendeur pourra répéter la somme due à l'acheteur, s'il a de quoi payer; mais s'il n'a pas de quoi satisfaire, le vendeur sera entièrement frustré de ses prétentions.

Origine des lods.

Le prince maintient l'acheteur.

26. Mais lorsqu'une possession a été vendue et a changé de maître, les bourgeois ne pourront pas la retirer selon leur plaisir, c'est-à-dire quand même ils le voudraient et qu'ils s'offriraient de payer la reprise, comme font les taillables, dont les enfants, à la mort de leur père, peuvent faire reprise de leurs terres, moyennant une pièce d'argent.

Fonds vendu ne pouvant être retiré.

Taillables.

27. Lorsqu'un bourgeois mourra, ses héritiers auront ses biens, sans qu'ils soient obligés d'en faire une reprise du seigneur, et toutefois ils devront recevoir l'héritage de sa main, ce qui se fait par la mise en possession et l'investiture.

On hérite sans contribution.

28. Les bourgeois pourront donner leurs biens par des testaments à qui bon leur semblera, sans que le testateur soit obligé de demander le consentement au seigneur. Il réserve le droit du souverain, qui, appliquant son sceau au testament et mettant l'héritier en possession de l'héritage, retire aussi pour cela ce que la loi lui adjuge. Le comte excepte ici les moines blancs, auxquels il ne permet pas aux bourgeois de donner leurs biens, parce que, venant d'être chassés depuis peu, il ne voulait pas qu'on leur fît aucun legs, crainte que cela ne fût une occasion de les rétablir et de les faire retourner dans Neuchâtel, d'où il désirait qu'ils fussent exclus pour toujours.

Permission de tester.

Sceau du souverain.

Moines blancs exceptés.

29. Si un étranger qui n'est pas sujet du comte se retire à Neuchâtel et y demeure un an et six semaines sans être revendiqué, et qu'au bout de ce terme il s'adresse aux ministraux de la ville et au comte, s'il paraît que pendant ce temps-là il ait fait les corvées et tout ce que font les autres bourgeois, il sera tenu pour combourgeois, et nous, avec les ministraux, le maintiendrons; mais s'il ne s'est point acquitté des devoirs auxquels sont tenus les bourgeois, il ne sera point reconnu pour combourgeois et il ne sera pas maintenu dans la ville,

Comment les étrangers sont traités à Neuchâtel.

c'est-à-dire soutenu et protégé comme on en use à l'égard des autres bourgeois. Toutefois, pour soutenir l'honneur et l'autorité de la ville, nous ne permettrons pas qu'aucun outrage lui soit fait; mais s'il est pris ou tué hors de la ville, nous ne le vengerons ni poursuivrons celui qui l'aura tué. Si dans l'an et jour, il est revendiqué par son seigneur, de la domination duquel il a voulu se soustraire par sa fuite, et qu'il vienne à le redemander, on fera justice de lui à celui qui le redemandera. S'il s'est enfui de son pays par sa propre faute et qu'il compose avec celui qui le redemande, il sera obligé de lui donner les deux tiers de son bien; mais s'il s'est enfui par la coulpe, c'est-à-dire par la faute du requérant, et qu'il accorde avec lui, ce dernier ne pourra prendre que le tiers du bien du fugitif. Que s'il n'accorde pas, la ville le gardera, c'est-à-dire le protégera pendant quarante jours, pendant lesquels nous lui donnerons une escorte pour le conduire pendant un jour et une nuit, afin qu'il puisse s'enfuir où il voudra. Si le fugitif nie d'appartenir au requérant, il se défendra personnellement par le champ de bataille entre eux deux, et le requérant l'assaillira. Si au champ de bataille il est tué, il sera bien tué; s'il est vaincu sans être tué, il ne sera pas restitué au requérant, mais la ville le gardera pendant quarante jours, au bout desquels nous lui donnerons une escorte comme il est dit ci-dessus. Mais lorsque les étrangers se présentent pour habiter dans la ville, ils ne sont pas obligés de rien donner, ni au seigneur ni aux ministraux, s'ils ne le donnent de leur bon gré et franche volonté, et quand il leur plaira ils pourront se retirer d'ici, et emporter avec eux tous leurs biens en toute liberté, et s'ils ont des possessions dans ce pays, ils pourront en jouir depuis les pays étrangers, en payant au seigneur les droits qui lui sont dus.

Cet article montre que le comte souhaitait passionnément d'attirer les étrangers et de peupler son pays, puisqu'il est fait en leur faveur.

Promesse du prince de maintenir les bourgeois.

30. Le comte, par ce dernier article, s'engage de maintenir ses bourgeois en toutes les choses qu'il vient de leur promettre, et de les aider autant qu'il sera nécessaire, conformément à cet acte de franchises.

OBSERVATIONS GÉNÉRALES SUR L'ACTE DE FRANCHISES DE 1214.

Les bourgeois, avant ces franch'es, ne pouvaient vendre sans le consentem² exprès du seigneur et qu'en payant.

Il paraît, par ces franchises, qu'avant qu'elles fussent accordées, les bourgeois ne pouvaient pas disposer des fonds qu'ils possédaient, ni par des venditions, ni par des dispositions testamentaires, sans un **exprès** consentement du seigneur, qu'il n'accordait qu'au moyen d'une somme d'argent à sa volonté, et, en fait de succession, qu'au moyen d'une reprise, ce qui arrivait lorsqu'un comte mourait et qu'un autre lui succédait, et lorsque le possesseur venait à mourir. C'est en place de ces reprises et de ce consentement, qu'on obtenait à prix d'argent, que les lods ont été établis; en quoi le seigneur a bien trouvé son compte.

Les bourgeois de Valangin obtinrent aussi les mêmes franchises de leur seigneur (V. l'an 1372), tant à l'égard des lods qu'à l'égard des reprises, qui s'accordent en justice par le moyen de la demande en mise en possession et en octroi d'investiture, qui s'accorde sans autre finance que celle des émoluments de justice.   *Les bourgeois de Valangin ont aussi obtenu ces mêmes franchises.*

On observe que le comte de Neuchâtel jura le premier de maintenir et d'effectuer tout ce qu'il avait promis par cet acte, et que les bourgeois ne lui prêtèrent serment de fidélité qu'après que le seigneur le leur eut prêté. Et c'est ce qui a toujours été pratiqué dès-lors et à quoi ses successeurs ont été obligés ensuite de la clause qui en est expresse [1]).   *Le comte de Neuchâtel doit jurer le premier.*

Et ce qu'il y a de plus fort à remarquer, c'est le compromis perpétuel lié entre le seigneur et les bourgeois, par lequel ils reconnaissent l'évêque et le chapitre de Lausanne aussi bien que le chapitre de Neuchâtel pour leurs juges absolus, en cas de difficultés résultantes de l'inobservation des choses promises, reconnues et jurées, et c'est depuis ce temps que le dit évêque a été juge des choses qui ont regardé le comté de Neuchâtel (V. les années 1288, 1373, 1458). De là vient que l'official de Besançon a, dans quelques occasions, jugé des choses qui regardaient le comté de Neuchâtel, comme aux années 1373 et 1458, parce que l'archevêque, qui est le métropolitain, peut prononcer sur toutes les choses dont un de ses évêques suffragants, qui dépend de lui, a droit de juger; et on pouvait même appeler de l'évêque à son archevêque, et de celui-ci au pape. De là vient encore que Louis de Châlons fut obligé, en l'an 1458, de reconnaître l'archevêque de Besançon ou son official,   *Juge au cas que le serment soit violé.*   *L'évêque de Lausanne a été depuis ce temps plusieurs fois juge.*   *Et même l'archevêque de Besançon par appel.*

---

[1]) Avant ce temps, les comtes de Neuchâtel n'avaient jamais prêté aucun serment à leurs sujets, parce qu'ils étaient de main-morte, qu'ils n'avaient aucunes franchises et que le pouvoir des comtes à l'égard de leurs sujets n'était pas limité.

Mais dès que les comtes eurent traité avec leurs sujets et arrêté les franchises qu'ils devaient avoir en les retirant de la main-morte, ils ont cru qu'il était juste de leur promettre par serment de les y maintenir pour montrer qu'ils agissaient de bonne foi. (V. le serment prêté aux sujets de Valangin l'an 1550.)

qui était établi de sa part et qui jugeait en son nom, pour juge compétent du différend qu'il eut avec Rodolphe de Hochberg, et que le susdit Louis de Châlons eut le droit d'en appeler, comme il le fit, par devant le pape, sans que Rodolphe de Hochberg y pût apporter aucune opposition (V. l'an 1288).

REMARQUES SUR L'ETAT DE LA SUISSE EN GÉNÉRAL
DEPUIS L'EXTINCTION DES ROIS DE BOURGOGNE DE LA MAISON DE STRÄTTLINGEN.

Régents de la Suisse depuis la mort de Raoul III, roi de Bourgogne.
Depuis que les empereurs d'Allemagne sont devenus les souverains de la Suisse par la mort de Raoul III, roi de Bourgogne, arrivée l'an 1034, ainsi qu'il a été observé ci-devant, ils ont gouverné ce pays par des régents. Tels ont été Humbert, comte de Maurienne, l'an 1035; le comte Reimbold, l'an 1057; Guillaume, comte de Bourgogne, l'an 1077; Etienne, son fils, l'an 1087; Guillaume, fils d'Etienne, l'an 1099; Conrad, duc de Zæringen, l'an 1127; Berthold IV, l'an 1152; Berthold V, l'an 1185; Vernier, comte de Kybourg, l'an 1218, et Hartmann, comte de Kybourg, l'an 1249.

Cet office de régent fut donné à vie à Humbert, comte de Maurienne, mais les autres l'ont possédé comme un fief héréditaire qui passait aux mâles d'entre leurs descendants. La *Ces régents avaient sous eux des lieutenants-généraux, et ceux-ci d'autres officiers.* plupart de ces régents avaient sous eux des lieutenants-généraux, et tels ont été les comtes de Glane (V. les années 1035 et 1126), et ces lieutenants-généraux avaient encore sous eux d'autres officiers qu'on appelait *sculteti*, et les autres *advocati* *Exercice de la justice civile et criminelle.* (V. l'an 937). Les régents exerçaient la justice civile et criminelle, absolument et souverainement, dans les lieux qui n'appartenaient à aucun comte ni baron; car ces derniers exerçaient la justice dans leurs terres: seulement pouvait-on appeler de leurs sentences par devant les régents. Mais on ne le faisait jamais que lorsqu'il s'agissait de choses importantes.

Quoiqu'il y eût des régents héréditaires, les empereurs pouvaient ériger de nouveaux fiefs.
Quoiqu'il y eût des régents dans la Suisse, cela n'empêchait pas que les empereurs ne pussent ériger de nouveaux fiefs, des comtés, des baronnies et autres, lorsque bon leur semblait; ils établissaient aussi des baillifs[1]) en divers lieux (V. les années 1169 et 1210).

---

[1]) Il y avait cette différence entre les comtes et les baillifs, que les premiers étaient presque toujours placés sur les frontières et dans des bourgs pour garder l'empire, au lieu que les baillifs étaient placés au milieu d'un état, pour y exercer la judicature. Les comtes devaient outre cela prendre les armes et se défendre contre les attaques des ennemis, pendant que les baillifs ne devaient autre chose que de rendre compte des revenus, et, en temps de guerre, fournir leur contingent de troupes.

Les empereurs avaient aussi plusieurs droits sur les comtes, barons et seigneurs, et sur leurs terres. Ils avaient seuls le droit d'anoblir, de battre monnaie, d'établir des péages, l'ohmgeld, le droit de conduite, le droit de flottage sur les rivières, les droits d'entrée, de sortie, et autres semblables; le droit de chasse et de pêche, même sur les terres des comtes et barons; enfin, ils avaient la justice criminelle qui s'exerçait en leur nom. De là vient qu'on nomme encore aujourd'hui un *Landtag* la justice impériale; et on appelle *droit d'empire* la pierre de cent livres dont on se sert lorsqu'on torture un criminel qui, l'ayant soutenue sans rien confesser, est libéré. Les comtes étaient obligés de rendre hommage à l'empereur et ils devaient lui fournir des troupes dans deux occasions, savoir: lorsqu'il passait les monts pour se rendre à Rome afin de s'y faire couronner, et lorsque l'empereur avait une guerre où la Suisse était intéressée.

<small>Autres droits réservés aux empereurs.</small>

REMARQUES SUR L'ETAT AUQUEL ETAIT LE COMTÉ DE NEUCHATEL AU TEMPS DE BERTHOLD Ier.

Il est certain que les comtes avaient été établis par les empereurs et par les rois de Bourgogne pour exercer la justice dans le détroit de leurs comtés; de sorte que c'était proprement dans ce temps-là un office de judicature, qui requérait une résidence locale. Les comtes jugeaient même seuls, et on ne donnait ces emplois qu'à des personnes éclairées et capables de rendre des jugements équitables. Il est bien vrai que, dans des cas importants, ils consultaient les plus savants de leur état, pour être d'autant mieux sûrs de la justice qu'ils étaient obligés de rendre.

<small>Les comtes établis d'abord comme office de judicature.</small>

Au commencement ces offices n'étaient donnés que pour un temps, parce qu'on ne les donnait qu'à la capacité reconnue. Ensuite on les donna à vie, et enfin on les a rendus héréditaires; ce qui a mis en place des gens incapables de juger seuls, soit par défaut de lumières et de connaissances, soit parce que le pays venant à se peupler, ils ne se croyaient pas suffisants pour porter seuls un si pesant fardeau. Aussi ont-ils bien voulu établir sous eux d'autres juges, qui exerçaient la justice de leur part et en leur nom.

<small>L'office est devenu héréditaire.</small>

<small>Origine des autres juges.</small>

Il y a bien de l'apparence que c'est à ce temps qu'il faut rapporter l'établissement du tribunal des Trois-Etats de Neuchâtel. Les chanoines venaient d'être introduits dans cette ville depuis peu d'années, et les bourgeois de Neuchâtel étant devenus de franche et libre condition, il y avait de quoi fournir de juges

<small>Les Trois-Etats ont été alors établis</small>

les deux états, savoir: le premier et le troisième; et pour ce qui était du second, qui était celui de la noblesse, il n'y avait en ce temps-là pour le remplir que les mâles de la maison des comtes, entre lesquels était le seigneur de Valangin, qui aussi y tint le premier rang, et les hommes royés qui étaient nobles, mais qui dépendaient immédiatement de l'empereur.

Pouvoir donné aux Trois-Etats. Les comtes Ulrich et Berthold donnèrent aux Trois-Etats le pouvoir de juger souverainement des causes personnelles, comme sont les tutelles et curatelles, les causes d'injures etc., et même de tout accessoire, à la réserve tant seulement de ceux qui regardaient les fonds, desquels il y avait appel depuis les dits états par devant les audiences, qui jugeaient souverainement de tous les différends.

Office de maître-bourgeois et apparence qu'il fut aussi établi alors. C'est aussi à ce temps qu'on peut vraisemblablement rapporter l'origine du nom et de l'office de *maître-bourgeois*. Les Suisses ont eu le droit d'avoir des bourgeoisies depuis le temps de l'empereur Galba (V. l'an 68). Mais leurs bourgeois ont été dès-lors taillables et de main morte, à laquelle les rois de Bourgogne les avaient de nouveau assujettis l'an 413. Pendant ce temps de servitude, ils n'ont point eu de maîtres-bourgeois, et il est à présumer que ce n'est que dès que les villes ont eu des franchises, qu'ils ont eu des magistrats appelés *maîtres-bourgeois*, comme qui dirait maîtres des bourgeois, leurs chefs. Ce-

Présomption du contraire. pendant on trouve dans la reconnaissance de la bourgeoisie de Neuchâtel de l'an 1406 en faveur de Jean de Châlons, qu'il n'y est absolument fait aucune mention de la qualité de maître-bourgeois, à aucun des conseillers de la ville, mais qu'ils sont simplement des *gouverneurs élus*, non plus que dans les actes de la même date entre LL. EE. de Berne et la ville de Neuchâtel touchant leur combourgeoisie. Il est cependant certain qu'on trouve dans l'acte de 1214, que l'on vient de transcrire,

Qualité ou titre de ministraux dans l'art. 29 des franchises de 1214. art. 29, le mot de *ministraux*[1]), et que les autres bourgeois du pays, comme le Landeron, Boudry et Valangin, ont eu des maîtres-bourgeois dès qu'ils ont eu des franchises, et ensuite des bannerets. Il est aussi probable que c'est dans ce temps-là que

Conseil de Ville. le conseil de la ville de Neuchâtel fut établi, tant pour diriger les affaires de la police et pour veiller à la conservation des franchises et des intérêts de la bourgeoisie, que pour juger des choses en première instance.

Apparence que le banneret fut aussi établi alors. De même aussi, il y a de l'apparence que ce fut en ce temps qu'on établit un banderet ou banneret à Neuchâtel, puisque

---

[1]) *Ministraux*, c'est-à-dire serviteurs, d'autant qu'ils servaient le public, et qu'ils avaient très peu d'autorité; mais comme ils en acquirent beaucoup par ces franchises, ils prirent aussi le titre de *maîtres-bourgeois*.

cela se pratiquait dans toutes les villes qui acquéraient des franchises, desquelles le banneret était le gardien et le protecteur (V. l'an 1350). Et puisque par l'article 13 des dites franchises ci-dessus transcrites, la bourgeoisie était obligée en temps de guerre d'aider le comte de tout son pouvoir, aussi avait-elle besoin d'un banneret, sous la bannière duquel les bourgeois devaient se ranger, sous peine du ban dans cette occasion. On dressa pour lors un formulaire du serment que le banneret devait prêter aux comtes et aux bourgeois sur le jour même de son élection. On y a depuis apporté quelque changement (V. les années 1559 et 1690).

Walther de Rothelin, évêque de Bâle, étant parvenu à cet évêché par des voies illicites, le pape Innocent III le déposa l'an 1215. On élut en sa place Henri, comte de Thoun.

1215. Henri de Thoun élu évêque de Bâle en place de Walther de Rothelin.

Pierre de Neuchâtel, abbé de Cerlier, qui était des descendants d'Ulrich, comte de Fenis, érigea Voing, qui lui appartenait et qui est au-dessus de St-Blaise, en communauté. Il donna aux habitants de ce lieu des pâturages et d'autres bénéfices. Voing a toujours dépendu de l'abbaye de Cerlier jusqu'à l'an 1377. Il avait été remis à cette abbaye l'an 1179.

Pierre de Neuchâtel, abbé de Cerlier, érige Voing en communauté.

Berthold V, duc de Zæringen, qui demeurait à Berthoud, qu'il avait environnée de murailles et dont il avait fait sa ville capitale, fut comme forcé de quitter la Suisse à cause des vexations que les comtes, barons et la noblesse continuaient à commettre contre lui; Berthold avait fait tous ses efforts pour se les assujettir, mais inutilement, parce qu'ils ne dépendaient pas de lui, mais de l'empereur immédiatement, et que tous leurs fiefs étaient des terres de franc-aleu. Le duc se retira à Fribourg en Brisgau, car il avait déjà alors remis la ville de Berne à l'empereur. Ce fut l'an 1212 qu'il quitta ainsi la Suisse.

Berthold V, duc de Zæringen, quitte la Suisse.

Il se retire à Fribourg en Brisgau.

Il arriva l'année 1216 un incendie très considérable à Lausanne. Outre un grand nombre de maisons qui furent consumées, le temple fut fort endommagé; le toit, qui était de plomb, et les cloches furent fondues. Pour réparer cette perte, le clergé fit une quête dans tous les états voisins.

1216. Incendie à Lausanne qui endommage le temple.

Yolande de Fribourg, comtesse de Neuchâtel, mourut l'an 1217. Elle eut d'Ulrich de Neuchâtel, oncle du comte Berthold, deux fils, Berthold et Ulrich, et quelques filles.

1217

Berthold V, duc de Zæringen, dernier de la maison et oncle de la susdite Yolande, mourut à Fribourg en Brisgau le 27 avril, d'autres disent le 14 février 1218, qui fut le jour de la naissance de l'empereur Rodolphe de Habsbourg. Il s'intitulait duc de Zæringen, régent de Bourgogne et vicaire du St-Empire. Cette illustre maison avait régné fort longtemps dans la Suisse, savoir:

1218. Mort de Berthold V, duc de Zæringen.

Ses titres.

1218

depuis l'an 1084. Ses ducs y ont bâti plusieurs villes et châteaux considérables. Berthold V fut inhumé à Fribourg en Brisgau dans un couvent de religieuses. Il portait les mêmes armes que les anciens rois de Bourgogne, savoir d'or au lion de gueules, couronné d'azur. Les anciens comtes de Habsbourg, dont la maison de Zæringen était descendue, les portaient déjà autrefois. Berthold V ne laissa point d'enfants, ceux qu'il avait eus ayant été empoisonnés, comme on l'a vu ; mais il eut deux sœurs, savoir : Agnès. Celle-ci fut mariée à Egon de Furstenberg, qui eut pour sa part Fribourg en Brisgau ; et c'est dès-lors qu'Egon et ses descendants ont porté le titre de comtes de Fribourg, et il est la souche de ceux de cette maison qui ont depuis possédé le comté de Neuchâtel. Egon eut encore toutes les terres que Berthold V, son beau-frère, possédait dans le Brisgau, de même que quelques terres en Suisse, que les comtes de Werdenberg et autres ont possédées dès-lors. L'autre sœur de Berthold V s'appelait Anne et fut mariée à Wernhard ou Vernier, comte de Kybourg, qui fut établi par l'empereur Frédéric II régent de la Petite-Bourgogne après le duc de Zæringen, son beau-frère. Anne eut en partage Fribourg en Suisse, Berthoud, Thoune et plusieurs autres terres que Berthold V tenait en fief de l'empereur Frédéric II. Vernier fit sa demeure à Berthoud, qui avait déjà été le séjour des ducs de Zæringen ; il eut encore en partage l'avoyerie de Lausanne ; Berthold V la lui avait même déjà remise avant sa mort (V. l'an 937). Mais l'empereur la lui confirma en l'établissant régent de la Petite-Bourgogne. Ce dernier office étant héréditaire, l'empereur ne pouvait pas le lui contester ; cependant, lorsqu'il passait d'une maison à une autre, il fallait le redemander.

Environ deux mois après la mort de Berthold V, la ville de Berne envoya des députés à l'empereur Frédéric II, pour lui demander non-seulement la confirmation des libertés qu'il leur avait déjà accordées l'an 1194, mais aussi pour le prier qu'il lui plût d'en ajouter de nouvelles ; ce qu'il fit l'an 1219. Il leur relâcha la maison que le duc de Zæringen avait dans Berne, les forêts qui étaient autour de la ville, le pouvoir d'établir les charges, et il leur remit aussi les péages. Il créa Berne une ville libre de l'empire, que personne ne pourrait l'en aliéner, déclara son commerce libre, et il lui accorda deux foires, l'une à la St-George et l'autre à la St-Michel, et plusieurs autres choses semblables. En un mot, il lui accorda les mêmes franchises qu'avait la ville de Cologne, et il y établit un gouverneur nommé Othon de Rawensberg.

Ulrich de Neuchâtel, oncle de Berthold, échangea l'an 1218

avec Girard de Vienne, seigneur d'Orbe et baron de Grandson, les seigneuries qu'il possédait sur la Saône (V. l'an 1203), que Berthold V lui avait données, et ce contre le Val-de-Travers et tout ce qui comprend aujourd'hui la seigneurie de Travers avec les Verrières et la Brévine. Ces deux dernières, aussi bien que les montagnes de Travers, n'étaient point encore défrichées, car ces lieux ne contenaient que des bois et des forêts. Mais quoique de moindre valeur, ces terres accommodaient mieux Ulrich que les seigneuries sur la Saône, qui étaient fort éloignées. Toute la difficulté était de pouvoir concilier les différents hommages qu'il fallait que les échangeurs rendissent à leurs suzerains. Les seigneuries sur la Saône dépendaient des comtes de Bourgogne; aussi fallait-il que Girard de Vienne en rendît hommage au palatin Othon III, et ce dernier au duc de Bourgogne. Elles étaient en outre des arrière-fiefs d'empire. C'est pour cette raison que Girard réserva qu'Ulrich lui en rendrait hommage comme comte de Bourgogne, ce qu'il fit volontairement pour être tant mieux protégé et la relevance de l'empire réservée. Toutes ces relevances n'empêchaient point ces échanges, vu que tous ces fiefs étaient également héréditaires et de libre disposition, conformément aux us et coutumes de Bourgogne. Au reste, cet hommage au comte de Bourgogne procura à Ulrich et à tous ses successeurs le droit d'assister aux états de Bourgogne. (*Gollut* liv. II. chap. 12.) L'hommage rendu par Ulrich à Girard pour le Val-de-Travers, fut suivi de l'hommage de Girard au palatin Othon III, et de ce dernier à l'empereur, dont aussi Othon réserva les droits dans l'acte, nommément le péage, la chasse, et les hommes royaux (V. l'an 418), qui dépendaient de l'empire.

Ulrich, après cet échange, obtint que le Val-de-Travers fût érigé en baronnie, parce qu'il venait d'être retranché de la baronnie de Grandson, dont il faisait auparavant une partie. Ces deux baronnies devaient être délimitées par le plus haut et le sommet de la montagne qui est entre Grandson et le Val-de-Travers; et c'était la coutume alors de partager ainsi, lorsqu'une montagne séparait les terres de deux seigneuries. Les anciens actes expriment ces sortes de délimitations par ces termes, *comme les Aigues chiesent*, c'est-à-dire comme les eaux tombent et s'écoulent, *sicut aquæ cadunt, currunt et pendent*. Tous les actes de délimitation du Jura ou de la Franche-Comté contre la Suisse portent ces termes.

Le comte Ulrich fut, au moyen de cet échange, le premier et le seul baron du Val-de-Travers. Il bâtit, à ce qu'on croit, le château de Môtiers, nommé le Châtelard, et il obligea les

1218

Cense de porterie.

habitants du Val-de-Travers à garder ce château, comme on faisait dans les bourgs. Mais il leur accorda aussi le droit de porter leurs effets dans ce château en temps de guerre, ce qu'on appelait *porterie*, afin de les mettre en sûreté. Ils devaient pour cela une émine de froment annuellement, qu'on appelait l'émine de la porte; et ceux qui étaient de cette condition étaient appelés sergents, à cause de la garde qu'ils étaient obligés de faire.

Terres du Val-de-Travers inféodées à Lambert.

On a parlé, sous la date de 1213, d'un certain Lambert qui tenait pour lors en amodiation le Val-de-Travers. Ulrich, baron, lui inféoda quelques terres dans ce Val pour le gratifier. Il est nommé *Villicus* dans de vieux manuscrits, ce qui signifie fermier ou amodiataire [1]). Ces terres qui lui furent remises en fief

Fief Grand Jacques et du Terraux.

ont, dans la suite, été nommées *le fief Grand Jacques* et *Du Terraux*.

Il est vassal du comte Ulrich.

Par cette inféodation ce Lambert devint le vassal d'Ulrich, baron du Val-de-Travers, et on peut dire que ce fief est après Valangin le plus ancien de tous ceux du pays. C'est ce Lam-

Il est la souche de la famille Vauxtravers et Du Terraux.

bert qui a été la souche de la famille Vauxtravers, qui a longtemps subsisté dans le dit val, et de laquelle la première famille Du Terraux a été une branche. (Voyez les raisons pour lesquelles celle-ci a été ainsi nommée en l'an 1304 et 1396.)

1219

Mort de Roger, évêque de Lausanne, suivie de celle de Berthold, aussi évêque.

1220

Roger, évêque de Lausanne, qui avait remis volontairement son évêché, l'an 1214, à Berthold de Neuchâtel, frère du comte Raoul III, mourut le 19 mars 1219, et le dit Berthold le suivit de près, car il mourut le 13 juillet 1220, le jour même qu'il s'était proposé de partir pour la Terre-sainte. Ce fut lui qui environna de murailles la ville de Lutry; il bâtit le château de Villarzel-l'Evêque dans le bailliage de Moudon. Le chapitre de Lausanne élut, le 24 juillet, pour son successeur, Gérold ou

Girard, évêque de Lausanne, devient archevêque de Besançon.

Girard, fils de Diebold, comte de Rougemont en Bourgogne; mais il n'occupa ce siége que jusques au mois de janvier suivant, auquel le pape Honoré III lui donna l'archevêché de Besan-

1221

Guillaume d'Ecublens, évêque de Lausanne.

çon. Le 22 avril 1221 Guillaume, fils de Pierre, seigneur d'Ecublens, fut élu évêque de Lausanne par le chapitre.

Le comte Berthold engage le droit de battre monnaie à Guillaume, évêque.

Le comte Berthold engagea à ce Guillaume, évêque, pour dix ans, le droit de battre monnaie, qu'Ulrich III, son prédécesseur, comte de Neuchâtel, avait acquis l'an 1193 de Roger, évêque de Lausanne. Il reçut la somme de 103 livres lausannoises;

Guillaume fait le réméré de ce droit, qui avait été aliéné.

mais Guillaume ne se contenta pas de l'avoir engagé, car deux ans après, en 1223, il en fit le formel réachat, en délivrant à

---

[1]) On croit même qu'il était du nombre de ces hommes royés, et que ceux de la maison de Diesse, qui possédaient aussi un fief au Val-de-Travers, en étaient de même.

Berthold les 105 marcs qui restaient à payer, au moyen de quoi l'évêque Guillaume rentra en la pleine possession de ce droit, suivant la clause de réméré contenue dans cet article de l'an 1198. (Voyez cette année.)

1221

Girard de Vienne, vicomte d'Auxonne, connétable du comté de Bourgogne, mourut cette année 1221. Il était fils de Renaud et petit-fils de Guillaume de Vienne, dont il a été parlé en l'année 1153. Ce Girard avait épousé Jeanne, fille d'Othon II, palatin de Bourgogne. Il laissa un fils, nommé Etienne, qui lui succéda et qui fut seigneur d'Orbe et de Grandson.

Mort de Girard de Vienne.

Ulrich, oncle de Berthold Ier, comte de Neuchâtel, étant veuf de Yolande de Fribourg, épousa en secondes noces, l'an 1222, Varenne, fille unique de Louis de Neuchâtel, comte de Nidau, sa cousine, et ensuite de ce mariage, il obtint ce comté. Il en eut deux fils, Rodolphe et Henri, et des filles. Cet Ulrich acquit plusieurs terres par ces deux mariages.

1222

Second mariage d'Ulrich de Neuchâtel, baron du Val-de-Travers.

L'empereur Frédéric II, étant obligé de faire un voyage en Italie, et craignant que, pendant son absence, la ville de Berne ne fût attaquée par les comtes qui en étaient voisins, y envoya ce gouverneur nommé Othon de Rawensberg qu'il avait déjà nommé quelques années auparavant, et qui y vint demeurer en avril 1223, afin de protéger cette ville, lui laissant cependant toutes les franchises qu'il lui avait accordées auparavant.

1223

Othon de Rawensberg vient demeurer à Berne comme gouverneur.

Guillaume d'Ecublens acheva de faire la retraction du droit de battre monnaie que Roger, évêque de Lausanne, avait engagé à Ulrich III, l'an 1198. Guillaume ayant déjà délivré pour ce sujet au comte Berthold, l'an 1221, la somme de 103 livres lausannoises, il lui paya encore les 105 marcs qui restaient, et par ce moyen il fut mis en possession de ce droit. On vit cette année une grande comète.

Droit de battre monnaie rédimé par Guillaume d'Ecublens.

Comète.

Les chanoines de Neuchâtel ayant achevé de bâtir une chapelle à Fenin, comme il a déjà été annoncé à la date de l'an 1206, ils y établirent un de leurs confrères, auquel ils firent un gage qui consistait en quatre muids de vin, quatre muids de froment et vingt-cinq livres en argent, que le ministre de Fenin et d'Engolon retire encore aujourd'hui. Par ce moyen les chanoines de Neuchâtel devinrent les patrons et collateurs de cette église. La moitié du Grand-Savagnier y venait faire sa dévotion, pendant que l'autre moitié dépendait de Dombresson, où ils allaient à la messe. Mais comme on bâtit depuis une chapelle au Grand-Savagnier, savoir au bout devers l'orient, où le prêtre de Dombresson venait officier, ceux qui habitaient devers l'occident de ce village, se détachèrent de la paroisse de

1224

Chanoines de Neuchâtel collateurs de la cure de Fenin.

1224
Savagnier réuni entièrement à la paroisse de Dombresson.

Fenin; de sorte que Savagnier, au lieu d'être de deux paroisses différentes, dépendit dès-lors entièrement de Dombresson.

1225
Franchise du péage de la Cluse accordée à l'abbaye de Fontaine-André.

Henri, abbé de Joux, fit donation à l'abbé de Fontaine-André du péage de la Cluse pour les denrées nécessaires à son abbaye. L'acte est de l'an 1225.

Mort de Berthold, fils de Raoul II.

Berthold de Neuchâtel, fils de Raoul II, dont il a été parlé en l'an 1164, mourut la même année 1225. Il avait quelques droits sur Neuchâtel; il tenait en fief de son frère Ulrich III et de ses successeurs cette étendue où sont les seigneuries de Valmarcus ou Vaumarcus, Rochefort, Gorgier, Colombier et Bevaix.

Ses cinq fils tous vassaux de Neuchâtel.

Il laissa cinq fils, savoir: Raoul, qui fut baron de Rochefort; Othon, qui fut seigneur de Vaumarcus; Berthold, seigneur de Gorgier; Henri, seigneur de Colombier, et Ulrich, qui fut

Ulrich de Porta.

surnommé *de Porta*, parce qu'il prit pour ses armes un portail flanqué de deux tours. On croit que la maison de Neuchâtel, dite *de Porta*, en était sortie, et que cet Ulrich était illégitime.

La seigneurie de Bevaix possédée en commun.

Il eut la dîme de Marin en partage. Pour ce qui est de Bevaix, on croit que chacun des frères susnommés, outre la part attribuée au prieur, possédèrent cette seigneurie en commun, puisqu'ils se nommaient seigneurs de Bevaix. On croit que chacun de ces frères bâtit son château sur sa terre et qu'ils firent aussi

Châtelard de Bevaix.

construire le château de Châtelard, près de Bevaix, pour y recevoir le péage de ceux qui passaient le lac.

La Cour des pairs. Son augmentation par les cinq fils de Berthold.

Les descendants de ce Berthold augmentèrent le nombre des vassaux du comté de Neuchâtel, qui, avant ceci, étaient en petit nombre, et c'est à cette époque que l'on peut rapporter l'augmentation de la Cour des pairs. Dès qu'il y a eu des mâles descendus des comtes de Neuchâtel, cette Cour des pairs commença à se former; car quoique le comte fût seul juge souverain, il faisait assister aux jugements qu'il rendait ceux qui étaient de sa maison et ses vassaux, et c'est ainsi que la Cour des pairs s'est établie à l'imitation de celle de France sous Hugues-Capet, lequel ayant introduit, environ l'an 988, six pairs ecclésiastiques et six laïques, les comtes de Neuchâtel ont aussi fait la même chose dans la suite et ont pareillement introduit les chanoines et les bourgeois. Et c'est par ce moyen

Origine des audiences.

que les audiences générales ont été établies. (V. les années 1531 et 1214.)

Froid violent. Cherté.

Il fit cette année un froid si violent que tous les moulins s'arrêtèrent; les arbres et les ceps de vignes furent gelés, et on trouva même des hommes qui étaient morts de froid dans leurs lits. Le froid fut suivi d'une grande cherté.

1226

Rodolphe de Neuchâtel, baron de Rochefort, fit l'an 1226

une donation à l'église, conjointement avec ses frères Othon, Berthold, Henri et Ulrich.

En cette même année il arriva un fratricide des plus cruels. Diethelm II, fils de Diethelm Ier, qui peu de temps auparavant avait épousé la fille d'Ulrich, comte de Neuchâtel (V. l'an 1248), voyant que son père aimait son frère Frédéric plus que lui et qu'il avait dessein de le favoriser, maltraita pour ce sujet ce sien père et le tint même pendant quelque temps en prison; ce qui fit que Frédéric se retira dans la cour de l'empereur Frédéric II. La fureur de Diethelm s'augmenta d'autant plus que son frère Frédéric lui ayant promis d'épouser la sœur de sa femme, savoir une des filles d'Ulrich, il n'en voulait cependant rien faire: ayant été dégoûté par la fierté et la cruauté dont sa belle-sœur en avait usé envers lui, il épousa une comtesse de Montfort; ce qui fit que cette femme de Diethelm sollicita ce sien époux à tuer son frère, et c'est ce qui arriva au mois de décembre 1226. Diethelm ayant convié son frère, le fit massacrer par ses serviteurs dans son château de Rengersweil, et voulant ensuite se saisir des terres que son frère possédait, savoir : du vieux château de Toggenbourg et de la ville de Wyl, il en fut empêché par le pape Honoré III, qui l'excommunia, et par l'empereur Frédéric II, qui commanda à l'abbé de St-Gall de lui faire la guerre. Ce dernier s'étant saisi des terres de Diethelm, le fit prisonnier; mais il fut relâché et il obtint le pardon de son fratricide à l'instance de quelques comtes voisins. Ce Diethelm eut trois fils de la fille d'Ulrich, savoir : Guillaume, Frédéric et Kraft.

Les Bernois ayant rendu de bons services à l'empereur Frédéric II, il rappela l'an 1228 Othon de Rawensberg et les exempta de gouverneurs; de sorte qu'ils établirent leur premier avoyer, qui s'appelait Walter de Wædischwyl.

Le printemps de cette année fut extrêmement chaud, tellement que les raisins fleurirent au mois d'avril et on vendangea à la St-Jean.

Guillaume d'Ecublens, évêque de Lausanne, mourut le 23 mars 1229. Il s'appliqua à rédimer plusieurs droits que ses prédécesseurs avaient aliénés, comme étaient le droit de battre monnaie, dont il a été parlé ci-dessus, et l'avoyerie de Lausanne, qui était très-considérable et qu'il retira d'entre les mains d'Aymon, seigneur de Faucigny, auquel il donna 320 marcs d'argent. Après sa mort le siège fut vacant pendant deux ans, à cause de la division qu'il y avait entre les chanoines. Il fit aussi la retraction de quelques terres que Wernier, comte de Kybourg,

1226
Donation faite en commun à l'église par les cinq frères.

Fratricide horrible dans la famille de Diethelm de Toggenbourg, qui avait épousé la fille d'Ulrich de Neuchâtel.

1228
Les Bernois exemptés de gouverneurs. Premier avoyer de Berne.

Été très chaud. Vendange à la St-Jean.

1229
Mort de l'évêque de Lausanne, Guillaume d'Ecublens.

Il avait retiré plusieurs biens aliénés.

avait vendues au comte de Savoie, et qu'il avait eues de Berthold V, son beau-frère.

1230
Mort de Béatrix de Châlons.

Béatrix, fille unique de Guillaume, surnommé l'allemand, et dernier comte de Châlons de la première famille, mourut l'an 1230. Elle avait épousé 1) Alexandre, fils d'Othon III, duc de Bourgogne, duquel elle n'eut point d'enfants; 2) Etienne de Vienne, comte de Mâcon et d'Auxonne etc., fils de Girard. Cet Etienne acquit par ce mariage le titre de comte de Châlons, qu'il transporta à son fils, qui fut nommé Jean de Châlons, premier du nom (Voyez en l'an 1237 les enfants qu'elle eut de son second mariage).

1231
Le comte Berthold donne à l'abbaye de St-Jean le patronat de l'église de St-Maurice.

Le comte Berthold donna l'an 1231 à l'abbé de l'Ile de St-Jean le patronat et la collation du temple de St-Maurice ou de l'église de Nereu ou Neureux, qui subsistait encore et qui avait été un faubourg de la ville de Neronica. Le comte fit cette donation pour le remède de l'âme de Richensa son épouse, qui était morte peu de temps auparavant.

Evêque à Lausanne Boniface de Cologne, établi par le pape.

Le pape Grégoire IX ayant appris que les chanoines de Lausanne ne pouvaient pas s'accorder pour l'élection d'un évêque, en nomma un de son autorité, qui fut Boniface, un théologien de Cologne, qui arriva à Lausanne le 11 mars 1231. Il y fut conduit par trois chanoines qui y avaient été députés par le chapitre de Lausanne ensuite des ordres du pape. Ce Boniface était savant, il avait été professeur en théologie à l'université de Paris.

Donation de Berthold, cte de Neuchâtel, à l'hôpital de cette ville.

Berthold, comte de Neuchâtel, fit cette année à l'hôpital de cette ville une donation, dont l'acte est conçu en ces termes:

« Berthold, Seigneur de Neufchâtel, concédissant les Chevaliers
« et Bourgeois de la dite ville, ai donné à l'hospital de Neuf-
« châtel, à Dieu et au Saint-Esprit de Rome, pour le remède
« des âmes de mon père et de ma mère, ma terre d'Entre-
« deux-bois à l'édifict d'icelui hospital. Je lui ai donné sem-
« blablement tout ce que l'hospitalier acquerra au dit hospital,
« saulve mon droit, et que ceci l'on ait à rez et stabile. Je
« Berthold, Seigneur de Neufchâtel, à ce présent escrit ai mis
« mon sceau. Fait en l'an de Notre Seigneur 1231. »

NB. L'office d'hospitalier était de main morte.

1232
Mort de Renaud, seigneur de Valangin. Refus de Guillaume, son fils, de rendre hommage à Berthold de Neuchâtel.

Renaud, seigneur de Valangin, mourut l'an 1232. Il ne laissa qu'un fils nommé Guillaume, qui lui succéda. Le comte de Neuchâtel fit sommer ce Guillaume, d'abord après la mort de son père, de lui venir rendre l'hommage qu'il lui devait, ce qu'il refusa, prétendant de ne reconnaître qui que ce fût; et quoiqu'il y fût depuis sollicité pendant quelques années, ce fut inutilement (V. l'an 1236).

Il y eut, l'an 1283, une grande cherté en Suisse, à cause du froid violent qu'il avait fait l'hiver précédent et qui avait été très fatal aux vignes et aux froments. Le vin gela dans les caves. On trouva des hommes morts dans leurs lits, et tous les lacs de la Suisse gelèrent.

1233. Cherté. Froid violent. Lacs gelés.

Vido, abbé de Fontaine-André au Val-de-Ruz, ayant fait bâtir, l'an 1154, une chapelle au lieu où est présentement cette abbaye et une maison pour y loger un chapelain, qui était un moine, que le dit abbé y envoyait depuis le Val-de-Ruz pour y faire l'office, il y eut plusieurs personnes pieuses qui firent des legs à cette chapelle. C'est ce que fit aussi Jean Lescuyer (qui est nommé Dapifer) du consentement de sa femme, qui lui donna la dîme d'Enges rière la baronnie du Landeron, et ce, par un acte daté du mois de juin 1234, auquel sont appendus les sceaux de Berthold, seigneur de Neuchâtel, du prévôt et du chapitre, avec celui de ce Dapifer. Le receveur de l'abbaye de Fontaine-André retire encore aujourd'hui cette dîme, qui est dépendante de cette recette.

La chapelle bâtie à Fontaine-André, par Vido, attire des donations.

Jean Dapifer donne la dîme d'Enges.

Berthold, comte de Neuchâtel, attaqua l'an 1236 Guillaume, fils de Renaud, seigneur de Valangin, qui, depuis la mort de son père, avait toujours refusé l'hommage. Il y fut forcé par les armes, et la paix se fit par l'entremise des seigneurs de Joux et de Venesvilles, qui condamnèrent Guillaume à rendre l'hommage. Mais Guillaume étant mort cette année, étant encore jeune, sans être marié, la seigneurie retourna au comte de Neuchâtel. Par cette mort les descendants de Berthold Ier, seigneur de Valangin, furent éteints (V. l'an 1132).

1236. Berthold force par les armes Guillaume de Valangin à lui rendre hommage.

Guillaume meurt et sa seigneurie de Valangin est réunie au comté de Neuchâtel.

Le comte Berthold et son oncle Ulrich n'ayant encore fait aucun partage de leur patrimoine, celui de l'an 1243 n'ayant pas eu lieu, ils firent cette année un traité par lequel Berthold remit à Ulrich le comté de Fenis, qui est le bailliage de Cerlier, avec la seigneurie de Valangin, à condition qu'il lui rendrait hommage de celle-ci. Il lui céda aussi la commande ou direction de l'abbaye de l'Ile St-Jean et la dignité de baillif de Bienne (V. l'an 1090). Et ce dernier céda à Berthold la baronnie du Val-de-Travers, qui fut, par ce moyen, annexée au comté de Neuchâtel, dont aussi Berthold rendit hommage l'année suivante, 1237, à Jean de Châlons Ier, qui était déjà marié depuis l'an 1224. Etienne, son père, lui avait remis plusieurs terres et fiefs comme étant son fils aîné, et entre autres le droit de seigneur féodal sur le Val-de-Travers. Jean de Châlons en fit

Partage entre l'oncle Ulrich et son neveu Berthold.

La seigneurie de Valangin, advenue à Ulrich, reste sujette à l'hommage.

1236

Mort d'Egon de Furstenberg. Généalogie de la maison de Fribourg qui a donné deux comtes à Neuchâtel.

de même hommage à Othon IV, palatin de Bourgogne, et l'empereur y avait aussi des droits (V. les ans 1218 et 1347).

Egon de Furstenberg, comte de Fribourg en Brisgau, qui avait épousé Agnès de Zæringen (V. l'an 1248), mourut cette année. Il eut un fils nommé Egon II, qui épousa Adelaïde, comtesse de Niffen. De ce mariage sortit Conrad, qui épousa Sophie, comtesse de Zollern. Ces derniers eurent un fils nommé Egon III, qui épousa Catherine de Liechtenberg. Ces derniers eurent un fils nommé Conrad II, qui eut deux femmes, N....., duchesse de Lorraine, et Anne de Signau. De ce Conrad sont sortis Frédéric, qui épousa Anne de Susemberg, et Egon IV. Frédéric n'eut qu'une fille, nommée Claire, qui fut mariée à Gœtz de Tubingen. Egon IV épousa Varenne, fille de Louis, comte de Neuchâtel, de laquelle il eut un fils nommé Conrad III, qui succéda au comté de Neuchâtel à sa tante Isabelle [1]), qui avait épousé Rodolphe de Neuchâtel, comte de Nidau, qui n'eut point d'enfants (V. l'an 1395).

Hiver doux. Cherté.

L'an 1236 l'hiver fut si doux qu'on ne vit point de glace. Il tonna le 25 janvier, et il y eut partout une grande cherté en Suisse.

1237

Généalogie de la maison de Châlons jusqu'au mariage de Rodolphe de Hochberg.

Etienne de Vienne, comte de Mâcon, Auxonne, Châlons etc., seigneur d'Orbe, baron de Grandson, mourut l'an 1237. Il laissa de Béatrix, son épouse, morte l'an 1230, plusieurs enfants, savoir: 1) Esthevenon, vicomte d'Auxonne, mais qui n'eut point d'enfants d'Agnès son épouse; 2) Jean, comte de Châlons, premier du nom, surnommé le sage, seigneur de Belvoir, d'Orbe, etc.; 3) Etienne, qui fut baron et seigneur d'Oiselay; 4) Othon, qui fut baron de Grandson. Le susdit Etienne avait deux frères: Philippe et Guillaume. Ce dernier est la souche de ceux de la maison de Vienne qui ont vécu dès-lors, et entre autres de ce Guillaume de Vienne, duquel Rodolphe de Hochberg, comte de Neuchâtel, épousa la fille unique l'an 1449. Etienne avait encore un cousin germain, nommé Girard de Vienne, qui n'eut qu'une fille unique, nommée Alix.

Berthold rend hommage à Jean de Châlons pour le Val-de-Travers.

Il y a un acte de l'an 1237, par lequel il paraît que Berthold, seigneur de Neuchâtel, fit hommage du Val-de-Travers à Jean de Châlons, qui portait le titre de comte de Bourgogne et seigneur de Salins, et généralement de tout ce que le dit Berthold y tenait, excepté la chasse, le péage et les hommes royaux (V. l'an 1248). En échange le comte lui promit de l'aider contre tous.

---

[1]) Cette Isabelle était fille de Louis de Neuchâtel, dernier de la première maison de Neuchâtel.

Jean de Châlons Ier, voyant qu'il ne possédait que le quart du comté de Châlons, la moitié appartenant à l'évêque et au chapitre du dit Châlons et l'autre quart à Hugues III, duc de Bourgogne, échangea d'abord après la mort de son père, au mois de juin 1237, son quart avec Hugues III, qui était son beau-père, lequel lui donna en contre-échange la baronnie d'Arlay dans la Franche-Comté, dont il retirait de plus grandes rentes ; outre que, par cet échange, Jean de Châlons réunissait ses terres et qu'il s'accommodait par ce moyen, parce qu'il avait d'autres seigneuries dans le dit comté. Il donna encore à Hugues III ces seigneuries que Girard de Vienne, son aïeul, avait eues en échange, l'an 1218, d'Ulrich de Neuchâtel, comme aussi la ville d'Auxonne qu'il avait eue de son frère Esthévenon, lequel était mort sans enfants. Et quoique Jean eût mis hors de ses mains sa part du comté de Châlons, il ne laissa pas que d'en porter toujours le nom et les armes, qui sont une bande d'or pleine en champ de gueules. Tous ses descendants, à la réserve de Hugues son fils, ont porté les mêmes armes jusqu'à Philibert de Châlons, mort l'an 1530. Ceux de la maison de Nassau qui leur ont succédé, les ont toujours portées de même, jusqu'à la mort de Guillaume-Henri, roi d'Angleterre, arrivée l'an 1701. Et depuis cette mort le roi de Prusse, Frédéric Ier, les a ajoutées aux siennes. Il y avait un grand nombre de vassaux qui dépendaient de cette baronnie d'Arlay[1]), ainsi que plusieurs terres, comme Châtelbelin, Vozeroy etc., qui étaient nommées la portion héréditaire de la maison de Châlons. Ce Jean de Châlons bâtit, peu de temps après, un château dans la Franche-Comté, auquel il donna le nom de Châtel-Châlons, dont on voit encore les ruines.

Henri, comte de Thoun, évêque de Bâle, mourut l'an 1238. Jean, qui avait été son coadjuteur, fut élu évêque en sa place. Ce Henri a été le premier évêque de Bâle qui ait eu un coadjuteur. Il fonda le monastère des Jacobins de Bâle l'an 1220, et celui des Cordeliers l'an 1230.

Boniface, évêque de Lausanne, alla à Rome pour résigner son évêché entre les mains du pape Grégoire IX. Ce que ce pontife ayant agréé, il écrivit au chapitre de Lausanne pour lui ordonner de faire une nouvelle élection dans trois mois. Le chapitre fit deux assemblées : en la première, il élut Philippe, fils de Thomas, comte de Savoie et frère de Pierre ; mais cette première élection n'étant pas approuvée par Nicolas de Flavigny,

---

[1]) Neuchâtel n'en dépendait pas, mais seulement des seigneurs de Bourgogne-Châlons.

archevêque de Besançon, métropolitain de l'évêque de Lausanne, le chapitre dut s'assembler de nouveau. Il élut Jean de Cossonay, ce qui causa une guerre; mais enfin ce dernier, au bout de quelques années, fut enfin reconnu et confirmé.

1240
Troubles des Guelphes et des Gibelins.

Il y eut l'an 1240 de grands troubles dans la Suisse, qui procédèrent de ce que le pape Grégoire IX avait excommunié l'année précédente l'empereur Frédéric II. Il se forma alors deux puissants partis en Italie, les uns soutenant celui de l'empereur et l'autre celui du pape. L'empereur nomma ses affidés des *Gibelins*, qui vient du mot allemand *Gibel*, qui signifie le haut ou le faîte d'une maison, pour montrer qu'ils tenaient le haut bout, et il donna à ses ennemis le nom de *Guelphes*, qui pour lors signifiait *Loup*; mais depuis lors, la prononciation de ce mot a été changée en celle de *Wolf*. Ces noms prirent naissance dans la ville de Pistoie en Italie. La Suisse, de même que plusieurs autres pays, fut aussi divisée en ces deux partis, ce qui y causa de grands désordres.

1241
Comète. Chute d'une montagne en Bourgogne.

Il apparut cette année une comète et il tomba en Bourgogne une montagne qui, par sa chute, tua un grand nombre d'hommes et de bêtes.

Hartmann de Kybourg et ses adhérents attaquent Berne, mais inutilement.

Hartmann, comte de Kybourg, qui était régent de la Suisse de la part de l'empereur, et dont la capitale était Berthoud, lieu de sa résidence, attaqua la ville de Berne l'an 1241 à dessein de la subjuguer; Godefroi, comte de Habsbourg, conduisait ses troupes. Ceux de Fribourg, qui étaient alors ses sujets, s'étaient joints à lui, ainsi que plusieurs autres nobles du voisinage. Les Bernois se voyant attaqués par de si puissants ennemis, demandèrent du secours à Amédée III, comte de Savoie, qui le leur accorda et avec lequel ils repoussèrent l'ennemi. Mais

1242
Les Bernois sont repoussés dans une sortie.

l'année suivante, 1242, le comte de Kybourg s'étant campé auprès de Berne, et les habitants de cette ville ayant voulu faire une sortie, ils furent repoussés avec perte de plusieurs des leurs. Cependant le comte, voyant qu'il ne pouvait rien aux Bernois, fit la paix avec eux.

La paix est faite.

Rodolphe, fils de Berthold, comte de Neuchâtel, reçoit de son père en jouissance la baronnie de Thielle. Il cède ses droits sur la rivière de Thielle à l'abbaye de St-Jean.

Rodolphe, fils du comte de Neuchâtel Berthold, eut en avancement d'hoirie de son père la baronnie de Thielle, en attendant qu'il succédât au comté, et il fut, suivant toutes les apparences, le premier baron de Thielle. Il vendit et céda à l'abbé et au couvent de l'Ile de St-Jean tous les droits qu'il avait en la rivière de Thielle, depuis sa sortie du lac de Neuchâtel jusqu'au fossé collatéral, qui tend à la dite grande Thielle. Ce fossé est nommé *Giessen*. L'acte est daté de l'an 1242 (V. l'an 1654).

1243

Les villes de Berne et de Fribourg firent une étroite alliance l'an 1243; elles s'unirent même par une combourgeoisie pour se conserver contre les insultes de la noblesse.

Berne et Fribourg font alliance.

L'an 1244 Godefroi, comte de Habsbourg, voyant que la ville de Berne se fortifiait tous les jours et surtout par cette alliance et combourgeoisie qu'elle venait de faire avec Fribourg, lui fit de nouveau la guerre; il s'était joint avec la noblesse voisine, qui concevait aussi de l'ombrage de l'agrandissement de la dite ville. Mais tous leurs efforts furent vains et inutiles.

1244. Guerre de Godefroi de Habsbourg contre la ville de Berne.

Jean de Cossonay, évêque de Lausanne, assista l'an 1245 au concile de Lyon. Le pape Innocent IV y ordonna que les cardinaux iraient à cheval; qu'ils seraient vêtus d'une robe d'écarlate et qu'ils porteraient des chapeaux rouges, pour montrer qu'ils devaient s'exposer à tous les dangers et répandre leur sang pour la défense de la religion chrétienne, et c'est ce qu'on disait que cette couleur rouge représentait.

1245. L'évêque de Lausanne assiste au concile de Lyon. Ordre aux cardinaux de porter robes et chapeaux rouges.

Rodolphe et Henri de Strættlingen vivaient l'an 1246. Ils étaient sans doute de la même souche qu'avait été Raoul Ier, devenu roi de Bourgogne. Ils possédaient le château de ce nom et tout le pays des environs jusqu'aux Alpes (V. l'an 867).

1246. Deux seigneurs de la maison de Strættlingen.

Les bourgeois de Neuchâtel voyant que le comte Berthold, qui leur avait donné leurs franchises, s'avançait en âge, le prièrent, l'an 1247, qu'au cas que l'acte des franchises qu'il leur avait accordées l'an 1214 vînt à se perdre, ils pussent avoir recours aux franchises de la ville de Besançon, auxquelles les leurs étaient conformes. Et c'est ce qu'il leur accorda (V. les ans 1177 et 1453).

1247. Les bourgeois de Neuchâtel obtiennent de pouvoir recourir au besoin aux franchises de Besançon.

Ulrich de Neuchâtel, oncle du comte Berthold, mourut l'an 1248. Il avait eu deux femmes, Yolande de Fribourg, et Varenne de Nidau, qui lui apportèrent plusieurs comtés, baronnies et seigneuries, tellement qu'on peut dire qu'il était plus puissant que Berthold, comte de Neuchâtel, son neveu. Ulrich eut de ses deux femmes quatre fils et cinq filles. L'aîné fut Ulrich, qui était du premier lit; il fut comte d'Arberg et seigneur de Valangin, à condition d'en rendre hommage à Berthold, comte de Neuchâtel; il se donnait le titre de comte de Neuchâtel (V. l'an 1272). Le second fut Rodolphe, seigneur de Nidau, qui eut encore Fenis ou Cerlier, avec la direction ou la commande de l'abbaye de l'Ile de St-Jean, qu'il eut de moitié avec Henri, son frère, bailli de Bienne. Ils la tinrent à l'alternative et ils eurent aussi la montagne de Diesse conjointement avec l'évêque de Bâle. Le troisième des fils d'Ulrich fut Othon, qui s'étant voué à l'église, fut d'abord prévôt des chanoines de Soleure. Le quatrième fut le susdit Henri, bailli de Bienne, et qui s'étant ensuite voué à l'église, fut dans la suite élu évêque de Bâle.

1248. Mort d'Ulrich, oncle du comte Berthold.

Ses deux femmes. Ses quatre fils. Ulrich, comte d'Arberg et seigneur de Valangin.

Rodolphe, seigneur de Nidau.

Othon, prévôt des chanoines de Soleure.

Henri, bailli de Bienne et évêque de Bâle.

1248

Ses cinq filles. Yolande, mariée à Louis de Châlons.

Les cinq filles d'Ulrich furent mariées: la première, Yolande, à Louis de Châlons, fils d'Othon Ier, baron de Grandson, qui eut pour la dot de sa femme Concise et une portion de Provence qu'il ajouta à la baronnie de Grandson. On réserva à ceux de Vaumarcus d'être paroissiens de Concise et à Othon, baron de Vaumarcus, le droit qu'il avait sur Provence, qui consistait en des hommes taillables qui lui appartenaient et au tiers des dîmes et autres rentes; des deux autres tiers l'un appartenait à l'abbé de St-Maurice et l'autre fut ainsi remis au dit Louis de Châlons.

La seconde mariée à Diethelm.

La seconde des filles d'Ulrich fut mariée à Diethelm, comte de Toggenbourg, dont il a déjà été parlé ci-dessus. Ce comté fut vendu à Ulrich, abbé de St-Gall, l'an 1469 (V. l'an 1226). La

Adelaïde, mariée au baron de Regensberg et de Gruningen.

troisième, nommée Adelaïde, fut mariée à Ulrich, baron de Regensberg et de Gruningen, fils de Luthold, laquelle baronnie appartient aujourd'hui au canton de Zurich; le château de

La quatrième mariée à Burckard, marquis de Hochberg.

Regensberg fut ruiné l'an 1386. La quatrième fut mariée à Burckard, marquis de Hochberg, duquel sont descendus les marquis de Hochberg, qui ont possédé le comté de Neuchâtel,

La cinquième mariée à Albert de Falkenstein.

et les barons de Hohenberg. La cinquième fut mariée à Albert de Falkenstein; cette baronnie appartient aujourd'hui au canton de Soleure.

Armes des comtes de Neuchâtel.

Le comte Berthold de Neuchâtel, voyant que les mâles de cette maison de Neuchâtel s'augmentaient considérablement et qu'ils possédaient plusieurs comtés et seigneuries, trouva à

Différence des armes entre les diverses branches.

propos de mettre de la différence entre leurs armes, afin que par ce moyen ils pussent être discernés les uns d'avec les autres. De sorte qu'au lieu que jusque-là ils avaient porté les armes des derniers rois de Bourgogne, où plutôt celles de la maison de Strættlingen, laquelle portait d'or à trois pals de gueules, tous ces comtes se contentèrent de porter chacun un pal et prirent

Les armes que le comte Berthold a retenues.

de différents émaux; Berthold, comte de Neuchâtel, retint un pal de gueules chargé de trois chevrons d'argent, et c'est ce que ses successeurs ont toujours conservé dès-lors et qu'ils portent encore aujourd'hui. Cependant ces seigneurs ne se servaient de ces armes que lorsqu'ils agissaient en qualité de comtes de Neuchâtel et qu'ils voulaient sceller des actes publics;

Les comtes se servaient du cachet de leurs maisons pour leurs affaires particulières.

mais lorsqu'il était question de leurs affaires particulières, ils avaient un autre cachet aux armes de leurs maisons. Et c'est ce qu'ont fait particulièrement les comtes de Fribourg, les marquis de Hochberg, les ducs de Longueville, et même le roi de Prusse comme prince de Neuchâtel. Les comtes de Strasberg

Les comtes de Strasberg et de Fribourg avaient les mêmes armes que ceux de Neuchâtel.

et de Fribourg portaient les mêmes armes que ceux de Neuchâtel, ce qui fait croire qu'ils en étaient descendus.

Après ce partage des fils d'Ulrich, Berthold, comte de Neuchâtel, eut une difficulté avec Henri, le plus jeune des frères, auquel il disputait la portion qu'il avait eue; car comme celui-ci s'était voué à l'église, Berthold ne voulut pas qu'il eût aucune part aux terres et seigneuries, non plus que son frère Othon, parce qu'il prévoyait qu'Henri ne manquerait pas d'aliéner son partage, ce que Berthold ne voulait pas permettre. Mais Henri refusa de s'en déporter et fut toujours baillif de Bienne, ce qui causa de grandes difficultés entre eux, comme on le verra dans la suite. *Difficulté de Berthold de Neuchâtel avec Henri, fils d'Ulrich.*

Il se fit aussi cette année un traité entre Berthold, comte de Neuchâtel, et son cousin, Rodolphe de Nidau, et ce au sujet du terrain appelé le Chablaix, où les bourgeois de Neuchâtel avaient de tous temps fait paître leur bétail, ce qu'on voulait leur contester, sous prétexte que le comté de Cerlier, dans lequel le dit Chablaix est situé, avait changé de maître depuis l'an 1236, auquel il fut remis au comte Ulrich et à ses descendants. Les habitants du comté de Cerlier, et particulièrement ceux de Champion, prétendirent exclure les bourgeois de Neuchâtel de ce droit, et ce d'autant que leur comte n'en était plus le seigneur. Le traité qui fut fait à ce sujet porta que le comte de Nidau, en qualité de comte de Cerlier, en serait le seigneur, mais que les bourgeois de Neuchâtel et leurs successeurs y auraient leur jouissance et usance, au temps auquel ils étaient accoutumés d'aller paître au dit marais (V. les années 1236 et 1430). *Traité entre Berthold, comte de Neuchâtel, et Rodolphe, comte de Nidau, au sujet du terrain dit le Chablaix.*

Jean, évêque de Bâle, mourut cette année. Il eut pour successeur Luthold II, qui ne vécut qu'un an. *Mort de Jean, évêque de Bâle, remplacé par Luthold.*

Othon IV, palatin de Bourgogne et duc de Méranie, mourut le 18 juillet 1248. Il avait épousé, l'an 1227, Blanche de Champagne, dont il eut une fille unique, nommée Alix, qui fut mariée à Hugues, fils aîné de Jean de Châlons Ier, dit le sage. Par ce mariage Hugues devint palatin de Bourgogne. Comme il voulait conserver les armes des anciens comtes de Bourgogne, ses ancêtres, qui portaient l'aigle d'argent en champ de gueules, les états de Bourgogne l'obligèrent à prendre les nouvelles armes, qui étaient un lion d'or en champ d'azur billeté d'or (V. l'an 1184). Jean de Châlons, qui portait le titre de comte de Bourgogne, donna à son fils Hugues, après son mariage, celui de palatin, abolissant celui de comte de Bourgogne, voulant que ses autres fils s'en abstinssent, et il leur donna les titres de comtes de Châlons, de Vignori et autres. Et par ce moyen ce différend, qui avait duré si longtemps, au sujet du titre de comte de Bourgogne et qui avait même causé plusieurs guerres, fut entièrement terminé. *Mort d'Othon IV, palatin de Bourgogne et duc de Méranie. Hugues de Châlons, fils de Jean de Châlons, devient palatin de Bourgogne.*

1249
Donation à l'abbaye de St-Jean du droit de pêche sur la Thielle.

Par un acte daté du 29 septembre 1249, le comte Berthold fit donation à l'abbé et au couvent de l'Ile de St-Jean de son droit de la pêche, en la rivière de Thielle, depuis le lac de Neuchâtel jusqu'au lac de Neurol ou Nugerol, appelé présentement lac de Bienne.

Berthold de Ferrette, élu évêque de Bâle.

Luthold II, évêque de Bâle, mourut cette année; on croit qu'il était de la maison de Neuchâtel en Bourgogne. Il eut pour successeur Berthold, fils de Frédéric, comte de Ferrette, et de Helwige, qui était proche parente d'Albert, comte de Habsbourg, landgrave d'Alsace. On compte ce Berthold pour le trente-troisième évêque de Bâle. D'autres assurent, et avec plus de fondement, que ce Berthold était seigneur de Strasberg (V. l'an 1264).

Il engage Ulrich, comte d'Arberg, à se constituer son vassal pour Valangin.

Dès qu'il fut parvenu à l'évêché, il sollicita Ulrich, comte d'Arberg, à se constituer son vassal à l'égard de sa seigneurie de Valangin, à quoi ce dernier donna son consentement; mais

Berthold, comte de Neuchâtel, s'y oppose.

Berthold, comte de Neuchâtel, qui en était déjà le suzerain, s'y opposa fortement, ce qui ayant irrité l'évêque, il vint, pour s'en

L'évêque vient brûler la ville de Neuchâtel, livrée par trahison.

venger, brûler la ville de Neuchâtel le lundi avant la St-Michel 1249. Il y fut sollicité par Henri, chanoine du chapitre, auquel Berthold disputait sa portion dans la succession de son père Ulrich. Au reste, cet incendie arriva par la trahison de quelques nobles du comté, qui favorisèrent l'évêque dans son ex-

Les traîtres sont en partie exécutés.

pédition; mais la plupart de ces traîtres furent punis : les uns furent privés de leurs fiefs et exhérédés, et quelques-uns d'entre eux furent exécutés.

Berthold laisse prendre à son cousin Henri sa portion de biens.

Berthold Ier, comte de Neuchâtel, pour éviter une guerre fâcheuse, se détermina enfin à laisser prendre à Henri, son cousin-germain, sa portion de biens, quoique ecclésiastique; c'était

En quoi cette portion consistait.

le bailliage de Bienne, qui comprenait le Val-St-Imier, la moitié de la montagne de Diesse, le Val-de-Tavannes, etc., et il lui donna en outre Cussey ou Cressier, le faubourg de Neureux, qui était au pied du mont Jura, où est le temple du Landeron, qui subsiste encore; ce faubourg était fort long d'orient en

Le terrain où est bâti la Neuveville appartenait à Neuchâtel.

occident. Il lui remit en outre la place où l'on a depuis bâti la Neuveville. (V. les années 1274 et 1284.)

Donation faite à l'abbaye de Fontaine-André par Cono de Crostel, chanoine de Soleure.

Cono de Crostel, chanoine de Soleure, et Conrad, chevalier, son frère, firent une donation en aumône à l'abbaye de Fontaine-André de leurs possessions au Val-de-Nugerol, ce qui fut confirmé et approuvé par un acte passé en faveur de la dite abbaye par les comtes Hartmann de Kybourg, oncle, et par Hartmann de Kybourg, son neveu, qui étaient pour lors régents de la Suisse de la part de l'empereur. L'abbé prit cette précaution pour rendre cette donation tant plus authentique.

Berthold Ier, comte de Neuchâtel, rendit hommage l'an 1250, en qualité de baron du Val-de-Travers, à Jean de Châlons Ier, qui possédait déjà Orbe et le château de Joux. Il est dit dans l'acte qu'il prête l'hommage au seigneur de Châlons devant tous autres hormis l'empereur; et Jean de Châlons tenait le Val-de-Travers en fief du palatin de Bourgogne, dont aussi il en fit hommage à Alix, palatine.

1250. Second hommage rendu par Berthold, comte de Neuchâtel, à Jean de Châlons. Jean de Châlons rendait aussi hommage au palatin.

Le château de Neuchâtel, où le gouverneur fait aujourd'hui sa demeure, fut bâti cette année 1250, en la place où était ce couvent de moines blancs qui fut démoli l'an 1206. Le vieux château, où sont présentement les prisons, était encore en ce temps-là la demeure des comtes. Ce nouveau château fut construit par Rodolphe, fils aîné du comte Berthold, et par Hermann, son frère, qui le firent bâtir conjointement. Les comtes de Neuchâtel l'ont possédé depuis, jusqu'à l'an 1308. L'incendie de l'année précédente les avait obligés à construire ce nouveau château. Ces deux frères, Rodolphe et Hermann, étaient déjà hors de la maison de leur père, et le premier était même marié et avait des enfants; ils se logèrent mieux qu'ils ne l'étaient auparant, l'emplacement du nouveau château étant beaucoup plus spacieux et plus agréable.

Le château de Neuchâtel bâti au lieu où il est par les deux fils de Berthold.

La ville de Berne fit, l'an 1250, une alliance pour dix ans avec Boson, évêque du Valais, qui était du village de Gradetz, au-dessus de Sion.

Alliance de Berne avec l'évêque du Valais.

L'empereur Frédéric II mourut le 18 octobre 1250, dans la Pouille, âgé de cinquante-sept ans. Cet empereur avait donné de grandes franchises aux Suisses et surtout à la ville de Zurich, qu'il déclara libre et indépendante, mais devant cependant toujours être attachée à l'empire.

Mort de l'empereur Frédéric II. Il donne de grandes franchises aux Suisses, surtout à Zurich.

Depuis la mort de cet empereur, il n'y eut personne qui tint les rênes de l'empire jusqu'à l'élection de Raoul ou Rodolphe de Habsbourg, arrivée l'an 1273, quoique plusieurs princes eussent été élus empereurs et eussent porté ce titre pendant vingt-trois ans; comme ont été Conrad IV, Guillaume, fils de Floris, comte de Hollande, Richard, duc de Cornouaille, fils de Henri II, roi d'Angleterre, élu par une partie des électeurs, l'an 1257, et Alphonse X, roi de Castille, grand astrologue, qui avait été nommé la même année par l'autre partie des électeurs; si bien qu'on peut regarder ces vingt-trois ans comme un interrègne, puisque pas un de ces élus n'a gouverné l'empire, lequel aussi tomba dans un tel déclin, que chaque prince faisait le maître dans ses états. Ce fut pendant ce temps que les comtes de la Suisse s'érigèrent en souverains, parce qu'on ne leur fit rendre aucun hommage (V. l'an 1274).

Interrègne de vingt-trois ans durant lequel quatre empereurs sont élus sans avoir grande autorité.

Les comtes de la Suisse s'érigent en souverains.

La noblesse acquit par-là beaucoup de fierté et entreprit d'at-

1250
La noblesse devient fière et attaque les villes de la Suisse.

taquer les villes libres de la Suisse pour les soumettre à sa domination; mais ces comtes, barons et seigneurs, quoiqu'ils fussent en très-grand nombre et qu'ils se liguassent contre ces villes, trouvèrent cependant une si forte opposition, que cela fut la cause de leur ruine. Et c'est ici la source des guerres qu'il y eut dans la suite et qui donnèrent occasion à ces villes de se cantonner, pour se conserver et se mettre à couvert des insultes de leurs ennemis; ces villes ayant toujours été victorieuses et les comtes vaincus, jusqu'à ce qu'ils se virent obligés d'abandonner leurs terres, ou de les vendre aux villes, n'ayant plus les moyens de soutenir la guerre. La Suisse changea pour pour lors entièrement d'état: au lieu que son gouvernement était purement monarchique, il devint démocratique et aristocratique, comme il l'est encore aujourd'hui. Il n'y a eu que le seul comté de Neuchâtel, quoiqu'il ait été engagé dans plusieurs de ces guerres, qui ait subsisté et qui soit encore aujourd'hui un état monarchique. Les évêques auraient bien succombé aussi, si, en ce temps-là, on n'avait eu une déférence extraordinaire pour les ecclésiastiques.

Ruine de la noblesse.
Pourquoi les villes deviennent plus tard cantons.

Pourquoi la Suisse, d'abord monarchique, devient démocratique et aristocratique.

Le comté de Neuchâtel est seul resté debout.
Pourquoi les évêques n'ont pas succombé.

1251
Le chapitre de Soleure, est confirmé par le pape dans ses franchises.

Othon de Neuchâtel, prévôt de Soleure, voyant que son chapitre avait perdu l'acte que la reine Berthe lui avait passé l'an 937, pria, l'an 1251, le pape Innocent IV de lui procurer la confirmation de ces franchises. Sur quoi le pape ordonna à l'abbé de Frienisberg de se transporter sur les lieux et de faire dans Soleure la recherche la plus exacte de ces franchises et des revenus du chapitre; ce qu'il fit très-soigneusement par les informations qu'il prit des bourgeois, et l'ayant fait rédiger par écrit, il y fit appliquer le sceau des principaux citoyens et des seigneurs voisins. Cet acte servit dès-lors de titre au dit chapitre. L'abbé répondit à peu près en ces termes à Innocent IV:

Réponse de l'abbé de Frienisberg au pape.

Teneur des droits du prévôt et du chapitre.

« Nous avons trouvé l'église de Soleure construite dès sa pre-
« mière fondation, enrichie de priviléges et de droits semblables
« à ceux sur lesquels l'église de Zurich a été fondée; et que la
« reine Berthe y bâtit le temple et le château, qu'elle remit au
« dit chapitre tous les revenus de ce château, c'est-à-dire toute
« l'autorité du scultetus, qui présidait en justice, le droit de
« battre monnaie, les péages et les autres droits, à la réserve
« de la justice criminelle, qui fut réservée au préfet ou lieute-
« nant du roi d'Arles, duquel royaume dépendait la ville de
« Soleure. »

Première alliance de ceux de Zurich, Uri et Schwyz.

Le 16 octobre 1251 ceux de Zurich, d'Uri et de Schwyz firent une alliance pour trois ans, afin de se mettre à couvert des insultes qu'on aurait pu leur faire pendant les troubles de l'empire. Raoul, comte de Habsbourg, était leur bon voisin et ami. Cette alliance fut un acheminement à celle que firent les trois cantons d'Uri, Schwyz et Unterwald l'an 1307.

Boniface, comte de Savoie, se prévalant des désordres qu'il y avait dans l'empire, subjugua, l'an 1252, par le moyen de son oncle Pierre, qui était un vaillant guerrier, la vallée d'Aoste et le Chablais, qui appartenaient pour lors à l'empereur, comme étant dans le royaume de Bourgogne. Pierre fit bâtir dans le Chablais le château d'Evian et autres pour s'y fortifier, de même que la tour de Peilz près de Vevey. Il attaqua encore l'évêque de Valais nommé Boson et lui prit presque tout son pays; mais il le lui rendit ensuite, à l'instance de la ville de Berne, qui était alliée de cet évêque. Pierre de Savoie obtint pour lors de l'abbé de St-Maurice la bague d'or de St-Maurice le martyr, et fit ensuite un arrêt qui porta que dans la suite tous les comtes de Savoie seraient obligés de porter cette bague lorsqu'ils monteraient sur le trône; et c'est ce qui a toujours été pratiqué dès-lors. Pierre, pour récompenser cet abbé, fit construire une tour de quartiers de pierres au temple de St-Maurice.

La ville de Bâle ayant obtenu de grandes franchises de l'empereur Frédéric II, établit son premier bourgmestre l'an 1252. Il devait être pris entre les nobles et chevaliers; la noblesse posséda cet emploi jusqu'à l'an 1501.

Il y eut cette année une grande sécheresse, qui fut suivie de longues pluies en automne; ce qui causa une grande cherté.

Hugues, palatin de Bourgogne, acheta l'an 1253 de Guillaume, comte de Hollande, empereur, le droit qu'il avait en cette qualité sur la ville de Besançon et sur le royaume d'Arles pour la somme de mille marcs d'argent; ce dont il se mit en possession cette année (V. l'an 1484).

Othon Ier, baron de Grandson, frère de Jean de Châlons Ier, étant mort, laissa un fils, nommé Louis, qui lui succéda et qui, quelque temps auparavant, avait épousé la fille d'Ulrich, comte de Neuchâtel.

Il apparut en 1254 une comète, et on ressentit des orages très violents.

Ce fut en cette année que commença la division entre Raoul, comte de Habsbourg, et les évêques de Bâle, Berthold, comte de Ferrette, et Henri, fils d'Ulrich, comte de Neuchâtel, son successeur; ce qui causa une grande guerre qui dura près de vingt ans. Raoul fut même pendant toute sa vie ennemi des comtes de Neuchâtel, comme étant proches parents de cet Henri.

1252. Conquête de Pierre de Savoie.

Bague d'or de St-Maurice.

Bâle établit son premier bourgmestre.

Sécheresse, suivie de longues pluies. Cherté.

1253. Hugues de Bourgogne achète des droits sur Besançon et le royaume d'Arles.

Mort d'Othon Ier, baron de Grandson. Son fils Louis avait épousé la fille d'Ulrich de Neuchâtel.

1254. Comète. Orages violents.

Commencement de la division entre Raoul de Habsbourg et les évêques de Bâle.

1254
Rodolphe de Neuchâtel est engagé dans cette guerre.
Sujet de la désunion.

Rodolphe et Amédée, fils de ce Rodolphe, et par conséquent petit-fils de Berthold Ier, comte de Neuchâtel, furent engagés dans cette guerre, parce qu'ils soutenaient le parti de Henri, et voici ce qui fut la cause de cette désunion. Berthold, évêque de Bâle, soutenait les intérêts du pape Innocent IV, qui persécutait l'empereur Conrad IV, fils de Frédéric II. Raoul de Habsbourg s'était déclaré pour le parti opposé, ce qui porta ce

Couvent brûlé à Bâle.

dernier à aller piller et brûler un couvent de la ville de Bâle, qui était au faubourg à la Steingasse; ce qui lui était facile, parce qu'alors cette ville n'était pas encore environnée de murailles. L'évêque en ayant porté ses plaintes au pape, en obtint une bulle, datée du 18 août 1254, par laquelle il lui permettait d'excommunier Raoul et tous ses complices, jusqu'à ce qu'ils eussent restitué tout le dommage qu'ils avaient causé. Cette excommunication les rendit des ennemis irréconciliables. En effet, quoique la paix se fît cette année entre eux, la haine ne

1255

laissa pas que de subsister; car, l'année suivante, 1255, Raoul entra par surprise dans la ville de Brisach avec quelques troupes pour ôter à l'évêque quelques droits qu'il y avait. Sur

Paix achetée par l'évêque.

quoi il se fit de nouveau une paix entre eux, par laquelle l'évêque fut obligé de donner neuf cents marcs d'argent à Rodolphe, afin qu'il se retirât et qu'il le laissât paisible possesseur de ses droits.

1256
Le comte de Savoie prisonnier.

Boniface, comte de Savoie, fut fait prisonnier de guerre devant Turin l'an 1256; il en mourut quelque temps après de chagrin à Asti. Il fut surnommé Roland, parce qu'il était neveu du comte Pierre, qu'on nommait le petit Charlemagne à cause de sa valeur. Boniface n'ayant point eu d'enfants, son oncle Pierre lui succéda.

1257
Incendie à Bâle.

Le 4 février 1257, la ville de Bâle fut consumée par le feu, et la tour du Munster en fut fort endommagée.

Mort du seigneur de Gorgier. Sa fille unique épouse le seigneur d'Estavayer, qui, par ce mariage, acquiert la seigneurie.

Berthold, seigneur de Gorgier et conseigneur de Bevaix, mourut l'an 1257. Il ne laissa qu'une fille unique nommée Sibylle, qui avait été mariée à N....., seigneur d'Estavayer, frère de Willermus. C'est par ce moyen que la maison d'Estavayer acquit la seigneurie de Gorgier, qu'elle a possédée jusqu'en l'an 1433. Et c'est pendant cette longue possession que les coutumes d'Estavayer ont été introduites dans cette seigneurie.

1258
Sujet d'une guerre à Bâle entre les nobles.
Emblèmes que prennent les deux partis opposés.

Il se forma à Bâle, l'an 1258, une grande division parmi la noblesse, celle des Schaller et des Mönch d'une part, et celles des d'Eptingen, des Ramstein, des Rhein, des Neuenstein etc., d'autre part. Les premiers portaient dans leur drapeau l'effigie d'un perroquet, et les autres une étoile. Plusieurs comtes et barons de la Suisse se déclarèrent aussi pour l'un ou l'autre parti; les comtes de Neuchâtel, les marquis de Rothelin et autres s'attachèrent au premier, et les comtes de Habsbourg, de Ferrette et de Fribourg embrassèrent le dernier, ce qui causa une cruelle guerre qui dura quinze ans.

1258

Cette guerre dura quinze ans.

Hermann, fils puîné du comte Berthold Ier, mourut l'an 1259[1] sans enfants, c'est ce qui fit que le château de Neuchâtel parvint tout entier à Rodolphe, son frère aîné (V. l'an 1250).

1259

Hermann de Neuchâtel meurt sans enfants.

Jean de Châlons Ier donna à son fils Hugues, palatin de Bourgogne, la seigneurie de Pontarlier, avec la conduite du haut chemin.

Donation de Jean de Châlons à son fils, de la seigneurie de Pontarlier.

Le duc de Coppingen, gouverneur du pays de Vaud de la part de l'empereur Richard, et qu'on croit être de la maison de Kybourg, voyant que Pierre, comte de Savoie, s'était saisi de plusieurs contrées dépendantes de l'empire, savoir: du val d'Aoste et du Chablais (V. l'an 1252); qu'il avait tué l'an 1238 le gouverneur du pays de Valais et qu'il avait déjà bâti les châteaux d'Evian, de la Tour de Peilz, de Chillon et autres, somma tous les comtes voisins, vassaux de l'empereur, de lui donner du secours contre le comte Pierre. Le duc de Coppingen, comptant un peu trop sur ses belles troupes, ne se tint pas assez sur ses gardes. Le comte de Savoie, qui était venu de Turin, sut profiter de cette fausse sécurité. Étant à Villeneuve avec ses troupes, il surprit son ennemi, le battit et le fit prisonnier, lui et tous les comtes qui l'accompagnaient, savoir: Berthold, comte de Neuchâtel, Ulrich, comte d'Arberg, Rodolphe, comte de Nidau et de Cerlier, Pierre Ier, comte de Gruyères, Louis de Châlons, baron de Grandson, soit son fils Othon, et plusieurs autres seigneurs du pays de Vaud, comme les barons d'Aubonne, de Cossonay, de Montfaucon et celui de Montigny.

1260

Conquête du Pays de Vaud par Pierre, comte de Savoie, qui fait prisonnier les comtes de la Suisse qui étaient dans l'armée de l'empereur.

Ces illustres prisonniers, faits par Pierre de Savoie, traitèrent de leurs rançons à Yverdon, où ils avaient été conduits. Le duc de Coppingen relâcha tout le pays de Vaud au nom de l'empereur. Le comte Berthold de Neuchâtel lui remit pour sa rançon la haute souveraineté sur la seigneurie de Gorgier, tellement que Willermus d'Estavayer fit hommage au comte Pierre, au nom de Sibille, la veuve de son frère, de sa seigneurie de Gorgier, au lieu qu'auparavant elle dépendait du comté de Neuchâtel; il se constitua de même son vassal à l'égard de sa seigneurie de Lugnore (V. l'an 1470). Rodolphe Ier, comte de Nidau, lui fit hommage du comté de Fenis ou de Cerlier, Ulrich, comte d'Arberg, le reconnut aussi pour son seigneur féodal;

Les comtes faits prisonniers traitent avec le comte Pierre de Savoie.

Le comte de Neuchâtel rend hommage au cte pour Gorgier et Lugnor.

---

[1] Selon Baillods, il fut tué à la bataille de Chillon.

1260

Tour bâtie entre les lacs de Neuchâtel et de Morat.

Bornes entre le Val-de-Travers et Grandson.

Le comte Pierre va en Angleterre.

Pendant son absence le comte de Genevois fait une entreprise sur le Pays-de-Vaud; mais il est condamné à payer les frais.

Voyage de Pierre de Savoie en Allemagne pour réclamer de l'empereur Richard l'investiture des pays qu'il avait conquis.

Louis de Châlons se constitua de même son vassal à l'égard de Grandson. Ainsi le comte Pierre se saisit de tout le pays de Vaud et des terres de Gex, comme aussi de Romont, où il y a une tour appelée la tour du comte Pierre. Il bâtit une tour entre les lacs de Neuchâtel et de Morat, où il mit une garnison pour mettre à couvert ses nouvelles conquêtes. Outre ses autres titres, il se donna celui de comte de Romont; il bâtit le château d'Yverdon, il fit poser des bornes entre les baronnies de Grandson et le Val-de-Travers au haut de la montagne, où elles paraissent encore et où il y fit mettre ses armes : d'autres attribuent ceci à Philibert, duc de Savoie.

Le comte Pierre alla ensuite en Angleterre pour prier la reine Éléonore, sa nièce, d'intercéder pour lui auprès de son oncle, l'empereur Richard, afin qu'il lui confirmât ses conquêtes et le traité qu'il avait fait à Yverdon avec le duc de Coppingen, général de l'empereur. Boniface, archevêque de Contorbéry, intercéda pour lui auprès de l'empereur. Mais pendant que Pierre de Savoie était allé en Angleterre, le comte de Genevois concevant de la jalousie de l'agrandissement de son voisin, le comte Pierre, forma le dessein de reprendre le pays de Vaud; ce que ce comte ayant appris, il s'en retourna promptement pour se maintenir dans sa conquête; mais avant que d'en venir aux mains, ils firent la paix par la médiation de quelques comtes voisins et particulièrement de Hugues, comte de Bourgogne, qui était son parent, et du comte de Mâcon et autres, qui condamnèrent le comte de Genevois à payer les frais de la guerre au comte Pierre.

Le comte Pierre ayant apaisé ces troubles, fit un voyage en Allemagne auprès de l'empereur Richard, qui l'avait fait citer à comparaître par devant lui à Mayence. Le comte Pierre se présenta devant ce monarque avec un habit fort singulier, étant d'or d'un côté et de l'autre d'acier en forme d'un harnais, pour lui demander l'investiture des pays de Vaud, de Chablais, de la vallée d'Aoste et des terres de Gex. Le chancelier lui ayant demandé s'il avait quelque acte à produire concernant les pays dont il demandait à être mis en possession, Pierre répondit qu'il n'en avait point d'autres que son épée, qu'il lui montra toute nue, et que c'était avec elle qu'il les avait conquis et qu'il les conserverait de tout son pouvoir. L'empereur lui ayant demandé la raison de ce qu'il s'était habillé d'une manière si bizarre, il lui répondit que l'or qui était du côté droit marquait l'honneur et le respect qu'il aurait toujours pour Sa Majesté impériale, et que l'acier qui était à gauche dénotait la ferme résolution qu'il avait de maintenir ses conquêtes par l'épée, et de repousser par la force tous ceux qui entreprendraient de l'attaquer. L'empereur lui remit alors tous ces pays comme des fiefs d'empire, mais conformément aux us et coutumes du royaume de Bourgogne, duquel ils avaient autrefois dépendu.

Willermus, co-seigneur d'Estavayer, termina un différend entre Sibylle, dame d'Estavayer, le prieur de Bevaix et autres. Cette Sibylle était fille de Berthold, seigneur de Gorgier; elle avait un fils nommé Jacques, qui fut seigneur d'Estavayer. Le seigneur de Colombier avait aussi part à la seigneurie de Bevaix, dont il se nommait conseigneur, et le prieur de Bevaix en avait aussi une portion, et le baron de Rochefort avait des terres rière Boudry, Bevaix et Cortaillod, qui causaient le différend qu'il y avait entre eux; ce différend fut terminé amiablement.

Différend terminé entre les seigneurs de Gorgier, le prieur de Bevaix et le seigneur de Colombier.

Ceux d'Uri, Schwyz et Unterwald se virent obligés, la même année, de prendre les armes pour la première fois contre la noblesse. Ils bâtirent une tour ou un fort au mont Sattel, sur un grand passage qui est fort étroit. Ceci peut être regardé comme le commencement de la liberté helvétique.

Uri, Schwyz et Unterwald prennent les armes contre la noblesse.

Berthold Ier, comte de Neuchâtel, mourut le 13 mars 1260. Il avait eu deux femmes, Richensa et Nicole; il en eut trois fils, Rodolphe ou Raoul, qui lui succéda, Hermann, mort l'an 1259, et Henri, qui eut la baronnie de Thielle.

Mort de Berthold Ier, comte de Neuchâtel.

Ses deux femmes et ses trois fils.

Berthold avait donné quelques années auparavant, et ce par le consentement de sa femme, de Hermann et de Henri ses fils, à l'église de Neuchâtel, pour les âmes de ses prédécesseurs, le long bois, le *pact et le says* (c'est sans doute le Parc et le Sart), avec le fonds des dits lieux et tous leurs droits et profits, comme cela paraît par un acte daté de la dite année 1260.

Donation faite à l'église.

RODOLPHE IV,

HUITIÈME COMTE DE NEUCHATEL.

RODOLPHE ou *Raoul* IV ayant succédé à son père, confirma aux bourgeois de Neuchâtel leurs franchises. Il épousa Sibylle, fille de Thierri de Scey, fils de Richard, fils de Pierre de Scey.

Rodolphe IV confirme les franchises aux bourgeois de Neuchâtel.

Sa femme Sibylle, fille de Thierri, comte de Montbéliard.

Ce Thierri se donnait les titres de comte de Montbéliard, seigneur de Chatelot, Maillot, Blanc-Mont, Antigney, Monfort, Ronchaud, La Roche etc. Il portait pour ses armes deux bars adossés accompagnés de six fleurs-de-lys. Il avait épousé dame Alix, de laquelle il eut deux filles, la susdite Sibylle, qui eut pour sa dot le fief des Roches, et Marguerite, mariée à Thiébaud, grand sire de Neuchâtel, et qui eut pour sa dot Blanc-Mont, Chatelot etc.

1260

Franchises accordées aux habitants du faubourg de Neureux.

Le comte Rodolphe voulut bien, dès le commencemant de son règne, donner aux habitants du faubourg de Neureux où Nugerol des marques de son affection, en leur accordant des franchises très considérables. L'acte, en 44 articles, est daté du mois d'avril 1260, troisième indiction, et est de la teneur suivante:

Teneur de l'acte.

ACTE DE FRANCHISES DE LA VILLE DE NEUREUX.

Comme plusieurs controverses et rancunes avec grandes questions fussent éteintes et pacifiées si les faits et dits des hommes étaient écrits, de ce est témoin l'interpréteur de toutes choses et la coutume par effet donnée en fait foi aux successeurs, sachent pour ce les présents et à venir, que je Raoul, fils de Berthold, seigneur de Neufchâtel, ma nouvelle ville de Neureux et les bourgeois d'icelle constitue francs sous cette forme, c'est à savoir:

1. Que en la dite ville et bourg d'icelle, moi ni mes héritiers ne ferons nulle exaction, mais seulement prendrons nos lois ès forfaits, et des droits, coutumes et conditions ci-après notés serons contents.

2. Nul ne sera en notre ville pris sans jugement, excepté larrons, homicides ou espions manifestes.

3. En sang fait dedans la trève et au marché, prendrons soixante sols d'amende, et hors la trève neuf sols seulement.

4. Pour armes traites sur aucun et pour le jet de pierre en aucun sans percussion, pour chacun des deux payera dix livres.

5. Celui qui tire arme ou jette pierres sur aucun ou épand du sang en la ville et ne peut donner caution ou pleige, son corps sera en la loi détenu jusqu'à satisfaction.

6. Si question ou noise est faite en la ville, ceux qui ne sont de la noise ni d'aucune des parties, s'ils sont requis par le serment qu'ils nous doivent et à la ville et qu'ils ont fait, ils diront la vérité, et selon leur rapport nous sera faite l'amende et à celui à qui l'injure aura été faite.

7. Quiconque aussi en la dite ville fera coup, tous ceux qui auront ce vu et étoient là, doivent celui retenir jusqu'à notre présence, et si ceux qui le voudraient retenir ont besoin d'aide, tous ceux qu'ils appelleront qui ne leur voudront aider et tous ceux qui là séroient présents et ce auront vu et ouï et n'auront point donné aide, que tel soit détenu; un chacun d'eux qui aura commencé, nous donnera pour l'amende soixante sols.

8. Aussi en icelle ville nous aurons notre ban que nous pouvons vendre huit muids à la mesure de Neufchâtel et au plus grand prix que l'on a accoutumé de vendre l'autre, moyennant que le vin soit compétent, et ce en quel temps que nous voudrons dès le temps des vendanges jusques au temps que

nous prendrons notre ban. Nous devrons nous ou notre messager mettre notre ban et aussi devons mettre les gardes des vignes, et semblablement le ban pour vendanger.

9. Chacun tavernier pour un chacun muid de vin qu'il vend dans sa taverne nous doit un denier, et pour chacune pièce de quelque grandeur qu'elle soit et capacité un gobelet ou quarteron de vin sera tenu de payer.

10. Nous avons aussi en la ville la mesure que l'on dit éminage, la livre et le poids que l'on nomme quintal, tant sur les étrangers que sur les bourgeois.

11. Et en outre prendrons pour chaque muid de blé une émine, excepté de l'avoine.

12. De chaque bœuf ou vache vendue à la boucherie, prendrons par bête quatre deniers avec la langue, pour le porc deux deniers, pour le bacon un denier, pour l'agnel ou brebis un denier, pour le bouc ou chèvre une maille tant seulement.

13. Chacun boulanger nous doit chacun an dix-huit deniers le jour de la Cène et ne doit gagner au muid de blé plus de seize deniers; et s'il y a suspicion que plus il ait gagné, son avoyer doit jurer que plus n'y a gagné, et s'il ne veut jurer, il devra quatre sols pour l'amende.

14. Chaque cordonnier ayant banc au marché nous devra chacun an quatre paires de souliers, ni des pires, ni des meilleures, en ces temps, savoir, à Noël, à Pâques, à la Saint-Jean et à la Saint-Gall, chacun une paire.

15. Chacun favre nous doit chacun an douze ferrures de chevaux le jour de la Cène pour les vassaux.

16. Item nous devrons en la dite ville les portiers mettre, du conseil des bourgeois, toutefois qu'ils doivent tenir les clefs de nous, et les bourgois les doivent pourvoir.

17. Si la ville a besoin de réfaction ou bâtiment, la communauté de la ville fera cela à son pouvoir.

18. En outre si par temps de guerre ou de paix, la dite ville a besoin de gardes, lesdits bourgeois, de notre conseil et commandement, doivent mettre les guêts et payer leur salaire sans notre dommage.

19. Avec ces choses, si aucune fois avenait qu'il nous fallût avoir guerre propre, les bourgeois nous doivent aider sans prendre taille et doivent avoir armures et chevaux jouxte leurs facultés et puissance, selon le conseil de la communauté.

20. Item quand nous voudrons marier une de nos filles, ou faire chevalier un de nos fils, les dits bourgeois nous doivent aider, selon le conseil de la communauté et pouvoir de la ville.

1260

21. Si aucunes fois nous venons en une de nos villes, et y voulions dîner, souper ou coucher, et aucun des dits bourgeois y fait résidence, il se doit aider à payer nos dépends avec les autres hommes d'icelle ville, et si nous avons besoin de voiture et aucun des dits bourgeois fait sa résidence hors de la ville, il se doit aider à la voiture avec les autres hommes de la dite ville.

22. Et en outre si aucun des dits bourgeois a aucunes bêtes hors de la ville, d'icelles nous doit aider à voiture faire.

23. Et aussi toutes fois et quantes qu'il nous plaira, chacun bourgeois résidant hors de la ville libéralement y doit rentrer et faire résidence incontinent après notre amonition et avertissement sans contradiction quelconque.

24. Nul des dits bourgeois ne doit faire serment à aucune ville sans notre licence expresse, ajouté à ce ès choses devant dites du consentement des dits bourgeois, que tous meubles et non meubles des dits bourgeois qui tel serment auront fait sans notre licence et consentement en quel lieu qu'ils soient trouvés tant dedans la ville que dehors, seront nôtres et seront réduits à nos mains libéralement sans aucune réclamation que tel bourgeois en puisse faire, et néanmoins son corps nous sera obligé à la servitude première comme il était devant la dite liberté.

25. En icelle ville aussi ne doit être reçu bourgeois sans notre expresse licence et permission; que s'il était fait, celui qui sera ainsi reçu nous ne le réputerons point pour bourgeois, et en outre chacun qui tel bourgeois recevra à bourgeois nous doit d'amende soixante sols pour la loi.

26. Les cheseaux qui demeurent par trois ans sans être réédifiés nous sont échus libéralement.

27. Quiconque laisse sa vigne qu'il possède de nous par droit de fief trois ans sans la cultiver, elle nous sera lors échûte libéralement.

28. Item nul ne doit gager en la dite ville ou dehors sans notre expresse licence ou de notre châtelain.

29. Tous simples et pleins gages ne doivent excéder la somme de quatre sols.

30. En la vendition de gages le droit du seigneur est tel que tous gages qui en son nom, pour vivres, foin, avoine et ferrures de chevaux seront pris et obligés, soient conservés sans distraction an et jour.

31. Toute personne qui se plaint injustement d'aucun, doit quatre sols au seigneur et à celui duquel il s'est plaint aussi quatre sols.

32. Nul ne doit être reçu en témoignage fors que d'avoir vu et ouï à la charge d'en faire serment.

33. Quiconque aussi est dit notre droit avoir mal rendu à nous en quel-

qu'un de nos droits et rentes, il sera cru par son serment, en tant qu'il soit tenu pour légitime; et s'il est accusé par deux de ses voisins légitimes à nos ministres et officiers et est convaincu nos droits et rentes avoir mal rendu, nous devra soixante sols pour la loi et ne sera tenu pour légitime.

34. Tous ceux qui apporteront poissons pour vendre au marché, le doivent porter et vendre au mazel, et s'ils le vendent autre part en la ville, nous doivent quatre sols pour la loi.

35. Nous leur octroyons aussi qu'ils puissent librement et sûrement vendre et engager leurs biens et possessions, c'est à savoir maisons, vignes, champs, prés à qui bon leur semblera, sauf toutefois nos droits et licence requise, mêmement ceux desquels ils sont tenus nous payer.

36. Ils nous doivent payer les lods des censes, ventes et choses vendues purement pour le sol un denier, et de l'engagement pour le sol une maille; desquels l'acheteur ou qui prend et retient en gage doit payer les deux tiers, et celui qui vend et engage paye l'autre tiers.

37. Nous réservons pouvoir et faculté de retenir les choses qui sont à vendre ou de notre fief, ce qui nous est licite devant tous autres.

38. Et si aucun ses choses vend et engage sans notre consentement, et après les vend et engage à d'autres en requérant notre consentement et l'obtenant, celui qui tiendra la chose vendue ou engagée par notre consentement la possédera, et l'autre la perdra; toutefois il pourra répéter son droit autre part sur les biens de son detteur, autrement son action sera vaine et sera exclu de ses prétentions.

39. A mutation et changement du Seigneur, leurs choses ne doivent reprise.

40. Si aucun des dits bourgeois meurt, les héritiers succèderont en l'héritage sans reprise, mais dans l'an et jour ils seront tenus de le reprendre de notre main.

41. Item si aucun des bourgeois de la dite ville meurt sans hoirs ou parents, sa possession tant meubles qu'immeubles seront nôtres, et s'il a héritiers qui soient absents et hors du pays, ils seront attendus an et jour et si dedans l'an et jour ils ne nous requièrent l'héritage comme ils sont tenus, l'héritage sera nôtre, s'ils n'étaient détenus par occasion légitime.

42. Nous voulons que les religieux qui auront maisons en la dite ville, jouissent de toutes les libertés, immunités, défenses et maintenances, tout ainsi que les autres bourgeois et avec ce, que leurs maisons soient délivrées, absolves et du tout exemptes de toute servitude quelconque, exaction et taille des droits et coutumes des autres bourgeois, ainsi comme aux autres cités et villes. Les rois et princes sont en leurs maisons francs et

émancipés, excepté que les séculiers qui en leurs maisons qu'ils ont en notre dite ville demeurent des serviteurs, seront tenus, touchant le guêt, de le faire comme les autres bourgeois.

43. Et si aucun étranger refuit dans notre ville, en tant qu'il ne soit de nos hommes et y fait demeurance an et jour sans être requis, et il se présente à nous et aux officiers de la dite ville et aura aidé aux choses nécessaires à l'usage commun des bourgeois, delà en avant sera réputé pour bourgeois et nous avec eux lui ferons la maintenance autrement ne le réputerons pour bourgeois. Toutefois dedans la ville, pour l'honneur d'icelle, ne souffrirons qu'il lui soit fait nulle injure, et si hors de la ville il est pris et occis, nous ne le vengerons pas ni ne le suivrons ; et si dedans l'an et jour celui qui aura fait les dites coutumes et requis, demandé et interpellé, de lui sera fait raison au requérant en telle manière que si le requérant peut prouver par sept hommes légitimes qui ne soient point suspects que l'homme fugitif soit sien et de droit lui doit service et taille, nous ne le tiendrons pour bourgeois, mais lui devrons conduite par un jour et une nuit ; dedans quarante jours qu'il fuye où il voudra ; et s'il n'est requis dedans l'an et jour, nous l'aurons pour bourgeois.

44. Et en outre tous les autres droits et coutumes qui en cette présente charte ne sont écrits, nous voulons qu'ils soient gardés et observés à forme des coutumes de Neufchâtel, et qu'il en soit usé comme au dit Neuchâtel on en use simplement. Toutes lesquelles coutumes et droits qui en ce présent authentique instrument sont contenus et déclarés par lesquelles nos bourgeois de Neureux devant nommés constituons francs et appelons quittes de toutes exactions, tailles et extorsions, promettons en bonne foi inviolablement garder et observer, excepté que nos officiers étant en nos offices sont exempts du dit serment et seront tenus nous faire et rendre service toutes fois et quantes que nous les en requérons, et s'ils traitent mal nos choses, ils nous en doivent rendre raison et faire satisfaction; et seront tenus nos successeurs qui succéderont en l'héritage promettre par leur serment de perpétuellement observer de tout leur pouvoir toutes et singulières les choses devant dites et écrites par nous ainsi faites et promises sans les nullement enfreindre. Que si nous ou nos successeurs en aucun point y voulions contrevenir ou les violer, nous nous en soumettrons au jugement de monseigneur l'évêque de Lausanne et du chapitre de Neufchâtel, lesquels avons à cet effet nommés et constitués comme faisons, seigneurs juges et médiateurs. Voulant par nous et nos successeurs que toutes nos terres, excepté Neufchâtel, soient sujettes à l'ecclésiastique interdit jusques à ce que les dits droits et coutumes soient par nous et nos dits successeurs par serment solennel gardés et observés; ajoutant les dits

juges par icelles censures et justices à ce que les dits droits et constitutions ne soient violés par les bourgeois auxquels ils nous sont et à nos successeurs tenus et astreints en aucun point en manière quelconque au contraire par défaut, ni contradiction.

Pour plus grande approbation et vérification de tout le contenu d'icelles, et afin que ce soit chose ferme et stable pour le temps à venir comme nous étant agréables, nous les avons fait corroborer des sceaux de révérend père en Dieu, messire Jean, évêque de Lausanne, des vénérables pères en Jésus-Christ l'abbé de Frienisberg de l'ordre de Citeaux, d'Aimon abbé de l'île de Saint-Jean de Cerlier de l'orde de Saint-Benoît, et du chapitre de Neufchâtel, et en outre de noble homme messire Berthold, notre très cher père seigneur de Neufchâtel, et du nôtre.

Fait et donné à Neufchâtel, l'an et jour que dessus.

Il faut remarquer ici que quoique Berthold, comte de Neuchâtel, fût déjà mort, on ne laissa pas que d'apposer son sceau sur cet acte, et ceci fait voir que Berthold et Rodolphe, son fils, avaient des sceaux différents, puisqu'on les y appliqua tous les deux.

L'an 1261, le tiers de la dîme de Coffrane fut donné à l'abbé de Fontaine-André, pour le remède de l'âme de feu le comte Berthold, par son fils Rodolphe, et pour un anniversaire pour lui. Pendant que les cantons possédaient le comté de Neuchâtel, l'abbé de Fontaine-André fit reprise de ce tiers de dîme en vertu de la susdite donation, et il est dit que cette dîme se partissait avec Messieurs des Ligues, avec l'abbé de l'Ile de St-Jean, le prieur de Corcelles et le prévôt de l'église collégiale de Notre-Dame de Neuchâtel, qui en avaient chacun une portion. Coffrane n'était pas encore, en 1261, dans la seigneurie de Valangin, puisque le comte de Neuchâtel disposait de cette dîme (V. l'an 1444).

1261. Donation du tiers de la dîme de Coffrane à l'abbé de Fontaine-André.

Co-propriétaires de la dîme de Coffrane.

Rodolphe Ier, comte de Nidau, mourut la même année. Il s'intitulait comte de Neuchâtel et seigneur de Nidau. Son fils Rodolphe II lui succéda. Ce dernier, voulant donner des preuves de son affection à ses sujets de Cerlier, leur accorda d'amples et importantes franchises, qui, pour leur singularité, méritent d'être ici rapportées.

Mort de Rodolphe de Neuchâtel, c^{te} de Nidau.

Rodolphe II lui succède.

Franchises accordées aux bourgeois de Cerlier.

FRANCHISES ACCORDÉES AUX BOURGEOIS DE CERLIER EN L'AN 1261.

Afin que les choses que nous avons dans notre souvenir ne s'effacent par la suite du temps de la mémoire, les anciens avaient accoutumé de rédiger par écrit et de remettre au témoignage des sages, les choses qui sont

1261

Ces franchises sont les mêmes que celles que le duc Berthold de Zæringen donna à la ville de Fribourg en Nuictland après qu'il l'eut bâtie.

arrivées, tout de même qu'elles se sont passées. C'est pourquoi qu'il soit notoire à tous présents et à venir, que Berthold, duc et régent de Bourgogne, donna les droits qui sont contenus dans la présente à ses Bourgeois de Fribourg, en Nuictland, dès qu'il eut bâti cette ville. Nous donc, Rodolphe, héritier et fils de défunt Rodolphe, comte de Neuchâtel, par la persuasion et consentement de Berthold, seigneur de Strasberg, évêque de Bâle, et d'Ulrich, seigneur d'Arcunciac, avons accordé les mêmes droits qui sont contenus dans la présente lettre à nos Bourgeois de Cerlier, que nous avons aussi confirmés par le serment que nous en avons prêté, par la promesse au lieu de serment que nous en avons faite aux dits seigneurs, et afin que ces choses subsistent à perpétuité, Nous les avons scellées de nos sceaux, et ce sont ici les droits que nous leur concédons :

Ils peuvent élire leur avoyer et le destituer.

1. Que nous n'établirons jamais aucun avoyer ni péager à nos Bourgeois de Cerlier que celui qu'ils voudront bien choisir eux-mêmes, et que nous confirmerons celui qu'ils auront élu, qu'ils les auront pendant qu'ils leur seront agréables ; à défaut de quoi, ils pourront les destituer et en rétablir d'autres.

Régents d'école, portiers et sergents.

2. Ils pourront aussi élire un régent d'école, les portiers et un sergent d'eux-mêmes et sans avoir égard à nous, et ils auront aussi le pouvoir de les déposer, et tout ce qu'ils feront à cet égard nous serons obligés de le ratifier et de l'observer inviolablement.

Le comte ne doit pas juger. Chambre d'appel trois fois l'an.

3. Nous ne pourrons ni par nous-mêmes ni par d'autres prononcer aucun jugement dans la ville. Nous tiendrons trois fois l'année, savoir : en février, en mai et en automne, la chambre des appellations pour juger souverainement des procès, et nous présiderons nous-même dans l'assemblée, et nous jugerons conformément aux lois et aux droits de nos Bourgeois et non autrement.

Concession des pâturages et cours d'eau.

4. Nous donnons à nos Bourgeois les pâturages, le cours des eaux et les forêts qu'on nomme communément *Allmend*, dont ils pourront jouir sans payer aucun ban.

Exemption du péage.

5. Nous quittons à nos Bourgeois le péage, qu'ils ne seront pas obligés de payer.

Exemption de tributs militaires. Exception du voyage de l'empereur en Italie.

6. Nous ne pourrons leur demander ni solde ni garnison ni aucun argent pour le fait de la guerre contre leur volonté, si ce n'est lorsque le Roi passera les monts avec ses troupes et qu'il nous commandera de l'accompagner.

Cordonnier.

7. Notre ministre ou officier pourra en temps de foire prendre à chaque cordonnier une paire de souliers des meilleurs, comme il voudra, et ce pour notre usage.

Tailleur.

8. Et de chaque tailleur des bottines pour la guerre, ni des meilleures, ni des moindres.

Maréchal.

9. Et de chaque maréchal quatre fers de cheval.

Marchand.

10. Et de chaque marchand-drapier une aune de drap qu'il aura en mains.

Jusqu'où on peut les conduire en guerre. Logements.

11. Et nous ne pourrons pas conduire nos Bourgeois plus loin en guerre qu'ils ne puissent retourner chez eux le même jour.

12. Nous ne pourrons pas entrer dans leurs maisons ni nous ni les nôtres contre leur volonté, et nous défendons aussi à tous autres de les inquiéter par des logements.

13. Chaque chesal de maison dans la ville aura 24 pieds de largeur et on payera de chacun annuellement à la St-Martin douze deniers pour la cense. 14. Si un homme qui est logé chez un bourgeois ou un étranger frappe un bourgeois, on l'attachera à un tronc et lui arrachera la peau de la tête ; si d'autre côté un bourgeois frappe un étranger dans l'enceinte de la ville, il payera 60 sols d'amende à l'avoyer, et il donnera à celui qu'il aura frappé 3 sols ; s'il a fait répandre du sang, il donnera à l'avoyer 60 sols et à celui qu'il aura blessé 60 sols. 15. Le devoir du sautier l'oblige à poser des guettes dans leur lieu avant que d'aller dormir. Dès que quelqu'un est remis entre les mains du sergent pour le garder et qu'il est entré dans sa maison, il lui doit 3 sols ; mais si le coupable s'échappe en cachette ou autrement d'entre les mains du sergent, il en devra répondre et être puni de la peine que le coupable aurait méritée. Et il en est de même de l'avoyer que du sergent sur cet article, lorsque quelqu'un lui est remis à cause de sa force, le sergent ne pouvant pas le garder. 16. Le droit du sergent est que pour la première citation il aura 3 sols, si cela arrive ; mais s'il ne fait pas la citation, il ne les aura pas, et celui auquel il ordonnera de paraître en jugement, si c'est un bourgeois, il ne sera pas obligé de lui donner quoi que ce soit, à moins qu'il ne lui donne un denier ; le devoir du sergent est que si quelqu'un le conduit auprès d'un autre pour le citer en justice, s'il arrive que le sergent, soit à la prière de celui auprès duquel il a été conduit, soit par crainte, il cite premièrement en justice celui qui l'a conduit, il devra à ce dernier, s'il se plaint à l'avoyer, un ban de trois livres et à l'avoyer trois sols ; l'avoyer et le sergent ont ce droit que personne ne les peut citer en justice ; mais lorsqu'ils sont dans le lieu où la justice s'assemble, ils seront obligés de répondre promptement à celui qui les attaque. Si deux étrangers se veulent tirer l'un l'autre en justice, ils donneront à l'avoyer, en la place du sergent, une caution sur la promesse qu'ils font de comparaître ; si l'un d'eux manque de s'y trouver, il sera tenu pour coupable. 17. Si un bourgeois se plaint d'un étranger non bourgeois et que ce dernier nie le fait, le bourgeois devra le prouver par deux témoins légitimes ; on nommera les témoins, et si par eux il ne prouve rien, il sera obligé de payer les dépends de cet étranger depuis le temps qu'il a fait la plainte ; mais s'il prouve le fait, l'avoyer retirera tout ce qu'il pourra de cet étranger et le donnera au bourgeois. 18. Mais si cet étranger n'a rien, l'avoyer devra empêcher que quelqu'un ne le loge dans sa maison, ou ne lui vende quelque chose ; si quelqu'un le loge ou lui vend quelque chose, il répondra pour lui et payera pour lui. 19. On fera justice d'un jour à l'autre au bourgeois contre l'étranger. 20. Si un prêtre ou un soldat ou un religieux achètent quelque chose pour leur usage, ils ne paieront point de

1261

Fraude des péages.

Liberté d'aliéner ses biens,

d'inféoder,

d'engager ses allodiaux.

Les pères et mères héritent leurs enfants.

Les enfants peuvent disposer.

Frères et sœurs s'héritent.

Héritages.

Bien qui n'est pas redemandé.
A qui l'héritage revient.
La femme ne peut contracter.

péage; mais celui qui leur vendra payera le péage s'il n'est pas bourgeois; mais si les dits, prêtre, soldat ou religieux, achètent quelque chose et le revendent, ils paieront le péage. 21. Si quelqu'un passe par devant le lieu où l'on paie le péage et ne le paie pas, il sera condamné à trois deniers et une obole, et si le péager use de quelque fraude et nie d'avoir reçu le péage, le marchand devra prouver qu'il l'a payé. 22. Si deux personnes ont contracté légitimement, pendant qu'un homme peut marcher et aller à cheval, il peut donner librement tous ses meubles à qui bon lui semblera, et il peut librement inféoder à un autre ses fiefs que ses fils n'auront pas reçus et il pourra dans son besoin engager ses biens allodiaux, mais il ne pourra les vendre que par le consentement de sa femme et de ses enfants. 23. Si deux personnes mariées font un traité et ont plusieurs enfants légitimes auxquels ils donnent à chacun sa portion, et que ces enfants viennent à mourir l'un après l'autre, sans laisser ni femme ni enfant, le père succèdera à tout ce qu'ils ont par droit d'héritage, s'ils ont laissé quelque chose et qu'étant en santé ils ne l'ont donné à personne, ce qu'ils pouvaient faire contre le gré de père, mère, frère et sœur. Si le père vient à mourir et qu'ensuite il arrive qu'un des frères meure, les autres frères et sœurs partageront l'héritage entre eux, mais la mère n'y aura aucune part. Mais si quelques-uns des enfans ont été indivis et ne sont pas partagés et qu'il arrive que l'un d'eux meure, les biens du défunt se partageront entre ceux qui sont indivis, et s'ils viennent tous à mourir, la mère héritera de tous leurs biens, et après la mort de la mère, le plus proche parent aura la succession; supposé qu'après la mort de père et de mère un des fils survive, alors son plus proche parent, soit de père ou de mère, aura l'héritage après sa mort. Si un bourgeois meurt, sa femme et ses enfants qui le survivront possèderont paisiblement tous les biens qu'il a laissés et sans aucune réserve. Si quelqu'un meurt sans laisser ni femme, ni enfants légitimes, alors l'avoyer et les vingt-quatre jurés retireront tous ses biens et les garderont pendant une année entière; que si quelqu'un les redemande par droit d'héritage, on les lui remettra suivant le droit qu'il a et les possédera; mais si personne ne redemande l'héritage, le tiers sera donné pour le service de Dieu, le tiers sera employé pour l'édification de la ville, et l'autre tiers appartiendra au seigneur. La femme bourgeoise ne peut rien donner, ni aliéner, ni contracter sans la volonté de son mari, si ce n'est de quatre pièces d'argent, dont elle pourra disposer. Si la femme est marchande et qu'elle vende et achète manifestement, elle sera obligée de payer ceux auxquels elle doit et les dettes de son mari, en quoi qu'elles consistent. Si quelqu'un a contracté avec une femme et que son mari meure, elle pourra être la maîtresse de tout ce que son mari lui a laissé et à ses enfants pendant qu'elle sera veuve, sans toutefois dissiper ses biens; mais si elle veut se remarier, elle pourra prendre sa portion des meubles, en quoi qu'ils consistent, comme aussi des biens allodiaux, et en jouir pendant qu'elle vivra; mais après sa mort, sa part des biens allodiaux retournera à ses enfants, et elle ne pourra vendre ni aliéner sa dite portion. Et si ses enfants ne veulent pas qu'elle et son second mari demeurent dans la maison où elle a sa portion, ils choisiront deux honnêtes hommes, qui connaîtront combien le louage de portion de maison peut valoir annuellement, ce que les enfants seront obligés de lui payer tous les ans pendant qu'elle vivra; et si elle meurt, le mari pourra posséder jusqu'à sa mort librement, paisiblement et sans réserve, et être le maître de tous ces biens, tant meubles que non meubles, qu'il possédait pendant la vie de sa femme et qu'il acquerra. Et s'il se remarie, il jouira pendant sa vie de tous les biens qu'il possédait pendant sa vie et qu'il aura acquis; et s'il a des enfants de sa seconde femme et qu'il vienne à mourir, cette seconde femme avec ses enfants relèvera : 1° Sa dot, sur les biens que le mari a laissés, et elle retirera la troisième partie du bien restant, tant meubles que non meubles. Et s'il se retrouve quelques fiefs dans la portion des enfants du second lit, les enfants du premier mariage doivent être les garants légitimes de ces fiefs, et s'il arrive quelques dépens au sujet de ces fiefs, les dits enfants du premier mariage seront obligés de les payer; mais s'il arrive qu'un des enfants du second mariage meure sans hoirs légitimes, les dits seconds enfants hériteront de tous les biens du défunt. Si le mari n'a point eu d'enfants de sa seconde femme et qu'il vienne à mourir, la dite seconde femme retirera sa dot et son douaire sur les biens que son mari a laissés, et elle se séparera par ce moyen d'avec les enfants du premier mariage. 24. Si un bourgeois a acquis quelque chose injustement et qu'il désire de réparer sa faute, il le pourra faire librement, soit qu'il soit en santé ou dans l'infirmité, et ses héritiers seront obligés de restituer, à moins qu'il ne l'ait déjà fait avant sa mort. Et tout ce qu'il aura assigné et légué en aumône pour le salut de son âme en la présence de deux témoins honnêtes hommes pendant qu'il peut marcher et aller à cheval, il le pourra faire librement et sans réserve, et ses héritiers seront obligés de le délivrer. S'il tombe dans l'infirmité et qu'il lui souvienne qu'il a fait peu d'aumônes, il pourra librement et sans réserve donner jusqu'à soixante sols en aumônes, et si la femme contredit à son mari, elle pourra avant toutes choses, si elle veut, donner aux siens ses vêtements en aumônes. 26. Si on a remis et confié de l'argent à la femme d'un bourgeois, le mari en sera à toujours irrecherchable et ne lui pourra à jamais causer aucun dommage. 27. Supposé que le fils de quelque bourgeois soit redevable de quelque chose à quelqu'un, ou que quelqu'un lui ait

1261 prêté de l'argent, ou qu'il l'ait dépensé d'une autre manière, son père ne sera pas obligé d'en rien payer, ni le fils pendant qu'il est sous la puissance du père et qu'il n'est pas marié. Et s'il a fait quelque traité, il ne sera pas obligé d'y satisfaire, étant sous la puissance du père, ni payer ni lui ni son père ce qu'il aura dépensé; et nous tenons la même chose en ceci, et c'est le droit de la ville, si le père lui établit un procureur ou tuteur, soit pendant la vie du fils, soit après sa mort; mais si le père a donné une partie de ses biens à son fils, ou s'il lui a assigné une somme d'argent pour acheter et vendre, il sera obligé de payer la dépense qu'il aura faite depuis ce temps-là, que cet argent lui aura été remis et assigné. 28. Si quelque enfant de bourgeois a pris quelque chose à ses père et mère malgré eux, partout où ils trouveront ce qui leur a été pris et qu'ils s'en seront plaints à l'avoyer, ils pourront reprendre ce qui leur a été enlevé, sans qu'il leur en arrive aucun dommage, et l'avoyer sera obligé de le leur faire recouvrer à ses dépens. 29. Si quelqu'un a causé du dommage à son voisin, soit par ses bêtes, soit par sa famille, et qu'il s'en plaigne à l'avoyer, ou celui-ci répondra pour les coupables, ou il les quittera. Qui aura creusé une cave et aura nui à son voisin par la terre qu'il aura jetée dehors, ou par du fumier, ou par quelque égout tombant du toit, qu'il le fasse citer en justice, et surtout par l'ordre de l'avoyer; celui qui porte du préjudice devra dédommager son voisin, et s'il ne le fait pas et que cela cause une seconde querelle, alors il lui payera trois sols d'amende et autant à l'avoyer; s'il se plaint pour la troisième fois, il devra payer trois sols et à celui qui a fait le plaintif et à l'avoyer trois livres. 30. Si quelqu'un a violé la paix, c'est-à-dire battu quelqu'un dans la ville, et si étant en colère et en fureur il a mis quelqu'un à sang, s'il en est convaincu, on lui coupera la main; que s'il l'a tué, on lui coupera la tête; s'il s'évade et qu'il ne soit point arrêté, le faîte de sa maison sera arraché et demeurera une année sans être réparé; mais après l'an révolu, ses héritiers pourront rebâtir la maison, s'ils le désirent, et la posséder librement, mais ils donneront avant cela soixante sols au seigneur, et lorsque le coupable sera pris dans la ville, il subira la peine prédite. Si deux bourgeois sortent de la ville étant bons amis et qu'ils viennent à se quereller, chacun donnera pour satisfaction trois sols à l'avoyer; mais si l'un met la main sur l'autre sans le tuer étant en colère, il payera au blessé soixante sols et à l'avoyer de même soixante sols; mais si l'un tue l'autre, on en usera de même que si cela s'était fait dans la ville. Que s'ils sont sortis de la ville n'étant pas amis, et qu'ils se soient arraché les cheveux ou blessés l'un l'autre, il en sera de même que si cela s'était fait dans la ville. Si un prêtre de cette ville a quelque plainte contre un bourgeois, il s'adressera à l'avoyer et accusera le bourgeois, et pour lors le prêtre, comme cela est dû, obtiendra la justice suivant le droit des bourgeois ; mais si le coupable ne veut pas faire justice au prêtre suivant le droit des bourgeois, le prêtre pourra alors le faire citer par devant quel juge que bon lui semblera. 31. Si quelqu'un a dérobé jusqu'à cinq sols dans l'enceinte de la ville, il sera premièrement marqué ; s'il est surpris pour la seconde fois, il sera pendu. 32. Si quelqu'un est cité sur tous les jours requis et qu'il n'ait pas comparu, il sera cité pour le lendemain, et s'il se conste qu'il n'ait pas voulu comparaître sur les citations à lui faites, il sera condamné à donner trois livres à l'avoyer, qui sera pour lors obligé d'aller dans la maison du rée et d'adjuger au créditeur autant de biens du rée ou débiteur qu'il en faudra pour contenter le créancier et le satisfaire ; mais si les biens du rée se trouvent dans un état auquel on ne puisse pas les remettre au créditeur avec assurance, pour les avoir peut-être déjà dissipés, alors l'avoyer sera obligé de les garder pendant huit jours et de payer ensuite le créditeur, et si quelqu'un n'a pas été cité sur tous les jours de plaids, mais seulement pour le premier et pour le second jour, sans avoir comparu, pour chaque jour auquel il n'aura pas comparu étant cité, il devra donner trois sols à l'avoyer ; mais si quelqu'un en cite un autre en justice et que lui acteur ne comparaisse pas en justice, il sera condamné à payer trois sols au rée et de même trois sols à l'avoyer. 33. Si quelqu'un de nos bourgeois veut aller habiter dans un autre lieu, nous serons obligés de l'accompagner avec tous ses biens depuis la ville pendant l'espace de trois journées. 34. Si quelque dissension ou querelle, de quelle nature qu'elle soit, excepté pour fait de larcin, s'émeut entre des bourgeois, pourvu qu'elle n'ait pas été ventilée par devant l'avoyer, elle pourra être pacifiée sans dommage, sauf le droit du seigneur. Si une querelle s'émeut entre nos marchands pour leurs propres affaires, suivant la coutume et leurs droits, ils pourront la terminer librement entre eux. 35. Si quelqu'un pour le besoin des choses nécessaires fait un traité, il pourra vendre ses possessions à qui bon lui semblera, et celui qui a acheté les pourra posséder librement, en réservant la cense du seigneur. 36. Si quelqu'un, de quelle condition qu'il soit, entre dans le lieu prédit et est reconnu y avoir habité pendant l'an et jour entier, y ayant acquis le droit de bourgeois en présence de tous, sans empêchement de qui que ce soit, personne ne pourra prouver contre un tel de la part du magistrat qu'il soit son serviteur que par sept témoins ; et s'il le peut prouver, qu'il soit à lui. 37. Si un étranger qui n'est pas bourgeois menace un bourgeois ou lui dit des injures, et que le bourgeois s'en plaigne à l'avoyer, et que cet étranger ne veuille pas représenter avec le bourgeois par devant l'avoyer, alors l'avoyer devra le faire sortir de la ville et le faire décrier publiquement, afin que personne ne loge cet étranger et ne lui vende quoi que ce soit; et si quelqu'un après cela le loge ou lui vend quelque chose, il répondra pour lui et portera la même peine que cet étranger aurait dû souffrir; que s'il veut bien répondre par devant l'avoyer et offrir la justice au bourgeois, si le bourgeois peut prouver qu'il l'a menacé et dit des injures, il sera obligé de donner au bourgeois trois livres d'amende et à l'avoyer trois sols, et il devra donner caution pour le ban; que s'il comparaît par devant l'avoyer et refuse de répondre ou s'en retourne avec rebellion ou mépris de la justice, en tous ces cas, il se rend coupable et personne ne devra le loger ni lui vendre aucune chose, et si quelqu'un le fait après la défense de l'avoyer, il sera soumis à la même peine. 38. Si quelqu'un ferme les pâturages de barres et les convertit à son propre usage, et que quelqu'un s'en plaigne à l'avoyer et qu'il ne répare pas la chose et ne retire pas sa barre, comme il le doit, il devra payer à chacun qui se plaint une amende de trois livres et la même chose à l'avoyer. Si quelqu'un mène son bétail dans l'endroit des pâturages qui ont été fermés, il ne devra aucune amende à celui qui les aurait indûment barrés ni à aucun autre. 39. Lorsqu'un bourgeois aura possédé pendant un an et jour entier et ce librement, sans contradiction et sans une défense de la justice, quelque fief ou aleu, ou un héritage, personne ne pourra les lui ôter. Si quelqu'un de nos bourgeois acquiert quelques fiefs, aucun autre bourgeois ne devra l'inquiéter dans son possessoire, ni l'en dépouiller que par la justice. 40. Si un bourgeois a vécu paisiblement jusqu'à sa mort sans reproche et sans qu'aucune défense lui ait été faite de la part de la justice, si quelqu'un s'oppose à ce qu'un tel soit enseveli dans le cimetière après sa mort, il devra porter tous les dommages qu'une telle contradiction aura causés aux héritiers du défunt, le dit contredisant et ses héritiers devront payer aux héritiers du défunt un ban de trois livres et à l'avoyer de même. 41. Si un bourgeois menace un bourgeois en son corps et que celui qui aura été menacé l'en puisse convaincre par deux légitimes témoins, celui qui l'a menacé lui devra payer une amende de trois livres s'il s'est plaint à l'avoyer, et trois sols à l'avoyer. Et si un bourgeois menace un autre bourgeois à l'égard de ses biens et qu'il lui arrive quelque dommage à cet égard, si celui qui a été menacé peut prouver les menaces, celui qui l'a menacé devra payer à celui qui a été lésé et lui restituer le dommage avec un ban de trois livres et autant à l'avoyer; s'il ne veut pas prouver, celui qui a menacé sera obligé de se purger par serment et à main levée, qu'il ne lui a causé aucun dommage en ses biens, et que cela ne s'est pas fait par son conseil. 42. Si un bourgeois a quelqu'un sur sa possession, aucun de ses malveillans ne le doit inquiéter ni l'en dépouiller que par les voies de la justice; et si quelqu'un entre dans la maison d'un bourgeois contre son gré, le bourgeois ne donnera à celui qui y sera entré aucune satisfaction de tout le mal et dommage qui lui sera arrivé ni à la ville, ni au seigneur, ni au blessé. Si celui qui était entré en ressort sans aucun dommage et que le bourgeois chez qui il est entré s'est plaint à l'avoyer et qu'il pourra prouver qu'il est entré dans sa maison contre sa volonté, celui qui est entré dans sa maison lui devra payer trois livres de ban et autant à l'avoyer. 43. Si un bourgeois est attaqué par un autre bourgeois à l'égard de ses biens allodiaux ou de ses fiefs, il ne sera pas obligé, s'il ne veut, de lui répondre que par devant le seigneur; celui des conseillers que la plupart des autres auront choisis gardera le sceau et il devra prêter serment qu'il ne scellera aucune lettre que par le consentement de l'avoyer et des conseillers, et qu'il ne scellera aucun papier ou privilége que par le conseil de l'avoyer et de trois conseillers. 44. Aucun homme non bourgeois ne peut témoigner contre un bourgeois que jusqu'à trois sols. 45. Si un bourgeois achète un bien allodial de quelqu'un et qu'il l'ait possédé pendant l'an et jour sans contradiction et sans défense de justice, il pourra continuer à le posséder paisiblement. Si un bourgeois achète quelque chose de quelqu'un, qu'un autre bourgeois tenait, le bourgeois qui tient la tiendra avec le même droit de l'acheteur qui la tenait du vendeur. 46. Si quelqu'un est si fort et puissant qu'il ne veuille pas paraître en droit par devant l'avoyer, et que le différend vienne par devant le seigneur, l'amende de soixante sols qui devrait être donnée à l'avoyer sera à l'égard du seigneur de dix livres, et l'amende de dix livres qui reviendrait à l'avoyer vaudra soixante livres pour le seigneur. 47. Celui qui voudra en fait de guerre aider son ami, sans le consentement de la ville, doit premièrement renoncer à sa bourgeoisie et sortir de la ville avec sa famille et n'y pourra rentrer jusqu'après la paix, et si quelqu'un transgresse ceci, il devra supporter tous les dommages qui en arriveront aux bourgeois et à la ville à cause de cette aide qu'il aura donnée. 48. Si quelqu'un veut citer sa partie à comparaître en jugement, selon qu'il en a le droit, il le doit faire par la permission de l'avoyer et de quatre conseillers que l'avoyer pourra convoquer. Chaque bourgeois peut librement faire citer sa caution qui sera bourgeois hors de sa maison pour comparaître en jugement; si un autre homme non bourgeois est caution ou débiteur d'un bourgeois et qu'il entre dans la ville, il doit par l'ordre de l'avoyer se saisir de ce qu'il a dans la ville et ne les pas prendre de sa propre volonté. 49. Si un homme de quelque bourgeois ou qui habite sur sa possession, doit quelque chose à un bourgeois, ce bourgeois devra premièrement s'en plaindre à son maître, qui devra l'obliger à payer dans quinze jours; ce que ne faisant pas, son créancier pourra le faire citer librement et partout hors de la maison à comparaître en jugement. 50. Si quelqu'un frappe un bourgeois,

1261

Le seigneur juge des fiefs.

Garde des sceaux.

Témoignage.

La possession pendant an et jour est ferme.

Acheteur.

Non comparaissance.

Service en temps de guerre.

Permission requise en droit.

Permission nécessaire pour barrer.

Procédé contre un homme qui dépend d'un autre.

Bourgeois blesse.

1261

il ne devra plus entrer dans la ville jusqu'à ce qu'il ait accordé avec la ville et avec celui qu'il aura blessé. Si quelqu'un transgresse ceci, celui qui lui aura fait quelque outrage ne devra donner aucune satisfaction, ni à la ville, ni au seigneur, ni à celui qui aura été blessé. 51. Si quelque bourgeois est obligé d'être en ôtage à un bourgeois et qu'il ne veuille pas être en ôtage, celui à qui il est obligé d'être en ôtage pourra librement et sans danger faire saisir ce bourgeois son ôtage et l'obliger à tenir le traité fait touchant l'ôtage ; que si celui qui doit l'ôtage est si fort que celui à qui il est dû ne puisse pas le saisir ni le retenir, l'avoyer et la ville devront l'aider à retenir son ôtage. 52. Si quelqu'un trouble la paix d'une foire ou marché, c'est-à-dire si quelqu'un fait un grand tort à un étranger qui vient à la foire, il se privera par là de la bienveillance du seigneur et de la ville ; et il ne pourra pas rentrer dans la ville jusqu'à ce qu'il ait donné satisfaction au seigneur, à la ville et à celui qui aura reçu le dommage. 53. Si quelqu'un a été jugé pour fait de larcin, les biens du larron qui se trouveront dans l'enceinte de la ville seront au seigneur, et le corps aux bourgeois. 54. Celui qui aura dépensé chez un hôte plus qu'il n'a, ne pourra être admis à faire serment que pour trois sols ; celui qui sort d'un logis sans avoir payé ce qu'il y a dépensé et contre la volonté de son hôte, devra donner trois livres pour un ban et à l'avoyer de même, s'il est bourgeois ; que s'il n'est pas bourgeois, l'hôte pourra le saisir et le retenir jusqu'à ce qu'il ait payé sa dépense et le seigneur ne perdra pas par là son droit qui est de soixante sols, et l'hôte sera obligé de faire savoir à l'avoyer qu'il a retenu cet homme pour ce sujet. 55. Si quelque jeune homme ou étranger non bourgeois dit des injures à un honnête bourgeois et profère contre lui des outrages et qu'un autre bourgeois qui sera présent donne un soufflet à celui qui aura injurié et le frappe, il ne devra pour cela donner aucune satisfaction, ni au seigneur, ni à la ville, ni au blessé. 56. Si quelqu'un achète en un jour de foire dans l'enceinte d'une lieue autour de la ville quelques vivres, devra payer à celui qui s'en plaindra trois sols d'amende et à l'avoyer de même, et s'il a acheté des vivres dans l'enceinte de la ville, il payera à celui qui se plaindra trois livres d'amende et autant à l'avoyer. 57. Si quelqu'un vend de la chair lépreuse pour bonne viande ou de la chair de sanglier pour celle de pourceau, et que celui qui l'aura achetée pourra le prouver, le vendeur devra payer à l'acheteur un ban de trois livres et à l'avoyer, et il ne pourra vendre aucune viande pendant quarante jours. 58. Si un hôte mêle de l'eau dans son vin ou le falsifie d'une autre manière, on le tiendra pour un larron. 59. Celui qui se sera servi d'une fausse mesure devra payer à celui auquel il l'aura donnée, s'il peut le prouver, un ban de trois livres et autant à l'avoyer, et il ne pourra vendre vin

Otage.

Trouble causé dans une foire.

Larcin.

Dépense dans un logis.

Bourgeois injurié.

Achats au jour de foire.

Chair lépreuse vendue pour bonne.

Falsification du vin.
Fausse mesure.

pendant quarante jours. 60. On ne pourra vendre sous le toit de la boucherie de la chair de pourceau lépreuse, ni d'un animal tué par les loups ou par les chiens, ni de la viande de bête morte ; celui qui en vendra et qu'on pourra le prouver, devra payer à chacun de ceux qui s'en plaindront un ban de trois livres et autant à l'avoyer, et il ne pourra vendre aucune viande pendant quarante jours ; de même ceux qui laissent pourrir des poissons et qui les vendent et que cela soit prouvé, ils devront payer à chacun de ceux qui s'en plaignent trois livres et à l'avoyer de même, et ils ne pourront vendre aucun poisson pendant quarante jours. 61. Si un boulanger fait le pain plus petit qu'il ne doit être, il sera d'abord porté à l'hôpital, ou donné aux autres pauvres, suivant le droit que nous en avons, et le boulanger donnera suivant la loi à l'avoyer trois sols. Qui aura cuit au four du pain de huit coupes de froment, devra gagner six deniers, et s'il gagne davantage outre ces six deniers et le son sur huit coupes de seigle, il devra payer trois sols à celui qui se plaindra et à l'avoyer de même. 62. Les bouchers gagneront en la boucherie sur un bœuf six deniers, sur une vache six deniers, sur un pourceau quatre deniers, sur un mouton deux deniers, sur une chèvre deux deniers, sur une biche, si on la vend à la boucherie, deux deniers, et s'ils gagnent davantage ils paieront trois sols à celui qui s'en plaindra et autant à l'avoyer. 63. Les hôtes gagneront sur une coupe ou tonneau de vin deux deniers ; s'ils gagnent davantage, ils paieront trois sols à celui qui s'en plaindra et autant à l'avoyer. 64. Le droit du four est que de chaque fournée qui vaudra deux pains, le fournier aura deux deniers, et le fournier devra avoir un four qui porte avec soi la pâte. 65. Le droit du meunier est que de huit coupes de blé, il doit avoir une émine, dont quatre et demie font la coupe. 66. Tout villageois, quel qu'il soit, qui achètera quelque chose en notre foire au dessous de deux sols et demi, ne paiera aucun péage ; mais s'il achète pour deux sols et demi ou plus au dessous de cinq sols de quelque denrée que ce soit, il paiera une obole pour le péage ; s'il achète pour cinq sols, il paiera un denier de péage. Toute étoffe, quelle qu'elle soit, doit être mesurée. Tout homme qui exerce une charge de judicature ne paiera aucun péage. On ne donnera aucun péage pour les draps qu'on coupe dans la ville pour ses habits. Pour la toile de lin on donnera pour le péage un denier. Pour la toile de chanvre une obole, pour un cheval quatre deniers, pour un âne 18 deniers, pour un mulet 8 deniers, pour un bœuf un denier, pour une vache un denier, pour un pourceau un denier, pour une chèvre une obole, pour un bouc une obole, pour un mouton une obole, pour toute bête une obole. Pour une somme de sel deux deniers, pour une somme de fer deux deniers, et pour une somme de vin un denier. Pour un trossel de laine un denier. Pour une chaudière, pour un bas-

1261

On ne doit pas vendre mauvaise viande en boucherie.

Poissons pourris.

Pain trop petit.

Salaire du fournier.

Ce qu'un boucher doit gagner.

Les hôteliers.

Droit du fournier.

Du meunier.

Péage dû aux foires.

Etoffe.

Draps. Toile de lin.
Chanvre.
Cheval. Ane. Mulet.
Bœuf. Vache. Pourceau.
Chèvre. Bouc. Mouton.
Sel.
Fer. Vin.
Trossel.

1261

Denrées exemptes de péages.

sin, pour le soc d'une charrue, pour un contre et pour une faulx, on ne paie point de péage, si les hommes qui ont leur refuge dans la ville achètent ces choses pour leur usage; mais celui qui achète ces choses pour les revendre, paiera pour ce qui lui aura coûté deux sols un denier de péage; ce dont il aura payé jusqu'à quarante ou soixante sols, il donnera toujours

Denrées vendues en chemin.

pour chaque livre quatre deniers de péage. Si quelqu'un amène quelque chose à notre foire et qu'il vende sa denrée en chemin, il en paiera le péage.

Mercier.

Pour un cuir on donnera un denier; chaque mercier paiera le péage trois fois l'année, à Noël, à Pâques et à la Pentecôte, à chaque fois deux deniers.

Fromages.

Tout homme non bourgeois qui apportera vendre des fromages dans la ville, donnera un fromage par chaque année pour le péage, et ce ni des meilleurs ni des moindres, et sera par ce moyen quitte de péage pendant toute l'an-

Ce qu'un étranger peut vendre et ne pas vendre.

née. 67. Celui qui n'est pas bourgeois et n'a pas fait les corvées de la ville ne pourra rien vendre en détail que du sel, ni vin, ni pain, ni chair, ni farine, ni autre chose, et celui qui le fera, paiera à celui qui se plaindra trois sols de ban, et de même à l'avoyer. Si quelqu'un qui n'est pas bourgeois veut vendre du sel, ou celui qui ne fait pas les usages de la ville,

Pain de sel.

ne pourra pas partager un pain de sel, mais le vendra tout entier, et ce en la foire, où il en vendra des corbeilles entières. Si quelque étranger vend de la chair, il paiera à tous ceux qui s'en plaindront trois sols, et à l'a-

Chair.

Lard.

voyer autant; aucun bourgeois ne pourra partager un lard salé pour le vendre et si quelqu'un fait le contraire, il paiera trois sols à celui qui se plain-

Boucher.

dra et à l'avoyer de même. Aucun boucher ne pourra tuer ni écorcher un pourceau ou autre bête si ce n'est dans la boucherie, et il ne fera aucunes coupures sur les côtes de la brebis, comme sur les côtes d'un mouton; celui qui fera le contraire devra un ban de trois sols à celui qui se plaindra,

Poids.

et à l'avoyer de même. Le poids de pierre avec lequel on pèsera devra peser quatorze marcs; s'il pèse plus ou moins, il sera faux. Les portiers se-

Portiers.

ront exempts des inquisitions de la ville, excepté de la cense due au sei-

Salaire des portiers, des sergents et des régents d'école.

gneur et de la guerre. Chaque bourgeois devra donner aux portiers, au sergent et au régent d'école, sur le jour de la fête St-Etienne d'hiver, un pain ou un denier. Et les portiers devront, après que les ponts auront été faits et couverts et qu'ils leur auront été remis, en avoir du soin, afin qu'il ne s'y fasse aucun trou, par lequel il arrive du dommage à quelqu'un, car ils de-

Défense d'entrer dans les possessions d'autrui.

vront pour lors restituer le dommage. 68. Personne n'entrera de nuit dans le verger ou jardin d'un autre; si quelqu'un fait cela, il sera tenu pour un larron. S'il entre de jour dans le jardin ou verger d'un autre, et qu'y étant il jette une pierre ou un bâton, et aura fait du dommage, il le réparera, en

Bergers.

donnant au maître du jardin trois livres, et autant à l'avoyer. 69. Les bourgeois pourront établir et congédier les bergers qui gardent les bêtes de la ville, et chaque berger devra donner à l'avoyer une coupe de vin. 70. Si un homme qui n'est pas bourgeois se plaint d'un bourgeois, il devra, avant que celui-ci réponde, lui donner une caution assurée qu'il comparaîtra en jugement et de payer ce qui sera jugé, et dès qu'il aura cette caution, il devra lui répondre d'abord. Et si celui qui n'est pas bourgeois se veut faire premièrement bourgeois, alors le bourgeois le devra recevoir en justice et lui répondre promptement. 71. Si un bourgeois est évidemment un usurier, tellement qu'il prête ouvertement son argent par semaine sur des gages qu'il garde dans sa maison ou autre part, lorsqu'un tel mourra, tous les biens qu'il aura laissés seront au seigneur. 72. D'autre part, si deux bourgeois ou deux hommes non bourgeois ont quelque différend l'un avec l'autre et que l'un cite l'autre en justice et qu'il ne pourra pas prouver sa demande par les témoins qu'il produira, cependant celui qui nie sera obligé de se purger par serment. 73. Si un bourgeois a reçu quelque dommage au sujet d'un autre bourgeois pour une dette connue, celui par qui le dommage sera arrivé devra le restituer avec un ban de trois livres et autant à l'avoyer. 74. Si un fils de bourgeois veut reprendre sa bourgeoisie, il ne payera point de vin ni à l'avoyer, ni aux bourgeois. 75. Aucun bourgeois ne fera aucun duel contre sa volonté. Que si quelqu'un dit à un bourgeois : je te veux éprouver par la force de mon corps, celui qui aura proféré ces paroles paiera à l'autre trois livres d'amende, et à l'avoyer autant. 76. Si quelqu'un veut citer un des vingt-quatre jurés en justice, s'il est résident dans la ville, il devra le faire citer le dimanche ; mais s'il ne réside pas dans la ville, il pourra le faire citer quelque autre jour qu'il voudra. 77. Si un bourgeois est fait justicier, il devra payer des vins aux autres vingt-quatre. Et tous les vingt-quatre jurés sont exempts de payer aucune cense au seigneur, si ce n'est jusqu'à douze deniers ; et si pour quelque différend, ils sont tombés dans un cas auquel on soit obligé de payer un ban de de trois sols, ils en seront exempts. 78. Si celui qui n'est pas fils de bourgeois se veut faire bourgeois, il donnera à l'avoyer une coupe de vin pour son étrenne et aux vingt-quatre jurés selon leur bonne grâce ; l'avoyer n'aura aucune part à l'étrenne des jurés, ni les jurés à la sienne. 79. Les vingt-quatre jurés qui seront résidents dans la ville seront assis en jugement avec l'avoyer jusqu'à midi pour faire justice dans le lieu où l'on s'assemble, et l'avoyer y assistera de même. 80. Si quelqu'un en veut citer un autre en justice et qu'il ne trouve pas le sergent, il le pourra faire citer par un des vingt-quatre jurés. 81. Qui que ce soit qui dans la ville ou dans son enceinte aura offensé ou forfait contre quelqu'un, l'avoyer jugera de cette offense. 82. Aucun bourgeois ni non bourgeois ne devra faire citer qui que ce soit qui vient à notre foire dans un lieu indû, à moins qu'il ne

1262

Non permis aux bouchers d'acheter aux foires.

soit son débiteur ou sa caution. 83. Aucun boucher ne pourra acheter aucune bête grasse huit jours avant et huit jours après la St-Martin, jusqu'à ce que les bourgeois en aient acheté pour leur usage, et si un boucher achète un animal et qu'un bourgeois survienne et lui offre le prix convenu, le boucher ne pourra pas refuser de l'accepter, et s'il le refuse, il devra payer à celui qui se plaindra un ban de trois livres et à l'avoyer de même. Aucun boucher ne pourra acheter aucun pourceau huit jours avant et huit jours après la St-André, jusqu'à ce que les bourgeois en aient acheté

Ni aux hôtes d'acheter du poisson.

pour eux-mêmes. De même aucun bourgeois qui sera hôte ne pourra acheter du poisson pour ceux qui sont logés chez lui, jusqu'à ce que les bourgeois en aient acheté pour eux. Si quelqu'un fait contre cela, il paiera à

Donner du bien aux enfants.

celui qui s'en plaindra trois livres, et à l'avoyer de même. 84. Aucun bourgeois ne sera obligé de donner aucune portion de ses biens à ses en-

Les corroyeurs ou mégissiers.

fants pendant sa vie, s'il ne le veut. 85. Aucun corroyeur ou pelletier ou mégissier ne pourra corroyer ses peaux devant sa maison et ne devra jeter aucune vilenie devant les maisons dans la rue; celui qui le fera paiera à ce-

Celui qui se défend est exempt de ban.

lui qui s'en plaindra trois sols, et autant à l'avoyer. 86. Si quelqu'un en défendant son corps, blesse quelqu'un sans le tuer, il n'y aura pour cela aucune satisfaction; mais celui qui aura commencé la querelle paiera un

Comment on peut vendre les gages.

ban de soixante sols à l'avoyer. 87. Si quelqu'un garde pendant quinze jours le gage que sa caution lui a donné, il le pourra vendre librement le samedi suivant depuis le matin jusqu'au soir, pendant que le jour durera, et s'il ne le peut pas vendre dans la ville après l'avoir gardé quinze jours, il le pourra mener et vendre où il voudra, et si celui qui a remis le gage au créancier le fait venir en justice, l'accusant de l'avoir vendu injustement, le créancier sera obligé de jurer qu'il l'a vendu justement, et par ce moyen il sera absous de la demande. Si le gage a été délivré par le débiteur, le créancier le devra garder jusqu'au samedi prochain après qu'il aura été dé-

Citation d'un bourgeois.
Refus de donner sur un gage puni.

livré, et le vendre comme il est marqué ci-dessus. 88. Aucun bourgeois ne doit citer un autre bourgeois sinon par devant l'avoyer. 89. Si quelqu'un envoie un gage qui excède du tiers le prix de ce qu'il veut acheter, à un boucher, à un hôte, à un boulanger, ou à un cordonnier, et qu'il ne puisse pas avoir ce qu'il demande sur ce gage, celui qui refuse lui paiera

Enfants réadmis à l'héritage par les pères.

un ban de trois sols, et à l'avoyer de même. 90. Si un bourgeois a donné une portion de ses biens à quelqu'un de ses enfans et qu'il vienne ensuite à renoncer à l'héritage et qu'il se détronque, le bourgeois pourra réadmettre lequel de ses enfants que bon lui semblera à l'héritage, mais il devra remettre dans la maison ce qu'il avait reçu, et s'il veut, il pourra réadmet-

Message des portiers et sergents.

tre tous ses enfants à l'héritage en toute liberté. 91. Les portiers de la ville et le sergent pourront faire les messages des bourgeois à une journée autour de la ville, afin qu'ils puissent retourner le même jour en leur maisons, et ceux qui les enverront leur devront donner suffisamment pour leurs dépens. 92. Aucun bourgeois ne nuira à un autre bourgeois dans son marché, ni après qu'il l'aura trouvé sur la foire ; que si quelqu'un nuit à un autre dans son marché, il paiera à celui qui est lésé un ban de trois livres et à l'avoyer de même. 93. Si un père bourgeois et sa femme et ses enfants, soit qu'ils soient du premier ou du second lit, ou soit la première ou seconde femme, font un traité entre eux, il sera ferme à perpétuité, à moins qu'ils ne le révoquent de leur propre volonté. 94. Le tisserand aura dix deniers pour la façon de douze mesures de drap de laine. 95. L'avoyer devra recouvrer dans l'année les amendes qui lui échéent par les voies de la justice, et il ne pourra ni ne devra recouvrer celles qui lui seront échues depuis passé un an. 96. Tous ceux qui auront été présents aux contrats faits hors de la ville pourront en rendre témoignage. 97. Si un bourgeois a cautionné quelqu'un et qu'il vienne ensuite à mourir, sa femme et ses enfants ne seront pas obligés de rien payer pour ce cautionnement. 98. Il est permis à chaque bourgeois de faire des arcades de pierre devant sa maison, et de bâtir sur elles. 99. Quiconque aura fait son fardeau ou chargé un char de bois dans la forêt attelé de bêtes de somme ou de quatre chevaux, dès qu'il sera sorti du bois, personne ne devra entreprendre de le gager. 100. Aucun hôte ne peut empêcher un autre de tenir hôtellerie. 101. Si un bourgeois est caution d'un autre bourgeois et que la caution l'ait fait citer en justice de ce qu'il n'a pas voulu rendre le gage à celui dont il est caution et qu'ils attendent qu'ils soient tous deux venus en justice, la caution devra payer un denier à celui duquel il est caution avec un ban de trois sols, et à l'avoyer de même. 102. Comme il est dit dès le commencement de l'avoyer que nos dits bourgeois pourront l'élire, ainsi nous disons qu'ils pourront choisir tous les ans celui qu'ils voudront pour leur avoyer et le nous présenter, et que nous devrons le leur confirmer.

Notre comte Rodolphe fut engagé l'an 1261 dans une guerre qu'il y eut entre Vauthier de Geroldseck, évêque de Strasbourg, et cette ville. Les abbés de St-Gall et de Murbach assistaient l'évêque. Rodolphe, comte de Habsbourg, Hartmann, comte de Kybourg, Conrad, comte de Fribourg, et Rodolphe, comte de Neuchâtel, se déclarèrent pour la ville de Strasbourg. Ce dernier y envoya son frère Henri, qui marcha à la tête de ses troupes ; mais c'était Rodolphe de Habsbourg qui les commandait toutes.

L'évêque Vauthier alla brûler le val de Wyler qui appartenait au dit comte de Habsbourg et qui est près de Schlestadt. Ce

1262

La ville de Strasbourg est victorieuse et fait la paix.

dernier, d'autre côté, lui prit Colmar, Kaisersberg et Mulhouse, que l'évêque tenait en fief de l'empire. Mais, l'an 1262, les bourgeois de Strasbourg vainquirent l'évêque. Hermann de Geroldseck, frère de l'évêque, y fut tué avec soixante nobles; soixante-seize prisonniers furent pris, ce qui obligea l'évêque de faire la paix avec les bourgeois de Strasbourg comme ils le désirèrent.

La moitié de Lausanne vendue par son évêque. L'abbé de Payerne remet la souveraineté de la ville à Pierre de Savoie.

Pierre, comte de Savoie, acheta la moitié de la ville de Lausanne de Jean son évêque, mais la vente était rédimable. L'abbé de Payerne remit aussi au dit comte la souveraineté qu'il avait sur la ville de Payerne et sur tout ce qui en dépend.

1263

Berthold, évêque de Bâle, mourut le 10 décembre 1262. Henri, fils d'Ulrich, comte de Neuchâtel, fut élu en sa place au commencement de l'an 1263. Il avait été administrateur de l'évêché pendant quelque temps. On assure qu'il s'empara de l'évêché de sa propre autorité et que le chapitre n'osa pas s'y opposer, parce que, outre qu'il était puissant, il avait encore beaucoup de fierté.

Mort de Hartmann, comte de Kybourg, régent de la Suisse.

Hartmann, comte de Kybourg, cousin germain d'Yolande de Fribourg, première femme de notre comte Ulrich, mourut sans enfants. Il était fils de Vernier, comte de Kybourg, et d'Anne, sœur de Berthold V, duc de Zæringen. Il était régent de la Suisse conjointement avec Hartmann de Kybourg, son oncle paternel, qui aussi hérita de tous ses biens.

Mort de Henri de Colombier. Sa postérité.

Henri, seigneur de Colombier, mourut aussi cette année. Il était fils de Berthold de Neuchâtel (V. l'an 1225). Il laissa trois fils, Jacques, qui fut seigneur de Colombier; Reinald, qui eut Cormondrèche, où il bâtit une maison, et Henri qui fut chanoine de Neuchâtel et curé de St-Blaise; ce dernier eut pour

Cormondrèche. Fief de Marin. Arin ou Arens.

sa part des vignes à Cormondrèche et le fief de Marin (Voy. l'an 1281). Il eut aussi Arin ou Arens, qui est le haut du village de St-Blaise, qu'il remit à un sien bâtard nommé Willermus. Ces deux frères, Jacques et Reinald, firent reprise de leurs fiefs du comte Rodolphe, qui donna à Reinald, par accroissement de fief, plusieurs terres et censes foncières, parce que sa portion n'était pas équivalente à celle de son frère Jacques. Il lui donna encore le four de Cormondrèche, le bois appelé depuis

Bois des Gentilshommes.

des Gentilshommes. Ce bois, qui avait été partagé, fut réuni; on le nomme aujourd'hui le bois de la Molthenette (V. l'an 1350). Enfin Rodolphe IV donna encore à Reinald quatre muids de froment censaux à Boudevilliers. Ce fief fut nommé le fief de

Fief de Cormondrèche. Fief Roset.

Cormondrèche; ces quatre muids de froment sont aujourd'hui le fief Roset.

Le différend de Bevaix se renouvelle.

Le différend qu'il y avait, l'an 1260, au sujet de la seigneurie de Bevaix, recommença, l'an 1263, entre le prieur de Bevaix, Sibylle, dame d'Estavayer, au nom de Jacques, co-seigneur d'Estavayer, son fils, et les susdits Jacques et Reinald de Colombier. Girard, fils de Rodolphe, baron de Rochefort, et Pierre d'Asnens, qui avait épousé la sœur de Girard, ainsi que Hermann, fils du dit d'Asnens, avaient aussi part à ce différend; ils sont tous nommés co-seigneurs de Bevaix. Cette difficulté fut terminée par des arbitres, dont il y a un acte avec les sceaux des parties; celui de Reinald d'Estavayer y est aussi apposé. Rodolphe, baron de Rochefort, étant mort peu de temps auparavant, Girard, son fils, fit reprise de cette baronnie du comte Rodolphe. Mais ce Girard, aussi bien que sa sœur, épouse de Pierre d'Asnens, et Hermann leur fils, moururent tous et peu de temps après sans postérité, tellement que la baronnie de Rochefort fut réunie au domaine; ce Pierre d'Asnens était originaire de la Franche-Comté de Bourgogne.

Il est terminé par des arbitres.

Baronnie de Rochefort.

Elle est réunie au domaine du comté.

On vit, l'an 1264, une comète avec une longue queue, qui parut pendant trois mois. On remarqua qu'elle avait commencé à paraître en même temps que le pape Urbain IV commença à devenir malade et qu'elle disparut précisément à la mort de ce pontife.

Comète.

Rodolphe de Habsbourg continua à faire à l'évêque de Bâle la guerre qu'il avait commencée l'an 1254; il se saisit de nouveau de la ville de Brisach, où l'évêque avait des droits. Il fallut encore cette fois que Henri lui donnât une somme d'argent pour avoir la paix; mais cette paix ne dura pas longtemps, car Rodolphe attaqua l'évêque Henri l'année suivante 1265. Cet évêque se vit obligé de donner cent marcs d'argent à Rodolphe, et même pour trouver toutes ces sommes, il fut obligé d'inféoder cette année à Louis, comte de Frobourg, les villes d'Olten et de Wallenbourg pour une somme d'argent, sous la réserve expresse que ce fief serait reversible à l'évêché, à défaut de mâles (V. l'an 1365).

Continuation de la guerre entre l'évêque de Bâle et Rodolphe de Habsbourg.

Ce que la paix coûte à l'évêque.

Il inféode au comte de Frobourg Olten et Wallenbourg.

Ulrich, baron de Regensberg, oncle (à la mode de Bretagne) de notre comte Rodolphe, ayant refusé à ceux de Zurich d'être leur gouverneur et les ayant menacés de les soumettre à sa domination, ils eurent recours à Rodolphe de Habsbourg et firent une alliance avec lui pour deux ans; de sorte que, quoique le dit Ulrich fût fort puissant et qu'il fût assisté de plusieurs comtes et barons, et entre autres de ceux d'Arberg et de Nidau, de l'évêque Henri et du comte Diethelm de Toggenbourg, ses beaux-frères, cependant ceux de Zurich, assistés de Rodolphe de Habsbourg, lui prirent plusieurs villes et châteaux et le forcèrent à lui demander la paix. Il fit même un traité avec eux par

Ulrich de Regensberg fait la guerre à Zurich.

Il est vaincu et remet toutes ses terres aux Zuricois.

1265

Zurich, avec le comte de Habsbourg, triomphe de la ligue de plusieurs comtes.

Hartmann de Kybourg moleste la ville de Berne.

Berne réclame le secours du comte Pierre de Savoie.

Berne agrandie.

Acte passé en 1266

Généalogie de la maison de Châlons.

1267

Hommage pour le Val-de-Travers.

Mort de Rodolphe II, fils de Rodolphe Ier, cte de Nidau. Sa veuve fait une donation à l'église par le consentement de son fils Robert III.

lequel il leur remettait toutes ses terres, à condition qu'ils l'entretiendraient le reste de sa vie, qu'il alla finir dans leur ville.

La ville de Zurich ayant établi Rodolphe de Habsbourg pour son capitaine, vainquit plusieurs comtes qui s'étaient ligués contre elle, savoir: les comtes de Kybourg, de Rapperswyl, de Toggenbourg, de Nidau, d'Arberg, d'Eschenbach, de Ringgenberg, de Kilchberg, de Hombourg, de Balm, de Warth etc.

Hartmann, comte de Kybourg, qui faisait sa demeure à Berthoud, molestant la ville de Berne et renouvelant les différends que Hartmann, son neveu, avait eus avec cette ville (V. les années 1230 et 1241), Berne ne se voyant pas en état de résister à un si puissant prince, et considérant d'autre côté que l'empereur Richard était retourné en Angleterre et qu'il n'était pas en état de la protéger, eut son recours à Pierre, comte de Savoie, qui d'abord lui accorda sa protection et voulut bien être moyenneur de paix entre le comte de Kybourg, son beau-frère, et la ville de Berne; et pour cet effet on tint deux journées à Bolligen, où le comte Pierre vint lui-même, l'an 1266, et termina cette difficulté en faveur de la ville de Berne, où il alla ensuite et y reçut de grands honneurs. Il persuada aux Bernois d'agrandir leur ville depuis la grande horloge jusqu'à la fosse des ours. Ils passèrent un acte à ce comte, daté du 25 novembre 1266, par lequel ils le reconnaissaient lui et ses successeurs pour leurs protecteurs; ce qui subsista jusqu'à l'année 1323.

Hugues de Vienne, palatin de Bourgogne, mourut cette année et fut enseveli à Cherlieu. Il eut d'Alix, fille d'Othon IV, sept fils, entre lesquels était ce Renaud, comte de Montbéliard, qui épousa Guillemette, fille de notre comte Amédée, fils de Rodolphe. Hugues eut aussi cinq filles de la même Alix. Jean de Châlons Ier, dit le sage, père de ce Hugues, mourut l'an 1267, le 30 septembre. Ce Jean était au commencement seigneur de Belvoir, il fut depuis baron d'Arlay, seigneur de Joux, d'Orbe etc. Le comte de Neuchâtel lui rendait hommage pour le Val-de-Travers (V. l'an 1236). Il eut trois femmes: 1) Mahaut, qu'il épousa l'an 1224 et qui mourut l'an 1242, de laquelle il eut le susnommé Hugues et deux filles. 2) Ysabeau, fille de Robert Ier, comte d'Auxerre, seigneur de Champinelles, morte l'an 1255, de laquelle il eut plusieurs enfants. 3) Laure de Comercy, de laquelle il eut Jean de Châlons II, baron d'Arlay, surnommé Bruchemel; Hugues, archevêque de Besançon, et deux filles.

Rodolphe de Neuchâtel, deuxième du nom, fils de Rodolphe Ier, comte de Nidau, mourut aussi l'an 1267. Richensa ou Richersa, sa veuve, fit, d'abord après sa mort, une donation à l'église pour l'âme de Rodolphe son époux; l'acte est signé et scellé du cachet de son fils Rodolphe III, qui est nommé Donzel, comte de Neuchâtel et seigneur de Nidau. Rodolphe II eut encore un fils nommé Conrad qui, contre le gré de son frère, se constitua vassal de l'évêque de Bâle pour les terres qu'il avait eues en partage (V. l'an 1376).

1266

Henri, évêque de Bâle, ayant épousé le parti de l'abbé de St-Gall contre Rodolphe de Habsbourg, ce dernier demanda à cet évêque une somme d'argent pour être dédommagé des dépens qu'il lui avait causés ; ce que Henri ayant refusé, disant qu'il avait déjà donné trois fois de l'argent à Rodolphe et qu'il ne pouvait pas toujours être son monnayeur, Rodolphe, assisté de la ville de Zurich, l'attaqua. L'évêque appela à son secours le comte de Neuchâtel, les comtes d'Arberg, de Nidau, de Toggenbourg et autres, ses parents, et ravagea les terres de Rodolphe, qui prit de là occasion de se réconcilier avec l'abbé de St-Gall. Henri, voyant que ce dernier avait témoigné de l'ingratitude et de l'infidélité à son égard, lui arrêta quelques tonneaux de vin que l'abbé faisait venir d'Alsace ; ce qui fut la cause d'une nouvelle guerre. Rodolphe et l'abbé ayant joint leurs troupes et étant entrés dans ses terres, l'évêque alla détruire Blodelsheim, qui était une forteresse appartenant à Rodolphe et qu'il avait fortifiée depuis peu. Il démolit aussi la tour d'Othmarsheim et d'autres lieux du landgraviat d'Alsace, et surtout il ruina entièrement la forteresse de Hertenberg, que Rodolphe venait de construire. Enfin il attaqua le château de Rhinfelden, qui était sur un roc au milieu du Rhin. Rodolphe ayant aussi fait tous ses efforts de son côté contre l'évêque et même attaqué les comtes de Toggenbourg ses neveux, ils firent enfin la paix pour quatre ans. Les nobles du parti de l'étoile, que l'évêque Henri avait exilés de Bâle, furent rétablis par cette paix.

Guerre entre l'évêque de Bâle et Rodolphe de Habsbourg.

L'abbé de St-Gall se joint à Rodolphe de Habsbourg.

Paix pour quatre ans.

Hartmann, comte de Kybourg, dernier de sa maison, mourut cette année, d'autres disent l'an 1264. Il était régent de la Suisse de la part de l'empereur et il possédait plusieurs comtés et seigneuries. Il ne laissa qu'une fille unique, nommée Elisabeth, qui fut mariée à Eberhard de Habsbourg, qui prit le nom de Kybourg, non-seulement pour continuer le nom de la famille qui était éteinte, mais aussi d'autant qu'il ne possédait aucunes terres que celles que sa femme lui avait apportées par son mariage. Hartmann avait recommandé sa fille à Rodolphe, comte de Habsbourg. Il avait vendu quelque temps avant sa mort les comtés de Kybourg et de Baden à l'évêque de Strasbourg, et ensuite il les reprit de lui en fief. Il ordonna par son testament qu'Eléonore sa veuve, sœur de Pierre, comte de Sa-

Mort de Hartmann de Kybourg, le dernier de sa maison.

Sa fille unique mariée à Eberhard de Habsbourg.

Son testament.

ANNALES DE BOYVE. TOME I. 15

voie, jouirait pendant sa vie des comtés de Baden et de Kybourg et d'autres seigneuries qu'il possédait, et qu'après sa mort ces terres passeraient à Elisabeth, sa fille unique.

1268
Guerre de l'évêque de Bâle avec Egon, comte de Fribourg. Raoul de Habsbourg prend le parti d'Egon. Paix de quatre ans.

Henri de Neuchâtel, évêque de Bâle, ayant une difficulté avec Egon II, comte de Fribourg en Brisgau, Rodolphe de Habsbourg prit le parti de ce dernier. Mais l'évêque étant entré avec ses troupes dans l'Alsace, ruina toutes les terres que Rodolphe y possédait, et lui prit encore Rhinfeld et le château de Hertenberg. Ils firent ensuite une paix pour quatre ans.

1269
Château de Biederthan.

Ce même évêque acheta l'année 1269 le château de Biederthan de Godefroi de Neuchâtel en Bourgogne, son cousin, afin de se fortifier contre Rodolphe de Habsbourg son ennemi.

La ville de Neuchâtel incendiée.

La ville de Neuchâtel fut entièrement incendiée le 12 avril 1269, à la réserve de quelques maisons. Il n'y avait que vingt ans qu'elle avait eu le même malheur.

Mort de Louis, baron de Grandson.
Jacob, son fils, succède.

Louis, baron de Grandson, fils d'Othon Ier, mourut cette année. Il avait épousé N....., fille d'Ulrich, comte de Neuchâtel, de laquelle il eut deux fils, Jacob, qui lui succéda, et Othon, qui eut un fils nommé Othon, qui fut évêque de Bâle l'an 1306.

1270
Premier baillif du Pays-de-Vaud.
Le baillif du Pays-de-Vaud faisait sa résidence à Moudon.

Philippe Ier, comte de Savoie, établit, l'an 1270, un gouverneur ou baillif sur le pays de Vaud. Le premier fut Hugues de Palézieux, et dès lors il y en a toujours eu jusqu'à l'an 1536. Ce gouverneur faisait sa demeure à Moudon, où se tenaient les appellations de tout le pays de Vaud. Il y en a qui croient que le comte Pierre avait déjà établi le premier baillif l'an 1260, avant qu'il partît pour l'Angleterre.

Rodolphe de Habsbourg fait la guerre au comte de Neuchâtel.
Philippe de Savoie vient à son secours et le délivre.

Rodolphe de Habsbourg, étant irrité de ce que Rodolphe, comte de Neuchâtel, avait épousé le parti du perroquet en faveur de Henri, évêque de Bâle, et qu'il l'avait toujours assisté dans toutes les guerres qu'il avait eues avec lui, vint, pour se venger, assiéger la ville de Neuchâtel; mais Philippe, comte de Savoie, étant venu au secours de Rodolphe, le comte de Habsbourg fut obligé de lever le siége.

Jean de Cossonay, évêque de Lausanne, fait changer la valeur de la monnaie.
Le comte de Neuchâtel la défend, et est excommunié.

Jean de Cossonay, évêque de Lausanne, ayant fait battre monnaie en 1270 et changé la valeur de la livre qui était en usage dans son diocèse, l'ayant haussée du quart, afin d'augmenter par-là ses revenus, prétendant que ceux qui lui devaient des censes directes lui devaient payer un sol lausannois pour un sol faible, Rodolphe, comte de Neuchâtel, fit défendre cette nouvelle monnaie dans son pays et ne voulut pas qu'elle y eût son cours; ce qui fit que l'évêque l'excommunia.

Mort de Rodolphe IV, comte de Neuchâtel.
Ses enfants.

Rodolphe ou Raoul IV mourut tôt après; on ne sait si l'excommunication fut levée. Ce comte laissa quatre fils et deux filles qu'il eut de Sibylle, fille de Thierri, co-seigneur de Montbéliard et baron de Scey sur la Saône, savoir: Amédée, qui lui succéda, Henri, Jean, qui fut prévôt de Neuchâtel, et Richard, qui fut chanoine de l'église collégiale de cette ville. Ses deux filles furent Agnelette et Marguerite, qui fut mariée au co-seigneur de Blonay. Il y en a qui donnent au comte Rodolphe un cinquième fils nommé Ulrich, mais qui mourut jeune.

1270

Pendant la vie de ce comte, les personnes notables qui vivaient sont N....., fils de Lambert de Vauxtravers; Othenin de Savagnier, des descendants de ce Guillac dont j'ai parlé en l'an 1179; Jacques, Reinald et Henri de Colombier, frères; N. Sochat, bourgeois de Neuchâtel, qui possédait dans cette ville une maison et un fief considérable, lequel consistait en des usages en bois, en prés, en champs, en pâquiers, en aigues etc.; Clémence de Cormondrèche, fille de Reinald (1282); Girard de Gy et Alexia sa femme (1270); Hugues de Gy, fils de Girard; Amédée de Gy, frère de Hugues; Turembert Lépide; Sibylle, mère de Jacques d'Estavayer; Willermus, seigneur d'Estavayer; Conrad Vallier, de Neureux; Renaud d'Estavayer, et autres.

Personnes notables qui vivaient du temps de Raoul IV

AMÉDÉE Ier,

NEUVIÈME COMTE DE NEUCHATEL.

AMÉDÉE fut comte de Neuchâtel après la mort de son père. Il épousa Jordane, fille d'Ulrich, comte d'Arberg.

Mariage d'Amédée avec Jordane d'Arberg.

Quoique Sibylle de Montfaucon, mère du comte Amédée, eût été établie tutrice et curatrice de ses enfants, elle ne put pourtant pas les mettre d'accord lorsqu'il fut question de partager les biens du père et qu'il s'éleva quelques difficultés entre les frères. Ils choisirent pour arbitre Thierri, co-seigneur de Montbéliard, leur aïeul maternel, qui sur ces différends prononça comme suit:

Thierri, aïeul maternel, arbitre entre Amédée et son frère.

« Que les deux frères, Amédée et Henri, auraient chacun une « portion des terres et droits seigneuriaux, mais à condition « que Henri ferait hommage lige à Amédée, son frère ainé, de « tout son partage, et que les deux filles, Agnès et Marguerite, « leurs sœurs, auraient chacune mille livres lausannoises, pour « lesquelles on leur assignerait Boudry et la Côte, excepté les « fiefs des nobles et les vignes, sous la réserve que leurs frères « et leurs hoirs mâles les pourraient et devraient rédimer. » Cela se vérifie par un acte du 8 août 1270 et scellé des sceaux de Thierri, de Jean, prévôt de Neuchâtel, d'Amédée et de Henri, frères. Et cela paraît encore par un autre acte scellé du sceau du chapitre de Neuchâtel.

Sentence arbitrale de Thierri.

Partage des filles.

Chacune a mille livres.

Ulrich de Neuchâtel, comte d'Arberg, seigneur de Valangin et de Willisau, bâtit, l'an 1271, la ville et les deux ponts d'Arberg qui, étant situé sur un petit monticule ou petite île qui est entre deux branches de l'Aar, le nom d'Arberg, qui signifie *montagne de l'Aar*, lui fut donné. Ce comte ayant fait venir ses sujets du Val-de-Ruz pour y faire des charrois et autres corvées, il les exempta pour toujours de péage dans ce lieu-là pour les récompenser de leurs peines. Et comme les habitants de cette nouvelle ville d'Arberg y avaient aussi beaucoup contribué et supporté bien des dépens et de la peine, Ulrich leur donna le droit de bourgeoisie et plusieurs franchises pour les dédommager.

Henri de Neuchâtel, évêque de Bâle, acheta d'Ulrich, comte de Ferrette, et de Thiébaud son fils, leur comté de Ferrette pour la somme de 850 marcs d'argent qu'il leur délivra. Il le leur remit ensuite en fief; ce qu'il fit pour se le rendre reversible à défaut de mâles, ce que les fiefs n'étaient pas lorsque le seigneur féodal n'avait pas donné la terre; car sans cela ce n'étaient que des fiefs honoraires et de protection, et c'est pour ce sujet qu'il l'acheta. Cependant l'évêque de Bâle ne put pas dans la suite obtenir ce comté (V. l'an 1325).

L'évêque Henri acheta encore de Godefroi de Neuchâtel en Bourgogne, son cousin (c'est ainsi qu'il le nomme, parce qu'ils étaient sans doute d'une même maison), la ville de Porrentruy pour 260 marcs d'argent, et Tuffenstein, des seigneurs de ce nom, pour 40 marcs, et ce afin de se fortifier contre le comte de Habsbourg. Mais ce dernier, voyant que l'évêque s'aggrandissait de plus en plus, en conçut de l'ombrage et prit de là occasion de recommencer la guerre contre Henri. Il vint pour cet effet ravager la prévôté de Moutier-Grandval. L'évêque appela à son secours le comte de Neuchâtel, qui lui envoya des troupes. A leur arrivée elles brûlèrent le monastère d'Othmar en Alsace, qui appartenait au comte de Habsbourg, ce qui irrita tellement celui-ci contre le comte de Neuchâtel, de ce qu'il assistait toujours l'évêque de Bâle son ennemi, qu'il voulut pour cet effet venir brûler la ville de Neuchâtel, qui n'était pas encore entièrement rebâtie depuis le dernier incendie. Mais il en fut empêché par le prompt secours que l'évêque Henri donna au comte Amédée.

Rodolphe de Habsbourg tourna d'un autre côté; il alla attaquer Tuffenstein, que l'évêque avait acheté l'année précédente.

Le feu ayant pris à Seckingen, qui appartenait à Rodolphe, Henri alla achever de détruire ce qui était échappé du feu; Rodolphe de son côté alla brûler le faubourg de la ville de Bâle nommé St-Jean. Il prit aussi par trahison le château de

Verr, et Albert de Rothelin, neveu de l'évêque, fut fait prisonnier de guerre. Il se commit encore plusieurs autres actes d'hostilité.

Sibylle de Montfaucon, mère et curatrice du comte Amédée, voyant que Jean, évêque de Lausanne, n'avait pas encore levé l'excommunication qu'il avait fulminée deux ans auparavant contre Raoul IV son mari, elle permit dans le comté de Neuchâtel le libre cours de la monnaie que l'évêque avait fait battre, ce qui le porta aussi de son côté à lever l'excommunication. Il fallut donc se soumettre à la nouvelle appréciation de cette monnaie pour relever le comte défunt, Raoul IV, de cette excommunication. La livre, qui était en usage dans le comté de Neuchâtel, était la livre viennoise, c'est-à-dire de la ville de Vienne en Dauphiné; elle y était établie depuis le temps des rois de Bourgogne, dont quelques-uns avaient résidé dans cette ville. C'est cette même livre qui est encore en usage à Genève et en Savoie, qui ne voulurent pas accepter la nouvelle livre de l'évêque de Lausanne. Comme toutes les rentes que le comte de Neuchâtel retirait sur ses sujets étaient ajustées à la valeur de la livre de Vienne, qui n'était que de trois batz, au lieu que celle que l'évêque de Lausanne introduisait était de quatre batz, aussi les sujets du comté refusèrent de payer leurs censes directes et foncières, les tailles, les bans et les amendes, suivant la valeur de cette nouvelle livre; ce qui causa de grandes difficultés, particulièrement à cause de l'acte de franchises des bourgeois de Neuchâtel, à teneur duquel tout ce que les bourgeois devaient au comte ne s'entendait que de livres viennoises (V. l'an 1476, art. 4). C'est pourquoi il fallut, dans cette occasion, faire une nouvelle appréciation, qui porta qu'au lieu de dix livres viennoises on paierait au comte huit livres lausannoises; au lieu de soixante sols, cinquante, au lieu de neuf sols on n'en paierait que huit, et au lieu de quatre, seulement trois. Ainsi c'est depuis ce temps que la livre lausannoise, qui est de quatre batz, a été introduite dans le comté de Neuchâtel. Les commissaires, dans leurs reconnaissances, font cependant encore mention de sols faibles, dont il faut cinq pour un batz et vingt pour la livre lausannoise. Tout ce que dessus paraît par un acte latin, digne d'être ici inséré tout au long:

Nos Sibilia domina Novi Castri, Johannes prepositus ecclesie loci ejusdem, Amedeus, Ricardus et Henricus filii ejusdem domine, notum facimus universis presentes litteras inspecturis, quod cum terra nostra a reverendo patre J., Dei gratia lausannensi episcopo seu predecessore ipsius esset interdicto supposita, pro eo quod moneta lausannensis per ipsam terram nostram usualiter non currebat, nos vero ut

1272 essemus ab ipsius interdicti sententia absoluti, statuimus una cum burgensibus nostris de Novo Castro, unanimiter concordavimus quod in dicta terra nostra ad predictam monetam lausannensem de cetero, vendant, emant et contrahant universi. Sed quia in forefactis viennensis moneta nobis de singulis legibus seu juribus debebatur, nos ipsus leges seu jura ad ipsam monetam lausannensem taxavimus in hunc modum, quod pro lege decem librarum viannensium, nobis octo libre lausannenses sunt solvende; pro lege vero sexaginta solidorum, quinquaginta solidi sunt solvendi; pro lege novem, octo; et pro lege quatuor, tres solventur. Ulricus autem nobiscum dominus Novi Castri huic statuto suum debet prebere consensum. Et si forte nos vel aliquem nostrum seu dictum Ulricum ab hujus modi statuto seu pacto resilire contingerit, dicti burgenses et etiam habitatores totius terre nostre, non obstante conditione nostra, ad monetam viennensem emere, vendere et contrahere poterunt sicut ante. In cujus rei testimonium nos predicti S., et Amadeus sigilla nostra apposuimus huic scripto. Nos autem predicti Johannes prepositus, Ricardus et Henricus sigillo capituli dicte ecclesie Novi Castri usi sumus. Datum anno Domini MCCLXXII, mense augusto.

Ulrich, mentionné dans l'acte, était fils d'Ulrich, qui avait accordé les franchises de 1214.

Ulrich, dont il est parlé dans cet acte, et qui est nommé seigneur de Neuchâtel, était le fils de cet Ulrich qui donna les franchises l'an 1214. Il était comte d'Arberg. Son père lui avait remis les droits qu'il avait sur Neuchâtel. La mère de cet Ulrich était Yolande de Fribourg (V. l'an 1202, 1218 et 1248).

1273
Continuation de la guerre de Rodolphe de Habsbourg contre l'évêque Henri. Les environs de Bâle ravagés.

La guerre continuant toujours avec beaucoup de violence entre Rodolphe de Habsbourg et Henri, évêque de Bâle, le premier vint faire au mois d'août 1273 un si grand ravage autour de Bâle, qu'on n'y put cultiver la terre de plusieurs années.

Cruauté contre 50 Neuchâtelois.

Il était tellement animé contre le comte de Neuchâtel de ce qu'il donnait du secours à Henri, que cinquante Neuchâtelois, du nombre de ceux qui étaient au service de l'évêque, ayant eu le malheur de tomber entre ses mains, il leur fit couper à tous les pieds par une cruauté inouie. Après cette expédition, il s'en retourna; mais il revint au mois de septembre avec une armée plus nombreuse, composée tant de ses sujets que de ceux de Zurich et de St-Gall, avec laquelle il assiéga Bâle, qui se défendit vigoureusement pendant quelques jours. Mais

Paix par suite de l'élection de Rodolphe à l'empire.

comme Dieu donne souvent la paix lorsqu'on s'y attend le moins, il arriva que, quoique Alphonse, roi de Castille, qui avait été élu empereur l'an 1257, fût encore vivant, les électeurs qui étaient assemblés, ayant choisi Rodolphe de Habsbourg pour être empereur, Frédéric VII de Hohenzollern, son neveu, lui en vint apporter la nouvelle pendant que Rodolphe assiégeait Bâle. Les assiégés l'ayant appris, l'évêque Henri lui envoya une nombreuse députation pour l'en féliciter et lui demander la paix, ce qu'il lui accorda; sur quoi on lui ouvrit les portes de la ville. Henri lui donna 900 marcs d'argent, et par ce moyen, cette longue et cruelle guerre prit fin.

1274. Les Bâlois ouvrent les portes de la ville à l'empereur Rodolphe de Habsbourg. 900 marcs d'argent donnés par l'évêque de Bâle.

On tient que l'évêque Henri, ayant appris que Rodolphe était parvenu à l'empire sans l'avoir aucunement recherché, en fut si surpris, qu'il prononça ces paroles blasphématoires en frappant du poing sur la table : « Seigneur, tiens bon sur ton trône, « tiens bon, car cet homme est si heureux qu'il pourrait bien « t'en déposséder. »

Paroles blasphématoires de l'évêque.

Rodolphe Ier fut élu empereur le 12 septembre, et il fut couronné à Aix-la-chapelle le 5 janvier 1274. Il possédait, lorsqu'il parvint à l'empire, le landgraviat d'Alsace, les comtés de Habsbourg, de Baden, de Lenzbourg, le Frickthal, où sont les villes forestières, le comté de Kybourg, le Thurgau, comme aussi les villes de Mellingen, d'Arau, de Winterthour et de Diessenhofen. Il réunit Uri, Schwyz et Unterwald avec les nobles, entre lesquels il y avait une grande désunion. Et comme l'empire avait été depuis 1250 dans une grande anarchie et qu'il y avait plusieurs désordres en Allemagne et en Suisse, il s'appliqua d'abord à y remédier en abolissant les vols et les brigandages qui s'y commettaient et qui étaient fort fréquents. Plusieurs seigneurs, qui avaient des châteaux, s'adonnaient à cette infâme profession. L'empereur fit démolir quatre-vingts de ces châteaux, qui étaient des repaires de brigands, et fit mourir les seigneurs qui les possédaient comme étant voleurs eux-mêmes (Voy. les années 1290 et 1366).

Rodolphe de Habsbourg couronné empereur. Terres qu'il possédait.

Il réprime les désordres dans l'empire et fait démolir les châteaux des seigneurs adonnés au brigandage.

Jean de Cossonay, évêque de Lausanne, étant mort sur la fin de 1273, le chapitre élut en sa place, l'an 1274, Guillaume de Champvent.

Mort de Jean de Cossonay, évêque de Lausanne.

Henri de Neuchâtel, évêque de Bâle, mourut aussi cette année, le 15 septembre 1274. On croit que cet évêque fit bâtir de son patrimoine une chapelle à Serrières, qu'il la fonda et lui donna des rentes, dont il fut le patron et le collateur, mais qu'il la remit bientôt après au chapitre de St-Imier, qui en posséda dès-lors le patronage et la collation et qui y envoya toujours un chapelain jusqu'au temps de la réformation (V. les ans 1640 et 1646). On assure que cet évêque Henri était sans étude. Etant un jour cité par le pape à comparaître personnellement devant lui, il répondit au nonce qu'il lui ordonnait d'aller citer le pape à comparaître devant lui dans son château de Birseck. On raconte encore de lui que deux nobles ayant rendu hom-

Mort de l'évêque de Bâle, Henri de Neuchâtel.

On le croit fondateur de la chapelle de Serrières.

Son caractère.

1274 mage à l'empereur Rodolphe de certaines terres qu'ils tenaient de l'église de Bâle, cet évêque leur dit en la présence de l'empereur: « Vous vous êtes aliénés de la B. H. Vierge, et moi je « vous prive et vous bannis pour jamais de sa grâce en vous « donnant à tous les diables.»

Il remit Bienne a l'évêché. En mourant, Henri remit à l'évêché et à tous les successeurs évêques tous les droits du baillif de Bienne qu'il avait tant sur cette ville que sur le val de St-Imier, sur la montagne de Diesse qu'autres lieux, et généralement tout ce qu'il avait eu de son patrimoine. *Opposition du cte de Neuchâtel.* Mais Amédée, comte de Neuchâtel, s'opposa à cette donation après la mort de Henri, prétendant que c'était une portion du domaine des comtes de Neuchâtel qu'il ne pouvait pas démembrer; que cela n'avait été remis à Henri que pour le posséder pendant sa vie, et que cet office de baillif de Bienne devait retourner au comte de Neuchâtel après la mort de cet évêque. Cette difficulté dura jusqu'à l'an 1284.

Fourberie d'un moine qui parvient à se faire élire évêque de Bâle. Après la mort de Henri, Pierre Reich de Reichenbach, d'autres disent de Reichenstein, prévôt des chapitres de Mayence et de Bâle, aspirant à l'évêché de Bâle, envoya un moine franciscain, nommé Henri, à Rome, avec une somme d'argent pour le lui procurer; mais ce moine rusé ayant demandé des lettres de recommandation à l'empereur auprès du pape Grégoire X, il obtint pour soi-même cet évêché. Il était d'un village de l'Algau, nommé Isna, et fils d'un boulanger. On l'appela Henri Gurtels-*Henri Gurtels-knopf.* knopf, qui signifie *nœud de ceinture,* parce qu'il avait porté la corde avec des nœuds pendue à son côté.

1275 Guillaume et Cono ou Conrad, fils d'Ulrich, comte d'Arberg, *Donation faite à l'église d'Escuvilliers.* accordèrent de certains droits au curé d'Escuvilliers par un acte daté de l'an 1275 et signé par Ulrich de Neuchâtel, seigneur *Armes du comte d'Arberg.* d'Arberg, leur père, qui ratifia la donation. Le cachet des armes d'Arberg y est apposé; il contient un écusson à palin chargé de trois chevrons, et autour il y a cet écriteau: *Sigillum Uldrici de Novo Castro, Comitis et Domini in Arberg.*

Mort d'Ulrich, cte d'Arberg et seigneur de Valangin. Ses descendants. Le susdit Ulrich, qui était comte d'Arberg, deuxième du nom et seigneur de Valangin, fils d'Ulrich Ier et de Yolande de Fribourg, mourut l'an 1275. Il eut trois fils et une fille, savoir: Guillaume, qui fut comte d'Arberg, et Cono, qui mourut avant son père, mais qui laissa trois fils, Jean, Ulrich et Diétric, comme il paraît par un acte scellé de l'an 1278, où il est fait mention des dits trois fils de Cono. On donne encore à cet Ulrich II, comte d'Arberg, un troisième fils nommé Vauthier. *Pourquoi les seigneurs de Valangin ont retenu le nom d'Arberg.* La fille d'Ulrich s'appelait Jordane; elle fut mariée à Amédée, comte de Neuchâtel. C'est depuis ce temps-là que les seigneurs de Valangin ont retenu le nom d'Arberg.

Jean de Porta, bourgeois de Neuchâtel, vendit au chapitre et à l'église de cette ville, l'an 1275, sa neuvième partie de la dîme de Marins.

1275. Dîme de Marins vendue au chapitre.

Le 29 juin 1275, les rivières de la Suisse se débordèrent tellement qu'elles causèrent beaucoup de dommage en divers lieux. Cependant cette année fut très abondante en vin et en grain.

Inondations. Année abondante.

L'empereur Rodolphe continua cette année à remédier aux désordres qu'il y avait dans l'Allemagne et dans la Suisse, et qui avaient été causés non-seulement par la division des Guelphes et des Gibelins, des partisans du perroquet et de l'étoile, mais aussi par les divers concurrents à l'empire qui se faisaient la guerre. Lorsque Conrad IV avait succédé à son père Frédéric II, Henri, landgrave de Thuringen, et Guillaume, fils de Floris, comte de Hollande, lui avaient disputé l'empire. Richard, frère de Henri II, roi d'Angleterre, lui ayant succédé, il était resté quinze ans en Angleterre, pendant lesquels il avait négligé les affaires de l'empire; outre qu'Alphonse, roi de Castille, lui avait contesté cette dignité, comme ayant aussi été élu empereur par quelques électeurs l'an 1257. Ce fut la cause que pendant ce temps plusieurs comtes se distrairent de l'empire, et particulièrement ceux de la Suisse, qui s'érigèrent en souverains, les empereurs ayant négligé de leur faire rendre hommage. Il y en eut qui prétendaient en être libérés depuis la mort de l'empereur Henri V (V. les années 1125 et 1126), mais les empereurs le leur contestaient. C'est pourquoi Rodolphe s'appliqua à rétablir toutes choses dans l'état où elles étaient avant tous ces désordres. Il fit pour cet effet sommer tous les comtes, barons et seigneurs de la Suisse à s'acquitter de ce devoir envers lui. Il y en eut d'abord plusieurs qui déférèrent à cette sommation et qui lui rendirent l'hommage, de même que plusieurs villes. C'est ce que firent entre autres Jean de Châlons II, comme étant seigneur d'Orbe, et Jacob, baron de Grandson; mais ils ne le firent qu'autant que leurs terres dépendaient de l'empire et suivant les us et les coutumes de Bourgogne; ils réservèrent l'hommage qu'ils rendaient de leurs dites terres au palatin de Bourgogne, qui les tenait de l'empire, duquel Orbe et Grandson étaient des arrière-fiefs. Mais il y eut aussi plusieurs comtes de la Suisse qui refusèrent cet hommage à l'empereur, prétendant d'être souverains et indépendants de l'empire. C'est ce que fit particulièrement le comte de Neuchâtel, qui appréhendait extrêmement de se soumettre à l'empereur à cause des guerres qu'il avait eues contre lui en assistant Henri, évêque de Bâle, son cousin; ce qui lui faisait craindre

L'empereur Rodolphe continue de remédier aux désordres. Origine de ces désordres.

Les comtes de la Suisse en profitent pour s'ériger en souverains.

L'empereur fait sommer tous ces comtes de lui rendre hommage.

Jean de Châlons II et Jacob, baron de Grandson, s'y soumettent suivant les us de Bourgogne.

Le comte de Neuchâtel refuse l'hommage.

1275
C'est depuis ces désordres que les sujets des comtes n'ont plus paru devant les tribunaux de l'empire.

le ressentiment de l'empereur. C'est depuis ce temps-là que les sujets des comtes n'ont plus paru devant les tribunaux de l'empire, pour quel sujet que ce fût, ni pour des appels, ni pour obtenir la grâce des criminels; les comtes qui, depuis longtemps, pendant les désordres de l'empire, s'en tenaient comme affranchis, agirent comme souverains, accordaient les grâces eux-mêmes et terminaient les procès absolument et sans retour. Cependant ils furent encore contraints par l'empereur à rendre hommage en l'an 1288, quoiqu'ils en aient enfin été quittes, aussi bien que les tribunaux de l'empire, dès les années 1347 et 1354.

1276
Franchises accordées à Soleure.

L'empereur étant à Bâle, confirma à la ville de Soleure, par un acte du 9 août, toutes les franchises qui lui avaient été accordées par ses prédécesseurs, et qu'à l'avenir ils ne pourraient être cités par devant aucun juge étranger, mais seulement devant leur avoyer et conseil.

Tribunaux de la Suisse.

Comme il n'y avait rien qui incommodât davantage les habitants de la Suisse que ces tribunaux de l'empire par devant lesquels on pouvait appeler, et que d'ailleurs on les y citait souvent pour des sujets peu considérables et que même chaque particulier pouvait y ajourner sa partie, ce qui occasionnait beaucoup de peines, de chagrins et de dépens, surtout à ceux qui étaient éloignés de ces tribunaux, les Suisses mirent tout en œuvre pour en être libérés et pour avoir dans chaque lieu le droit de judicature et le recours à leurs comtes ou aux tribunaux qu'ils avaient érigés, sans aller encore devant les chambres de l'empire.

1277
Péage de Soleure engagé.

Par un acte daté de Vienne du 1er février 1277, l'empereur engagea le péage de Soleure à noble Vauthier d'Arwangen, pour la somme de quatre marcs d'argent; mais il était rédimable.

Les lacs gelés.

La même année le lac de Constance et tous ceux de la Suisse gelèrent entièrement au commencement de l'année.

Tremblement de terre. Abondance de blé.

Le 27 mai il y eut un grand tremblement de terre, mais il y eut une si grande abondance de grains, qu'on ne vendit à Bâle le sac de pur froment que trois plapparts et demi, ce qui fait sept gros; l'épeautre quatre gros le sac, et l'avoine trois gros.

Fribourg en Suisse vendu à l'empereur.

Eberhard de Habsbourg, qui avait eu la ville de Fribourg en Suisse pour héritage de Hartmann, comte de Kybourg, son beau-père, mort en l'an 1270, revendit cette ville à l'empereur Rodolphe, son cousin, pour la somme de quatre mille marcs d'argent; il réserva la conservation des libertés et franchises des bourgeois de la dite ville.

Martyrs brûlés à Schwarzenbourg par l'évêque de Lausanne.

L'évêque de Lausanne fit brûler à Schwarzenbourg plusieurs personnes, sous prétexte que leurs sentiments n'étaient pas conformes à ceux de l'église romaine. Il y avait envoyé un certain Humbert, prédicateur de Berne, pour tâcher de les porter à changer de sentiments; ce qu'ayant refusé de faire par les raisons qu'ils en dirent, l'évêque les condamna à être brûlés vifs; ainsi ils furent réduits en cendres. On croit que c'étaient des Vaudois et Albigeois, qui ayant été cruellement persécutés en France, s'étaient retirés dans ce lieu-là.

Le printemps de l'an 1278 fut extrêmement froid. Il tomba une quantité prodigieuse de neige au mois de mai; on trouva dans le vignoble de la glace à la St-Urbain, tellement que les vignes gelèrent, aussi bien qu'une partie des fruits de la terre, qui outre cela fut mangée par les souris. Cependant la grande abondance de l'année précédente empêcha que la cherté devînt excessive.

1278. Printemps froid. Vignes et fruits gelés.

Alix, palatine de Bourgogne, mariée à Hugues, fils de Jean de Châlons Ier, mourut au mois de décembre 1278. Elle s'était remariée à Philippe Ier, comte de Savoie, qui lui survécut.

Mort d'Alix de Bourgogne.

Le comte Amédée ayant donné, l'an 1275, des portions du domaine à ses frères, dont ils ne furent pas contents, et un différend ayant été suscité à ce sujet, Thierri, co-seigneur de Montbéliard, fut de nouveau choisi pour le terminer, ce qu'il fit. Cette prononciation contient ce qui suit:

Différend entre le comte Amédée et ses frères au sujet des portions du domaine.

Nous Thierri, co-seigneur de Montbéliard, savoir faisons à tous ceux qui verront et orront ces présentes lettres: que comme discorde fut mue entre Hamey[1]) et Henri de Neufchâtel frères, enfants de Dame Sibylle notre fille, qui fut si comme de la partie de leur héritage et de la partie à leurs sœurs, les devant dits Hamey et Henri et leurs sœurs se sont mis d'accord concernant de faire les parties de leur héritage sur nous et ont promis par leur serment fait sur les Saints-Evangiles touchés, tenir fermement et léaulement les parties de leurs héritages, ainsi comme nous les ferons et ordonnerons. Et nous pour la paix et le bien de leurs terres par le conseil de notre sire Hamey, seigneur de Montfaucon, notre frère, par le conseil d'autres bonnes gens, faisons et ordonnons les parties de l'héritage aux devant dits Hamey et Henri frères et leurs sœurs Agnelay et Marguerite. Nous voulons, disons, faisons et ordonnons les parties entre les devant dits enfants, en telle manière, que Hamey ait Rochefort et quanque ils y ont et doivent avoir et la cense des maisons devant etc. Vautravers et les seigneuries des lieux devant dits, et tels droits comme ils ont en la maison qui fut à Sochat de Neufchâtel et les usages en bois, en prels, en champs, en pâquiers, en aigues, telle comme la dite maison les a eues jusqu'ici, et la maison du Treuil devant, et la place de la maison qui fut à Turembert Lepides et la vigne Tresporta dessous la voye devers le lac et les éminages tous et les fours de Neuchâtel en telle manière qu'on n'y peut faire d'autres fours; mais que ceux qui y sont établis et la moitié des ventes de Neufchâtel de foires et de marchés et de tous les jours, et la moitié du vin, des terrages et des censes et des autres rentes de vin, et la moitié des vignes, ainsi comme

Prononciation de Thierri, co-seign^r de Montbéliard, comme arbitre au sujet de ce différend.

---

1) C'est-à-dire Amédée.

1278

nous les commanderons à partir; et tous les revenus de Neufchâtel et du fenage; et les moulins de Serrières demeurent à Henri pour sa partie et de ce, et du revenant de toute sa partie est en tenu le dit Henri à l'hommage lige de Hamey, son frère, et les hommages des gentilshommes qu'ils ont reçus. Voulons qu'ils soient quittes et qu'ils soient à notre main pour partir à notre volonté, et du revenant qu'ils doivent avoir que nous n'avons nommé en ces parties, voulons qu'il soit à notre égard et à l'égard de notre commandement. Les sœurs des dits frères, Agnelay et Marguerite, ont pour leurs parties, ce qu'elles ont au Val-de-Ruz, le tout gagières et héritages, et Boudry et la Côte fuer les vignes pour mille livres lausannoises, et disons que Hamey soit advoyer et gardien de l'église de Neufchâtel. En témoignage de ces choses, Nous Thierri co-seigneur de Montbéliard, Jean prévôt de Neufchâtel, Hamey et Henri frères devant dits, avons mis nos scels en ces présentes lettres; ce fut fait l'an que le milliaire des ans de l'incarnation de Notre Seigneur courait par 1278 ans, au mois d'août.

Rochefort avait déjà été réunie à la directe.

Il paraît, par cet acte, que la baronnie de Rochefort avait déjà été réunie à la directe, qu'il y avait une maison noble à Neuchâtel qui portait le nom de Sochat, et qu'elle possédait un fief considérable, etc.

Château de Boudry bâti et érigé en baronnie.

Ces deux sœurs, Agnelette et Marguerite, firent, selon toutes les apparences, bâtir le château de Boudry, qu'elles firent ériger en bourg et en baronnie, mais qui était rédimable pour 1000 livres (V. l'an 1342).

1279

Mort de Burckard, marquis de Hochberg.

Burckard, marquis de Hochberg, qui, comme on l'a remarqué en l'année 1248, avait épousé la fille du comte Ulrich, mourut l'an 1279. C'est de lui que sont sortis tous les marquis de Hochberg qui ont régné sur Neuchâtel depuis l'an 1458 jusqu'à l'an 1503.

Mort de Renaud de Cormondrèche.

Reinald, ou Renaud, seigneur de Cormondrèche, fils de Henri (V. les années 1225 et 1263), mourut aussi cette année. Il eut

Sa descendance.

deux fils, dont l'aîné eut un fils nommé Jean, qui fut seigneur de Cormondrèche et qui épousa Catherine de Blaccars. Le puîné eut aussi un fils nommé Jean, surnommé le Bel, qui posséda une partie du fief de Cormondrèche. Reinald eut encore une fille nommée Clémence. Simon de la Marche possé-

Château de Joux.

dait en ce temps le château de Joux; il en fit reprise cette année d'Othon V, palatin de Bourgogne.

1280

Franchises accordées par l'empereur à Soleure.

L'empereur accorda aux bourgeois de Soleure plusieurs franchises, dont voici les plus considérables: 1. La liberté de recevoir pour leurs bourgeois tout homme libre, les religieux de St-Urs et de N.-D. de Bâle et tous autres religieux. 2. Si l'un en attaque un autre à main armée, mais ne fait point de sang, il paiera 10 sols et à l'avoyer 3 livres d'amende. S'il fait sang, il sera condamné à perdre la main, mais il pourra se racheter moyennant 10 livres, et il donnera à l'avoyer 3 livres. S'il tue, il sera décapité; s'il s'enfuit, sa maison sera démolie et ne pourra être rebâtie qu'après l'an écoulé, auquel temps ses héritiers la pourront rebâtir; mais le meurtrier ne pourra jamais retourner dans sa patrie, à moins qu'il ne l'obtienne de toute la communauté. S'il retourne sans le consentement de toute la bourgeoisie, chaque bourgeois devra le révéler par son serment de bourgeois, et il aura la tête tranchée; s'il se retire dans la maison d'un bourgeois, on ne l'y pourra pas saisir, au cas que celui auquel la maison appartient, veuille répondre pour lui en jugement. 3. Si quelqu'un entre dans la maison d'un autre, sans son consentement, il paiera à l'avoyer 3 livres et au bourgeois chez qui il sera entré aussi 3 livres. 4. Tous les forfaits commis dans la ville, paieront au juge 3 livres et à celui qui se plaint 3 livres. 5. Les disputes hors de la ville devront 5 sols, cependant suivant la nature de la chose. 6. Enfin, l'empereur confirme que les bourgeois ne pourront être cités par devant aucune justice étrangère, ni civile, ni ecclésiastique. Donné à Vienne, le 24 janvier 1280.

L'empereur engage encore plus outre à Vauthier d'Arwangen, le péage de Soleure pour 72 marcs d'argent. L'acte est du 17 décembre 1280. *Péage de Soleure.*

Alexia, veuve de Girard de Gy, assistée de ses trois fils, Amédée, chanoine de Neuchâtel, Willermus, ou Guillaume, aussi chanoine de la même église, et Hugues, vendit au chapitre de ce lieu sa neuvième partie de la dîme de Marins, et l'année suivante 1281, les mêmes vendirent à la dite église toutes les terres qu'ils possédaient autour de Marins et le droit de pêcher dans un certain endroit du lac qui est près d'Auvernier. *Portion de dîme de Marins vendue au chapitre de Neuchâtel.*

La pêche près d'Auvernier.

Henri de Cormondrèche, chanoine de l'église de Neuchâtel et curé de St-Blaise, commendataire supérieur du prieuré de Corcelles, fit son testament le 13 des Calendes de mai 1281, par lequel il constitue son héritier Willermus, dit de Arins, qu'il nomme son fils et clerc; il déclare qu'il veut être enseveli dans le temple de Neuchâtel. Il lègue aux enfants de Clémence, sa nièce, fille de Reinald, son fief de Marins, qu'il nomme *feudum matercularia situm apud sanctum Blasium*. Il fait encore mention d'autres siennes nièces, auxquelles il ne lègue rien. Ce testament n'est signé d'aucun notaire, mais de huit témoins qui y ont apposé leurs sceaux. *Testament de Henri de Cormondrèche, chanoine.*

Quoique l'année 1280 eût été très abondante en vins et en grains et en toutes sortes de fruits, cependant, comme il tomba beaucoup de neige le 16 juillet 1281, cela causa une si grande cherté, que les plus riches furent réduits à manger du pain d'avoine. *Neige abondante. Cherté.*

CHAPITRE I. — D'AMÉDÉE Iᵉʳ

1282
Agglomération d'oiseaux.

Le 22 janvier 1282, une quantité d'oiseaux s'assemblèrent près de Montbéliard, et se battirent avec tant de violence, que près de trois cents restèrent sur la place.

Naissance de Rollin, fils d'Amédée.

Il naquit, l'an 1282, un fils au comte Amédée, qui fut nommé Rodolphe, en mémoire de son aïeul. On l'a dès-lors appelé Rollin.

Guerre à Lausanne entre les bourgeois de la ville et l'évêque.

Il y eut, cette année, une guerre entre Guillaume, évêque de Lausanne, et les bourgeois de cette ville, de ce que ceux-ci avaient fait plusieurs choses contre son autorité. Cette guerre dura deux ans.

La fille du comte Amédée se marie.
Son aïeul lui donne son comté de Montbéliard.

Renaud, fils de Hugues, palatin de Bourgogne, et frère d'Othon V, épousa cette année Guillemette, fille aînée d'Amédée, comte de Neuchâtel. Thierri, comte de Montbéliard, leur donna ce sien comté par traité de mariage, parce que n'ayant point de fils et la dite Guillemette étant la fille aînée de sa fille aînée, elle était par ce moyen celle qui devait lui succéder dans son comté. C'est de ce Renaud et de cette Guillemette que le comte de Montbéliard d'aujourd'hui est descendu par les femmes.

Continuation du différend entre le comte Amédée et l'évêque de Bâle.

Le comte Amédée s'étant opposé inutilement, depuis l'an 1274, à la donation que l'évêque Henri de Neuchâtel avait faite de tout son patrimoine à l'évêché de Bâle (V. les années 1248, 1249, 1274, 1284), avait dès-lors souvent redemandé ces terres par les voies amiables, soutenant que ce patrimoine ne pouvait pas être détaché du comté de Neuchâtel, et qu'il n'avait été donné à l'évêque Henri que comme un apanage, dont il n'avait que l'usufruit pendant sa vie et non la propriété. Henri Gurtelsknopf, évêque de Bâle, refusant absolument de rendre ces terres, Amédée épia toutes les occasions pour les retirer des mains de cet évêque. On a remarqué que, en l'an 1271, Henri de Neuchâtel, évêque de Bâle, avait acheté Porrentruy de Godefroi de Neuchâtel en Bourgogne, son cousin. Henri Gurtelsknopf, son successeur, voulut s'attribuer le bailliage de l'Elsgau, qui appartenait au châtelain de Porrentruy et sur lequel Didier, comte de Ferrette, et Renaud, comte de Montbéliard, avaient des prétentions. Thiébaud, fils de Didier, consentit à un accommodement. L'évêque lui donna 180 marcs d'argent pour ses prétentions sur l'Elsgau et pour le château de Buris; mais Renaud ne voulut point lui remettre ses droits. Thiébaud, comte de Ferrette, après cette vendition, ne pouvant pas s'accorder avec l'évêque pour les limites, ce dernier les voulut pousser trop loin. Cela fut cause que Thiébaud attaqua l'évêque l'an 1283. Renaud étant sollicité par Amédée, comte de Neuchâtel, son beau-père, lui fit aussi la guerre et se saisit de Porrentruy. Renaud s'étant joint à Thiébaud, l'évêque fut d'abord battu, ce

Occasion d'une guerre.

Le comte Amédée sollicite son gendre Renaud à la guerre.

qui l'obligea de recourir à l'empereur, qui prit prétexte de ce que l'évêque était son vassal et de ce que Renaud refusait de se reconnaître tel, quoique l'empereur l'en eût souvent sommé. L'empereur prit le parti de l'évêque, auquel se joignit aussi l'évêque de Strasbourg. Ces deux derniers vinrent assiéger Porrentruy, le reprirent à Renaud et le rendirent à l'évêque. L'empereur somma de nouveau Renaud de lui rendre hommage, ce qu'il refusa encore, disant qu'il ne le devait qu'au palatin de Bourgogne, en quoi il était soutenu par Othon V, son frère. Ce refus porta l'empereur à aller ensuite assiéger Besançon. Il avait dans son armée 1500 Suisses qui étaient les meilleures de ses troupes. Cependant il fut obligé de lever le siége, après être convenu avec Othon V qu'ils tiendraient l'année suivante une journée à Bâle, où ils termineraient tous leurs différends, et où Othon promit de se trouver lui-même aussi bien que Renaud son frère. Sur quoi il se fit une trève. Pendant ce siége de Besançon il y eut une grande famine au camp de l'empereur, ce qui était procédé d'une grosse gelée qu'il fit au mois de mai et qui enleva tous les fruits, et ce fut aussi en bonne partie la cause de la levée du siége.

L'empereur prend parti.

Il assiége Besançon.
Suisses au service de l'empereur.
Le siége est levé.

Accord et trève.
Famine au camp de l'empereur.

Thiébaud, comte de Ferrette, eut le malheur de tomber entre les mains de l'empereur, qui voyant que ce comte avait été l'auteur de cette guerre, le fit décapiter.

Thiébaud, comte de Ferrette, décapité.

On posa cette année les fondements du temple de Fribourg en Suisse.

Temple de Fribourg bâti.

Renaud, comte de Montbéliard, et Guillemette de Neuchâtel, son épouse, donnèrent la même année 1283 de grandes franchises aux bourgeois de la ville de Montbéliard, pour attirer les cœurs de leurs sujets et pour peupler leur état.

Franchises données à Montbéliard.

L'empereur vint l'an 1284 assiéger Payerne, conjointement avec les Bernois et les Fribourgeois, qu'il assistait contre Philippe Ier, comte de Savoie, qui étant le beau-père d'Othon V et de Renaud, les avait aussi soutenus contre l'évêque de Bâle; ce qui porta l'empereur à se déclarer contre lui en faveur des villes de Berne et de Fribourg. Cependant, après qu'ils se furent saisis de Payerne, ils rendirent cette ville à Philippe par un traité qu'ils firent avec lui. L'empereur étant campé devant Payerne, écrivit une lettre à Othon V, palatin de Bourgogne, pour lui redemander Jacob, baron de Grandson, qui était détenu prisonnier à Besançon. Ce Jacob tenait sa baronnie comme un arrière-fief de l'empereur, dont il s'était reconnu vassal (V. les ans 1153 et 1275). Il avait été saisi par Renaud, comte de Montbéliard, parce qu'il avait épousé le parti de l'évêque de Bâle contre Othon V, son seigneur féodal. Ensuite de la lettre

1284
Payerne assiégé.

Lettre de l'empereur.

de l'empereur, ce baron fut relâché. Il était fils de ce Louis, qui ayant épousé la fille d'Ulrich, se donnait le titre de comte de Neuchâtel (V. les ans 1248, 1269, 1289). Entre les fiefs dépendant d'Othon V, palatin de Bourgogne, dont Gollut fait mention, il spécifie Orbe, Grandson et le Val-de-Travers, que la maison de Châlons possédait comme des arrière-fiefs. Jean de Châlons tenait le Val-de-Travers, en qualité de seigneur féodal; Jacob, qui était de la maison de Vienne, possédait la baronnie de Grandson comme un arrière-fief de l'empire; mais il était vassal d'Othon V, et Jean de Châlons II était en ce temps seigneur d'Orbe de la même manière.

Amédée, comte de Neuchâtel, faisait de son côté tous ses efforts pour reprendre à l'évêque les terres dépendantes du baillif de Bienne; ce qui obligea l'évêque à bâtir le château de la Neuveville, qu'il nomma Schlossberg, qui signifie *montagne de la clef*, parce qu'il fermait de ce côté-là le passage au comte de Neuchâtel et l'empêchait d'aller à Bienne. L'empereur ayant permis à l'évêque de construire ce château, on le commença cette année, mais il ne fut achevé qu'en l'an 1288, et l'évêque y mit une garnison avec des provisions et des munitions de guerre. L'empereur étant pour lors le souverain seigneur de la Suisse, on n'y pouvait bâtir aucun fort, ni y mettre garnison que par sa permission.

L'empereur donna encore permission à l'évêque de bâtir la même année le château d'Erguel, au-dessus de St-Imier, où il mit aussi une garnison pour s'opposer aux courses des Bourguignons. Cet évêque fit encore construire le château de Guldenfels.

L'empereur alla depuis Payerne à Fribourg, pour y conclure la paix entre l'évêque de Lausanne et les bourgeois de cette ville, qui avaient toujours continué de se faire la guerre depuis deux ans. L'empereur Rodolphe condamna ceux-ci à tous les dépens. De Fribourg il alla à Bâle pour y terminer les différends qu'avaient le palatin de Bourgogne Othon V, Renaud, comte de Montbéliard, son frère, le comte de Ferrette et Amédée, comte de Neuchâtel, avec Henri, évêque de Bâle. L'empereur, qui favorisait ce dernier, lui adjugea non-seulement Porrentruy, mais obligea encore le comte de Neuchâtel à lui céder entièrement le titre de baillif de Bienne et tout ce qui en dépendait; savoir, le Val-St-Imier et la moitié de la montagne de Diesse, l'autre moitié appartenant au comte de Nidau. L'empereur adjugea encore à l'évêque les autres terres que Henri de Neuchâtel, évêque de Bâle, avait eues de son patrimoine et qu'il avait données à l'évêché (V. les ans 1249, 1274). On posa, ensuite de ce traité de paix, des limites entre les terres qui furent accordées à l'évêque et celles qui demeurèrent au comte Amédée.

1284

La ville de Bienne ayant toujours été, pendant toute cette guerre, fort affidée à l'évêque, l'empereur lui donna, à cette considération, les mêmes franchises qu'avait la ville de Bâle, ce qu'il fit aussi à la sollicitation de l'évêque, qui par là désirait de s'attirer l'affection des bourgeois de cette ville.

Franchises accordées à Bienne.

L'an deux du règne de Rodolphe, roi des Romains, ce monarque commanda à Richard de Corbières, qui était son lieutenant-général en Suisse et qui y résidait de sa part, de ne pas permettre qu'Amédée, seigneur de Neuchâtel, Jean et Richard, ses frères, fussent molestés par qui que ce fût. Comme il appréhendait que la guerre ne recommençât en Suisse, il donna ses ordres pour y conserver la paix.

L'empereur Rodolphe donne des ordres en faveur des comtes de Neuchâtel.

A la Pentecôte 1284 l'empereur Rodophe Ier, âgé de soixante-six ans, épousa Elisabeth, fille de Hugues IV, duc de Bourgogne, âgée de quatorze ans; les noces furent célébrées à Bâle. L'empereur n'en eut point d'enfants. Cette Elisabeth était la sœur de Marguerite, première femme de Jean de Châlons II, baron d'Arlay, tellement que par ce mariage ce dernier devint le beau-frère de l'empereur.

Mariage de l'empereur.

Jean de Châlons II devient son beau-frère.

Comme Jean, prévôt de l'église collégiale de Neuchâtel, et Richard, chanoine de l'église du même lieu, frères du comte Amédée, n'avaient encore eu aucune part à l'héritage de leur père, le comte voulut bien leur en donner une portion. C'est pourquoi il leur relâcha pour leur part du bien paternel, ce qui est dès Hauterive jusqu'au Fornel, 50 livres estevenants sur les lods de Neuchâtel, la vigne des Chavannes et la dîme d'Anet, ainsi qu'il paraît par un acte daté du mois de mai 1285.

1285

Les deux frères d'Amédée, qui étaient ecclésiastiques, reçoivent une portion de leur patrimoine.

Philippe Ier, comte de Savoie, mourut cette année; il était frère d'Amédée III et de Pierre, comtes de Savoie. Il avait épousé Alix, fille d'Othon IV, palatin de Bourgogne, et veuve de Hugues de Vienne, fils de Jean de Châlons Ier. Il ne laissa point d'enfants; mais comme son frère Thomas de Savoie avait trois fils, Thomas, Amédée et Louis, Philippe leur partagea tous ses biens avant sa mort. Il donna à Thomas la principauté de Piémont; il établit le puîné son successeur au comté de Savoie, et il remit à Louis le pays de Vaud sous le titre de baronnie. Ce pays avait été donné par Raoul III, roi de Bourgogne, l'an 1011, à Henri, évêque de Lausanne, sous le titre de comté; mais ici il n'est qualifié que de baronnie, parce qu'étant donné à Louis et à ses descendants comme un fief

Mort de Philippe de Savoie.

Partage de ses biens entre ses trois neveux.

Pays-de-Vaud érigé en baronnie.

1285

dont les possesseurs devaient rendre hommage aux comtes de Savoie, il fallait que le vassal eût un titre inférieur à celui de son seigneur féodal. Cette baronnie de Vaud subsista jusqu'à l'an 1359. Toutes les seigneuries du pays de Vaud devinrent par là des arrière-fiefs de la maison de Savoie, au lieu qu'auparavant elles étaient des fiefs immédiats des comtes de Savoie.

Seigneurie de Gorgier, arrière-fief. C'est ce qui arriva aussi à l'égard de la seigneurie de Gorgier, qui appartenait pour lors au seigneur d'Estavayer, nommé Pierre, lequel en rendit hommage à Louis, baron de Vaud, et ce dernier à Amédée IV, son frère. Ce Pierre, seigneur d'Estavayer, était fils de Jacques, qui était fils de Sibylle (V. l'an 1260). Il eut deux fils, Althaud et Pierre. Thomas de Savoie eut encore, outre les trois fils dont je viens de parler, une fille nommée

La fille de Thomas de Savoie, Éléonore, étant veuve, se remarie à Rollin, comte de Neuchâtel. Généalogie des barons de Vaud. Éléonore, qui fut mariée à Louis, fils de Guichard, seigneur de Beaujeu, et qui étant devenue veuve, se remaria à Rollin, comte de Neuchâtel. Louis, baron de Vaud, épousa Adelaïde, fille de Simon, duc de Lorraine, de laquelle il eut un fils qui fut aussi nommé Louis, baron de Vaud, et qui épousa Catherine, fille de Galeas, duc de Milan, dont il n'eut qu'une fille unique, nommée Catherine, qui fut mariée d'abord à Ason IV, duc de Milan, ensuite à Rodolphe, comte de Vienne, et enfin à Guillaume, comte de Namur (V. l'an 1359). Cette généalogie est ici rapportée à dessein, parce qu'elle contient non-seulement l'origine d'une comtesse de Neuchâtel, mais aussi celle de plusieurs personnages dont on aura occasion de parler dans la suite.

L'évêque de Bâle, Gurtelsknopf, va à Rome; il est nommé archevêque de Mayence. L'empereur envoya Henri Gurtelsknopf, évêque de Bâle, à Rome, auprès du pape Honoré IV, pour lui signifier la donation au St-Siège de Bologne et de la Romandiole; ce qui fut une commission très-agréable et très-favorable pour lui, car comme le chapitre de Mayence, qui était divisé en deux partis, avait aussi fait deux choix pour être archevêque, il arriva que le pape, pour se débarrasser des deux concurrents et pour gratifier l'évêque de Bâle, l'établit archevêque de Mayence, quoiqu'il ne fût que le fils d'un boulanger, et il donna l'évêché de Bâle à Pierre Reich, qui avait déjà été le concurrent de Henri Gurtelsknopf, l'an 1274. Ce dernier eut bien des envieux. Les personnes de qualité le méprisaient; c'est ce que font voir ces deux vers latins qu'on avait faits à son sujet:

L'évêché de Bâle à Pierre Reich.

> *Nudipes Antistes non curat clerus ubi stes;*
> *Dum non in cœlis, stes ubicunque velis.*

Ce que l'évêque Gurtelsknopf a acquis à l'évêché de Bâle. Henri Gurtelsknopf acquit à l'évêché de Bâle le comté de Ferrette, qui devint un fief de cet évêché; il conserva et se fit adjuger les grands biens que Henri de Neuchâtel, évêque de

Bâle, son prédécesseur, avait légués à l'évêché, malgré le comte Amédée de Neuchâtel, auquel ils auraient dû revenir. Il fonda en outre les Augustins et l'abbaye de Ste-Claire dans la petite Bâle.

Le comte Amédée de Neuchâtel mourut le 3 février 1286. Il eut deux fils, Rodolphe ou Rollin, qui lui succéda, et Amédée, chevalier, qui mourut l'an 1304. Il eut cinq filles, savoir: Guillemette, l'aînée, qui fut mariée à Renaud, comte de Montbéliard, de laquelle il eut ce comté (V. l'an 1282); Alix, mariée l'an 1329 à Ulrich de Porta (V. l'an 1225), et qui par traité de mariage eut 400 livres pour sa dot; Sibyllette, qui eut 100 livres de rente; Agnès et Nicolle, qui furent religieuses et eurent chacune 10 livres.

1286. Mort d'Amédée, c^{te} de Neuchâtel. Ses enfants.

Les enfants d'Amédée firent un partage après sa mort, par lequel les sommes ci-dessus furent adjugées aux filles. Dans ce partage qui se fit entre Rollin, son frère Amédée et ses sœurs, il est dit que ceux du comté de Neuchâtel auront le droit de faire pâturer leur bétail au Chablaix; ce qui fait voir que c'est là un droit fort ancien et qui, selon toutes les apparences, avait été accordé par les comtes de Fenis, qui étaient barons de Neuchâtel.

Partage de ses biens.

Le comte Amédée eut encore deux fils naturels: Henri, qui fut abbé de Fontaine-André, et Jeanin, qui eut une fille, nommée Perrette, mariée à N..... Prince, alias Jean de St-Blaise, qui eurent un fils nommé Blaise Prince. Amédée inféoda à son fils Jeanin quelques terres dans la baronnie de Thielle, et lui remit la garde du château de ce nom.

Deux fils naturels. Origine de la famille. Prince de St-Blaise.

Sous le comte Amédée vivaient plusieurs personnes considérables dans le comté de Neuchâtel, savoir: Jacques, seigneur de Colombier; Jean, seigneur de Cormondrèche; Richard, baron de Rochefort; Pierre d'Anens ou d'Aignans, qui avait épousé la fille de Rodolphe, baron de Rochefort, et sœur du susdit Girard; Constantin de Corcelles; Jacques de Cottens, sommelier du comte Wuillermus ou Guillaume, dit de Arens; Clerc, fils de Henri de Cormondrèche; Wuillermus de Gy, chanoine, fils de Girard.

Personnes considérables qui ont vécu dans le comté de Neuchâtel sous le règne d'Amédée.

RODOLPHE V ou ROLLIN,

DIXIÈME COMTE DE NEUCHATEL.

Rodolphe V, nommé communément Rollin, n'avait que quatre ans lorsque son père mourut; c'est pourquoi Jean et Richard, frères d'Amédée, son père, et conséquemment ses oncles paternels, furent ses tuteurs et curateurs jusqu'à ce qu'il eût atteint

Age de Rollin. Ses tuteurs.

1286

Son mariage.

l'âge de majorité. Henri, son autre oncle, était mort peu de temps avant son père et n'avait point laissé d'enfants. Rollin épousa Éléonore de Savoie, sœur d'Amédée IV. Elle était veuve de Guichard de Beaujeu.

1287

Les Juifs de Berne crucifient un enfant.

Les juifs qui habitaient dans la ville de Berne, ayant pris le jour du grand vendredi 1287 un jeune enfant chrétien, nommé Rodolphe, le crucifièrent dans la cave d'un juif nommé Joly. Et c'est ce qu'ils faisaient tous les ans: ils enlevaient un enfant chrétien, ils le menaient dans un souterrain, le tourmentaient et le crucifiaient le vendredi de Pâques en dérision de la religion chrétienne. Ce meurtre horrible ayant été découvert,

Juifs punis et chassés de la ville.

les auteurs furent roués et tous les autres juifs chassés et bannis de la ville de Berne pour toujours; le sénat ayant même arrêté de n'y plus souffrir jamais aucun juif.

Mais comme Berne était pour lors une ville d'empire, que ces juifs payaient un tribut considérable à l'empereur et qu'ils y vivaient sous sa protection, ils lui allèrent porter leurs plaintes. C'est pourquoi l'empereur Rodolphe épousa leur parti et il imposa une amende aux Bernois, qui, ayant refusé de la payer,

1288

Siège de Berne par l'empereur Rodolphe.

l'empereur vint assiéger la ville de Berne, le 30 mai 1288, avec 30,000 hommes; mais voyant la forte résolution que les habitants avaient prise de se bien défendre, il leva le siège. Cependant il renvoya son fils Albert avec une armée de cavalerie, qui assiégea la ville pour la seconde fois, le 10 août. Les Bernois ayant fait une sortie, perdirent un drapeau et furent

Seconde levée du siège de Berne.

repoussés; mais ayant fait une seconde sortie, ils reprirent leur drapeau et obligèrent le prince Albert de lever le siège et de s'en aller comme avait fait son père. Les Bernois ayant pris le comte de Homberg, cousin de l'empereur, ils le firent mourir [1]).

Les Juifs aussi chassés de Neuchâtel.

Il y a de l'apparence que les juifs, étant ainsi chassés de Berne, ce fut pour la même raison qu'ils le furent aussi de Neuchâtel dans le même temps. Ils avaient une rue à Neuchâtel appelée la rue des juifs, et leur cimetière était loin de la ville, du côté du septentrion, auprès de l'Hermitage (Voy. l'an 1348).

---

[1]) Il n'est point dit par quelle occasion les Bernois firent mourir le comte de Homberg; il y a de l'apparence que c'était pour quelque trahison. Le comté s'étendait jusque sur le bord du Rhin dans le Frickthal. Ces comtes étaient anciennement les avocats de l'évêché de Bâle; le dernier de cette famille fut Verlin, qui mourut en 1329. Mais le château de Homberg aussi bien que la ville de Liestal avaient déjà été vendus en 1305 à Pierre d'Asphalt, évêque de Bâle, pour 2100 mars d'argent.

Quelques historiens assurent que Rodolphe rédima plusieurs terres en Suisse que divers empereurs avaient inféodées à plusieurs comtes sous le bénéfice de les pouvoir retirer pour l'empire. Il en retira ainsi plusieurs pour les posséder en son propre, savoir, dans l'Argau et dans le Thurgau ; mais il se contenta d'obliger les autres à lui rendre hommage. C'est ce qu'il fit à l'égard de Neuchâtel de la manière suivante. Pendant que l'empereur Rodolphe était devant la ville de Berne, au mois de mai, il envoya sommer Rollin, comte de Neuchâtel, de lui rendre l'hommage qu'il lui devait. Rollin et ses tuteurs, voyant que l'empereur avait une armée pour l'y contraindre, furent obligés d'y consentir, quoiqu'ils n'ignorassent pas que le comte Amédée avait opposé un refus à la même sommation, soit qu'il estimât relever de la Bourgogne, soit qu'il prétendît d'être souverain et indépendant dans sa terre (V. l'an 1275).

Le jeune Rollin, qui n'avait que six ans, se rendit par l'avis de ses tuteurs et curateurs au camp de l'empereur devant Berne, mais ce fut après s'être précautionné contre l'appréhension qu'ils avaient que ce jeune souverain n'y fût mal reçu, non-seulement à cause du refus que son père avait fait de rendre hommage, mais surtout d'autant que l'empereur avait toujours été (comme comte de Habsbourg) un grand ennemi des comtes de Neuchâtel et de tous ceux de cette maison, avec lesquels il avait eu de longues guerres ; ce qui leur faisait craindre qu'il ne traitât le jeune Rollin avec trop de sévérité dès que celui-ci se serait reconnu pour son vassal. C'est pourquoi ils crurent qu'il fallait trouver quelque puissant protecteur qui le pût garantir des maux qu'ils craignaient. Ils s'adressèrent pour cet effet à Jean de Châlons II, dont Rollin était déjà vassal à l'égard du Val-de-Travers, et qui étant le beau-frère de l'empereur, pourrait aussi le protéger et obtenir de ce monarque tout ce qu'il lui demanderait. On offrit en conséquence à Jean de Châlons II que Rollin lui remettrait tout ce qu'il possédait dans le comté de Neuchâtel pour le retenir ensuite de lui en fief, *suivant les us et coutumes de Bourgogne*, à condition que Jean de Châlons s'engagerait d'aider Rollin toutes les fois qu'il aurait besoin de son secours, et qu'il lui promettrait toute garantie auprès de l'empereur. Jean de Châlons accepta ces offres avec les conditions qui lui étaient faites. Il demanda pour cet effet à l'empereur, son beau-frère, qu'il lui plût de lui remettre ses droits sur Neuchâtel, ce que l'empereur lui accorda, sous cette réserve qu'il lui en rendrait aussi hommage ; de sorte que le comté de Neuchâtel devint par ce moyen un arrière-fief de l'empire, au lieu qu'auparavant il en était un fief immédiat, puisqu'il avait été

1288
Rodolphe fait la réintégrande de plusieurs terres.

Rollin est sommé de rendre hommage à l'empereur.

Rollin se rend au camp de l'empereur, devant Berne, par l'avis de ses tuteurs. Précaution prise pour n'être pas mal reçu.

Il s'adresse à Jean de Châlons II, beau-frère de l'empereur.

Offre faite à Jean de Châlons et acceptée par lui.

Par là le comté de Neuchâtel devient arrière-fief de l'empire.

1288

inféodé par l'empereur Conrad (V. l'an 1034) au comte Ulrich Ier, comme on l'a vu. Ce nouveau fief que Jean de Châlons II acquit lui procura un titre d'honneur considérable et il était même à sa bienséance, étant déjà auparavant seigneur d'Orbe; outre qu'il possédait plusieurs seigneuries en Bourgogne dans le voisinage du comté de Neuchâtel.

Inféodation du comté de Neuchâtel à Jean de Châlons II par l'empereur.

L'empereur Rodolphe, en conséquence de la donation qu'il avait faite à Jean de Châlons II, son beau-frère, lui en passa un acte de remise en date du 15 septembre 1288 et qui contient ce qui suit:

Rodolphe, par la grâce de Dieu, roi des Romains, toujours auguste, à tous les féaux du St-Empire romain qui ces présentes lettres verront, grâce et tout bien.

Illustre personnage Rollin, seigneur de Neufchâtel, fils d'Amédée, seigneur de Neufchâtel, notre amé et féal, ayant comparu il y a déjà longtemps devant notre Majesté, a de son bon gré remis entre nos mains le Châtel qu'on nomme Neufchâtel et la ville du dit Châtel située sur le lac, au diocèse de Lausanne, avec les biens allodiaux, fiefs, rière-fiefs, justices, péages, juridictions, eaux, cours d'eaux, et montagnes noires et autres choses par quelque nom que ce soit qu'elles soient dénombrées, lesquelles il tenait en fief de nous et de l'Empire. Nous donc, considérant que l'Empire reçoit des accroissements d'un plus haut degré de grandeur, lorsque des personnes puissantes et illustres par leur naissance, prêtent à nous et à l'Empire hommage et fidélité, à l'instance du dit Rollin, nous octroyons volontiers à illustre personnage, Jean de Châlons, seigneur d'Arlay, notre fidèle et très-cher frère (dont nous désirons de tout notre cœur l'honneur et l'avancement), les dits Châtel et ville avec les fiefs, rière-fiefs et toutes les choses susdites pour les tenir à perpétuité en fief, comme aussi ses légitimes héritiers de nous et de l'Empire, et nous l'investissons du dit fief par ces présentes; sauf à lui toutes fois l'hommage qu'il a ci-devant prêté aux illustres Comtes et Ducs de Bourgogne. En témoignage duquel octroi, nous lui avons fait expédier ces lettres, auxquelles le sceau de notre Majesté a été apposé.

Donné au Camp devant Berne l'an du Seigneur 1288 aux Ides de septembre, l'indiction première, et de notre règne le quinze. Avec un grand sceau pendant.

Observations sur l'acte ci-dessus.

On a fait de nos jours bien des observations sur cet acte. En voici les plus importantes:

Droit de justice criminelle reconnu à Jean de Châlons.

1° Dans l'original latin, il y a *cum ejus judiciis, pedagiis, jurisdictionibus*, d'où on a conclu que ce terme de *judicium* emportait la justice criminelle, qui auparavant était réservée aux empereurs, parce que ce terme de *judicium*, d'après les instituts de Justinien, marque la justice criminelle. Aussi on dit encore à Neuchâtel, lorsqu'on conduit un criminel devant le juge pour entendre sa sentence, qu'on le produit en jugement; et par le mot *Jurisdictionibus* au pluriel, sans aucune restriction, on a conclu que l'empereur remettait la justice haute, moyenne et basse.

2° L'empereur déclare dans cet acte que Rollin tenait Neuchâtel, et tout ce qui en dépendait pour lors, en fief de lui et de l'empire, sans faire aucune mention *de la maison de Châlons*; ce qui, suivant nos feudistes, marquait que cette dernière maison, comme comte de Bourgogne, ne possédait point ce fief auparavant [1]), et ce d'autant plus qu'il est dit que l'empereur le lui cède librement et l'en investit, au lieu qu'il aurait dit qu'il le rétablissait dans ses anciens droits. C'est ce que montre encore évidemment ce qui est dit dans l'acte que l'empereur, à qui Rollin avait remis le comté de son bon gré, le remet aussi, ensuite, à l'instance de Rollin, à Jean de Châlons, auquel il l'octroie volontiers. Ce qui est dit qu'il réserve l'hommage prêté par Jean de Châlons au comte et duc de Bourgogne, ne pouvait regarder que Grandson, Orbe, le Val-de-Travers et les autres fiefs qu'il possédait dans le duché et comté de Bourgogne (V. les ans 1248, 1236 et 1250).

Auparavant rien du comté de Neuchâtel ne relevait de Bourgogne que le Val-de-Travers.

La réserve de l'hommage aux c^{tes} et ducs de Bourgogne ne regardait que Grandson, Orbe, le Val-de-Travers, etc.

Le comte Rollin, voyant que le traité qu'il venait de faire avec Jean de Châlons lui était très avantageux, puisqu'il avait par là acquis un fief nouveau et une puissante protection qui pouvait le mettre à couvert de ses ennemis et surtout de l'empereur qu'il apréhendait, à qui le comte Rodolphe, son aïeul, et Amédée, son père, avaient toujours fait la guerre et dont il craignait le ressentiment, en un mot, qu'il se dégageait par là en quelque façon de l'empire, dont il souhaitait passionnément de se libérer, et considérant d'autre côté que cet hommage ne lui pouvait causer aucun désavantage, qu'il ne pouvait pas empêcher qu'il *n'en pût disposer librement* [2]), et que le comté ne passât toujours comme auparavant à tous ses descendants mâles et femelles, étant fait suivant les us et coutumes de Bourgogne [3]), c'est pourquoi il désira aussi de le rendre ferme, et, pour cet effet, il se rendit à Lausanne auprès de l'évêque, qu'il tâcha d'intéresser dans ce fait, pour être tant mieux soutenu, le reconnaissant et l'établissant pour juge des difficultés qui surviendraient entre Jean de Châlons et ses descendants et entre lui Rollin et ses successeurs. Pour cet effet l'évêque lui passa un acte conçu en ces termes:

Avantages pour Rollin de retenir le comté de Jean de Châlons.

Rollin obtient la garantie de l'évêque de Lausanne.

[1]) C'était la conclusion que les prétendants français prenaient contre les héritiers de la maison de Châlons, et avec raison en cela; on n'y insista pas même, car rien ne relevait de la maison de Châlons que le Val-de-Travers.

[2]) C'est ce qui a été contesté au prince de Conti.

[3]) Cela ne se retrouve pas dans les actes d'inféodation ni dans celui de l'empereur à Jean de Châlons, ni de Jean à Rollin, mais bien dans la reconnaissance de 1311 de Rollin à Jean de Châlons.

1288
Teneur de l'acte passé par l'évêque.

Nous, Guillaume, par la grâce de Dieu, évêque de Lausanne, savoir faisons à tous ceux qui ces présentes lettres verront :

Que noble Damoiseau Rollin, seigneur de Neufchâtel sur le lac au Diocèse de Lausanne, fils d'Amédée, seigneur du dit lieu, ayant comparu en personne de son bon gré et sans y être induit par violence, dol, crainte ni plainte d'aucun, a confessé en jugement devant nous, qu'il a pris en fief d'illustre personnage Messire, Jean de Châlons, seigneur d'Arlay, son seigneur, le Châtel et la dite ville de Neufchâtel, sur le lac au Diocèse de Lausanne, avec tous ses droits, appartenances et dépendances quelconques, tous fiefs, rièrefiefs et autres quelconques appartenant au dit châtel et ville ; item les péages ou revenus, eaux, cours des eaux et les montagnes noires qu'il a et qu'il peut et doit avoir à raison et au nom de la seigneurie de Neufchâtel et de ses dépendances et appartenances ; toutes lesquelles susdites choses Amédée, père d'icelui et ses prédécesseurs, ont jusqu'à présent tenues de l'Empire Romain. Il a aussi confessé d'avoir pris en fief du dit Messire Jean de Châlons toutes les autres choses qui se trouveront être du fief du dit Empire Romain et qui ne sont pas désignées, à quoi on ne porte point préjudice dans ces lettres ; toutes fois sauf surtout et sur toutes choses le fief que le dit Rollin doit tenir de l'Eglise de Lausanne et les choses qui passent pour être du dit fief.

Or le dit seigneur Rollin a promis par serment prêté de son bon gré sur les saints Evangiles [1]), qu'il ne contreviendra à aucune des susdites choses, ni par lui ni par autrui et qu'il ne permettra point que personne y contrevienne tacitement ou expressément de parole ou de fait, mais qu'il en sera garant contre tous, toujours, partout et en toutes cours. Renonçant pour ce, de son bon gré, en vertu du dit serment, aux exceptions de force, dol, crainte, surprise, plainte, de restitution en entier, de minorité d'âge, au bénéfice de tutelle et curatelle, à tous autres priviléges introduits en faveur des mineurs et à toutes autres exceptions et raisons par lesquelles le présent instrument ou cet aveu pourrait en quelque manière être annulé et infirmé et spécialement au droit que la générale renonciation n'est pas valable.

De plus le dit Rollin s'est soumis de son bon gré pour les choses susdites à notre jurisdiction, ensorte que si jamais il arrivait qu'il contrevînt à aucune des susdites choses, nous pourrions le forcer ou faire contraindre à les faire observer de point en point par sentences d'excommunication sur sa personne et sur tous ses biens, en quelque part qu'ils soient, nonobstant toutes exceptions. En témoignage de quoi, à la prière et à l'instance du dit Rollin, Nous avons fait apposer notre sceau à ces présentes. Fait et donné l'an du Seigneur 1288 au mois de septembre. Avec un sceau pendant.

1289
Rollin passe aussi un acte en faveur de Jean de Châlons

Rollin passa aussi de son côté un acte à Jean de Châlons, et ce au mois d'avril 1289, par lequel il se constituait son vassal suivant les us et coutumes de Bourgogne [2]).

L'empereur Rodolphe envoya encore son fils Albert avec une

---

[1]) Il est surprenant qu'un enfant de six ans ait prêté un serment ; il faut peut-être que le tuteur ait juré en l'âme de son pupille.

[2]) Cet acte de 1289 n'a point paru dans les productions de S. M. le roi de Prusse en 1707 ; d'ailleurs il n'aurait pas eu plus de force que celui et ceux de l'année précédente.

armée au printemps 1289 pour attaquer Berne, où, après s'être battu avec les Bernois, il se fit un traité de paix à Baden, par lequel ces derniers furent obligés de payer annuellement au couvent de Wettingen une somme d'argent, qui était sans doute en considération de l'amende qui leur avait été imposée deux ans auparavant.

1289. Paix entre l'empereur et Berne.

Jacob, baron de Grandson, mourut cette année; il laissa trois fils: Othon II, Pierre et Guillaume. Le premier lui succéda et le dernier assista le comte de Savoie contre les Valaisans.

Mort de Jacob, baron de Grandson.

Les trois derniers mois de l'an 1289 furent si chauds que les arbres fleurirent. On trouvait des roses, et en même temps que les feuilles des arbres tombaient, il en repoussait de nouvelles. Les enfants se baignaient dans le lac à la veille de Noël, et le reste de l'hiver fut encore fort doux. L'année fut très abondante en vin et en grains; le sac de froment ne se vendit que quatre gros, le sac de seigle trois gros, le sac d'avoine deux gros, et on avait six pots de vin pour un denier. Mais l'année suivante, 1290, il y eut une grande cherté, tellement que le sac de seigle se vendit trois livres bâloises. On sentit cette même année un tremblement de terre qui fut presque universel.

Été dans l'hiver. Les enfants se baignent à Noël. Année abondante. Bas prix des denrées.

1290. Cherté. Tremblement de terre.

Othon II, baron de Grandson, obtint une rente annuelle à retirer sur les salines de Salins de son cousin Othon V, palatin de Bourgogne.

Rente sur les salines accordée au baron de Grandson.

En ce temps, le comte Rollin et les bourgeois de Neuchâtel étaient étroitement unis avec la ville de Fribourg. Comme c'était un temps de guerre, cette étroite union leur procura de grands avantages sur leurs ennemis (V. l'an 1693).

Union entre Fribourg et Neuchâtel.

L'empereur confirma, l'an 1291, à ceux d'Uri, Schwytz et Unterwald leurs franchises et leur en donna de nouvelles; il leur promit qu'ils seraient toujours à l'avenir un peuple libre.

Confirmation des franchises à ceux d'Uri, Schwyz et Unterwald.

Ce monarque, peu de temps avant sa mort, accorda aussi à Jean de Châlons, son beau-frère, le droit de battre monnaie à Orbe et autres (V. l'an 1290).

Droit de battre monnaie concédé à Jean de Châlons.

L'empereur Rodolphe Ier mourut au mois de juin 1291. Il avait quelque temps auparavant écrit une lettre à ceux de Schwytz, par laquelle il les reconnaissait être des peuples libres et de franche condition. Ils ne dépendaient en effet que de l'empire immédiatement, et n'étaient point soumis à la maison de Habsbourg ou d'Autriche. Ils étaient souverains, à la réserve de quelques droits que les empereurs y avaient encore, et pour la conservation desquels ils y établissaient des baillifs ou gouverneurs; ces droits étaient à-peu-près les mêmes que les empereurs avaient dans les terres des comtes.

1291. Mort de l'empereur Rodolphe Ier. Sa lettre à ceux de Schwyz.

Ils étaient indépendants, excepté quelques droits.

1291
Grand incendie à Genève.

Il y eut cette année 1291 à Genève un grand incendie qui consuma une partie de la ville, ce qui fit que plusieurs citoyens, n'ayant pas le moyen de rebâtir leurs maisons, cherchèrent à s'établir dans quelque autre pays. Il y en eut plusieurs d'entre eux qui s'adressèrent aux seigneurs de Valangin, leur demandant à s'établir au Val-de-Ruz, où il n'y avait que très peu d'habitants. Jean et Dietrich, frères, qui étaient les seigneurs, convinrent avec eux des conditions et en dressèrent un acte.

Des Genevois viennent s'établir au Val-de-Ruz.

Ils sont nommés francs-habergeants.

Ces nouveaux venus furent nommés *francs habergeants*, parce que les seigneurs voulurent bien les haberger ou héberger, et que, par le traité, ils devinrent les plus francs de leurs sujets, n'y ayant encore pour lors aucun bourgeois de Valangin; les autres sujets ne possédaient leurs terres que précairement, vu que les seigneurs les reprenaient lorsque le possesseur venait à mourir, au lieu que ces francs habergeants furent rendus propriétaires des fonds qu'on leur assigna et qu'ils défrichèrent d'abord. Ils bâtirent incessamment trois villages, auxquels ils donnèrent le nom du lieu de leur origine, savoir: les Geneveys-sur-Fontaine, les Geneveys-sur-Coffrane, les Geneveys-sur-St-Martin. Voici un extrait d'un acte latin qui porte les redevances de ces francs habergés ou habergeants: « *Albergator debet unam dictam falcis aut setationis in Broglio Domini quolibet anno et semel quoque in vindimiis curreagium vini pro adducendo vinum domini de Costa Novi Castri usque ad Vallengin*, etc. C'est-à-dire: «Le franc habergeant doit une journée de faucheur dans le Breuil du seigneur par chaque année, et une fois aux vendanges un charroi de vin, pour amener le vin du seigneur depuis la côte de Neuchâtel jusqu'à Valangin.» Ils devaient encore outre cela annuellement à leur seigneur une poule, un char de bois par famille, un batz par chaque mère-brebis, etc. (V. l'an 1476).

Ils bâtissent trois villages.

Leurs redevances.

1292
L'empereur Adolphe confirme à Jean de Châlons le droit que l'empereur Rodolphe lui avait accordé.

L'empereur Adolphe de Nassau confirma, l'an 1292, à Jean de Châlons II les droits que l'empereur Rodolphe Ier lui avait accordés l'année précédente, entre autres celui de battre monnaie dans les pays qu'il possédait dans la Suisse.

Jean, prévôt de Neuchâtel, tuteur du comte Rollin, son neveu, et Richard, frère du dit Jean, accensèrent une vigne à Pierre, dit de Grandson, bourgeois de Neuchâtel, pour la cense annuelle de deux sols bons lausannois, dont voici la teneur de l'acte qui est en latin. On le rapporte pour montrer la coutume de ces temps-là.

Acte d'accensement à un bourgeois de Neuchâtel.

Nos Johannes prepositus Novi Castri tutor Rodulphi domini loci ejusdem et Richardus frater dicti prepositi, notum facimus universis quod cùm Johannes de Estavaie dictus Aumentas teneret a predecessori-

bus nostris et a nobis quamdam vineam dictam vineam Angelet in feodum, sitam in territorio Novi Castri in loco qui dicitur es Lapies, juxta vineam Henemagri quondam filii Walteri psalterii ex una parte et vineam quamdam P., dicti Saunet, ex altera, quam vineam dictus Aumentas nobis reliquerit, nos considerata utilitate Rodulphi nepotis nostri predicti, dedimus et concessimus imperpetuum pro nobis et heredibus nostris predictam vineam Petro dicto de Grancon burgensi de Novo Castro et heredibus suis, de laude tamen et consensu predicti Rodulphi, videlicet pro duobus solidis bonorum lausannensium annuatim domino Novi Castri vel mendato suo in festo sancti Galli solvendis. Et promittimus bona fide pro nobis et heredibus nostris quod contra hujusmodi donationem seu concessionem non veniemus per nos vel per alium in futurum sed erimus ipsi Petro et heredibus suis super ipsa donatione et concessione imperpetuum werentes legitimi contra omnes. In cujus rei testimonium sigilla nostra presentibus litteris duximus apponenda. Datum die dominico post festum sancti Marci, evangeliste, anno Domini MCCXCII. Dedimus, inquam, dictam vineam pro dicto censu prout superius dictum est absque terragio. Datum anno Domini et die ut sapra.

1292

Jacques, seigneur de Colombier, mourut cette année. Il laissa deux fils: Henri, qui eut cette seigneurie, et Perrin, qui se donnait le titre de co-seigneur de Colombier, mais qui n'a point laissé de postérité.

<small>Mort de Jacques de Colombier.</small>

Thierri de Scey, nommé le grand baron, comte de Montbéliard, seigneur de Maillot, Chàtelot, Blanc-Mont, Montfort, Ronchaud, La Roche, Antigney, etc. mourut l'an 1293. Il était le bisaïeul du comte Rollin. Il y avait douze ans qu'il avait remis le comté de Montbéliard à son arrière-petite fille Guillemette, fille d'Amédée, comte de Neuchâtel, et sœur de Rollin, lorsqu'elle se maria à Renaud, fils de Hugues, palatin de Bourgogne. Thierri parvint dans un âge fort avancé et fut longtemps dans la faiblesse.

1293
<small>Mort de Thierri de Montbéliard.</small>

Il se suscita, cette année 1293, plusieurs difficultés entre le comte Rollin et Jean et Dietrich, seigneurs de Valangin. Pour les terminer, ils convinrent de choisir des arbitres. Rollin nomma à cet effet Jacques de Vaumarcus, donzel, et Jean, monnayeur, bourgeois de Neuchâtel; les seigneurs de Valangin nommèrent pour les leurs Messire Simon de Courtelary, chevalier, et Vomard de Chesas, bourgeois de la Neuveville ou Bonneville, du Val-de-Ruz. Les parties jurèrent par un serment prêté sur les Saints-Evangiles qu'elles s'en tiendraient à ce qui serait par eux prononcé, et les arbitres jurèrent de même de juger suivant leur conscience. Ils sentencèrent comme suit:

<small>Difficulté entre Rollin et ses cousins, seigneurs de Valangin. Arbitres choisis de part et d'autre.</small>

<small>Leur sentence.</small>

1293
Rollin est obligé de payer une cense aux seigneurs de Valangin pour les hommes royés.

1° Que Rollin serait obligé de payer une cense annuelle de 28 sols lausannois aux seigneurs de Valangin, et 25 livres de blanche monnaie, que les prédécesseurs de Rollin s'étaient engagés de payer pour le gage des hommes royés du Val-de-Ruz, qui allaient assister au plaid de mai à Neuchâtel. Les seigneurs de Valangin se plaignaient de ce quelques hommes royés du Val-de-Ruz avaient quitté leur seigneurie et qu'on les avait reçus à Neuchâtel. Mais, moyennant la cense ci-dessus, ils quittèrent à Rollin les dits hommes royés et consentirent qu'ils pourraient assiter au plaid de mai, qui se tenait tous les ans à Neuchâtel.

Difficulté entre Jean d'Arberg et de Valangin et le prieur du Val-de-Travers.

2° Que Jean d'Arberg, co-seigneur de Valangin, serait obligé d'investir entièrement le prieur du Vauxtravers, par le moyen du comte Rollin, à l'égard de toutes ses demandes et répétitions, généralement et particulièrement par rapport aux frères de la Grange et de leurs biens; mais que le dit prieur devrait aussi faire droit au dit seigneur de Valangin sur tout ce qu'il avait à lui répéter et qui pourrait lui être justement dû par les dits frères de la Grange.

Autres petites difficultés particulières.

3° Que Jean d'Arberg devrait restituer la valeur d'une jument qui avait été prise à Voing, dans la grange de Vauxmarcus, le susnommé arbitre, et rendre aussi à Jean, fils du chanoine de Foro, le capuchon qui avait été pris sur sa tête par un garçon qui marchait avec lui, savoir : avec Jean d'Arberg. Et qu'il devrait faire en telle sorte que le serviteur de Nirué, frère de Berché de ville, se tienne pour payé et satisfait de ce que Velte, auparavant valet de Jean d'Arberg, l'avait blessé à la tête avec son épée.

A l'égard des autres demandes et répétitions que les parties pourraient se faire réciproquement, il fut dit que les susdits arbitres les devraient toujours terminer lorsqu'il y en aurait, et que s'il arrivait qu'ils ne fussent pas d'accord, ils pourraient choisir un surarbitre. Les sceaux des deux parties et celui de l'abbé de Fontaine-André sont apposés à l'acte, qui est daté du mois de janvier 1294.

1294
Les évêques de Bâle sollicitent les comtes, leurs voisins, de les reconnaître pour leurs seigneurs.

Comme les évêques de Bâle ne cherchaient depuis longtemps qu'à reculer les limites de leur état, ainsi qu'on l'a déjà vu, ils revinrent à la charge auprès de leurs voisins pour les solliciter à se constituer leurs vassaux, ainsi qu'ils l'avaient précédemment fait, à l'égard des comtes de Ferrette, de Nidau et d'Arberg. Pierre Reich de Reichenbach, qui était en ce temps évêque de Bâle, homme ambitieux et remuant, gagna les seigneurs de Valangin, qui n'étant pas de bonne intelligence avec Rollin, souhaitaient passionnément de se libérer de l'hommage qu'ils lui devaient. Ils crurent qu'en se constituant les vassaux de l'évêque, ils auraient en lui un puissant protecteur, par le moyen duquel ils pourraient parvenir à leur dessein. C'est pourquoi ils s'engagèrent à lui rendre hommage, et c'est ce qu'ils firent d'autant plus que le comte Rollin, s'étant soumis volontairement à Jean de Châlons II, ils craignaient qu'il n'eût recherché cette protection que pour les pouvoir plus facilement opprimer. Ils ne considéraient pas qu'étant les vassaux du comte Rollin, ils ne pouvaient pas, sans félonie, reconnaître un autre seigneur.

1294. Les seigneurs de Valangin s'engagent de rendre hommage à l'évêque.

Le comte Rollin, ou ses tuteurs et curateurs, ayant appris le dessein qu'avaient les seigneurs de Valangin, les firent sommer de venir rendre hommage à leur suzerain; ce que ne faisant qu'avec répugnance, ils renvoyèrent la chose aussi loin qu'ils le purent. Mais en étant comminatoirement sommés, ils se mirent enfin en devoir de le rendre, et comparurent à Neuchâtel pour s'en acquitter; mais lorsqu'ils voulurent réserver la foi au roi des Romains et à l'évêque de Bâle, Rollin ne voulut pas accepter cette réserve à l'égard du dernier. C'est pourquoi cette affaire fut renvoyée et en demeura là pendant quelque temps.

Le comte Rollin somme les seigneurs de Valangin de lui rendre hommage.

Restriction opposée par les seigneurs de Valangin.

Les seigneurs de Valangin ayant pour lors passé outre, et ayant reconnu l'évêque de Bâle pour leur seigneur, ils lui en passèrent l'acte la veille de Ste-Lucie 1295, par lequel ils remettaient à l'évêque de Bâle et au chapitre, et ce en toute propriété, les habitants de la Bonneville au Val-de-Ruz, avec tous leurs biens, justice et appartenances, tout ainsi qu'elle est contenue dans l'enceinte des fossés, promettant de lui maintenir en toutes manières la dite donation etc. Ils lui remirent encore la forteresse nommée Bonneville qu'ils avaient bâtie, avec leurs hommes et biens censables, lesquels ils reprirent en même temps de lui en fief.

1295. Les seigneurs de Valangin reconnaissent l'évêque, et lui en passent un acte.

Ils lui soumettent leur nouvelle ville et la reprennent en fief.

Ce qui portait, en ce temps-là, les comtes et les seigneurs à remettre leurs châteaux ou forteresses aux évêques ou à d'autres puissants princes, était de les engager par ce moyen à leur défense, au cas que quelqu'un vînt les attaquer; mais les seigneurs se soumettaient surtout plus facilement aux évêques qu'à d'autres, tant par une prétendue dévotion que parce qu'on attaquait rarement les évêques et ceux qui étaient sous leur protection comme vassaux. Par ce moyen, ils se croyaient être dans une plus grande sûreté.

Raisons qu'avaient les seigneurs pour se mettre sous l'obéissance des évêques.

Le comte de Neuchâtel, voyant qu'il n'y avait point d'autre moyen que la force pour réprimer cette félonie, arma promptement ses sujets et monta au Val-de-Ruz avec ses troupes, qui n'étaient pas en fort grand nombre. Il rencontra les seigneurs de Valangin à Coffrane avec leurs sujets qu'ils avaient armés. L'évêque y était aussi accouru avec ses troupes qu'il avait ra-

Le comte de Neuchâtel prend les armes contre les seigneurs de Valangin. L'évêque de Bâle vient au secours des seigneurs de Valangin.

1295
Rollin bat les seigneurs de Valangin et les fait prisonniers.

massées de Delémont, de St-Ursanne et d'autres lieux. Mais quoique le comte Rollin fût le plus faible, il ne laissa pas que de battre ses ennemis dans cette plaine. L'évêque fut le premier à prendre la fuite et il abandonna ses prétendus vassaux, qui tombèrent entre les mains du vainqueur, lequel les mena prisonniers à Neuchâtel. Il se fit pour lors un traité de paix qui porta que les seigneurs de Valangin rendraient hommage au comte Rollin, qu'ils retireraient l'acte qu'ils avaient passé à l'évêque, qu'ils donneraient au comte de Neuchâtel Boudevilliers et tout ce qui en dépend pour les frais de la guerre. Enfin ils promirent encore pour le même sujet à Rollin la somme de deux mille livres et qu'ils feraient faire deux têtes d'argent massif, qui seraient mises dans le temple de Neuchâtel pour montrer à la postérité qu'ils auraient mérité d'avoir la tête tranchée pour leur crime de félonie, mais que ces têtes d'argent leur avaient servi de rançon. Moyennant ces conditions, qu'ils jurèrent d'accomplir, les seigneurs de Valangin furent relâchés.

Traité de paix entre eux.

Punition de la félonie des seigneurs de Valangin.

Têtes d'argent et drapeaux qui furent déposés dans le temple de Neuchâtel.

Le comte Rollin leur prit aussi deux drapeaux qu'il fit pendre dans le temple de Neuchâtel à côté des deux têtes d'argent, lesquelles étaient sur des piquets sortant de la muraille. Ces deux têtes y ont toujours été jusqu'à l'an 1530 (au temps de la réformation) que, sous prétexte d'en ôter les saints et les reliques, on eut soin de les enlever.

Le combat fut appelé bataille de Coffrane.

Ce combat, qui fut appelé la bataille de Coffrane, se donna sur la fin de l'année 1295, et d'abord après la sainte Lucie, qui est le 13 décembre. L'acte qui avait donné occasion à cette guerre était daté de la veille du dit jour.

Rollin assiste Louis baron de Vaud, frère de sa femme, contre l'évêque de Lausanne, qui excommunie ses ennemis.

Cette même année le comte Rollin assista Louis, baron du pays de Vaud, contre Guillaume de Champvent, évêque de Lausanne, auquel Louis faisait la guerre. Les seigneurs de Grandson, de Cossonay, etc., prêtèrent leur secours à Guillaume. L'évêque excommunia tous ses ennemis et même Berne et Fribourg, qui étaient du nombre, ce qui était le recours ordinaire du pape et des évêques lorsqu'on touchait à leurs intérêts. Cette guerre dura deux ans, au bout desquels il se fit une paix par laquelle l'excommunication fut levée.

Neige abondante.

Le 25 mai 1295, il tomba une grande quantité de neige, qui cependant n'endommagea point les fruits de la terre. Le 4 septembre on sentit dans la Suisse un tremblement de terre qui fut si épouvantable, qu'il renversa quinze châteaux dans les Grisons.

Tremblement de terre.

1296
La paix de Coffrane est ratifiée par l'évêque, mais elle est violée peu après.

La paix qui fut faite après la bataille de Coffrane, fut ratifiée et signée par l'évêque de Bâle le 14 août 1296, veille de l'assomption. Mais cette paix ne dura pas longtemps; bientôt après cette ratification et en cette même année, Jean et Dietrich, seigneurs de Valangin, résignèrent au même évêque Pierre le Val-de-Ruz et les forteresses de Valangin et de Bonneville, ensemble les hommes, biens, fonds, jouissances, pâquiers, bois, rivières et tous autres droits et jurisdictions, ainsi que la ville appelée Bessières (c'est-à-dire le village de Bussi), comme ils avaient possédé le tout, afin que le dit évêque pût en jouir de même *et en franc aleu*, à condition qu'il serait obligé d'édifier une tour et forteresse sur la montagne proche du château de Valangin, au lieu dit la Roche rouge, et ce dans trois ans, lesquels étant expirés, l'évêque serait obligé de leur remettre en fief les choses prédites, dont les seigneurs de Valangin se portèrent garants, et ils promirent d'aider l'évêque dedans et dehors les dits lieux à toujours, sous peine de commise.

Cette remise et les nouveaux différends qui se suscitèrent firent que la guerre se ralluma. Cependant, avant que de reprendre les armes, le comte Rollin fit tous ses efforts pour terminer à l'amiable les difficultés qu'une pareille conduite des seigneurs de Valangin pouvait produire; mais tout cela fut inutile, comme on le verra plus bas.

Pierre, évêque de Bâle, donna cette année des lois fondamentales à la ville de Bienne, qui les accepta. Par ces lois il est dit entre autres que la bannière d'Erguel appartient à la ville de Bienne.

Il y eut cette année une si grande abondance de vin et de grain, que le sac d'épeautre ne se vendait que quatre gros, le sac de seigle trois gros, et six pots de vin un denier.

L'évêque Pierre attaqua, l'an 1297, Renaud, comte de Montbéliard, auquel Henri, prédécesseur de cet évêque, avait déjà pris quelques châteaux l'an 1283, mais l'évêque fut battu.

Rodolphe, duc de Souabe, fils de l'empereur Rodolphe Ier, fit la paix entre eux, et comme l'évêque avait été l'agresseur sans sujet, il fut condamné aux frais de la guerre, et pour payer la somme adjugée à Renaud, l'évêque lui céda quelque temps après une partie des droits que les seigneurs de Valangin lui avaient remis l'année précédente, savoir: le château de Valangin[1]) avec quelques censes directes. Mais l'évêque retint tout le reste de ce qui était contenu dans l'acte de 1296.

Comme les seigneurs de Valangin avaient pu disposer du château de Valangin, que leurs ancêtres avaient bâti, et de ces censes directes, la donation de ces choses subsista à cet égard; aussi les comtes de Montbéliard ont-ils possédé ce qui leur

---

[1]) Le bourg de Valangin n'était pas encore construit en ce temps-là. (Voyez l'an 1301.)

1296
Ce que l'évêque voulut garder pour lui, lui a toujours été contesté par les comtes de Neuchâtel.

avait été remis par l'évêque de Bâle jusqu'à l'an 1338. Mais pour ce qui est des choses que l'évêque avait retenues, comme elles dépendaient du fief de Valangin, qui relevait des comtes de Neuchâtel, ces derniers ont toujours contesté ces donations et ont regardé l'acte comme nul, parce qu'il n'avait pas été au pouvoir des seigneurs de Valangin de disposer de ce qui ne leur appartenait que sous réserve. Aussi les comtes de Neuchâtel s'opposèrent-ils en toutes occasions aux efforts que les évêques de Bâle tentèrent pour faire valoir un prétendu droit (Voy. les ans 1520 et 1531).

1298
Ligue entre plusieurs comtes et la ville de Fribourg contre la ville de Berne.

Louis Ier, baron de Vaud, frère d'Amédée IV, Guillaume de Champvent, évêque de Lausanne, Rollin, comte de Neuchâtel, Pierre II, comte de Gruyères, comme aussi les seigneurs de Martinach, de la Tour et de Bourgistein, comme aussi la ville de Fribourg, qui les y avait incités, et autres voisins de Berne, concevant de l'ombrage de ce que cette ville devenait trop puissante, résolurent de l'aller attaquer, et même, s'il leur était

Les Bernois sont victorieux.

possible, de la détruire. Les Bernois, sous le commandement d'Ulrich d'Erlach, étant assistés d'Eberhard, comte de Kybourg, de Guillaume, comte d'Arberg, de Jean et Dietrich, seigneurs de Valangin, de la ville de Soleure et autres, battirent leurs ennemis et remportèrent une victoire très considérable. Ils tuèrent quatre cents hommes, firent trois cents prisonniers et prirent dix drapeaux. Le lieu de la bataille était près de Berne; on le nomma

Donnerbühl.

Donnerbühl, c'est-à-dire côteau du tonnerre, ou *Jammerthal*, qui signifie val de misère.

Mort de Reich, évêque de Bâle. Pierre d'Asphalt lui succède.

Pierre Reich, évêque de Bâle, mourut le 5 septembre 1298. Il eut pour successeur Pierre d'Asphalt, du Tyrol, très habile médecin. Comme il avait servi pendant quelques années le pape Boniface VIII en cette qualité, le pontife lui donna cet évêché en récompense.

1299
L'empereur Albert confirme les franchises aux villes suisses.
Le comte d'Arberg établi avoyer du couvent de Hauterive.

L'empereur Albert Ier confirma, l'an 1299, aux villes et aux nobles de la Suisse leurs franchises dans une assemblée tenue à Winterthour. Il établit Guillaume, fils d'Ulrich, comte d'Arberg, avoyer et gardien de l'abbaye de Hauterive près de Fribourg, comme ses prédécesseurs l'avaient déjà été.

Jean de Châlons bat monnaie.
Les états voisins ne veulent pas la recevoir.

Jean de Châlons II, ayant fait battre de la monnaie à Orbe, et les états voisins ne voulant pas la recevoir, il eut recours à l'empereur Albert, qui donna un mandement portant que « personne, de quelque qualité, état et condition qu'elle fût, n'eût « à refuser ni empêcher le cours de la monnaie que Jean de « Châlons tenait des rois des Romains ses prédécesseurs. »

Reconnaissance de Gorgier.

Il y a un acte daté du mercredi devant la Nativité 1299 qui concerne l'inféodation faite par Alexia et Isabelle, mère et granmère de Rollin, co-seigneur d'Estavayer, tutrice de Rollin, en faveur de Pierre d'Estavayer, inféodation autorisée par un décret de la cour, de toutes les choses que le dit Rollin possédait depuis Vauxmarcus jusqu'au village de Colombier, et depuis le lac jusqu'au Val-de-Travers, pour deux cents livres. Rollin avait sa part du château et de la châtellenie de Gorgier et des rentes dans ses limites jusqu'à la Reuse. Il avait aussi sa part à la juridiction.

1298

Rollin, comte de Neuchâtel, se maria cette année avec Eléonore de Savoie, sœur de Louis, baron de Vaud, comme on l'a déjà dit; elle était veuve de Louis, seigneur de Beaujeu, et sœur d'Amédée IV, comte de Savoie; sa mère s'appelait Béatrix, fille de Pierre Fliscus, comte de Lavanie, et nièce du pape Innocent IV. Le seigneur de Beaujeu était un des quatre plus considérables barons du royaume de France, portant le titre de haut baron. Rollin, quand il se maria, n'avait que dix-sept ans, et en l'année suivante, 1300, le 13 mai, il lui naquit une fille qui fut nommée Jeanne.

Mariage de Rollin, comte de Neuchâtel.

1300
Il a une fille nommée Jeanne.

Hartmann de Neuchâtel, fils de Rodolphe II, comte de Nidau, fut élu prévôt de l'église collégiale de St-Urs de Soleure.

Hartmann de Neuchâtel élu prévôt de St-Urs.

Jean de Cormondrèche, seigneur de ce lieu, vivait l'an 1300. Il épousa Catherine de Blaccars, de laquelle il eut un fils et une fille, savoir: Aimé, seigneur de Cormondrèche, écuyer, qui n'eut que deux filles, qui portèrent sa part de ce fief dans les maisons de Rambevaulx et de Regnens. La fille de Jean de Cormondrèche s'appelait Catherine (V. l'an 1355). Jean-le-Bel, qui possédait l'autre partie de ce fief de Cormondrèche, vivait aussi en ce temps-là. Ce nom de le Bel lui fut donné à cause d'un Lambel qu'il portait dans ses armes, qu'on voit encore aujourd'hui dans le temple de Corcelles. Ce Jean-le-Bel eut deux fils: Othe-le-Bel (V. l'an 1354) et Nicod de Cormondrèche, qui est enterré dans le temple de Corcelles. Ce fut environ en ce temps que les grands commencèrent à prendre des surnoms de leurs terres.

Jean de Cormondrèche. Ses enfants.

Jean-le-Bel.

Son fils Nicod enseveli dans le temple de Corcelles.
Les grands prennent des surnoms de leurs terres.

Guillaume de Champvent, évêque de Lausanne, mourut l'an 1300 et fut remplacé par un certain Jean, qui lui succéda l'an 1301 et qui mourut bientôt après.

Mort de l'évêque Guillaume de Lausanne.

Jean et Dietrich, seigneurs de Valangin, refusant toujours de se déporter de l'évêque de Bâle et de rendre hommage au comte Rollin, ce dernier reprit les armes pour les y obliger. Etant allé pour cet effet au Val-de-Ruz avec ses troupes, il brûla la Bonneville et la détruisit entièrement le 29 avril 1301. Comme cette ville faisait le sujet de leur différend, d'autant que les seigneurs de Valangin l'avaient remise à l'évêque de

1301
Rollin est obligé de reprendre les armes contre les seigneurs de Valangin.
Il détruit entièrement la Bonneville.

1301

Bâle, le comte Rollin crut que le vrai moyen de finir la guerre serait de la détruire de fond en comble; il ne resta de cet incendie que le temple, qui était hors de la ville. Ou voit encore aujourd'hui les restes des fossés, proche desquels on a bâti quelques granges, qui ont dans la suite été réduites en maisons et qui font aujourd'hui le village d'Engollon, où quelques familles de la dite ville brûlée demeurèrent, comme les Besson et les Cunier. Les autres se retirèrent sous le château de Schlossberg. La conformité des noms entre les bourgeois de la Neuveville et les habitants d'Engollon peut servir à prouver leur commune origine. Ce fut l'évêque de Bâle qui donna cette retraite aux habitants de la Bonneville, parce qu'il les regardait comme ses sujets. Au commencement de leur refuge, ils ne bâtirent sous ce château que des cabanes pour y habiter; mais le terroir s'y étant trouvé très fertile, on y construisit ensuite la nouvelle Bonneville, comme on le verra ci-après.

Il ne reste debout que le temple.

Une partie des habitants se retirent sous le château de Schlossberg.

Une autre partie auprès du château de Valangin.

Une autre partie des habitants de la Bonneville du Val-de-Ruz eurent leur recours aux seigneurs de Valangin, qui, pour les loger, prirent la résolution de bâtir un bourg à côté du château, suivant la pratique de ce temps-là. Pour bâtir ce bourg, les seigneurs de Valangin donnèrent la place qu'il y avait entre le château et un petit pont nommé les Pontins, où est précisément la maison du receveur (V. l'an 1500). Les nouveaux habitants de ce bourg demeurèrent paroissiens du temple d'Engollon jusqu'à l'an 1558 et 1563. C'est ce bourg qui a donné occasion avec le temps d'établir dans ce lieu une bourgeoisie, ne pouvant y en avoir dans les villages.

Le bourg bâti.

Origine de la bourgeoisie de Valangin.

Mort de Rodolphe III, comte de Nidau.

Rodolphe III, seigneur de Nidau, qui s'intitulait comte de Neuchâtel, mourut cette année 1304. Il avait eu trois fils, Rodolphe, qui lui succéda, Jacques et Hartmann, qui fut depuis évêque de Bâle.

Amédée de Vauxtravers entoure de murailles la maison du Terraul.

Il est actionné pour ce fait par le comte de Neuchâtel.

Le prieur de Môtiers relâche son droit au comte Rollin par un échange.

Amédée reprend sa maison en fief de Rollin.

Amédée de Vauxtravers, chevalier, possédait une maison dans le Val-de-Travers, située au lieu nommée Terraul, qu'il tenait en fief du prieur de Môtiers pour cinq sols lausannois de cense annuelle. Amédée ayant fait environner cette maison de murailles, le comte Rollin l'actionna à ce sujet, soutenant que personne ne pouvait posséder dans son comté une maison forte que lui seul. C'est pourquoi Amédée insta auprès de Girard, prieur de Môtiers, à ce qu'il lui plût vouloir se déporter de son fief et du droit qu'il avait sur cette maison, lui offrant de lui assigner ses cinq sols de cense annuelle sur huit poses de champs; ce que le prieur voulut bien lui accorder. Après quoi Amédée, ayant remis sa dite maison entre les mains du comte, il la reprit en même temps de lui en fief, conjointement avec le reste des fonds et des rentes qu'il tenait déjà des comtes de Neuchâtel par inféodation, tellement que cette maison fut dès-lors jointe à son fief, et c'est depuis ce temps-là qu'Amédée et ses descendants quittèrent le nom de Vauxtravers pour prendre celui de du Terraul. Ce nom vient de ce qu'il y avait dans ce lieu-là et autour de la maison des fossés creusés pour saigner la terre, qui était un peu marécageuse, et pour la fortifier et la mettre à l'abri des voleurs, dont il y avait particulièrement un très grand nombre, en ce temps de guerre, dans toute la Suisse, tellement qu'on ne pouvait pas y voyager en sûreté; ce qui fut cause que plusieurs seigneurs s'allièrent, pour en faire une chasse générale, et on en exécuta environ quinze cents. L'acte de cette nouvelle inféodation du Terraul est daté du lendemain de la nativité de la Vierge de l'an 1301. Il est dit dans cet acte, qui est en latin, qu'Amédée pourra tenir cette maison avec ses appartenances et tout ce qu'il tenait déjà en fief lige du comte, qui pourra toutes les fois qu'il lui plaira faire depuis cette maison la guerre et la paix envers et contre tous ceux qu'il voudra. Le comte Rollin est appelé dans cet acte *advocatus temporalis*, c'est-à-dire avoyer temporel du prieuré de Môtiers, et il est ajouté que Girard, prieur, renonce au droit, disant que l'église jouit toujours du droit des mineurs. L'acte est scellé des sceaux de Girard et d'Amédée.

Il apparut au mois de septembre 1301 une comète sous le signe du scorpion, qui poussait ses rayons jusqu'en terre et qu'on vit pendant quatre mois.

Il se fit, l'an 1302, une paix, par la médiation de Girard de Wippens, évêque de Lausanne, qui avait succédé à Jean, mort cette année, et ce entre le comte Rodolphe et les seigneurs de Valangin. Girard condamna ces derniers à rendre l'hommage à Rodolphe et à lui payer les frais de la guerre de l'année précédente, et il lui confirma la mairie de Boudevilliers, qui a été depuis annexée au comté de Neuchâtel, quoique enclavée ou très peu s'en faut dans la seigneurie de Valangin. Sur la fin de cette année il naquit une seconde fille au comte Rollin, nommée Catherine.

Il fit un froid extraordinaire pendant les mois de novembre et décembre 1302.

Comme les difficultés qu'il y avait entre le comte Rollin et les seigneurs de Valangin n'avaient pas été entièrement terminées par la prononciation de Girard, évêque de Lausanne, faite l'année précédente, on fit au mois de juillet 1303 un traité qui pacifia tous ces différends par la médiation de Jean, prévôt de Neuchâtel, et de Richard son frère, agissant pour leur neveu

1303

Jean d'Arberg se reconnait vassal et homme lige.

Rollin d'une part, et Jean d'Arberg, Ulrich et Diétrich, ses frères, seigneurs de Valangin, d'autre part. Par cet acte, qui est scellé de leurs sceaux, Jean d'Arberg se reconnut vassal et homme lige de Rodolphe, comte de Neuchâtel, lui rendit hommage, sauf la fidélité au roi des Romains et à l'évèque de Bâle; en outre il confessa pour lui et les siens ou ses hoirs de

Plaid général des hommes royaux.

tenir en fief perpétuel le plaid général des hommes royaux qu'on avait accoutumé de tenir annuellement une fois à Neuchâtel au mois de mai, lequel il pourrait et devrait tenir annuellement au Val-de-Ruz, selon la manière, usage et coutume de Neuchâtel. Item, il reconnut en fief tous ses hommes en quels lieux qu'ils habitassent et ses autres hommes pendant qu'ils demeureraient dans la baronnie de Neuchâtel, à condition néanmoins que s'ils retournaient demeurer au Val-de-Ruz, ils ne

Fourches.

seraient plus du fief; item la juridiction et seigneurie des fourches, sauf le droit de l'évèque de Bâle, s'il se trouvait y en avoir.

Bourg de Valangin.

Le comte Rollin donna encore à Jean d'Arberg, en accroissement de fief, le bourg de Valangin et les hommes qui y habitaient. Ce bourg ayant été bâti depuis peu, il n'avait pas été compris dans les actes d'hommage précédents; mais il n'est point parlé dans cet acte du château de Valangin, parce que le comte de Montbéliard en était le seigneur direct (V. les ans 1297 et 1338). Il fut encore réservé que si le comte de Neu-

En cas de guerre avec le roi des Romains ou l'évèque de Bâle, le comte de Neuchâtel pourra se servir de ces hommes royaux.

châtel entrait en guerre avec le roi des Romains ou l'évèque de Bâle, il pourrait se servir des dits hommes royaux et des autres qui sont du dit fief. Enfin le seigneur de Valangin confesse d'avoir reçu deux cents livres esthevenants[1]), outre le plaid et les hommes royaux et les autres choses prédites, pour observer tout le contenu en l'instrument de paix. Les hommes

Ce qu'étaient ces hommes royaux.

royaux dont il est fait mention dans cet acte, étaient des nobles ou des hommes libres, ou plutôt des vassaux qui possédaient des fiefs et qui seuls pouvaient être juges, les taillables n'étant point admis à juger. On les appelait en langue du pays *Royés du Val-de-Ruz*; les terres qu'ils possédaient étaient des terres franches et

Ce qu'on entend par plaid de mai et par la juridiction des fourches.

exemptes de censes directes. Par le plaid de mai, il faut entendre les Trois-Etats, et par la juridiction des fourches la justice criminelle. On tenait avant ceci le plaid de mai à Neuchâtel, où les habitants de la seigneurie de Valangin étaient obligés d'aller tenir leurs appels. Le comte de Neuchâtel permit aux seigneurs

---

[1]) C'était une sorte de monnaie fabriquée en Bourgogne et qui était fort en usage à Neuchâtel. La livre esthevenant valait vingt gros et on la nomme présentement un teston. Trois sols faibles font deux sols esthevenants.

de Valangin de faire tenir les états dans leur château, comme on les tenait à Neuchâtel, de sorte que ce fut les mêmes juges; les quatre ministraux ou quatre bourgeois de Neuchâtel composaient le tiers-état de Valangin tout de même qu'à Neuchâtel (V. l'an 1523), et on les tenait au nom du comte de Neuchâtel comme suzerain des seigneurs de Valangin. Le comte Rollin s'engagea de son côté à ne point recevoir au nombre des bourgeois de Neuchâtel et de ses sujets aucun sujet des seigneurs de Valangin.

1303. Le comte de Neuchâtel permit de tenir le plaid de mai à Valangin. Les quatre ministraux composaient le tiers-état. On y tenait les états au nom du c^{te} de Neuchâtel. Le comte Rollin ne devait pas distraire les sujets de Valangin.

Il paraît par cet acte qu'il n'était pas au pouvoir des comtes de disposer des hommes royaux, mais seulement des taillables et main-mortables, et que les seigneurs de Valangin ayant déjà remis ces derniers à l'évêque de Bâle dès l'an 1296, Jean d'Arberg n'engagea présentement au comte Rollin que ceux d'entre ses sujets taillables qui étaient allés habiter dans le comté de Neuchâtel, puisqu'il réserve expressément que s'ils retournaient au Val-de-Ruz, ils ne seraient plus du fief de Rollin, parce qu'il avait remis tous les habitants du Val-de-Ruz à l'évêque de Bâle. Ceux que Rollin s'engagea de ne point recevoir au nombre de ses sujets n'étaient pas les hommes royaux, puisqu'étant des personnes libres, il leur était permis d'aller habiter où bon leur semblait; ainsi il n'était question que des hommes taillables.

Hommes taillables. Les sujets de Valangin qui s'étaient rendus dans le comté de Neuchâtel restaient au comte, mais s'ils retournaient au Val-de-Ruz, ils redevenaient de Valangin.

Les seigneurs avaient en ce temps un droit sur les personnes et sur les hommes dans quelque lieu qu'ils habitassent, savoir: sur ceux qui étaient taillables. Déjà avant ce temps, le comte de Neuchâtel avait reçu plusieurs hommes des seigneurs de Valangin pour habitants dans le comté de Neuchâtel, sous prétexte qu'il était le seigneur féodal de Jean d'Arberg, ce qui avait causé beaucoup de dommage à ce dernier, dont les sujets avaient, par ce moyen, beaucoup diminué: c'est pourquoi il réserva au comte Rollin qu'il n'en pourrait plus recevoir à l'avenir.

Les comtes avaient le droit de réclamer leurs hommes taillables.

Réserve pour l'avenir.

L'acte ci-dessus est scellé des sceaux du comte Rollin, de Jean et Richard, ses oncles, de ceux de Jean d'Arberg et de Vauthier et Ulrich ses frères, de celui de l'official de la cour de Lausanne, de Messire Jean, seigneur de Joing, et de Jean de Blonay.

Le comte Rollin commença à régner sans tuteur dès que cet acte fut passé, ayant atteint l'âge de vingt-et-un ans.

Majorité de Rollin.

Il y eut cette année une grande sécheresse; il ne plut presque point; toutes les fontaines tarirent. On ne put point aller en bateau ni sur le Rhin, ni sur l'Aar. On n'eut point de fruits, mais on fit de très excellent vin.

Sécheresse extraordinaire.

1303
Jean Droz de Corcelles défriche le Locle.

Un certain Jean Droz, de Corcelles, voyant qu'il avait plusieurs fils et qu'il n'avait pas de quoi les occuper, alla chercher dans les montagnes de la seigneurie de Valangin quelque lieu propre pour y habiter et qu'il pût défricher; ces montagnes ne contenant pour lors que des bois d'un bout à l'autre et n'ayant pas encore un seul habitant. Le dit Droz suivit un grand chemin qui conduisait de Valangin en Bourgogne et qui passait par un lieu appelé les *portes du Locle*, où étant arrivé, il quitta le grand chemin pour chercher dans les bois. Il y trouva une source vive, et crut que ce lieu serait propre pour y habiter, si on le défrichait. C'est pourquoi il s'adressa à Jean d'Arberg, seigneur de Valangin, pour le prier de lui accenser quelques faulx de terre dans ce lieu-là; ce qu'il fit et à un très bas prix, ne lui ayant imposé que quatre deniers et demi par faulx de terre, et ce afin d'encourager d'autres à faire la même chose, ce seigneur souhaitant passionnément de peupler ces lieux inhabités.

Premier accensissement des terres des Montagnes de Valangin.

L'exemple de Droz trouve des imitateurs.

Dès qu'on vit que Droz avait bien réussi, il se présenta d'autres personnes qui demandèrent aussi des terres dans ce lieu-là et au même prix, ce qui leur fut accordé; tellement que, dans peu d'années, il y eut déjà des habitations et dans la suite de quoi former une communauté. Le lieu que ce Droz choisit pour faire sa demeure s'appelle le Verger du Locle. Il y bâtit une maison qui subsiste encore, dont les planches sont toutes de fentes et non sciées, et c'est sans contredit la plus ancienne maison des Montagnes. Ces nouveaux habitants du Locle s'étendirent depuis à la Sagne, tellement qu'en l'an 1372 ils étaient déjà en grand nombre, et enfin ils peuplèrent les Brenets et la Chaux-de-fonds. Ils prirent le nom de *francs-habergeants*, soit qu'ils sortissent de ceux dont on a parlé ci-dessus en l'an 1294, soit qu'ils fussent d'autres étrangers que les seigneurs de Valangin eussent habergés, suivant la manière usitée en ce temps-là.

Première maison bâtie au Verger du Locle.

Ces nouveaux habitants s'étendent plus tard à La Sagne, aux Brenets et à la Chaux-de-fonds.

Limites entre Nidau et Arberg.

Au mois de novembre 1303, la seconde férie après la Toussaint, Guillaume, fils d'Ulrich, comte d'Arberg, et Jean et Dietrich, seigneurs de Valangin, terminèrent une difficulté qu'ils avaient depuis longtemps avec les comtes de Nidau au sujet des limites de leur comté d'Arberg et de Nidau. Ce fut Rodolphe IV, comte de Nidau, qui mit la dernière main à terminer cette difficulté.

1304
Naissance d'un fils au comte Rollin, nommé Louis.
Cono de Nidau.

Le 2 mars 1304 il naquit au comte Rollin, un fils qui fut nommé Louis, à cause de Louis, baron du pays de Vaud, qui était son oncle maternel et qui le tint sur les fonds de baptême. Il y avait dans ce temps un chevalier Cono de Nidau, qui demeurait à Bienne et qui était de la maison de Neuchâtel.

1305
L'empereur Albert envoie des baillifs

Ce fut en cette année que l'empereur Albert envoya des baillifs dans les pays d'Uri, Schwytz et Unterwald, afin de les harceler et maltraiter les habitants; cela fut la cause qu'ils se soulevèrent contre lui et qu'ils s'allièrent pour leur commune défense. C'est de là que le corps helvétique a pris naissance et que tous les comtes et seigneurs de la Suisse, qui étaient en grand nombre, ont été détruits, le comte de Neuchâtel étant le seul d'entre eux qui ait subsisté.

1305 dans les pays d'Uri, Schwyz et Unterwald.

Pierre d'Asphalt, évêque de Bâle, fut établi archevêque de Mayence l'an 1306. Il eut pour successeur Othon, fils d'Othon, frère de Jacob, baron de Grandson. Il fut confirmé dans son évêché par le pape Clément V, qui tenait son siége à Avignon, où il l'avait transporté dès l'année précédente et où ce siége fut pendant soixante-et-onze ans.

1306 Pierre d'Asphalt, archevêque de Mayence. Othon de Grandson, évêque de Bâle, remplace Pierre.

Othon, évêque de Bâle, ayant acheté Hombourg, Liechstal et autres places de Vernier, comte de Hombourg, l'empereur Albert refusa de ratifier cette vendition, parce qu'il n'aimait pas Vernier qui soutenait les habitants d'Uri, Schwytz et Unterwald contre lui, et qu'il avait d'ailleurs beaucoup d'aversion pour Othon, auquel il refusa encore de confirmer ses droits de régale, dont il n'avait pas encore été invêtu depuis sa nomination à l'évêché.

Othon achète Hombourg, Liechstal et autres places. Albert ne veut pas ratifier l'achat.

La ville de Bienne, ayant fait l'an 1304 une alliance avec la ville de Berne pour cinq ans, ces deux villes rendirent cette alliance perpétuelle par un traité de combourgeoisie qu'elles signèrent cette année 1306; ce qui attira sur la ville de Bienne la disgrâce de l'évêque de Bâle, son prince souverain, qui voulut s'y opposer, mais inutilement.

Alliance perpétuelle entre Bienne et Berne. L'évêque de Bâle s'y oppose inutilement.

On fondit cette année la grande cloche du temple de Notre-Dame de Neuchâtel. La salutation angélique y est gravée, et on y voit les armes des chanoines.

La grande cloche du temple de Neuchâtel.

Les villes de Berne et de Fribourg prirent la ville de Moudon, qui appartenait à Louis, premier baron de Vaud, qui la tenait en fief du comte de Savoie son frère; mais, par la médiation du comte Rollin, beau-frère de Louis, Moudon lui fut rendu.

Berne et Fribourg prennent Moudon.

L'année 1307 est fort mémorable dans l'histoire de la Suisse par les confédérations qui se firent entre Arnold, fils de Henri von der Halden de Melchthal, d'Unterwald, Werner, fils d'Arnold de Stauffacher de Steinen près de Schwytz, et Walther Fürst d'Uri, dans un lieu nommé Grutli, et ce à dessein de conserver leurs franchises et de s'opposer à la tyrannie des gouverneurs que l'empereur Albert leur avait envoyés. Le baillif d'Uri s'appelait *Gessler*, et celui d'Unterwald de Wolfenschiess. Cet envoi de baillifs a été la source et l'origine de la liberté helvétique et de l'union des treize cantons, comme toutes les histoires de la Suisse en font mention.

1307 Alliance et confédération des petits cantons contre l'empereur Albert.

1307

Le comte Rollin est reçu bourgeois de Berne.

Cette année fut aussi remarquable par le premier et le plus ancien traité de bourgeoisie qui se fit entre le comte Rollin et la ville de Berne, qui reçut ce comte au nombre de ses bourgeois; l'acte qui en fut dressé en latin contient ce qui suit:

Traité de bourgeoisie entre Rollin et la ville de Berne.

Nos Rodolphus comes et dominus Novi Castri, lausannensis diocesis, notum facimus universis, quod nos facti sumus burgensis et burgensiam recepimus in Berno, promittentes per juramentum nostrum ad sancta sanctorum Dei corporaliter prestitum, scultetum, consules et communitatem burgensium de Berno, quotiescunque ab ipsis vel suo certo nuncio super hoc requisiti fuerimus et ipsi in propria guerra sua necesse habuerint, juvare et deffendere propriis nostris sumptibus, ubique, contra omnes, secundum posse nostrum, exceptis illustri viro domino Johanne de Cabilone, domino Arelati, reverendis in Christo patribus dominis basiliensi et lausannensi episcopis, dominis nostris et charissimo avunculo nostro domino Galtero domino Montisfalconis, si pro propriis rebus suis propriam guerram haberent contra Bernenses; si autem pro aliis vel ad auxilium quorumcunque guerram haberent contra Bernenses nos tenemur et debemus juramento quo supra, dictos Bernenses juvare et deffendere contra ipsos, hoc salvo, quod super terram dictorum dominorum hostiliter ire non tenemur, ita tamen quod dicti Bernenses nobis tenentur ad idem, nec debemus vel possumus prefatam burgensiam de Berno dictis Bernensibus demandare vel resignare per decem annos a confectione presentium continue subsequentes, nec ipsi nobis dum nobis placuerit burgensis suus esse, hiis additis conditionibus sive pactis, videlicet quod aliquas tallias, sturas, seu exactiones communitati ville de Berno dare vel solvere non debemus nec tenemur alicui vel aliquibus de nobis conquerentibus coram ipsis in suo judicio respondere; sed si inter dictos Bernenses vel gentes suas et nos vel gentes nostras aliqua moveretur discordia seu questio, ad diem seu ad dies competentes apud Muretum vel apud Walpretzwile, ubi nobis melius placuerit, hinc et inde venire tenemur, et procurare quod ad arbitrium quatuor honestorum, quorum ab atraque parte duo sunt eligendi, alter alteri nostrum faciat amoris vel justitie complementum. Preterea est sciendum quod cum nos simus burgensis de Friburgo, tenemur infra quindenam post requisitionem burgensium de Berno vel eorum certi nuncii, dictam burgensiam Friburgensibus demandare, et elapsa eadem quindena, promittimus juramento quo supra dictos Bernenses contra Friburgenses deffendere et juvare. In quorum omnium testimonium et roboris firmitatem sigillum nostrum presentibus literis duximus apponendum. Datum anno incarnationis dominice MCCCVII, pridie kalendos martii.

Rollin fait hommage de Boudevilliers à Jean de Châlons.

Rollin ayant acquis Boudevilliers, comme on l'a dit précédemment, et désirant d'en assurer la possession, crainte qu'il ne lui fût repris, voulut bien le remettre à Jean de Châlons II et le recevoir ensuite de lui en augmentation de fief; ce qui arriva l'an 1307 et qui fut confirmé par l'hommage que le dit Rollin lui rendit l'an 1311, comme on le verra ci-après.

1307

Jean, prévôt de l'église de Neuchâtel et chanoine en celle de Châlons, fit son testament en faveur de son frère Richard et mourut bientôt après, environ la St-Michel 1308, après avoir fait un legs à l'église de St-Vincent de Châlons; il choisit sa sépulture au temple de Neuchâtel. Jean avait eu en partage le château de Neuchâtel d'aujourd'hui, qui avait été bâti par son père Rodolphe l'an 1250, tellement qu'il lui appartenait en propre. Il l'échangea contre la maison qui est entre la porte du château et le donjon, qui était la demeure du prévôt du chapitre et qu'il remit après cet échange au comte Rollin son neveu, et depuis les comtes de Neuchâtel la donnèrent au baron de Gorgier (V. l'an 1680). Le château d'aujourd'hui tomba par ce moyen entre les mains du prévôt du chapitre, qui y a habité jusqu'au temps de la réformation. Le comte Rollin consentit à cet échange, parce que l'ancienne maison du prévôt, que son oncle Jean acquérait, accommodait mieux les comtes, comme étant à côté du vieux château où ils habitaient. Les pasteurs de la ville de Neuchâtel et les régents du collège occupent depuis l'an 1530 les maisons des chanoines. Le susdit Jean avait une prébende au Landeron.

Testament de Jean de Neuchâtel, prévôt du chapitre.

1308

Echange du château de Neuchâtel contre la maison au-dessous du donjon, et qui est léguée par Jean à Rollin, son neveu.

Raison qui porta Rollin à consentir à cet échange.

Le 3 février 1308, Pierre, seigneur de Vaumarcus, fils d'Othon, fit reprise de son fief et le vendit en même temps à Rodolphe, comte de Neuchâtel, et, par ce moyen, la maison de Vaumarcus, qui a encore subsisté depuis jusqu'en l'an 1500, auquel mourut Roland, dernier de la maison, n'a plus possédé dès-lors la baronnie de Vaumarcus. Il resta cependant encore à Pierre de Vaumarcus plusieurs autres rentes et terres de fief, que ses descendants ont possédées en divers lieux, entre autres à Concise, à Cortaillod, à Vaumarcus, à Neuchâtel, à Thielle et au Landeron (V. les ans 1359, 1360 et 1364), lesquelles terres il tenait en fief lige du comte Rodolphe.

Pierre, seigneur de Vaumarcus, vend sa seigneurie à Rollin.

Il est dit dans l'acte que « Pierre, seigneur de Vaumarcus, « vend pour payer ses créanciers son château et seigneurie de « Vaumarcus et tout ce qui en dépend à Rodolphe, comte de « Neuchâtel, pour la somme de trois cents marcs monnaie de « Lausanne, laquelle somme il confesse d'avoir reçue du dit comte « en bonne pécune nombrée, et proteste que toute cette somme « a été employée à son profit et utilité etc. » Le sceau de la cour de Lausanne y est appendu par l'official, et Richard de St-Martin, doyen de Neuchâtel, y apposa aussi celui du chapitre.

1308

Généalogie et descendance des seigneurs de Vaumarcus jusqu'à l'extinction de la famille.

Pierre de Vaumarcus eut trois fils: Othon de Vaumarcus, chevalier, qui était châtelain de Neuchâtel en 1351, Jacques de Vaumarcus, chanoine à Neuchâtel en 1360, et Jeanin de Vaumarcus. Othon ci-dessus eut trois fils: Etienne de Vaumarcus, prêtre et chanoine de Fontaine-André; Lienhard de Vaumarcus, qui vivait en 1390; sa femme s'appellait Isabelle, de laquelle il eut deux fils: Jacques de Vaumarcus, qui vivait en 1451, et Jean de Vaumarcus, conseiller du comte Jean de Fribourg; ils moururent tous deux sans enfants. Le troisième fils d'Othon fut Pétremand, qui avait épousé Marguerite, bâtarde du comte Louis, qui possédait Boudry. Ce Pétremand mourut aussi sans enfants. Jeanin ci-dessus eut deux fils: Jaquenoud de Vaumarcus, dit d'Espagne, qui vivait en 1392, mort sans enfants, et Jean de Vaumarcus, dit d'Espagny, qui, en 1355, épousa Catherine, fille de Jean de Cormondrèche, dont il eut un fils, Louis de Cormondrèche, lequel vivait en 1400 et qui épousa Alixon, fille de François de Colombier, de laquelle il eut un fils nommé Jacques, qui épousa Isabeau de Courlarin, dont il eut un fils, Rodolphe ou Roland de Vaumarcus, dernier de la maison. Ce-

La dernière fille, Isabelle de Vaumarcus, épousa George de Rive, gouverneur de Neuchâtel.

lui-ci n'eut que deux filles: Isabelle, mariée à George de Rive, gouverneur de Neuchâtel, et Marguerite, mariée à Claude de Neuchâtel, baron de Gorgier. Cette dernière fit l'an 1505 son testament, par lequel elle déclare qu'elle désire d'être ensevelie dans la chapelle de St-Grégoire qui est au temple de Neuchâtel, où l'on enterrait ceux de la maison de Vaumarcus, qui avaient fondé cette chapelle. Roland avait épousé Marguerite de Roëcourt en 1448; il se donnait le titre d'écuyer et de donzel du Landeron. Sa fille Isabelle fit son testament en 1544 et laissa trois filles, Jeanne, Françoise et Marguerite de Rive. (V. l'an 1355 et 1522.)

1309

Inclination de Jean, seigneur de Valangin, à se constituer vassal de l'évêque de Bâle.

L'an 1309 Jean, seigneur de Valangin, témoignant toujours qu'il avait du penchant à se constituer vassal de l'évêque de Bâle, et le comte Rollin craignant qu'il ne remît à l'évêque son château d'*Hocquincourt*, qui était à Villiers dans le Val-de-Ruz, et dans lequel il y avait un châtelain qui y résidait de la part de Jean, Rollin l'alla démolir avec une armée. Le châtelain

Rollin va démolir le château d'Hocquincourt.

ayant appris qu'on le venait assiéger et ne se voyant pas en état de résister, se sauva avec ce qu'il avait de plus précieux, tellement que Rollin prit ce château sans aucune résistance et

Ruse du châtelain.

n'y trouva aucun butin. Le châtelain, avant son départ, avait écrit ces quatre vers en lettres gothiques sur la porte qui fermait le trésor:

N'ouvrez pas cette porte,
Crainte de vous blesser;
Car tout son or j'emporte,
Sans vous en rien laisser.

Cependant on ne laissa pas que de l'ouvrir; mais il advint qu'une arquebuse, qu'une ficelle fit tirer en ouvrant la porte, tua un gentilhomme et un soldat. On ne trouva rien dans ce trésor que cette arquebuse et un bouclier avec cette devise : *Venientia tella repellit*. Ceci fait voir que les arquebuses étaient déjà pour lors en usage. Un certain Camose, roi de Frise, du temps de Charlemagne, avait tué un comte de Hollande et ses deux fils d'un coup d'arquebuse. L'an 1280 la ville de Merzbourg fut presque entièrement consumée par un coup d'arquebuse qu'un serrurier tira inconsidérément. On trouve encore plusieurs exemples d'arquebuses dans les histoires avant cette année 1309. Mais un certain moine Berthoud, le noir, de l'ordre de St-François et grand alchimiste, qui vivait l'an 1380 et à qui on attribua l'invention de la poudre et des arquebuses, ne fit rien autre que d'ajouter quelque chose à ce qui était déjà inventé et d'en rendre l'usage plus facile. (V. l'an 1445.) *Arquebuse. Invention de la poudre.*

Le comte Rollin se vit encore obligé de démolir le château d'Hocquincourt, parce qu'il était sur les frontières du comté de Neuchâtel, qui comprenait pour lors toute cette partie du Val-de-Ruz qui est devers le midi du ruisseau, et que le châtelain qui y habitait était un voleur qui incommodait les sujets du comte de Neuchâtel. *Autre raison qu'avait Rollin de démolir ce château.*

Rollin, sur l'humble supplication des bourgeois de Neureux, leur confirma les franchises qui leur avaient été accordées par le comte Rodolphe, son aïeul, l'an 1260. Il est dit dans l'acte « qu'il à commis seigneurs et juges des difficultés qui surviendraient à cet égard, révérend père en Jésus-Christ l'évêque « de Lausanne et le vénérable chapitre de Neuchâtel, lesquels « ne pourront compellir et contraindre par la censure devant « notée, comme aussi les bourgeois par telle et semblable censure, si en aucune manière ils contrevenaient aux choses « devant dites. Fait au mois de septembre 1309. » L'évêque de Lausanne confirma ce que dessus par un acte qui contient ce qui suit : *Rollin confirme les franchises aux bourgeois de Neureux. L'évêque de Lausanne garant et le juge de ces franchises.*

Nous Girard, par la grâce de Dieu évêque de Lausanne, et le chapitre de Neufchâtel, aux prières et requêtes des dites parties, à savoir, du dit Messire Raoul, Comte et Seigneur de Neufchâtel, et des dits Bourgeois, les dits droits, coutumes et libertés à notre protection et tutelle, avons pris et reçu *Acte qu'en donne l'évêque.*

1309 et promettons en bonne foi faire droit à la partie intéressée à l'encontre de l'autre qui voudrait violer et aller au contraire des choses susdites, et la compellir et contraindre par la forme et manière sus déclarée, pour en avoir le droit.

En foi et témoignage de quoi et de toutes lesquelles choses et afin qu'icelles obtiennent plus grande force et vigueur au temps avenir, nous les avons fait corroborer des sceaux de vénérable père en Jésus-Christ Girard, par la grâce de Dieu, évêque de Lausanne, des religieuses personnes, les abbés de Frienisberg et de Cerlier, du vénérable chapitre de Neufchâtel, du nôtre, avec celui de dame Eléonore de Savoie notre bien-aimée épouse, qui ont été mis en notre présence, en la présente chartre, renouvellation ou reconfirmation que furent faites au dit Neufchâtel au mois de septembre 1309. Indiction 7me.

L'empereur Albert est assassiné par son neveu Jean d'Autriche, duc de Souabe.

Cette année 1309 la maison d'Autriche fit mourir un grand nombre de seigneurs qui avaient eu part à l'horrible assassinat de l'empereur Albert, arrivé le 1er mai 1308 par son neveu Jean d'Autriche, auquel cet empereur retenait son bien. Elle fit aussi démolir plusieurs châteaux, et entre autres celui de Cerlier, qui appartenait à Ulrich, baron de Balme, qui le tenait en arrière-fief de Rodolphe de Neuchâtel, comte de Nidau.

Pierre, comte d'Arberg, épouse la fille du comte de Gruyères.

Pierre de Neuchâtel, comte d'Arberg, épousa l'an 1309 Luce, fille de Jean I, comte de Gruyères, et de Marguerite d'Oron, sœur de Jeanne d'Oron, dame de Valangin, qui vivait encore l'an 1366.

1310

L'empereur Henri VII se rend à Berne.

Il donne des franchises à plusieurs villes de la Suisse.

L'empereur Henri VII étant venu à Berne l'an 1310 avec une suite de mille chevaux, presque tous les seigneurs de la Suisse s'y trouvèrent pour lui rendre leurs devoirs. Le comte Rollin y alla aussi : l'empereur fut dix jours à Berne, il donna de nouvelles franchises à plusieurs villes de la Suisse, mais surtout à ceux d'Uri, Schwyz et Unterwald. Il alla de Berne en Italie.

Le comte de Savoie est fait vicaire de l'empire.

Il créa Amédée IV, comte de Savoie, prince et vicaire du St-Empire de ce qu'il l'avait accompagné depuis Berne jusqu'en Piémont et qu'il avait rendu à l'empereur tous les honneurs possibles en passant à travers ses états.

Confirmation des franchises de Bienne.

Jean de Berenfels, administrateur de l'évêché de Bâle, confirma à la ville de Bienne les lois fondamentales et les franchises que Pierre, évêque de Bâle, lui avaient données l'an 1296.

Eclaircissement donné par Pierre de Vaumarcus sur la vente qu'il avait faite de sa seigneurie.

Pierre, ou Perrin de Vaumarcus, déclara par un acte du mois de septembre 1310, qu'ayant vendu son château de Vaumarcus avec ses appartenances universelles à Rollin, comte de Neuchâtel, lesquelles choses il tenait de lui en fief lige, le fief que

Perronin de St-Martin tenait de lui, entr'autres la dîme de Chevroux, fait partie du fief de Vaumarcus.

Rollin, comte de Neuchâtel, donna, l'an 1310, en fief à Ulrich de Blumengart les choses suivantes, que ses prédécesseurs avaient déjà confessé de tenir de lui, savoir : l'église de Kriegstetten avec l'avoyerie et le patronage de cette église et la moitié de la dîme du même village et de son territoire ; item, un mas avec les hommes et quelques terres du dit territoire et une vigne à Cressier, la dîme de Möringen avec quelques autres mas.

1310

Dîme de Kriegstetten donnée par Rollin à Ulrich de Blumengart.

Othon de Grandson, évêque de Bâle, dont la maison avait presque toujours été ennemie des comtes de Neuchâtel et qui l'était encore davantage en qualité d'évêque de Bâle, entreprit, l'an 1311, de bâtir une ville au-dessous du château de Schlossberg sur les frontières du comté de Neuchâtel, et ce sous prétexte que c'était pour y loger ses nouveaux sujets de la Bonneville du Val-de-Ruz (V. l'an 1301) qui, depuis dix ans, avaient toujours habité en ce lieu-là dans de méchantes cabanes et qui sollicitaient cet évêque à leur bâtir des maisons. L'évêque fit pour cet effet préparer les matériaux, acheta plusieurs petits fiefs dans ce lieu-là et disposa toutes les choses nécessaires pour la pouvoir construire l'année suivante. Mais le comte Rollin, pressentant que cette nouvelle ville lui porterait un notable préjudice et que l'évêque ne se proposait rien d'autre que de se fortifier contre lui et de le soumettre à son obéissance, voulant à cet effet prendre ses précautions, fit trois choses : 1° Il résolut de bâtir aussi une ville tout près de là, pour l'opposer à celle de l'évêque ; il acheta pour cet effet une place de l'abbé de l'Ile de St-Jean. 2° Voyant que l'évêque avait acquis plusieurs petits fiefs qui étaient au-dessous du château de Schlossberg et craignant qu'il n'attirât encore à soi plusieurs petits seigneurs qui étaient des hommes royaux tenant des fiefs auprès du lieu où le comte se proposait de bâtir une ville, ce dernier prévint l'évêque et les acquit lui-même. Les comtes achetaient de ces petits seigneurs les fiefs qu'ils possédaient et qui étaient des fiefs de franc aleu, afin qu'en les leur remettant ensuite, ils devinssent par là leurs vassaux, ce qu'ils n'étaient pas auparavant. C'est par ce moyen que ces petits fiefs devinrent des arrière-fiefs de l'empire, au lieu qu'avant cela ils en étaient des fiefs immédiats (V. les ans 1214, 1225 et 1329). Ces petits fiefs étaient enclavés dans le détroit de la châtellenie du Landeron (V. l'an 1357). 3° Enfin Rollin rendit hommage à Jean de Châlons de sa baronnie de Neuchâtel, qu'il reconnut tenir de lui en fief, afin de se fortifier par ce moyen contre l'évêque,

1311

Entreprise de l'évêque de Bâle de bâtir la Bonneville près du Schlossberg.

Précautions que le comte Rollin prend contre l'évêque.

Il se propose de bâtir aussi une ville.

Il achète plusieurs petits fiefs.

Comment dans ce temps-là on se faisait des vassaux.

Rollin rend hommage à Jean de Châlons pour sa baronnie de Neuchâtel.

1311

Rollin comprend dans sa reconnaissance tout ce qu'il possédait au Val-de-Ruz, Boudevilliers, Vaumarcus, etc.

Jean de Châlons lui ayant par là promis de l'aider contre tous. Cet hommage fut rendu à Rochejean le vendredi avant la saint Jean-Baptiste, au mois de juin 1311. Rollin comprend dans son hommage tout ce qu'il possédait au Val-de-Ruz, savoir : tout ce qui est devers le midi du Seyon, comme aussi Boudevilliers et ses appartenances; les châteaux de Thielle, de Boudry, de Vaumarcus et tout ce qui en dépend, le Val-de-Travers, la ville, le château et la baronnie de Neuchâtel, la justice et toutes les appartenances en terres, en bois, en prés, en champs, en vignes, en aigues, en ventes et en péages, etc.

Ce que Rollin a excepté de la reconnaissance rendue à Jean de Châlons.

Rollin, qui avait inféodé volontairement son comté de Neuchâtel à Jean de Châlons *pour en être protégé*, ne put pas comprendre dans ce fief les terres de ses vassaux, parce qu'elles avaient été démembrées du comté avant qu'il eût reconnu Jean pour son suzerain, ni les terres des hommes royaux qui relevaient de l'empire, non plus que la seigneurie de Lignières qu'il avait acquise dès lors (V. les ans 1326 et 1625). Rollin excepte encore dans sa reconnaissance les dîmes des grains et des vins qui relevaient de l'église de Notre-Dame de Lausanne. Puis, il déclare qu'il rend cet hommage suivant les us et coutumes de Bourgogne. Enfin, le suzerain et le vassal se promettent réciproquement tout secours envers et contre tous : Jean et ses hoirs doivent aider à Rollin et à ses hoirs pendant que ces derniers *voudront être à droit*, c'est-à-dire, *pendant qu'ils relèveront de lui ou de ses hoirs* (V. l'an 1707). Et Jean s'engage de le décharger de tout hommage envers l'empereur, *parce que lui-même devait s'en acquitter*. Rollin voulant cependant pourvoir à la succession de son comté, réserve qu'à défaut d'hoirs mâles, une de ses filles ou des filles de ses hoirs pourrait reprendre le comté et le tenir tout ainsi et de la même manière qu'il l'avait repris et tenait de Jean de Châlons. Il donna pour limites du comté, à l'égard de la longueur, le fournel près de Lieresse jusqu'au ruisseau de la Lance et jusqu'à la Combette de Mijoux, et par rapport à la largeur, depuis la pierre de Villard en Vuilliez jusqu'à la Pierre feu outre le Val-de-Ruz, qui étaient dans ce temps-là les bornes de la baronnie de Neuchâtel. Les sceaux du comte Rollin et du frère Jaques de Romain-Moutiers sont appendus à cet acte (V. l'an 1707).

Promesse de Jean de Châlons de protéger Rollin.

Limites du comté de Neuchâtel.

1312

Othon, évêque de Bâle, meurt empoisonné revenant de Rome.

L'empereur Henri meurt aussi empoisonné.

Othon, évêque de Bâle, qui avait commencé à bâtir la Bonneville pour rétablir celle du même nom qui avait été démolie au Val-de-Ruz l'an 1304, partit pour Rome afin d'assister au couronnement de l'empereur Henri VII. Il mourut en revenant, et à ce qu'on croit de poison, aussi bien que l'empereur, par le moyen d'une hostie qu'un moine dominicain leur donna à leur communion.

L'évêché de Bâle étant vacant par la mort d'Othon, le chapitre élut Hartmann, fils de Rodolphe II, comte de Nidau, prévôt de l'église St-Urs de Soleure. Girard de Wippens, évêque de Lausanne, demanda cet évêché au pape Clément V, pour raison que si Hartmann en était l'évêque, il ne manquerait pas de gratifier ses parents de Neuchâtel et de Nidau au préjudice de l'évêché. C'est ce qui porta le pape à déclarer nulle l'élection de Hartmann et à donner l'évêché à Girard ; mais le chapitre, la ville de Bâle et les comtes de Neuchâtel et de Nidau s'étant opposés à la volonté de Sa Sainteté, ils furent tous excommuniés. Cette difficulté dura trois ans, pendant lesquels Girard se qualifiait toujours du titre d'évêque de Bâle, quoique le chapitre ne voulût point le reconnaître. En attendant on ne laissait pas de continuer à bâtir la Bonneville, mais fort lentement, à cause de ce différend survenu au sujet de l'élection de l'évêque.

1313
Mort de l'évêque de Bâle. Election de Hartmann de Nidau.

Il est révoqué par le pape.

On vit cette année plusieurs prodiges : une comète flamboyante, un soleil obscurci ; la lune devint rouge comme du sang. Il tomba du ciel une torche ardente qui était comme une tour et qui fut accompagnée d'un grand bruit. Une fontaine dans la Lorraine fut convertie en sang ; on vit trois lunes dans le ciel. Il y eut aussi un grand tremblement de terre. Tous ces prodiges furent suivis d'une telle mortalité qu'on ne put point cultiver la terre en divers lieux ; ce qui causa une extrême famine, laquelle réduisit plusieurs personnes à arracher les pendus des gibets pour s'en repaître. On tient qu'il mourut dans la ville de Bâle près de quatorze mille personnes. La moitié des habitants de l'Italie périrent.

Prodiges. Comète.
Lune comme du sang.

Tremblement de terre épouvantable.
Mortalité.
Famine extrême.

La sortie de Girard de Wippens de son évêché de Lausanne fit que le chapitre élut Othon de Champvent ; mais ce dernier étant venu à mourir la même année 1313, Pierre d'Oron fut élu en sa place. Il donna cette année à Amédée IV, comte de Savoie, la moitié de la juridiction temporelle sur la ville de Lausanne et sur la vallée de Lutry, excepté la châtellenie de St-Saphorin et de Glérole, etc., et ce pour la vie de ce comte et celle de son fils Edouard tant seulement, qui lui promirent de le soutenir contre tous ses ennemis ; ce qui le mit à couvert contre Louis, baron de Vaud, qui faisait depuis longtemps la guerre à l'évêque de Lausanne.

Deux évêques de Lausanne élus.

Le dernier évêque donne la moitié de la juridiction de Lausanne.

Au mois de juillet, Jean d'Arberg, seigneur de Valangin, donna

1314

deux muids de froment de perpétuelle rente, et ce en fief, sur les moulins de Valangin, à donzel Janot, fils de Rollin de Savagnier.

Continuation de la famine. — La famine continua encore l'an 1314, et d'une telle manière qu'on fut obligé d'amener du grain depuis la Sicile en Suisse.

Sécheresse. Cherté et mortalité. — Il ne plut point pendant treize semaines; tellement que la sécheresse produisit une grande cherté et mortalité.

1315

Comète. — Le 14 janvier 1315 on commença à voir une comète qui dura deux mois et qui avait une grande queue semblable à de la flamme qui regardait l'occident.

Famine extrême. — La famine se renforça encore cette année, on mangeait les chevaux, les chiens et autres bêtes mortes; les hommes se tuaient les uns les autres pour avoir de quoi se repaître.

Peste. — La peste régna et fut si violente qu'on crut que la moitié des hommes avaient péri de cette contagion.

Le comte Rollin se met en garde contre l'évêque de Bâle. — Le comte Rollin, voyant que le chapitre de Bâle, après avoir résisté près de trois ans, avait enfin reconnu Girard pour son évêque, que le pape avait en conséquence levé l'interdit, et prévoyant que Girard ne manquerait pas de lui faire la guerre,

Il commence à bâtir le Landeron. — commença l'an 1315 à bâtir le bourg du Landeron pour se mettre à couvert de ses attaques. L'évêque, voulant empêcher Rollin de construire cette nouvelle ville, lui vint faire la guerre; ce qui l'obligea à discontinuer son ouvrage, n'y ayant encore que peu de maisons qui fussent achevées.

L'évêque, lié avec Eberhard de Kybourg, fait la guerre à Rollin. — L'évêque avait prié Eberhard de Kybourg de l'assister, avec promesse de lui payer ses dépens, ce qu'il accepta; si bien que s'étant ligués, ils firent la guerre à Rollin,

Ils sont battus. — qui ne laissa pas que de les battre tous deux. Après leur avoir tué cinquante hommes, il les mit en fuite.

Sujet de cette guerre. — Le sujet de cette guerre fut non seulement de ce que Rollin avait soutenu Hartmann de Neuchâtel, son cousin, contre Girard, mais aussi parce que l'évêque, possédant pour lors le

Le faubourg de Neureux. — faubourg de Neureux, qui était au pied du mont Jura et qui s'étendait d'orient en occident, prétendait avoir des droits sur la place où Rollin bâtissait et que celui-ci avait acquise de l'abbé de l'Ile de St-Jean; il soutenait que cette place, aussi bien que Cressier, était une terre de fief qui dépendait de lui, et même que Rollin devait lui en rendre hommage, outre que quelques-uns des sujets de l'évêque, étant allés habiter au Landeron dans ces maisons nouvellement bâties, il prétendait pouvoir les revendiquer et d'avoir toujours sur eux le même droit qu'auparavant.

Après cette guerre, Eberhard de Kybourg voulut obliger l'évêque à lui payer les frais de la guerre, ce que l'évêque lui refusa, disant qu'il avait le premier pris la fuite. Sur quoi Eberhard étant allé attaquer Bienne, fut repoussé et poursuivi jusqu'à Soleure, où ses gens furent obligés de se jeter dans les fossés de la ville pour échapper à une défaite complète.

1315 — Eberhard revendique les frais de la guerre. Refus de l'évêque.

Il se fit le 23 juin 1316 un traité de paix dans la ville de Bienne entre l'évêque de Bâle et le comte Rollin. L'évêque renonça à l'hommage qu'il avait requis des seigneurs de Neuchâtel et de Valangin, et Rollin fut reconnu comme seigneur indépendant de tout le territoire de Cressier. L'évêque fut en outre obligé de payer à Rollin cent cinquante marcs d'argent pour les frais de la guerre. Ce traité fut fait par la médiation de Léopold, duc d'Autriche, et confirmé et ratifié par l'évêque le 11 juillet 1316. Il scella l'acte de son sceau en cire verte.

1316 — Traité de paix entre l'évêque de Bâle et le comte Rollin.

Othon II, baron de Grandson, et Pierre son frère bâtirent l'an 1317 l'abbaye de la Lance, qui était de Chartreux, et lui donnèrent de grands revenus, qui furent depuis fort augmentés par les comtés de Neuchâtel. L'acte d'érection du couvent et des concessions des droits accordés aux religieux est en latin et daté du mois de juillet 1320. Ce titre de 1320 a été souvent imprimé pour servir aux procès que les religieux ont eus avec les communes voisines, de même que les possesseurs de ce domaine depuis la réformation, alors qu'il fut sécularisé au profit des cantons de Berne et de Fribourg, comme on le verra dans la suite.

1317 — L'abbaye de la Lance bâtie.

La même année Amédée IV, comte de Savoie, fit deux prononciations, l'une entre le comte Rollin et Othon de Grandson, au sujet des limites et autres différends qu'ils avaient entre eux, et l'autre au sujet du pâturage du Chablaix, rière le bailliage de Cerlier, où pour lors Amédée était le seigneur suzerain; et par cette dernière prononciation, il fut dit que ceux du canton de Neuchâtel auraient toujours leurs usances et pâturages dans tout le Chablaix, réservé au pré de la Mayorie de Neuchâtel et autres prés anciens appartenant à des particuliers (V. l'an 1260).

Prononciation entre le comte Rollin et Othon de Grandson.

Pâturages du Chablaix.

Robert, comte palatin de Bourgogne, étant mort sans enfants, et Jeanne, sa sœur, mariée à Philippe V, roi de France, lui ayant succédé, dès que ce monarque fut palatin de Bourgogne, il eut une difficulté avec le comte Rollin au sujet du Val-de-Travers, à cause de l'hommage qui lui en était dû et qui avait été négligé depuis longtemps (V. les années 1218, 1236, 1247 et 1250). Le roi Philippe prétendait se saisir de ce pays-là; mais pour terminer cette difficulté, le comte Rollin

Difficulté du comte Rollin avec le roi de France au sujet du Val-de-Travers.

Traité qui s'en suit.

ANNALES DE BOYVE. TOME I. 18

1317 — fit un traité avec Philippe V, par lequel ce dernier céda à Rollin la haute souveraineté et le droit de seigneur suzerain que le palatin de Bourgogne avait sur le Val-de-Travers, et Rollin remit de son côté au roi Philippe le vicomté de Baume-les-Nonnes qui lui appartenait. Cet accord se fit par l'entremise du seigneur Tristan de Châlons, et de Geoffroy de Charny.

Grande famine. — Il y eut encore cette année une grande famine en Suisse; tellement que plusieurs personnes allaient cueillir le gui sur les arbres pour le cuire et manger; plusieurs moururent de faim. *Neige jusqu'après Pâques.* — Cette famine procéda d'une neige très-abondante qui avait duré tout l'hiver précédent, et qui ayant subsisté jusqu'à Pâques, avait étouffé et fait périr les grains et les ceps.

1318 — L'année 1318 fut par contre très-abondante. Il y eut cependant encore une grande peste en Suisse.

Abondance. Peste.

Mort de Jean de Châlons, deuxième suzerain de Neuchâtel. — Jean de Châlons II, surnommé Bruchemel, baron d'Arlay, seigneur d'Orbe, auquel le comte Rollin avait, l'an 1288, remis volontairement son comté et repris ensuite de lui en fief, mourut l'an 1318. *Ses femmes.* Il eut trois femmes : 1° Marguerite, fille de Hugues IV, duc de Bourgogne, et sœur d'Elisabeth, mariée à Rodolphe de Habsbourg, empereur, lequel avait remis à Jean de Châlons, son beau-frère, le droit de seigneur suzerain qu'il avait sur le comté de Neuchâtel. *Ses enfants.* Jean de Châlons eut de cette Marguerite deux fils, Hugues de Châlons, baron d'Arlay, et Jean, qui fut évêque de Langres et depuis évêque de Bâle, et une fille nommée Isabeau. 2° Isabeau, fille de Louis, baron de Vaud, de laquelle il eut Jeanne et Catherine. 3° Marguerite, fille de Louis de Forest, seigneur de Beaujeu, dont le comte Rollin avait épousé la veuve. Il eut aussi un bâtard, nommé Hugues, qui fut archevêque de Besançon. Ce Jean de Châlons était gouverneur de Bourgogne.

La Bonneville ou Neuveville achevée. — On acheva cette année de bâtir la Bonneville, qu'on nomma aussi Neuveville; ces deux noms lui sont demeurés jusqu'à aujourd'hui. Elle fut appelée *Bonneville*, en mémoire de la Bonneville du Val-de-Ruz et de ses habitants qui se transplantèrent de la ville détruite dans la nouvelle, qui, par cette raison, s'appela aussi *Neuveville*. *Girard, évêque de Bâle, accorde des franchises aux habitants.* Girard, évêque de Bâle, accorda à cette ville de grandes franchises pour s'attirer l'affection des nouveaux sujets et pour y en attirer d'autres, et aussi pour les récompenser des pertes qu'ils avaient faites en quittant leur première habitation. L'acte qui contient les premières franchises de la Neuveville est conçu en ces termes :

Acte de franchises. — Nous Gerhard, par la grâce de Dieu évêque de Bâle, désirons qu'il parvienne à la notice universelle de tous présents et avenirs; que comme nous de notre pastorale sollicitude, par laquelle pour paix et tranquillité des sceaux de notre dite église, par continuelle méditation, sommes admonestés par moult de délibération et meur Conseil par avant eue, et considérant en cette partie la grande nécessité de notre dite église, défense, paix et convenance et pour apaiser et rémouvoir les grièves et continuelles perturbations, impulsations et inquiétudes desquelles des adversaires de notre devant dite église, les habitants de nos dites terres et supériorés par moult de temps jà passés sont oppressés par l'aide de la main divine et notre main valide et la puissance d'autres puissants nobles, la ville qu'on appelle la Neuveville sur le lac de Bienne assise dessous notre châtel de Schlossberg ayons de nouvel édifice et icelle notre nouvelle Neuveville, plantation et aussi les habitants d'icelle ville présents et avenirs, veuillant de notre grâce spéciale prérogative éjouir pour ce qu'icelle ville puisse plus prêtement et plus fort recevoir son méliorement, laquelle notre grâce de libertés, pour ce que les habitants d'icelle ville, s'enclinissent à plus grande foi et garde, avons fait à la dite ville pour nous et nos successeurs et aussi faisons par ces présentes, que nous voulons que ils, de semblable grâce et liberté, desquels nos bourgeois de notre dite ville de Bienne jouissent et usent, usent et jouissent partout libéralement; par ainsi toutes fois que à nuls n'est octroyé de édifier ou avoir fournel ou four en notre susdite ville, ne la course des eaux pour quelconque édifice à occuper, laquelle devant dite grâce ainsi par nous pour le bien et utilité de notre église de Bâle faite à la dite ville, nous promettons pour nous et nos successeurs, évêques de Bâle à venir, inviolablement observer en mémoire perpétuelle, de laquelle chose et firmité de force ces présentes lettres par le sinacle de notre sceel avons fait communier. Donné l'an de Notre Seigneur 1318 le quart jour après Pâques.

La Neuveville appartient encore aujourd'hui à l'évêque de Porrentruy, qui en est le souverain et qui est élu par les chanoines composant le chapitre d'Arlesheim, lequel en choisissait un d'entre eux. Six semaines après cette élection le nouveau prince vient à la Neuveville pour prêter serment à la bourgeoisie, qui le prête réciproquement à l'évêque. Les habitants de la Montagne de Diesse s'y trouvent aussi, y prêtent serment au prince, et ensuite au banneret de la Neuveville, et celui-ci aux dits habitants; ce qui se fait en présence de l'évêque. Les bourgeois de la Neuveville sont exempts de tous impôts; ils ne doivent aucun lods pour l'acquisition des fonds. Le prince ne peut rien exiger d'eux, sinon les bans, les amendes et tout ce qui résulte de l'omnimode juridiction. Il y tient un châtelain qui préside en justice, dans le conseil et aux

1318

sentences qui se rendent en justice. Il y a appel devant une commission du prince, composée de trois conseillers que Son Altesse envoie et de trois conseillers de la ville qui n'ont pas jugé en première instance. Les causes criminelles sont du département du conseil et de la justice, il n'y en a aucun appel, mais la grâce du prince est réservée s'il s'agit de la vie. Les causes seigneuriales et consistoriales, même les matrimoniales, sont sans appel.

LL. EE. de Berne protecteurs de la religion.
L'abbé de Bellelai a la dîme du vin.
Entretien du temple et des pasteurs.

LL. EE. de Berne sont les protecteurs à l'égard de la religion. L'abbé de Bellelai a la dîme du vin qu'il a acquise de trois ou quatre particuliers qui la possédaient; il est obligé d'entretenir le grand temple, de payer le gage à l'un des pasteurs, qu'il a le droit de nommer, et il doit payer le louage de sa maison; l'autre pasteur est établi par le conseil, qui lui paie

Les États.

aussi son gage et qui le loge. Les États s'y tiennent de temps en temps lorsqu'il y a suffisamment de procès pour en pouvoir soutenir les dépens. Il y a dans la Neuveville trois confréries qui ont de grands revenus. Je devais entrer dans quelques détails, parce que la Neuveville est située sur les frontières du comté de Neuchâtel et que ses premiers habitants sont venus du Val-de-Ruz. Louis, comte de Strasberg, de la maison de Neuchâtel (V. l'an 1432), qui était chanoine et chantre à Bâle,

1319
Louis de Strasberg vend à Othon de Strasberg, Diesbach et Buren.

vendit, l'an 1319, à son cousin Othon de Strasberg, son château de Diesbach et le village, comme aussi la ville de Buren, pour la somme de 500 marcs d'argent. Il lui remit aussi son droit de retrait sur tous les biens que lui et ses prédécesseurs avaient engagés.

Mariage de Marguerite, fille du c'te Rollin, avec Hartmann de Kybourg.
Dot considérable.

Le comte Rollin maria cette année sa fille Marguerite avec le comte Hartmann de Kybourg, landgrave de Bourgogne; le traité de mariage est du 2 mai 1319. Il donna à sa fille pour sa dot mille marcs d'argent, qui en ce temps-là étaient une somme très-considérable.

1320
Mort de Berthold de Strasberg.
Partage entre son fils et sa fille.

Berthold, comte de Strasberg, mourut l'an 1320. Il laissa un fils nommé Emer, qui eut les deux tiers du comté, et une fille nommée Jeannette, qui eut l'autre tiers. Celle-ci fut mariée à Ulrich, comte de Ferrette, qui remit, par le consentement de sa femme, son tiers de ce comté à Girard, évêque de Bâle,

L'évêque de Bâle eut Boujean et Perles.

lequel eut par ce moyen, après la mort d'Ulrich, les villages de Perles et de Boujean, qui dépendaient du comté de Strasberg. Stumpf dépeint les armes, le cimier et l'écu des comtes

Les comtes de Strasberg étaient descendants de la maison de Neuchâtel.

de Strasberg semblables à celles du comte de Valangin. Ils étaient en effet descendus des comtes de Neuchâtel, aussi bien que ceux de Valangin.

On fit cette année une très-petite récolte, qui produisit une grande cherté durant sept ans. Il fit des pluies continuelles.

1320. Cherté prolongée. Pluies.

Renaud, comte de Montbéliard, mourut l'an 1321. Il était fils de Hugues de Vienne, palatin de Bourgogne, frère de Jean de Châlons II. Ce Renaud avait épousé Guillemette, fille d'Amédée, comte de Neuchâtel (V. l'an 1282). Renaud en eut quatre enfants : 1° Othon, qui mourut jeune. 2° Agnès, qui fut comtesse de Montbéliard et dame de Granges, mariée à Henri de Montfaucon. 3° Jeanne, mariée à Raoul de Hesse, et en secondes noces à N....., marquis de Baden. 4° Alix, mariée à Jean de Châlons, comte d'Auxerre et de Tonnerre, et en secondes noces à Louis de Vienne, seigneur de Ste-Croix, duquel elle eut une fille mariée à Othon III, baron de Grandson.

1321. Mort du comte Renaud de Montbéliard. Sa femme, Guillemette de Neuchâtel. Ses enfants.

Eberhard, comte de Kybourg, ayant tué son frère Hartmann, qui était son aîné, et ce dans la ville de Thoune, qui leur appartenait, par la raison que ce dernier ne voulait pas lui céder sa part du comté de Thoune et se contenter de quelques biens d'église qu'il possédait, ce meurtre fit que les habitants de Thoune se soulevèrent contre Eberhard, qui se vit obligé de se retirer à Berne, qui le reçut sous sa protection. Les Bernois ayant acheté Thoune, le lui remirent en fief pour la cense annuelle d'un marc d'argent. On croit que ce Hartmann qui fut tué, était le gendre du comte Rollin, qui aussi remaria sa fille Marguerite avec le comte de Bocca.

1322. Eberhard, comte de Kybourg, tue son frère. Le meurtrier se constitue le vassal de Berne.

Jean d'Arberg, Ier du nom, seigneur de Valangin, fut établi, l'an 1323, baillif d'Uri, Schwyz et Unterwald, par l'empereur Louis V, dont il avait épousé le parti contre Frédéric III. Ces trois cantons prêtèrent serment à Jean d'Arberg, au nom de l'empereur; mais il leur donna un revers signé par lequel il leur promit que ce serment ne porterait aucun préjudice à leurs franchises ni aux alliances qu'ils avaient faites; qu'ils ne seraient plus à jamais aliénés de l'empire; qu'on n'y pourrait établir que des juges du pays et qu'on ne pourrait point les citer à comparaître devant des tribunaux étrangers. Ce Jean d'Arberg était fort estimé pour sa prudence et sa valeur; il s'était rencontré en la bataille d'OEtingen, où Louis V avait vaincu Frédéric d'Autriche le 29 septembre 1323. Après la mort de Jean, l'empereur allibéra ces trois cantons de baillifs pour toujours.

1323. Jean d'Arberg, seigneur de Valangin, établi baillif d'Uri, Schwyz et Unterwald. Ses qualités. Les trois cantons sont libérés de baillifs.

Louis V confirma aux Suisses toutes leurs franchises, en considération de ce qu'ils l'avaient secouru contre Frédéric d'Autriche.

L'empereur confirme leurs franchises.

Edouard, comte de Savoie, ayant eu cette année une guerre avec le dauphin de Viennois et le comte de Genevois, et ayant

Edouard de Savoie tient Berne quitte du droit de protection.

1323 — remporté la victoire avec l'assistance des Bernois, il leur remit, pour les récompenser, le droit de protection que le comte Pierre avait acquis sur la ville de Berne l'an 1266.

Acquisitions faites par le comte de Nidau. — Rodolphe II, comte de Nidau, acheta de Catherine, fille de Hartmann, comte de Kybourg, sœur d'Eberhard et veuve d'Albert, comte de Werdenberg, tous les hommes, les biens et les droits qu'elle avait depuis Bargen jusqu'à l'embouchure de la Thielle dans l'Aar, et de là, par le pied du mont Jura, jusqu'à la Neuveville. Ce comte Albert était de la maison de Furstenberg et des descendants de cet Egon qui épousa Agnès, fille de Berthold V, duc de Zaeringen; et c'est de là que lui provenaient ces terres.

Mort de Guillaume de Neuchâtel, comte d'Arberg. — Guillaume de Neuchâtel, comte d'Arberg, mourut cette année, laissant un fils nommé Pierre, qui lui succéda et qui fut le dernier comte d'Arberg.

1324

Mort de Pierre d'Oron, évêque de Lausanne. Alliance du comte Rollin avec Soleure. — Pierre d'Oron, évêque de Lausanne, mourut l'an 1324. Le chapitre élut Jean de Roussillon pour remplir sa place.

Le comte Rollin, désirant de se fortifier contre l'évêque de Bâle, fit une alliance et un traité de combourgeoisie perpétuelle avec la ville de Soleure, comme l'assure Haffner, et c'est ici la seconde alliance que les comtes de Neuchâtel ont contractée avec les Suisses après celle de 1307, que le même comte fit avec Berne. La combourgeoisie avec Soleure fut renouvelée par le comte Louis aux années 1343 et 1369. Et quoi-

Le Landeron y est compris. — que le Landeron ne fût qu'un village en 1324, il fut cependant compris dans cette combourgeoisie; et c'est ce qui a donné lieu à celle que le Landeron a depuis contractée avec le canton de Soleure.

Rollin, voyant que l'évêque de Bâle avait bâti une ville sur ses frontières, outre le château de Schlossberg, où il tenait une garnison, exécuta le dessein qu'il avait formé depuis plusieurs années d'en bâtir aussi une pour l'opposer à celle-là; c'est

Landeron transformé en bourg et fortifié. — pourquoi il réduisit le village du Landeron en ville ou plutôt en bourg. Non seulement il augmenta le nombre des maisons, mais il l'environna de murailles, qui furent fondées le 21 octobre, le jour des onze mille vierges; et c'est pour cette raison que la chapelle du Landeron a été depuis dédiée aux dix

L'abbé de St-Jean collateur et patron de l'église du Landeron. — mille martyrs. L'abbé de l'Ile de St-Jean y fit bâtir le temple et une maison pour un prêtre, et, en vendant cette place, il se réserva le droit sur le spirituel; c'est pourquoi il y établit un curé et lui fit un gage, tellement qu'il en fut dès-lors le collateur et le patron; LL. EE. de Berne, qui possèdent cette abbaye, le sont encore aujourd'hui. Rollin fit encore faire des

Fossés du Landeron. — fossés autour du Landeron, qui conduisaient l'eau de la Thielle dans le lac de Bienne, et il donna plusieurs franchises aux habitants.

Girard, évêque de Bâle, ne pouvant souffrir une ville forte sur ses frontières et dans son voisinage, résolut de faire la guerre à Rollin. Il prit pour prétexte que plusieurs de ses sujets du faubourg de Neureux, qui pour lors lui appartenait encore, s'étaient allés établir au Landeron. Il sollicita les Bernois de se joindre à lui; à quoi ils furent facilement portés, vu que Rollin se rendait trop puissant et que d'ailleurs il n'était pas leur ami en ce temps-là et depuis la guerre de 1298. L'évêque demanda encore à son secours Eberhard, comte de Kybourg, avec lequel il s'était réconcilié. Mais l'évêque, étant venu avec ses troupes et celles de ses alliés devant la forteresse du Landeron, et s'étant campé avec le comte de Kybourg du côté du mont Jura, pendant que les Bernois assiégeaient du côté de l'Ile de St-Jean, le comte Rollin, ou plutôt Louis, son fils, qui était le commandant, parut à la tête des Neuchâtelois, battit et repoussa vigoureusement les troupes ennemies. L'évêque prit le premier la fuite, en abandonnant ses alliés; ses gens jetèrent leurs armes et leurs harnais avec précipitation. Louis n'osa cependant pas attaquer les Bernois, qui continuèrent le siège; mais ceux-ci, voyant qu'ils n'étaient pas assez forts pour emporter la ville, battirent en retraite, et Louis de Neuchâtel se retira aussi après eux du côté de Neuchâtel.

Néanmoins les Bernois, piqués de l'échec, résolurent d'en avoir la revanche. Dans ce dessein, ils firent construire une machine appelée *Katz*, pour saper les murailles du Landeron, où ils retournèrent remettre le siège au milieu de l'hiver, espérant que les marais étant gelés, ils pourraient facilement emporter la place. Mais ils n'eurent pas plus de succès qu'auparavant, et furent obligés de se retirer par rapport au grand froid, ceux du Landeron ayant rendu inutile l'effort de la machine de guerre, qu'ils avaient attirée à eux au moyen de crochets de fer.

Les Bernois auraient immanquablement exposé leur armée s'ils s'étaient obstinés plus longtemps au siège. Ils y perdirent beaucoup de monde, et Regenhut, un de leurs bannerets, fut fait prisonnier par la trahison de Walther Sennen, qui le livra à ceux du Landeron. Ce traître fut quelques années après pris et décapité à la Kreutzgasse à Berne. Les Landeronnnais firent mourir en prison le banneret Regenhut. Quant à l'évêque de Bâle, dès qu'il fut de retour chez lui, il devint malade et succomba de honte et de chagrin, ce qui ne lui serait pas arrivé s'il avait rempli les devoirs de l'épiscopat.

1325

Troisième tentative des Bernois.

Les Bernois, piqués d'avoir échoué deux fois, voulurent retourner à la charge une troisième, l'an 1325. Ils prièrent, pour cet effet, les trois cantons d'Uri, Schwyz et Unterwald, et ceux du Hasli, leurs bons amis, de les assister, aussi bien que le comte de Kybourg; mais ce dernier s'y étant refusé, les Bernois se déportèrent de leurs entreprises. Les villes de Soleure et de Bienne parvinrent ensuite à faire la paix entre le comte Rollin et la ville de Berne, qui fut obligée de payer les frais de la guerre.

Paix entre le comte Rollin et les Bernois.

Mort d'Ulrich, cte de Ferrette.

Ulrich, dernier comte de Ferrette, étant mort le 12 mars 1324 dans la ville de Bâle, et n'ayant laissé que deux filles, Jeanne et Ursule, l'évêque de Bâle, qui était le seigneur féodal de ce comté, voulut s'en saisir et en priver les filles d'Ulrich, les sujets de ce comté étant déjà disposés à prêter le serment de fidélité à l'évêque (V. l'an 1271). Mais il arriva que le fils de l'empereur Albert, ayant épousé Jeanne, l'aînée, s'y opposa, soutenant que le comté de Ferrette, qui était dans l'ancien royaume de Bourgogne, devait par conséquent se conformer aux us et coutumes de Bourgogne en matière de succession féodale, puisque les filles y succédaient aussi bien que les mâles. Cette raison l'emporta, et Albert, ayant donné à Ursule, sœur de Jeanne, 8000 marcs d'argent pour qu'elle se déportât de toute prétention, fut mis par ce moyen en possession de tout le comté de Ferrette.

Sa succession tombe aux mains du fils de l'empereur Albert.

Mort de l'évêque Girard.

Girard, évêque de Bâle, étant mort le 17 mars 1325, le pape Jean XXII élut en sa place Jean de Châlons, doyen du chapitre de Langres. Le chapitre de Bâle, ayant le droit d'élire son évêque, choisit, de son côté, Hartung de Münch pour remplir ce siège. Celui-ci se saisit d'abord des villes et châteaux de l'évêché et se fit prêter serment de fidélité par les sujets. Le pape, irrité, eut recours à l'excommunication, qui était son remède ordinaire, et lança ses foudres contre tous ceux qui ne voudraient pas reconnaître Jean de Châlons. Pendant ce différend, l'évêché de Châlons étant devenu vacant, le pape le donna à Jean et lui laissa, en attendant que cette difficulté fût terminée, l'administration de l'évêché de Bâle.

Deux élections pour le remplacer: Jean de Châlons et Hartung.

Disette de fruits et de vin.

L'an 1325 les fruits de la terre périrent sous les neiges. On fit peu de vin et mal conditionné.

Mort de Hugues de Châlons.

Ses enfants.

Hugues de Châlons, baron d'Arlay, seigneur d'Orbe, etc., mourut cette année 1325. Il avait épousé Béatrix, fille de Humbert Ier, sire de la Tour du Pin, et d'Anne, dauphine de Viennois, de laquelle il eut quatre fils, savoir: Jean III, qui lui succéda; Louis; Hugues, qui épousa Blanche de Savoie, fille d'Amé, comté de Genève, et enfin Jacques. Après la mort de

Hugues, Rollin alla en Bourgogne pour faire à dame Béatrix des compliments de condoléance sur la mort de son époux, où étant, il lui demanda deux choses : de pouvoir disposer par son testament du comté de Neuchâtel en faveur de son fils Louis, et de le pouvoir émanciper et lui remettre son comté ; ce qu'elle lui accorda. Rollin désirait de donner à son fils Louis son comté par préciput pour lui et ses hoirs procréés de son mariage avec Jeanne de Montfaucon. Il se fit pour lors entre eux un traité de mariage, par lequel Rollin donna à son fils le comté de Neuchâtel, comme il se l'était proposé. Cette Jeanne était fille de Henri de Montfaucon (qui était présent et consentant au traité) et d'Agnès, comtesse de Montbéliard (V. l'an 1324). L'acte se passa le 6 juillet 1325, en présence de Béatrix de Vienne, comme mère tutrice de Jean de Châlons III, son fils, duquel le comte Rodolphe se reconnaissait homme lige. Il y est dit qu'elle était séante sur son tribunal et que Louis était constitué par-devant son juge ordinaire ; ce qui se fit pour rendre cette donation plus ferme et plus assurée aux enfants de ce mariage, mais non pas au sujet de l'émancipation de Louis, dont elle n'était pas le juge compétent. Le comte Rollin remit dès-lors le comté de Neuchâtel entre les mains de son fils Louis, qui, dès cette année, tint les rênes de l'état et agit en souverain, quoique son père vécût encore dix-sept ans. Le comte Rollin souhaitait de prendre du repos le reste de sa vie ; il ne laissa pas cependant que d'assister son fils de ses conseils ; mais tout se passa sous l'autorité du comte Louis.

1325
Rollin se rend auprès de sa veuve. Demandes qu'il lui fait et qu'elle lui accorde.

Acte passé à ce sujet.

Rollin se reconnaît homme lige.

Il remet le comté à son fils Louis.

Jean 1er, seigneur de Valangin, mourut l'an 1326. Il laissa deux fils : Girard, qui lui succéda, et Vauthier, qui fut prévôt de Moutier-Grandval. Il eut aussi deux filles, qui furent religieuses. Son frère Dietrich était mort longtemps avant lui et sans enfants.

1326
Mort de Jean, seigneur de Valangin. Ses enfants.

Le 11 mars 1326, Othon II, baron de Grandson, étant malade, fit son testament dans l'abbaye de la Lance, qu'il avait bâtie, et mourut peu de jours après. Il donna à son frère Guillaume ce qui lui était dû en Angleterre et en Irlande ; Pierre, son neveu, seigneur de Belmont, fils de son frère Pierre, fut créé son héritier universel. Il fit un legs à Othon, le fils puîné du même Pierre. Il fait encore mention dans son testament d'autres neveux qu'il avait, savoir de Pierre, comte de Gruyère, de Girard d'Oron, de Girard de Montfaucon, et d'une nièce qu'il nomme femme de Jean de Montmacon, et de son cousin Othon de Belmont.

Mort d'Othon II, baron de Grandson. Son testament.

Quoique la guerre qui s'était faite au sujet du Landeron, l'an 1324, eût pris fin par la mort de Girard, évêque de Bâle, qui

Paix entre l'évêque de Bâle, Jean de Châlons, et le cte de Neuchâtel.

1326

Conditions du traité.

L'évêque renonce à toute prétention sur Valangin et Cressier. Faubourg de Neureux.

Partage de Lignières quant au temporel.

Quant au spirituel, il reste à l'évêque de Lausanne.

Château de Schlossberg.

Justice de Lignières. De qui elle est composée.

avait été un homme turbulent pendant sa vie, il fallut cependant faire une paix entre Jean de Châlons, son successeur, et le comte Rollin, ou plutôt Louis, son fils. Cette paix se fit à Soleure, l'an 1326, par l'entremise de Léopold, duc d'Autriche, qui en fut l'arbitre peu de temps avant sa mort. Par ce traité l'évêque Jean fut obligé de restituer tous les dommages que la guerre avait causés, de payer au comte de Neuchâtel la somme de 150 marcs d'argent et de renoncer à toutes prétentions sur Valangin et sur Cressier, par rapport à l'hommage auquel l'évêque prétendait; de même aussi le faubourg de Neureux fut adjugé, avec tous les droits que l'évêque s'y était arrogés, depuis le ruisseau nommé St-Maurice jusqu'à celui qu'on appelle de la Tour. Enfin, par cette prononciation ou traité, la moitié du village de Lignières fut adjugée au comte de Neuchâtel, à l'égard du temporel, avec la moitié des hommes, que l'évêque et le comte partagèrent. Quant au spirituel, comme l'évêque de Bâle n'y avait jamais eu aucun droit, vu que Lignières, aussi bien que la Montagne de Diesse, avaient toujours dépendu de l'évêque de Lausanne, il fut laissé à ce dernier, d'autant plus que ceux de Lignières en particulier étaient paroissiens de l'église du faubourg de Neureux, qui dépendait de la collature de l'abbé de St-Jean. Enfin, ce traité portait que le château de Schlossberg serait démoli, afin que les évêques ne pussent plus s'en servir pour molester les comtes de Neuchâtel; ce qui, toutefois, ne fut pas exécuté, à l'instance de l'évêque de Strasbourg et à la prière de Hartmann, successeur de l'évêque de Bâle. Ce fut peu après ce traité que la justice de Lignières fut établie et composée de douze juges, dont six étaient sujets de l'évêque et six du comte. L'évêque établissait le maire, qui présidait, et le comte le sergent (V. l'an 1349).

1327

Mort de Hartmann de Nidau, prévôt de l'église de Soleure.

Hartmann, fils de Rodolphe II, comte de Nidau, mourut l'an 1327. Il avait été prévôt de l'église de Soleure depuis l'an 1300, et comme son élection à l'évêché de Bâle, faite l'an 1312, ne subsista pas, il fut toujours prévôt de cette église jusqu'à sa mort. Il eut pour successeur Louis, comte de Strasberg, qui fut prévôt après lui.

1328

Jean de Châlons reconnu évêque de Bâle.

Jean de Châlons, évêque de Bâle, ayant obtenu à Avignon un pouvoir, daté du 28 septembre 1328, qui lui donnait l'autorité de lever l'excommunication à l'égard de tous ceux qui le reconnaîtraient pour évêque, Hartung se déporta de l'évêché et se contenta de quelques prébendes. — Jean de Châlons demeura par ce moyen seul évêque, au lieu qu'avant cela il n'avait été que l'administrateur de l'évêché, pendant qu'on donnaît toujours à Hartung le titre d'évêque. Dès que Jean fut reconnu, il confirma aux bourgeois de la Neuveville les franchises que l'évêque Girard leur avait accordées l'an 1348.

Jean, étant évêque reconnu, vendit cette année à Louis, comte de Neuchâtel, la terre de la Fuge de Cressier ou Cussey, que l'évêque de Bâle possédait encore et qui était une terre de fief dépendant de l'empereur, et ce pour payer le comte Louis de la somme que l'évêque lui devait par le traité de paix fait deux ans auparavant. Cet évêque Jean est appelé *Monsieur de Langres* dans l'acte d'hommage que le comte Louis rendit à Jean de Châlons III le 2 mai 1357.

Alix, sœur du comte Rollin, épousa, l'an 1329, Ulrich de Porta (V. l'an 1225). Son frère lui donna quatre cents livres pour sa dot, ce qui était bien peu de chose pour la fille et sœur d'un comte de Neuchâtel.

Le prévôt et le chapitre de St-Imier firent cette année 1329, un traité de combourgeoisie avec la ville de Bienne, et ce par l'approbation de Jean de Roussillon, évêque de Lausanne; et en même temps le magistrat de Bienne fut établi et reconnu inspecteur-régent, *Casten-Vogt*, et gardien de cette église collégiale. Les dits prévôt et chapitre se soumirent à la protection du magistrat de Bienne et s'engagèrent, non-seulement de rendre compte tous les ans à cette ville de leurs revenus et de leurs dépenses, mais aussi de ne pouvoir nommer ni établir aucun chanoine, ni même aucun curé à Serrières, à Dombresson et à Tramelan, sans le vouloir et la permission du magistrat de Bienne. Le chapitre devait l'avertir lorsqu'il y avait quelque vacance, et on y envoyait des députés depuis Bienne, qui avaient voix et suffrage et qui assistaient à l'élection. Cet état de choses a subsisté jusqu'à l'an 1528.

Ce fut environ ce temps-là que Louis, comte de Neuchâtel, acheta encore quelques petits fiefs dans la châtellenie du Landeron, de certains particuliers qui les possédaient, outre ceux que Rollin, son père, avait déjà acquis l'an 1314. Ces fiefs sont, outre la terre de la Fuge de Cressier, le moulin de Vyle de l'abbé de Frienisberg; le fief de Conrad de Nidau, chevalier; le fief de Roud de Cellier; la ville de Cressier, acquise de l'évêque de Bâle par le traité de paix de l'an 1326, à la réserve de trois barraux de vin, qui font cent-quarante-quatre pots de cense annuelle, que les prédecesseurs du comte Louis possédaient déjà à Cressier; le fief de Jean de Busses; le fief de Jean Despignes; le fief de Jean de Maches; le fief Henri de Salenove; le fief de Jean Vaucher; le fief des hoirs Estevenin Vauchier; le fief de Jean d'Espaignier. Tous ces fiefs acquis

1329
Les vendeurs de ces fiefs deviennent tous vassaux des comtes de Neuchâtel.

furent ensuite remis, par les comtes Rollin et Louis, à ceux-là mêmes qui les leur avaient vendus et qui les reprirent d'eux, de sorte qu'ils devinrent par ce moyen vassaux des comtes avec droit de réversibilité à leur domaine direct, lorsque les familles de ces hommes royaux viendraient à s'éteindre, au lieu qu'auparavant ces petits seigneurs relevaient immédiatement de l'empereur. Tous ces petits fiefs composaient la baronnie du Landeron et étaient de franc aleu, c'est-à-dire des terres exemptes de toutes sortes de droits seigneuriaux; ils devinrent par-là sujets à la directe propriété du comte de Neuchâtel.

Ces fiefs composaient la baronnie du Landeron.

Autres acquisitions du comte Louis. Dans le Val-de-Ruz.

Le comte Louis acheta encore des terres en divers autres endroits du comté: il en acquit au Val-de-Ruz, qu'il donna en fief à messire Jean Pictet de Savagnier, chevalier. Il en acheta de Pierre d'Aignans (V. l'an 1286), qui étaient à Bevaix; des seigneurs d'Estavayer, qui les possédaient dans les châtellenies de Gorgier et de Boudry, et aussi du seigneur de Joux, savoir: son fief qu'il avait au Vautravers, et il fit encore diverses autres acquisitions (V. les ans 1338, 1334 et 1347).

A Bevaix.
A Gorgier et Boudry.
Dans le Val-de-Travers.

1330
Alliance pour six ans de l'évêque de Bâle avec Berne. Il remet l'Erguel à l'évêché.

Jean de Châlons, évêque de Bâle, fit une alliance pour six ans avec la ville de Berne. On a cru que cet évêque possédait la seigneurie d'Erguel en son propre, vu qu'il la remit à l'évêché, duquel il la tenait en fief, tellement que dès-lors elle a toujours appartenu à ses successeurs (V. l'an 1395). Cette seigneurie d'Erguel, dont le château avait été bâti l'an 1284, s'étendait depuis la Roche mille-et-deux jusqu'au Torrent [1]). Il est à remarquer qu'on ne pouvait point entrer dans le Val-de-Ruz depuis l'Erguel, ni avec des chevaux, ni avec des charriots, mais seulement à pied; c'est pourquoi on fendit, ou plutôt on coupa jusqu'au fond le rocher de Pertuis qui est au-dessus de St-Martin.

On fend les roches de Pertuis pour aller de l'Erguel au Val-de-Travers.

Mort de Jean, évêque de Bâle. Son successeur.

Jean mourut peu de temps après l'alliance qu'il avait faite avec Berne; il eut pour successeur Jean II, fils de Burckard Senn ou Senno, baron de Munsingen.

1331
Mort d'Eléonore, épouse de Rollin. Naissance d'un fils au comte Louis.

Eléonore de Savoie, épouse du comte Rollin, mourut le 24 mars 1331. Il naquit d'un autre côté, le 13 décembre de la même année, un fils au comte Louis, qui fut nommé Jean, mais qui mourut bientôt après.

Le baron Jean Senno tue un prêtre.

Le baron Jean Senno, bourgeois de Berne, ayant tué l'an 1331 le prêtre de Diesbach, les parents de celui-ci n'ayant jamais voulu traiter avec ce baron, mais attentant continuellement à

---

[1]) Cette seigneurie avait d'autres lois que le reste du Val-de-St-Imier depuis le Torrent en bas, et il y a encore aujourd'hui de la diversité à l'égard de la monnaie: l'écu qui vaut 25 batz au-dessous du Torrent, n'en vaut que 20 dans la dite seigneurie.

sa vie, cela fut cause d'une cruelle guerre. Le baron eut recours aux Bernois ses combourgeois, qui lui accordèrent leur protection, et pour cet effet ils vinrent assiéger, l'an 1332, le château de Diessenberg, occupé par les ennemis de Jean, et le démolirent, quoique Eberhard, comte de Kybourg, les eut priés de ne le pas détruire. Cet acte piqua tellement ce comte, que quoiqu'il fût vassal et bourgeois de Berne, il s'en alla à Fribourg, où il se fit recevoir dans la bourgeoisie, et profitant de l'indisposition où étaient alors les Fribourgeois contre les Bernois, il vint à bout de les porter à prendre les armes. Les Fribourgeois se servirent dans cette occasion du seigneur de Gumine, qui était leur combourgeois, pour molester continuellement les Bernois. Ceux-ci marchèrent contre leurs ennemis étant assistés et secourus de Pierre, comte d'Arberg, de la ville de Thoune, de l'évêque de Bâle, des villes de Soleure et de Bienne, comme aussi du comte Amédée de Savoie, et ils remportèrent la victoire sur les Fribourgeois, qui étaient assistés du comte de Kybourg et des troupes de Louis, baron de Vaud. Les Bernois, après cette victoire, allèrent démolir Landshut, qui appartenait au comte de Kybourg; ils se saisirent aussi du cimetière de Herzogenbuchsée, quoique environné de murailles et de remparts; ils y enlevèrent un grand butin qu'on y avait déposé. Ils allèrent aussi avec Pierre d'Arberg devant la ville d'Avenches, pour punir Louis, baron de Vaud, et y enlevèrent beaucoup d'argent, tellement que chaque soldat eut sept gulden pour sa part. Les Bernois détruisirent encore plusieurs autres lieux appartenant au comte de Kybourg. Puis ils firent avec la ville de Morat une étroite alliance, qui fut depuis renouvelée.

Agnès, veuve d'André, roi de Hongrie, et fille de l'empereur Albert Ier, qui après la mort de son époux s'était retirée à Königsfelden, fit la paix l'an 1333 entre les villes de Berne et de Fribourg et tous ceux qui avaient été engagés dans cette guerre.

Cette année, malgré des débordements d'eau, il y eut une grande abondance de vin et de grain.

Pierre, baron de Grandson, neveu d'Othon II, suscita l'an 1334 des difficultés au comte de Neuchâtel au sujet des limites et de quelques prétentions qu'ils avaient l'un contre l'autre, et particulièrement au sujet de Provence. Le comte Louis prit les armes; mais Amédée V, comte de Savoie, qui fut choisi pour arbitre, pacifia pour un temps ce différend. Il adjugea au baron de Grandson les deux tiers de Provence, et au comte de Neuchâtel, qui alors était baron de Vaumarcus, l'autre tiers (V. l'an 1248). L'arbitrage se fit à Yverdon.

Il naquit cette année un fils au comte Louis, nommé Jean.

1335

Témoins ouïs sur les limites du Val-de-Travers contre Grandson.

Les difficultés entre le baron de Grandson et le comte de Neuchâtel regardaient aussi les limites du Val-de-Travers. On trouve un acte passé à Travers, en la présence d'Etienne, prêtre de Mijoux, agissant au nom du comte Rollin, et daté du 2 septembre 1335, où il est dit que deux témoins furent assermentés au sujet des limites du comté de Neufchâtel, savoir : Vionet, dit

Leur déclaration.

Vicom, et Jean, dit de la Frasse; ils déclarent que ces limites étaient depuis le lieu nommé Chastelard, tendant au lieu nommé Nid du Fez devers Verminée, et de là à la Fontaine ronde. Le dit Vionet déclare que lui et ses prédécesseurs avaient habité dans les bois, les joux et les plaines qui sont enfermés dans ces limites, et qu'ils avaient cependant toujours dépendu du comté de Neufchâtel; qu'ils y avaient toujours payé les censes foncières de leurs terres sans avoir été inquiétés de personne, et que lui, Vionet, possédait encore actuellement les dites terres, dont il payait la cense au comte de Neufchâtel.

Hommage pour Cerlier au comte de Savoie.

Rodolphe III, comte de Nidau, rendit cette année 1335 l'hommage pour Cerlier à Aymon, fils d'Amédée V, comte de Savoie (V. les ans 1259 et 1260).

Comme le lieu où le village de Wavre est situé contenait en ce temps une grande forêt de chênes, il y eut plusieurs personnes qui s'associèrent pour la défricher et pour y bâtir des maisons; ils demandèrent pour cet effet le fond que cette forêt occupait au comte Rollin, qui la leur accorda par un acte qu'il leur en passa le 23 octobre 1335.

Orage violent.

Il fit le 1er novembre 1335 un orage des plus violents, qui causa dans toute la Suisse un très grand dommage aux temples, aux tours, aux maisons, aux arbres, etc.

Les comtes de la Suisse, incités par l'empereur, se concertent pour faire la guerre à Berne.

L'empereur Louis V incita, l'an 1336, tous les voisins de Berne à prendre les armes contre cette ville, parce qu'elle avait soutenu le parti de Frédéric d'Autriche, son compétiteur à l'empire, mais surtout le parti du pape qui, ayant excommunié Louis, les Bernois ne l'avaient pas voulu reconnaître. Sur quoi il y eut une assemblée à Nidau dans le château du comte Rodolphe III, qui était l'ennemi irréconciliable des Bernois. Il y fut résolu d'attaquer Berne et de la détruire. Ceux qui se liguèrent contre cette ville étaient : 1° Rodolphe, comte de Nidau; 2° Eberhard, comte

Les comtes de Neuchâtel et de Valangin au nombre des coalisés.

de Kybourg; 3° Rodolphe V, comte de Neuchâtel, soit Louis son fils; 4° Girard, seigneur de Valangin; 5° Pierre, comte de Gruyères; 6° Pierre, comte d'Arberg; 7° L'évêque de Lausanne; 8° celui de Sion; 9° enfin la ville de Fribourg. L'empereur sollicita encore en particulier les comtes de Neuchâtel et de Kybourg à battre une certaine monnaie contre les Bernois, et il céda à Girard de Valangin la somme de trois mille marcs d'argent à prendre sur la ville de Berne, et qu'au cas de refus elle y serait forcée par la voie des armes et condamnée aux dépens. Cette somme provenait d'une amende que cet empereur lui avait imposée. Dès ce moment, les deux partis ne cessèrent de faire des actes d'hostilité l'un contre l'autre. Entre les seigneurs, Girard de Valangin était un des plus animés contre Berne.

Quoique plusieurs traités de paix eussent déjà été faits entre le comte Rollin et les barons de Grandson, par Jean de Châlons, seigneur d'Arlay, et ensuite par Amédée IV, comte de Savoie, pour les fiefs de Boudry et de Vaumarcus, pour leurs prétentions en Vuilliez près de Cudrefin, comme aussi sur Champvent, Vuitebœuf et Belmont, le différend ne laissa pas de renaître entre les comtes de Neuchâtel et Girard d'Arberg, seigneur de Valangin, gendre de Rollin, d'une part, et entre Pierre de Grandson et Othon, son fils, d'autre part; tellement que la guerre ayant recommencé, le comte Aymon, comte de Savoie, fit la paix entre eux dans la ville d'Yverdon, par une ample prononciation rendue le 5 février 1336. Par cet acte, le fief de Vaumarcus fut adjugé au comte de Neuchâtel, et celui de Belmont et de Vuitebœuf au baron de Grandson. Néanmoins, toutes leurs difficultés ne furent pas par cela même terminées. Les comtes de Neuchâtel et les barons de Grandson avaient plusieurs biens mêlés ensemble: ils avaient en divers lieux deux juridictions, hommes et hommages, sans être sujets l'un à l'autre. Il y avait pour lors divers lieux où les sujets des deux habitaient, comme à Provence et autre part; on y partageait les hommes aussi bien que les terres. Il y avait des familles qui dépendaient de l'un, et d'autres qui dépendaient de l'autre; la juridiction, les amendes, les censes, etc. causaient souvent des divisions et des représailles. Aymon prononça encore sur les difficultés qu'ils avaient au sujet du péage dû par ceux de Cudrefin, du droit de bocquage de ceux de Vuilliez, de l'usage sur les prés du Chablaix et des droits sur la mairie de Lenauré et ses forestiers, et il confirma par cette prononciation celle qu'il avait rendue deux ans auparavant.

Berthold de Grünenberg rendit, l'an 1337, hommage au comte Rollin pour le fief de Kriegstetten; il promit pour lui et ses hoirs de rendre au comte ses services, conseils et faveurs, comme bon homme et fidèle vassal. Il confirma qu'il était son homme et féal et reconnut qu'il tenait de lui en fief la dîme du village de Kriegstetten, qu'Ulrich et Henri de Signau tenaient auparavant et qu'ils avaient résignée par leurs lettres patentes au dit comte, et ce librement et expressément, lequel fief ce

1336

Nouveaux différends entre les c^tes de Neuchâtel et le baron de Grandson pour différents fiefs.

Paix faite entre le baron de Grandson et le comte de Neuchâtel, par la médiation d'Aymon, comte de Savoie.

1337

Hommage rendu au comte Rollin pour le fief de Kriegstetten.

1337

comte remet au dit donzel Berthold de Grünenberg pour lui et les hoirs féodaux de son corps (V. l'an 1429). Les sceaux du doyen de St-Ginier et celui du dit Berthold sont appendus à l'acte, qui est daté du vendredi après la fête de Pentecôte.

Priviléges accordés par Rollin aux habitants de Mijoux et de la Côte-aux-Fayes.

Le comte Rollin accorda aux habitants de sa terre de Mijoux et de la Côte-aux-Fayes, pour eux et leurs hoirs et pour ceux qui viendraient au temps à venir habiter dans ces lieux (excepté les hommes taillables qui s'y trouvaient et qui y viendraient ci-après), d'être exempts de toutes tailles, excepté les rentes et ce qu'ils devaient payer pour la guerre et la seigneurie qu'il retenait sur eux, et ce qu'ils devaient pour les fours et moulins, les dîmes, les bans et les clames, de même que ce qu'ils devaient pour leur bétail, mais qui fut fixé très favorablement, savoir: pour chaque cheval ou jument deux sols esthévenants; pour chaque bœuf deux sols de la dite monnaie; pour chaque vache douze deniers; pour chaque brebis ou chèvre quatre deniers, mais ils n'étaient obligés de payer pour les chevaux, les bœufs et les vaches, que lorsque ces bêtes avaient passé leurs deux ans, et les brebis et les chèvres leur première année; et ceux qui ne gardaient point de bétail ne devaient payer que deux sols. Le comte accorde à tous les habitants des dits lieux tous les pâturages et pâquiers communs dont ils jouissent dans tout le détroit de leur paroisse. Il affranchit plusieurs personnes taillables; il les libère de la main morte, afin qu'ils pussent vendre de l'un à l'autre une partie de leurs biens suivant leurs besoins, toutefois en payant le lod, pour chaque sol un denier. L'acte est scellé du comte et daté du jeudi après la Toussaint 1337 (V. les ans 1340, 1357 et 1473).

Difficultés entre les habitants de Mijoux et les Verrières.

Après que ces habitants de Mijoux, appelés dans les actes latins *Medium Juræ*, aujourd'hui les Verrières, eurent obtenu ces franchises, ils prétendirent d'en jouir pleinement et à l'exclusion de tous autres; à quoi de certains verriers, dont la profession est noble, s'étant opposés à cause des bois auxquels ils voulaient avoir droit d'affocage pour leurs fourneaux, en vertu de quelques baux à eux faits précédemment, des disputes s'élevèrent et on en vint aux mains; il y eut même du sang répandu.

Combat de la Male-Combe.

Le lieu du combat fut appelé la Male-Combe. Les Verrières n'étaient pas pour lors un village; il n'y avait qu'une verrerie et très peu de maisons dispersées, et c'est à cause de cette verrerie que ce lieu fut ainsi nommé.

Origine des Verrières.

Testament du cte Rollin.

Le comte Rollin avait fait son testament quelque temps avant que de passer cet acte aux habitants des Verrières. Ce testament est daté du 5 mars 1337. Il institua son fils Louis son héritier universel; il donna à sa sœur Sibyllette 100 livres de rentes; il légua à sa fille Marguerite, tant pour ses biens paternels que maternels, Boudevilliers et Montésillon et toute sa vaisselle d'argent; il lui donna encore Boudry, qui était déjà une baronnie (V. l'an 1278), lesquelles terres cependant étaient rachetables pour cinq mille livres. Mais comme cette Marguerite mourut sans enfants, toutes ces terres retournèrent à la comtesse Isabelle, sa nièce, fille de Louis.

1337.

Le 20 juillet il apparut une comète, et on vit bientôt après un grand nombre de sauterelles dans la Suisse. Il y eut ensuite une grande cherté, tellement que plusieurs personnes moururent de faim. Cela fut suivi de la peste et d'une mortalité sur le bétail.

Comète.

Pierre III, comte de Gruyères, ayant fait la guerre l'an 1338 à Jean de Roussillon, évêque de Lausanne, celui-ci eut recours au moyen dont les évêques se servaient ordinairement, l'excommunication; et ce Pierre fut assez imbécile, pour se remettre dans les bonnes grâces de l'évêque, d'acheter la paix aux conditions qu'il lui prescrivit.

1338
Guerre entre l'évêque de Lausanne et Pierre de Gruyères.
Celui-ci fait la paix pour se délivrer de l'excommunication

Jean Senn, baron de Munsingen, évêque de Bâle, confirma aux bourgeois de la Neuveville les franchises qui leur avaient été accordées par l'évêque Gerhard ou Girard l'an 1348.

Confirmation des franchises de la Neuveville.

Au jour de St-Grégoire 1338, il se fit un échange entre Louis, comte de Neuchâtel, et Henri de Montfaucon, qui avait épousé Agnès, fille de Renaud, comte de Montbéliard, et de Guillemette de Neuchâtel, par lequel échange Louis, au nom de Jeanne de Montfaucon son épouse, donna à Henri, son beau-père, le fief des Roches en Vaudois ou Vallonois, que la susdite Jeanne avait eu de sa mère Agnès; et Henri de Montfaucon donna en contre-échange au comte Louis le château de Valangin, qu'Agnès, son épouse, avait eu en partage (V. les ans 1296 et 1297) et dont les seigneurs de Valangin avaient rendu hommage au comte de Monbéliard, dès l'année 1297. Ces derniers n'en avaient que la seigneurie directe et n'en étaient que les seigneurs féodaux. Louis, comte de Neuchâtel, et tous ceux que j'ai nommés ci-dessus en l'année 1336, s'étant ligués contre la ville de Berne, et ce à la sollicitation de l'empereur Louis, ces comtes trouvèrent de vains prétextes pour commencer la guerre. Girard de Valangin fit les premiers actes d'hostilité contre les Bernois par des courses dans leurs terres et en pillant leurs sujets. La ville de Berne, voyant que le comte d'Arberg, qui était son allié, assistait cependant contre elle le seigneur de Valangin son parent, envoya, l'an 1339, le 16 mai, des troupes devant Arberg pour en faire le siège; mais cette armée ne put rien faire ni au château, ni à la ville qui était déjà occupée par des troupes

Echange par lequel le comte Louis acquiert le château de Valangin.

Suite de la ligue des comtes et seigneurs, parmi lesquels ceux de Neuchâtel et Valangin, contre la ville de Berne.

1339
Les Bernois entreprennent le siège d'Arberg, mais en vain.

1339 de Neuchâtel et de Fribourg, et elle fut obligée de s'en retourner; ce qu'elle fit en pillant et saccageant tous les villages voisins qui appartenaient au comte Pierre.

La guerre ayant été ainsi commencée, les ennemis des Bernois firent de grands préparatifs pour la pousser avec vigueur. Les Bernois prévoyaient que l'attaque commencerait contre Laupen, qu'ils avaient acquis d'Othon II, baron de Grandson, ou plutôt de Perrod de la Tour, lequel avait acheté lui-même d'Othon, pour la somme de 1500 marcs d'argent, les droits qu'il possédait sur cette ville, droits que Perrod avait ensuite remis, par le consentement de l'empereur et d'Othon, aux Bernois.

Laupen acquis par les Bernois. Ceux-ci en ayant déjà quelques-uns sur Laupen, en étaient devenus, par ce moyen, les maîtres absolus; c'est pourquoi ils y

L'armée des alliés marche contre Laupen. Ses forces. envoyèrent 600 hommes en garnison. Ce fut en effet là où l'armée des alliés, au nombre de 30,000 hommes d'infanterie et de 1500 chevaux, entre lesquels il y avait 700 casques couronnés, vint se rendre sous le commandement de Rodolphe III, comte de Nidau. Ce dernier avait fait venir de la Souabe, de l'Alsace et du Brisgau, 140 casques et beaucoup d'infanterie. Le baron de la Tour, le seigneur de Montagny et autres avaient encore joint leurs troupes à l'armée des alliés, qui allèrent assiéger Laupen, dont ils désiraient de se saisir, comme étant une forte place d'où ils pourraient incommoder les Bernois. Louis, comte de Neuchâtel, s'y rendit en personne avec ses troupes, qu'il avait fait venir, du moins en grande partie, de ses seigneuries de Bourgogne, avec du bagage.

Force des Bernois et de leurs alliés. Les Bernois ayant obtenu 1500 hommes de secours de ceux d'Uri, Schwyz et Unterwald, de Soleure, de ceux de Hasli, ainsi que de Jean, baron de Weissenbourg, qui possédait le Siebenthal, et qui accourut en personne, marchèrent du côté de Laupen avec leurs troupes, qui étaient en tout de 6500 hommes. L'armée bernoise était conduite par Rodolphe d'Erlach, qui, quoique bon

Rodolphe d'Erlach, général des Bernois. ami de Rodolphe de Nidau et appartenant à sa maison, le quitta et ne put jamais être retenu par ce comte, quelques efforts qu'il fit pour cela, et ce d'autant que ce d'Erlach était bourgeois de Berne et qu'il tenait à aller assister ses combourgeois, quoiqu'il vît évidemment qu'il y avait du danger pour eux, comme étant les plus faibles, et que le comte lui fit des offres très considérables, s'il voulait demeurer dans son service. En reconnaissance de son dévouement, les Bernois établirent ce d'Erlach chef de leurs troupes, et à leur tête il alla attaquer les ennemis,

Berne remporte la victoire. les mit en fuite et remporta la victoire. Cette bataille se fit le 10 juin, ou la veille des dix mille chevaliers 1339.

Plusieurs personnes considérables y perdirent la vie. On tient qu'il y eut quatorze comtes qui furent tués ou démontés, et quatre-vingts casques couronnés qui demeurèrent sur la place. Les Bernois perdirent très peu de leurs hommes. Stettler ne fait mention que de vingt-deux, et ils gagnèrent vingt-sept drapeaux qu'ils mirent dans leur temple; mais les alliés perdirent 3500 des leurs et un grand nombre de personnes considérables.

Pierre, comte d'Arberg, dès le commencement de la déroute des alliés, se saisit de leur vaisselle d'argent et du plus beau du butin qu'il trouva dans leur camp, qu'il emporta dans sa ville d'Arberg, estimant qu'il était plus raisonnable qu'il eût ce bagage, qui appartenait à ses amis, que de le laisser tomber entre les mains des Bernois, qui étaient ses ennemis.

Rodolphe III, comte de Nidau, chez qui on avait fait toutes les assemblées et les complots contre les Bernois, fut tué dans la bataille; il s'intitulait comte de Neuchâtel, seigneur de Nidau, de Cerlier, de Buren, de Frobourg, etc. Il avait épousé Varenne de Neuchâtel en Bourgogne et sœur de Thiébaud de Neuchâtel, de laquelle il eut deux fils : Rodolphe IV, qui lui succéda, et Jacques, qui mourut sans enfants.

Girard, seigneur de Valangin, fut aussi tué dans cette bataille. Il avait épousé Jeanne, fille du comte Rollin, de laquelle il eut un fils nommé Jean II, qui fut seigneur de Valangin après lui.

Jean, fils de Louis, baron de Vaud, y perdit aussi la vie. Comme il retournait d'Italie, il se trouva parmi les alliés, qui le retinrent; et c'est ce que firent particulièrement les Fribourgeois, qui le sollicitèrent fortement à demeurer parmi eux, afin qu'il eût part à la victoire, qu'ils croyaient leur être infaillible. Aussi Louis de Savoie, son père, en fit de grands reproches aux Fribourgeois, les accusant d'être la cause de la mort de son fils, plutôt que les Bernois qui l'avaient tué. Ce Jean était le neveu d'Eléonore de Savoie, épouse du comte Rollin.

N.... d'Estavayer fut aussi tué dans cette bataille; il était fils de Jacques et frère de Pierre d'Estavayer, seigneur de Gorgier et co-seigneur de Bevaix. L'avoyer de Fribourg, qui conduisait les troupes de cette ville, et plusieurs autres personnes de qualité, tant de la Suisse que des états voisins, qui avaient fourni des troupes, demeurèrent encore sur la place.

Cette année il y eut une si grande sécheresse que presque toutes les fontaines tarirent.

Après leur victoire, les Bernois allèrent brûler et piller les terres de leurs ennemis. Hutwyl, qui appartenait au comte de Kybourg, fut entièrement consumé. Ils firent de grands dégâts en divers autres lieux, comme à Signau, à Langnau, dans l'Emmenthal; Berthoud, Nidau, Cerlier, Buren, Langenthal et autres n'en furent pas exempts, ni le comté de Neuchâtel, comme nous le verrons bientôt.

Varenne, veuve du comte de Nidau, confirme les franchises des bourgeois de Cerlier.

Après la mort du comte de Nidau, les bourgeois de Cerlier prièrent instamment Varenne, sa veuve, de leur confirmer leurs franchises, ce qu'elle fit. Il est dit dans l'acte, qui est en latin, que par le consentement de Thiébaud, son frère et son tuteur, elle ratifie aux bourgeois de Cerlier (de Herliaco) les franchises qui leur avaient été accordées par les prédécesseurs de feu le comte Rodolphe, son époux, et que ce comte leur avait lui-même confirmées; elle leur promet de ne les jamais diminuer ni enfreindre. Les sceaux de Varenne et de son frère Thiébaud sont appendus à l'acte, qui est daté du mercredi après l'octave de Pierre et Paul de l'an 1339. Les témoins qui y sont nommés, sont Louis de Neuchâtel, Eudes de la Roche, et Othon de Vaumarcus, chevaliers, Conrad de Nidau, donzel, pour lors advoyer de Cerlier, et autres:

Hommage rendu par Jean, seigneur de Valangin, à Louis de Neuchâtel, dont il était le neveu.

Jean II, fils de feu Girard de Valangin, qui avait été tué dans la bataille de Laupen, rendit, en qualité de successeur de son père, hommage à Louis de Neuchâtel, son oncle, qui fut aussi son tuteur. Jean était son neveu, parce que Girard avait épousé la sœur de Louis. L'acte d'hommage est du 29 janvier 1340. Girard, père de ce Jean, est nommé dans l'acte cousin et beau-frère de Louis, et Louis y nomme Vautier et Ulrich d'Arberg frères, ses oncles, parce qu'ils étaient les frères de Jordane, aïeule de Louis. Il est encore dit que Jean Ier, seigneur de Valangin et père de Girard, était aussi son oncle, comme étant aussi le frère de Jordane. Il y est en outre fait mention de l'acte d'hommage du mois de juillet 1303.

Louis augmente la seigneurie de Valangin en faveur de son neveu. Il lui donne le château de Valangin en augmentation de fief.

Le comte Louis donna à son neveu Jean, en augmentation de fief, le château de Valangin, qu'il avait acquis deux ans auparavant par échange de Henri de Montfaucon, comte de Montbéliard. Il augmenta encore en faveur de Jean, son neveu, la seigneurie de Valangin devers vent, comme il paraît par les limites qui y sont spécifiées; car, au lieu qu'avant ce temps, cette seigneurie ne s'étendait de ce côté-là que jusqu'au grand chemin qui va depuis Valangin à Tête-de-Rang et de là au Crêt de la Sagne, les limites marquées dans cet acte sont les suivantes :

Limites nouvelles données à la seigneurie de Valangin.

« Depuis Montmolin tendant contre Mont par la vie des » Moles et de là à la Pierre crosée qui est une borne plantée » au Pré Corvoyet (qui est aux hoirs de Henri de Montmolens) » et dès là tendant contre Val une sauge, à une sauge crosée » qu'est à la Sonoille, puis de là tendant au Rochat crosé qu'est » entre deux Sagneulles, et de là tendant au haut de Martel et

» de là aux portes du Locle devers le vent, tirant à N.-D. de » Basle. »

Le comte Louis accorda encore à son neveu Jean d'Arberg, que ses sujets de Valangin, du Val-de-Ruz, du Locle et de la Sagne (où il n'y avait pour lors que très peu d'habitants) seraient à l'avenir exempts du péage du Locle, et qu'ils ne devraient aucun péage de bête, ni de blé, ni de drap, ni de quelque chose qu'ils pourraient acheter dans le comté de Neuchâtel pour leur propre usage; mais, si c'est pour trafiquer, ils devraient le péage. Le comte réserve qu'il pourra tenir des hommes au Locle pour retirer son péage, duquel seront francs ceux du Val-de-Ruz, du Locle et de la Sagne, et tous les habitants jusqu'au Doubs par le Goudeba.

Louis affranchit les sujets de son neveu du péage du Locle et de tout ce qu'ils achèteraient dans le comté de Neuchâtel pour leur usage.

Il réserve de tenir des hommes au Locle pour retirer le péage.

Le comte Louis donna encore, par accroissement de fief, à son neveu Jean II, les deux foires qui devaient se tenir au bourg de Valangin par chaque année, lesquelles foires il donnait et octroyait de nouveau (V. l'an 1303). Le scel de la cour de Lausanne est appendu à l'acte; le tout rapporté par Marmet de Crostel de Cudrefin, clerc juré de la cour de Lausanne.

Il accorde deux foires au bourg de Valangin.

Il apparut au printemps 1340 une comète de la figure d'une épée.

Comète.

Les Bernois, ayant ravagé les terres de plusieurs comtes et seigneurs tôt après leur victoire de Laupen, vinrent aussi au printemps de 1340 dans le comté de Neuchâtel, où ils brûlèrent le faubourg de Neureux, qui était au pied du mont Jura et qui avait subsisté depuis la destruction de Neronica (V. l'an 380). Il n'y eut que le temple qui fut conservé et qui subsiste encore aujourd'hui, et où ceux du Landeron vont faire leur dévotion, quoiqu'il soit un peu éloigné de leur ville.

Les Bernois, pour se venger du comte Louis, ravagent le comté de Neuchâtel et brûlent le faubourg de Neureux.

Après la ruine de ce faubourg, les habitants se retirèrent en partie à Neuchâtel, qui en fut augmenté, et il y a de l'apparence que ce fut en cette occasion que les bourgeois de Neuchâtel furent affranchis des *dédites et tenues* (V. l'an 1036) et qu'on bâtit la rue du Neufbourg et autres maisons qui sont hors du détroit de l'ancien bourg.

Une partie des habitants se retirent à Neuchâtel.

Les bourgeois affranchis des dédites et tenues.

La rue du Neufbourg.

Quelques autres habitants du faubourg de Neureux allèrent bâtir la Favarge, qui est au-dessous de la Coudre, auxquels le comte Louis donna de grandes franchises pour les récompenser de la perte qu'ils avaient faite. Ce lieu fut ainsi nommé, parce qu'on y bâtit une forge, qu'on appelle favarge en langage du pays. Aussi les premiers habitants quittèrent leur ancien nom et prirent celui de Favargier ou Favarger, et c'est de là que ceux de cette famille qui sont bourgeois de Neuchâtel, tirent leur origine. Cette forge, construite près de Neuchâtel et sur le

Quelques autres des habitants bâtissent la Favarge.

Origine de la famille Favarger.

1340

La Favarge rebâtie où elle est à présent.

grand chemin, était très-commode pour les passants. Mais ce qui fit surtout que ce lieu fut choisi, c'est parce que le comte Louis donna aux habitants des terres dans ce détroit pour les cultiver; c'est aussi ce que fit l'abbé de Fontaine-André. Cette forge ou favarge fut bâtie sur le grand chemin qui en ce temps-là était la *Videtra* (V. l'an 1132), qui allait de Neuchâtel à la Coudre, de sorte qu'elle était au lieu où il y a présentement une carrière; mais le chemin du bas, qui passe par le Sart et par Monruz, ayant été fait depuis, la Favarge a été bâtie sur ce dernier chemin, outre que l'abbé de Fontaine-André leur

Maisons et vignes données par l'abbé de Fontaine-André, à condition de la tierce gerle.

ayant donné la maison qui subsiste aujourd'hui, qu'il promit de maintenir à ses dépens avec des vignes qu'il leur remit à condition d'en retirer la tierce gerle, les habitants quittèrent leur ancienne demeure pour venir habiter dans cette maison que l'abbé venait de leur remettre et qui subsiste encore aujourd'hui (V. l'an 1536).

La plus grande partie des habitants du faubourg de Neureux se retirent au Landeron.

Quant à la plus grande partie des habitants de Neureux, ils se retirèrent au Landeron, qui était l'endroit le plus proche du faubourg brûlé. Ils y furent reçus au nombre des bourgeois; mais comme ils possédaient de grandes franchises, dont ils avaient préservé l'acte qui les contenait, qu'ils souhaitaient de transférer à la ville du Landeron, et appréhendant de le perdre par quelque autre accident, ils s'adressèrent à l'abbé de l'Ile de St-Jean et au chapitre de Neuchâtel, qui leur en expédièrent un vidimus dans toutes les formes, duement scellé, au mois d'octobre 1340.

Franchises accordées aux habitants des Verrières.

Le comte Rollin passa aux habitants des Verrières l'acte de leurs plus anciennes franchises. Il est dit qu'il les abergea en la Combe des Verrières et qu'il leur promit entre autres choses de non les devoir *intenter*, ni faire *intenter*, etc. (V. les ans 1473, 1337 et 1357.) Il paraît qu'*intenter* était de les faire reconnaître leurs fonds.

Hommage rendu à Louis de Savoie pour Gorgier.

Pierre d'Estavayer, co-seigneur de Gorgier, rendit cette année hommage de cette seigneurie à Louis, baron de Vaud; voici ce que contient cet acte:

Hommage lige.

Pierre, conseigneur d'Estavayer, chevalier, fils feu Perroud, conseigneur d'Estavayer, donzel, du consentement d'Althaud, son frère, confesse d'avoir pris pour lui et ses hoirs, par ces présentes, en fied et hommage lige, de son pur franc et libéral alloud, de son seigneur Louis de Savoye, seigneur de Vaud, et de ses hoirs, co-hoirs et successeurs, premièrement le château de Gorgier, le territoire, les appartenances et appendances d'icelui château, et toute la châtellenie d'icelui château. Item tous les hommes d'un chacun sexe, leurs hoirs et successeurs nés et à naître, liges et non liges, libres, francs et serfs, là où ils seront et pourront être dans les limites suivantes : Depuis la Combe du Soleil en descendant par le Rus courant par le pied du château de Valmarcus jusqu'au lac, et depuis la rive du lac jusqu'au milieu du lac, et depuis la dite Combe du Soleil en tendant droit par la montagne dessus et par la planée d'icelle jusqu'à la descente de la dite planée vers le Vautravers, et de l'autre partie, savoir devers l'orient par le Rus dit de Banens qui descend vers le lac, et depuis la rive du dit lac jusqu'au milieu du lac, et par le dit Rus dessus jusqu'au lieu dit Rougenet, où il y a quelques poiriers, et de là tendant droit dessus par la montagne et par la planée d'icelle montagne jusqu'à la descente vers le Vautravers.

1340

Limites de Gorgier.

Duquel château de Gorgier suslimité, excepté l'édifice que les enfants de Rollin, conseigneur d'Estavayer (qu'il nomme feu son compersonnier), et ses frères, et qu'ils ont dans la closule du dit château, lequel édifice est assis par parties, à savoir devers l'orient, une partie entre la tour du dit château et aucun cellier de lui Pierre et de ses frères être excepté, aucune place au milieu étant, laquelle demeure à moi Pierre et à mes frères commune et aux enfants du dit Rollin. Item aucune partie du dit édifice sise entre le dit cellier de moi Pierre et de mes frères devers le lac, et le lieu du dit château dit Gravani, et une autre partie du dit édifice sise entre le dit Gravani et la maréchaussée du dit château auprès de la porte. Item la loge du dit château demeure commune à moi Pierre et à mes frères et aux enfants du dit Rollin; la tour, la salle, les autres chambres, le poële de la maison, la maison dite Gravani, la citerne et la maréchaussée sont à moi Pierre et à mes frères, lesquelles choses je reprends en fief du devant dit seigneur Louis et des siens, dans lesquelles limites sont les villes ci-après écrites : les villes de Sauge, de Frésain, de Montalchiez, d'Erperens, des Oches, de Mollin, de Gorgier, de St-Aubin, dans lesquelles villes, lui Pierre et ses frères avaient les hommes ci-dessous écrits, les censes de blé, de froment, d'avoine, des deniers d'huile, de coqs, de chapons, les vignes, les dîmes, le terrage, les prés, les bois, les usages, les services, les tributs et autres choses ci-après marquées. La mère et mixte impère et toute jurisdiction : 1. Les hommes de Sauge, qui sont en tout 26, à Frésain 14, à Montalchiez 15, à Erperens 2, à Oches 10, à Mollin 8, à Gorgier 37, et à St-Aubin 22. Item à Cortaillod 43 hommes. Item en blé le moulin de St-Aubin, qui vaut annuellement 5 coppets de froment en cense, mesure d'Estavayer. Item le four du dit lieu 11 coppets de froment; le four de Gorgier 5 coppets, le four de Mollin et des Bos 2 coppets de froment de cense, le four de Montalchiez 4 coppets, le four de Frésain 4 coppets. Item la porterie de l'areaige du châtel de Gorgier dix muids de blé de cense. Item un muid de froment, lequel doit Perrin, donzel de Gorgier, qui est homme lige de moi dit Pierre et de mes frères et tient de nous en fief et hommage lige son tennement dans les dits confins en biens, choses et

Exception de ce qui appartient aux enfants de Rollin d'Estavayer et à ses frères.

Reprise du seign' Louis.

Les hommes, les censes, les tributs.

Mère et mixte impère.

Porterie.

Perrin de Gorgier, vassal de Gorgier,

1340

Dîme.
Huile.
Battieux.

Chapons.
Vignes.

Terrage.

Prés et bois.

Péage de St-Aubin.

Paission.

Les lods.

Reprises et échutes.
Commise.
Peine quand on ne paie pas les censes.
Totale juridiction sur les biens et les hommes.
Sur les délinquants et même étrangers.

Excepté le fied que les enfants du dit feu Rollin tiennent de Pierre reconnaissant.

Avoyerie de Bevaix.

Un des co-seign⁴⁵ de Bevaix avait le droit de punition des criminels.

possessions, qui valent chacun an 20 muids de blé ou environ. Item la dîme de Gorgier, qui vaut annuellement et communément 15 muids de blé ou environ. Item à Sauges 15 picotins d'huile de cense. Item 2 muids de noix ou environ de cense. Item le battieux de Gorgier, qui vaut annuellement 100 pleyons d'œuvre, qui sont comptés 30 sols lausannois de cense. Item aux villes devant dites 180 chapons, tant de censes que de chaponnerie. Item aucunes vignes sises devant et auprès du dit château de Gorgier, qui contiennent environ 12 poses. Item le terrage de 200 poses de terre ou environ sises dans les dites limites, qui ne sont pas encore accensées. Item au territoire de Gorgier, de Frésain et d'Erperens 15 soitures de prés. Item 900 poses de bois ou environ aux bois ci-après écrits, savoir : au bois dit de la Perrela, au bois dit Pollière 200 poses, et au bois du grand Dévent 400 poses ou environ. Item au bois dit Angle 300 poses ou environ. Item le péage de St-Aubin, qui vaut annuellement pour le vin et le sel 8 livres lausannoises de censes. Item la paission des dits bois, vaut annuellement de commune estimation . . . . Item 42 livres lausannoises de censes dues par les hommes ci-dessus nommés et autres par chacun an, pour les possessions situées dans les limites ci-dessus, et les lods de ces choses quand elles seront aliénées, et le double des censes quand elles ne seront payées au terme dû, et les échutes quand elles ne seront payées dans trois ans, elles tombent en commise, et les reprises par la mort des tennementiers, auxquelles reprises les censes dues se doublent. Item de mère et mixte impère et totale juridiction en tous les biens, choses et possessions devant dites, et en et sur tous les hommes devant écrits et leur postérité, et de chacun d'eux, en quels lieux qu'ils soient délinquants, commettants ou forfaisants, ou qui contrayent dans les dites limites et territoires, et aussi aux étrangers qui seront délinquants, forfaisants ou contrayants aux terres, possessions, propriétés et fiefs de moi le dit Pierre et de mes frères, excepté le fied que les enfants du dit feu Rollin tiennent de moi, le dit Pierre, dans les dits confins, lesquelles choses féodales des enfants du dit Rollin, si les étrangers délinquent, commettent forfaits ou contrayent, je, le dit Pierre, et mes frères aurons la moitié des biens et de l'exercitation de la juridiction, les autres vraiment enfants du dit Rollin l'autre moitié. Et est à savoir que toutes les choses et possessions, biens, hommes et fiefs que tiennent, ont autres d'iceux dans les dits territoires mère mixte impère et totale juridiction que tiennent les enfants du dit Rollin et doivent avoir, ils les tiennent et sont du fied de moi, le dit Pierre, et de mes frères, en foi et hommage lige. Item la tierce partie de l'avoyerie de Bevaix par indivis appartient aux dits enfants du dit feu Rollin, laquelle tierce partie ils tiennent en fief et hommage de moi, le dit Pierre, et de mes frères; l'autre tierce partie appartient à M. Henry de Colombier, chevalier, et l'autre tierce partie au prieur de Bevaix, dont les enfants du dit Rollin ont la punition des corps des délinquants en la dite ville de Bevaix et ses appartenances; laquelle punition les dits enfants du dit Rollin tiennent sous le fied et hommage prédits. Item et toutes les choses que les enfants du dit Rollin tiennent et ont en quelque mode que ce soit, ou qu'autres d'eux en la ville de Provence ou en ses confins, sont de mon fied de moi, le dit Pierre, et de mes frères, et sous le fied et hommage devant dits. Item comme moi Pierre ai acheté perpétuellement de Jean et Jaquet, enfants du dit feu Rollin, conseigneur d'Estavayer, donzel, pour certaine quantité de pécune, sous les pactes de *réemptions* : premièrement, leur maison et château de Gorgier, sis dans les limites du dit château en quel lieu et choses qu'elles soient dans le dit château, et ses limites et la châtellenie et avoyerie du dit château. Item tous leurs droits et actions réelles et personnelles, sa portion, partages à lui appartenant au dit château, présents et à venir ; et en toute la châtellenie du dit château, en quelle ville et village qu'ils soient gisants, qui se trouveront être dus, et en toute la juridiction du dit château et sous le régime des seigneurs du dit château, depuis le milieu du lac jusques à la seigneurie du Vautravers, et depuis le château et ville de Vaumarcus jusques à l'eau dite Areuse, en quoi qu'elles consistent dans les dites limites. Item tous les hommes et chaque sexe mâle et femelle, leurs hoirs et successeurs présents et à venir, nés et à naître, légitimes et non légitimes, ligiés, libres, francs et serfs, en quel lieu qu'ils soient, de présent et à l'avenir dans les dites limites. Item et tous leurs fiefs, de quel mode et genre qu'ils soient et qu'ils tiennent d'eux ou de Marie, leur mère, et qui sont de l'héritage de leur dit père. Item les hommes serviteurs et desservants au dit fied et rière-fied, les services et reconnaissances, toutes choses féodales et biens féodaux d'iceux et toute juridiction haute et basse, l'auditoire et détermination de toutes causes et la punition des dits hoirs, en quel cas que ce soit, et toute leur seigneurie utile et directe des dits hommes et des leurs. que dessus, et de tous les autres délinquants dans les délimitations prédites, mère et mixte impère en et sur les devant dits et chacun d'eux. Item toutes les censes et rentes qui leur sont et seront dues après le décès de leur dite mère par les dits hommes et habitants dans les prédites limitations, avec plein droit et toute juridition et seigneurie d'icelle, ensemble les possessions pour lesquelles sont dues les dites censes. Item tous les droits, actions, réclamations, possessions, seigneurie et juridiction de mère mixte impère, prestations de service, reconnaissances, audiences, punitions et toutes autres choses qu'ont à présent les dits frères Jean et Jaquet Rollin, ou que doivent avoir à l'avenir pour quelconque cause, tant par droit d'hoirie qu'autres titres, et qu'à eux devront parvenir par paternelle succession ou autrement, par la mort et l'obit de la dite Marie leur mère, et tous les hommes, choses et possessions devant dites, combien qu'elles soient en terres, prés, ouches, maisons, chesaux et vergers, pasquiers, pâturages, bois, rappes, eaux, cours d'eau et autres choses quelconques ; lesquelles choses devant dites par moi le

1340

Sous l'hommage de Louis de Vaud.

Pierre a acheté des enfants de Rollin d'Estavayer leur portion en la terre de Gorgier sous réméré.

Avoyerie du château de Gorgier.

Hommes de toutes les conditions.

Fiefs.

Réclamations.

Prestations.

Possessions.

1340

Pierre reprend ces choses achetées de Louis de Vaud, son seigneur.

dit Pierre acquises des dits frères Jean et Jaquet Rollin sont de mon fief lige et de mes frères, comme il est dit ci-devant. Et quand ce temps de la réemption des choses, possessions, hommes et toutes autres dessus déclarées que j'ai acquises du dit Jean Rollin ainsi passées, je Pierre, conseigneur d'Estavayer, chevalier, pour moi et mes hoirs, j'ai repris et reprends par ces présentes en fied et hommage devant dits, icelles mêmes choses et possessions, hommes, fieds et rière-fieds, universelles et singulières les autres choses dessus déclarées et non déclarées, lesquelles j'ai acquises du dit Jean Rollin, savoir : du devant dit Mons. Louis de Savoie, seigneur de Vaud, et des siens que dessus est déclaré particulièrement à la requête de mon dit seigneur et des siens que dessus les choses achetées du dit Jean Rollin, et tous autres biens, choses et possessions, fiefs et rière-fiefs étant dans les dites délimitations, et celles qu'ils auront en la ville de Provence appartenant au dit Jean Rollin. Item confesse et reconnais par ces présentes, je le dit Pierre, que le temps de réemption, par moi au dit Jaquet Rollin concédé, n'est pas encore passé. Pourquoi je confesse et reconnais par ces présentes que toutes ces choses, propriétés, et tous autres biens, fiefs et rière-fiefs, hommes et tout ce que j'ai acquis du dit Jean Rollin dans les dites limites, et celles qu'il avait en la ville de Provence, lesquelles toutes choses devant dites sont de mon fief lige, et doivent être du rière-fief de mon dit seigneur Louis. Et si le temps de réemption passait, toutes les choses que j'ai acquises du devant dit Jaquet Rollin ai repris et reprends du devant dit Monseigneur Louis et des siens que dessus sous les fiefs et hommages liges devant dits, et toutes icelles au dit cas promets de déclarer et reconnaître.

Les hommes de Cortaillod sont aussi repris du seigneur Louis de Savoie.
Le seigneur de Gorgier avait des droits sur Cortaillod qu'il reconnaît du fief de Louis de Savoie.
Réserve de ce qui appartient au c^{te} de Neuchâtel.

Item j'ai repris et reprends de mon dit seigneur Louis et des siens comme dessus, sous les dits fiefs et hommages liges, la ville de Cortaillod et les hommes de Cortaillod dessus nommés. Item toute juridiction et toutes seigneuries et toutes autres choses que, je le dit Pierre, ai et dois avoir en la ville de Cortaillod et en tout le territoire et finage d'icelle ville, sauf et réservé ce qu'a et doit avoir en ce dit lieu Monsieur Rodolphe, comte et seigneur de Neuchâtel. Item toutes les côtes, et tous les pendants de la joux de la part du lac d'Estavayer, qui sont dans les dites limites du château de Gorgier. Item tous les droits et raisons que moi Pierre et les habitants de la terre et châtellenie de Gorgier ont en la joux, la planise de la dite joux, en quelque lieu qu'elle s'étende. Lequel château de Gorgier, territoire, pertinences et appendances d'icelui château et tous les hommes de chacun sexe mâle et femelle, leurs hoirs et successeurs des dits hommes devant dits présents et à venir, nés et à naître, liges et non liges, légitimes et non légitimes, libres, francs et serfs, et généralement tout ce que moi dit Pierre ou mes frères, conjointement ou divisément, ayons ou soyons vus avoir en quelconque mode, en toutes et singulières les choses dessus déclarées, tant dans les susdits confins et châtellenie de Gorgier, que dehors, même en terres cultivées et non cultivées, prés, champs,

Dénombrement des droits reconnus en faveur de Louis, baron de Vaud.

ouches, maisons, chesaux, bois, rappes, buissons, vergers, joux, pâquiers, pâturages, paissions, fours, moulins, battieux, pêches, péages, avoyeries, panneteries, chaponneries, porteries, orchéages, usages, services, servitudes, charrois, corvées, journées, diètes, mère mixte impère et omnimode juridiction et autres choses quelconques au devant dit Monseigneur Louis et ses hoirs et co-hoirs et ses successeurs ; je le dit Pierre suis tenu et promets pour moi et mes hoirs, par mon serment sur les saints Évangiles de Dieu, prêté corporellement et sous l'obligation expresse de tous mes biens, meubles et immeubles, etc., de pur franc alloud, défendre et garantir en tous jugements et dehors du jugement à mes dépens, etc., je le dit Pierre à mon prédit seigneur Louis l'hommage lige de la bouche et des mains j'ai fait et fais par ces' présentes et lui ai prêté et prête serment de fidélité. Promettant pour moi et mes hoirs par mon serment, etc. que je serai perpétuellement fidèle à mon devant dit seigneur Louis et à ses hoirs, etc., procurant son honneur et profit, son dommage et jacture éviter, faisant toutes les choses auxquelles le vassal noble est tenu à son seigneur et que contient la nouvelle et vieille loi de la forme de fidélité, confessant et reconnaissant par ces présentes, je le dit Pierre, avoir eu et reçu du devant dit Louis, mon seigneur, pour le prédit château de Gorgier, ses appartenances, appendances et toute la châtellenie du dit château, universelles et singulières les autres choses lesquelles j'ai reprises et reprends de mon dit seigneur Louis en fief et hommage, savoir: 450 livres bonnes lausannoises en bonne pécune comptée, dont je suis très content, en lui faisant pacte de non lui plus amplement demander, en renonçant de ma certaine science à ce fait, à l'exception de non avoir l'argent compté, et à l'espérance de recevoir à l'avenir à toutes actions et exceptions de dol, de mal et de crainte, à l'acte des enfants et à tous autres droits canons et civils, écrits et non écrits, par lequel je, ou mes hoirs, pourrions en aucune manière ou engin, venir contre les choses devant dites, ou aucunes choses d'icelles, etc.

Althaud, frère de Pierre, ratifie pour lui et ses hoirs tout le contenu ci-dessus à Louis de Savoie, et ce dernier reconnaît et confesse toutes les choses ci-dessus être vraies et de n'y jamais contrevenir, mais de défendre le dit Pierre comme son homme lige et féodal, etc. Les témoins sont François Prévost, official de Bellay; Rodolphe de Orcon, seigneur d'Attalens, chevalier; Antoine de Vuillens, chevalier; et Antoine Corme de Vuillens, chevalier. A la requête de Louis de Savoie, de Pierre et Althaud de Stavay, frères, le scel de la cour de Lausanne y fut appendu. Donné au château de Romont, le 7 juin 1340. Signé de S^{to} Martino.

Aimé de Cormondrèche, écuyer, fils de Jean, rebâtit le prieuré de Corcelles l'an 1340; il y établit quelques moines, outre ceux[1] qui y étaient déjà (V. les années 1268 et 1409), auxquels il

[1] Ainsi, il y avait déjà avant ce temps des prieurs à Corcelles (V. l'an

1340

donna quelques rentes. Aimé y bâtit aussi une chapelle qui subsista jusqu'à l'an 1406. Les rentes qu'il leur donna consistaient en fonds et en dîmes. Cet Aimé ayant augmenté de beaucoup les revenus de ce monastère, en fut le gardien, le collateur et le patron. Il n'eut que deux filles, qui transportèrent son fief dans la maison de Rambevaulx et de Regnens (V. l'an 1359). Les moines de ce prieuré étaient de l'ordre de St-Benoit; ils dépendaient du prieuré de Romainmôtier, et celui-ci du prieuré de Clugny. Messire Pierre de Gléresse fut établi prieur de Corcelles l'an 1340. Ce fut lui qui fit bâtir le temple de Cornaux, où il fonda une église, de laquelle il fut le patron et collateur, et qu'il dédia à Dieu et à St-Pierre. Le comte Louis lui donna, pour fonder cette église, le tiers des dîmes de la baronnie de Thielle; mais le prieur de Corcelles retirait ces rentes et il envoyait un de ses moines à Cornaux pour y faire le service divin et auquel il ne donnait qu'un petit gage.

Le seigneur de Cormondrèche en est le collateur et le gardien.

Moines de l'ordre de St-Benoit.

Église de Cornaux bâtie par Pierre de Gléresse, prieur de Corcelles.

Revenus donnés à cette église.

Aimé des Monts succéda au prieuré à Pierre de Gléresse l'an 1356, et à cet Aimé succéda Jean de la Vignie l'an 1369, et à ce dernier messire Humbert de Bussy. De son temps, l'an 1406, la chapelle de Corcelles fut entièrement brûlée. Pierre de la Vignie était prieur de Corcelles l'an 1429; messire Jean de Gléresse en 1440; Pierre de Gléresse en 1444; frère Gabriel Martin en 1450; frère Etienne Aimonet en 1480; Guy de Lujureux en 1492; messire Louis d'Arlos, comte de St-Jean de Lyon, chanoine de Genève, commandataire du prieuré de Corcelles, depuis l'an 1494 jusqu'à l'an 1515; révérend frère messire Rodz de Benoit, humble abbé de l'Ile de St-Jean, jusqu'à l'an 1530, où Jean Droz, prêtre de Corcelles, s'étant converti à la religion évangélique, en fut le premier ministre et pasteur.

Liste des prieurs de Corcelles.

Premier pasteur de l'église de Corcelles.

Jaquier, fils d'Othenin, fils de Jehannod de Savagnier, mourut l'an 1340. Son fief, faute de parents mâles et femelles, retourna et fut réuni à la directe. Louis, comte de Neuchâtel, en eut la plus grande partie, Savagnier étant pour lors dans son comté (V. l'an 1444). Mais ce qu'il y avait de ce fief dans la seigneurie de Valangin fut commis à Jean d'Arberg (V. l'an 1350). Jean Pictet de Savagnier, qui vivait pour lors et qui y possédait aussi un fief, était d'une autre famille (V. l'acte d'augmentation du fief au seigneur de Valangin du 21 janvier 1340, rapporté ci-dessus).

Mort du seigneur de Savagnier et la réunion de son fief à la directe.

Jean Senn, baron de Munsingen, évêque de Bâle, confirma,

1268). Mais Aimé augmenta le nombre des moines et les rentes du prieuré, et il rebâtit la maison du prieuré qui tombait en ruines.

l'an 1344, aux bourgeois de la Neuveville les franchises de l'évêque Girard de l'an 1318.

1341. Confirmation des franchises de la Neuveville.

L'empereur Louis V donna aux Suisses plusieurs franchises par un acte daté du 6 janvier 1341. Il les libéra des gabelles et de plusieurs autres choses qu'ils devaient encore à l'empire.

L'empereur accorde des franchises aux Suisses.

Jean de Roussillon, évêque de Lausanne, mourut le 15 février 1341. Il eut pour successeur Jean Bertrand.

Mort de Jean de Roussillon, évêque de Lausanne.

Berne fit cette année la paix avec la ville de Fribourg, par la médiation d'Agnès, reine de Hongrie, qui demeurait à Königsfelden. Ces deux villes avaient toujours été ennemies depuis la bataille de Laupen. Berne continua à ravager les terres des comtes voisins ses ennemis, et particulièrement celles des comtes de Kybourg, de Nidau et d'Arberg.

Paix entre Berne et Fribourg.

Berne ravage les terres de ses ennemis.

Rodolphe V, ou Rollin, comte de Neuchâtel, mourut le 22 mars 1342. Il eut d'Eléonore de Savoie quatre enfants: Louis, qui lui succéda, et trois filles, savoir: Jeanne, mariée à Girard, seigneur de Valangin; Catherine, mariée à Guillaume, fils de Guillaume, libre baron de Montjoie, et de Jeanne de Rougemont. Ce Guillaume eut de Catherine deux fils, Rollin et Louis de Montjoie, desquels fils Louis, comte de Neuchâtel, fut le tuteur et curateur, comme étant leur oncle, dès que leur père fut mort. Louis de Montjoie fut fait chevalier de l'Annonciade l'an 1355, chambellan du pape Clément VII, maréchal du St-Siége et vice-roi de Naples. Il fonda le couvent des Dominicains d'Avignon. Il passa un traité à Paris l'an 1405 de la somme de 10,000 livres avec Louis, roi de Jérusalem et de Sicile, pour l'avoir aidé à conquérir ce dernier royaume, et il fit une combourgeoisie avec la ville de Bâle l'an 1408. Il épousa dame Jacobé de Cly l'an 1364. Il en eut un fils, nommé Jean de Montjoie, qui épousa Jeanne de Villernoz, fille de Jean, comte de la Roche. Ce Jean fit l'an 1424 une alliance avec Jean de Falkenstein, évêque de Bâle; il s'unit avec Jean de Fribourg, comte de Neuchâtel, contre Albert, duc d'Autriche; aussi ses biens furent confisqués par l'archiduc, qui était son seigneur féodal; mais ils furent rendus, l'an 1439, à Jean-Louis de Montjoie, son fils. Celui-ci épousa Isabelle de Thuillens. De ce mariage sortit un fils nommé Didier de Montjoie, qui épousa, l'an 1456, Marie, fille de Jean d'Arberg IV, seigneur de Valangin, qui donna à sa dite fille, pour sa dot, 1400 florins d'or assignés sur la seigneurie de Valangin, en la présence de Jean, comte de Fribourg, de Jean de Neuchâtel, baron de Vaumarcus, de Jean de St-Loup, seigneur de Romchampt, et de Jacob de Blamont, tous cautions de la dite dot. De ce mariage il naquit un fils, nommé Etienne de Montjoie, qui fit un traité, l'an 1476,

1342. Mort du c^{te} Rodolphe V ou Rollin. Sa femme et ses enfants.

Famille de Montjoie. Généalogie de cette famille.

avec Jean de Châlons, d'après lequel il devait conduire deux cents hommes de pied et douze à cheval en Lorraine pour le duc de Bourgogne. Etienne épousa Catherine de Havancourt; de ce mariage naquit Marc de Montjoie, marié à Anne de Montmartin, d'où est issu Jean de Montjoie, qui épousa Péronne de Viry, fille de Michel, baron de Viry, et de Pauline de Vergi, fille de Guillaume de Vergi, seigneur de Champlitte, gouverneur du comté de Bourgogne, duquel mariage provint Jean-Simon de Montjoie, qui fut invêtu de tous ses fiefs par Ferdinand, archiduc d'Autriche, l'an 1587; il s'engagea à servir la maison d'Autriche à cinquante lieues à la ronde avec trente hommes, contre tous, avec le duc de Lorraine, le duc de Bourgogne et le comte de Neuchâtel. Ce Jean-Simon épousa Ursule, fille de Nicolas de Reinach, gouverneur et grand-baillif d'Altkirch. Ils eurent un fils nommé Jean-George, qui fut chambellan de Léopold d'Autriche, lequel lui donna, l'an 1621, l'investiture de ses fiefs; ce fils épousa, par dispense du pape, l'an 1634, sa cousine Marie-Françoise, fille de Ferdinand-George, baron de Montjoie, de laquelle il eut un fils nommé Béat-Albert-Ignace, qui vivait l'an 1707, et qui fut un des prétendants à la souveraineté de Neuchâtel, comme descendu en ligne directe du comte Rollin. Cette généalogie est tirée du mémoire qu'il publia pour manifester ses droits à la succession de la Principauté.

Béat-Ignace de Montjoie prétend à la principauté de Neuchâtel, comme descendu de Rollin par sa fille.

Catherine de Neuchâtel, dont j'ai parlé, femme de Guillaume, baron de Montjoie, épousa, après la mort de son mari, Pierre III, comte de Gruyères. Louis, son frère, comte de Neuchâtel, lui donna, lors de ce second mariage, la seigneurie de Lugnores, qui entra par ce moyen dans le domaine des comtes de Gruyères.

Catherine de Neuchâtel, étant veuve, épouse Pierre, c^{te} de Gruyères.
Seigneurie de Lugnores.

Marguerite, troisième fille du comte Rollin, fut mariée d'abord en 1349 au comte de Kybourg, nommé Hartmann, qui était landgrave de Bourgogne, et ensuite au comte de Bocca. Rollin, son père, avait remis à Marguerite et confirmé par son testament Boudry, Boudevilliers et Montésillon, mais rédimables pour 5000 livres, à la réserve de 1000 dont elle pouvait disposer (V. l'an 1278). Le comte Louis fit le rachat de ces terres d'abord après la mort de son père.

Marguerite, troisième fille du c^{te} Rollin.

Comme l'année commençait à Pâques, en ce temps-là, et que depuis elle a commencé à l'Annonciation, ce qui a duré jusqu'à l'an 1563, il est nécessaire de faire remarquer que ce fut à la fin de 1342 que le comte Rollin mourut, afin de concilier par ce moyen la date de l'acte suivant avec celle de sa mort:

Rollin, comte de Neuchâtel, et Louis, son fils, permettent à Jean, abbé de Montbenoist, et à ce couvent, pour le remède de leurs âmes, de bâtir

Donation faite à l'abbé de Montbenoist le lundi avant Noël 1342.

une grange sur leur joux et raiz, qui était assise dans le comté de Neufchâtel et sur les frontières de la Franche-Comté, savoir : dès le mont du Faix, ainsi comme il giète aigue aux Remosses, auquel lieu que mieux il leur plaira, à condition qu'ils reconnaissent la dite grange et ceux qui y habitent comme étant de la garde et de la justice des dits comtes, c'est à savoir tous les hommes laïques, par la condition que seigneurs doivent avoir sur gens laïques et sur hommes religieux, par la manière que sires et gardiens doivent avoir sur religieux ; et la dite grange doit avoir en champs et en prés, pour faire le grangeage de deux charrues franchement, et en son us pour affoyer et maisonner, et aux bonnes pâtures et aux joux dedans la délimitation des terres des dits comtes franchement, sans payer aucune débite. Que les gens de Montbenoist, c'est à savoir ceux de la ville d'Arson, de la Fraise, d'Hauterive et des Almans habitant ès Arcenas, Jean Fouhars et Poncet, dit Donet de la ville, de deux hommes de la dite église de Montbenoist, pour eux et leurs hoirs, ayant leurs pâturages et vaine pâture, et aux bouchois dans la dite joux, pour leur maisonner et affoyer dès le mont de Faix, tant qu'à Remosse, et dès le chemin de Morteau qui va au Vautravers par devers Remosse, tant que sur les Charrières, sans faire dommage à autrui, dont ils paieront annuellement quinze livres de cire, et sauf notre droit de la poix, des éperviers, des chasses, et de tous autres oiseaux gentils à retenir à nous et à nos hoirs. Item que la petite Saigne qui est en notre raiz et joux dessus dite, par devers les parties de Montbenoist, demeure à la dite église en cette manière, que la fontaine de la dite Saigne est et doit être commune à nos gens et aux gens de la dite église pour user et abreuver, sans faire dommage à autrui, et y doit-on laisser chemin pour aller et venir, les gens et les bêtes. Que si les gens de Montbenoist venaient à bâtir et à semer dans la dite joux, la dîme et parrochage sera à l'abbé et au couvent, et le terrage nôtre ; et si quelqu'un y habitait, il sera de notre seigneurie et juridiction haute et basse. Et s'ils y font des prés, ils nous paieront par chaque faulx annuellement douze deniers esthevenants. Les comtes Rollin et Louis réservent que leurs sujets qui habiteront au dit lieu y auront aussi leur pâturage et bouchéage, comme les hommes de Montbenoist. L'acte est daté du lundi avant Noël 1342. Et le sceau du comte y est appendu.

Le comte Rodolphe vécut encore trois mois après la passation du dit acte. Il porta toujours le nom de Rollin, qui est le diminutif de Rodolphe, parce qu'il n'avait que quatre ans quand il succéda à son père.

Les personnes de quelque considération qui ont vécu sous le comte Rollin sont : Othenin de Savagnier et Clémence de Villiers, son épouse ; Jean-le-Bel, seigneur de Cormondrèche ; Janot de Savagnier ; Lambert de Vautravers ; Jean de Vautravers, chevalier ; Pierre de Vaumarcus ; Jacques, seigneur de Colombier; Girard de Vautravers, prévôt de Neuchâtel; Cono de Vautravers et Agnès, son épouse; Ulrich Vallier de Neureux; Perroud Vallier du Landeron, son fils; Othenin de Giez et son épouse Aimonette, fille unique de Jean de Savagnier; Jean de Giez, fils d'Othenin; Berchel de Vautravers; Perrin de Vaumarcus; Jean de Maches, donzel, et Mahaut de Rozières, son épouse; Othon de Grandson, frère de Pierre; Jacques de Vaumarcus; Simon de Courtelary, chevalier; Renaud de Mortaigue, ou de *Mortua aqua*, de Fontaine-Melon, bourgeois de Neuchâtel, clerc du comte; Jean Monnoyeur, bourgeois de Neuchâtel; Vomard de Chesas, de la Ville-Neuve au Val-de-Ruz; Jean de Cormondrèche, écuyer, et Catherine de Blanccars, qu'il épousa l'an 1330; Jaquier, fils d'Othenin de Savagnier; Renaud de Cormondrèche, donzel; Pierre de Grandson et Othon, son fils; enfin Nicod de Boudry.

LOUIS Ier,

ONZIÈME COMTE DE NEUCHATEL.

1343
Louis se fait citoyen de Besançon. Serment de fidélité à l'Empire.

Louis Ier, ayant succédé à son père Rollin, se fit citoyen de Besançon, avec Guillaume de Montfaucon et plusieurs autres personnages considérables, qui prêtèrent serment de fidélité au Saint-Empire romain et au gouverneur de Besançon, parce que le comte Louis possédait plusieurs seigneuries dans la Franche-Comté. Ce comte assista dès-lors aux Etats de Bourgogne, où il tenait le second rang.

Louis assistait aux Etats de Bourgogne.

Alliance avec la ville de Soleure.

Le comte Louis fit aussi cette année-là une alliance et combourgeoisie perpétuelle avec la ville de Soleure, qu'il renouvela l'an 1369.

Guerre entre Louis et le comte de Montbéliard.

Et comme Henri de Montfaucon, comte de Montbéliard, retenait au comte Louis des biens appartenant à Jeanne de Montfaucon, son épouse, Louis fit la guerre à Henri et au seigneur de Blamont en Lorraine, qui avait épousé son parti. Henri de Montfaucon, qui était le père de la susdite Jeanne, étant mort pendant ce temps, le comte Louis posa les armes, espérant qu'Etienne de Montfaucon, son beau-frère et fils de Henri, lui accorderait ce qu'il demandait. Leur difficulté consistait en ce que le dit Henri prétendait que, par l'échange fait l'an 1338, le comte Louis avait reçu tout ce qui pouvait lui revenir pour la part des biens de Jeanne de Montfaucon, son épouse; et Louis soutenait qu'il avait donné l'équivalent par cet échange, et qu'ainsi il n'avait encore rien reçu.

Sujet de cette guerre.

Louis remet en fief des vignes à Rodolphe d'Erlach.

Le comte Louis remit à Rodolphe de Herliaco, capitaine, et ce en fief, plusieurs vignes situées au lieu dit dans le champ du Tertre, et une autre à la Saugy, joûtant les religieux de Cerlier, à condition qu'il le servira comme un bon vassal, préférablement à tous ceux dont il pourra se constituer vassal à l'avenir; le comte lui permet de lui préférer ceux auxquels il pourrait déjà s'être soumis auparavant, etc. Le sceau est appendu à l'acte daté du 12 juin 1343. On croit qu'Ulrich d'Erlach le possédait déjà l'an 1298. Le fief est appelé fief d'Erlach.

1343

La ville de Cerlier ayant obtenu du comte Rodolphe de Nidau des franchises très-considérables en l'année 1264, et voulant conserver l'acte qui les contenait, elle le montra à Pierre, comte d'Arberg, et à Rodolphe de Herliaco, seigneur de Richenbach, chevalier, les priant de lui en accorder un vidimus dans les formes; ce qui lui fut accordé le 28 juin 1343.

Vidimus des franchises de Cerlier accordé par Pierre, comte d'Arberg, et Rodolphe d'Erlach.

Le comte Louis, voulant gratifier ceux de Boudry, qui lui avaient entretenu pendant quelque temps un sien bâtard, considérant d'un autre côté que ce lieu contenait des terres fort arides, et craignant que les habitants ne l'abandonnassent, ce lieu étant un grand passage, où il y avait un pont, tellement que le chemin de Pontareuse, par où passait auparavant la *Videtra*, était presque aboli, ce comte voulut bien, pour retenir les habitants dans ce lieu et les obliger à entretenir ce pont, leur donner de grandes franchises; ce qu'il fit par un acte qui est en latin et qui contient ce qui suit:

Raisons pour lesquelles le comte Louis accorde des franchises à Boudry.

1. Il leur accorde les mêmes immunités, libertés, us et coutumes que ses prédécesseurs et lui avaient accordés à la ville de Neuchâtel. Il réserve qu'aucun bourgeois de Boudry ne pourra faire serment à une autre ville et y prendre bourgeoisie sans sa permission, et que s'il le fait, tous ses biens meubles et non meubles, dans quelque lieu qu'ils soient, tant dans la ville que dehors, pourront être saisis par le comte, sans que ce bourgeois ou autre y puisse apporter aucune opposition, et son corps, où qu'il soit trouvé, lui appartiendra et à ses hoirs, et il sera remis dans la main-morte, et dans la servitude. Il excepte encore l'affranchissement des dédites et tenues qu'il avait accordées aux bourgeois de Neuchâtel, auxquelles les bourgeois de Boudry devraient encore être assujétis. 2. Il leur permet de recevoir au nombre de leurs bourgeois tous ceux qui en seront dignes *(omnes et singulas personnas hoc dignas)*, à la réserve de ses hommes et de ceux de son domaine et de ses féodaux; tellement que si les bourgeois reçus ne sont pas de son domaine, ni de ses féodaux, ils pourront demeurer dans la ville de Boudry ou dehors de la ville, soit ailleurs où ils voudront, aussi longtemps qu'ils voudront obéir à la dite communauté. 3. Louis, comte de Neuchâtel, déclare les bourgeois de Boudry et leurs successeurs libres, et les exempte à perpétuité de toutes tailles et exactions: lesquelles choses il leur pro-

Franchises de Boudry sur le pied de celles de Neuchâtel.

Les bourgeois de Boudry sont hommes liges du comte. Ils ne peuvent prendre bourgeoisie ailleurs. S'ils le font, ils sont saisis et remis en main-morte. Ils ne sont pas quittes des dédites et tenues.

Ils peuvent recevoir des bourgeois comme il leur plaît, pourvu que ce ne soit pas des hommes du comte.

Ils sont exempts de toutes tailles.

1344

met par serment d'observer exactement et de les y maintenir. Le sceau du comte est apposé à l'acte, daté du 12 septembre 1343.

Boudry est par cet acte érigé en bourgeoisie.

Boudry fut, par cet acte, érigé en bourgeoisie, et acquit par ce moyen le droit de police et d'avoir des maîtres-bourgeois et des bannerets.

Évêque de Lausanne.

Jean Bertrand, évêque de Lausanne, ayant été créé, l'année précédente, archevêque de Môtiers en Tarentaise, Godefroi de Lucinge fut élu évêque de Lausanne cette année-là. Il était auparavant chantre de l'église cathédrale de cette ville.

Inondation.

Il y eut cette année un débordement d'eaux extraordinaire. Le Rhin, l'Aar, la Limmat et la Reuss causèrent de très grands dommages; ce qui fut suivi d'une famine. L'hiver précédent avait été très doux.

Famine.

Remise de la dîme de Mertzlingen sous réméré.

Le comte Louis remit, l'an 1344, une partie de sa dîme, située dans le territoire de Mertzlingen, à Nicolas de Romont, bourgeois de Neuchâtel et de Bienne, pour lui, sa femme et ses héritiers, ou à ceux à qui il la voudrait vendre et transporter, à condition de la pouvoir racheter pour 300 livres de Bâle (V. l'an 1358).

Prononciation de Louis de Savoie sur la seigneurie de Gorgier.

Cette année 1344 est mémorable par les prononciations que Louis de Savoie, baron de Vaud, rendit sur la seigneurie de Gorgier.

Le 26 avril 1344 comparurent par devant Louis de Savoie, baron de Vaud, dans la ville de Morges, Louis, comte de Neufchâtel, tant en son nom qu'en celui de Jaquet Rollin d'Estavayer et d'Othenin, dit le Bel, écuyer, d'une part, et Pierre, conseigneur d'Estavayer, d'autre part, où ce dernier, du consentement de Louis de Savoie et par son commandement, fit hommage de bouche et de mains, et promit fidélité à Louis, comte de Neufchâtel, et promit de le servir du

Hommage rendu à Louis, c^{te} de Neuchâtel, pour la terre de Gorgier.

dit hommage, sauf toutefois la fidélité de monseigneur de Bourgogne et de mon dit seigneur Louis de Savoie, et excepté qu'il n'est point tenu d'aider le dit seigneur de Neufchâtel contre ses consorts ayant juridiction en la dite ville d'Estavayer, et s'est reconnu tenir du dit seigneur de Neufchâtel, et sous le dit hommage et fidélité, le château de Gorgier et toutes les choses qu'il tenait en la dite châtellenie de Gorgier de mon dit seigneur de Savoie, selon qu'aux lettres sur ce

Marche ordinaire entre les sujets des deux seigneuries d'Estavayer et de Neuchâtel.

faites est contenu, et a été traité entre les dites parties que si question et débat se mouvait entre les gens et sujets du dit seigneur de Neufchâtel et du dit messire Pierre, et aussi de la châtellenie de Gorgier, que ces questions se termineront en la marche qu'ont accoutumé de tenir le dit seigneur de Neufchâtel, et les seigneurs d'Estavayer et leurs prédécesseurs. Et si la question avenait entre le dit seigneur Pierre ou ses héritiers, d'une part, et quelque autre, d'autre part, sur les dites

Mais si c'est pour cause féodale, la seigneurie de Neuchâtel en doit juger et par appel à Louis de Savoie.

choses féodales ou aucune d'icelles, que ces questions se doivent terminer par manière due par devant le seigneur de Neufchâtel, comme seigneur de fief; et pour les appels que ferait le seigneur Pierre des dites choses féodales, seront dévolus au seigneur de Neufchâtel, et du dit seigneur de Neufchâtel au dit seigneur Louis de Savoie, comme au seigneur supérieur. Et il a été arrêté que les dites choses féodales doivent demeurer de l'arrière-fief du dit seigneur Louis de Savoie, et que le dit seigneur de Neufchâtel a confessé les dites choses être et devoir être et soi tenir et vouloir tenir en fief du dit seigneur Louis de Savoie, en augmentation du fief du châtel d'Echanvenz et des autres choses qu'il tient du dit seigneur Louis de Savoie. Ce dernier a quitté à Pierre d'Estavayer l'hommage et fidélité auquel il lui était tenu pour le château et châtellenie de Gorgier, et se retient cet hommage pour son château de Chinaulx près d'Estavayer et pour sa part de la ville d'Estavayer, et pour les autres choses et biens qu'il a aux juremènts de la dite ville d'Estavayer et toutes les autres choses qu'il tient pour le dit fief.

{.sidenote}
Les choses féodales doivent demeurer de l'arrière-fief de Louis de Savoie.

Pierre est libéré de l'hommage envers Louis de Savoie. Mais il doit le rière-hommage pour le château de Chinaulx.
{/.sidenote}

Louis de Savoie, sur le différend entre Pierre et Rollin d'Estavayer, a prononcé que Pierre devait rendre à Jaquet Rollin la part qui lui appartenait au château de Gorgier; laquelle restitution étant faite, le dit Jaquet devra incontinent rendre hommage aux mains du dit Pierre d'Estavayer de la part du dit château à lui restituée, et des autres choses et possessions qui sont mues du dit Pierre et de ses prédécesseurs. Et il fut traité que la dite reconnaissance, restitution et hommages faits comme dessus, le dit seigneur de Neufchâtel doit procurer pour cet effet que le dit Jaquet vende au dit Pierre sa dite part pour le prix accordé par l'arbitrage et ordonnance d'Antoine de Vuillens, baillif de Vaud, Richard de Pred, Vuillard de Dompred, chevaliers, par les dits seigneurs de Neufchâtel et messire Pierre, élus à ce faire, etc., et si l'un d'iceux décédait, le seigneur Louis de Savoie en peut subroger un autre.

{.sidenote}
Pierre doit restituer à Jaquet Rollin ses droits sur Gorgier. Mais Jaquet doit rendre hommage à Pierre.

Le seigneur de Neufchâtel doit faire en sorte que Jaquet vende ses droits à Pierre.
{/.sidenote}

Item prononce le dit seigneur Louis de Savoie que le dit seigneur de Neufchâtel doit assigner et donner par le témoignage des lettres à Pierre d'Estavayer 100 censières de terres censables au plus prochain lieu de la châtellenie de Gorgier, qui doivent être à l'augmentation du fief de Gorgier, au moyen de quoi le dit seigneur Louis a prononcé que bonne paix et concorde entre le dit seigneur Pierre d'Estavayer et mon dit seigneur de Neufchâtel, Jaquet Rollin et Othenin-le-Bel, avant dite soit faite et toutes injures, feux boutés, rapines, guerres, violences et dommages faits d'une part et d'autre, dès le temps passé jusques à présent, finis, éteints et compensés.

{.sidenote}
Cent censières données à Pierre en augmentation du fief de Gorgier.

Moyennant quoi toute paix est faite entre toutes parties.
{/.sidenote}

Il fut encore prononcé que, pour terminer les difficultés qu'il y avait entre Pierre d'Estavayer, d'une part, et Marie, relite de Rollin, conseigneur d'Estavayer, d'autre part, les parties devaient choisir deux

{.sidenote}
Les difficultés entre Marie, relite de Rollin, et Pierre d'Estavayer, doivent finir par arbitrage.
{/.sidenote}

1344

amis auxquels elles donneraient plein pouvoir de sentence, et que si elles ne pouvaient être accordées, le seigneur Louis de Savoie, et Louis, comte de Neufchâtel, comme amis communs des deux parties, les termineraient à leur volonté.

Difficultés particulières contre Jean Morat et Pierre d'Estavayer.

Item le dit seigneur Louis de Savoie a encore prononcé sur le fait de Jean Morat d'Estavayer, qu'il serait fait une diligente inquisition par ses commissaires, et s'ils trouvent que le dit Pierre d'Estavayer ait été entièrement satisfait par les principaux detteurs de la dîme de Dombresson, en ce cas doit être restitué au dit Jean Morat tout ce qu'il a payé au dit Pierre d'Estavayer à cause de *fidejussion* en laquelle il était obligé de la part des dits detteurs, à raison de la dite dîme de Dombresson, laquelle restitution doit être faite au dit Jean Morat, c'est à savoir des fruits de la recollecte de la dite dîme qu'a eue le dit seigneur de Neufchâtel, ou messire Rodolphe son père.

Le seigneur de Neuchâtel doit prouver que la dîme de Dombresson ment de lui.

Item le dit seigneur Louis de Savoie a prononcé que si le dit seigneur de Neufchâtel peut prouver par enseignement légitime et si à lui a été adjugé par droit et due manière contre le dit seigneur Pierre la dite dîme être tenue de lui et être mue en fief, qu'il soit adjugé comme dessus, les dits fruits de la dite décime à lui appartenir, et iceux fruits avoir eu et appréhender à juste cause, en ce cas solution avoir été faite à Jean Morat comme dessus est contenu, le dit Pierre doit convenir des dits fruits et accorder avec les dits seigneurs de Neufchâtel, c'est à savoir à raison de la solution faite au dit Jean Morat.

Suite des difficultés particulières entre Othenin-le-Bel et Pierre.

Item sur le fait du dit Othenin-le-Bel, le dit seigneur Louis de Savoie a prononcé que diligente inquisition sera faite par ses commissaires, qui enquerront diligemment la vérité, savoir si le dit Pierre aura mis le dit Othenin en fidejussion, ou s'il aura confessé par lettres scellées de son sceau ou par autre enseignement légitime, et s'enquerront aussi des dommages, pertes, missions et dépens, et ils devront rapporter le tout à monseigneur Louis de Savoie, qui prononcera sur le dit fait à sa volonté, laquelle volonté doit être sur la recollecte par le dit Othenin-le-Bel, en défaut de la dite décime, et si plus a eu le dit Othenin-le-Bel que ne montent les dits dommages et plus doit être restitué au dit messire Pierre, et s'il a eu moins que ce qu'il faut, le dit Pierre en est tenu de restituer au dit Othenin. Et ont promis les dites parties par attouchement sur la main du notaire soussigné de ne jamais contrevenir à cette prononciation, etc. Le sceau de Louis de Savoie et de la cour de Lausanne sont appendus à l'acte.

Les parties sont enfin renvoyées à faire compte quand les frais seront liquidés.

Naissance d'un fils à Louis, comte de Neuchâtel.

Le 19 mai 1344 il naquit un fils à Louis, comte de Neuchâtel, lequel fut nommé Louis. Louis de Savoie en fut le parrain, comme il l'avait déjà été de son père, et ce fut à cette considération que Louis de Savoie remit à Louis, comte de Neufchâtel, son neveu et son filleul, le fief de Gorgier, comme on le voit dans l'acte ci-dessus transcrit, et comme il se voit encore au pied de l'acte d'hommage que Pierre d'Estavayer fit de la baronnie de Gorgier au comte Louis de Savoie, aussi transcrit ici à sa date (7 juin 1340). Cet acte de remise contient ce qui suit :

1344

Nous, Louis de Savoie, seigneur de Vaud, faisons savoir à tous voyant ces présentes, que nous voulant amplifier nos libéralités, pour nous et nos successeurs, de notre pure propre et constante science, donnons, cédons, tradons à notre très cher neveu Louis, comte et seigneur de Neufchâtel, en fief et augmentation de fief, lequel il tient de nous et connaît de tenir, présent et recevant, le fied et hommage du château et châtellenie de Gorgier avec les choses et appartenances d'icelui, fied lequel tient de nous le seigneur Pierre, conseigneur d'Estavayer, ainsi comme il est plus à plein et plus clairement contenu en la lettre à laquelle la présente est annexée, excepté et être retenu à nous le fied et hommage lige devant tous seigneurs, et icelui dit monseigneur Louis, notre neveu, et les choses féodales et rière-féodales, lesquelles le dit seigneur Pierre tient de nous à raison du château de Chinaulx et d'autres choses, biens et territoires, et de toute la juridiction de la ville d'Estavayer, et dedans le jurement et dehors de la dite ville, lesquelles nous nous retenons expressément et à nos hoirs et successeurs. En témoin de quoi nous avons fait mettre notre scel à ces présentes. Donné au mois de juin 1344.

Louis, seigneur de Vaud, cède le fief de Gorgier à Louis de Neuchâtel, son neveu, en se retenant l'arrière-fief.

Par cet acte, Gorgier, qui était déjà un ancien fief, acquit encore un nouveau seigneur, car Pierre d'Estavayer en rendait hommage à Louis, comte de Neuchâtel, celui-ci à Louis, baron de Vaud, et ce dernier au comte de Savoie.

La remise de ce fief procura au comte Louis plusieurs avantages : 1° Pierre d'Estavayer devint par-là son vassal, qui fut obligé de lui rendre hommage, de l'aider en temps de guerre, d'assister à la cour des pairs, aux Trois-Etats, etc. 2° Les appellations de Gorgier furent portées devant le comte de Neuchâtel. 3° La seigneurie de Gorgier devint réversible à ce comte, au cas que la postérité des seigneurs de Gorgier vint à s'éteindre. 4° Cette seigneurie, qui séparait celle de Vaumarcus d'avec le comté de Neuchâtel, étant retournée au comte, tout fut réuni par ce moyen. Gorgier avait été retranché du comté de Neuchâtel, comme on l'a dit précédemment (V. l'an 1260).

Avantages du retour de Gorgier au comte de Neuchâtel.

Gorgier revient ainsi à Neuchâtel.

Rodolphe IV, comte de Nidau, et Jacob, son frère, firent aussi leur paix avec la ville de Berne, à la sollicitation d'Eberhard, comte de Kybourg, de Jean, comte de Frobourg, vassal de Nidau, et de Pierre, comte d'Arberg, leurs parents, comme aussi de Rodolphe d'Erlach, leur tuteur et curateur, qui avait été et est encore vassal de Nidau. Ils intercédèrent tous pour

Paix entre les Bernois et les comtes.

le comte de Nidau auprès des Bernois, qui étaient extrêmement animés contre lui, parce que son père, tué à la bataille de Laupen, avait été l'auteur de la guerre et qu'il avait fait dessein de les détruire. Ce traité de paix se fit en l'absence de Louis, comte de Neuchâtel, de Jean d'Arberg, seigneur de Valangin, et de Rodolphe, comte de Nidau.

Nouvel hommage du seigneur de Valangin au comte Louis. — Le jeudi après l'Annonciation de Notre-Dame de l'an 1344, Jean d'Arberg, seigneur de Valangin, rendit hommage au comte Louis, quoiqu'il le lui eût déjà rendu l'an 1340. Rollin, père de Louis, étant mort depuis, ce dernier voulut que cet hommage fût renouvelé, parce qu'il était depuis lors devenu comte, au lieu qu'auparavant il dépendait de son père.

Année peu abondante. Famine. — Cette année fut encore peu abondante, ce qui causa une famine dont plusieurs personnes moururent.

1345

Mort de Louis Ier, baron de Vaud. Son fils Louis II lui succède. — Louis, baron de Vaud, mourut cette année 1345. Il avait épousé Adelaïde, fille de Simon, duc de Lorraine, de laquelle il eut deux fils: Jean, qui fut tué à la bataille de Laupen l'an 1339, et Louis II, qui fut baron du pays de Vaud après lui (V. l'an 1285).

Mort de Louis de Neuchâtel, comte de Strasberg. — Louis, comte de Strasberg, qui était de la maison de Neuchâtel et prévôt des chanoines de St-Urs de Soleure, mourut aussi cette année (V. l'an 1319).

Ratification de la paix ci-dessus faite. — Louis, comte de Neuchâtel, et Rodolphe, comte de Nidau, ratifièrent la paix que leurs parents avaient faite l'année précédente avec les Bernois, et c'est ce que fit aussi Jean d'Arberg, seigneur de Valangin.

Echange à l'égard de Bellevaux érigé en fief. — Le comte Louis fit un échange avec Girard de Bellevaux et Eléonore sa femme. Ce dernier donna au comte des biens et des rentes qu'il possédait et qui accommodaient le comte, comme aussi le bois qui appartient aujourd'hui à l'hôpital (Voy. l'an 1539), et Louis lui en donna d'autres avec des censes directes et autres rentes qu'il érigea en fief, auquel Girard donna son nom de Bellevaux, que ce fief porte encore aujourd'hui.

En quoi ce fief consistait. — Ce fief consistait pour lors en cinquante-trois livres trois deniers lausannois, deux muids et huit émines de froment, une dixaine d'hommes taillables et de main morte, une partie de la grande dîme d'Areuse (V. l'an 1420), la maison, la cour et le jardin de Bellevaux, qui est une maison de refuge; trois jardins derrière la Motte, une pièce de vigne, dite le clos de Bellevaux, qui contient environ 25 ouvriers près de la Maladerie, huit faulx de prés sur la Thielle, et trente-deux poses de terre au Val-de-Travers, et les moulins d'Areuse. Ce fief a été augmenté dès-lors (V. les années 1480 et 1595), mais les moulins d'Areuse ont été depuis aliénés.

Le 20 janvier 1346, le baron de Grandson et le seigneur de

St-Croix ayant une difficulté au sujet des limites de leurs terres, Louis II, baron de Vaud, qui en était le juge, prononça dans la ville de Morges que, dès le châtel de Ste-Croix, il fallait prendre pour limites le haut de la montagne.

1346. Limites entre Grandson et Ste-Croix.

Godefroi de Lucinge, évêque de Lausanne, mourut la dite année 1346. Un nommé François fut élu en sa place.

Mort de l'évêque de Lausanne, Godefroi de Lucinge.

Jean de Châlons III épousa Marguerite de Melo ou de Marle, dame de St-Hermine, veuve de Maurice IV, sire de Craon.

Mariage de Jean de Châlons.

Henri de Colombier, chevalier, fit des accensements de terres à plusieurs particuliers, tant en son nom qu'en celui de Perrin, co-seigneur de Colombier, son frère [1]).

Le seigneur de Colombier accense des terres.

La ville de Berne fut agrandie l'an 1346, depuis la Tour des Prisons jusqu'à la Porte de l'hôpital (V. l'an 1266).

Ville de Berne agrandie.

Il y eut cette année une grande cherté en Suisse; dans Berne le pot de vin se vendait jusqu'à 11 schillings.

Cherté.

Le 24 novembre il y eut un tremblement de terre en Suisse, et particulièrement à Bâle, où plusieurs bâtiments furent renversés, et entre autres le palais épiscopal, qui tomba dans le Rhin, et une partie du grand temple.

Tremblement de terre qui renverse le palais épiscopal de Bâle.

Béatrix, veuve de Hugues de Châlons, baron d'Arlay, et mère de Jean de Châlons III, mourut l'an 1347. Elle vécut vingt-deux ans dans la viduité.

1347. Mort de la veuve de Hugues de Châlons.

Le comte Louis, voyant qu'Etienne de Montfaucon, comte de Montbéliard, son beau-frère, continuait à lui refuser la part des biens paternels et maternels qui était due à Jeanne de Montfaucon, son épouse, recommença la guerre contre lui et contre le seigneur de Blamont en Lorraine. Le comte de Montbéliard se vit enfin obligé d'accorder à Louis sa juste demande.

Louis, c^{te} de Neuchâtel, attaque le comte de Montbéliard.

Philippe de Valois, roi de France, écrivit à Louis, comte de Neuchâtel, une lettre qui était très obligeante. Il le justifiait par-là d'une calomnie qu'on avait publiée contre lui, savoir: qu'il avait voulu servir Edouard III, roi d'Angleterre, son ennemi, contre lui, ce dernier prétendant par sa mère à la couronne de France.

Lettre du roi de France à Louis.

Le comte Louis donna, l'an 1347, à la recommandation des seigneurs de Berne, en fief et hommage lige, à Altmann de Krauchthal, bourgeois de Berne, pour lui et Girard son frère, qui était mineur, le patronat de l'église de Kriegstetten, avec ses droits et appartenances universelles; ensuite de quoi Altmann prêta serment de servir bien et fidèlement, comme un

Kriegstetten donné par le comte Louis en fief et hommage lige à Altmann.

---

[1]) Les reconnaissances de Colombier font mention d'un acte de Conrad fait le 12 juillet de la dite année entre le comte Louis, d'une part, et les deux frères co-seigneurs de Colombier, d'autre part. Le dit acte contenait une délimitation de cette terre.

1347

L'empereur vend des droits à Louis de Neuchâtel, entre autres celui de battre monnaie.

Justices établies sur le criminel, au Landeron, à Boudry, au Val-de-Travers et à Thielle.

Premier gouvern' de Neuchâtel. Origine des châtelains.

1348
Mort de Louis II, baron de Vaud.

La baronnie de Vaud passe à Catherine, comtesse de Namur.

Franchises données à Bâle.

Régales.

Tremblement de terre épouvantable suivi d'une longue et violente peste.

bon vassal, le dit comte et ses hoirs, de procurer leur profit et honneur, et d'éviter de tout son pouvoir leur déshonneur et dommage.

Charles, empereur, de son autorité royale, donna pleine puissance et omnimode faculté à Louis, comte de Neuchâtel, de lever un péage à la tour de Bayard et en d'autres lieux, et de battre monnaie d'or et d'argent, en la forme que faisaient ses prélats et autres grands d'Allemagne et les villes impériales (V. l'an 1354). Cet empereur vendit ces droits au comte Louis pour une somme d'argent; et comme il avait plusieurs guerres à soutenir, il vendit aussi à Philippe VI, roi de France, le droit qu'il avait sur le royaume d'Arles, nommé *Archisolium* (Voy. l'an 1184).

Le comte Louis établit en ce temps plusieurs justices dans le comté, comme au Landeron, à Boudry, au Val-de-Travers et à Thielle, qu'il érigea en châtellenies, afin d'y exercer la justice criminelle aussi bien que la justice civile, et il accorda aussi à la justice de Neuchâtel le droit de juger sur le sang : aucun vassal n'avait en ce temps ce pouvoir que le seigneur de Valangin (V. l'an 1303). Il établit aussi un châtelain à Neuchâtel, qui fut Othon de Vaumarcus; comme il était le premier officier de l'état, il en était aussi le gouverneur. Le nom de châtelain fut donné à ces officiers, parce que le comte leur donna le pouvoir et l'autorité de châtier les coupables et de punir les criminels. Ce droit avait été disputé au comte de Neuchâtel depuis l'an 1276, mais il fut mis hors de conteste par la vendition que Charles IV fit au comte Louis.

Louis II, fils de Louis de Savoie, baron de Vaud, mourut l'an 1348. Il ne survécut à son père que de trois ans. Il avait d'abord épousé Catherine, fille de Galléas, duc de Milan, et ensuite Agnès, comtesse de Hohenzollern. Il n'eut de son premier mariage qu'une fille unique, nommée Catherine, qui fut mariée d'abord à Ason IV, duc de Milan, ensuite à Rodolphe, comte de Guyenne, et enfin à Guillaume, comte de Namur. Cette Catherine posséda la baronnie de Vaud après la mort de son père.

L'empereur Charles IV vint à Bâle ; il remit à cette ville la haute souveraineté et la créa ville libre de l'empire. Il donna aussi à Jean, évêque de Bâle, l'investiture de ses régales, c'est-à-dire des fiefs d'empire qu'il possédait (V. l'an 1306).

Au mois de janvier 1348 on sentit un tremblement de terre des plus épouvantables. Il y eut trente-six villes et châteaux qui furent renversés dans la Hongrie, la Styrie, la Carinthie, la Bavière, la Souabe, etc. La terre s'ouvrit en divers lieux et engloutit des villages et des hommes, etc. On croit que ce tremblement de terre produisit des exhalaisons puantes qui causèrent une peste des plus terribles, peste qui dura trois ans et se répandit par toute la terre. On tient que le tiers du genre humain en mourut. Elle enleva 14,000 personnes dans la ville de Bâle; à Berne on ensevelissait soixante personnes par jour. Il mourut de cette peste 1,244,434 moines, dont il y avait un nombre infini dans ce temps-là. Dans le couvent d'Engelberg en Ergau, il mourut dans l'espace de cinq mois, 116 religieuses, entre autres Catherine de Neuchâtel, Béatrix, née comtesse d'Arberg. Il y en eut qui crurent que les juifs avaient empoisonné les fontaines et que cela avait causé cette contagion; aussi furent-ils punis en divers lieux. A Berne et à Zofingen ils furent même convaincus de cette criminelle action, car on trouva le poison dans les fontaines, et on les condamna à être brûlés: on en donna avis aux villes voisines, afin qu'elles fussent sur leurs gardes. On en brûla dix-huit cents à Strasbourg, et à Bâle on brûla tous ceux qui y étaient. Une journée ayant été tenue à Benfelden, où l'on résolut de les exterminer, ils furent pour lors chassés de toutes les villes de la Suisse. Ils occupaient à Soleure une rue qu'on nomme encore aujourd'hui la rue des Juifs, et il y avait aussi à Neuchâtel un coin de rue qui portait ce nom; mais ils en furent entièrement chassés en ce temps. Ils s'y étaient établis depuis l'an 1288.

Guillaume de Grandson, seigneur de Ste-Croix et d'Aubonne, accompagna Amédée VI, comte de Savoie, dans la guerre qu'il eut contre le pays de Valais. Ce Guillaume avait épousé Eléonore, fille d'Amédée IV, nièce d'Eléonore, comtesse de Neuchâtel, et mère du comte Louis.

Jean, duc de Normandie, depuis roi de France, tuteur de Philippe de Rouvre, qui possédait les deux Bourgognes, y établit plusieurs baillifs et y fit plusieurs lois et ordonnances. Il consulta pour cet effet plusieurs grands et vassaux du royaume, et entre autres Louis, comte de Neuchâtel, et les seigneurs de Ste-Croix, de Grandson, d'Oiselay, etc. qui assistaient aux Etats de Bourgogne.

Henri, seigneur de Colombier, mourut cette année. Il laissa deux fils: Regnault, qui eut la seigneurie de Colombier, et Jean Vauthier, qui vivait encore l'an 1406.

La ville du Landeron brûla le 15 décembre 1348, savoir: la partie devers vent pendant la nuit. Les lettres de franchises de la ville ayant aussi été consumées, le comte Louis les renouvela par un acte du 17 janvier 1349, entre autres le vidimus de 1340 ci-dessus spécifié, et qui contenait tout au long les

1349
Les assistants du bourg du Landeron.

actes de 1260, de 1309 et de 1340. Les bourgeois du Landeron étaient assistés de messire Ulrich de Falkenstein, abbé de l'Ile de St-Jean, d'Othon de Vaumarcus, chevalier, baillif, de Christin Pommier, chanoine de Neuchâtel, clerc du comte Louis, de Jean de Cléron, écuyer, châtelain de Thielle, de Jean d'Espagnier, châtelain du Landeron, Othenin-le-Bel, écuyer, etc.

Le comte Louis ajouta à cette confirmation:

Renouvellement des franchises du Landeron.

Nous Louis, comte et seigneur de Neufchâtel, sachant et de notre volonté, aux supplications des dits bourgeois et recteur de la ville du Landeron, consonnantes à raison, voulant imiter les traces de nos prédécesseurs, ensuivre, et leurs actes bien faits approuver, la liberté et immunité donnée d'eux ferme et stable aux dits bourgeois du Landeron présents et à venir, voulant demeurer en icelle pour nous et nos héritiers, confirmons, autorisons et approuvons, et icelles pour le bon vouloir qu'avons à nos dits bourgeois méritoirement pour nous et nos héritiers et successeurs innovons, voulant et octroyant pour nous et nos héritiers successeurs, à nos dits bourgeois du Landeron qui maintenant sont, et qui pour le temps avenir seront, que cette présente notre confirmation tant leur vaille et puisse valoir en jugement et dehors, comme s'ils avaient le propre original de leurs dites libertés, à nous ni à aucun de nos dits successeurs au temps avenir ne soient tenus montrer, fors que la présente lettre ou vidimus d'icelle, etc.

Deux donations faites aux bourgeois du Landeron.

Le comte Louis ne se contenta pas d'accorder aux bourgeois du Landeron la confirmation de leurs franchises, mais il fit encore par le même acte les donations suivantes:

1. Il leur remet à ces dits bourgeois du Landeron et à ceux qui l'ont bien mérité, perpétuellement et irrévocablement, par donation faite entre vifs, savoir son parc dit de l'hôpital, en tant qu'il s'étend du long et du large situé entre les chemins publics qui tendent, dès le village de Cressier, à la Neuveville, qui appartient à l'évêque de Bâle, d'une part, et les jardins de la dite ville, d'autre part, *pour mettre par eux et les leurs au profit de leur ville et communauté, soit à pâquier ou à cense.* 2. Item, comme nous, le dit Louis, comte, étions en délibération de faire bâtir et édifier, au milieu de notre dite ville du Landeron, plusieurs édifices, et faire une charrière dès la grande porte dessus de la dite ville du Landeron, du long à la potence faite au mur du bâtiment d'icelle du côté de la maison de donzel Jean de Mache: Et reconnaissant les dits du Landeron que cela leur pourrait et aux leurs après venants être préjudiciable, nous ont humblement prié et requis de vouloir cesser de ce faire, s'offrant et soumettant de lever avec grosses pierres et arcines, qu'il sera sec en tout temps, aux propres frais et dépens de la dite communauté. Partant pour la bonne amitié que nous leur portons en leur accordant leur requête, nous promettons pour nous et nos hoirs, en bonne foi, à nos dits bourgeois du

Landeron et à leurs hoirs et successeurs, de ne faire ni faire faire aucun bâtiment ni édifice, ni permettre être fait par qui que ce soit au temps avenir sur le dit lieu, dès la dite porte, à la charge et condition que, suivant leur soumission, ils lèveront le dit lieu de grosses pierres et arcines, tellement que dès maintenant et à perpétuité le dit lieu soit maintenu et entretenu sec. Nous retenons notre four qui est assis au milieu de la ville du Landeron pour le jouir paisiblement et à perpétuité, à notre vouloir et plaisir, promettant, nous le dit Louis, en bonne foi et par notre serment, avoir confirmé et que nous confirmons toutes les franchises ci-devant écrites à nos dits bourgeois du Landeron et à leurs successeurs; promettant par notre dit serment de les bien observer, sans jamais y contrevenir, etc. Pour toutes lesquelles choses ensuivre et observer, révérend père en Jésus-Christ et seigneur Mgr. l'évêque de Lausanne et le vénérable chapitre de Neufchâtel avons constitués juges et seigneurs sur nous et nos successeurs, au cas que nous voulions aller, faire, dire, ou venir au contraire des choses devant dites, et nous pourront compeller par la censure devant dite, comme aussi les dits bourgeois, s'ils voulaient contredire à aucune des choses devant dites et écrites. Et nous, François, par la grâce de Dieu évêque de Lausanne, et nous, le chapitre de Neufchâtel, aux prières des deux parties, les dites franchises et libertés à notre protection et tutelle avons prises et reçues, prenons et recevons, en promettant en bonne foi faire droit à la partie intéressée à l'encontre de l'autre y voulant contrevenir, donner peine et fâcherie en aucuns points et articles aux dites coutumes et libertés, et ce par la censure devant dite. En témoin desquelles choses et afin qu'icelles obtiennent à l'avenir force et vigueur, nous, susnommé Louis, comte et seigneur de Neufchâtel, les sceaux de révérend messire François, par la grâce de Dieu évêque de Lausanne, de religieuses personnes les abbés de Frienisberg et de Cerlier, du vénérable chapitre de Neufchâtel avec le nôtre, celui de dame Catherine notre bien-aimée compagne, et de notre bien-aimé fils Jean de Neufchâtel, avons prié et fait mettre et appendre en cette présente lettre et chartre, pour plus grande approbation d'icelles. Donné le 17 janvier 1349.

<small>1349</small>

<small>Juges reconnus entre le comte Louis et les bourgeois.</small>

Le comte Louis, considérant que le château de Valangin lui provenait de Jeanne de Montfaucon, sa première femme, en vertu de l'échange fait l'an 1338, voulut, pour cette raison, que Jean d'Arberg, seigneur de Valangin, auquel Louis avait remis le dit château en fief, en rendît de nouveau hommage à Jean de Neuchâtel, son fils, qu'il avait eu de la dite Jeanne de Montfaucon. C'est ce que fit Jean d'Arberg; il reprit le fief et se reconnut homme lige de Jean de Neuchâtel, le jeudi après l'Annonciation de Notre-Dame 1349.

<small>Jean d'Arberg, seigneur de Valangin, rend hommage à Jean, fils de Louis, comte de Neuchâtel, pour le château de Valangin.</small>

Pierre II, baron de Grandson, seigneur de Belmont, mourut;

<small>Mort de Pierre II, baron de Grandson</small>

il était fils de ce Pierre qui avait bâti l'abbaye de la Lance. Il laissa un fils nommé Othon III, qui lui succéda.

Fief de Gruère donné par le comte Louis. — Le comte Louis donna, l'an 1349, à Jean, fils de Vuillemin de Savagnier, donzel, le fief qu'on appelle aujourd'hui de Gruère, qui consistait en quarante sols blanche monnaie et deux muids de froment qui se perçoivent sur plusieurs censiers qui tiennent les terres à Boudevilliers. *Hommage de Jean de Savagnier pour le fief de Gruère.* Jean de Savagnier en rendit hommage au comte Louis, en réservant l'hommage qu'il devait à Jean d'Arberg pour d'autres fiefs qu'il tenait de lui.

Fief de Kriegstetten reconnu par les frères Krauchthal. — Altmann, fils de Girard de Krauchthal, et Pierre de Krauchthal, son frère, confessèrent que Louis, comte de Neuchâtel, leur avait donné solidairement, à titre de juste fief, les biens situés à Kriegstetten, auxquels le droit de patronat et d'avoyerie est annexé, en sorte que la possession de l'un servit la possession de l'autre.

Différend entre l'évêque de Bâle et le comte Louis, à raison de Lignières. — Il y eut cette année un différend entre Jean Senn, baron de Munsingen, évêque de Bâle, et le comte Louis, au sujet de Lignières qu'ils possédaient par ensemble. Il se termina par *Accord des parties.* un accord, qui portait que ni l'un ni l'autre des dits deux seigneurs ne pourraient distraire les hommes et les habitants de Lignières par devant une autre justice, ni les actionner que par devant la justice de Lignières. Tous bans de trois sols et de neuf sols appartiendraient à l'évêque, et les autres amendes de sang et de chaque autre délit, au comte. L'acte est de l'an 1349 (V. l'an 1326).

Le Landeron établit un banneret. — Les bourgeois du Landeron ayant obtenu du comte Rodolphe, et surtout du comte Louis, par l'acte du 17 janvier 1349, de grandes franchises et le droit de bourgeoisie, ce dernier leur ayant accordé les mêmes droits qu'avaient les habitants de Neureux, ils établirent un banneret pour les conserver. Le *Famille Vallier.* premier qu'ils élurent fut Jeanneret Vallier, dont le père, nommé Perroud Vallier, avait quitté le faubourg de Neureux, l'an 1340, pour s'établir au Landeron. Ce Perroud était fils d'Ulrich, et ce dernier était sorti de Conrad Vallier. Cette famille est très ancienne et originaire, selon toutes les apparences, de l'ancienne ville de Neureux. Les descendants du banneret Jeanneret Vallier ont été depuis reçus bourgeois de Soleure, et c'est de lui que sont issus Pierre et Jacob Vallier qui ont été gouverneurs de Neuchâtel (V. l'an 1524).

Fief de Savagnier. — Jacquier, fils d'Othenin de Savagnier, étant mort l'an 1340 sans enfants, le comte Louis se saisit de tous les biens qu'il avait à Savagnier, qui pour lors était dans le comté de Neuchâtel, et Jean d'Arberg fit la même chose à l'égard de ce qu'il *Othenin-le-Bel en obtient la succession.* tenait en fief de lui. Othenin-le-Bel, fils de Jean-le-Bel de Cormondrèche, obtint du comte Louis et de Jean d'Arberg toute la succession du dit fief. L'acte est du 1er novembre 1350. Jean d'Arberg donna au dit Othenin, en accroissement de fief, la maison sise près de la porte du bourg de Valangin et qui appartient aujourd'hui à la bourgeoisie. Le comte Louis, qui était l'oncle et le tuteur de Jean d'Arberg, ratifia le tout. Le dit Jacquier était le petit-fils de ce Jeannot dont j'ai parlé en l'an 1343. Othenin-le-Bel était fils de la fille d'Othenin de Savagnier et sœur de Jacquier.

La maison des bourgeois de Valangin.

Othenin-le-Bel ayant acquis par ce moyen le fief de Savagnier, voulut en consacrer une partie à l'église; à ces fins, il en donna au curé de Dombresson et de Savagnier vingt-deux muids, moitié froment et moitié avoine, à retirer sur la dîme qu'il possédait, et en outre neuf émines de froment et trois d'avoine de censes foncières affectées sur les terres des particuliers, mais qui parvinrent dans la suite à la cure de Dombresson, par donation du dit Othenin et par le consentement de Jacques et Udri, ses deux fils (V. l'an 1544). Cet Othenin-le-Bel n'eut qu'une fille unique, nommée Othenette, qui fut mariée à Vauthier, seigneur de Colombier. Elle possédait une forêt de chênes auprès de Cormondrèche, contenant cinquante-six poses de terres, qu'on nommait, à cause d'elle, le bois de dame Othenette, et aujourd'hui on l'appelle encore le *bois de la Mothenette*. Par ce mariage, cette forêt fut transportée dans la maison du seigneur de Colombier, lequel possédait déjà la moitié d'une autre forêt qui joignait celle-là et qu'on nommait le *bois des quatre gentilshommes* (V. l'an 1263), ou autrement le *bois des donzels de Cormondrèche*. Le seigneur de Colombier acquit encore par ce mariage presque tout le fief de Cormondrèche. Il est parlé de ce bois des gentilshommes dans des actes de 1359, 1522 et autres.

Donation faite à l'église de Dombresson.

Bois de la Mothenette.

Bois des quatre gentilshommes.

Le 6 avril 1350, le comte Louis fit donation à Jean de Giez, son maître d'hôtel, d'une maison sise dans la ville à la rue du Château, et d'autres biens en fief; il lui donna encore la même année, et à Alixone son épouse, par lettre du 13 août 1350, les biens appartenant auparavant à Richard, son premier mari, mort sans postérité, fils de messire Cono de Vautravers, chevalier. Ces biens et héritages étaient situés au village et territoire de Môtiers, et c'est ce que le comte Louis lui donna aussi en fief.

Fief donné à Jean de Giez, maître d'hôtel du comte Louis.

Jean, fils du comte Louis, désirant de voyager et de s'adonner aux armes, fit l'an 1350 son testament, par lequel il créa son père unique héritier.

Jean, fils de Louis, fait son testament.

Rodolphe de Neuchâtel, comte de Nidau, se fit recevoir cette

Le cte de Nidau est reçu bourgeois de Bienne.

1350
Bannière de Bienne.
Droit de la ville sur le militaire.

année bourgeois de Bienne. Il est dit dans cette lettre de bourgeoisie comment la ville de Bienne et les gens de sa bannière doivent se conduire en cas de troubles. Cette bannière s'étend jusqu'à Pierre-Pertuis; tous les habitants de la seigneurie d'Erguel prêtent serment toutes les fois qu'on élit un nouveau banneret à Bienne; ils sont obligés pour lors de se trouver dans cette ville; ils promettent d'être obéissants aux commandements et aux défenses du maire et de la ville de Bienne par rapport à la bannière. La ville de Bienne fait lire des mandements de guerre dans toutes les églises de la seigneurie d'Erguel, et elle impose aux désobéissants des amendes pécuniaires; elle les emprisonne, bannit et même condamne à la mort, ce dont on a des exemples (V. l'an 1388).

Le cte de Gruyères fait la guerre à la ville de Fribourg.

Pierre III, comte de Gruyères, fit la guerre à la ville de Fribourg, qui demanda du secours à la ville de Berne: celle-ci alla brûler au comte deux châteaux, Manneberg et Laubeck.

Droit de battre de la monnaie d'or du comte palatin.

L'empereur Charles IV donna au comte palatin le droit de battre des goulden d'or, ce qui auparavant n'était permis qu'à l'empereur dans tout l'empire: et c'est là l'origine des goulden. Le même empereur confirma cette année au comte Louis le droit de péage qu'il lui avait accordé.

Différends renouvelés entre les ctes de Neuchâtel et les barons de Grandson.

Les vieux différends entre les comtes de Neuchâtel et les barons de Grandson, qu'on croyait terminés, se renouvelèrent cette année entre le comte Louis et le baron de Grandson: 1° pour les limites et séparations des seigneuries de Grandson et du Val-de-Travers, comme aussi pour les seigneuries de Boudry et de Vaumarcus, que le baron de Grandson prétendait être de son fief-lige; enfin pour la seigneurie de Lugnores, Môtiers et Jorissens en Vuilliez, qu'il soutenait être de son héritage, et 2° pour le droit que le comte de Neuchâtel prétendait avoir au bois de Seytiez.

Arbitres choisis.

Les arbitres choisis étaient Thiébaud en Bourgogne, Jacques de Vienne, sire de Longvy; Hugues de Vienne, sire de St George et de Ste-Croix; Henri de Vienne, sire de Mirebel en Mortagne; Jean, sire de Faucogney; et Henri de Faucogney, sire de Châtel Aremberg.

Prononciation.

Ces arbitres prononcèrent comme suit: que la Roche blanche, qui est sur la ville de Bulet, en tirant tout droit au pré de la Dame, en tirant droit à la fontaine Lecheret, en tirant droit au pré des Sagnettes-Berthoud, et de là tirant droit au haut de la Roche de la Fauconnière, sur la Reuse près du châtel de Rochefort, seraient les bornes entre eux pour délimiter leur comté et baronnie; ce qui est devers le couchant devant appartenir au comte de Neuchâtel, et ce qui est devers l'orient au baron de Grandson, et ceux qui ont des terres devers l'occident de ces limites, les reconnaîtront du comte, et celles qui sont devers l'orient seront reconnues du baron. Chacun retirera les bans et clames qui se feront sur ses terres. Les joux ou bois seront en communion entre les habitants du Vautravers et ceux de Grandson pour y couper du marin; ces derniers pourront aller jusqu'à la Reuse, mais ils ne pourront faire de la poix, ni ôter l'écorce aux joux du comte de Neuchâtel, ni les habitants du Vautravers réciproquement dans les joux du baron de Grandson, sous le ban de trois sols lausannois; ils ne pourront se gager réciproquement. Le comte de Neuchâtel ni ses sujets ne pourront bochoyer au bois de Seytiez qui est sur la seigneurie de Grandson, sous le ban de soixante sols lausannois pour chaque pied de plâne, et trois sols pour chaque pied de bois mort. Sur le second point ils sentencèrent que le comte de Neuchâtel ni ses successeurs ne pourront faire la guerre au baron de Grandson, dès les châtels de Boudry et de Vaumarcus; que le faisant, les dits biens seraient acquis au dit de Grandson, ou à ses successeurs, s'il n'aimait mieux payer la somme de 12,000 florins et tout le dommage fait depuis les dits châtels. Enfin, que pour ravoir les terres de Vuilliez, le baron de Grandson paierait au comte de Neuchâtel la somme de 1000 florins de bon or. L'acte est scellé des sceaux des dits comte et baron et daté du 10 décembre 1350.

Othon de Vaumarcus, châtelain de Neuchâtel, vivait l'an 1351. Il était le premier officier du comte, il agissait de sa part lorsqu'il le lui ordonnait, et il représentait sa personne. Il était comme le lieutenant du comté, et c'est le titre que ses successeurs portèrent dans la suite; on l'a regardé comme le premier gouverneur de Neuchâtel. Dans un acte du comte Louis, daté du 5 novembre 1351, il est appelé noble homme et seigneur Othon de Vaumarcus, baillif de Neuchâtel. **1351** *Othon de Vaumarcus, châtelain de Neuchâtel.* *Baillif de Neuchâtel.*

La ville de Zurich, ayant découvert la conspiration que ses ennemis avaient faite contre elle l'année précédente, et ayant appris qu'Albert, duc d'Autriche, formait de grands desseins pour l'attaquer, envoya une députation à l'empereur Charles IV pour avoir du secours; mais celui-ci n'ayant pu lui en accorder, elle en prit occasion de s'allier avec les quatre cantons d'Uri, Schwyz, Unterwalden et Lucerne. Zurich devint par ce moyen le cinquième canton; mais les quatre autres lui accordèrent la préséance, que cette ville a toujours conservée dès-lors. *Zurich découvre une conspiration.* *Elle s'allie avec les quatre cantons.*

Ce fut cette alliance qui anima le plus fort le duc Albert et qui lui fit prendre la résolution de détruire cette ville et cette ligue avant qu'elle devînt plus forte. Ce prince demanda pour *Irritation du duc d'Autriche. Il obtient des secours contre Zurich.*

1351
Entre autres des comtes de Neuchâtel, d'Arberg, de Nidau, etc.

cet effet du secours à plusieurs comtes et villes de la Suisse, qui lui en donnèrent. C'est ce que firent entre autres le comte Louis de Neuchâtel; Pierre, comte d'Arberg; Rodolphe, comte de Nidau; Emer de Strasberg, qui fit aussi une alliance avec lui. Il y eut plusieurs princes, comtes, barons et évêques de l'empire qui l'y accompagnèrent et qui y vinrent eux-mêmes, savoir: Louis, marquis de Brandebourg; Frédéric, duc de Tech; le duc d'Urslingen; le burgrave de Nuremberg, nommé Frédéric II, qui était un des ancêtres de S. M. le roi de Prusse d'aujourd'hui. Plusieurs évêques et villes impériales lui donnèrent aussi des troupes, et même des villes de la Suisse, comme Berne et Soleure, qui étaient alliées avec le duc d'Autriche, Payerne, Morat et autres. Cette armée du duc était de 22,000 hommes.

Les quatre cantons secourent Zurich.

La ville de Zurich, voyant venir cet orage, somma les quatre cantons de lui donner du secours; ce qu'ils firent. Ils lui envoyèrent une forte garnison; mais avant que d'en venir aux mains, on proposa un accommodement, qui fut agréé des deux parties; ensuite de quoi le duc Albert leva le siége, et le comte de Neuchâtel retourna chez lui avec ses troupes.

Accommodement.

Le c^{te} de Neuchâtel retourne chez lui.

Vente du comté d'Arberg aux Bernois.

Pierre de Neuchâtel, comte d'Arberg, vendit cette année sa ville et son comté aux Bernois pour une somme d'argent, et ce sous le bénéfice de réachat et à condition qu'ils paieraient ce qu'il devait à divers comtes, savoir: à ceux de Nidau, de Kybourg, de Thierstein et autres, auxquels il était hypothéqué. Il réserva les franchises qu'Ulrich, son bisaïeul, avait accordées aux bourgeois d'Arberg et autres[1]. Ce comte Pierre étant lépreux, aucun Bernois ne voulut être bailli d'Arberg, parce qu'on craignait qu'en habitant son château infecté, on n'y prît la lèpre. D'autres croient que c'était une maladie vénérienne, qui n'était pas alors connue, et qu'il avait prise dans les pays étrangers. Quoi qu'il en soit, il se trouva pourtant à Berne des gens qui voulurent y aller bailli; cet honneur fut donné à l'avoyer qui n'était pas en charge. Ce Pierre avait épousé, l'an 1309, Lucie, fille de Jean Ier, comte de Gruyères, et de Marguerite d'Oron, qui était sœur de Jeanne d'Oron, dame de Valangin, qui vivait encore l'an 1366.

Le c^{te} Pierre était lépreux.

L'avoyer de Berne non en charge est bailli d'Arberg.

Pierre d'Arberg laissa deux fils.

L'un tué à Sempach. L'autre se retire en Autriche.

Après que Pierre eut vendu son comté, il se retira dans une grange auprès de la ville d'Arberg, où il fut comme séquestré. On croit qu'il laissa deux fils, dont l'un, nommé Pierre, fut tué à la bataille de Sempach, l'an 1386, et l'autre obtint par le

---

[1] Personne ne peut douter que les habitants du comté d'Arberg n'eussent pour lors le droit d'acheter du vin de Neuchâtel pour leur usage, puisqu'ils appartenaient avant cette vendition à un comte de cette maison.

moyen du duc Albert une retraite dans l'Autriche, où il bâtit un château qui porte encore aujourd'hui le nom d'Arberg.

Jean, seigneur de Valangin, érigea cette année le Locle en paroisse et communauté, réservant à ceux de la Sagne de pouvoir aller faire leur dévotion dans la chapelle du Locle qui venait d'être bâtie. Il n'y avait alors que quarante-huit ans que le plus ancien habitant des montagnes y était allé demeurer; tellement que le Locle s'était peuplé en très peu de temps (V. les ans 1418, 1405 et 1506). Les habitants de la Sagne n'eurent part qu'au droit de paroisse du Locle, mais non de communauté.

L'accord fait l'an 1351 entre Albert d'Autriche et la ville de Zurich n'ayant pas subsisté, Albert recommença la guerre l'an 1352. Louis, comte de Neuchâtel, y retourna avec ses troupes. Mais Louis, marquis de Brandebourg, ayant fait la paix entre eux à Lucerne, le 1er septembre 1352, le comte Louis revint sur ses pas avec ses troupes sans avoir fait aucune expédition.

Les habitants de Valangin, voyant que ceux du Landeron avaient des franchises et un droit de bourgeoisie, et par ce moyen le droit d'élire un banneret; qu'ils avaient obtenu une justice et que le comte Louis avait même établi des justices en divers endroits de son comté, demandèrent les mêmes grâces à Jean d'Arberg, leur seigneur, ce qu'il leur accorda. Il créa bourgeois tous les habitants du bourg de Valangin; il y établit un banneret et douze juges. Mais ces premiers bourgeois étaient encore assujettis à plusieurs tailles et corvées (Voyez l'acte de Mahaut de Neuchâtel de l'an 1406, où les franchises qui leur furent accordées sont spécifiées). Dès qu'ils allaient habiter hors de Valangin, ils n'étaient plus bourgeois et redevenaient taillables. L'acte qu'il leur passa pour l'érection d'un banneret et de douze juges contient ce qui suit:

1351. Le Locle érigé en paroisse.

1352. Albert recommence la guerre contre Zurich, et le cte de Neuchâtel fournit des troupes. Paix faite à Lucerne.

Les habitants de Valangin demandent et obtiennent des franchises de Jean leur seigneur.

Il leur accorde une justice et un banneret.

Ceux de Valangin, qui allaient habiter dehors, redevenaient taillables.

Acte passé pour ces franchises.

Jean d'Arberg, Sire de Vallengin, fait sçavoir à tous ceux que verront et orront ces présentes lettres. Que soit l'ordonnance en quoi mes gens toutes ma Terre et Seigneurie de Vallengin, sont entenus à moi et à mes hoirs, Sires de Vallengin. C'est à sçavoir touchant la Chevauchée. Premièrement, je dois mettre un Banneret, lequel doit être du pays, Bourgeois de Vallengin, ou de franche-condition, et qui soit puissant et de bon lignage fianciel par trois fiances, d'estre à moi et à mes gens juste et léault, et faire le serment sur le Saint-Evangile de Dieu, et de pourter, et gouverner ma bannière où que seront mes armes bien et léaultement, par mon Conseil et par le Conseil de douze Jurés, que seront mis avec ledit Banneret par moi, et par le Conseil de tout mon pays par serment comme ledit Banneret, et aussi tout le demeurant du pays d'un chacun

1352 hostel le plus puissant, devant faire le serment à moi et à mon Banneret, lequel serment au temps présent et avenir par l'ordonnance de moi ou de mes hoirs et de tout mon pays, d'être à moi bons léaults et obéissants comme bonnes gens doivent être à leur Léault Seigneur. Et je moi Jean d'Arberg susdit, Sire de Vallengin, leur promets pour moi et pour mes hoirs et pour leur et leurs hoirs, de leur maintenir tout leur bon droit, en comme bon Seigneur doit faire ses bonnes gens, et à toute bonne Justice et anciennes coutumes de mes prochains voisins de la Ville de Neufchatel, touchant la Justice et sougre la Lance, un chacun à sa condition, au surplus de mes droits. Et toutefois et quantes fois que mes Jurés du bourg de Vallengin seront empachier d'une cause ou peuvent aller entreveler à la Justice de Neufchatel, à cette fin que bon droit soit maintenu à un chacun. Et je, moi Jean d'Arberg, Sire de Vallengin dessus dit, dites les choses dessus escriptes, promets de maintenir et garder, défendre contre tous et envers tout jugement et dehors, en renonçant à toutes renonciations, faisant au contraire témoignage de laquelle chose, moi Jean d'Arberg ai mis mon Scel apendant à ces présentes lettres, que furent faites et données le cinquième jour du mois d'aoust, l'an de notre Seigneur courant 1352.

Berne et Bienne renouvellent leur alliance. Les villes de Berne et de Bienne renouvelèrent leur alliance cette année.

Comète. On vit cette année une grande comète.

1353
Berne se fait canton. Les Bernois se cantonnèrent l'an 1353. Leur lettre est du 6 mars. Berne devint le huitième canton. Ils avaient juré l'année précédente une alliance perpétuelle.

Le duc porte des plaintes à l'empereur contre Berne. Le duc Albert d'Autriche, concevant de l'ombrage de cette alliance des Suisses qui s'augmentaient tous les jours, porta des plaintes contre eux à l'empereur Charles IV, l'assurant qu'ils faisaient des alliances dommageables à l'empire, qu'ils détournaient les sujets de la maison d'Autriche de l'obéissance due à leur légitime souverain, qu'ils faisaient des monopoles, et que si on n'y remédiait promptement, cela causerait un grand dommage à l'Allemagne, etc. L'empereur, voulant s'informer des choses, vint à Zurich à la St-Michel 1353; mais il ne put pas apaiser les différends qu'il y avait entre Albert et les Suisses, de sorte que ce voyage n'eut aucun effet. Le comte Louis était fort aimé de cet empereur et du duc Albert.

L'empereur Charles IV vient à Zurich, mais il ne peut faire la paix. Le comte Louis aimé de l'empereur et d'Albert.

L'évêque de Bâle vient brûler la ville de Bienne, parce qu'elle avait fait alliance avec Berne. La ville de Bienne ayant renouvelé l'année précédente son alliance avec la ville de Berne, Jean Senn, évêque de Bâle, voulut l'obliger à la rompre; ce que les bourgeois de Bienne ayant refusé de faire, l'évêque vint attaquer cette ville et y mit le feu. Il emprisonna les principaux qui avaient été les auteurs de ce renouvellement d'alliance; mais les bourgeois rompirent les prisons et les délivrèrent.

Cette année fut très abondante et les vivres furent à très bas prix.

Jean d'Arberg, seigneur de Valangin, donna à Jean, fils de Vuillemin de Savagnier, en augmentation du fief qu'il tenait déjà de lui, six muids de froment et six muids d'avoine de rente annuelle à prendre sur la dîme de Cernier. L'acte est du 25 septembre 1354. Ce fief subsiste encore aujourd'hui, et on le nomme le fief de Pierre. Le susdit Jean de Savagnier, nommé ordinairement Jean Pictet, n'eut qu'une fille, nommée Aimonette, qui fut mariée à Othenin de Giez, lequel n'eut aussi qu'une fille, nommée Marguerite, qui épousa Jean Richard de Courtelary, duquel mariage est issue Alix, mariée à Henchely, nourri de Rothelin, auquel Jean d'Arberg remit les douze muids de grain spécifiés ci-dessus (V. l'an 1450.) Par la mort de Jean Pictet, la maison de Savagnier fut entièrement éteinte.

Le comte Louis fit une donation, sous le titre d'aumône perpétuelle, aux religieux et couvent des Chartreux de la Lance, d'un pré gisant ès Bulières, en la Combe dite Lacherel. L'acte est du 7 avril 1354. Il confirme la donation faite auparavant par Rodolphe, père du comte Louis, aux mêmes religieux.

L'empereur Charles IV retourna à Zurich aux Pâques de 1354 avec le duc Albert. Il exhorta les cantons à se départir de leurs alliances; mais ceux-ci n'en voulurent rien faire, et l'empereur s'en retourna très mécontent. Le duc Albert demandait que Lucerne, Zug et Glaris, qui étaient ses sujets, renonçassent à l'alliance des Suisses pour lui rendre l'obéissance, mais il ne put pas l'obtenir; ce qui fit que l'empereur et le duc vinrent en personne assiéger la ville de Zurich. Ils joignirent pour cet effet leurs troupes et formèrent ce siége au mois de septembre. Le comte Louis y alla aussi lui-même avec ses troupes. Mais comme l'empereur avait des Bohémiens, qui, sous prétexte qu'ils servaient l'empereur, prétendaient d'avoir le pas, et que les troupes d'Albert, qui étaient de la Souabe, le leur disputaient, soutenant que Charlemagne le leur avait accordé préférablement à toutes les troupes d'Allemagne, il arriva que ces troupes des princes assiégeants se divisèrent, se battirent, et furent par ce moyen obligées de lever le siége de devant cette ville, qui fut par-là miraculeusement délivrée de ses ennemis, après un siége de sept semaines. Ainsi, les alliances des Suisses subsistèrent.

L'empereur Charles IV, voulant récompenser le comte Louis, lui confirma la donation qu'il lui avait faite l'an 1347, n'étant

1353

Année abondante. Bas prix.

1354

Augmentation de fief à Vuillemin de Savagnier.

Fief de Pierre.

Le comte Louis fait une donation aux Chartreux de la Lance.

Charles IV retourne à Zurich. Il exhorte les cantons à rompre leur alliance; mais en vain.

L'empereur et le duc retournent assiéger Zurich.

Le comte Louis y va aussi avec ses troupes.

Cause de la levée du siége.

L'empereur Charles récompense le comte Louis.

1354

Il lui accorde le droit de régale; d'établir des péages et de les augmenter, l'ohmgeld, et la justice criminelle.

que roi des Romains. Cette confirmation était nécessaire pour rendre la donation valable et authentique. L'empereur vendit aussi au comte Louis le droit de régale qu'il avait sur le comté de Neuchâtel (V. l'an 1306). Il lui remit en outre le droit d'établir des péages et de les augmenter, l'ohmgeld et la justice criminelle et souveraine, et si même le comte la possédait déjà avant ceci, il ne l'exerçait que sous l'autorité de l'empereur et comme une juridiction inféodée (V. les années 1275, 1288 et 1303). L'empereur et ses officiers qui étaient de sa part en Suisse, pouvaient faire grâce au criminel, et c'est même de ce droit que l'empereur se déportait en faveur du comte. On voit des preuves de cela dans nos registres de cour, où les termes de cour impériale et de droits d'empire sont encore usités parmi nous. Ce monarque vendit encore au comte Louis ses

Ses droits sur le Val-de-Travers libéré de l'empire. L'empereur se réserve l'hommage de Châlons. C'est par là que le comté de Neuchâtel a acquis la souveraineté.

droits sur le Val-de-Travers, savoir: le péage, la chasse et les hommes royés (V. les années 1218, 1236 et 1317), ne s'étant rien réservé sur le comté de Neuchâtel qu'un simple hommage que lui en rendaient les comtes de la maison de Châlons. C'est par cet acte que l'on prétend que le comte de Neuchâtel a acquis la souveraineté. Quoi qu'il en soit, il est certain que les comtes avaient déjà auparavant donné des franchises, libéré les sujets de la main morte, fait des inféodations, fait la guerre, et même à l'empereur (V. l'an 1283), sans que cela fût regardé comme un crime de félonie; ils avaient fait des traités de paix, donné des terres en fief, fait des lois qui sont tout autant d'actes de suprématie. Mais ce fut surtout après ces concessions de l'empereur que Louis agit en souverain: il fit battre monnaie,

Le comte Louis use pleinement de cette souveraineté.

il établit de nouveaux péages, ce qu'il ne pouvait pas faire auparavant, et il en augmenta d'autres; il fit payer l'ohmgeld, etc. etc. Et pour ce qui est des appels, on n'alla plus dès-lors par devant les tribunaux de l'empire, ni devant aucun commissaire impérial, comme auparavant.

Louis malade à son retour de Zurich. Il fait son testament.

A son retour de Zurich Louis tomba malade, ce qui l'engagea à faire son testament, par lequel il ordonna entre autres que, si sa femme se remariait ou venait à mourir, le baron de Grandson serait tuteur de ses enfants du second lit. Il donnait à ses fils Jean, Louis et Rodolphe, à l'exclusion de ses filles, son comté de Neuchâtel. Il substituait ses fils l'un à l'autre; il ordonnait que les puinés rendraient hommage à l'aîné par devant tous autres seigneurs, et il excluait ses filles, moyennant une somme d'argent que leurs frères devaient leur payer.

Augmentation de fief à Othenin-le-Bel.

Avant son départ pour Zurich, il avait donné de certains biens en augmentation de fief à messire Othe-le-Bel, seigneur de

Cormondrèche, chevalier, mais qui retournèrent au seigneur de Colombier (V. l'an 1530).

1354

Il donna encore, sous le nom d'engagère, à Henri, dit le domicile du Riche, deux muids de vin blanc, à retirer annuellement dans sa cave du Landeron, à cause des services qu'il lui avait rendus dans la guerre qu'il avait eue contre Henri, comte de Montbéliard, la comtesse de Roche, sa sœur, Jean de Montfaucon, leur neveu, Henri, seigneur de Bellevue, Aimon, seigneur de Villars-Sessel, et leurs complices, etc.; lesquels deux muids le comte se réserve de pouvoir retirer du dit Henri et de ses descendants à perpétuité, moyennant la somme de quarante florins de Florence de bon or et de juste poids. L'acte est scellé du sceau du comte et daté du mois de décembre 1356.

Engagère accordée à Henri, à raison de services rendus dans la guerre contre le comte de Montbéliard.

Réserve de réméré.

François, évêque de Lausanne, mourut l'an 1354. Le siège fut vacant pendant quelque temps.

Mort de François, évêque de Lausanne.

Jean d'Epagny, fils de Czaïevarrier de Jeannin de Vaumarcus, écuyer, épousa l'an 1355, le 3 juillet, Catherine, fille de Jean de Cormondrèche et sœur d'Aimé. Elle eut pour sa dot quatre muids de froment à prendre à Boudevilliers, que son frère tenait en fief du comte de Neuchâtel. L'acte fut ratifié par le comte Louis.

1355

Mariage de Jean d'Espagny avec Catherine de Cormondrèche.

De ce mariage de Jean et de Catherine est issu Louis de Vaumarcus, qui épousa Alix, fille de François, seigneur de Colombier, d'où est sorti Jacques de Vaumarcus, lequel épousa Isabeau de Courtelary, d'où est issu Roland ou Rodolphe de Vaumarcus. Celui-ci épousa Marguerite de Roëcourt; ils n'eurent que deux filles, savoir: Isabeau de Vaumarcus, qui fut mariée à George de Rive, gouverneur de Neuchâtel, mort l'an 1552, d'où est issue Françoise de Rive, mariée à Roch de Diesbach de Fribourg, baron de Grandcour, d'où est sorti George de Diesbach, aussi baron du dit lieu, qui a eu aussi un fils du même nom, et dont la postérité possède encore aujourd'hui les quatre muids de froment ci-dessus, avec une maison à Neuchâtel, ce qu'on nomme le *fief Roset*. Dame Anne-Marie de Diesbach, veuve de François Nicolas de Praroman, tenait l'an 1670 la maison, les vignes et autres biens mouvants de ce fief qui sont au Landeron. La seconde fille de George de Rive fut Jeanne, mariée à Claude d'Allie, seigneur du Roset et Châleix, dont elle eut un fils nommé Jacques d'Allie, donzel. Ce Claude ayant possédé ce fief pendant quelque temps, lui donna le nom de Roset, qu'il porte encore aujourd'hui. Son fils Jacques étant mort jeune et sans enfants, ce fief est retourné, après sa mort, aux héritiers de François. George de Rive eut encore

Généalogie de Vaumarcus.

George de Rive, gouverneur.

Sa descendance.

Fief Roset.

1356

Fille de George de Rive.

1356 une troisième fille, nommée Marguerite, mariée à Claude de Neuchâtel (V. l'an 1308).

Aimon de Cossonay, évêque de Lausanne. Vicariat sur les évêchés accordé et révoqué.

Aimon de Cossonay fut élu évêque de Lausanne l'an 1356. L'empereur Charles IV ayant donné à Amédée V, comte de Savoie, le vicariat de l'empire sur les évêchés qui étaient dans ses terres en Suisse, Aimon fit quelque temps après révoquer cette donation.

Il arriva cette année, entre le comte Louis et Pierre d'Estavayer, seigneur de Gorgier, son vassal, une difficulté qui fut débattue comme suit:

Jugement contre Pierre d'Estavayer, en faveur de Louis, comte de Neuchâtel, pour cause de félonie.

« Le comte Louis s'étant présenté en jugement auprès de Neufchâtel, députa, comme c'est la coutume, est-il dit, en présence de témoins, Jean d'Arberg, seigneur de Valangin, pour juger des procédures tenues sur ce jour-là; qu'il lui proposa et aux pairs de cour assistants: que Pierre d'Estavayer n'était pas venu à Neufchâtel pour l'assister et desservir son fief dans la guerre qu'il avait avec Henri de Monfaucon, et que le dit Pierre avait donné des conseils au seigneur de Grandson contre lui pendant qu'ils étaient en procès, au sujet de quoi le fief qu'il tenait était commis. Il proposa encore qu'il était entré de nuit, armé, par dessus les murailles de la ville de Neufchâtel avec ses complices; qu'il avait, par ce moyen, violé la dite ville, qui était franche, et coupé la main du chevalier Jean Reynier, qu'il avait blessé à mort; qu'il avait pillé plusieurs choses et emmené prisonnières trois personnes. En réparation de quoi il demanda que le dit Pierre d'Estavayer lui fût échu, pour être puni capitalement, et tous ses biens féodaux et allodiaux existant dans le comté de Neufchâtel. Ensuite de quoi le dit comte Louis s'étant soumis à la déclaration des pairs de cour et des consuls de Fribourg, de Bienne, de Morat et d'Yverdon, le dit Pierre n'étant pas comparu ce jour-là ni sur le second, Jean de Montfaucon, qui présidait à la troisième assemblée, lui adjugea ses demandes. »

Une vigne donnée en fief à Jean Pastel, bourgeois de Neuchâtel, quoique non noble.

Le comte Louis donna à perpétuité, sans jamais rappeler, en fief et hommage lige, à Jean Pastel, bourgeois de Neuchâtel, et à Jeannette sa femme, fille d'Esthévenin Vaucher, écuyer, pour lui et pour leurs hoirs procréés de leurs corps, ou qui seraient loyaument procréés de la dite Jeannette, en récompense de leurs services et pour 150 florins d'or qu'ils donnèrent au dit comte: c'est à savoir une vigne dite *de la Sauge*, située au Val-de-Nereu, et plusieurs autres choses que le dit Vaucher et Sibillette, sa femme, tenaient du dit comte de Vautravers, en la seigneurie de Neuchâtel, et au val de Nereu, et au territoire de Lignières, et en la châtellenie et mandement du Lan-

deron, « nonobstant que le dit Jean ne fût noble et que ses
« hoirs et ceux de la dite Jeannette sa femme ne le fussent au
« temps à venir, et à condition qu'ils seraient tenus de payer
« par chacun an au dit comte, à perpétuité, les censes dues
« pour les choses dessus dites, et toutes les autres charges et
« nature du dit fief : et à la réserve que les choses et hommes
« qui appartenaient au fief de Vautravers demeureraient au dit
« fief, en la manière que le dit Esthévenin les tenait. Et les
« choses et hommes du Vautravers qui étaient du fief de Neuf-
« châtel demeureraient au dit comte. » Il y a de l'apparence
que cette vigne de la Sauge parvint dans la suite à la maison
de Bariscourt, et enfin à Berthold Esbrunes (V. l'an 1511).

Par acte du jeudi avant la purification de Notre-Dame Vir- *Les bois de Goten-*
gine, le comte Louis accensa à la communauté d'Auvernier les *dart accensés à la communené d'Auver-*
bois de Gotendart, etc. *nier.*

Etienne de Montfaucon, comte de Montbéliard, seigneur de *Etienne de Mont-*
Montfaucon, Beaumont, etc., épousa Marguerite, fille de Jean *faucon, comte de Montbéliard, épou-*
de Châlons III, baron d'Arlay¹). Le traité de mariage fut passé *se Marguerite, fille*
le 13 août 1356. Jean de Châlons donna à sa fille la seigneurie *de Jean de Châ-*
d'Orbe pour sa dot. La maison de Châlons l'avait toujours *lons III.*
possédée depuis l'an 1153, et elle rentra dans la même maison
l'an 1412.

Le comte Louis donna à la ville de Cormondrèche tout le *Bois de sapin*
sapin qu'il y a dans les bois de la Côte. L'acte est daté du *donné à Cormon-*
jeudi avant la purification 1356. *drèche.*

Il y eut cette année une peste générale, et on sentit plusieurs *Peste et tremble-*
secousses d'un tremblement de terre épouvantable, qui fit de *ment de terre*
grands dégâts en divers lieux. Le 12 octobre, une partie de *épouvantable.*
la ville de Bâle fut renversée; il n'y eut qu'environ cent mai- *Bâle gravement*
sons qui subsistèrent. Les habitants de la ville en sortirent et *endommagé.*
campèrent sous des tentes pendant toute l'année. Cent personnes furent écrasées; il s'y alluma un feu qui dura plusieurs
jours, et un grand nombre d'autres villes furent aussi endom-
magées. Plusieurs châteaux furent renversés aux environs de *Châteaux renver-*
Bâle, entre autres ceux de Delémont, de Vorbourg, de Löwen- *sés.*
berg, de Mersbourg, de Blochmont, de Thierstein, de Landskron, de Nevenstein, de Pfeffingen, de Bärenfels, de Scholberg,
de Mönchsberg, d'Angenstein, de Reichenstein, de Birseck, de

---

¹) C'est en vertu de cette alliance d'Etienne de Montfaucon, comte de
Montbéliard, avec Marguerite, fille de Jean de Châlons, que le duc Léopold Eberhard-Montbéliard se présenta, en l'an 1707, au nombre des
prétendants à la souveraineté de Neuchâtel. Mais cette Marguerite est
portée dans la généalogie, que ce Pierre produisit alors, comme fille de
Jean de Châlons II.

1356

Secours accordés aux Bâlois.

Mönchenstein, de Beuren, de Ramstein, de Gilgenberg, de Schauenberg, de Wartenberg, de Landescher, de Hasenbourg, de Steinbrunn, de Biederthal, de Heitwiler, de Wildenstein, d'Eptingen, de Homberg, de Frobourg, de Farnsbourg, de Falkenstein, de Bechbourg, de Wartbourg, de Liestal, de Dorneck, etc. Les villes de Strasbourg, de Fribourg en Brisgau, de Colmar, de Mulhouse, etc., envoyèrent des hommes pour aider les bourgeois de Bâle à relever les ruines de leur ville, et c'est ce que fit aussi Louis, comte de Neuchâtel, qui y envoya quelques-uns de ses sujets.

Mort de Nicod de Cormondrèche. Ses enfants.

Nicod de Cormondrèche mourut l'an 1356. Il laissa plusieurs enfants et entre autres Colin ou Nicolas, qui fut curé de Cressier, depuis chanoine et abbé de Fontaine-André l'an 1380. Colin eut un bâtard nommé Henri de Cormondrèche, qui vivait l'an 1392.

1357

Althaud, d'Estavayer rend hommage au cte Louis de la portion de Gorgier dont il avait rendu hommage à son frère Pierre.

Althaud d'Estavayer rendit de son bon gré et sans y être forcé, foi et hommage de bouche et de la main à Louis, en la même forme et sous les mêmes conditions qu'il avait rendu hommage à Pierre d'Estavayer, son frère, promettant, sous la peine ordinaire, de bien et fidèlement desservir le dit fief, d'avancer l'honneur de son seigneur et son profit et celui de ses hoirs de tout son pouvoir, d'éviter son dommage, comme aussi de sa terre et de ses sujets. Il s'engage de faire déclaration au dit comte de son fief toutes les fois qu'il en sera requis. Le sceau de la cour de Lausanne et celui de Jean, conseigneur de Blonay et bailli du pays de Vaud, sont appendus à l'acte, qui est signé par Perroud Mestral, notaire de la dite cour, etc., au château d'Yverdon, le 23 janvier 1357. Etaient présents: Guillaume, comte de Namur, baron de Vaud; Jean, seigneur de Cossonay; François, seigneur de Lasarraz; Jean de Mont; Othe, seigneur de Verdes; Aimon de Châtoney, et Vuilliesme de Dompierre, chevalier.

Plusieurs familles des Verrières et des Bayards sont affranchies de la taille par le comte Louis, pour cent vingt florins d'or.

Louis, comte ou sire de Neuchâtel, à la requête d'environ soixante familles d'entre les habitants des Verrières, Bayards, etc. fit avec elles, au sujet de la taille et de la cense qu'elles avaient accoutumé de payer, un accord comme suit: Il les quitte de la susdite taille, moyennant la somme de 120 florins de Florence d'or et de bon poids, que les dites familles payèrent comptant, tellement qu'il les en quitte pour lui et ses hoirs à perpétuité. Il se retient la cense qu'ils lui payaient annuellement, aussi bien que tous les autres habitants des Verrières, et qu'ils devront encore dans la suite. L'acte est daté du 30 juillet 1357 et scellé des sceaux du comte (V. l'an 1350).

Le 2 mai 1357, le comte Louis rendit hommage à Jean de

Châlons III de son comté de Neuchâtel. Il y comprend et spécifie ses châteaux de Thielle, de Boudry, de Vaumarcus, de Vautravers et de Rochefort, le Vautravers, tout ce qu'il possédait au Val-de-Ruz, la ville de Boudevilliers et ses appendices, toute la baronnie de Neuchâtel en toute son étendue, soit en justice, en péages, en rentes, en bois, en aigues, en villes, en prés, en champs, en vignes et en toutes autres choses quelles qu'elles soient. Il déclare qu'il rend cet hommage suivant les us et coutumes de Bourgogne. Le comte Louis promit à Jean de Châlons de le servir contre tous, comme un bon vassal est obligé de le faire; et Jean de Châlons, de son côté, s'engage à aider le comte Louis, sous la peine de tous les fiefs qu'il tient de lui, et ce contre toute manière de gens, pendant que Louis et ses hoirs voudront être à droit par devant lui et ses hoirs. Il réserve que si Louis ou ses hoirs mouraient sans hoirs mâles, que ses filles ou les filles de ses hoirs, une ou plusieurs des chesaux de Neuchâtel, pourront et doivent prendre de Jean de Châlons les dits fiefs, de la même manière qu'il les avait repris. Que Jean de Châlons et ses hoirs le garantiront auprès de l'empereur et du roi des Romains à l'égard de tout ce qu'il pourrait lui demander. Le comte Louis excepte de ce fief les dîmes de blé et de vin qu'il tenait dans sa terre et qui étaient du fief de l'église de Notre-Dame de Lausanne, comme aussi la place du Landeron et la ville, laquelle place il avait acquise de l'abbaye de l'Ile; la ville de Cressier, qu'il avait acquise de l'évêque de Bâle, à la réserve de trois barraux de vin qu'il y possédait déjà. Dans la châtellenie du Landeron, la terre qu'on appelle la Fuge de Cressier, acquise de Monsieur de Langres, qui vaut quinze livrées de terre; le moulin Vyle, acquis de l'abbaye de Frienisberg, qui vaut cent soudées; le fief de Conrad de Nidau, chevalier, qui vaut onze livrées de terre; le fief de Jean de Busses, qui vaut cinquante soudées de terre; le fief de Roud de Cellier, qui vaut dix livrées de terre; le fief de Jean Despignes, qui vaut sept livrées et demie de terre; le fief de Jean de Machès, qui vaut dix livrées de terre; le fief de Henri de Salenove, qui vaut dix-sept livrées de terre; le fief de Conrad de Salenove, qui vaut cent soudées de terre; le fief de Jean de Vauthier, qui vaut quatre livrées de terre; le fief des hoirs d'Esthévenin Vauthier, qui vaut vingt livrées de terre; le fief de Jean d'Espagnier, qui vaut huit livrées de terre. Toutes ces choses sont gisantes dans la châtellenie du Landeron, et les personnes ci-dessus mentionnées les ont reprises, ainsi qu'ils les tenaient de leur héritage et de franc-aleu. De plus, acquis au Val-de-Ruz six livrées

1357

Hommage rendu à Jean de Châlons III par le comte Louis de Neuchâtel.

1357

de terre, données en fief à Jean Pictet de Savagnier, qui ont coûté cent vingt livres; aux châtellenies de Boudry et de Gorgier, acquis des seigneurs d'Estavayer vingt-cinq livrées de terre; acquis de Pierre Daignans à Bevaix des choses qui valent quatre livrées de terre; le fief du châtel de Gorgier et de toute sa châtellenie, qui était du fief de Monsieur Louis de Savoie, et qui est encore du fief de ses hoirs; le fief de Valangin, qui était du fief du comte de Montbéliard; le fief du seigneur de Joux, qui git dans le Vautravers. Les terres ci-dessus ayant été acquises par les comtes Rollin et Louis, ce dernier déclare que lui et ses hoirs les pourront reprendre comme un héritage de franc-aleu, et ce de qui et quand il leur plaira.

Valangin, Colombier, Cormondrèche et Lignières non mentionnés dans l'acte d'hommage.

Cet acte est scellé du sceau du comte Louis, au château d'Arlay, le 2 mai 1357. Il n'y est point fait mention des seigneuries de Valangin, de Colombier, de Cormondrèche et de Lignières.

Confirmation par l'empereur des droits accordés à Jean de Châlons.

L'empereur Charles IV confirma à Jean de Châlons III tous les droits que l'empereur Rodolphe avait accordés à Jean de Châlons II, son aïeul (V. les années 1292 et 1299).

Sujets de Valangin prisonniers à Colmar.

Quelques sujets du seigneur de Valangin étant prisonniers de guerre à Colmar, il les recommanda par une lettre à cette ville, qui lui répondit qu'elle ne ferait aucun tort ni dommage à ses sujets.

Vendition d'un péage par Althaud à Pierre d'Estavayer.

Althaud d'Estavayer vendit la même année 1357 le péage et le rivage qu'il avait à St-Aubin et son droit à la seigneurie de Gorgier, consistant en censes, rentes et autres revenus, à Pierre son frère et à ses héritiers, et celui ou ceux auxquels lui ou les siens pourraient vendre, donner, concéder et remettre, avec la possession corporelle et vide, et la seigneurie à cause de la dite vente qui fut faite pour la somme de 81 livres monnaie de Lausanne, 15 sols, 16 deniers, que le dit Althaud confesse avoir reçue. Il est dit qu'il lui vend tous et chacuns fruits, issues, revenus, jouissances et émoluments du dit rivage ou péage; toutes les censes et rentes d'argent, de blé, des tennementiers, savoir: de moulins, scies, battoirs et foules de Gorgier, avec tout droit et domaine, sauf à moi, est-il dit, de retenir ma cense de chanvre, en ajoutant à ce que dessus et accordant par un pacte expressément fait, que le dit Pierre ne doit percevoir par chaque année de cense et rente des dits tennementiers, sinon ce qui est au-dessous de 8 livres lausannoises, pour faire valoir le dit rivage ou péage. L'acte est daté du 7 août 1357. Le sceau de la cour de Lausanne est appendu à l'acte, qui est signé Johannod de Pont, d'Estavayer, notaire.

1358
Louis se rend vassal d'Albert d'Autriche.

Par un acte de l'an 1358, le comte Louis de Neuchâtel vendit pour 200 goulden à Albert, duc d'Autriche, la châtellenie du

Landeron, qui lui appartenait en propre, comme l'ayant achetée de divers particuliers; ensuite de quoi il la reprit en fief de ce duc; ce que Louis fit sans doute pour acquérir la protection d'un prince puissant, qui pouvait lui être très-avantageuse contre ses ennemis. (V. les années 1369 et 1445.)

1358
triche pour le Landeron.

Le comte Louis vendit aussi pour 187 florins, à Jean Grans et à ses hoirs, une partie de la dîme de Mertzlingen (qui était engagée auparavant à Guillaume de Hottingen), pour en jouir, la tenir et posséder paisiblement pour lui et ses hoirs, à leur volonté, en vrai fief héréditaire. (V. l'an 1372.)

Vente de la dîme de Mertzlingen.

Par un acte du 19 février 1358, qui est en latin, Jean d'Arberg, seigneur de Valangin, déclare que ses prédécesseurs ayant accensé aux prédécesseurs des personnages ci-après nommés une terre appelée Fontaine-Melon, sauf les droits du seigneur, et qui gît ès Alenar, et s'étend depuis le poirier d'en haut, tendant à une pierre appelée Creusa, qui est dans le champ ès Alenar, et un sapin nommé Vy-Fontaine, qui est devers Fontaine-Melon et jusques au Pré Crosier en som la côte et jusques au Pré ès Ouberon, et depuis le Pré des dits Alenar en-bas, et depuis le Pré à l'estraine d'en-bas au Tornacul, et depuis Tornacul jusques à la borne des pâturages de Cernier, et depuis la charrière de Cernier d'en-haut jusqu'au champ des confins du Perier, dans laquelle terre sont dix prises que tiennent présentement Amiet Maneta, Nicod Escoffier, Perret de Montiron, Mathieu Tissot, Jaquet Nicolier, Janin Pollens, Girard de Mortaigue, Nicod Borquin, Janet Boschat, lesquelles dix prises Jean d'Arberg accense perpétuellement aux susnommés, pour eux et leurs hoirs, comme une prémice, savoir: pour six quartiers de fromage, qui seront payés annuellement à la St-Gall. Jean d'Arberg leur accense encore le four du dit lieu de Fontaine-Melon pour sept émines de froment, mesure de Valangin, payables par chaque année au dit terme. Il les libère de toute taille et exaction et de tous usages et services, à la réserve de ceux qui sont dus par les personnes libres à leurs seigneurs, ainsi que cela s'est pratiqué jusques à présent, et excepté qu'eux et leurs hoirs seront obligés de faire annuellement une journée de faucheur au Pré Royé au temps des fenaisons, et ils devront faire un charroi en temps de vendanges pour amener le vin du seigneur depuis le vignoble de Neuchâtel jusques à Valangin. Le sceau du seigneur est apposé à l'acte.

Fontaine-Melon accensé.

Jean d'Arberg, seigneur de Valangin, accorda aux Guyot de Boudevilliers une lettre de bourgeoisie, datée du 3 novembre 1358, et qui est en latin, dans laquelle il est dit qu'il les quitte, entre autres choses, *ab omni servitute, truagio et pelicherid*, c'est-

Lettre de bourgeoisie aux Guyot de Boudevilliers.

1358

Jean d'Arberg permet aux bourgeois de Valangin de demeurer hors du bourg, mais ils devaient y avoir une maison.

à-dire de toute servitude, charrois et des journées de travail qu'ils lui devaient; il excepte le devoir d'amener les meules de ses moulins et de son vin, etc. (V. les années 1362 et 1427.) Avant ce temps, les bourgeois de Valangin étaient obligés d'habiter dans le bourg; mais Jean d'Arberg permet à ceux-ci de demeurer dehors; il réserve cependant qu'ils y auront une maison, ou une chambre ou cave, parce qu'ils étaient obligés de garder le château en temps de guerre, et c'est pourquoi ils devaient avoir un lieu pour y loger, à défaut de quoi ils n'étaient pas bourgeois (V. l'an 1036). Ces premiers bourgeois étaient encore obligés de payer leur part des impôts ou de la taille que le seigneur de Valangin faisait tous les ans à ses sujets, mais les bourgeois en faisaient entre eux la répartition. Leurs biens, qui étaient des terres de fief, ne passaient aussi à leurs descendants que par la permission du seigneur. (V. les années 1362, 1427 et 1432.)

Confirmation faite par l'empereur au comte Louis.

Il y a un acte de l'an 1358, par lequel l'empereur Charles IV confirme au comte Louis la donation qu'il lui avait faite, aux années 1347 et 1354, du droit d'imposer des péages, de battre monnaie, etc. Il lui accorde aussi la chevauchée, la chasse, la pêche et le droit qu'il avait sur les hommes royaux dans tout le comté, etc. Le comte de Neuchâtel devint, par cette concession, propriétaire des droits régaliens et comme indépendant des empereurs, à la réserve de l'hommage qui était dû à la maison de Châlons, et de cette maison à l'empereur.

Catherine de Neuchâtel en Bourgogne, seconde femme du comte Louis, mourut le 3 novembre 1358. Il en eut plusieurs enfants.

Peste.

La peste enleva un grand nombre de personnes en Suisse, depuis le mois d'août jusqu'à Noël.

1359

Difficulté terminée pour les limites de Neuchâtel et Valangin.

Le 25 janvier 1359, Louis, comte de Neuchâtel, et Jean d'Arberg, seigneur de Valangin, qui avaient depuis quelque temps des difficultés au sujet des délimitations entre les deux terres, terminèrent amiablement leur différend, et ils firent ensuite planter des bornes.

Hommage rendu par le seigneur de Valangin à Louis, c^{te} de Neuchâtel.

Jean d'Arberg II, seigneur de Valangin, reprit ensuite pour lui et ses hoirs, du comte Louis, en fief et hommage lige, par l'interposition des mains et baiser de bouche, et par toutes les solennités requises, le plaid du mois de mai, ses hommes royaux et les autres, la juridiction des fourches, le bourg de Valangin et ses habitants, de quelque condition qu'ils fussent, et les rayes des Joux; item l'exemption du péage du Locle en faveur des gens du Val-de-Ruz, de la Sagne et du Locle, pour les choses qu'ils achèteraient pour leurs usages. Il promit aussi d'être fidèle à Louis et à ses hoirs, de détourner leur déshonneur, d'avancer leur profit, de desservir le dit fief bien et fidèlement, comme la nature des fiefs liges le requiert. Il s'obligea à toutes les choses auxquelles un bon et loyal vassal est et doit être tenu à son seigneur lige de droit, de coutume et de lois. Et le comte Louis, à son tour, donna à Jean d'Arberg, en augmentation de fief, des censes directes rière Boudevilliers; ce qu'il lui ratifia l'an 1373 par son testament. Jean, fils du comte Louis, étant pour lors en guerre en Alsace, où il fut même pendant quelque temps prisonnier de guerre, le dit comte Louis voulut bien, par précaution, se faire rendre l'hommage que Jean d'Arberg avait rendu à Jean de Neuchâtel, son fils, le jeudi après l'Annonciation de Notre-Dame de l'année 1349, parce que le comte Louis doutait s'il reverrait jamais ce sien fils.

Augmentation de fief accordée au seigneur de Valangin par Louis, c^te de Neuchâtel.

Pourquoi le comte se fait rendre hommage.

Le comte Louis, ayant averti dès l'année 1358 Althaud d'Estavayer, son homme lige et féodal, qu'il avait des inimitiés capitales avec le seigneur de Grandson, Althaud, nonobstant cette défense, alla avec sa famille demeurer au dit Grandson, et vida sa part du château de Gorgier des munitions nécessaires; et quoique depuis le comte l'eût fait sommer de venir résider personnellement en sa part du dit château et de la munir, ou s'il ne voulait on ne pouvait le faire, de la remettre aux mains de son seigneur, afin qu'il prévînt les dommages qui pourraient en arriver, tant à lui, le dit Althaud, qu'à tous les sujets, sous offre que le dit comte lui fit d'y pourvoir à ses frais propres et de lui restituer le dit château de Gorgier, lorsque le péril serait passé, et de le dédommager, le dit Althaud, nonobstant ces offres, au lieu d'obéir, se saisit de la part que le comte avait au dit château; il mit dehors ceux qui y étaient en son nom, et ne voulut pas y laisser entrer Jean de Giez, qu'il y avait envoyé pour s'informer du fait. Néanmoins, ayant quelque temps après abandonné ce château, tout gâté et sans défense, pour se retirer au dit Grandson, et le comte de Neuchâtel ayant pourvu à sa garde, Althaud alla, au commencement de l'an 1359, porter ses plaintes à Guillaume, comte de Namur, seigneur de Vaud, contre le comte de Neuchâtel, sans lui en avoir demandé justice, comme les vassaux sont obligés de le faire envers leur seigneur avant de recourir à leur supérieur (V. l'an 1344). Au sujet de quoi le comte de Neuchâtel, ayant fait 1200 livres de dépens pour réduire le dit château de Gorgier à son obéissance, et en plaidant ses affaires par devant le comte de Namur, celui-ci condamna Althaud à les lui restituer et le renvoya par devant son seigneur, le comte de Neuchâtel. Celui-ci

Plaintes du comte Louis contre Althaud d'Estavayer.

Offre de Louis à Althaud.

Violence d'Althaud.

Althaud va se plaindre au comte de Namur, baron de Vaud.

Althaud est condamné par le c^te de Namur.

1359
Althaud est cité devant la cour des pairs siégeant à Neuchâtel. Il ne comparaît point.

le fit citer, avec promesse de due sûreté, trois fois de suite par devant ses vassaux assemblés au château de Neuchâtel, par lui députés et commis pour juger de cette cause ; mais Althaud n'ayant pas comparu, ni au premier, ni au second jour, le comte de Neuchâtel fit toutes les plaintes ci-dessus au premier jour par devant la cour des pairs, où présidait Imer de Courtelary, et demanda droit et jugement contre lui, aux fins

Althaud est condamné. Il perd son fief et tous ses biens.

que le dit Althaud fût condamné au paiement des dites 1200 livres lausannoises, par ses biens meubles et immeubles, et à la perte de son fief. Ce qu'ayant été remis en jugement et à la connaissance de Jean de Montsaugeon, qui présidait au troisième jour, et des pairs de cour et des consuls des villes de Bienne, Fribourg, Morat et Yverdon, le dit seigneur de Neuchâtel s'étant retiré, ils lui adjugèrent sa demande contre Althaud, savoir : sa part du château de Gorgier et toutes les autres choses qui dépendaient du fief, et entre autres tout le droit et seigneurie qu'Althaud pouvait avoir au village de Provence, avec tous ses autres biens meubles et immeubles, présents et à venir, le

Le comte Louis est possesseur de Gorgier.

2 mai 1359. C'est en vertu de cette sentence que le comte Louis et Isabelle, sa fille, ont possédé ce fief dès-lors jusqu'à l'an 1378.

Jean de Giez acquiert plusieurs terres à Marin, Cornaux et Champreveyres.

Jean de Giez avait acquis cette année de Nicole, fille de Renaud de Cormondrèche, du consentement de Girard Bellajour, son mari, bourgeois de Neuchâtel, plusieurs terres à Marin et à Cornaux, et quatre-vingts hommes de vignes à Champreveyres,

Pressoir de Colombier.

où il bâtit un pressoir, qu'on a nommé depuis le pressoir de Colombier (V. l'an 1430).

Reprise des biens féodaux que tenait Pierre de Vaumarcus.

Pierre de Vaumarcus, ayant vendu sa seigneurie au mois de février 1308 au comte Rollin, et lui étant resté plusieurs terres féodales à Concise, à Cortaillod, à Vaumarcus, à Neuchâtel, à Thielle et au Landeron, lesquelles il tenait en fief lige du comte de Neuchâtel, Rollin de Vaumarcus en fit reprise cette année du comte Louis, et lui en fit hommage et fidélité par baiser de bouche et interposition de mains, suivant la coutume. Il est dit dans l'acte, qu'il promit, pour lui et les siens et ses compersonniers, de suivre et de servir le dit comte, comme il avait déjà fait auparavant. Ses compersonniers étaient Jacques, chanoine, et Jeannin, frères de Rollin de Vaumarcus.

Franchise accordée au Landeron de payer en monnaie blanche au lieu d'argent lausannois.

Le comte Louis accorda aux bourgeois du Landeron et habitants de la châtellenie, qu'au lieu qu'ils lui payaient tous ses droits, bans, amendes etc. en monnaie de Lausanne, ils ne les lui paieraient à l'avenir qu'en monnaie blanche[1]), savoir : livre

---

[1]) Cette monnaie blanche consistait en de petites pièces, qui étant de

pour livre, sol pour sol, etc. Il leur donna encore le bois du Chânet assis devant la ville du Landeron, entre la terre de l'évêché de Bâle devers bise, la voie publique dite de Las, tendant dès le Landeron à Lignières devers vent, et entre les champs de Lignières dessus, et les vignes dites des Roches de la part dessous, ainsi comme les dits bois s'étendent en long et en large. Il réserve qu'ils ne pourront pas le vendre ni le transporter à d'autres. Il est dit que c'est pour tous ses sujets du comté qui habiteront au Landeron, qu'ils pourront y établir un forestier et l'ôter quand bon leur semblera. Le comte s'y réserve tous droits seigneuriaux, et c'est pour la somme de 190 florins de bon or et de bon poids, qu'il confesse avoir reçus d'eux bien nombrés. L'acte est du 13 mai 1359 et donné à Neuchâtel.

1359. Le c^{te} Louis cède à la dite ville la forêt du Chânet pour la somme de 190 florins d'or.

Girardoz Bellajour vivait en ce temps. Il était bourgeois de Neuchâtel et avait épousé Nicole, fille de Renaud de Cormondrèche, donzel. Ce Girardoz eut une fille, laquelle fut la mère de Girard, bâtard de Jean, fils de Louis, comte de Neuchâtel, et qui fut la souche de la maison de Neuchâtel-Gorgier.

Girardoz Bellajour bourgeois de Neuchâtel. Tige de la maison de Neuchâtel-Gorgier.

Guillaume, comte de Namur, baron de Vaud, et Catherine de Savoie, son épouse, fille de Louis de Savoie, IIe du nom, baron de Vaud, vendirent cette année leur baronnie de Vaud à Amédée VI, comte de Savoie, surnommé le Vert, de sorte qu'au lieu que le comte de Neuchâtel rendait hommage au baron de Vaud de sa seigneurie de Gorgier, et ce dernier au comte de Savoie, qui en était devenu le seigneur immédiat, le comte de Neuchâtel n'en rendit plus hommage qu'au comte de Savoie depuis cette année. Cette vendition se fit pour la somme de 60,000 florins d'or. Par ce moyen cette baronnie, qui avait duré soixante-quatorze ans, prit fin.

Vente de la baronnie de Vaud.

Tous les fils du comte Louis étant morts, à la réserve de Jean, ce comte fit un testament en faveur de ce sien fils, par lequel il l'instituait son héritier universel; mais que s'il mourait sans hoirs, sa sœur Isabelle lui succéderait. Louis, fils du comte Louis, était mort quelque temps auparavant. Le susdit testament est du 10 juin 1359.

Tous les fils du c^{te} Louis, excepté Jean, étaient morts, le comte fait un second testament.

Le comte Louis donna à la communauté de Cormondrèche les bois de chêne, les rupes et pâquiers qui étaient dans le détroit de cette commune.

Donation de bois à la commune de Cormondrèche.

Le pape Innocent VI accorda à l'abbé de Fontaine-André la

Le pape confirme les donations faites

bon aloi; demeuraient toujours blanches. Les cantons en fixèrent la valeur à un *Schilling*. On les appelait en allemand *Weisspfenning*.

1359
à l'abbaye de Fontaine-André.

confirmation de tous ses biens qui lui avaient été donnés en aumônes et legs jusqu'alors. L'acte est daté d'Avignon, la septième année de son pontificat.

Le comte Louis est conseiller de Rodolphe, duc d'Autriche.

Par des lettres patentes qui sont en latin, en date du 9 août 1359, le comte Louis fut établi apocrisiaire, ou conseiller secret de Rodolphe, duc d'Autriche.

Accord entre le cte Louis et les seigneurs d'Arberg.

Par un acte de l'an 1359, le comte Louis et les seigneurs d'Arberg, que ce comte appelle ses oncles et consanguins, firent un traité sur plusieurs différends qu'ils avaient ensemble (V. l'acte du 29 mars 1369).

Emprunt fait à la ville de Boudry par le cte Louis, pour la rançon de son fils Jean, prisonnier en Alsace. Boudry acquiert l'ohmgeld.

Jean, fils du comte Louis, étant prisonnier de guerre en Alsace, le comte son père emprunta de la ville de Boudry la somme de 300 florins pour payer sa rançon. Il engagea pour cet effet à cette ville l'ohmgeld, qu'il avait acquis par la concession de l'empereur Charles IV (V. l'an 1354). Ce comte ne l'avait jamais retiré auparavant; il promit même de vendre ce droit à la dite ville, ce qu'il fit aussi (V. l'an 1369); mais il se retint le droit de vendre vin pendant le mois de mai, ce que le prince possède encore aujourd'hui. C'est ce droit qu'on appelle en France droit de bon vin.

Le comte retient le droit de bon vin.

1360
Reprise du fief de Gruère.

Othenin de Giez ayant épousé Aimonette, fille unique de Jean de Savagnier, chevalier (V. l'an 1349), fit reprise du fief, qui a été depuis nommé le fief de Gruère, et ce au nom de sa dite épouse. Il en rendit hommage au comte Louis, qui le

Augmentation de fief.

lui confirma, et lui inféoda encore d'autres biens rière la Côte, savoir: une maison à Cormondrèche, dix-huit hommes de vignes, quelques prés et champs pour les tenir en fief, dont il promet maintenance, à la réserve des censes qui seraient dues à d'autres qu'à lui. Il est dit que c'est sauf la fidélité qu'Othenin devait à Jean d'Arberg, duquel il était homme avant qu'il le fût du comte Louis. L'acte est daté du mois de mai 1360. Othenin de Giez eut un fils nommé Jean, et une fille nommée Marguerite, qui fut mariée 1° à Jean Richard de Courtelary, dont elle eut une fille unique nommée Alix, qui fut mariée à Henchely de Rothelin; 2° à Itel Frosberg, demeurant à Valangin, qui eut une fille nommée Aimonette, qui fut mariée à Pierre Blayer, le jeune, demeurant à Valangin (V. l'an 1441).

Généalogie d'Othenin de Giez.

Statuts et ordonnances du prévôt et chapitre de Neuchâtel, concernant les chapelains attachés à cette église.

Christin, prévôt de l'église de Neuchâtel, et tout le chapitre firent, le 23 juin 1360, des statuts et ordonnances concernant les chanoines, où ils appellent les chapelains *nos sujets*. Le chapitre leur pouvait faire faire réparation, les priver de leurs bénéfices, les suspendre, etc. L'acte qui en fut dressé en latin contient ce qui suit:

1360

Teneur de ces statuts.

Nous, Christin, prévôt, et chapitre de l'église de Neufchâtel, diocèse de Lausanne, faisons savoir à tous que, l'an 1360, la veille de St-Jean-Baptiste, étant assemblés au chapitre général, désirant d'avancer le service divin, comme nous sommes tenus; considérant que les chapelains en dite église sont tenus au dit office divin en leur autel au chœur, et par leur serment d'exercer les ordonnances suivantes: Par la puissance à nous concédée par nos prédécesseurs, faisons et statuons de cette manière:

1. Que chaque chapelain en la dite notre église bénéficie suivant notre cœur défaillant à l'heure de matines, de la grand'messe, et aux vêpres, perde un denier bâlois par chaque heure des dites trois heures. 2. Pour défaut de prime, tierce, sexte, none, et complies, pour chaque heure perdue, une obole de la dite monnaie, lesquels deniers et oboles ils devront payer à l'architecte de la dite église pour l'édification de la dite église. 3. Il est statué et ordonné que les chanoines doivent écrire les défauts des prédits chapelains l'un l'autre, tels qu'ils sont et se montrent en leur canonicat; ils doivent écrire ces défauts par semaine, et rapporter chacun d'eux en sa semaine au chapitre en seconde férie, et quand on comptera la règle. 4. Nous ordonnons et statuons que s'il arrive que quelqu'un des dits chapelains soit rebelle ou désobéissant contre nous, prévôt et chapitre, ou aucun de nous, qu'il soit tenu de nous faire telle amende et réparation que nous ordonnerons, tant en commandant au chœur qu'en privant du bénéfice ou le suspendant comme nous verrons être expédient. Mais s'il arrive que quelqu'un des dits chanoines fasse quelque chose de jour ou de nuit dans la ville de Neufchâtel, tellement que nous recevions de lui quelque plainte honnête ou déshonnête, selon qu'il se rencontrera avoir défailli, qu'il en fasse la réparation à notre volonté et arbitrage. 5. Nous ordonnons que personne dans notre église ne porte l'amist canonical, sinon le vrai chanoine prébendier, et pour ce nous ne faisons aucune grâce. 6. Le jour auquel le chapelain aura été à matines et aura célébré, ses offrandes pourront être reçues en faveur de l'église par nous ou par d'autres. 7. Si quelqu'un des dits chapelains sort de la ville sans avoir demandé congé du prévôt ou chanoine semainier, par chaque jour de son absence, qu'il paie pour la fabrique, aux mains de l'architecte, six deniers bâlois, à moins qu'il n'aille avec le prévôt ou quelque chanoine pour leurs affaires, qu'alors il ne sera tenu de rien payer. 8. Nous ordonnons que si quelqu'un des dits chapelains, ou quelque autre église que la nôtre serve et desserve, qu'il ne le présume faire, sinon du consentement du prévôt et chapitre, et que des dits chapelains contre nos édits fera, soit privé de son bénéfice pour ce fait. Mais sur les choses prémises se peut chaque chanoine légitimement excuser, et nous, quand nous voudrons faire grâce, le pourrons sans exception. 9. Nous défendons aussi aux dits chapelains les tavernes, les jeux et lieux sus-

1360

pects, spécialement au bas de la ville de Neufchâtel. 10. Nous voulons que le même curé, soit son vicaire, donne et paie tous les cens au chapitre, pour son personnat, dix florins d'or, qui doivent être employés à l'utilité de l'église. 11. Au reste, chacun an perpétuellement, à la veille de la fête de St-Jean-Baptiste, comme est accoutumé, sera assemblé le chapitre général, et tenu en la prédite église de Neufchâtel, auquel doivent et sont tenus, comme de coutume, d'assister tous les chanoines, et le reste de l'église de Neufchâtel, habitués, résidents et autres officiers de la dite église, et la recevoir, ordonner et ouïr les réformations du divin office, et toutes choses quelconques réformables; être corrigés et punis selon les offenses, et d'obéir effectivement à tout ce qui sera ordonné et déterminé par le dit chapitre et conclu ainsi que bon lui semblera, si quelques-uns d'entre eux sont corrigibles et punissables (V. l'an 1477).

Louis donne à sa fille naturelle une vigne.
Le comte Louis donna à Marguerite, sa fille illégitime, une vigne au désert. L'acte est de l'an 1360.

Conrad Gauldet bâtit une chapelle à St-Blaise.
Conrad Gauldet de Hauterive fit bâtir cette année une chapelle à St-Blaise, qu'il dédia à Marie-Madeleine. Il la fonda et lui donna un maix de terre à Hauterive et plusieurs autres rentes.

Biens du fief d'Odette vendus à Jean de Giez.
Jean de Giez, donzel, acheta, l'an 1360, des biens du fief d'Odette, veuve de Rollin d'Areuse.

Cherté extrême.
La cherté augmenta tellement cette année qu'on ne trouvait ni vin, ni grain, ni foin à vendre. En divers endroits de la Suisse les paysans se virent obligés de prendre la paille qui couvrait les toits de leurs maisons pour en repaître leur bétail.

1361

Le comte Louis donne à Varenne, sa fille, le château de Joux.
Le comte Louis fit, l'an 1361, un codicile par lequel il donnait à sa fille Varenne le château de Joux, qui lui provenait de Catherine de Neuchâtel en Bourgogne, qui était la mère de Varenne.

Jean de Châlons III épouse Marie de Genève.
Jean de Châlons III épousa cette année en secondes noces Marie, fille de Guillaume III, comte de Genève.

Emer de Strasberg vend à Soleure la forteresse de Buren.
Emer, comte de Strasberg, qui était de la maison de Neuchâtel, vendit l'an 1361, à la ville de Soleure, la forteresse de Buren avec toutes ses dépendances.

Troupes anglaises congédiées qui ravagent la France et l'Allemagne.
La paix ayant été faite cette année entre les rois de France et d'Angleterre, les troupes anglaises, accoutumées à la guerre, et les soldats ne sachant que devenir, firent entre eux une espèce de société pour ravager les pays; elles firent des courses en France et des ravages en Allemagne, en Alsace et en Suisse, où elles furent presque entièrement défaites. Il y eut un détachement de ces troupes qui vint jusque dans le comté de Neuchâtel, comme on le verra ci-après; elles subsistèrent jusqu'à l'an 1375. Comme ces troupes menaçaient, l'an 1361, de

ravager les duchés et comtés de Bourgogne, Philippe, surnommé l'enfant, qui possédait les deux Bourgognes, traita avec elles pour être exempté du pillage. Il leur promit 200,000 moutons d'or. C'était une monnaie de ce temps qui valait 30 sols de France la pièce; et en attendant que cette somme fût délivrée, on donna à ces Anglais plusieurs personnes en ôtage, entre lesquelles étaient Othon, baron de Grandson, et Jacques de Vienne, seigneur de Ste-Croix et de St-George, qui étaient vassaux du duc.

1361. Le duc de Bourgogne traite avec ces troupes pour éviter le pillage.

Le 26 décembre 1362, Jean d'Arberg, sire de Valangin, accorda à plusieurs de ses sujets les franchises dont jouissaient les bourgeois habitant le bourg de Valangin, sans les contraindre à y résider, et rappelant les conditions auxquelles étaient astreints les bourgeois demeurant au dit bourg. L'acte est de la teneur littérale suivante:

1362. Le seigneur de Valangin accorde des franchises à plusieurs familles du Val-de-Ruz.

Nous Jehan dArberg, sire de Valengin, chevallier, filz cza en arriez Girar dArberg, sire de Valengin, facons scavoir a tous, que nous pour nous et pour nous hoirs et pour nos successours volons de nostre certainne science a nous bougoys cy dedans nommeis faire grace exspiciaul, cest assavoir a Vaultier Faure de Coffrenoz, Jaquet de la Grangy, Clemency de la Grangy, Jaquet de la Grangi, Jaquet filz cza en arriet Girardriez de la Grangy et Jannin, son frere, de Grangy, auvec Buchenel Williomenet de la Grangy, Amyet Billion, Perronet dit Chalvin, Henri Chalvin, Williomenet filz Rolet Crosiez, de Fontaines, Jannin Ramel, de Dombresson, Jainenet dit Maulmary, Volmar de Curtines, de Savagniez, Janninet de Saules, Jaquet dit Gerba; Perrod filz Janninet Alixon, Perroud Lorumel et Mamerson, son frere, de Villard, Perroud filz Alixon, de Villard, Cramez Perroud, Williemier et Jannin, freres, filz czai en arriez dit Chavornay, de Fenint, Perroud dit Tissot, de Fenint, Jannete fillie Perroud, de Villard, et ses hoirs, et nous Jehan dArberg dessus dit de grace exspecia volonsul que Pernod Verminet de Coffranio, mary de la dicte dame Jannete, soit de telle condition comment les devant dit bourgoys à la vie de la dicte Jannete sa feme, nous consideret mant et agreables servises a nous largier et de grace exspeciale a nous balliez, ballions et confermons et par la tenour de cest presentens avons outroiez a noz devant dit bourgeois pour leur et pour leurs hoirs a toujourmais comme bien desserviz, teiles libertes et franchisses les quelx nous ou nous hers ou nous predecesseurs conjoinctemennt et divisement avons bailliez az noz devant dit bourgoys habitant ou lesquelx appertiront habiter en nostre dit bourg de Valengin et ouquelx les dit bourgeois habitant en nostre dit bourg usent et useront par quelque maniere que ce puisse estre, et que les devant dit nostre bourgeois ou leurs hoirs ne sont tenuz habitant par mentenent, ne decy en avant, en nostre dit bourg de Valengin, faire nulle residence ne demorance, ce nest de leur voluntez; et se per aventure il convenoit ou temps a venir, les devant dit nostre bourgoys ou leurs hers ou lun de leur en nostre dit bourg per aucons temps estre contraint a residence, par ceste maniere non obstant residence, li devant bourgeois ou lun de leurs ou leurs hers ou lung de leur en nostre dit bourg toute fois et quantes fois que leur plairoit deffour de nostre dit bourg en nostre terre quelque part que leur plairoit faire mansion et residence, en quelque part que feroient et feront leur mansion en nostre dicte terre, il doivent joir et user des libertes et franchises ainsy comme ly aultre bourgoys resident en nostre dit bourg sans aucones contradicion, non obstant sault et excestes es choses premises et aucones de icelles condicion cy dedans escripte. Premierement cest assavoir que li devant dit nostre bourgoys ne leur hers ne lung de leur ne povent ne doivent vendre leur maisons que il on en nostre dit bourg de Valengin, ce nest de nostre licence et de nostre loz exprest de nous ou de nous sucessurs. Et au cas que aucons de leur de noz dit bourgoys ou leurs hers li ung ou plussors vendroient sa meison estant en nostre dit bourg, cil quil le acheteraz a teille libertez et franchise come estoit cil qui lavroit venduz, devant ce quil le eust venduz; et cil qui lavroit venduz demoure et soit de teille condicion estat comment sont mes bourgoys qui ne ont point de meison en nostre dit bourg. Item se avenoit que aucons de noz devant dit bourgoys ou leurs hoirs, lon ou plusseurs de leur, ne heust hoirs de son corps maile qui le survesquist ung ou pleuseurs, et il eust fille legitime, une ou plusseurs qui le sorvesquit, celles dictes filles, li une ou plusseurs, se povent marier a quil que lour plaira se les mary de celles filles lung ou plussours venoient sur les heritages de noz devant dit bourgoys pere des dictes filles, lung ou plussours, et enqui il fisent personnaille residence, ly mary, lung ou pluseurs, tant come il seroit et demoreroit sus le dit heritage, il doit user et joir eis devant dictes libertes et franchises ainsy comme noz devant bourgoys eis quelx ceste predite grace est donnee et outroie, excepte cil qui seront de noz hommes talliables, le quelx demorent talliables ne des devant dictes libertes et franchises ne povent ne devent user ne joir. Item que li devant dit nostres bourgoys ou leurs hoirs sont tenuz az nous faire une foys lan a touz jour mais, cil qui aura beste a la charue, la corvee a amener et charreyer nostre vin de la coste de Neufchastel dedens nostre dit chastel de Vaulengin. Item quantefois il nous appertiendra a nous et a nous hoirs ou a nous successeurs, singulerement ouz conjuctement, à faire par toute nostre terre ouz vault de Ruil aucom subside ou subvention, ly devant dit notre bourgoys ouz hoirs sont tenus a nous faire le dit subside, doivent gittier et assigner entre leur, saint autre, a chascun selom sa facultez, et aussy au giez de aultres hommes et de noz aultre bourgoys, saint fraude et saint barat. Item que toutes fois que nous, noz hoirs ou nos successeurs continuera avoir guerre uverte, les devant nostre dit bourgoys, necesserement le chief de losteil ouz ung aultre en luef de luy soffisant, sont et devent venir demoreir et faire residence en nostre dit bourg de Valengin durent nostre dicte guerre, sain fraud et saint barat, exceptez que nous leurs devons faire assavoir et requerir dehuement huit jours devant; et apres la denunciation, il doivent et sont tenuz venir en nostre dit bourg et enqui faire residence personnelle par la maniere quest cy devant. Item toutefois et quantefois quil appartenera a faire bastir terrault ou aultre edifice en nostre dit bourg pour lemender, ly devant nostre dit bourgois ou leurs hoirs sont tenuz aidiez et ainsy comme nostre dit bourgoys resident en nostre dit bourg. Et ces choses devant dictes, libertes et franchisses à noz devant dits bourgoys pour leurs et pour leurs hoirs sus les conditions devant dite avons concessey et outroier et agreez par ses presentes lettres de grace espicial, ainsy comme devant dit est, cest assavoir pour dix huit livres de blanche monoye corsaible paiant en pain et vin en la ville de Nuefchastel avenir censaul chescum an en la feste saint Gault, scellon le bons us et custumes du dit vault, et pour cinquante florin de bom or et de bon poiz, le quelx pour la dicte cause concession, libertes et franchisses devant dictes de noz ditz bourgoys, confessons avoir eust entierement. Promettant pour ce nous le devant dit Jehan dArberg pour nous et pour nous hoirs et pour noz sucesseurs, par nostre bonne fois donnee leaulment, az noz devant dit bourgoys et leurs hers, le chosse devant dites tenir et garder fermement, et que ycelles ne nous ne ferons venir taisiblement ne en appert, ne consenterons que aultre il veigniet par quelque maniere que se soit. En tesmoigniage de laquelle chose nous Jehan dArberg dessus dit, sire de Valangin, pour lestres le chosse plus fermes et vraies, avons mis nostre seel pendent en cest presentes lettres que furent faictes et donnees le xxvi jour dou mois de decembre lan de nostre Seignour corant mil ccc lx deulx.

Il est à observer ici que la liberté que Jean d'Arberg accordait à ses bourgeois, par l'art. 4 ci-dessus, à celui qui épousait une de leurs filles dans une autre communauté que celle de laquelle il était, ou de la sienne propre, et qui allait demeurer dans la maison de cette sienne épouse, lui procurait non-seulement le droit de bourgeois de Valangin, quoiqu'il ne le possédât auparavant, mais par ce mariage il devenait encore communier du lieu d'où était son épouse, et c'est ce qu'on nommait *aller à gendre*. Cela se pratiquait aussi à Neuchâtel et y a même été en usage pendant un certain temps; aussi on trouve qu'un certain Guillaume Besson de Boudevilliers, qui, pour

Observation sur le droit qu'acquérait celui qui épousait une bourgeoise.

Ce qu'on appelle aller à gendre.

1362

avoir épousé une nommée Pernette, fille de Nicolet Junod, qui avait été fait bourgeois par Louis d'Orléans, l'an 1504, devint lui-même bourgeois de Neuchâtel par son mariage. Mais ces gendres devaient prendre le nom de leurs femmes, lorsqu'il n'y avait point de fief dans la maison.

Chaleur. Foins brûlés.

L'été de l'année 1362 fut si chaud et sec que les foins furent tout brûlés, ce qui fit qu'ils devinrent extrêmement chers. L'hiver suivant ayant été fort long et froid, plusieurs bêtes moururent de faim, et on en tua un très-grand nombre, parce qu'on n'avait pas de quoi les entretenir. En divers lieux on découvrit les toits de paille pour les nourrir.

Bétail mourant de faim.

1363

Augmentation de fief à Jean de Giez, maître-d'hôtel du comte Louis.

Le comte Louis fit donation à Jean de Giez, son maître d'hôtel, de plusieurs cens et possessions en accroissement de fief, par un acte du 4 février 1363. Il lui donna, entre autres choses, un grand pré et la messellerie dans toute la châtellenie de Thielle, sous le bénéfice de réméré, tant pour lui, le comte, que pour ses hoirs, pour la somme de 170 florins de Florence, que le dit comte Louis confesse avoir reçus du dit Jean de Giez et d'Alixon sa femme. Il lui permit de posséder en nature de fief les terres qu'il avait acquises en 1359, et qui étaient situées dans la châtellenie de Thielle (V. l'an 1359). Ce Jean de Giez était châtelain du Vautravers, mais originaire du village de Giez près de Grandson, et apparemment de la famille des Depierre, qui était aussi de ce lieu-là. Jean de Giez, qui avait épousé Alixon de Cormondrèche, veuve de Richard, fils de Conod de Vautravers, était fils d'Othenin de Giez, lequel avait épousé Aimonette, fille unique de Jean de Savagnier. Il vint demeurer dans le comté de Neuchâtel à cause de son mariage (V. les ans 1350, 1430 et 1359).

Ce Jean de Giez était châtelain du Vautravers.

Franchises accordées aux habitants de la Sagne.

Jean d'Arberg, seigneur de Valangin, accorda, l'an 1363, plusieurs franchises aux habitants de la Sagne, comme il en paraît par un vidimus.

Guerre de Jean d'Arberg contre l'abbé de Montbenoît.

Jean d'Arberg eut une guerre contre Henri de Vienne, seigneur de Mirebel, abbé de Montbenoît; mais ils firent la paix l'an 1363.

Ligue contre les troupes anglaises.

Les troupes anglaises dont il a été parlé l'an 1361 et qu'on nommait la société d'Angleterre étant venues sur le Rhin pour voler et piller, tous les états voisins s'allièrent pour les chasser. C'est ce que firent Rodolphe, duc d'Autriche, et plusieurs autres seigneurs et villes d'Alsace et des pays voisins.

Hiver long et rigoureux. Gel des lacs et rivières.

L'hiver de 1363 à 1364 fut extrêmement rude et rigoureux; toutes les rivières et tous les lacs de la Suisse gelèrent. Les canards et autres oiseaux volaient par troupes dans les villes pour y chercher leur nourriture. L'hiver dura jusqu'au mois de mai 1364.

Jean d'Espagny, fils de Jeannin de Vaumarcus, étant mort, son fief, qui mouvait auparavant de Jean du Mur de Cressier, échut au comte Louis, faute d'hoirs mâles. Louis remit ce fief à Marguerite, sa bâtarde. Cette inféodation fut faite pour elle et ses hoirs procréés de son corps, en qualité de fief lige. Ce fief, qu'on nommait de Vaumarcus, consistait en une maison au Landeron et une à Cressier, six poses de champs, douze faulx de pré et environ cinquante ouvriers de vigne. Une partie de ces vignes étaient au Landeron, situées dans un lieu qu'on nommait d'Espagny, et c'est de là que Jean de Vaumarcus avait pris ce nom (Voy. l'an 1403, art. 19). Cette Marguerite épousa d'abord Perrenet Dumont, châtelain de Boudry, et ensuite Petremand de Vaumarcus, fils de Rollin. Par ce mariage la maison de Vaumarcus acquit de grands biens (V. l'an 1360).

1364. Le fief d'Espagny échoit à Louis. Il en dispose en faveur de Marguerite, sa fille naturelle. En quoi ce fief consistait. Mariages de Marguerite.

Au printemps de l'an 1365, il y eut 40,000 Anglais, conduits par un chef qu'on nommait archiprêtre ou *Springhirtz*, qui depuis le pays de Trèves entrèrent dans l'Alsace pour la première fois. Ils la ravagèrent pendant un mois et y exercèrent plusieurs cruautés, violant les femmes, tuant les enfants et détruisant tous les fruits de la terre; ce qui causa dans l'Alsace une grande cherté qui dura six ans. Ils inspirèrent beaucoup de terreur à tous les voisins et particulièrement à la ville de Bâle, qui était encore bien faible depuis le tremblement de terre. C'est pourquoi les Bâlois demandèrent du secours à Berne, qui leur envoya 1500 hommes avec des habits blancs, sur lesquels il y avait un grand ours noir. Ceux de Soleure envoyèrent aussi des troupes; mais l'empereur Charles IV ayant envoyé une armée en Alsace, ils se retirèrent.

1365. Ravages des Anglais en Alsace et cruautés commises. Terreur à Bâle. Berne envoie des secours à Bâle. Charles IV chasse les Anglais.

L'empereur passa ensuite par Bâle, Soleure et Berne pendant le mois de mai 1365. Il fit bâtir à Genève, en y passant, le collége académique; il alla jusqu'à Avignon pour conférer avec le pape Urbain V. En retournant et passant à Soleure, il y tint une journée, où il convoqua les Etats de la Suisse. Il confirma aux villes, comtes, barons, etc. les fiefs qu'ils possédaient, et ratifia toutes leurs franchises; il donna même aux villes et aux comtes le droit de souveraineté: ce qui regardait aussi Louis, comte de Neuchâtel, qui se trouva à Soleure et qui assista à cette journée.

Collége de Genève bâti. L'empereur tient une journée à Soleure, où il confirme les droits des villes et des comtes de Suisse.

Jean, comte de Frobourg, dernier de la maison, étant mort l'an 1365, la ville d'Olten retourna à l'évêque de Bâle, comme à son seigneur féodal. Il y avait précisément un siècle que la maison de Frobourg tenait cette ville en fief (V. l'an 1265). Frobourg retourna à Rodolphe, comte de Nidau.

La maison de Frobourg éteinte. Frobourg retourne au comte de Nidau.

Jean Senn, baron de Munsingen, évêque de Bâle, mourut le

Mort de Senn, évêque de Bâle.

1365
Le pape nomme un évêque de son autorité.

Jean de Vienne.

Bienne craint le nouvel évêque et renouvelle l'alliance avec Berne.

L'évêque somme Bienne d'y renoncer.

Bienne refuse.

L'évêque fait la guerre à la ville de Bâle.

Le val de St-Imier et Moutier-Grandval ravagés.

Egon, comte de Fribourg, fait la guerre à la ville de Fribourg en Brisgau, et il est victorieux.

Son beau-père Louis lui avait donné du secours.

Egon était de la maison de Furstemberg, à laquelle Fribourg appartenait depuis la mort du duc de Zæringen.

Mort de Jean de Châlons III.
Ses deux mariages et ses enfants.

30 juin 1365. Le pape Urbain V, voulant ôter au chapitre de Bâle le droit de nomination, élut un évêque de sa propre autorité, savoir: Jean de Vyan, un italien, comme quelques auteurs l'estiment, qui était un homme fort remuant. Quelques-uns l'appellent Jean d'Evian et assurent qu'il était Savoyard; d'autres le nomment Jean de Vienne et soutiennent qu'il était Bourguignon et chanoine de Metz. Ce dernier sentiment est le plus vraisemblable.

La ville de Bienne, appréhendant ce nouveau prince, renouvela son alliance avec Berne. Ces deux villes firent même ensemble une combourgeoisie perpétuelle; mais l'évêque prit de là occasion d'attaquer Bienne, qu'il somma d'abord de se départir de cette alliance, en lui disant qu'elle devait se contenter d'être sous sa protection et lui obéir. Et quoique cette ville lui alléguât plusieurs raisons pour justifier sa conduite et qu'elle fit voir qu'elle n'avait rien fait que ce qu'elle était en droit de faire, il ne laissa pas que de lui faire la guerre, comme on le verra ci-après. Cet évêque Jean fit la guerre à la ville de Bâle, qui s'étant liée avec les Bernois et la ville de Soleure, ceux-ci, engagés dans la guerre, allèrent ruiner le val de St-Imier et Moutier-Grandval.

Egon, qui avait épousé Varenne, fille du comte Louis, et qui était père de Conrad de Fribourg, qui a été comte de Neuchâtel, cet Egon ayant des difficultés avec la ville de Fribourg en Brisgau, au sujet des prétentions qu'il avait sur elle (V. les ans 1179 et 1248), lui fit la guerre, et remporta la victoire auprès d'Endingen. Berne avait refusé du secours à la ville de Fribourg, n'ayant pas voulu se mêler de ce différend, à cause du comte Louis de Neuchâtel, qui avait donné du secours à Egon, son gendre, contre la ville de Fribourg. La paix se fit, et la ville fut obligée de donner à Egon une somme d'argent pour les frais de la guerre et de lui acheter la seigneurie de Badenwyler, afin qu'il se déportât des droits qu'il avait sur elle. Fribourg donna pour cet achat la somme de 20,000 marcs d'argent, et Egon se réserva cependant le titre de comte de Fribourg. Les descendants d'Egon ont possédé la seigneurie de Badenwyler jusqu'à l'an 1503. Les ancêtres d'Egon, qui étaient de la maison de Furstemberg, avaient toujours possédé la ville de Fribourg depuis la mort de Berthold V, duc de Zæringen, arrivée l'an 1218, auquel cette ville appartenait.

Jean de Châlons III, baron d'Arlay, mourut cette année 1365. Il eut de Marguerite de Mello, ou de Marle, morte l'an 1350, dame de Ste-Hermine, veuve de Maurice IV, sire de Craon, Hugues, mort sans enfants; Louis; Henri, mort sans enfants;

Marguerite, mariée à Etienne de Montfaucon, comte de Montbéliard, et père de Henri; Béatrix, mariée à Antoine, sire de Beaujeu, et Jeanne, mariée à Antoine de Vergi, seigneur de Champlitte, sénéchal, maréchal et gouverneur de Bourgogne. Jean de Châlons avait épousé en secondes noces Marie, fille de Guillaume III, comte de Genève (V. l'an 1364). Il n'eut point d'enfants de cette dernière. Jean de Châlons possédait les seigneuries de l'Isle, Viteau, l'Orme, Vraux, etc.

L'empereur Charles IV ayant accordé, l'an 1356, à Amédée VI, comte de Savoie, le vicariat de l'empire sur les évêchés qui étaient dans les états d'Amédée, Aimon, évêque de Lausanne, obtint, l'an 1366, la révocation de cette donation, comme étant contraire aux droits de son évêché.

1366
Aimon, évêque de Lausanne, fait révoquer le vicariat accordé à Amédée VI.

Comme la plupart de ceux qui demeuraient dans les châteaux qui étaient sur les grands chemins, soit seigneurs, officiers, concierges ou gardes, étaient presque tous devenus voleurs, Louis, comte de Neuchâtel, démolit plusieurs de ces châteaux, entre autres celui de Delémont; ce que le comte fit aussi principalement parce que l'évêque de Bâle, à qui ce château appartenait, avait soutenu le parti de la ville de Fribourg contre Egon son gendre. Il détruisit aussi, le 24 juillet, le château de Strasberg, appartenant au même évêque, qui avait eu ce château du comte de Ferrette, et ce dernier de Berthold de Strasberg. Il alla ensuite abattre le château de Bucancourt en Vuilliez, qui était dans ses terres. Il démolit aussi le 14 août celui de Baccontour, qui était auprès de Savagnier, dans le Val-de-Ruz (V. les ans 1290, 1309, 1388). Il y a environ cent ans que des paysans, labourant la terre auprès de Villiers, au Val-de-Ruz, trouvèrent des médailles, par lesquelles on put reconnaître que ces châteaux étaient fort anciens. L'effigie de l'empereur Maximien y était gravée, comme aussi son nom, et on les trouva dans l'endroit où était autrefois le château de Hoquincourt. Il a été parlé de ces châteaux en l'an 1132.

Le comte de Neuchâtel démolit les châteaux repaires de vol et de brigandage.

Château de Delémont.

Celui de Strasberg.

Bucancourt en Vuilliez.

Baccontour proche Savagnier.

Le comte Louis joignit ses troupes à celles d'Étienne de Montfaucon, comte de Montbéliard, pour aller attaquer Philippe, duc de Bourgogne, duquel ils avaient reçu quelque mécontentement. Ils entrèrent dans ses terres pendant qu'il était occupé autre part et firent beaucoup de dégâts près de Besançon. Mais le duc, étant de retour, vint brûler le Val-de-Travers, fit prisonnier le comte Louis avec d'autres, lesquels il ne relâcha qu'après qu'ils lui eurent rendu les places qu'ils lui avaient prises; encore ce ne fut qu'à l'instance des grands de Bourgogne, qui intercédèrent pour Louis. Quant au comte de Montbéliard, il n'osa plus attendre le duc: il s'enfuit en passant le Rhin;

Entreprise contre le duc de Bourgogne, dont le comte Louis se trouva mal.

Le Val-de-Travers brûlé.
Louis est fait prisonnier et relâché par grâce.

1366

Le comte de Montbéliard s'enfuit et son pays est désolé.

aussi le duc désola le comté de Montbéliard. Les différends que ces deux comtes avaient avec le duc regardaient les fiefs que ces comtes possédaient dans la Bourgogne.

Hemmann de Bechbourg.

Hemmann de Bechbourg possédait en ce temps Falkenstein, qu'il tenait en fief de Rodolphe IV, comte de Nidau, bourgeois de Soleure. Ce comte avait aussi un châtelain dans le Balsthal, et il était bailli de l'Ergau et du Thurgau pour la maison d'Autriche.

Procès entre Jean, comte de Gruyères, et Jeanne d'Oron, sa tante, femme de Jean, seigneur de Valangin.

Jean Ier, comte de Gruyères, eut un procès avec Jeanne d'Oron, sa tante maternelle, au sujet des biens qu'il y avait à partager entre la dite Jeanne et sa sœur, Marguerite d'Oron, qui était la femme de François Ier, comte de Gruyères, et mère du susdit Jean Ier. Cette Jeanne d'Oron était la femme de Jean d'Arberg, seigneur de Valangin, duquel elle avait deux fils, savoir: Jean III, qui fut seigneur de Valangin, et Guillaume, qui épousa Claude, fille de Thiébaud de Neuchâtel en Bourgogne aux Orsières. Le procès dont il s'agissait regardait le partage qu'il y avait à faire entre les dites deux sœurs. Jean, comte de Gruyères, soutenait que sa tante Jeanne avait eu au-delà de ce qui pouvait lui revenir.

Difficultés pour la dîme de Mertzlingen.

Aimonet, fils de Nicolas de Romont, dont il a été parlé l'an 1344, ayant une difficulté avec Jean Grana (V. l'an 1358), et ce au sujet de la dîme de Mertzlingen, et ayant porté son différend devant le juge de Nidau, où la dîme est située, et Jean Grana n'ayant pas voulu reconnaître ce juge pour compétent, les parties se soumirent au conseil de Soleure, qui prononça que, puisque cette dîme était du fief du comte de Neuchâtel, les dites parties devaient être renvoyées devant ses Etats pour terminer ce différend. Mais le comte de Romont, n'étant pas comparu à Neuchâtel par devant Jean d'Arberg, seigneur de Valangin, et les autres vassaux du comte Louis qui composaient la cour des pairs, juges nés toutes les fois qu'il s'agissait de fiefs, le dit de Romont fut condamné, et la sentence porta qu'encore qu'il aurait comparu, ni plus ni moins la dite dîme

Cette dîme tombe en commise en faveur de Louis.

devait être échue et commise au dit comte, pour avoir tiré cette cause par devant un juge incompétent, vu que les vassaux devaient nécessairement reconnaître la juridiction de leur seigneur.

L'évêque Jean de Vienne vient brûler la ville de Bienne.

Jean de Vienne, établi évêque de Bâle le 2 février 1366 et qui avait déjà fait la guerre à Egon, comte de Fribourg, continua encore à exercer ses armes l'an 1367, pour détruire ses propres sujets. Sous prétexte que Bienne avait fait une combourgeoisie perpétuelle avec Berne, il vint attaquer cette

Il brûle la ville et fait prisonniers les principaux.

ville par surprise, la brûla le 31 octobre 1367, et ayant saisi les principaux, il les mit en prison dans le château qui était à côté de la ville et qui lui appartenait, aussi bien que le faubourg, qui furent préservés des flammes.

Les Bernois étant accourus au secours de leurs alliés et combourgeois, l'évêque prit la fuite. Ils délivrèrent les prisonniers, brûlèrent le château et le faubourg et poursuivirent cet évêque jusqu'à la Neuveville, où il s'était réfugié dans le château de Schlossberg. Les Bernois y arrivèrent le 25 novembre; mais comme le froid était très violent et qu'ils n'avaient pas d'instruments de guerre, ils se retirèrent, n'ayant été absents que dix jours. *Les Bernois viennent au secours des Biennois. L'évêque se réfugie au château de Schlossberg.*

Les villes de Berne et de Soleure, voulant se venger de l'évêque, entrèrent vers Noël dans le val de Tavannes, qu'ils ravagèrent. Ils passèrent de là dans celui de Moutier-Grandval où ils brûlèrent le monastère. Ceux de Soleure y furent attaqués par l'évêque; mais ils le vainquirent et ravagèrent encore ce val. Les Bernois, qui ne les avaient pas encore rejoints, s'étaient retardés à Pierre-Pertuis, où ils avaient pris un petit fort que l'évêque y avait fait bâtir; mais enfin, s'étant réunis, ils entrèrent dans le val de St-Imier, où les troupes de Berne et de Soleure firent encore un riche butin; et de là elles s'en retournèrent. *Berne et Soleure, pour se venger de l'évêque, ravagent le val de Tavannes et celui de Moutier.*

Louis de Châlons Ier, baron d'Arlay, fils de Jean de Châlons, mourut cette année. (Il est appelé Ier, parce qu'il fut le premier baron d'Arlay seul). Il avait épousé Marguerite de Vienne, fille de Philippe, comte de Vienne, seigneur de Montmourot, etc., dont il eut deux fils, savoir: Jean de Châlons, prince d'Orange, ainsi nommé à cause de Marie de Baux, sa femme, héritière d'Orange, et Hugues, seigneur d'Erguel, qui mourut l'an 1397 en son voyage d'outre-mer. Il était allé en Grèce à la guerre contre les Turcs, où il avait accompagné Amédée VI, comte de Savoie, dit le Vert. *Mort de Louis de Châlons. Sa femme. Ses deux fils: Jean d'Orange et Hugues, seigneur d'Erguel.*

Jean de Giez, ancien châtelain du Vautravers, qui avait épousé Alixon de Cormondrèche, remit à Nicolas de Galera et à Jeannette, sa femme, une censière qu'il tenait en Alberg et dont il lui passa un acte, daté du 1er juin 1367, donné au Vautravers, et qui contient ce qui suit: *Censière remise en Alberg par Jean de Giez, châtelain du Vautravers, à Nicolas Galera.*

Nous, Nicolas de Galera, et Johannette sa femme, fille jadis de Jacques-le-Grand de Vauxtravers, donzel, faisons savoir à tous, que comme Alixon de Cormondrèche, femme jadis de Richard de Vauxtravers, écuyer, eut *vingt émines de froment et deux quartiers de fromage de cense* pour cause de l'Alberg du dit Richard, son mari, sur l'Alberg du devant dit Jacques-le-Grand; et si ceux n'ont été payés à la dite Alixon, ni à Jean de Giez, son mari, or en droit de dix ans longtemps passés; ainsi est que le dit Jean en a plaidé à Mostiers au Vaux- *Teneur de l'acte.*

1367

travers par devant M. Guillaume de Vauxtravers, châtelain du dit lieu en ce temps, et par devant les gentilshommes et prud'hommes, et a le dit Jean possédé et joui le dit Alberg pour cause de son cens dû par l'espace de sept ans et plus. Or est ainsi qu'à la prière et requête de religieuse personne messire Guillaume de Gud, prieur du Vauxtravers en cel temps, et de Jean de Giez, châtelain de Vauxtravers, et de Jean Peter, receveur de mon cher seigneur M. de Neufchâtel, que le dit Jean de Giez nous a laissé à cens perpétuellement, pour lui et ses hoirs, à nous et pour nous et pour les nôtres, c'est à savoir, de grâce spéciale, l'Alberg et le tennement du devant dit Le Grand et dit Richard, le fils de M. Cueno de Vauxtravers, c'est à savoir à moi, le dit Nicolet, la moitié du dit Alberg à ma vie tant seulement, à moi, la dite Johannette, l'autre moitié du dit Alberg, et à défaut de ma mère, l'autre moitié à l'héritage pour moi et mes hoirs, c'est à savoir pour le prix de vingt émines de froment et deux quartiers de fromage d'annuelle rente, à payer chacun an à la fête de St-Martin d'hiver, et

Le four de Mostiers.

demeure le four de Mostiers au dit Jean à perpétuité, pour lui et ses hoirs, sans que lui puissions rien demander ni autre personne pour nous au temps à venir ; lesquelles vingt émines de froment et deux quartiers de fromage, cens d'annuelle rente dessus dits, sont assis sur les choses et sur les possessions ci-après écrites : 1. Sur l'assignol séant jouxte le Pâquier, sur le champ de la Combe, jouxte Jean de Vauxtravers. Item sur le champ du Saut séant jouxte Dame Bonnette. Item au premier contour derrière Bourreti, sur quatre poses de terre séant jouxte le Crochard. Item au Matenaul contour, sur deux poses de terre séant jouxte Philippe. Item en la Forchaulla, sur quatre poses de terre jouxte Perrin Favre. Item sur la vener des places de Mostiers. Item sur le pré des petites Iles jouxte Huguenin Matchault. Item sur les prés du mont de Mostiers. Item sur la maison de Mostiers et sur le tennement derrière. Item sur notre pré et change de Bayard, et généralement sur tout l'Alberg et le tennement de Jaquet et de Richard devant nommé. Et promettons nous, Nicolas et Johannette dessus nommés, pour nous et nos hoirs, par notre serment aux saints Evangiles, corporellement touchés, et sur l'expresse obligation de tous et singuliers nos biens meubles et non meubles, présents et à venir, quels qu'ils soient, les vingt émines de froment ensemble et les deux quartiers de fromage d'annuelle rente dessus dite au devant dit Jean de Giez et Alixon sa femme, et leurs hoirs perpétuellement, et un chacun an payant, rendre bien entièrement en chacune fête de St-Martin en hiver en Mostiers. Par tel qu'au cas auquel nous défaudrait de paiement par le terme dessus dit partant, et en ce cas le devant dit Jean ou ses hoirs peut, sans offense de Seigneur ou de jurés, prendre, tenir et posséder toutes les choses et les possessions dessus déclarées et limitées, comme les siennes propres choses. Et promettons, nous, Nicolas et

Johannette, devant par notre serment et l'obligation que dessus, toutes choses dessus écrites pour nous et les nôtres que dessus, perpétuellement fermement tenir, payer, garder et accomplir et non contrefaire, ni venir par nous ni par autres au temps à venir. Si renonçons, etc. En témoignage de laquelle chose le comte Louis, à notre prière, a apposé aux présentes le propre scel de sa courroie. etc.

1367

Par cet acte le comte Louis inféode à Nicolas de Galera et à Jeannette, sa femme, les possessions qui y sont mentionnées, et qui étaient auparavant de l'Alberg et tennement de Richard de Vautravers, premier mari de Jeannette, et avant lui à Jacques-le-Grand, père de Jeannette. Les susdits biens et héritages sont gisants au village et territoire de Môtiers.

Cette censière gît à Môtiers.

Le 15 septembre 1367 il se fit une prononciation entre le comte Louis, comme possesseur de la baronnie de Vaumarcus, et Othon, seigneur de Grandson, par laquelle on adjugea au comte Louis une particule à Provence, pour laquelle ils étaient en conteste. La comtesse Isabelle la donna depuis à Gerhard, son neveu. Le baron de Vaumarcus d'aujourd'hui la possède.

Jean de Vienne, évêque de Bâle, se proposant de nouveau de faire la guerre aux Bernois, engagea, l'an 1368, plusieurs terres jusqu'à la somme de 20,600 goulden. Il engagea St-Ursanne au comte de Neuchâtel en Bourgogne pour la somme de 7500 fr.; Birseck à Ruschmann de Ramstein. Le comte Louis acheta aussi de lui le droit qu'il avait sur une partie des familles de Lignières (V. l'an 1326); mais l'évêque réserva toujours sa part de la souveraineté (V. l'an 1380). L'évêque engagea encore le val de St-Imier, Kallenberg, Spiegelberg, Laufon, Brisach, Hombourg, Wallenbourg et autres villes et châteaux (V. l'an 1382). Il établit l'an 1370 l'ohmgeld à Bâle. Il attira encore à son parti Rodolphe IV, comte de Nidau; ce qui fut cause de la ruine de ce comte, parce qu'il devint par là l'ennemi irréconciliable des Bernois. L'évêque engagea à ce comte la ville d'Olten, qu'il lui remit en fief. Il obtint encore des secours de la Lorraine et du comte de Thierstein.

1368

Entreprise de l'évêque Jean de faire de nouveau la guerre aux Bernois. Les préparatifs.

Le comte Louis achète de l'évêque le droit sur les familles de Lignières.

L'évêque attire dans son parti le comte de Nidau.

La ville d'Olten remise au comte de Nidau.

Le comte de Nidau, voyant qu'il s'exposait beaucoup par cette guerre, comme étant le plus proche voisin des Bernois, voulut s'en déporter, après avoir été quelque temps sous les armes. Il avait même, avant que de se déclarer, engagé à la ville de Soleure, pour un temps, la ville de Buren avec le pont sur l'Aar, Granges, Longeaigues, Städ, Rüti; Dotzigen, Arch, Diesbach, Oberwyl, etc. pour une somme d'argent. L'évêque, voyant que le comte cherchait à se retirer, s'irrita; ce qui causa

Craintes du comte de Nidau en prenant le parti de l'évêque.

Il avait engagé plusieurs de ses terres.

Irritation de l'évêque.

1368
Différend survenu entre eux à ce sujet.
Prononciation sur leur différend.

Rodolphe garde Olten.

Il cède Falkenstein.

Rodolphe ayant quitté l'évêque, ce dernier est obligé de faire la paix par des médiateurs.

un différend entre eux. Il voulut aussi, de son côté, reprendre la ville d'Olten; mais Rodolphe ne voulut pas la lui remettre, alléguant que les préparatifs de guerre l'avaient déjà constitué dans de grands dépens. Cela fit qu'ils soumirent leur différend à quatre chevaliers, qui étaient Jean d'Arberg, seigneur de Valangin, Sigismond de Thierstein, et noble Conrad de Bärenfels, chevalier et bourgmestre de Bâle. Ils adjugèrent la ville d'Olten au comte Rodolphe, qui la tiendrait en fief pendant la vie de l'évêque pour le dédommager de la somme de 4000 goulden qu'il avait déjà employée pour cette guerre, mais que le comte Rodolphe céderait aussi à l'évêque le droit de seigneur féodal qu'il avait sur Falkenstein.

Ce comte, ayant ainsi renoncé à la société qu'il avait formée avec l'évêque, ce dernier se vit obligé de s'accorder avec les Bernois. Le traité de paix fut fait à Balsthal. On condamna les Bernois à donner à l'évêque, pour avoir ravagé ses terres, la somme de 30,000 goulden; mais ils ne lui voulurent donner que 3000 livres. La ville de Soleure n'avait fait autre chose que d'assister les Bernois, qui l'en avaient priée. Le susdit accord porta encore que le château de Schlossberg serait démoli, ce qui ne fut pourtant pas exécuté. C'est sans doute la raison pour laquelle les Bernois ne voulurent pas payer les 30,000 goulden; cependant on n'y tint plus de garnison comme auparavant, et même il n'a plus été dès-lors habité.

Le Val-de-Ruz, qui s'était prononcé pour l'évêque, est ravagé par les Bernois.

Jean d'Arberg, seigneur de Valangin, s'étant déclaré pour l'évêque de Bâle, les Bernois vinrent aussi ravager le Val-de-Ruz et le brûlèrent.

Succession de Marguerite de Strasberg remise par moitié au seigneur de Valangin.

Vautier de Grünenberg remit aussi cette année à Jean d'Arberg la moitié de la succession de Marguerite de Wohlhausen, veuve d'Emer de Strasberg, par un accord entre eux. Emer de Strasberg était parent de Jean d'Arberg, et la susdite Marguerite était cousine de Vautier.

Le comte Rodolphe de Nidau épouse sa cousine Isabelle, fille de Louis.

Rodolphe de Neuchâtel, comte de Nidau, épousa, après ce traité de paix, en secondes noces, Isabelle, sa cousine, fille du comte Louis, de laquelle il n'eut point d'enfants, mais il en avait trois de sa première femme (V. l'an 1369).

Mort de Jean de Neuchâtel, fils du comte Louis.
Son père n'avait pu payer sa rançon.

Le 18 novembre 1368, Jean, fils du comte Louis, étant prisonnier de guerre en Alsace, mourut dans sa prison. Le comte son père ne put pas trouver d'abord la somme qu'on lui demandait pour sa rançon, l'argent étant fort rare en ce temps-là. Ce Jean n'avait point été marié, mais il laissa un bâtard qui, comme il a été observé sous la date de 1359, a été la tige de la maison de Gorgier.

L'évêque de Bâle accorde de nou-

L'évêque Jean, craignant que les bourgeois de la Neuveville

ne se joignissent à la ville de Bienne contre lui, et considérant qu'ils avaient beaucoup souffert l'année précédente par ses troupes, qui s'étaient retirées au château de Schlossberg, par celles des Bernois qui les avaient poursuivies, voulut bien, non seulement confirmer aux bourgeois de la dite ville leurs franchises, entre autres celles qui leur avaient été accordées par l'évêque Girard l'an 1318, mais il leur en accorda encore de nouvelles pour se les rendre tant plus affidés. L'évêque réserva cependant qu'ils ne pourraient se soumettre à la protection de qui que ce soit, ni prendre aucune combourgeoisie avec une autre ville, sous peine de la privation de toutes leurs franchises.

1368. velles franchises à la Neuveville.

Mais il réserve qu'elle ne pourra prendre aucune protection ni combourgeoisie ailleurs.

Pierre, comte d'Arberg, s'étant réservé une partie de son comté en le vendant aux Bernois l'an 1354, leur vendit le reste cette année.

Pierre d'Arberg vend le reste de sa terre d'Arberg.

Il y eut dans la Suisse avant la récolte une grande famine; mais après les moissons et les vendanges, tous les vivres furent à très-bas prix.

Famine. Abondance.

Le comte Louis, voyant que son fils Jean était mort, obligea Jean d'Arberg, seigneur de Valangin, de lui rendre de nouveau l'hommage qu'il lui devait; ce que celui-ci fit le 29 mars 1369. Le comte Louis lui confirma tout ce que le comte Rollin et lui avaient donné aux seigneurs de Valangin en reconnaissance de fief. Cet acte est semblable à celui du 29 janvier 1340. Il y est fait mention des investitures des années 1303 et 1349. Jean d'Arberg y reconnut en fief l'exemption, que le comte Louis accorda à tous les sujets de la seigneurie de Valangin, du péage que le comte de Neuchâtel percevait au Locle, et les deux foires qui se tiennent à Valangin, etc.

1369. Jean d'Arberg, seigneur de Valangin, rend hommage à Louis.

Le comte Louis reprit aussi cette année le Landeron en fief de Léopold, duc d'Autriche. (V. les ans 1358 et 1415.)

Le comte Louis reprend le Landeron en fief de l'archiduc.

Le vendredi après mi-carême, qui était le 15 mars, le comte Louis fit reprise de son alliance et combourgeoisie avec la ville de Soleure. Voici ce qui est contenu dans l'acte écrit en allemand que cette ville en expédia au comte:

Le comte Louis renouvelle l'acte de combourgeoisie avec Soleure.

Partant, nous, les devant nommés, avoyers, conseillers et bourgeois de Soleure, confessons publiquement dans cette lettre, qu'en considération de l'ancienne amitié et confidence que nous avons eue avec la Seigneurie de Neufchâtel et que la dite Seigneurie a aussi eue avec nous un long espace de temps et que nous voulons encore avoir à l'avenir avec l'aide de Dieu, nous sommes convenus amiablement et bénignement avec le dit comte Louis, seigneur de Neufchâtel, notre très honoré seigneur, savoir que nous l'avons derechef reçu pour bourgeois de notre ville, selon le droit et la coutume de notre dite ville, sous les conditions ci-après écrites: Nous lui avons promis de bonne foi de défendre son corps et son bien et de détourner son dommage

1369

selon notre pouvoir, sans fraude, et de lui donner conseil et aide, ainsi que nous devons de droit à nos bourgeois, et que le droit et l'ancienne coutume le portent, sans aucune fraude, etc.

Le comte Rodolphe de Nidau bourgeois de Soleure. Sa mort.
Titres du comte de Nidau et ses possessions.

Rodolphe, comte de Nidau, s'était fait bourgeois de Soleure peu de temps auparavant, et c'est ce qui obligea sans doute le comte Louis à faire cette reprise. Le comte Rodolphe mourut bientôt après. Il s'intitulait comte de Nidau, seigneur de Frobourg, baillif du Thurgau et de l'Argau pour la maison d'Autriche. Il possédait Balsthal, où il avait un châtelain. Hemmann de Bechbourg, seigneur de Falkenstein, tenait de lui sa seigneurie en fief. Il possédait Cerlier, la moitié de la Montagne de Diesse ; il était, conjointement avec le comte de Neuchâtel, gardien de l'abbaye de l'Ile de St-Jean. Il tenait Olten de l'évêque de Bâle et il avait engagé, l'année précédente, une partie du comté de Strasberg à la ville de Soleure pour un temps.

Ses femmes.

Ce comte avait eu deux femmes : N., de laquelle il eut un fils qui lui succéda et qui fut Rodolphe V, et deux filles, savoir : Anne, mariée à Hartmann, comte de Kybourg, qui faisait sa demeure à Berthoud, et N., mariée à Othon, comte de Thierstein, qui dans la suite, après la mort de Rodolphe V, se donna le titre de comte de Nidau et de Frobourg. La seconde femme

Isabelle de Neuchâtel, fille de Louis, fut la seconde femme de Rodolphe de Nidau.

du comte de Nidau, Rodolphe IV, fut Isabelle, fille du comte Louis, de laquelle il n'eut point d'enfants. Cette dernière fit un traité avec les enfants du premier lit pour son usufruit qu'elle pouvait prétendre sur les biens du comte Rodolphe, son époux, et pour la dot qu'elle avait portée dans sa maison et qu'elle devait retirer. Ils lui donnèrent par ce traité la seigneurie de

Balm et Cerlier reviennent à la comtesse Isabelle.

Balm et le comté de Cerlier en toute propriété, et Isabelle, par ce moyen, se déporta de toutes ses prétentions. Cerlier était pour lors un fief de la maison de Savoie (V. l'an 1260). Après cet accord, cette comtesse retourna à Neuchâtel dans la maison du comte Louis, son père, qui lui remit le soin et la conduite de toutes les affaires et l'autorité d'agir souverainement.

Le comte Louis vend l'ohmgeld aux gens du Val-de-Travers.

Par un acte du 1er septembre, le comte Louis déclare qu'ayant obtenu de l'empereur le droit de l'ohmgeld, il vendait ce droit aux habitants de tout le Vautravers, quoique depuis qu'il l'avait acquis, il n'en eût encore point fait l'exaction. Cette vendition fut faite pour la somme de 650 florins de bon or et de loyal poids, au coin de Florence, que le comte confesse avoir reçue pour délivrer Jean, son fils, de sa prison, ainsi qu'il avait été arrêté, mais ce qui n'avait pas eu lieu, vu que Jean était mort avant la réception de la dite somme.

Ordonnance de Louis en faveur

Le comte Louis ordonna à tous ses successeurs de laisser

jouir tous ces habitants du droit d'ohmgeld et de toutes les autres franchises et libertés à eux données par ses prédécesseurs, ensemble toutes leurs bonnes et anciennes coutumes; que les comtes seront obligés de leur prêter les premiers le serment de les maintenir, avant que les dits habitants du Vautravers leur prêtent le serment de fidélité. Il déclare que si quelqu'un de ses successeurs refusait de les maintenir ou de jurer le premier, *ils ne seront pas obligés de lui obéir en rien*, comme à seigneur, ni de le servir, lequel sire ces choses ne ferait ou n'accomplirait, jusques à ce qu'il les eût accomplies entièrement. Il promet que ni lui ni ses successeurs n'impétreront ni pourchasseront par eux, ni par autre privilége, ni lettre d'empereur, de roi, ni d'autre prince ou seigneur, qui puisse porter préjudice aux dits habitants du Vautravers, en amoindrissant toutes les choses susdites. Il veut que si aucuns priviléges faisaient au contraire, ils soient cassés et de nulle valeur au temps à venir. Le grand sceau du comte Louis est apposé à cet acte, et à sa requête le chapitre de Neuchâtel y apposa aussi le sien [1].

Le comte Louis, par un acte du 1er septembre 1369, quitte et remet entièrement aux bourgeois et habitants du Landeron, à tous les gens de la châtellenie du dit Landeron, à leurs hoirs et autres gens, quels qu'ils soient, savoir l'ohmgeld, en telle sorte qu'ils ne devront jamais le payer à qui que ce soit; et c'est pour la somme de 740 florins de bon or et de loyal poids, bien pesants et comptés, qu'il confesse avoir reçus des dits bourgeois pour la délivrance de Jean de Neufchâtel, son fils, que Dieu pardoint, laquelle délivrance était passée et traitée. Il leur confirme encore toutes leurs franchises à eux accordées par ses prédécesseurs. Il déclare que si lui ou ses successeurs voulaient enfreindre leurs franchises, que les dits bourgeois et habitants du Landeron ne seront plus obligés de lui obéir comme à leur seigneur ni de le servir. Il promet par serment d'observer ces choses et que jamais ni lui ni ses successeurs n'impétreront ni pourchasseront, ni par eux ni par d'autres, priviléges ni lettres d'empereurs, de rois, ni d'autres princes et seigneurs, qui puissent porter préjudice aux dits bourgeois et habitants du Landeron, et amoindrir les choses susdites, ou en faisant contre ces choses. Il veut que si quelque privilége se trouvait faisant au contraire, il soit et demeure cassé et de nulle valeur au temps à venir. Les sceaux du comte Louis, de l'abbé de

---

[1] Cet ohmgeld, qu'on a depuis nommé le tavernage, fut remis dans la suite, par les six communautés du Val-de-Travers, à la maison du Terraulx (V. l'an 1481).

Fontaine-André et du chapitre de Neuchâtel sont appendus à l'acte.

Il fait la même concession à la ville de Boudry.

Le 4 septembre 1369, le comte Louis déclare, qu'ayant acheté de l'empereur l'ohmgeld à percevoir à Neuchâtel, pour bâtir et édifier autour de cette ville, et que désirant l'accroissement de sa terre de Boudry, parce que ce lieu se peuplait toujours, et considérant le grand amour qu'ils avaient pour lui, il remet et quitte à perpétuité aux bourgeois de Boudry, de quelque condition qu'ils soient, le susdit ohmgeld entièrement avec ses issues et émoluments, quoiqu'il n'en eût jamais joui ni rien retiré depuis l'acquisition qu'il en avait faite, et c'est pour le prix de 560 florins [1]) de bon or et de juste poids, au coin de Florence, qu'il confesse avoir entièrement reçus des dits bourgeois de Boudry, bien pesés et comptés, pour la délivrance de Jean, son fils, pour laquelle il avait traité. Le comte leur promet la maintenance de cet ohmgeld, aussi bien que de toutes leurs

Il commande à ses successeurs de jurer les premiers. De garder leurs libertés, franchises et coutumes.

autres franchises. Il commande à tous ses successeurs, quels qu'ils soient, de jurer aux bourgeois de Boudry de leur maintenir, garder et accomplir tout ce que dessus, et toutes leurs libertés et franchises à eux accordées par ses prédécesseurs, aussi bien que toutes leurs bonnes et anciennes coutumes, lequel serment les comtes seront obligés de leur faire, avant que les bourgeois de Boudry leur prêtent serment de fidélité, ni ne

Ils ne sont plus obligés d'obéir si on ne les maintient dans leurs franchises.

seront tenus d'obéir comme à leur seigneur, lorsqu'un comte ne voudrait pas leur maintenir les choses ainsi jurées et ne leur les voudrait pas tenir, et ils ne seront tenus de leur obéir jusques à ce qu'ils aient entièrement et parfaitement accompli ce

Louis jure sur les Saints-Évangiles de les maintenir.

que dessus. Enfin le comte Louis leur jure sur les Saints-Évangiles de Dieu de leur garder perpétuellement les choses ci-dessus, et de ne jamais pourchasser, ni par lui, ni par d'autres, privilège ni lettre d'empereur, de roi, ni d'autres princes et seigneurs, qui puisse porter préjudice aux bourgeois de Boudry, ni à aucun des leurs pour amoindrir les choses ci-dessus en faisant contre elles; et il veut que s'il y a aucuns privilèges faisant au contraire, ils soient cassés et de nulle valeur. Le sceau du comte est apposé avec celui du chapitre de Neuchâtel.

Le cte Louis accorde à ceux de Boudry de recouvrer l'ohmgeld de ceux qui le doivent.

Le comte Louis passa encore aux bourgeois de Boudry un acte, qui est daté du 12 novembre 1369. Il déclare que, considérant le bon état et l'améliorance de son bourg et de sa ville de Boudry et plusieurs agréables services que les bour-

---

[1]) C'était une monnaie de Florence qui avait une fleur de lis d'un côté, et de l'autre l'image de St-Jean-Baptiste. Le florin de Florence valait alors 5 batz. Le florin du Rhin valait 20 batz.

geois de ce lieu lui avaient rendus, il leur accorde l'ohmgeld à recouvrer par leur messager, un ou plusieurs, et ce dans les limites suivantes, savoir : à ceux qui habitent dans le dit bourg et dès le pont de Boudry, tendant par la Reüse à la vieille aigue et retournant arrière vers le Ruz de Baunens ou de Baves, et de là tirant droit par derrière Rugenet à la montagne, et de là au Gour de Braye, tirant au dit pont de Boudry, sur toutes gens et de toutes marchandises, en la manière qu'on le perçoit et percevra au temps à venir en notre ville de Neufchâtel, sans plus monter en monnaie, ou en plus grande valeur; ce dont il leur promet la maintenance. Le sceau du comte est appendu à l'acte, qui est daté de Boudry. Les témoins sont Jordan de Daillès, son châtelain de Champvent, Pernet Dumont, son châtelain de Boudry, et Marmet de Crostel, son clerc.

{1369}

On observe que, par le premier de ces deux derniers actes, le comte Louis exempte les bourgeois de Boudry de payer l'ohmgeld, et que par le dernier acte, il leur accorde de pouvoir le lever eux-mêmes. Dans le premier, il est dit que c'était pour la délivrance de Jean, quoiqu'il fût déjà mort; mais il est évident que le comte avait traité avec les bourgeois de Boudry et du Landeron pendant que Jean vivait encore, de sorte que cette mort n'empêcha pas l'exécution de cet accord, outre que sans doute Louis, ayant promis une somme pour la délivrance de son fils, il fallut la donner après sa mort pour payer la dépense qu'il avait faite pendant sa détention de 1368. Le comte Louis avait employé les 300 livres dont il est parlé dans l'acte de l'an 1359 à la rançon de son fils Jean, pour lors prisonnier, et comme il promit dans ce temps-là de leur vendre entièrement ce droit, c'est pourquoi il le leur vend entièrement et absolument en 1369.

{Observation sur la destination des sommes que le c^te Louis avait reçues pour l'ohmgeld.}

Le comte leur remit encore le péage qu'on paie à Cortaillod sur le bord du lac, mais il réserva qu'il ne pourrait pas être augmenté (V. l'an 1562); et par un autre acte du 12 novembre de la dite année 1369, il affranchit de main-morte Rolleta, fille de Perrin ou Guy, et femme de Jaquet d'Assonville de Peseux, et leur postérité, elle et tous ses biens, pour avoir nourri au dit comte deux bâtards, Jean et Vauthier, et ce moyennant la cense annuelle de deux livres de cire. Il les mit en la condition de bourgeois. L'acte est scellé du sceau du comte en cire verte, et c'est là le premier bourgeois externe qui ait habité hors de la ville de Neuchâtel. Ces bâtards sont nommés *nourris*, ailleurs *enfants naturels*, mais le plus souvent *bâtards*.

{Il leur remet le péage de Cortaillod.}

{Il affranchit la nourrice de ses deux bâtards.}

{Premier bourgeois externe de Neuchâtel.}

Othon III, baron de Grandson, entra l'an 1370 en Bourgogne avec une armée et se saisit de deux villes sur la Saône, qui,

{1370}
{Le baron de Grandson entre en Bour-}

1370
gogne avec des troupes de Berne

selon toutes les apparences, étaient Beauregard et Lens. Les Bernois donnèrent des troupes à Othon; ils s'en saisirent en faveur d'Amédée, prince de Bresse, fils d'Amédée VI, duquel Othon était vassal; ils les prirent à Edouard, seigneur de Beaujeu (V. l'an 1299).

Jean d'Outre-Areuse remet une maison du fief de Grand-Jacques à Lambert.

Par un acte du 1er mai 1370, Jean, fils de Perrin d'Outre-Areuse, qui tenait une partie du fief Grand Jacques, remit un chesal de maison, mouvant du dit fief Grand Jacques, à Lambert, fils servant de Môtiers. Dans cet acte Isabelle est nommée comtesse et dame de Neufchâtel, et son sceau y est appendu, par où elle approuve cette remise; et cela fait voir qu'elle agissait déjà en souveraine avant la mort de son père.

Louis épouse en troisièmes noces Marguerite de Wufflens.

Le comte Louis étant veuf, trouva à propos d'épouser en troisièmes noces Marguerite de Wufflens, dame de Champvent, de la Motte, de Valgrenant, etc., fille unique de Huguenin de Wufflens. Le comte Louis reçut de cette sienne épouse 600 florins de Florence, dont il lui donna une confession, et pour assurance il lui assigna 30 florins de perpétuelle rente sur le Val-de-Travers.

Chapelle St-Jacques à Neuchâtel.

Othon Colletet, chevalier de Cormondrèche, bâtit et fonda la chapelle de St-Jacques dans le temple de Neuchâtel. Il y fut enseveli l'an 1396. Elle était desservie par deux chanoines.

1371
Rodolphe V de Nidau donne au seigneur de Valangin le château d'Altenur pour sa part de l'héritage d'Imer de Strasberg.

Rodolphe V, comte de Nidau, donna à Jean d'Arberg, seigneur de Valangin, le château d'Altenur avec toutes ses dépendances, sous l'aveu du comte de Kybourg, son beau-frère, comme co-héritier de Marguerite de Wohlhausen, femme d'Imer de Strasberg, morte en l'année 1371. Et ce fut pour sa part de l'héritage. Rodolphe V et le comte de Kybourg étaient les co-héritiers.

Vol et brigandage du comte de Thierstein et de Burkhard Senn.

Jean, comte de Thierstein, Hemmann de Bechbourg, seigneur de Falkenstein, et Burkard Senn de Buchegg, baron de Munsingen, arrêtèrent et volèrent, l'an 1371, sur les terres du comte de Nidau, des marchands de Bâle venant de Lyon. Ils les conduisirent dans leurs châteaux et se saisirent de leurs marchandises, parmi lesquelles il y avait entre autres huit quintaux de

Huit quintaux de safran.
Les comtes de Nidau et de Kybourg exécutent les domestiques de ces seigneurs.

safran. Sur quoi le comte de Nidau convia le comte Hartmann de Kybourg, son beau-frère, et les Bâlois de se joindre à lui, ce qu'ils firent. Ils allèrent attaquer le château de Falkenstein, le prirent, décapitèrent les domestiques de ces seigneurs qui avaient été employés à faire ce vol; mais les marchands ne

Mais les marchands volés ne purent recouvrer ce qui leur avait été pris.

purent pas recouvrer leurs marchandises; ceux qui avaient fait ce siége les partagèrent entre eux pour les frais de la guerre, et firent ensuite une alliance entre eux pour se préserver des voleurs. Et la ville de Soleure alla brûler le château de Falkenstein, appréhendant qu'on n'en fît une caverne de brigands.

Le 25 décembre, Louis reprit en fief d'Aimon de Cossonay, évêque de Lausanne, les patronages, dîmes et autres droits des églises paroissiales de Cornaux, de Wavre, où il y avait une chapelle dédiée à St-Théodule qui était très fréquentée et bien rentée, de Martel au diocèse de Lausanne, comme aussi des Verrières au milieu de la Joux, ensemble les dîmes de tous les novales de toute la terre du comté de Neuchâtel, c'est-à-dire de toutes les terres qu'on y défrichait, desquelles choses Louis rendit hommage à l'évêque.

1371 — Louis rend hommage à Aimon de Cossonay pour les novales, les dîmes de quelques églises

Egon IV de Fribourg, de la maison de Furstemberg, un des descendants de cet Egon, héritier du duc de Zæringen, dont il a été parlé en l'an 1248, et qui avait épousé Varenne, fille du comte Louis, comme il a été dit en l'an 1365 ci-dessus, eut jusqu'à cette date de ce mariage un fils et une fille (V. l'an 1395).

1372 — Egon IV de Fribourg a de Varenne, fille de Louis, un fils et une fille.

Par un acte du 20 avril 1372, Louis donne à Girard, bâtard de Jean son fils, les Verrières, qui sont contenues dans les limites suivantes, savoir : dès la Roche de la Vuivra de Combe-Germain dessus la Tour de Bayard, tendant de là à la Roche Longeauve derrière Buttes, tendant de là à la Roche blanche sur le Ruz de la combe de Neirvaulte et des Enqui, tendant à la fontaine de Vuitel, et dès Enqui tirant au haut du Rei de la combette de Mijoux, et dès Enqui tirant au haut du mont Du Commun tirant à la Vuivra; desquelles terres il lui donne les profits, émoluments et appendices, avec leurs fonds, propriétés et seigneuries d'icelles, excepté la punition du corps de celui qui commettrait où ferait le délit, dans les dites limites, dont il dût perdre le corps, duquel le comte se réserve la punition; mais le dit Girard aurait les biens, etc. Le grand sceau du comte est appendu à l'acte (V. l'acte du 10 mai 1373).

Louis donne les Verrières à Girard, bâtard de son fils Jean.

Le comte Louis accorda à Jean Grand et à sa femme, en vrai fief, la dîme de Mertzlingen et cinq muids de vin de rente, mesure du Landeron, qui ne contenait que cent pots le muid, et ce pour le posséder et jouir comme un fief commun, en sorte que si le dit Grand mourait sans enfants légitimes, et que sa femme lui survécût, elle en jouirait jusqu'à sa mort, et qu'il retournerait ensuite à Jacques de Valmarcus, et après lui à Léonard et à Hentzmann, ses fils.

Dîme de Mertzlingen accordée à Jean Grand et à sa femme.

Par un acte du 12 mai 1372, Jean d'Arberg, seigneur de Valangin, donne à ses bons hommes francs habergeants du Locle et de la Sagne habitant dans ces lieux, autant qu'ils s'étendent devers vent et devers Joran et Aussans de la basse Côte de l'envers de la Sagne durant l'arête de la dite côte, par devers Uberre contre bise, jusqu'à la roche de la Corbatière, et de là tendant par devers bise à la combe appelée

Donation du seigneur de Valangin à ceux du Locle et de la Sagne.

1372

Sombaille; que tous ceux qui demeureront dans ces limites au temps présent et à venir, de quelque part qu'ils viennent, pourront hériter jusqu'à la sixième jointe, et toujours le plus preume de ligne demeurant au dit lieu, sans remonter au plus ancien. Qu'ils pourront vendre, échanger, engager, accenser et donner leurs héritages, et qu'il sera obligé d'y appliquer son scel, et qu'ils devront lui payer le lods au douzième denier de toutes leurs venditions et engagères. Il leur permet de se marier où bon leur semblera; d'aller demeurer, vendre leurs héritages et faire seigneur de qui bon leur semblera, et en laissant en leur hôtel un bart. Lui, ni ses hoirs, seigneurs de Valangin, ne peuvent rien demander; mais si tous les barts (c'est-à-dire les mâles) s'en vont, ce qu'ils laisseront leur sera confisqué. Les dits habitants pourront jouir des aigues et des joux, excepté faire rouage sur les aigues, et ils ne pourront amortir les joux sans la licence du seigneur, pour faire des champs ou des prés. Le dit seigneur s'oblige de maintenir bonne justice en chaque ville. Il se retient les amendes, les bans et les clames qui lui seront adjugés par justice haute et basse. Lorsque le dit seigneur aura quelque différend avec eux, il devra les appeler par droit et justice, et ne point mettre la main sur leur corps que par connaissance de justice, ou qu'ils ne soient trouvés traînant ou portant chose mal prise sur cas de crime. S'ils demandent justice, elle leur doit être administrée, et au cas qu'elle leur soit refusée, ils pourront s'adresser au comte de Neufchâtel. Ils pourront chasser toutes sortes de bêtes en lui apportant ses droits, savoir: d'un ours, la tête, les quatre tappes et le bouchet, et du cerf ou biche, l'épaule garnie de tout le côté ou quartier (excepté la bête rousse au mois d'août). Ils doivent tenir tous leurs héritages dans les susdites limites de nous et de nos hoirs par faux, à la taxe de soiteur moyen, et pour chaque faux ils paieront quatre deniers lausannois de cense annuelle et perpétuelle au châtel de Valangin à la St-Martin d'hiver. Ils devront payer la dîme de onze andins un, et de onze gerbes une, desquelles dîmes les deux tiers nous appartiendront, et l'autre tiers aux églises du Locle et de la Sagne, et ce de toutes les dîmes présentes et à venir, et ce par grâce et par pure donation. Ils nous doivent d'un muid une émine de mouture, et nous leur devrons moudre et maintenir les moulins à nos dépens et de nos hoirs. Ils nous doivent deux aides, savoir: lorsque nous marierons la première de nos filles; et quand nous deviendrons nouveau seigneur, chaque feu nous devra dans ces deux cas payer trois livres bonnes, à puissance de chacun feu. Ils nous doivent suivre la lance pour notre loyale guerre, et chaque feu un homme suivant leur puissance; et quand nous ferons guerre pour d'autres, ils nous serviront à nos missions et dépens. Et de toutes ces choses ci-dessus écrites, nos bons hommes ci-dessus nommés sont en tenus à nous et à nos hoirs, selon le chant et le contenu des présentes lettres de grâce et de franchises, et non de plus, et pour plaisir et courtoisie d'avantages que nos dits bons hommes dessus nommés nous pourraient faire ou dire, nous ne leur devons allouer ni accoutumer outre le chant et le contenu de ces présentes lettres. L'acte est scellé du sceau du dit Jean d'Arberg et signé *J. de Ferre* et *P. de Rosières*.

Guerre étrangère; le comte doit les soudoyer.

Lorsque cet acte fut passé, il n'y avait encore dans les mairies des Brenets et de la Chaux-de-Fonds aucun habitant. Cette dernière n'était point connue dans les limites qui y sont mentionnées; mais c'est seulement dès-lors que la Chaux-de-Fonds s'est peuplée; la plupart des habitants y sont allés depuis le Locle et la Sagne. Dès qu'ils se sont augmentés et qu'ils ont été trop à l'étroit, ils se sont étendus, non-seulement devers la Chaux-de-Fonds et les Brenets, mais aussi du côté de la Chaux-du-Milieu et des Ponts, qui sont dans le comté de Neuchâtel. Ces nouveaux habitants de la Chaux-de-Fonds, ne dépendant ni du Locle ni de la Sagne, dépendirent de la justice de Valangin et ils venaient faire leur dévotion à Cernier. C'est de là que procède ce quartier de dîme que le ministre de Fontaine possède encore à la Chaux-de-Fonds.

Depuis quand la Chaux-de-Fonds et les Brenets ont été habités.

Les habitants de la Chaux-de-Fonds dépendaient de la justice de Valangin et de la paroisse de Cernier.

Jean II, comte d'Arberg, seigneur de Valangin, étant fort infirme, remit la seigneurie à Jean III, son fils; ce dernier rendit ensuite hommage au comte Louis, se reconnaissant son vassal et son homme. Jean réserva la fidélité au roi des Romains (V. l'an 1303). Que si toutefois le comte de Neuchâtel avait la guerre avec le roi des Romains, il pourrait se servir des hommes libres de la seigneurie de Valangin. Jean confessa de tenir en fief de lui, Louis, le plaid de mai, qui sont les Trois-Etats des hommes royaux, qui seuls pouvaient y juger, les taillables en étant exclus. Il reconnut aussi tenir du comte Louis la justice criminelle (V. l'an 1303). Ce dernier confirma encore aux sujets de Valangin l'exemption du péage du Locle et les deux foires que pouvaient tenir les habitants du bourg de Valangin (V. les ans 1340 et 1369).

Jean II de Valangin remet la seigneurie à Jean III son fils.

Il paraît, par cet acte, que le comte Louis se croyait libéré de la relevance de l'empire, puisqu'il suppose qu'il pouvait faire la guerre au roi des Romains, pendant que le seigneur de Valangin, au contraire, trouve qu'il y était encore assujetti.

Louis se croyait libéré de l'empire.

Etienne de Montfaucon mourut environ ce temps. Il était

Mort d'Etienne de Montfaucon.

1372

comte de Montbéliard, seigneur de Montfaucon, Beaumont, Orbe, etc. Il avait épousé, l'an 1356, Marguerite, fille de Jean III de Châlons, qui avait eu pour sa dot la seigneurie d'Orbe. Cette Marguerite eut un fils, nommé Henri, qui succéda à son père et qui fut aussi seigneur d'Orbe. Elle eut aussi une fille, nommée Jeanne, qui fut mariée à Thiébaud, seigneur de Belvoir.

L'évêque de Bâle vend à cette ville le droit de battre monnaie.
Jean de Vienne, évêque de Bâle, vendit à cette ville le droit de battre monnaie et autres droits, pour une somme d'argent.

Louis fait bâtir le mausolée des comtes dans l'église de Neuchâtel.
Le comte Louis, voyant qu'il était sur la fin de ses jours et que la maison des comtes de Neuchâtel allait être éteinte, fit bâtir un mausolée dans le temple de Neuchâtel, où furent représentés en leur taille et proportion, en plein relief de pierre, savoir: six comtes et quatre femmes, tous rangés au dedans d'un petit enclos, et deux filles portant la base et le plinthe de la première statue sur leurs têtes. Les anciennes et nouvelles armes de la maison de Neuchâtel et des alliances qu'elle avait faites par des mariages, y étaient gravées. Il y avait encore les statues des comtes Conrad et Jean de Fribourg, et celle du marquis Philippe de Hochberg qui ont été depuis ajoutées aux précédentes. Au devant de ce mausolée il y avait cet

Ecriteau.
écriteau en lettres gothiques: *Ludovicus comes egregius Novi Castri hanc tumbam totamque machinam fabricare fecit ob sui et suorum memoriam. Obiit quinta die mensis Junii anno MCCCLXXIII* (V. l'an 1678).

Girard de Grandson, chanoine, et Nicolet, secrétaire de la comtesse Isabelle.
Girard de Grandson était en ce temps chapelain de l'église de Neuchâtel, et Nicolet de Grandson, son frère, était notaire juré de la comtesse Isabelle.

Plusieurs donations faites au chapitre de Neuchâtel.
Plusieurs personnes considérables firent cette année des donations à l'église en faveur du chapitre de Neuchâtel. Villod de Cottens et Villerma de Cléron, son épouse, donnèrent trois setiers de vin en rente perpétuelle; Jean de Cléron, frère de Villerma, huit setiers; Othon Reymbault en donna aussi pour soi et pour son père. Othon était chanoine de Neuchâtel et fils de Jacques Reymbault.

Année extraordinaire de neige et de froid.
A la veille de la Pentecôte 1372, il tomba une grande quantité de neige qui brisa les arbres; le vin renchérit d'abord des deux tiers. Cependant, les vendanges ayant été très abondantes, le vin baissa tellement, que six pots ne se vendaient qu'un denier. Mais comme il fit un très grand froid avant les vendanges, le vin ne put fermenter; il demeura doux jusqu'à

Vin vert.
Pâques, et ensuite il devint si vert qu'on ne le pouvait pas boire. Outre cette neige, il fit une blanche gelée au milieu du mois de juillet, qui cependant ne nuisit point aux fruits de la terre.

Jean de Vienne, évêque, engagea à Rodolphe de Ramstein, pour 3600 florins, le village de Honwald, comme aussi Arlesheim, Rheinach, Oberwyler, Almschweiler et Fulisdorf. Ils furent rédimés du temps du concile de Bâle.

1373. L'évêque de Bâle engage une partie du domaine de l'évêché.

Le 10 mai 1373, le comte Louis fit son dernier testament après ceux qu'il avait faits en 1354 et 1359. Ses trois fils, Jean, Louis et Rodolphe, étant tous morts depuis, il fallut faire une autre disposition de ses biens. Comme il ne lui restait que deux filles en vie, il les créa ses héritières, en telle sorte cependant qu'Isabelle, l'aînée, aurait le comté de Neuchâtel et serait obligée de porter la charge de tous les fiefs, tant de sa part que de sa sœur, qui ne devait porter aucune charge envers les autres seigneurs, mais seulement envers Isabelle; ce qui conste par une attestation du chapitre de Neuchâtel du 8 janvier 1374. Le comte Louis institua ses deux filles, Isabelle et Varenne, ses héritières, conformément aux us et coutumes de Neuchâtel, selon lesquelles il est dit que Varenne, « pour les choses de son partage, devra entrer en la foi et hommage d'Isabelle, sa sœur, ou de ses hoirs léaux, procréés de son corps, seigneurs de Neufchâtel. » Il donna aussi, par ce dernier testament, à Jean et à Vauthier, ses bâtards, la baronnie ou le château de Rochefort et les Verrières près des Bayards (V. l'an 1372). Il faut sans doute, puisque le comte donne les Verrières à ses deux bâtards, qu'il eût révoqué la donation qu'il en avait faite l'année précédente à Girard, bâtard de son fils Jean, auquel il promit sans doute, en compensation, la seigneurie de Vaumarcus, de laquelle la comtesse Isabelle lui fit une inféodation d'abord après la mort de son père. L'acte que Louis passa en faveur de ses deux bâtards contient ce qui suit:

Dernier testament du comte Louis.

Ses deux filles héritières.

Donation à ses deux bâtards de la baronnie de Rochefort et des Verrières.

Le comte avait révoqué la donation des Verrières faite à Girard.

Nous, Louis, comte et sire de Neufchâtel, faisons savoir à tous présents et à venir, que pour nous et nos hoirs avons donné et donnons à Jean et à Vauthier, frères, nos bâtards nés de Pérusson, fille jadis de Bourquin de Ramus, près de St-Ursanne, pour eux deux ensemble et pour leurs hoirs procréés de leurs corps et de loyal mariage, tellement que l'un d'eux pourra succéder à l'autre, en fief d'hommage lige, savoir: notre ville dite des Verrières et tous les hommes qui demeurent au dit lieu, de quelle condition qu'ils soient, toutes les terres, soit en champs, prés, ouches, bois, aigues, détours d'aigues, ensemble toutes les rentes de froment, d'avoine, de cire, de fromage, de chapons et tous autres émolumens, quels qu'ils soient, et par quelle manière qu'ils pourraient être trouvés, et aussi leur avons donné la domination de la cure de l'église de St-Nicolas du dit lieu, et aussi toutes autres accroissances qu'ils pourront faire, par quelle manière que ce soit, dedans les limites ci-après écrites, et toutes juridictions, mère mixte et impère en toutes choses, quelles qu'elles soient, gisant, étant dedans les li-

Teneur de l'acte de donation faite aux deux bâtards de Louis.

Limites des Verrières.

1373 mites ci-après contenues, c'est à savoir: dès les cluses de la Vuivra dessus Bayard jusqu'à la combette de Mijoux, et dès Enqui tendant à la fontaine de Vuitel au haut de Germinain, et dès là au haut du mont du Say, et dès Enqui tirant tout le maix Rollier, ainsi comme il confine aux raiz de l'abbé de Montbenoit, et de là tirant au chavon du chemin devers vent, et dès là en retournant tout droit à la Vuivra dessus dite, et tirant en haut le mont Ducommun, et dès là tirant au haut du raiz de la combette de Mijoux; en telle sorte que les habitants au dit lieu puissent user d'aller pâturer leurs bêtes aux vaines pâtures des dites limites devers la Côte-ès-Faies. Excepté de retenir à nous et à nos hoirs, seigneurs de Neufchâtel, que si un homme du dit lieu ou d'autre part était pris et arrêté dans les dites limites pour cas de crime dont il dût perdre le corps, que pour lors il nous sera rendu ou aux nôtres pour le juger et en faire l'exécution, et s'il était mis à mort, ses biens devront appartenir aux dits Jean et Vauthier ou aux leurs. Le grand sceau du comte est apposé à l'acte, qui est daté du même jour que le testament, savoir du 10 mai 1373.

Cette donation causa plus tard un procès fâcheux. L'inféodation que fit ainsi Louis à ses deux bâtards Jean et Vauthier, causa un procès très-fâcheux entre Conrad de Fribourg et ce Vauthier, qui fut par-là porté à faire un faux acte contre Conrad, comme on le verra ci-après.

Le second acte par lequel le comte Louis remit à ses mêmes bâtards la baronnie de Rochefort contient ce qui suit:

Inféodation de la baronnie de Rochefort aux deux bâtards de Louis. Qu'il donne à Jean et à Vauthier, pour eux deux et leurs hoirs procréés de leurs corps en loyal mariage, tellement qu'ils pourront se succéder l'un à l'autre, en fief et hommage lige, savoir: son châtel de Rochefort et tous les hommes qui demeurent en la châtellenie du dit châtel, de quelle condition qu'ils soient, et toutes les terres, soit champs, prés, ouches, bois, aigues, détours d'aigues, ensemble les rentes de froment, d'avoine, de deniers, de chapons, et tous autres émoluments, soit en fours, dîmes, terrages, moulins, en tailles et toutes autres appartenances, et aussi toutes accroissances qu'ils pourront faire, soit héberger hommes, ou faire tous autres nouvalies, de quelle manière que ce soit, dans les limites ci-après écrites. Ils pourront faire cure ou chapelle en Martel ou en la grande Sagne, qui appartiendront à eux et à leurs hoirs. Il leur donne toutes jurisdictions, mère mixte et impère en toutes choses. Louis réserve les criminels, qu'il jugera dans Neuchâtel; *Réserve des criminels.* mais le bien, l'échute appartiendra aux susdits deux bâtards.

(Voyez les limites de cette baronnie dans la description topographique que je fais du dit Rochefort.) Cet acte est aussi daté du 10 mai 1373.

Mort de Louis, cte de Neuchâtel. Le comte Louis mourut le 5 juin 1373, et fut inhumé dans le mausolée qu'il avait fait construire l'année précédente, et ce avec le casque, l'écu et les armes de sa maison, comme étant *Son épitaphe.* le dernier. Son épitaphe est rapportée en l'année précédente. *Il ne laisse que deux filles légitimes et quatre enfants illégitimes d'une concubine.* Ce comte ne laissa que deux filles légitimes, savoir: Isabelle et Varenne; mais il laissa quatre enfants illégitimes qu'il eut d'une concubine, nommée Pernon ou Pérusson, dont on a parlé ci-dessus, savoir : Jean, Vauthier, Marguerite et Jeanne. Jean fut abbé de l'Ile de St-Jean. Vauthier fut baron de Rochefort et seigneur des Verrières ; il épousa Françoise, fille de François, seigneur de Colombier. Marguerite fut mariée d'abord à Perrin ou à Perronet du Mont, châtelain de Boudry (V. l'an 1364), et ensuite à Pétremand de Vaumarcus. Jeanne fut mariée à N..., seigneur de Joux, et elle eut un fief dans le Val-de-Travers. (V. l'acte du 20 novembre 1396.)

1373. Leurs titres. Leurs charges.

Le comte Louis avait eu trois femmes : 1° Jeanne de Montfaucon, de laquelle il eut Jean et Isabelle ; 2° Catherine de Neuchâtel en Bourgogne, dont il eut Louis, Rodolphe et Varenne. Il avait eu de cette Catherine les seigneuries d'Avellin, de Belfort, de Seurres et autres, qui parvinrent à Varenne sa fille. 3° Marguerite de Wufflens en Bourgogne, de laquelle il n'eut point d'enfants, et qui se remaria après la mort de Louis à Jacques de Vergy. Elle était dame de Champvent, de la Motte, de Valgrenant, etc.

Les femmes du c^{te} Louis. Les enfants de ses femmes.

Louis affranchit le bourg de Neuchâtel des *dédites et tenues* (V. l'acte du 12 septembre 1343), et par ce moyen il permit de bâtir hors du bourg (V. l'an 1036). Ce fut de son temps que la rue du Neubourg fut construite, et ensuite on a bâti peu à peu le bas de la ville, qui, pendant que les dédites et tenues ont subsisté, ne s'étendait que depuis le château jusqu'à la Maleporte.

Faits de Louis en faveur de la ville.

Le Neubourg.

Ce fut aussi du temps du comte Louis qu'un certain Sulpice Rémond, de St-Sulpice, tua un serpent prodigieux, qui se tenait dans ce passage étroit qui est au-dessus du village de St-Sulpice, et qui attaquait les passants et les tuait, tellement qu'à cause de ce serpent grand et affreux, ce passage était devenu impraticable. Le dit Rémond s'étant mis dans un coffre qui était entr'ouvert, tua ce monstre avec une arquebuse ; mais on croit qu'il mourut de la puanteur que cela produisit. Ce lieu, qui est au-dessus de la tour de Bayard, s'appelle encore aujourd'hui la *Cluse de la Vuivra*. (V. l'acte du 31 mai 1524.) On assure que le comte Louis, pour récompenser cette belle action, affranchit les enfants de ce Rémond et tous ses descendants de la main-morte, comme aussi toutes ses terres de censes et de dîmes, et même sa maison, tellement que dès-lors on n'y put saisir aucun prisonnier, étant par cet affranchissement devenue une maison de refuge, où un criminel pouvait être vingt-quatre heures sans qu'on pût le saisir. Le prince lui accorda encore le droit de pouvoir pendre l'enseigne et être exempt du tavernage pendant qu'il tiendrait hôtellerie, et il l'affranchit et toute sa postérité de l'émine de la porte, savoir : de l'émine que les

Sulpice Rémond tue un serpent prodigieux.

Cluse de la Vuivra. Récompense que le comte Louis lui accorda. Affranchissement de la main-morte.

Maison de refuge.

Droit de tavernage. Exemption de l'émine de la porte.

1373

Francs-sergents.

Personnages les plus considérables qui ont vécu du temps du comte Louis.

babitants du Val-de-Travers payaient pour être exempts de garder la porte du château de Môtiers : ceux qui en sont affranchis s'appellent *francs-sergents.*

Les hommes les plus considérables qui vivaient du temps du comte Louis étaient : Aimé de Cormondrèche, chevalier, fils de Jean de Cormondrèche; Collin de Cormondrèche; Jean d'Espagny, châtelain du Landeron, fils de Jehannin de Vaumarcus, et Catherine, fille de Jean de Cormondrèche, son épouse; Collin de Cormondrèche; Nicod de Cormondrèche, chevalier; Othenin, écuyer, fils de Jean-le-Bel; Nicole, fille de Regnault de Cormondrèche, et Girardoz Bellajour, bourgeois de Neuchâtel, son époux; Jean de Giez, donzel, et Alixon de Cormondrèche, son épouse ; Jacques, Udry et Othenette, enfants d'Othenin-le-Bel; Vauchier de Vautravers; Jacquette, veuve de Jean Mussard de Neuchâtel et fille de Jean de Vautravers; Hugues de Montmolens; Villod de Cottens et Vuillerma de Cléron, son épouse; Pierre d'Estavayer, co-seigneur de Gorgier, avoyer de Bevaix; Althaud, son frère, co-seigneur de Gorgier; Othon de Vaumarcus, chevalier, bailli et châtelain de Neuchâtel; Jeannin de Vaumarcus; Jacques de Vaumarcus, chanoine; Henri, seigneur de Colombier; Regnault et Jean Vauthier, ses fils; Perrin, frère de Henri et fils de Jacques de Colombier; Girard de Bellevaux et Eléonore, son épouse; Jean de Pierre, chanoine de Neuchâtel; Richard, fils de Conod de Vautravers; Jean de Cléron, châtelain de Thielle; Perrenier et Vuillemette de Pierre-à-Boc; Messire Guillaume de Vautravers, chevalier; Rollin d'Areuse et Odette, sa femme; Henri de Courtelary; Messire Nichoud de Boudry; Philippin du Four de Boudevilliers; Jean Compagniet, donzel du Vautravers: il épousa Jeannette, fille de Jean de Vautravers, chevalier; Conrad de Nidol, avoyer de Cerlier; Perrenet du Mont, châtelain de Boudry; Jean du Mont; Jacques ou Jacquenaud Reymbault et Othon Reymbault, chanoine de Neuchâtel, son fils; Jean, fils de Perrin d'Outre-Areuse, qui tenait une partie du fief qui fut depuis au Grand-Jacques; Guillaume de Grandson, chevalier, seigneur de Ste-Croix et d'Aubonne; Jeanne de Vienne, son épouse; Nicolas de Galera; Jacques-le-Grand; Jaquemin de Monet, recteur de la ville du Landeron, confirmé au régime par le comte Louis l'an 1349; Jeanneret Vallier, premier banneret du Landeron; Marmet de Crostel de Cudrefin, clerc du comte Louis.

Le comte Louis avait régné seul 30 ans.

Le comte Louis avait régné dès la mort de son père Rollin, qui mourut l'an 1343. Ainsi il tint le comté pendant l'espace de trente ans.

ISABELLE,

COMTESSE DE NEUCHATEL.

Isabelle fut comtesse de Neuchâtel après la mort de Louis son père. Elle partagea d'abord avec sa sœur Varenne, qui eut pour sa part du domaine la châtellenie du Landeron, qu'Isabelle érigea en baronnie, mais à la condition que Varenne lui en rendrait hommage. Le Landeron devint par-là un arrière-fief de l'archiduc d'Autriche (V. les ans 1358, 1369 et 1445). *Partage avec Varenne. Celle-ci a le Landeron érigé en baronnie et arrière-fief de l'Autriche.*

La comtesse Isabelle fit demander, après la mort de son père, l'investiture du comté de Neuchâtel à l'official de l'archevêque de Besançon, comme métropolitain de l'évêque de Lausanne, qui avait été reconnu juge des différends qui naîtraient entre le comté de Neuchâtel et ses sujets par les comtes Ulrich et Berthold l'an 1214. Comme on pouvait appeler généralement de toutes les sentences que rendaient les évêques par devant leur archevêque, et de ce dernier au pape, l'archevêque de Besançon fut par ce moyen reconnu juge; aussi ne fit-il aucune difficulté d'accorder à Isabelle sa demande en la mettant en possession du comté. *Isabelle demande l'investiture du comté à l'official de Besançon. L'archevêque de Besançon accorde cette investiture.*

On fait ici deux questions: la première, s'il était nécessaire à Isabelle de demander l'investiture du comté; la seconde, pourquoi elle la demandait à l'archevêque de Besançon plutôt que devant le seigneur suzerain dont le comté relevait. *Deux questions: Pourquoi Isabelle s'adresse à l'archevêque et pourquoi l'investiture était nécessaire.*

Sur la première on répond que l'investiture était nécessaire pour exclure Varenne en vertu du testament de Louis, sans lequel, suivant la coutume de Bourgogne, elle aurait pris la moitié du comté. Sur la seconde, il paraît que, puisque les comtes avaient rendu hommage aux princes de la maison de Châlons, et Louis lui-même au château d'Arlay, l'an 1357, avec cette clause que, « si Louis ou ses hoirs mourait sans hoirs mâles, » ses filles ou les filles de ses hoirs une ou plusieurs du Che- » saux de Neuchâtel, pourront et devront reprendre de Jean de » Châlons les dits fiefs et de la même manière comme il les » avait repris, » il paraît, dis-je, qu'Isabelle aurait dû prendre l'investiture du fils de Jean de Châlons et non de l'archevêque de Besançon. Cela fait voir qu'il n'y avait encore en ce temps-là aucun système régulier sur la succession au comté, que les Audiences générales n'étaient pas encore établies, et que la Cour des pairs, ni les Trois-Etats n'avaient l'autorité de prononcer sur cette affaire. *C'est là une question décidée par les partisans du prince de Conti en 1694.*

Un acte du 8 juin 1373 porte que dame Isabelle, comtesse de Neufchâtel, donne, par donation pure et irrévocable et per- *Isabelle donne la dîme de St-Pierre au chapitre de Neuchâtel.*

pétuellement, aux vénérables personnes prévôt et chapitre de Neufchâtel, tel droit qu'elle avait à la dîme, appelée la dîme de St-Pierre, et les vignes appelées les vieilles vignes, laquelle dîme s'étend au long et au large depuis le lieu dit en Creusa jusqu'au bois de Colombier, et dès le dit bois jusqu'à la Combe derrière Serroue, devers vent où qu'il soit, tant en blé comme en vin, et toutes leurs appartenances et dépendances; et c'est pour le remède et décharge des âmes de son très-cher père et de ses autres prédécesseurs, comme aussi pour le remède de l'âme de la dite comtesse et à condition que les dits prévôt et chapitre seront obligés de faire désormais perpétuellement l'anniversaire de la dite comtesse, en la dite église chacun an sur le jour de l'obit. Le sceau de la comtesse Isabelle est appendu à l'acte.

Difficultés entre la comtesse Isabelle et sa belle-mère Marguerite de Wufflens.

La comtesse Isabelle eut d'abord après la mort de son père plusieurs difficultés avec Marguerite de Wufflens, sa belle-mère. Celle-ci prétendait jouir du comté de Neuchâtel par usufruit pendant sa vie, ce qu'Isabelle lui contestait, soutenant que son père lui ayant donné le comté par son dernier testament, elle en devait être en possession d'abord après la mort du testateur.

Louis d'Anjou est leur arbitre.

Elles choisirent pour arbitre de leurs différends Louis d'Anjou, frère de Charles V, roi de France, qui adjugea le comté à Isabelle en vertu du susdit testament, et à Marguerite de Wufflens la jouissance de quelques seigneuries pour la dédommager de son usufruit.

Nouvelles difficultés.

Guillaume de Pisy, prévôt de Montgien, arbitre.

Marguerite, belle-mère, est mise en possession de Boudry.

De nouvelles difficultés s'étant suscitées entre ces comtesses, elles convinrent de faire un nouveau compromis et choisirent pour arbitre Guillaume de Pisy, prévôt de Montgien, qui rendit sa sentence signée et scellée par Genul Chimitz, notaire public. Il adjugea à Marguerite de Wufflens le châtel, bourg et ville de Boudry avec leurs entrées et issues, et 369 florins de bon or et 6 sols monnaie de Lausanne, de rente annuelle, qu'il lui assigna sur la châtellenie de Boudry et lieux prochains, avec mère mixte impère, et toute juridiction des dits châtel, bourg et ville, mandement et châtellenie. Ensuite de cette sentence Marguerite de Wufflens s'en mit en possession.

Confirmation des franchises du Landeron par Varenne.

Varenne, dame du Landeron, voulant donner à ses nouveaux sujets des marques de son affection, leur confirma non-seulement les franchises que Rodolphe, comte de Neuchâtel, leur avait données l'an 1260, et qui leur avaient déjà été confirmées aux années 1309 et 1340, mais elle voulut bien encore leur en donner de nouvelles. L'acte qu'elle leur en passa est daté du 17 juin 1373 et contient ce qui suit:

Je Vrena, fille de baron de noble mémoire Louis, comte et seigneur de Neufchâtel en la diocèse de Lausanne; femme de noble Damoisel Egon, comte de Fribourg en Briscove, dame du Landeron, fait savoir à tous ceux qui verront et orront ces présentes lettres, que comme après le décès de mon dit seigneur et père, monseigneur Louis, que Dieu pardoint, soit devenu par succession aucun partage fait avec dame Isabelle comtesse et dame de Neufchâtel ma sœur et moi, la ville du Landeron avec toutes ses appartenances et dépendances. Et en prenant et recevant pour moi la possession de la dite ville et de la terre à icelle appartenante j'ai juré et promis aux bourgeois et habitants de la dite ville du Landeron pour leurs hoirs, cohoirs et successeurs, tenir, garder et maintenir toutes les franchises, libertés et coutumes par mes prédécesseurs aux leurs données quelles qu'elles soient, sans jamais faire ni venir au contraire en aucune manière; et icelles leurs franchises plutôt veuillant je la dite Vrena augmenter que d'ôter pour le temps à venir, regardant l'honneur et profit de moi et de mes hoirs et celui de la dite ville du Landeron, des bourgeois et habitants d'icelle et de la terre de leurs hoirs que je la dite Vrena, dame du Landeron, sage et bien avisée, non contrainte ni barratée, mais de ma pure bonne et franche volonté et de ma grâce spéciale pour mieux toujours réédifier, bâtir et renforcer la dite ville du Landeron, ai donné pour moi mes hoirs et successeurs et ayant cause de moi aux dits bourgeois et habitants pour eux et leurs successeurs, à toujours mais, et sans jamais rappeler, du lod et consentement et expresse volonté du dit Egon, mon mari, et de la dite dame Isabelle comtesse ma bien aimée sœur. Comme dame du fief de Landeron, la terre et les choses et droits ci-après écrites et divisées en accroissement et amendement de leurs anciennes franchises, libertés et coutumes.

1373

Acte de confirmation.

Reconnaissance de Varenne de l'arrière-fief de sa sœur Isabelle.

Elle leur accorde : 1° Qu'ils pourront établir un messager ou plusieurs pour mesurer tout le vin qui se vendra ou achètera en la ville et châtellenie du Landeron par qui que ce soit, aussi bien que tous les émoluments qui pourront revenir de la dite mesure et qui appartenaient ci-devant au comte Louis, son père, et qu'ils pourront établir ces messagers ou mesureurs et les destituer à leur volonté. 2° Elle leur remet l'ohmgeld qui provient du vin qui se vendra en détail dans la ville du Landeron et dans toute la châtellenie, que les bourgeois auront la liberté de décréter la mesure, savoir : le picot et le quarteron comme il leur plaira. 3° Qu'ils pourront faire des statuts dans leur ville, grands ou petits, les mettre ou les ôter, lesquels les bourgeois du Landeron et tous les habitants de la châtellenie seront obligés d'observer, et qu'ils pourront imposer des amendes à ceux qui seront rebelles à leurs statuts, qui reviendront au profit de leur ville; mais le tout applicable, aussi bien que les articles précédents, au profit de la ville, pour la réédifier et renforcer. Que si cependant il arrivait des bans au sujet des recousses ou refus de payement qui se feront à cette occasion, elle se les réserve, tels qu'ils lui seront adjugés par les bourgeois.

Messager.

Ohmgeld.

Statuts.

Recousses réservées.

1373
Marais.
Pâquiers.

4° Elle leur donne le grand marais, appelé le Pré de la Cour, qui est gisant auprès des pâquiers du Landeron entre la grande et la petite Thielle. 5. Elle leur remet encore tous les pâquiers et marais comme ils s'étendent du long et du large, dès le Ruz de Vaux jusqu'à la grande Thielle près de l'Ile de St-Jean, et dès là montant jusqu'au bey St-Pierre, en tendant dès la Thielle vers la fontaine des Malespierres, et de là tendant vers la Pierre dessus chez les Rocs dessus Cornaux, et de là tirant au Creux d'Enges, et de là au haut de Serroue et de là en Vaux Vuilleret, et de là en descendant par la Combe de Nervaux jusqu'au Ruz de Vaux et de là au lac. Elle se réserve toutes les censes foncières des terres qui sont dans ce détroit

Rentes, corvées, aides.

et qui ont été accensées par ses prédécesseurs. 6° Elle leur quitte et exempte tous les bourgeois ou habitants de la châtellennie du Landeron de toutes reutes, corvées et aides; elle réserve en faveur des bourgeois habitants dans la ville qu'ils pourraient faire faire aux autres bourgeois résidents hors de la ville, tous les reutes et corvées qu'ils jugeront à propos pour le bâtiment et fermeté de la ville. Elle réserve encore tous les droits et privilèges qu'ont les clercs, les vassaux et les nobles dans cette châtellenie. Les sceaux de la comtesse Isabelle, d'Egon et de Varenne sont appendus à l'acte.

Confirmation de l'acte par Isabelle.

Isabelle confirme cet acte comme dame de fief et Egon ratifie ce que Varenne, son épouse, accordait. Les sceaux de messire Louis de Vuillafans, abbé de l'Ile de St-Jean, de Guillaume de Vautravers, abbé de Fontaine-André, et celui du chapitre de Neuchâtel sont aussi appendus à l'acte, qui fut passé au Landeron en la présence de plusieurs témoins.

Octroi aux gens des Verrières par Isabelle.

Par un acte daté du mardi après la Madeleine 1373, la comtesse Isabelle s'engage envers les habitants des Verrières, pour elle et ses hoirs, à ne faire à l'avenir les extentes de reconnaissance de leurs propriétés qu'en la forme accoutumée chez eux, et ce pour la somme de cent petits florins d'or.

Combourgeoisie de Soleure renouvelée.

Le jeudi après la St-Barthélemi 1373, la comtesse Isabelle renouvela l'alliance et combourgeoisie que les comtes, ses prédécesseurs, avaient faite avec la ville de Soleure, où elle fut reconnue bourgeoise; Rodolphe IV, comte de Nidau, son époux, avait déjà fait la même alliance et combourgeoisie avec cette ville pendant qu'Isabelle était avec lui.

Le seigneur de Valangin rend hommage à Isabelle.

Le 26 septembre, Jean III, seigneur de Valangin, rendit hommage à la comtesse Isabelle, de la même manière qu'il l'avait rendu l'année précédente au comte Louis.

Limites entre la Bourgogne et le comté.

Il paraît, par un acte passé par la comtesse Isabelle à la ville de Morteau, que les limites entre les deux états vont depuis la Chaux-d'Etalières, par dessus l'Armon jusqu'à Vermenay, tendant devers Morteau de vent en bise. L'acte est daté du 9 octobre.

Il y eut cette année dans toute la Suisse des meurtres, vols, incendies, famine et cherté, etc. En automne les raisins gelèrent aux ceps; le vin fut fort doux pendant l'hiver, tout de même que l'année précédente; mais environ la Pentecôte 1374, il devint si aigre qu'on ne pouvait pas en boire, ce qui fit que le vin de trois feuilles étant le seul qu'on pût boire et étant fort rare, il était aussi extrêmement cher: la pinte valait un schilling, dont treize valent un florin. Mais aux vendanges suivantes il fut à un très bas prix: le muid de cent pots ne valait qu'un plappart, dont vingt-cinq valent un florin.

1373

Meurtres, vols, incendies, famine, cherté.

Vin aigre et cher.

Vendanges suivantes abondantes et vin à très bas prix.

Nicolas de Romont et sa femme, voyant qu'ils avaient été privés de la dîme de Mérzlingen (V. l'an 1366), vendirent, l'an 1374, leurs droits et actions qu'ils pouvaient avoir sur cette dîme à Jean de Nam pour soixante florins d'or; mais cette vendition n'eut aucun effet (V. l'an 1429).

1374

Dîme de Mérzlingen.

Les bourgeois du Landeron, pour rendre la concession que Varenne leur baronne leur avait accordée l'année précédente tant plus authentique, s'adressèrent au prévôt et chapitre de Neuchâtel pour s'en procurer un vidimus; ce qui leur fut accordé par acte du 23 novembre 1374. Le sceau du chapitre y est pendant.

Vidimus accordé aux bourgeois du Landeron.

Marguerite de Wufflens, veuve du comte Louis, s'étant remariée cette année à Jacques de Vergy, il se suscita une difficulté entre elle et ses deux belles-filles Isabelle et Varenne. Madame de Vergy prétendait revenir de la prononciation qui l'avait déboutée de l'usufruit sur le comté de Neuchâtel, et cela par la raison que Jacques de Vergy, son époux, révoquait le compromis qu'elle avait lié sans une due autorisation. Là dessus les parties s'étant de nouveau soumises à la décision de Philippe, surnommé le Hardi, duc de Bourgogne, celui-ci confirma la sentence rendue. Sur de nouvelles difficultés à l'occasion des prétentions de la dame de Vergy, les mêmes parties se soumirent à l'arbitrage de Guillaume de Vergy, archevêque de Besançon, et de Hugues, seigneur de Regny; mais comme ces arbitres prononcèrent en l'absence l'un de l'autre et que leurs sentiments ne se trouvèrent pas conformes, les parties ne voulurent pas agréer leurs prononciations. Ces deux arbitres avaient adjugé à Marguerite de Vergy les villes, c'est-à-dire les villages de Lugnorre, de Jorissens et de Provence avec leurs appartenances.

Marguerite de Wufflens, veuve du comte Louis, se remarie à Jacques de Vergy.

Elle veut revenir de la sentence qui l'avait déboutée de l'usufruit sur le comté de Neuchâtel.

Le duc de Bourgogne confirme la sentence précédente.

Nouvel arbitrage de l'archevêque de Besançon et du seigneur de Regny.

Leurs prononciations n'étant pas conformes, ne sont pas agréées.

Jean de Châlons IV fit donation à l'abbé de Fontaine-André

Donation de Jean de Châlons IV à

1374
l'abbé de Fontaine-André.

de cent salignons de sel annuellement. Jean IV était seigneur de Salins. L'acte est du 24 septembre 1374.

Vendition de Balm par Isabelle.

La comtesse Isabelle vendit cette année la seigneurie de Balm qu'elle avait eue de Rodolphe, comte de Nidau (V. l'an 1369), et ce à Pierre Schreiber, dont les hoirs la revendirent, l'an 1407, à Arnold Bumann, bourgeois de Soleure, lequel la revendit ensuite, l'an 1444, à cette ville, qui la possède aujourd'hui.

Châteaux brûlés.

Rodolphe V, comte de Nidau, aida les Bâlois, ses alliés, à brûler les châteaux de Hasenbourg et de Falkenstein pour détruire les brigands qui y habitaient et qui volaient impunément les passants et leurs effets. L'évêque de Bâle, auquel le premier de ces châteaux appartenait (V. l'an 1072), fit la guerre à la ville de Bâle ; mais les Bâlois lui brûlèrent encore Béfort, Porrentruy et Pfeffingen.

Petit-Bâle donné en gage à Léopold, duc d'Autriche.

Léopold III, duc d'Autriche, ayant assisté l'évêque dans cette guerre, ce dernier lui donna la petite ville de Bâle de gage pour les frais de la guerre, qui se montaient à 30,000 goulden, et en attendant qu'il pût l'en mettre en possession, il mit de gage entre les mains de Léopold Liestal, Waldenbourg et Homberg.

Naissance d'une fille de Varenne.

Egon de Fribourg et Varenne, dame du Landeron, eurent cette année une fille qui fut nommée Anne.

1375
Forêt donnée à Cerlier.

La comtesse Isabelle donna cette année une forêt considérable à la ville de Cerlier, qui la possède encore aujourd'hui.

Mort de l'évêque de Lausanne et son successeur.

Aimon de Cossonay, évêque de Lausanne, mourut cette année 1375, et il eut pour successeur Guy de Prangins.

Isabelle inféode Vaumarcus à Girard, bâtard de Neuchâtel.

La comtesse Isabelle inféoda la même année la seigneurie de Vaumarcus à Girard, fils naturel de feu son frère Jean, fils de Louis, pour le récompenser de ses services ; elle lui donne en fief, et selon le droit des fiefs, le dit Girard recevant pour lui et pour tous ses hoirs naturels et légitimes qui perpétuellement descendront de lui et d'iceux (par ainsi toutefois qu'il ne soit transporté à d'autres personnes étrangères, sinon à ceux de sa postérité naturelle et légitime ;) et s'il arrivait par ci-après que le dit Girard et ses enfants décédassent de ce monde sans laisser enfants naturels et légitimes, qu'alors les choses après écrites doivent retourner et être confirmées à icelle dame et à ses hoirs), son château de Vaumarcus au diocèse de Lausanne avec le bourg du dit château, et mère mixte impère, omnimode juridiction avec ses appartenances et dépendances universelles, avec les hommes taillables et censiers, fiefs, vassaux, fours, moulins, battoirs, raisses, eaux et cours d'eaux, montagnes, prés, champs, bois, services, usages, corvées, cens et censières et toutes autres quelconques qui appartiennent au dit château et bourg avec aussi la maison et services des hommes mainmortables et serfs de la vallée de Vaumarcus et les appartenances d'icelle; pour la tenir et posséder et en faire tout ce qu'il lui plaira, à la réserve des choses ci-dessus écrites, et le droit d'hommage et de fidélité dont il est tenu à la dite dame Isabelle ou aux siens après venants et pour hommage lige. Le dit Girard et les siens seront tenus de faire fidélité à la dite dame Isabelle et à ses hoirs et successeurs de la main et de la bouche, avec toutes et singulières les choses qui y sont contenues et qui sont ci-dessus et ci-après, avec toute rétention de droit, action, réclamation, usances qui lui appartiennent aux choses susdites, la directe seigneurie, hommage lige et fidélité, ressort fidèlement réservé, comme aussi la chevauchée et appellations dans et pour les choses prédites, données en fief, etc. Girard promet de son côté d'être à perpétuité homme, fidèle et vassal, lui et ses hoirs, de la dite dame Isabelle, etc., et de faire, lui et ses hoirs, toutes autres choses qui sont contenues en la forme de fidélité nouvelle et ancienne. Les sceaux de la cour de Lausanne et de la comtesse Isabelle sont appendus à cet acte, qui est signé par Jean Guinbertis de Lausanne, prêtre et notaire juré, et qui est daté de Vuillaufans 6 juin 1375.

Le péage du Vautravers, qui dépendait du château de Vaumarcus, fut aussi compris dans cette donnation (Voy. l'acte du 5 août 1397); de même que la petite seigneurie de Derrière-Moulin, située entre Gorgier et Bevaix le long du lac, que les seigneurs de Vaumarcus ont possédée jusqu'à l'an 1568, qu'elle en fut détachée par un partage et annexée à celle de Gorgier, d'où elle est encore sortie par la sentence des Trois-Etats du 8 décembre 1721, et réunie à la souveraineté, et ensuite incorporée à la mairie de Bevaix.

Le péage de Vautravers et la seigneurie de Derrière-Moulin annexés à cette inféodation.

Léopold III, duc d'Autriche, qui haïssait les Suisses, quoiqu'il ne fût pas pour lors en guerre avec eux, fit entrer dans leur pays, par ses intrigues, un certain Monsieur de Cussin ou Coucy, qui conduisait 60,000 à 80,000 hommes de troupes ramassées, qui consistaient en Anglais, Français, Flamands et Bretons (V. les années 1361—1363 et 1365). Ces troupes étant entrées dans l'Alsace à la St-Michel 1375, le susdit de Coucy les y avait envoyées avant lui, et elles y furent cinq semaines, durant lesquelles elles y causèrent mille désordres, et lui-même vint les y joindre avec quinze cents chevaux. Ce M. de Coucy était maréchal d'Edouard, roi d'Angleterre. Son château, dont il portait le nom et dont il était seigneur, était en Picardie, proche de Compiègne. Comme M. de Coucy était fils de Catherine, fille de Léopold II, duc d'Autriche, qui possédait l'Ergau,

Les Anglais entrent en Alsace, sous la conduite d'un Monsieur de Coucy.

Ils y commettent de grands désordres.

Prétentions de ces Anglais sur l'Ergau.

1375

il avait par-là des prétentions sur quelques villes de la Suisse, parce qu'on n'avait rien donné à sa mère pour dot, quoiqu'on lui eût promis une somme considérable, et c'est là le prétexte qu'il avait pour envahir le pays qui appartenait à sa mère, et pour s'en rendre maître. Léopold III, duc d'Autriche, qui était son oncle, était d'intelligence avec lui. Les Suisses, voyant venir cet orage, envoyèrent une députation à M. de Coucy, pour savoir de lui combien il demanderait pour exempter la Suisse du pillage. Sur quoi il demanda 60,000 goulden en argent comptant, soixante draps d'or et autant de chevaux. Les Suisses n'ayant pas voulu accepter ces conditions, les Anglais pénétrèrent sur leur territoire au mois de novembre. Après s'être rendus devant la ville de Bâle, ils vinrent démolir le château de la Cluse près de Balsthal; ils ravagèrent Waldenbourg, ruinèrent plusieurs campagnes, brûlèrent un grand nombre de villages, démolirent les châteaux de Bechbourg, Gösgen, Bipp, Erlisbach, Wiedlisbach, Schauenbourg, Strasberg, et la petite ville d'Altreu qui était sur l'Aar au-dessus de Soleure, et dont la maison d'Autriche avait déjà démoli le château l'an 1309. Après avoir attaqué et ravagé Olten, s'être saisis de son port, ils prirent et pillèrent Wangen, Arwangen, et autres lieux. Ils brûlèrent et démolirent les châteaux de Fridau, d'Arbourg, de Vicken, de Buchegg, Balmeck, Messen, Landshut, Halten, Wohlhausen, etc. Ils mirent le feu à la ville de Willisau, qui appartenait à Jean III, seigneur de Valangin, et qui est dans le canton de Lucerne; tellement qu'il y eut une grande terreur parmi les peuples : chacun se retirait dans les grandes villes, les paysans se réfugiaient sur les montagnes et dans les bois. Mais dès qu'on se fut un peu rassuré et qu'on eut remarqué que ces Anglais étaient plutôt des voleurs que de bons soldats, on commença à les attaquer vigoureusement dans le temps qu'ils étaient obligés de se séparer en plusieurs corps pour pouvoir subsister et avoir des vivres, dont il y avait une extrême rareté en Suisse; ce qui fut cause qu'on put plus facilement les détruire. En effet ils firent quatre camps, savoir : 1° au pied du mont Jura entre Soleure et Bienne, auprès de Gottstadt; 2° à Anet dans le bailliage de Cerlier; 3° à Fraubrunnen, et 4° à Buttisholz. Ils se campaient presque ordinairement dans quelque abbaye, dans laquelle les principaux officiers logeaient.

Rodolphe V, comte de Nidau, qui était bailli pour la maison d'Autriche dans l'Ergau et dans le Thurgau, prit d'abord le parti de M. de Coucy. Il se joignit pour cet effet au premier camp et il alla avec lui assiéger Buren, que la ville de Soleure tenait pour lors (V. l'an 1368). Mais Rodolphe y fut tué d'un coup de flèche, et par ce moyen la maison des comtes de Nidau fut entièrement éteinte; il ne resta plus que la branche de Neuchâtel, Arberg et Valangin.

1375. Extinction de la maison de Nidau.

Rodolphe n'ayant point été marié, les comtes Hartmann de Kybourg et Othon ou Sigismond de Thierstein, ses beaux-frères, héritèrent de tous ses biens et les partagèrent. Le comte de Kybourg se mit en possession de la ville d'Olten jusqu'à la mort de Jean de Vienne, évêque de Bâle. Ce dernier se saisit de Nidau, prétendant que c'était un fief qui relevait de l'évêché; mais comme il appréhendait que les Bernois n'épousassent le parti des comtes, il fit un traité avec eux, par lequel il leur céda les 27,000 goulden que les Bernois lui devaient pour solde de la prononciation de l'an 1368, à condition qu'ils n'épouseraient pas le parti des comtes. C'est pourquoi ces comtes et l'évêque continuèrent la guerre seuls; mais avant que d'en venir à une bataille décisive, ils convinrent de choisir chacun soixante-cinq hommes de leurs plus vaillants soldats, qui décideraient de leur différend par la victoire qu'un des partis remporterait sur l'autre. Les champions des deux côtés en vinrent aux mains dans la Schwadernau; le combat dura environ deux heures, mais les soixante-cinq hommes des comtes remportèrent la victoire, tuèrent quelques-uns de ceux de l'évêque et en firent des prisonniers, entre lesquels était M. de Nam, qui était le fils de la sœur de l'évêque. Jean de Vienne, voulant retirer son neveu et les autres prisonniers, fut obligé de rendre Nidau aux comtes, qui, pour payer leurs propres dettes et celles de Rodolphe V, leur beau-frère, engagèrent Nidau et Buren à la maison d'Autriche et à la ville de Fribourg pour la somme de 48,000 goulden; mais la ville de Fribourg s'en étant déportée au bout de quelque temps, le duc d'Autriche lui rendit la somme qu'elle avait délivrée, et par ce moyen le comté de Nidau et la ville de Buren lui demeurèrent. Toutefois, il les remit bientôt après à M. de Coucy, son neveu, pour la dot de sa mère, qui était morte l'an 1356 et inhumée à Königsfelden (V. l'an 1368).

Les héritiers du comte de Nidau.

L'évêque de Bâle prend Nidau.

Il fait un traité avec les Bernois.

Guerre entre les comtes héritiers de Nidau et l'évêque de Bâle.

Choix de quelques-uns pour vider le différend à main armée.

Les comtes ont la victoire.

Les comtes vendent Nidau à la maison d'Autriche, mais le duc d'Autriche Léopold remet Nidau et Buren à M. de Coucy.

Le second camp d'Anglais, qui était à Anet, forma un détachement qui passa le pont de Thielle et entra dans le comté de Neuchâtel. Après avoir campé quelques jours assez près de ce pont, il fit de là une course dans le comté et y brûla Fontaine-André, où il y avait une chapelle et un moine qui y était envoyé depuis le Val-de-Ruz. L'abbaye fut brûlée à la veille de Noël 1375. Martin Bovet était pour lors abbé de Fontaine-André, et Henri Chalagrin, son successeur, rebâtit la maison du moine et la chapelle (V. l'an 1396). Les paysans des environs de Neuchâtel, ceux d'Arberg, de Nidau et des environs d'Anet,

Camp des Anglais à Anet.

Ils brûlent Fontaine-André.

vinrent fondre sur le camp d'Anglais, en tuèrent trois cents et chassèrent les autres. Cette victoire fut remportée sur eux le 25 décembre 1375.

Les Bernois partirent le 26 décembre pour aller attaquer le troisième camp des Anglais, qui se trouvait auprès de Fraubrunnen et qui était le plus nombreux et le plus fort; ce camp était commandé par Yvo, prince de Galles, et il y avait encore plusieurs autres seigneurs de considération. Les Bernois les battirent le 27 de décembre, en tuèrent huit cents, et dispersèrent les autres, que les paysans tuaient partout où ils les rencontraient, tellement qu'il leur fut impossible dès-lors de se rallier. Les Bernois dressèrent à Fraubrunnen un monument de leur victoire qui subsiste encore aujourd'hui.

Le quatrième camp d'Anglais, qui était à Buttisholz, fut défait par ceux d'Unterwald, qui en tuèrent deux cents et mirent le reste en déroute. M. de Coucy, qui était dans l'abbaye de St-Urbain, voyant l'entière défaite de son armée, partit, au mois de janvier 1376, pour s'en retourner par l'Alsace en France; mais il y eut fort peu de ses gens qui purent se retirer de la Suisse. On appelait ces Anglais, par mépris, *Gugglers*. Ainsi cette nombreuse armée de voleurs, qui ne vivait que de pillage depuis l'an 1364, qui avait ravagé plusieurs provinces et qu'aucune nation n'avait pu détruire, fut défaite par les Suisses. Comme à l'arrivée de ces Anglais en Suisse on était au milieu des vendanges, il fallut les interrompre pour courir aux armes, tellement qu'on ne put les achever qu'au mois de janvier 1376. Ce retard fut cause qu'on fit un vin extrêmement doux, mais on en fit beaucoup moins, les raisins s'étant séchés pour la plupart.

La comtesse Isabelle donna encore à Girard, son neveu, par un acte daté de l'année 1376, la part qu'elle pouvait avoir au village de Provence, qui avait été adjugée au comte Louis l'an 1358, savoir: le tiers de ce village, ce qu'elle annexa à la seigneurie de Vaumarcus.

Il naquit un fils à Egon de Fribourg et à Varenne, qui fut nommé Conrad et qui succéda au comté après la mort d'Isabelle sa tante.

Othon III, baron de Grandson, qui était domestique de l'empereur Charles IV l'an 1370, mourut cette année. Il eut deux fils: Othon IV, qui lui succéda, et Guillaume, auquel le même empereur remit plusieurs péages en fief. Othon épousa Jeanne, fille de Louis de Vienne, seigneur de Ste-Croix, et d'Alix, fille de Renaud, comte de Montbéliard, et de Guillemette de Neuchâtel. Cé Guillaume fut seigneur de Ste-Croix et baron d'Aubonne.

Isabelle rendit cette année hommage à Amédée VI, comte de Savoie, pour son comté de Cerlier, réservant toutefois l'hommage qu'elle devait à la maison de Châlons. *Isabelle rend hommage pour Cerlier, sous la réserve de l'hommage de Châlons.*

L'an 1376, Walraf, comte de Thierstein, était juge impérial en Suisse, ce qui fait voir que l'empereur y avait encore en ce temps quelques droits de judicature et autres. *Juge impérial en Suisse.*

Léopold, duc d'Autriche, vint tenir les tournois aux brandons 1376 dans la petite ville de Bâle, que l'évêque Jean de Vienne lui avait engagée deux ans auparavant; plusieurs comtes et seigneurs qu'il y avait conviés, s'y trouvèrent. Pendant qu'ils restèrent dans la petite ville, les tournois se passèrent paisiblement, mais étant entrés dans la grande et y continuant leurs tournois sur la place de l'église cathédrale, leur cavalerie ayant foulé quelques bourgeois, le peuple s'émut et sonna l'alarme. Le duc Léopold eut de la peine à se sauver dans la petite ville. S'étant retiré dans la maison d'un chanoine, où plusieurs seigneurs le suivirent, le peuple de Bâle alla enfoncer les portes de cette maison; trois nobles y furent tués et quelques valets. Egon de Fribourg, gendre de Louis, comte de Neuchâtel, eut de la peine à se sauver par une porte de derrière; Rodolphe de Hochberg, marquis de Rothelin, dont le petit-fils du même nom a été comte de Neuchâtel, fut du nombre des prisonniers, mais il fut bientôt relâché. Cependant, par les bons ordres du magistrat, tout ce trouble fut bientôt apaisé. *Léopold d'Autriche tient un tournoi au Petit-Bâle. Désordres. Egon de Fribourg. Rodolphe de Hochberg prisonnier et relâché.*

La comtesse Isabelle déclare, dans un acte du 17 novembre 1376, que feu son frère Louis ayant accordé aux habitants des Verrières, ainsi que plusieurs personnes dignes de foi le lui avaient témoigné, toute exemption des péages qui se paient aux Bayards, tant en allant qu'en venant, pour tout ce qu'ils y passent pour l'usage de leurs maisons tant seulement, elle leur confirme cette franchise pour elle et ses hoirs, autant que sa seigneurie s'étend, et ce pour eux et pour ceux qui, au temps à venir, y seront, et ce pour plusieurs agréables services que les dits habitants lui avaient rendus au temps passé et lui rendaient tous les jours; de sorte qu'ils seront quittes du péage pour les choses qu'ils achèteront ou manieront pour leur corps et usance en leurs hôtels; mais ils devront le péage des denrées qu'ils achèteront pour revendre à d'autres et qui passeront par les Bayards, et à défaut de payement du dit péage, ils payeront le ban dû dans cette occasion. L'acte est scellé du sceau de la comtesse. *Les habitants des Verrières libérés du péage des Bayards.*

Varenne, baronne du Landeron, épouse d'Egon, comte de *Mort de Varenne,*

1376
baronne du Landeron. Ses enfants.

Fribourg, mourut le jour des Quatre-temps devant Noël. Elle laissa un fils nommé Conrad et une fille nommée Anne.

1377
Cerlier vendu par Isabelle au comte de Savoie.
Elle retient l'abbaye de St-Jean, Chules et Voing.

La comtesse Isabelle vendit, l'an 1377, son comté de Cerlier à Amédée VI, comte de Savoie, avec toutes ses dépendances. Elle se retira en toute souveraineté et propriété l'abbaye de l'Ile de St-Jean, Chules, Voing et autres lieux qui dépendaient de Cerlier, dont elle ne rendait plus aucun hommage. Isabelle se réserva aussi le titre de comtesse de Cerlier, qu'elle porta jusqu'à sa mort. Cette comtesse ayant confirmé quelque temps auparavant aux bourgeois de Neuchâtel et aux habitants de la châtellenie de Thielle le droit de pouvoir pâturer leur bétail au Chablaix, qui est dans le comté de Cerlier, et qui est un grand marais à l'orient du lac de Neuchâtel, elle réserva encore ce droit en faveur de ses sujets lorsqu'elle vendit le comté de Cerlier.

Pâturage du Chablaix réservé.

Isabelle reprend par la force Boudry à sa belle-mère.

La comtesse Isabelle se saisit, par la force des armes, du château de Boudry et de cette châtellenie, que tenait Marguerite de Wufflens, sa belle-mère, d'autant que celle-ci tyrannisait le peuple.

Difficultés entre Guillaume, cte de Genevois, et Guillaume de Châlons

Après la mort de Guillaume, comte de Genevois, qui avait épousé Agnès, fille d'Amédée, comte de Savoie, il se suscita une difficulté entre Guillaume de Châlons, seigneur de Ste-Croix, qui avait épousé Eléonore, sœur de la susdite Agnès, d'une part, et entre Amédée VI d'autre part, et ce au sujet du comté de Genevois, auquel Guillaume de Châlons prétendait d'avoir sa part, Guillaume, comte de Genevois, son beau-frère, étant mort sans enfants, et le comte de Savoie prétendant qu'il devait être réuni à sa directe. Il se fit là dessus un accord, par lequel le comte Amédée donna en toute propriété à Guillaume de Châlons, pour se déporter de ses prétentions, non-seulement le comté de Cerlier et le tiers du mandement d'Echallens, mais aussi 12,000 florins d'argent comptant. C'est par ce moyen que Cerlier tomba dans la suite entre les mains des barons de Grandson, qui l'ont possédé jusqu'à l'an 1474. Le susnommé Guillaume de Châlons était fils d'Othon III, baron de Grandson, et frère d'Othon IV (V. les ans 1446, 1457).

Pour terminer la difficulté, Guillme de Châlons obtient Cerlier et le tiers d'Echallens.

L'évêque de Bâle engage Olten.

Jean de Vienne, évêque de Bâle, engagea pour 2000 goulden la ville d'Olten à Hartmann, comte de Kybourg, et à Othon, comte de Thierstein.

1378
Isabelle remet le fief de Gorgier à Guillaume, co-seigneur d'Estavayer.

La comtesse Isabelle donna à Guillaume, co-seigneur d'Estavayer, pour lui, ses hoirs et successeurs à toujours, acceptant, en fief et hommage lige, toutes les choses qu'elle tenait de Pierre d'Estavayer son père, d'Althaud son oncle, et de Jacques et Jean Rollin, ses cousins, excepté les choses qu'ils tenaient en la ville et fenage de Provence, lorsque le comte Louis, son père, mit les dits héritages entre ses mains; laquelle donation elle fit par telle manière, forme et condition, que le dit Guillaume tiendrait les dites choses en fief et hommage lige, comme ses dits père, oncle et cousins les tenaient en fief et hommage lorsque le comte Louis les mit en sa main aux années 1356 et 1358. Les choses que la comtesse excepte dans cet acte et qui étaient dans la ville et fenage de Provence, sont celles qu'elle avait données l'année précédente à Girard son neveu. La comtesse Isabelle remit à Guillaume d'Estavayer la seigneurie de Gorgier pour en priver Marguerite de Wufflens, sa belle-mère, qui prétendait que cette seigneurie lui appartenait, d'autant qu'elle avait été annexée à celle de Champvent par le comte Louis et par le consentement d'Isabelle même, de laquelle seigneurie de Champvent Marguerite de Wufflens était en possession actuelle comme étant son patrimoine; c'est pourquoi elle soutenait que les rentes de la seigneurie de Gorgier, qui se montaient alors à la somme de 2200 florins annuellement, devaient lui parvenir.

Isabelle fait cette remise pour en priver Marguerite de Wufflens.

Revenus de Gorgier.

Othenin de Giez, châtelain de Valangin, fit gager tous ceux du Locle et de la Sagne qui s'étaient nouvellement mariés, chacun pour un setier de vin, et tous ceux qui avaient planté des bornes sans la permission du dit châtelain, pour quatre pots de vin et soixante sols par chaque borne. Mais ces gens s'étant adressés à Jean, seigneur de Valangin, il leur quitta perpétuellement le setier de vin qu'Othenin leur demandait, à condition que ce dernier aurait quatre pots de vin de chacune borne qui serait plantée entre les chemins publics et les communs et les héritages des bonnes gens et les très amés des dits lieux; deux pots sur chaque borne qui sera mise entre les héritages de ses bons hommes. Jean d'Arberg octroya en outre « un chemin public jouxtant le pont du Locle jusqu'au « Gondebat, et dès le dit pont tendant à la Chaux-de-Fonds, « et dès le dit pont tendant au Montdart; et se doit faire « le dit chemin par le plus aisé que faire se pourra de trente-« deux pieds de large, et pour les bornes qu'ils ont plantées « sans notre licence, ils ont accordé avec lui pour dix florins « d'or, lesquels nous confessons avoir reçus des dits habitants « dessus nommés. » Cet acte, auquel Jean d'Arberg fit apposer son sceau, est daté du 7 juin 1378.

Ceux du Locle et de la Sagne sont gagés pour un setier de vin.

Le seigneur de Valangin les quitte de cette amende pour quatre pots par chaque borne de route.

Chemin public du Locle.

Les difficultés qu'il y avait entre la comtesse Isabelle et les enfants de sa sœur Varenne, d'une part, et Marguerite de Wufflens, d'autre part, n'ayant pu être absolument terminées par les arbitrages précédents, elles se décidèrent, pour les finir entièrement, de se soumettre à la prononciation qu'en ferait

Difficultés entre la comtesse Isabelle, les enfants de sa sœur Varenne et Marguerite de Wufflens.

1378
Compromis de Philippe de Bourgogne, arbitre.

Procureurs de la comtesse Isabelle.

Philippe, duc de Bourgogne, qui voulut bien l'agréer et rendre, comme il le fit, une sentence sur leur différend en date du 13 juillet 1378, dans la ville de Châlons-sur-Saône.

Isabelle donna procuration pour agir en son nom, savoir : à Jean, seigneur de Valangin, à Vauthier de Cusance, à Pierre de Banvol, à Hugues de Vuillafans et Vauthier de Colombier, chevaliers, qui avaient un plein-pouvoir d'agir tant pour la dite dame Isabelle que pour les enfants de feue Varenne sa sœur. Outre cette procuration, Isabelle signa encore un compromis daté de Vercel le 15 juin 1378, par lequel elle déclarait qu'elle se soumettait absolument à ce que prononcerait le duc de Bourgogne. Jacques de Vergy, au nom de Marguerite son épouse, fit un semblable compromis, qu'il signa à Annecy le 11 juin 1378. Il parut lui-même devant le duc, ainsi que Hugues de Vuillafans, pour la comtesse Isabelle et les enfants de Varenne, le 13 juillet 1378, à Châlons.

Prétentions de Jacques de Vergy, mari de Marguerite, belle-mère de la comtesse.

Jacques de Vergy, au nom de sa femme, avait des prétentions immenses, tirées de divers dédommagements qu'il demandait :

Lugnorre, Jorissens et Provence.

1° De ce que quoique les villages de Lugnorre, Jorissens et Provence eussent été adjugés à son épouse, la comtesse Isabelle en avait cependant toujours retiré les revenus depuis cinq ans, qui valaient 100 florins de Florence annuellement. 2° Que la comtesse Isabelle ayant toujours retiré

Boudry.

les rentes de la châtellenie de Boudry et des 369 florins et 6 sols que Marguerite de Wufflens son épouse devait recevoir, il en demandait aussi la restitution. 3° Que la comtesse ayant fait exécuter plusieurs personnes

Dommage pour des exécutions.

de Lugnorre, Jorissens et Provence, cela avait causé de grands dommages à sa dite épouse, ce dont il demandait d'être récupéré. 4° Que Marguerite de Wufflens a laissé à Neufchâtel, lorsqu'elle en était partie, plusieurs

Joyaux.

joyaux qui valaient 12,000 florins d'or ; il demande que ces joyaux lui soient rendus. 5° Que la comtesse Isabelle avait fait prendre par force et par les armes sur lui et sa femme, et détenu depuis plus d'un an de fait

Boudry.

et contre raison, le château, bourg, ville et châtellenie de Boudry et appartenances, qu'elle s'était saisie des rentes et des biens meubles appartenant à Marguerite de Wufflens son épouse, lesquels meubles, frais et dommages montaient à dix mille florins de Florence de bon or et de fort poids, et les profits des dits châteaux et châtellenie de Boudry qu'Isabelle avait retirés depuis plus d'un an valaient 400 florins, qu'il prétendait lui

Deux familiers tués.

être remboursés. 6° Que la comtesse Isabelle avait fait tuer deux de ses familiers et qu'il estimait cette injure à 6000 florins. 7° Qu'Isabelle

Char et chevaux.

s'était saisie d'un char et des chevaux qui lui appartenaient et qui valaient 50 florins. 8° Que Marguerite de Wufflens, son épouse, ayant

Prêt de 600 florins au comte Louis défunt.

prêté la somme de six cents florins à feu le comte Louis, qu'Isabelle lui en devait les arrérages de cinq ans, qui se montaient à 150 florins, qu'il répétait, et qu'outre cela cette cense de 30 florins lui fût payée à l'avenir. 9° Que comme il était molesté au châtel et châtellenie de Champ-

Champvent.

vent, qui appartenait à dame Marguerite de Wufflens son épouse, le comte de Savoie les ayant saisis par main mise et ne les lui voulant pas rendre qu'on ne lui payât la somme de 2000 florins pour la commise et 6000 florins pour les dépens survenus en faisant la dite main mise, et que si la comtesse ne pouvait pas lui procurer la restitution de la seigneurie de Champvent, il demandait pour dédommagement la somme de 20,000 florins, puisque c'était de son fief et qui était de franc aleu. 10° Que le comte Louis ayant acquis par donation de M. Louis de Savoie la terre de Gorgier et que l'ayant conjointé au château et châtellenie de Champvent; à pert l'acte du 26 avril 1344, ce qu'Isabelle et Varenne sa sœur ayant même ratifié, ces terres appartenaient par ce moyen à Marguerite de Wufflens son épouse, puisque Champvent était son propre héritage; que cependant Isabelle lui detenait depuis la mort du comte Louis les arrérages de cette seigneurie de Gorgier, ce qui valait annuellement 22,000 florins de Florence. 11° Jacques de Vergy se plaignait encore que la comtesse Isabelle retenait à Marguerite de Wufflens son épouse tous les papiers concernant les seigneuries de Champvent, de Gorgier, comme aussi ceux de Boudry; il demandait qu'ils lui fussent remis comme lui appartenant. 12° Il répétait encore le paiement de plusieurs meubles que Marguerite de Wufflens avait dans la seigneurie de la Motte de Valgrenant et que le comte Louis avait dépensés; il demandait pour cela 2000 florins. 13° Que le comte Louis étant redevable de 300 florins à l'abbaye de Montgien et que la dite dame de Wufflens les lui ayant payés, il demandait d'en être remboursé par la comtesse Isabelle. 14° Et que feu le dit comte étant redevable à François Gay de 65 florins, il demandait que la comtesse Isabelle, qui les devait, les acquittât, afin qu'il n'en fût plus molesté. 15° Que le prieur et prieuré de Bevaix étant de sa garde et de Marguerite de Wufflens son épouse, néanmoins la comtesse Isabelle ou ses gens, pour et de par elle, y avaient fait plusieurs pilleries et dommages pour lesquels il demandait 500 florins de dédommagement. 16° Enfin que le châtel et châtellenie de Boudry ayant été remis entre les mains de l'archevêque de Besançon et du seigneur de Regny, et de par eux remis, par leur prononciation, entre les mains de lui, Jacques de Vergy, et de sa femme, il demandait que cela lui fût rendu pour en jouir pendant la vie de dame Marguerite, conformément à la prononciation du prévôt de Montgien; ensuite de quoi Jacques de Vergy s'offrit de prouver tous les faits que dessus.

M. Hugues de Vuillafans, agissant au nom de la comtesse Isabelle, fit aussi ses productions, tout de même qu'il les avait faites par devant l'archevêque de Besançon et le seigneur de Régny.

1° Qu'après la mort du comte Louis, dame Marguerite de Wufflens, sa veuve, avait emporté plusieurs joyaux, vaisselle, pierres précieuses, ustensiles d'hôtel et autres meubles qui appartenaient à la comtesse Isabelle et qui valaient 12,070 florins, ce qu'on pouvait montrer par les confessions que la dame Marguerite en avait faites par devant certaines personnes publiques, et qu'elle lui détenait plusieurs lettres importantes. 2° Que dans la remise que la comtesse Isabelle avait faite à dame Marguerite de Wufflens du châtel, bourg et châtellenie de Boudry, pour en jouir pendant sa vie, on lui avait réservé qu'elle conserverait les bourgeois dans leurs franchises, qui étant des personnes libres, devaient être jugées suivant les lois et les coutumes du lieu, qui savent

1378

ce qu'ils doivent au seigneur et dame, qu'on ne peut ni doit contraindre ni saisir pour quelque cas que se soit sans accusateur; qu'elle devait conserver les bois et forêts de la dite châtellenie, ce qu'elle avait promis solennellement; que cependant, sous prétexte que les habitants de Boudry n'avaient pas voulu la reconnaître pour leur véritable dame, n'étant qu'usufructuaire, elle avait fait venir au château de Boudry par devant elle plusieurs des habitants du dit bourg et appartenances, savoir : Michelet, coutelier, Berthoud Grenot et Jeannot Vuillemer et autres jusqu'au nombre de trente, et qu'elle avait fait dire par deux de ses hommes à cinq d'entre ces trente qu'ils étaient fort mauvais et parjures contre elle, dame Marguerite; et quoique le dit Michelet donnât un gage pour lui et pour tous les autres, disant qu'il se défendrait bien par la voie du droit et suivant la coutume du lieu, néanmoins la dame Marguerite avait fait venir des hommes armés dans le château, avec lesquels elle avait fait saisir huit des hommes ci-dessus, qu'elle avait fait mettre en prison au fond de la tour, quoique la comtesse Isabelle fût princesse souveraine; et ils y furent toujours jusqu'à ce que le comte de Savoie l'ayant appris, y envoya Raoul le rouge qui, ayant pris information du fait, il ordonna qu'aucun mal ne se ferait plus entre elles à l'avenir, ce que la dite dame Marguerite scella de son sceau. 3° Que plusieurs personnes de Boudry ayant appelé des mauvais traitements et extorsions que leur faisait la dame Marguerite par devant la comtesse Isabelle, leur souveraine, et quoiqu'ils fussent reçus en appel, cependant la dite dame Marguerite ne voulait pas tenir ces appellations, commettant par là le crime de félonie, et elle traitait toujours plus mal les habitants de cette châtellenie. 4° Que quoiqu'elle se fût engagée au député du comte de Savoie, de ne plus continuer à exercer cette tyrannie, elle ne laissait pas que de rançonner les bourgeois de Boudry par des sommes considérables d'or et d'argent qu'elle leur faisait payer; elle en envoyait quelques-uns à Champvent en prison. La comtesse souffrant par là une perte considérable, elle demandait 1000 florins pour son dédommagement. 5° D'autre part la dite dame Marguerite ayant menacé les habitants de Boudry d'exécutions, plusieurs appréhendant sa tyrannie avaient quitté le lieu; elle fit piller leurs maisons et emporter tous leurs effets au château, grains, vins, et meubles; elle fit dépendre et déferrer les portes de la ville et abbattre un échafaud qui était sur la dite porte; elle fit encore démolir sept maisons du bourg et fit mettre le feu en divers endroits, dont 43 maisons furent brûlées; et elle faisait assommer de pierres ceux qui venaient pour éteindre le feu, les forçant par là de s'en aller; elle se saisit des épringales, arbalètes et artillerie qui étaient dans le bourg, les faisant porter au château, tellement qu'elle avait réduit les habitants de Boudry à la misère et pauvreté. En quoi la comtesse avait plus de 20,000 florins de perte, qu'elle demandait lui être adjugés; outre qu'ayant tenu des hommes armés au château de Boudry, elle leur avait fait faire toutes sortes d'actes d'hostilité dans les lieux voisins, sans en avoir donné aucun sujet. 6° Que dans la forêt de Boudry où elle avait son affocage, mais sans qu'elle y pût faire aucun dégat, elle y avait fait couper deux mille chênes et plus et autres arbres portant fruit, ayant par ce moyen ruiné la forêt; pour laquelle perte la comtesse demandait 500 florins. 7° Que la dite dame Marguerite avait fait piller la ville de Corcelles par ses gens, laquelle appartenait à la comtesse Isabelle, et qu'elle y avait fait mettre le feu, dont treize maisons étaient brûlées; qu'elle y avait fait tuer trois hommes

Ceux de Boudry avaient appelé et la belle-mère n'avoit voulu permettre l'appel.

Boudry tyrannisé.

Menaces d'exécutions.

Boudry brûlé.

Forêt de Boudry dévastée.

Corcelles pillé et brûlé.

Hommes tués.

et fait emmener un impotent, qu'elle fit pendre à Boudry au mépris de la comtesse; pour lesquelles choses Isabelle souffrait de perte, sans la mort de ces quatre hommes, jusqu'à la somme de 2000 florins. 8° Que M. Hugues de Châlons, qui tient le châtel et bourg de Boudry en fief, ayant appris ces désordres, avait ordonné que jusqu'à la St-Michel dernière, il ne se ferait plus aucun acte d'hostilité, ce que Jacques de Vergy lui avait promis et juré; cependant, contre sa promesse et pendant le dit terme, sans faire aucun défi à la comtesse Isabelle, il avait tâché, par ses aidants et complices, de se saisir du bourg de Vercel appartenant à Isabelle, et ayant manqué son coup, il mit le feu au faubourg du dit lieu, qui fut entièrement consumé; il y tua hommes et bêtes et fit emmener un grand butin; pour laquelle perte la comtesse demandait 20,000 florins. 9° Que Jacques de Vergy était encore allé avec des hommes armés dans deux autres villes, savoir : Genz et Dandans appartenant à la comtesse Isabelle, qu'il avait de même brûlées et pillées, que pour cela la comtesse avait souffert 10,000 florins de perte. 10° Qu'il avait fait la même chose à la ville de Flangebouche, qui appartenait aussi à Isabelle; qu'il l'avait brûlée, tué plusieurs personnes, volé, pillé plusieurs et emmené biens et bêtes; pour laquelle perte elle demandait la somme de 10,000 florins, sans y comprendre ceux qui avaient été tués. 11° Qu'il avait exercé les mêmes excès dans la ville de Vernier-Fontaines et causé par là à la comtesse 10,000 florins de perte. 12° Que Jacques de Vergy avait couru avec ses complices dans la terre de Baclains, qui était aussi à Isabelle, où ils avaient aussi tué, brûlé, saccagé en divers lieux, et que pour cela la comtesse demandait aussi 10,000 florins de dédommagement. 13° Que pour toutes ces violences commises à Boudry, la comtesse Isabelle avait eu raison de reprendre cette baronnie à la dite dame Marguerite, qui, ayant forfait, en était déchue de droit et suivant la coutume du pays. 14° Que Huguenin de Wufflens, père de la dite dame Marguerite et dont elle est unique héritière, tenant en fief du comte Louis 50 livrées de terre gisantes à Baillaigue et n'ayant encore fait reprise de ce fief, ni rendu l'hommage à la comtesse Isabelle, elle demandait qu'elle fût condamnée à le rendre. 15° Enfin elle répétait de certaine avoine que la dite Marguerite avait retirée des bourgeois de Boudry et des villages voisins, à cause de leur affocage qu'ils ont aux bois de Neufchâtel, laquelle avoine appartenait à Isabelle et pour laquelle elle demandait 200 florins, etc.

Le duc de Bourgogne sentença comme suit :

Que le bourg et châtellenie de Boudry, que l'archevêque de Besançon et le sieur de Régny avaient mis sous leurs mains et remis à Jacques de Vergy, sous de certaines conditions, seraient sous la main du dit duc, ou de ses députés, pour y demeurer tant qu'il leur plaira et pour en ordonner à son plaisir; que la paix, accord et bon amour demeure entre les parties et que toute guerre et toute voie de fait cesse.

Que les villes de Lugnorre, Jorissens et Provence seraient remises à Jacques de Vergy et à sa femme, suivant la prononciation de l'abbé de Montgien, avec les arrérages de tout le temps que la comtesse Isabelle les avait tenues; que si la comtesse dit qu'elles ne peuvent pas être séparées de Neufchâtel, elle lui fera une récompense en sa terre plus prochaine de Champvent, au regard de deux personnes que le duc

1378

y commettrait; qu'à l'égard des joyaux qu'elles se répètent réciproquement, elles se les rendront et seront crues à leur parole, suivant la prononciation du prévôt de Montgien. Que le bourg et châtellenie de Boudry demeureront à la comtesse Isabelle francs et quittes de tout usufruit, sans qu'elle soit obligée d'en faire aucune récompense à la dame Marguerite. A l'égard de Champvent, où le comte de Savoie a mis empêchement et auquel dame Marguerite a délivré une grosse somme pour retirer cette seigneurie, la comtesse Isabelle lui délivrera 2000 florins d'or, et que la châtellenie de Boudry demeurerait entre les mains du duc jusqu'à ce que cette somme fût acquittée.

Champvent.

La comtesse doit délivrer 2000 florins d'or.

Que la comtesse Isabelle apaiserait François Gay, afin que Jacques de Vergy et sa femme n'en soient molestés. Que pour les autres choses dont il n'est pas ici fait mention, on s'en tient à la prononciation du prévôt de Montgien.

Prononciation précédente confirmée.

Quant à la terre de Gorgier, St-Aubin, Frésens, que la dite dame Marguerite demande comme des adjonctions à la terre de Champvent et 11,000 florins pour arrérages, et aussi quant aux autres papiers, registres, qui ne sont compris en la prononciation du prévôt de Montgien, et quant à 200 florins pour de l'avoine prise à Boudry et aux villes voisines, et quant à l'hommage de 50 livrées de terre ou rentes assises à Ballaigue, ces choses ne pouvant être adjugées sans que les faits soient examinés, nous réservons par devers nous à en ordonner une autre fois.

Faits renvoyés à l'examen.

Et quant aux 20,000 florins que M. Jacques de Vergy et sa femme demandent à la comtesse Isabelle pour n'avoir pas accompli la prononciation du prévôt de Montgien, et quant aux articles 3, 5, 6, 7, 12, 13, 15 que M. Jacques répétait, et quant à la somme de 10,000 florins que mon dit sieur Jacques répétait à madame la comtesse pour d'autres injures et dommages faits à eux et à leurs sujets par la comtesse et ses gens; et quant aussi, d'autre côté, aux dommages et intérêts que la comtesse Isabelle répète à M. Jacques et à sa femme et qu'elle a soufferts au sujet de Boudry et de Corcelles et pour lesquels elle demande 10,000 florins; et quant aux articles 2, 3, 4, 5, 6, 7, etc. nous en faisons compensation pour certaines causes que à ce nous ont mus.

Compensation.

Et voulant qu'à tous égards les parties demeurent paisibles et quittes à toujours l'une envers l'autre; et en cas qu'il se trouve quelque obscurité aux choses ci-dessus, nous nous en réservons l'explication.

Et condamnons chaque partie à accomplir notre prononciation en tout ce qui la touche et regarde. En foi de quoi le duc de Bourgogne fait appendre son sceau aux présentes.

Mariage de Jean, seigneur de Valangin, avec Mahaut.

Jean III, seigneur de Valangin, épousa, l'an 1378, Mahaut de Neuchâtel en Bourgogne, sœur de Catherine, seconde femme de Louis, comte de Neuchâtel.

Il rend hommage à la comtesse Isabelle.

Jean d'Arberg, seigneur de Valangin, rendit cette année hommage à la comtesse Isabelle pour la seigneurie de Valangin.

Origine des batz.

On battit à Bâle une monnaie dont il fallait quinze pièces pour un goulden, ce qui fut l'origine des batz. Cependant ce nom de *batz* n'a été en usage que longtemps après, savoir: lorsque les Bernois en firent battre de la même valeur, sur lesquels il y avait l'effigie d'un ours, que le commun peuple appelait *Bätzen* (V. l'an 1500).

Rollin Bovet de Fleurier, homme taillable, ayant remis à la comtesse Isabelle un pré contenant trente faulx, appelé le *Pré Chamoillerey*, qui lui devait annuellement de cense foncière, payable au château de Châtelard à chaque St-Martin, savoir: dix sols bons lausannois, elle le remit pour la même cense à Girard Braillard et à Henri Gonoillin, tous deux de Bulet et sujets de Guillaume, seigneur de Ste-Croix. La comtesse se retient sur le dit pré mère mixte impère, avec toute juridiction haute et basse. Ce pré est dans les limites suivantes: « de contre la « Rocheta du dit pré Chamoillerey entre les *rais* de notre dit « seigneur Guillaume et de nous la dite Isabelle envers le Vau-« travers, et dès la dite Rocheta, tirant le plus droit, par ainsi « comme les rais sont ahu jusqu'au pré qui fut à Rollier Bussy « vault devers le vent et devers le Vautravers, en tant comme « le dit Rollin Bovet et ses devanciers, et en celle manière ont « tenu de nous et des notres prédécesseurs au temps passé. » L'acte est daté du 1er septembre 1378. Le sceau de la comtesse y est appendu.

Remise par la comtesse du grand pré Chamoillerey à Girard Braillard et à Henri Gonoillin.

La comtesse Isabelle, à la prière des bourgeois de Boudry, leur confirma toutes les franchises que le comte Louis, son père, leur avait données par un acte du 4 septembre 1369, lequel acte est inséré tout au long dans celui qui est daté du 2 septembre 1378.

Confirmation des franchises de Boudry.

Les rivières s'enflèrent extraordinairement par des pluies continuelles, qui causèrent du dommage en divers lieux; deux piliers du pont de Bâle furent emportés. L'hiver suivant fut extrêmement froid et rigoureux.

Débordement de rivières. Hiver rigoureux.

Renaud, seigneur de Colombier, mourut l'an 1379. Ce Renaud, qui était fils de Henri, laissa deux fils: François, qui fut seigneur de Colombier, et Jean Vauthier de Colombier, chevalier.

1379
Mort de Renaud de Colombier.

L'évêque de Bâle, inquiétant toujours la ville de Soleure, celle-ci s'allia contre lui avec Léopold, duc d'Autriche.

Soleure s'allie avec Léopold contre l'évêque de Bâle.

Le 4 février 1380, Jean d'Estavayer, chevalier, vendit à Guillaume d'Estavayer, son frère, tous deux fils de Pierre, « et trans« porta perpétuellement, sans espérance de jamais rappeler au « dit Guillaume, pour lui, ses hoirs et ceux qui cause auront « de lui, la moitié de toutes les successions et demeurances » laissées à lui, Jean d'Estavayer, avenues des biens et suc« cessions de nobles hommes Pierre d'Estavayer (Jacques et « Jean Rollin d'Estavayer, frères de Pierre et oncles des sus« dits Jean et Guillaume), tant en hommes, en terres, en vignes, « en bois, en aigues, en rentes, en censes, en corvées, en

1380
Vente entre les seigneurs d'Estavayer de ce qu'ils possédaient dès St-Imier au château Jean de Vaumarcus.

1380

« gelines, en main morte et autrement, en quelque manière que
« ce soit, étant dès la ville de St-Ymier, tendant par le Val-de-
« Ruz jusqu'au château de Vaumarcus, et dès le milieu du lac
« jusqu'au milieu de la joux, laquelle moitié appartenait au dit
« messire Jean d'Estavayer, tant à cause de succession, comme
« dit est, comme par traité et accord faits avant cette vendition
« entre lui et le dit Guillaume, son frère, laquelle vendition
« le dit Jean a faite à son frère Guillaume pour le prix de 700
« florins d'or de Florence, de bon or et de juste poids, que
« Jean confesse avoir reçus de son frère Guillaume. » L'acte
est signé par Etienne Claval et Jean Mal de Salins, notaires
jurés de la cour de Besançon.

Le seigneur de Colombier épouse Othenette, fille d'Othe-le-Bel.

Vauthier, fils de François, seigneur de Colombier, épousa,
l'an 1380, Othenette, fille d'Othe-le-Bel, qui possédait une partie
du fief de Cormondrèche et le fief de Savagnier (V. l'an 1350).
Comme elle était fille unique, par ce mariage tous ces fiefs
entrèrent dans la maison de Colombier.

Mort d'Aimé de Cormondrèche. Ses deux filles.

Aimé de Cormondrèche, fils de Jean, mourut l'an 1380. Il ne
laissa que deux filles: N., mariée à Perrin de Regnens, écuyer,
châtelain de Boudry en l'année 1440, et N..., mariée à Hugonin
de Rambevaulx, écuyer, qui avait une maison et d'autres biens

Le fief de Cormondrèche est transporté par leur mariage en d'autres mains.

à Cormondrèche. Ces deux sœurs eurent chacune une portion
du fief de Cormondrèche, qu'elles transportèrent en d'autres
maisons. Hugonin eut entre autres choses le four de Cormondrèche, et comme il eut un fils nommé Jacques de Rambevaulx,
donzel, et deux filles: Jeanne et Hugonette, cette dernière eut

Guillemin de Plancone.

le susdit four, et fut mariée à Guillemin de Plancone, bâtard
du Grand-Jacques de Vautravers (V. l'an 1473).

Comme on a remarqué, en l'année 1326, qu'il y avait à
Lignières de certaines familles qui étaient sujettes de l'évêque
de Bâle, et d'autres qui dépendaient du comté de Neuchâtel,

Le comte Louis avait acheté des familles de Lignières.

le comte Louis avait acheté, l'an 1368, le droit que l'évêque
avait sur ces familles; mais comme elles ne voulurent pas se
désister de l'évêque, estimant qu'elles étaient plus en sûreté
sous sa protection que sous celle du comte de Neuchâtel, elles

L'évêque de Bâle les reprend, les affranchit de toute taille, à condition qu'elles bâtiraient un moulin.

prièrent l'évêque de les recevoir de nouveau sous sa domination;
ce qu'il fit à condition qu'elles lui bâtiraient un moulin au dit
Lignières et qu'elles lui paieraient annuellement dix livres de
Bâle; moyennant cela, que ces familles acceptèrent, il les affranchit de toutes tailles et impôts. L'acte est du 2 novembre 1380.

Les sujets rendent le prix d'achat à Isabelle.

Ces familles donnèrent aussi une somme d'argent à la comtesse
Isabelle, pour se rédimer de l'achat que le comte Louis, son
père, en avait fait.

Tremblement de terre.

Le 1er juin 1380, il arriva un grand tremblement de terre en

Suisse. Le dimanche suivant on vit un cercle extraordinaire autour du soleil. Il y eut cette année une grande mortalité en divers lieux. Il fit une si grande sécheresse que plusieurs grappes de raisins séchèrent sur les ceps.

1380. Mortalité. Sécheresse.

Les bourgeois de la Neuveville insistèrent auprès du haut chapitre de Bâle pour obtenir une lettre de confirmation de leurs franchises; ce qui leur fut accordé par Conrad Moine, prévôt, et le chapitre, le 4 octobre 1381.

1381. Les bourgeois de la Neuveville obtiennent la confirmation de leurs franchises.

Jean de Vienne, évêque de Bâle, mourut au mois de septembre 1382 et fut enseveli à Porrentruy. Il laissa à son successeur, Jean de Bucheck, la somme de 26,600 goulden de dettes à payer. Ce nouvel évêque ne retint le siège que pendant un an. Après sa mort il s'éleva un schisme à l'élection de son successeur. Le chapitre élut Himmerius, baron de Ramstein, seigneur de Gilgenberg. Il l'emporta sur son compétiteur, Vernier Schuler, par les présents qu'il fit. Comme il y avait alors deux papes, Vernier fut confirmé par Urbain VI, qui résidait à Rome, et Himmerius fut confirmé par le pape Clément VII, qui tenait son siège à Avignon. Mais le premier ayant cédé au dernier, l'empereur Wenceslas le mit en possession de son droit de régale, et l'en investit moyennant soixante marcs, qui valaient chacun cinq goulden.

1382. Mort de Jean de Vienne, évêque de Bâle. Il laisse des dettes à l'évêché.

Le baron de Ramstein est élu évêque.

Schisme entre cet évêque et Vernier.

La chapelle de Ste-Marie-Madelaine, qui est dans le temple de Neuchâtel, fut fondée par Jean de Giez, maître-d'hôtel du comte Louis, et par Alixon, sa femme, comme il en paraît par la lettre de fondation du 9 mai 1382, de sorte qu'il en était le patron et le collateur. Elle fut ensuite remise à la maison de Colombier. Richard le Pic, clerc notaire, bourgeois de Neuchâtel, est enseveli à côté de son père Jacques le Pic, auprès de l'autel de Marie-Madelaine.

Fondation de la chapelle de Sainte-Marie-Madelaine, dans le temple de Neuchâtel.

La comtesse Isabelle remit à divers particuliers des Verrières, par accensement, les prés de la Ronde Fontaine, ainsi qu'ils s'étendent du long et du large, et tout ainsi comme les rais se divisent par dessus le mont du Sairt et le Harmont par devers les Verrières, avec le droit d'y tenir des cernils et de posséder les dits prés et rais et d'en percevoir les fruits, tant en herbe qu'en bois, pour en user selon leur bon vouloir, et sans que personne d'autre y puisse faire paître. L'accensement fut accordé le 20 avril 1382 pour quatre florins de cense annuelle, outre vingt-quatre florins de Florence de bon or et juste poids d'entrage payés comptant. Le sceau de la comtesse est appendu à l'acte.

Accensement des prés de la Ronde Fontaine aux Verrières, fait par la comtesse Isabelle.

Jean d'Arberg, seigneur de Valangin, donna, le 10 mai de la

Concession à ceux du Locle de la

1382

joux dite de Pelichet, pour en faire un pâturage commun.

dite année, à ses habergeants du Locle, par pure concession, sans jamais rappeler, et ce perpétuellement, la joux dite Pelichet, pour en faire pâquis pour leurs bêtes. Cette terre a devers vent la prise Besancenet de la Jaluza, et le pré de Montpugin devers la bise, le commun jusqu'à la prise au clerc de Montperroux.

Entreprise échouée sur le château d'Arberg.

Dans la nuit du 10 au 11 novembre, les domestiques du duc Léopold entreprirent de se saisir du château d'Arberg; mais étant découverts par la garde, ils n'y purent pas réussir.

Mort de François de Colombier.

François, seigneur de Colombier, mourut cette année. Il laissa deux fils: Vauthier de Colombier, chevalier, qui lui succéda, et Jean de Colombier, et deux filles: Alix, mariée à Louis de Vaumarcus, et Françoise, mariée à Vauthier, baron de Rochefort et seigneur des Verrières.

1383

La ville de Soleure achète le bailliage de Läbern.

La ville de Soleure acheta cette année de Rodolphe-Siegfried d'Erlach, son bourgmestre, le bailliage de Läbern pour la somme de 1440 goulden du poids du Florence. Il l'avait acquis de Hartmann, comte de Kybourg, et de son fils Rodolphe, l'an 1377, pour 1400 de ces goulden. Ce mot de Läbern vient de Läberberg, qui est le nom qu'on donne au mont Jura dans cet endroit-là, ce bailliage étant en plus grande partie sur le dit mont. Il contient presque tout l'ancien comté de Strasberg; et il est situé en partie à l'orient du mont Jura, depuis le haut jusqu'au bas, et en partie dans la plaine qui est au pied du dit mont. Il contient, à l'endroit de Selzach, le Hasenmatt, qui est tout au haut du mont Jura, où il y a une source vive qui sort d'un rocher, au-dessous de laquelle il y avait un château fort ancien, nommé Schauenbourg, et dont Raoul de Schauenbourg était seigneur l'an 942. Ceux de cette maison ont été depuis les vassaux des comtes de Strasberg, aussi bien que les seigneurs d'Altreu, de Granges (en allemand *Gränchen*) et de Durrach, etc., et à l'endroit de Granges, le mont Jura s'appelle Iten, et à l'endroit d'Oberdorf on le nomme Weissen-

Où était situé le château de Strasberg. Salgäu, Soleure.

stein. Le château de Strasberg était au-dessus de Bettlach. Au village de Selzach ou auprès il y avait une saline, dont ce village est nommé *Salisaqua*, et tout le pays des environs Salgäu, dans lequel est la ville de Soleure, qui à cause de cette saline est appelée *Solodurum* ou *Salensium*. J'ai fait cette des-

La maison de Strasberg branche de celle de Neuchâtel.

cription de l'ancien comté de Strasberg, parce qu'il appartenait autrefois aux seigneurs de Neuchâtel, et que ces comtes étaient une branche de Neuchâtel, qui tenait un rang considérable dans la Suisse.

Remise de pâquiers et de pâturages aux habitants des

Par un acte du 28 septembre 1383, la comtesse remet aux habitants des villages des Arcenets et à la communauté de la

Fresse, qui sont rière la paroisse des Verrières, savoir: des pâquiers, pâturages et vaine pâture pour leur usage, et cela, est-il dit, tant seulement pour les dits d'Allemans et non autres [1]. Cette terre, qui fut accensée, consiste en pâquiers, pâturages, terres, biens et héritages appelés ordinairement les communs des Allemans et de la Fresse, et qui a devers vent la terre des jeunes gens, le haut du mont du Say devers Joran, et le haut du mont de l'Harmont devers Uberre. Les susdits Allemans et de la Fresse devaient pour les deux tiers des susdits pâquiers et pâturages deux quartiers de fromage au poids de Vautravers, payables annuellement depuis la fête de St-Jean-Baptiste jusqu'à la St-Martin d'hiver, sous l'amende de trois sols esthévenants [2]. Ils doivent encore en décharge des jeunes gens, à cause des dits communs, savoir: deux grands blancs [3], payables comme dessus. Ils doivent encore pour leur pré Jeanneret Redart, savoir: un sol faible annuellement. Et lorsqu'ils sèmeront, la dîme appartient au souverain, qui se retient aussi sur les dites terres toutes les autorités souveraines [4].

La comtesse Isabelle remit, à l'instance de Conrad de Fribourg, son neveu, qui n'avait pour lors que sept ans, des terres en fief dans le Val-de-Travers à deux jeunes gentilshommes gascons, qui, quoiqu'ils fussent de bonnes maisons, n'avaient rien eu en partage, étant des cadets. L'un s'appelait Antoine d'Ardoing, et l'autre Pierre Dunillacq. Ils s'étaient retirés dans le Brisgau, où ils avaient rendu, pendant quelques années, de bons services à Egon, comte de Fribourg, père de Conrad. Pour les gratifier, on fit épouser au premier la fille unique de Guillaume du Terraux, donzel et châtelain de Môtiers, qui étant le dernier de la maison [5], Antoine d'Andoing, en épousant sa fille unique,

---

[1]) On ne trouve point cette clause dans l'acte qui est *in extenso* dans les reconnaissances de 1594. Elle contredirait d'ailleurs la participation donnée à ceux de la Fresse pour un tiers.

[2]) *Esthévenants* : c'était une sorte de monnaie fabriquée en Bourgogne et qui était fort en usage à Neuchâtel dans les 13e et 14e siècles. Une livre esthévenant était de 20 gros, et on la nomme présentement un teston (V. les années 1270, 1285, 1302 et 1303). Trois sols faibles font deux sols esthévenants.

[3]) *Blanc* était une pièce d'argent qui valait cinq deniers; mais le grand blanc pouvait être d'une double valeur.

[4]) Ces réserves de l'autorité souveraine sont absolument inutiles dans les habergements et concessions : c'était cependant dans ce temps-là le style des notaires.

[5]) Ce fait est contredit par la généalogie de la famille du Terraux, qui donne à Guillaume deux frères, dont l'un, nommé Jean, s'établit

1383

Le second, Dunillacq, est la tige des Du Bois.

eut son fief et prit en même temps, par le consentement d'Isabelle, le nom et les armes des du Terraux (V. l'an 1301). Cette maison, qui allait s'éteindre, fut, par ce moyen, renouvelée. (V. ce qui a été dit en l'an 1363 sur ces mots: aller à gendre.) La comtesse Isabelle donna à l'autre de ces deux gascons, nommé Pierre Dunillacq, des terres à défricher, qui étant couvertes de bois, on prit occasion de lui donner le nom de *Du Bois*, aussi bien qu'à ceux qui y allèrent habiter, et on nomma ce lieu Vers-chez-les-Boods, et par ce moyen les deux cadets changèrent de noms. La postérité du premier est entièrement éteinte, les du Terraux d'aujourd'hui étant de la famille Mayor de Romainmôtier. La postérité du dernier subsiste encore, mais elle est confondue parmi les descendants des susdits habitants. Les Du Bois qui sont issus de Pierre Dunillacq doivent au souverain la lance et la chevauchée en temps requis. Les terres que la comtesse lui donna étaient sur le village de Travers, du côté du septentrion, au lieu dit au Bois (V. les années 1396 et 1635).

1384

La fille du comte de Nidau vend avec son beau-frère, Berthold de Kybourg, la ville de Berthoud.

Anne de Neuchâtel, fille de Rodolphe, comte de Nidau, et veuve de Hartmann, comte de Kybourg, vendit, conjointement avec Berthold, comte de Kybourg, son beau-frère, la ville de Berthoud aux Bernois. Ces derniers l'avaient assiégée avec 20,000 hommes, parce que ces comtes de Kybourg avaient voulu, deux ans auparavant, surprendre la ville de Soleure et la détruire. La ville de Berthoud, avec les prétentions que les comtes de Kybourg avaient encore sur la ville de Thoune, fut vendue aux Bernois pour la somme de 37,800 goulden. Cette ville, bâtie par le duc Berthold de Zæringen, possédait de grandes franchises et surtout la liberté d'acheter du vin où bon lui semblait. LL. EE. de Berne promirent aux bourgeois de leur conserver tous leurs droits. La même Anne de Neuchâtel, veuve de Hartmann, comtesse de Nidau, qui se donnait aussi le titre de comtesse d'Arberg, comme le faisaient les seigneurs de Valangin, confirma, en 1385, et ce conjointement avec ses deux fils Egon et Hartmann, le traité ci-dessus fait avec les Bernois.

1385

Confirmation de cette vente.

Mort d'Egon de Fribourg, père de Conrad, qui fut c^{te} de Neuchâtel.

Egon IV de Furstemberg, comte de Fribourg en Brisgau, seigneur de Badenwyler, de Seurres, d'Avelin, de Belfort, baron du Landeron, qui avait épousé Varenne, sœur de la comtesse Isabelle, mourut. Il laissa un fils nommé Conrad, qui fut comte

en Bourgogne, et l'autre, nommé Jacques, fut père de deux fils, dont le cadet, nommé Robert, eut, entre autres enfants, une fille nommée Catherine, mariée à un prince d'Andoing, qui, s'il descend d'Antoine d'Andoing, prouve que le dit Antoine n'avait pas changé de nom en épousant la fille de Guillaume du Terraux. (Note de J.-F. Boyve.)

de Neuchâtel après la mort de sa tante Isabelle, et une fille nommée Anne.

Catherine, fille d'Ulrich, comte de Thierstein, mère de Rodolphe, marquis de Hochberg, aïeul de Rodolphe, marquis de Hochberg, qui a été dans la suite comte de Neuchâtel, mourut à Bâle le 21 mars 1385. Elle fut ensevelie au Munster, dans la chapelle de St-Gall. Elle était veuve et faisait son séjour à Bâle.

Mort de la mère du marquis Rodolphe de Hochberg, aïeul de Rodolphe, c^{te} de Neuchâtel.

Jean III, seigneur de Valangin, de Willisau, etc., mourut l'an 1385. Mahaut de Neuchâtel, sa veuve, vécut longtemps après lui. Il s'était fait bourgeois de Berne peu de temps avant sa mort, et il s'était obligé de payer 1200 goulden à LL. EE. pour sa bourgeoisie. Il laissa deux fils : Guillaume, qui lui succéda, et Jean, qui mourut sans enfants (V. l'an 1453). Il eut aussi une fille nommée Jeanne, qui fut mariée à Othon de Stauffen.

Mort de Jean III, seigneur de Valangin. Il s'était fait bourgeois de Berne. Guillaume son fils lui succède.

Himmerius ou Emer de Ramstein, évêque de Bâle, engagea Porrentruy à Henri de Montfaucon, comte de Montbéliard, pour 11,000 francs, après l'avoir racheté cette même année et retiré d'entre les mains de Pierre de Cly. Il engagea encore à ce dernier Guldenfels pour la somme de 32,000 francs; il permit à ses sujets de leur prêter serment. Il chargea encore le val de Delémont de 6000 goulden. Il accorda aussi à la ville de Bâle de rédimer Olten.

L'évêque de Bâle, Emer de Ramstein, engage Porrentruy et fait des dettes.

Le 10 des calendes de septembre 1385 mourut Guillaume de Vautravers, abbé de Fontaine-André. Il avait succédé à Pierre de Launay, et ce dernier au frère Etienne.

Mort de Guillaume de Vautravers, abbé de Fontaine-André.

Mahaut, dame de Valangin, voyant que les Suisses avaient fait une étroite alliance avec les villes de la Souabe et autres sur le Rhin, pour tâcher de détruire Léopold d'Autriche et autres comtes leurs voisins, et qu'ensuite cette forte ligue avait été dissipée par l'adresse de Léopold, qui au contraire en avait fait une puissante contre les cantons, dans laquelle quatre princes, sept comtes, trente barons et un grand nombre de nobles étaient entrés, la susdite Mahaut, qui n'aimait pas les Bernois, se joignit à ces comtes et nobles, qui ayant écrit une lettre aux cantons, par laquelle ils déclaraient qu'ils renonçaient à leur alliance, Mahaut fit aussi la même chose : elle écrivit à la ville de Berne qu'elle se désistait de sa bourgeoisie, et lui renvoya en même temps la lettre que Jean d'Arberg, son époux, en avait obtenue peu de temps avant sa mort.

1386
Mahaut de Valangin se joint aux comtes de la Suisse contre les Bernois.

Tous ces ducs, princes, comtes et barons envoyèrent leurs troupes, au nombre de 15,000 hommes, à Sempach, pour attaquer les Suisses, qui ne s'y trouvèrent qu'au nombre de 1300, mais qui, quoique en nombre beaucoup inférieur, ne laissèrent

Victoire admirable des Suisses contre ces comtes en la bataille de Sempach.

pas que de remporter une victoire admirable. Les Suisses n'y perdirent que 200 hommes; le parti de Léopold y perdit plus de 1000 nobles et 2000 soldats, et lui-même y fut tué, comme aussi Othon de Hochberg, Pierre, fils du dernier comte d'Arberg, et plusieurs autres personnages considérables, qui furent inhumés dans l'abbaye de Königsfelden. Cette bataille de Sempach se donna le 9 juillet 1386.

Comment les Bernois punirent Mahaut de Valangin.

Après cette glorieuse victoire, les Bernois écrivirent à dame Mahaut pour lui demander la somme de 1200 goulden que feu son époux leur devait pour sa bourgeoisie de Berne; mais Mahaut l'ayant refusée, ils vinrent ravager le Val-de-Ruz, où ils brûlèrent entre autres le temple de Dombresson et l'abbaye de Fontaine-André, dont les moines se retirèrent à Fontaines, où ils furent jusqu'en l'an 1450, et où ils bâtirent le temple qui s'y trouve pour y faire leur dévotion. Par ces deux incendies de 1375 et de 1386, cette abbaye fut presque entièrement ruinée. Avant ce temps les habitants de Fontaines allaient faire leur dévotion dans l'abbaye.

Les Bernois allèrent encore prendre la ville de Willisau, qui est dans le canton de Lucerne, et ils brûlèrent le château de Hasenbourg, qui appartenait à Mahaut[1]. Les Bernois ruinèrent encore le val de Durval ou de Tavannes, parce que le seigneur de cette contrée s'était déclaré contre eux, et les autres cantons brûlèrent et détruisirent aussi plusieurs villes et châteaux appartenant à leurs ennemis.

La comtesse Isabelle demeure neutre en cette guerre en donnant pourtant quelques troupes aux Fribourgeois.

Quoique la comtesse Isabelle n'eût point envoyé ses troupes à Sempach, comme avait fait la dame de Valangin Mahaut, et qu'elle fût demeurée neutre, à cause de l'alliance qu'elle avait avec Soleure, elle ne laissa pas d'accorder quelques troupes aux Fribourgeois, qui les retinrent en garnison dans leur ville, d'où ils faisaient souvent des courses contre les Bernois, auxquels ils faisaient la guerre. Les Fribourgeois avaient encore obtenu des troupes de M. de Vergy et d'autres, avec lesquelles ils entreprirent d'attaquer la ville de Berne au mois de septembre;

---

[1] Willisau est sur la Wigger, entre Sursée et Hutwyl, et à environ deux lieues de Sempach; le comté de Willisau n'est pas d'une grande étendue. Il y avait déjà des comtes de Willisau au temps de l'empereur Frédéric Ier. Les seigneurs de Valangin ont possédé ce petit comté, aussi bien que le château de Hasenbourg, qui n'en est pas fort éloigné. Il y a de l'apparence que ce comté de Willisau avait été donné à Jean, seigneur de Valangin, par l'empereur Louis IV, lorsqu'il l'établit, l'an 1323, baillif d'Uri, Schwyz et Unterwald. Mais après cette guerre de Sempach, les seigneurs de Valangin en ont été privés. Il fut remis par la paix au canton de Lucerne, qui le possède encore aujourd'hui.

mais ils furent repoussés, et les Bernois prirent ensuite aux Fribourgeois les forteresses de Castels, de Tachsfeld, de Maggenbourg et de Schönenfels.

Emer de Ramstein, évêque de Bâle, emprunta cette année 1386 une somme considérable de Thiébaud de Neuchâtel en Bourgogne, et il lui engagea St-Ursanne pour assurance de la somme.

L'évêque de Bâle Ramstein continue d'emprunter.

Jean, dernier comte de Strasberg, fils d'Emer, mourut cette année. Depuis l'an 1320, les comtes de Strasberg n'avaient possédé que les deux tiers de ce comté, et même ce Jean n'en tenait plus qu'une petite portion (V. l'an 1383), de laquelle les deux gendres de Rodolphe IV, comte de Nidau, héritèrent après sa mort.

Le dernier comte de Strasberg, qui était de la maison de Neuchâtel, meurt.

Il se fit une trêve entre les ducs d'Autriche et les cantons, dans laquelle Neuchâtel et Valangin furent aussi compris. Elle devait durer depuis la St-Gall jusqu'à la Chandeleur 1386 suivante; mais elle fut mal observée par les Autrichiens, qui, ayant des garnisons en diverses villes et châteaux, faisaient souvent de là des sorties, même lorsqu'elle fut prolongée pour un an.

Trêve entre les Suisses et les ducs d'Autriche, dans laquelle Neuchâtel et Valangin sont compris.

Jean de Châlons IV épousa Marie de Baux, fille unique de Raymond V, prince d'Orange, et de Jeanne, fille d'Amé, comte de Genevois, sa seconde femme. Ce mariage fut conclu en la présence de Clément VII, oncle de la dite Jeanne. Par ce traité on convint que la principauté d'Orange passerait à l'aîné des mâles qui naîtrait de ce mariage.

Mariage de Jean de Châlons avec Marie de Baux, princesse d'Orange.

Au mois de février 1387, Anne, fille d'Egon, comte de Fribourg, et de Varenne, baronne du Landeron, fut mariée à Rodolphe, marquis de Hochberg. On lui donna 12,000 goulden pour sa dot. Elle n'était âgée que de treize ans.

1387

Mariage d'Anne de Fribourg avec le marquis de Hochberg.

En ce temps régnait une maladie extraordinaire qui enleva une infinité de personnes; elle procédait d'une fluxion qui tombait depuis le cerveau et elle était accompagnée d'une forte toux. Cet été fut fort sec et abondant.

Maladie extraordinaire.

Été sec.

Les villes de Berne et de Soleure, voyant que les garnisons de Nidau et de Buren causaient plusieurs incommodités à leurs sujets et qu'elles volaient même les passants, se saisirent de Buren le vendredi avant Pâques 1388, et le 24 juin suivant elles prirent Nidau et démolirent le château de Strasberg (V. l'an 1366). Elles possédèrent ces deux villes conquises par ensemble jusqu'en l'an 1392. Ces deux places appartenaient pour lors à l'anglais normand M. de Coucy (V. l'an 1376). Par la prise de ces deux villes, les comtés de Nidau et de Strasberg prirent fin, et ils sortirent entièrement d'entre les mains des comtes de Neuchâtel, qui les avaient possédés pendant plusieurs siècles.

1388

Berne et Soleure prennent Buren et Nidau.

Démolition de Strasberg.

Dès-lors plus de comtes de Nidau et de Strasberg.

1388
Combourgeoisie de la Neuveville avec Berne.

La Neuveville fit une combourgeoisie avec la ville de Berne, qui fut jurée le 11 octobre 1388. Il est dit que LL. EE. de Berne reçoivent et acceptent pour leurs perpétuels bourgeois, sous la tuition et protection de leur ville, les bourgeois de la Neuveville, et à iceux permis et accordé régale et droit de bourgeoisie sur leurs halles et maison marchande dans la ville de Berne (V. l'an 1633). Cette combourgeoisie devait être renouvelée de cinq en cinq ans et être cependant perpétuelle.

Les troupes d'Erguel données à la ville de Bienne.

Emer de Ramstein, évêque de Bâle, accorda la même année 1388 plusieurs franchises à la ville de Bienne, et entre autres qu'il était ordonné aux habitants d'Erguel de marcher sous la bannière de Bienne (V. les années 1350 et 1640).

La comtesse de Savoie tente d'accorder Isabelle avec le baron de Grandson.

Dame Bonne de Bourbon, comtesse de Savoie, entreprit de terminer un différend qu'il y avait entre la comtesse Isabelle et le baron de Grandson. Elle leur ordonna de remettre leurs informations entre les mains de son commissaire. Le mandement qu'elle leur adressa est du 22 avril 1388 (V. l'an 1450).

1389
Victoire des Bernois sur les Autrichiens.

Le 18 juillet, les Bernois remportèrent une grande victoire sur les Autrichiens auprès de Berthoud. Après cette bataille, le duc d'Autriche et les Suisses, se sentant fatigués d'une longue guerre, firent la paix pour sept ans. Elle porta que les Suisses demeureraient paisibles possesseurs des villes qu'ils avaient prises pendant la guerre.

L'évêque offre au Grand-Bâle d'acheter le Petit-Bâle en le retirant du duc d'Autriche.

Emer de Ramstein, évêque de Bâle, accorda à cette ville la liberté de retirer la petite ville de Bâle d'entre les mains du duc d'Autriche et de la tenir comme de lui en gage. Il engagea encore Porrentruy, l'an 1390, pour la somme de 13,600 florins

1390
L'évêque continue de faire des emprunts.

et Delémont pour 32,300 florins. Il en dépensa 10,000 pour réparer ses châteaux.

Emer de Courtelarin.

Emer, fils de Henri de Courtelarin, vivait l'an 1390. Il possédait le fief de Courtelarin. Jean Compagniet était fils d'Emer.

1391
L'évêque Ramstein est déposé par le chapitre de Bâle. Frédéric de Blankenheim élu en sa place. Il engage le Petit-Bâle à la grande ville.

Le chapitre de Bâle, voyant que l'évêque Emer ne payait pas les dettes de l'évêché, et qu'au contraire il les laissait augmenter par les intérêts, le déposa, tellement qu'il devint simple chanoine. On élut en sa place Frédéric de Blankenheim, qui était auparavant évêque de Strasbourg; mais bien loin que ce dernier acquittât les dettes, il les augmenta de même que son prédécesseur. Ce qui fit qu'il vendit, sous bénéfice de réachat, la petite ville de Bâle à la grande pour la somme de 22,000 goulden. Elle la tenait déjà de gage depuis le mois d'août 1389.

Les habitants en deçà de Pierre-Pertuis dépendent de Bienne.

Il paraît, par un acte authentique de l'an 1394, que ceux qui habitent en deçà de la roche de Pierre-Pertuis, c'est-à-dire devers l'occident et le midi, appartiennent à la ville de Bienne.

Vente absolue du Petit-Bâle.

Frédéric de Blankenheim, évêque de Bâle, vendit absolument

et sans bénéfice de réachat, la petite ville de Bâle à la grande pour 29,800 goulden. L'acte est daté du samedi avant les Rameaux de l'an 1392. Les deux villes de Bâle n'eurent dès-lors qu'un même sénat, au lieu qu'auparavant il y en avait un dans chacune. L'évêque obtint la confirmation de cette vendition du pape Boniface IX.

Les deux villes, grande et petite, n'en font dès-lors qu'une.

Guy de Prangins, évêque de Lausanne, mourut cette année 1392. Après sa mort, ce pape Boniface IX voulut établir de son autorité un évêque nommé Jean, ce qu'il fit l'année suivante 1393; mais le chapitre ne le voulut pas reconnaître (V. l'an 1394).

Le pape veut donner un évêque au chapitre de Lausanne, qui le refuse.

Philippe-le-Hardi, duc et comte de Bourgogne, voyant que ses vassaux de la Franche-Comté avaient négligé depuis longtemps de rendre l'hommage, et qu'ils tâchaient de se distraire des palatins de Bourgogne pour se soumettre à l'empire, trouva convenable de les obliger à reprendre de lui leurs fiefs. C'est ce que fit aussi la comtesse Isabelle pour les seigneuries de Vuillafans, de Vercel, etc. qu'elle y possédait. C'est ce que fit également Conrad de Fribourg pour les seigneuries qu'il tenait dans la Franche-Comté. Mais Jean de Châlons IV refusa de le faire à l'égard de Jougne qu'il possédait, soutenant que cette petite ville dépendait de sa seigneurie d'Orbe et non pas de la Franche-Comté. Philippe-le-Hardi le fit emprisonner à l'Ile l'an 1392 et condamner, par sentence rendue au mois de janvier, à faire hommage pour Jougne, et on lui confisqua plusieurs seigneuries, entre autres Châtel Guyon, et les revenus qu'il retirait de la Saunerie (V. l'an 1405).

Les vassaux de Bourgogne obligés de rendre hommage à Philippe-le-Hardi.

La comtesse Isabelle est de ce nombre pour les fiefs de Bourgogne.

Jean de Châlons refuse.

Il est mis en prison et privé de ses fiefs.

Les villes de Berne et de Soleure partagèrent les conquêtes qu'elles avaient faites pendant la guerre précédente, et particulièrement Nidau et Buren avec leurs dépendances. Berne eut la ville de Buren et toutes ses appartenances qui sont devers le midi de l'Aar, comme aussi Longeaigues, Reiben et le patronat et collature de Granges; et le reste qui était des dépendances de Buren devers le septentrion de l'Aar, fut remis à la ville de Soleure. Berne eut encore le comté de Nidau tout entier. Soleure ne se réserva rien d'autre que d'être franc de péage; mais cette ville eut encore le Buchenberg; Berne y réserva cependant quelques droits (V. l'an 1665).

Berne et Soleure partagent leurs conquêtes de Nidau et de Buren.

Vaucher, fils de Conod de Vautravers, eut un fils nommé Etienne Vaucher, qui épousa Sibyllette de Bevaix, l'an 1382. Il possédait une portion du fief qui fut depuis nommé le fief Grand-Jacques. Cet Etienne Vaucher eut une fille unique, nommée Johannette.

Vaucher de Vautravers.

Pétremand de Vaumarcus épousa cette année Marguerite, bâ-

Pétremand de Vaumarcus épouse

1392
Marguerite, bâtarde du cte Louis.

tarde du comte Louis. Elle était veuve de Perronet du Mont, châtelain de Boudry (V. l'an 1373).

1393
Donation aux habitants du Locle.

Dame Mahaut de Neuchâtel et Guillaume d'Arberg, seigneur de Valangin, son fils, donnèrent aux habitants du Locle telles coutumes, libertés et franchises dont on a usé du passé, notamment ceux qui fondèrent le lieu, et les mêmes qu'ont ceux de la Sagne, pour en jouir eux et leurs hoirs. L'acte est daté du samedi avant la St-Michel 1393, et scellé de leurs sceaux.

Conrad Mönch de Landskron, évêque de Bâle.

Frédéric de Blankenheim ayant été élu évêque d'Utrecht, le chapitre de Bâle établit à sa place, au mois de septembre 1393, Conrad Mönch de Landskron, quoiqu'il n'eût pas encore reçu l'ordre de prêtrise.

Jean de Châlons IV entre en possession de la principauté d'Orange.

Raymond V, prince d'Orange, mourut cette année 1393. Jean de Châlons IV, qui avait épousé sa fille unique, entra par cette mort en possession de la principauté d'Orange, qui est fort ancienne.

Historique juridique de la principauté d'Orange.

Guillaume Ier, surnommé le Cornet (d'où les princes d'Orange ses successeurs ont tous porté un cor de chasse pour leurs armes), était prince d'Orange l'an 800. Ses descendants ont possédé cette principauté jusqu'à Rambaut IV, qui mourut sans enfants l'an 1177. Tiburge, son héritière, porta cette principauté à Bertrand de Baux, qui l'épousa. Ils eurent un fils nommé Guillaume, dont la postérité l'a possédée jusqu'en l'an 1393, où Marie de Baux la transporta dans la maison de Châlons, qui a tenu cette principauté jusqu'à l'an 1530. La maison de Nassau en obtint pour lors la possession, mais qui lui a toujours été contestée par la maison de Longueville. Guillaume-Henri de Nassau, roi d'Angleterre et prince d'Orange, étant mort l'an 1702, plusieurs rois et princes recherchèrent cette principauté, entre autres : 1° le roi de Prusse; 2° le prince de Conti ; 3° les princes de Nassau-Friesen et de Nassau-Siegen; 4° Madame la marquise de Mailly, et autres, qui ayant vendu leurs droits à Louis XIV, roi de France, aux années 1708 et 1709, le roi de France en est entré en possession. Le roi de Prusse en conserve toujours le titre, et même par le traité de paix d'Utrecht, l'an 1713, il en obtint un équivalent.

1394
Hommage de Guillaume de Valangin à Isabelle.

Guillaume d'Arberg, seigneur de Valangin, étant devenu majeur, rendit hommage à la comtesse Isabelle de la seigneurie de Valangin.

Anniversaire de feue Varenne du Landeron.

La comtesse Isabelle établit sur le 17 juin l'anniversaire de Varenne, dame du Landeron, sa sœur, qui fut depuis célébré en divers lieux, mais particulièrement au Landeron.

Guillaume de Monthonay élu évêque de Lausanne.

Le chapitre de Lausanne, n'ayant pas voulu recevoir ce Jean que le pape avait ordonné pour être son évêque un an auparavant, en élut un autre, savoir: Guillaume de Monthonay, qui fut établi le 24 septembre.

1394

Conrad Mönch, évêque de Bâle, confirma cette année la vendition que son prédécesseur avait faite de la petite ville de Bâle à la grande deux ans auparavant. Cet évêque, voyant l'impossibilité de payer les dettes que ses prédécesseurs avaient faites, résigna son évêché. Il vendit une partie des quartes épiscopales.

L'évêque Mönch confirme la vendition du Petit-Bâle et résigne l'évêché.

La comtesse Isabelle fit son testament au mois de novembre 1394. Comme elle n'avait point d'enfants, elle institua son héritier Conrad de Fribourg, fils de sa sœur Varenne, baronne du Landeron, à l'exclusion d'Anne, sœur de Conrad.

Testament de la comtesse Isabelle.

Conrad de Fribourg épousa, l'an 1394, Marie de Vergy, de laquelle je parlerai ci-après, aussi bien que de cette maison de Vergy. Le mariage de Conrad eut lieu bientôt après le testament de la comtesse Isabelle, qui, selon toutes les apparences, fut fait en contemplation de ce mariage.

Conrad de Fribourg épouse Marie de Vergy.

Le chapitre de Bâle élut comme évêque, en la place de Mönch, Humbert, fils de Thiébaud de Neuchâtel en Bourgogne. Ce qui porta le chapitre à faire cette élection, fut que l'évêché étant redevable d'une somme considérable à Thiébaud, on espérait que le fils, devenu évêque, la quitterait à l'évêché; mais au contraire, comme il était un mondain qui aimait l'éclat et la magnificence, il augmenta encore les dettes par les dépenses excessives qu'il fit. Il entretenait un grand nombre de chevaux; il ne se montrait jamais qu'avec des habits magnifiques brodés et galonnés superbement, comme s'il eût été un général d'armée, et il affectait de ne porter jamais des habits pontificaux. Cet évêque, tenant un trop grand train, ayant toujours quarante chevaux à sa suite, se vit obligé d'engager encore plusieurs terres à Thiébaud de Neuchâtel, son frère, seigneur de Blamont, entre autres St-Ursanne, Pleujouse et la Franche-Montagne; au comte Guillaume de Villari et de Rupes, Kalenberg; à la ville de Bâle et à Rodolphe, marquis de Hochberg, d'autres terres, tellement qu'il ne restait pour lors à l'évêché que Bienne, la Neuveville, le château d'Erguel, St-Imier et Delémont.

Humbert de Neuchâtel est élu évêque de Bâle.

Il augmente les dettes de l'évêché par ses prodigalités et sa munificence.

Le 3 février 1395, Conrad de Fribourg étant au château de Châtelard, au Val-de-Travers, confirma tout ce que contenaient les actes du jeudi après la Toussaint 1337, du 30 juillet 1357, du 17 novembre 1376, et du mardi après la Madeleine 1373, par lesquels les comtes de Neuchâtel, ses prédécesseurs, avaient accordé plusieurs franchises aux habitants des Verrières. Il les approuve pour lui, ses hoirs et successeurs, promettant en bonne foi de n'y jamais contrevenir. Cet acte est proprement

1395

Conrad de Fribourg confirme tout ce que les c^{tes} avaient accordé aux gens des Verrières.

1395

un vidimus qu'il accorde aux dits habitants, puisqu'il déclare qu'il a vu les actes ci-dessus, et il contient aussi une ratification de leurs franchises. Les témoins mentionnés dans l'acte sont messire Mathey de St-Loup, Antoine de Vuillafans, chevalier, et Jean Langiet, prévôt de l'église de Neuchâtel, tous conseillers du dit comte.

La comtesse Isabelle donne 2000 florins à Girard de Neuchâtel.

Par un acte du 16 février 1395, il est déclaré que la comtesse Isabelle avait donné, par testament, à Girard de Neuchâtel, 2000 florins pour une fois, pour laquelle somme lui et les siens pouvaient jouir du châtel de Boudry et de ses appendices, jusqu'à ce que le comte de Neuchâtel payât cette somme; mais mourant sans hoirs mâles procrées de son corps, le tout devait

Teneur du testament de la comtesse Isabelle.

retourner au comte de Neuchâtel. Il est dit qu'elle constituait par son testament Conrad de Fribourg son héritier du comté de Neuchâtel, comme aussi de toutes ses terres de Bourgogne, savoir : des forteresses, villes et bourgs de Vuillafans, de Vercel et de Vannes, avec tout le droit, raison, action et proclamation qu'elle avait au val de Morteau à cause de la garde du dit val. Elle donne à messire Girard, le bâtard, son neveu, ses forteresses de Boudry et de Vautravers, ensemble leurs appartenances et le péage du dit Vautravers, pour en jouir jusqu'au paiement des 2000 florins. Guichard de Poligny, bailli d'Aval, passa cet acte, qui est un extrait du testament de la comtesse Isabelle, qui fut publié au châtel de Pontarlier le 7 février 1395, et ce à la requête de Girard de Neuchâtel.

La comtesse reprend en fief les dîmes de l'évêque de Lausanne.

La comtesse Isabelle reprit en fief, le 3 septembre 1395, les dîmes de vin et de grains que le comte de Neuchâtel tenait de l'évêque de Lausanne.

Mort de la comtesse Isabelle.

Comme cette comtesse était indisposée depuis longtemps, elle mourut le 25 décembre 1395 et fut inhumée dans le mausolée que le comte Louis son père avait fait construire dans le temple de Neuchâtel.

Titres de la comtesse.

Cette princesse portait les titres de comtesse de Neuchâtel, de Nidau et de Cerlier. Elle possédait encore les seigneuries de Vercel, de Genz et de Dandans, Flangebouche, Vernier-Fontaines, Baclains, Ballaigue, Vuillafans-le-Neuf, la garde du val de Morteau, Vannes, et elle tenait encore les seigneuries de Balm, Lugnorre, Jorissens et Provence.

Extinction par sa mort de la première famille des comtes de Neuchâtel, à l'exception des seigneurs de Valangin.

Par la mort de la comtesse, la première maison des comtes de Neuchâtel prit fin, si on en excepte les seigneurs de Valangin, qui étaient encore de la famille, et les comtes d'Arberg, dont il restait encore un, outre celui qui avait été tué à la bataille de Sempach. Cette maison de Neuchâtel avait régné sur le comté pendant l'espace de 360 ans. Elle avait acquis les baronnies du Landeron, du Val-de-Travers, de Gorgier, et plusieurs petits fiefs qui relevaient du comté (V. l'an 1357). Le comte Louis surtout avait fait plusieurs acquisitions très considérables (Voy. les années 1347 et 1354), tellement que le comté augmenta beaucoup pendant que cette maison l'a possédé, tant en nombre d'habitants qu'en franchises et en revenus.

1395

Acquisitions faites par la famille de Neuchâtel.

Pendant la vie de cette comtesse, il y a plusieurs personnes notables qui ont vécu dans le comté, savoir: Jean de Vautravers, donzel; Guillaume de Vautravers, abbé de Fontaine-André; Martin Bovet, son successeur; Henri Challagrin, qui fut abbé après lui et qui vivait l'an 1395; Lienhard de Vaumarcus; Jaquenoud de Vaumarcus, dit d'Espagny; Colin ou Nicolas de Cormondrèche, curé de Cressier, depuis chanoine et abbé de Fontaine-André; Henri, bâtard de Colin; Nicolas de Diesse; Emer de Courtelary; Vauthier, François et Renaud de Colombier; Nicolet de Grandson, clerc, notaire juré de la comtesse; Girard de Grandson, chanoine de Neuchâtel, son frère; Girard et Jean Vallier, frères; Simon Gruyères, notaire; Pétremand de Vaumarcus; Bacheman de Halwyl (ses armes sont au cloître de Neuchâtel); Othenin, fils de Jean de Giez; messire Jean de Nans; messire Nicolas, de la maison Chevalier; Guillaume de Ropra; Rollin de Cormondrèche; Perron de Mons, écuyer; Amiod Chaillet, bourgeois de Neuchâtel.

Personnes considérables qui ont vécu pendant la vie d'Isabelle.

CHAPITRE II.

Des comtes de Neuchâtel de la seconde famille, dite de Furstemberg, comtes de Fribourg en Brisgau, et des seigneurs de Valangin qui ont vécu pendant que cette seconde maison a subsisté.

CONRAD DE FRIBOURG,

TREIZIÈME COMTE OU SEIGNEUR DE NEUCHATEL.

CONRAD *de Furstemberg*, comte de Fribourg en Brisgau, fils d'Egon de Furstemberg, comte de Fribourg, et de Varenne, dame baronne du Landeron, fille de Louis, comte de Neuchâtel, et sœur d'Isabelle, comtesse de Neuchâtel, succéda à cette

1396

En vertu de quoi Conrad de Fribourg devint c.te de Neuchâtel.

1396

dernière, qui était sa tante, ensuite de son testament, qui l'appelait à sa succession[1]) tant du comté de Neuchâtel que des autres seigneuries que la dite comtesse possédait dans la Bourgogne inférieure, comme Vuillafans, Vannes, etc., de même qu'à la garde du val de Morteau et à la seigneurie sur ce val; mais quant à la seigneurie de Vercel, comme elle venait de Jeanne de Montfaucon, mère d'Isabelle, cette comtesse la laissa retourner à ses parents maternels.

Le comte Conrad se rend en Bourgogne pour être mis en possession du comté.

D'abord après la mort d'Isabelle, Conrad se rendit en Bourgogne, où il parut devant le bailli de la Bourgogne inférieure. Il y fit ouvrir et publier le testament de feue sa tante, en demandant la mise en possession des comtés et seigneuries dont il était héritier, laquelle lui fut accordée en présence du procureur de Jean de Châlons IV. Celui-ci fit, à la vérité, quelques protestations au sujet du comté, soutenant que les investitures précédentes ne permettaient la reprise du fief qu'aux mâles de la maison de Neuchâtel, et, à leur défaut, aux filles de cette maison; mais il s'en déporta par un acte contraire qu'il passa à Conrad, par lequel il le reconnaît comte de Neuchâtel au nom de son maître.

Le procureur de Jean de Châlons fait d'abord des protestations, dont il se désiste en vertu d'une nouvelle reprise de fief.

De quelle maison et de quels ancêtres était descendu Conrad de Fribourg.

Conrad de Fribourg était d'une maison très illustre et fort ancienne. Egon Ier de Furstemberg, qui vivait l'an 1200, avait épousé Agnès, fille de Berthold IV, duc de Zæringen. Ils eurent un fils nommé Egon II, qui épousa Adelaïde, comtesse de Niffen. De ce mariage sortit Conrad Ier, qui, ayant épousé Sophie, comtesse de Zollern, en eut un fils nommé Egon III. Celui-ci épousa Catherine de Liechtenberg; de ce mariage était issu Conrad II, qui épousa d'abord une duchesse de Lorraine et ensuite Anne de Signau. Conrad II eut deux fils, savoir: Frédéric, qui, ayant épousé Anne de Susemberg, n'en eut qu'une fille, nommée Claire, mariée à Gœtz de Tubingue, et Egon, qui épousa Varenne du Landeron, sœur de la comtesse Isabelle. C'est de cet Egon IV que sortait Conrad, comte de Fribourg et de Neuchâtel.

Famille de Vergy. Conrad épouse Marie de Vergy.

Conrad avait épousé Marie, fille de Jean de Vergy, seigneur de Champlitte. La famille de Vergy était une des plus considérables de la Franche-Comté. Vergy est une seigneurie près de Dijon, dont les seigneurs étaient descendus de Manassé, comte de Bourgogne, qui vivait l'an 924. Conrad eut de son épouse la seigneurie de Champlitte et autres.

Naissance de Jean de Fribourg, fils de Conrad.

Le 31 mai 1396, il naquit au comte Conrad un fils qui fut nommé Jean, nom de son aïeul maternel.

---

[1]) Il était aussi l'héritier légitime sans succession.

Henri de Montfaucon, comte de Montbéliard, seigneur d'Orbe, de Fayl, etc., fut tué à la bataille de Nicopolis l'an 1396. Il eut de Marie de Châtillon, son épouse, quatre filles : 1° Henriette, comtesse de Montbéliard, qui fut mariée à Eberhard V, dit le Jeune, fils d'Eberhard, comte de Wurtemberg, et qui, par son traité de mariage du 15 novembre 1397, transporta le comté de Montbéliard dans la maison de Wurtemberg, laquelle l'a toujours possédé dès-lors. 2° Marguerite, qui eut la seigneurie d'Orbe, et qui fut mariée, l'an 1408, à Humbert de Villarcessel, seigneur de St-Hippolyte, fils de Henri, comte de la Roche. Elle mourut sans enfants. 3° Jeanne, qui fut mariée à Louis de Châlons, dit le Bon, et qui après la mort de sa sœur Marguerite, hérita de la seigneurie d'Orbe, laquelle, par ce moyen, retourna dans la maison de Châlons. 4° Agnès, mariée à Thiébaud de Neuchâtel en Bourgogne.

Le comté de Montbéliard échoit au comte de Wurtemberg.

Orbe revient à la maison de Châlons.

Le comte Conrad confirma, l'an 1396, aux gentilshommes Antoine Andoing et Pierre Dunillacq, les inféodations que la comtesse Isabelle leur avait faites l'an 1383. Il confirma de même aussi aux bourgeois de Boudry toutes leurs franchises, par un acte daté du 11 août 1396.

Confirmation des inféodations accordées à Andoing et à Pierre Dunillacq.

Et des franchises de la bourgeoisie de Boudry.

Jeanne, dame de Joux, fille naturelle du comte Louis, rend la féauté et l'hommage de son fief à son neveu Conrad de Fribourg, et elle lui en fait un dénombrement, en confessant qu'elle tient de lui, dans tout le Val-de-Travers, tant en fiefs, rière-fiefs, rentes, censes et autres choses quelconques, savoir: 1° Trente florins d'or d'annuelle rente, qu'elle prenait chacun an sur les tailles que le comte de Neuchâtel levait annuellement sur les hommes taillables du Vautravers. 2° Plus le tiers de la justice du dit Vautravers, ensemble toutes les amendes, droits, profits et seigneuries qui lui appartiennent. 3° Plus encore le plaid et siège général du dit Vautravers, ensemble tous droits, noblesse et seigneuries y appartenant. 4° Plus les dîmes qu'elle a et prend à St-Sulpit, à Buttes, à Noiraigue, et autre part dans tout le dit Vautravers aux lieux accoutumés de lever dîme chacun an par ses prédécesseurs, tant en blé comme en chanvre, ensemble la gerberie du dit val. 5° Plus aux fenages de Boveresse et de Môtiers, savoir en Grangettes, quatre poses de terre jouxte la Sibillette et le petit Rollin de Couvet; en trois Ecousseurs quatre poses de terre jouxte le chemin de Flory et la Crose; en la Voye une et demi pose de terre jouxte Jean Compagniet et Bétarson; en Fosse chemin une demi pose jouxte Jean Borriot et le chemin de St-Sulpit; vers la Maladerie une demi pose jouxte Esthévenin de Plancone et Perrot Coillert; en la Fourchault une demi pose jouxte la Gerbet et Esthévenin

Jeanne de Neuchâtel, fille naturelle de Louis, rend la féauté à Conrad.

En quoi consistait son fief.

1396 du Préel; enfin Biel une pose jouxte le chemin public. Plus une et demi pose jouxte Jeannin Nicod et le chemin de Couvet; plus le chésaulx d'une maison à Boveresse jouxte Jean Daguin et le chemin public durant jusqu'aux champs de l'Eschues; plus aux Espinettes une et demi pose de terre jouxte Jean Compagnet et le contour d'Esthévenin du Préel; plus en sous le Clos deux faulx de pré jouxte Guait Bornel et Esthévenot du Préel; plus en Plancmont trois faulx jouxte Lambert Susnon et le chemin; plus en Remosse le pré à la Foucharde à deux faulx jouxte Jean Boiteux et Huguenin de Cormondrèche; plus la pêche que ses prédécesseurs et elle avaient toujours tenue et qu'elle tenait en la rivière de la Reuse au Vautravers. Et généralement toutes les choses que ses prédécesseurs, les seigneurs de Joux, avaient accoutumé et devaient tenir en fief des prédécesseurs du comte Conrad son neveu. Elle proteste que si elle oublie quelque chose, elle le puisse ajouter dans la suite à la présente déclaration sans préjudice. Donné au châtel de Joux le 20 novembre 1396. Le sceau de dame Jeanne de Joux est apposé à cet acte. Le comte Conrad ajoute qu'il a le présent dénombrement pour agréable, et ordonne à tous ses justiciers et sujets de laisser jouir sa dite tante de toutes les choses susdéclarées, etc. Le sceau du comte Conrad y est apposé.

Bourgeoisie de Soleure renouvelée. Le 20 décembre 1396, veille de St-Thomas, le comte Conrad renouvela sa bourgeoisie et alliance avec la ville de Soleure. Ce comte parle dans l'acte qui en fut dressé comme suit:

Partant, nous, Conrad, comte de Fribourg, seigneur de Neufchâtel, confessons publiquement dans cette lettre, qu'à cause de la dite ancienne amitié et confidence que nos prédécesseurs ont semblablement eue avec la dite ville et les dits bourgeois de Soleure dès un long espace de temps, et nous voulons encore à l'avenir avoir avec eux, moyennant l'aide de Dieu, nous sommes convenus amiablement et bénignement avec les avoyer, conseillers et communauté de la dite ville de Soleure, savoir : qu'ils nous ont reçu pour leur bourgeois, selon le droit et la coutume de leur ville, et pareillement nous leur avons fait corporellement le serment de bourgeois, en levant les mains et avec des paroles religieuses, devant Dieu et ses saints, selon le droit de leur ville, et aussi l'équité, comme il est écrit ci-après : 1° Nous leur promettons, par le dit serment, de défendre leurs corps et biens. de détourner leur dommage de tout notre pouvoir, sans fraude, et de leur donner conseil et aide, ainsi qu'un bourgeois est tenu de droit de faire, etc. (V. l'an 1369.)

Le comte paie Girard de Neuchâtel. Le comte Conrad, désirant de payer à Girard, bâtard de Neuchâtel, la somme que la comtesse Isabelle lui avait léguée par son testament, assigna au dit Girard, par son consentement, 150 florins de rente annuelle au Val-de-Travers et à Neuchâtel, pour être levée annuellement par le dit Girard et les siens chacun an, jusqu'à ce que par le dit comte Conrad et ses hoirs il fût entièrement satisfait de la somme de 2000 florins qui lui était due, c'est à savoir : sur les tailles, rentes et censes dues au dit Conrad dans ses villes de Travers, de Rosières et de Noiraigue, 131 florins d'or et dix sols lausannois, et sur ses rentes à lui dues dans sa ville de Neuchâtel, chacun an sur le jour du jeudi-saint, dix-huit florins d'or et dix sols de la dite monnaie, etc. L'acte est daté du 14 de décembre 1396. Il est scellé du sceau du comte et signé Simon de la Bruyère.

L'empereur Wenceslas accorda aux Bernois, l'an 1397, qu'ils ne pourraient être cités ni par devant le roi des Romains, ni devant aucune justice impériale, mais qu'on serait obligé de les actionner par devant leur avoyer et leur sénat. Il leur accorda encore la justice suprême, non-seulement dans leur ville, mais aussi dans tout leur territoire, et il leur confirma toutes leurs franchises précédentes. *1397. Franchises accordées à Berne par l'empereur.*

Le 5 août 1397, le comte Conrad parut par devant Jean Bovet, prêtre et notaire, juré de la cour de l'archevêque de Besançon, commis pour cela par l'official de cette cour, auquel il confessa de tenir en fief lige de Jean de Châlons, présent et acceptant, le comté de Neufchâtel et ses appartenances, desquels il est ce jour-là entré en la foi et hommage du dit seigneur et devant tous autres seigneurs, et ce en la forme et manière que ses devanciers la tenaient des dits seigneurs d'Arlay. Cet hommage est général et ne spécifie aucune partie du comté de Neuchâtel en particulier. L'acte est daté du château d'Arlay, le 5 août 1397, et signé *Jo. Boveti ita est.* Les témoins sont : Girard, bâtard de Neuchâtel, Vaucher de Colombier; Hugues de Vuillafans et autres. Conrad promet par serment de tenir le contenu de la présente lettre, sans jamais venir à l'encontre par lui ni par ses hoirs en aucune manière. *Le comte Conrad rend hommage à Jean de Châlons par-devant le délégué de l'official de Besançon.*

Girard de Neuchâtel ayant demandé à Jean de Châlons la confirmation de la donation qui lui avait été faite par la comtesse Isabelle de la seigneurie de Vaumarcus et de toutes ses appartenances et du péage de Vautravers, il lui accorda cette ratification par un acte donné à Arlay le même jour, 5 août 1397, et scellé du sceau du dit Jean de Châlons. Il est à remarquer que jusque-là les comtes de Neuchâtel avaient toujours donné les fiefs sans qu'aucun vassal en eût demandé la confirmation à la maison de Châlons. *Girard de Châlons confirme l'inféodation accordée à Girard de Neuchâtel.*

Jean et Vauthier, bâtards du comte Louis, demandèrent aussi à Jean de Châlons qu'il lui plût de leur confirmer (de même qu'il l'avait fait à Girard de Neuchâtel) la donation qui leur avait été faite par le comte Louis, leur père, de la baronnie *Il accorde la même confirmation aux bâtards de Louis pour Rochefort et les Verrières.*

1397 de Rochefort et des Verrières le 10 mai 1373; ce que Jean de Châlons voulut bien leur accorder, en qualité de seigneur féodal qu'il était du comté de Neuchâtel. L'acte qu'il leur en passa est du 29 octobre 1397.

Année avancée. Abondance de vin. Cette année on moissonna à la Pentecôte, et les vendanges furent très abondantes. Le vin ne se vendit que quatre deniers le pot.

1398
Franchises accordées à la paroisse de St-Aubin. Les habitants des cinq villages qui composent la Paroisse, savoir: St-Aubin, Gorgier, Frésens, Montalchiez et Sauges, reçurent pour la première fois, cette année 1398, quelques franchises de leur seigneur. L'acte qui en fut passé le dimanche avant la St-Martin porte:

Pathé et Emissier. 1. Que les habitants pourront faire dépaître leurs propres pourceaux dans les bois, savoir: le Pathé pour quatre deniers lausannois par pourceau, et l'Emissier pour deux deniers lausannois; et les leytorris qu'on aurait vu allaiter une fois ou davantage, pour néant. Et ceux qui *Plaid d'Auston.* suivront le plaid d'Auston, peuvent faire paître les leurs pour la moitié moins que les autres. Davantage, dès le jour St-André jusques à la *Pourceau étranger.* St-Michel, pour un denier lausannois, qui est dû au forestier. 2. Plus qu'aucun pourceau étranger ne doit venir en la dite paission devant la St-Michel, ni y demeurer sinon jusques à la St-Martin d'hiver. Et si quelque berger ou autres y menaient des pourceaux étrangers, *Ban de 9 sols.* soit devant la St-Michel, soit après la St-Martin, devra un ban de neuf sols au seigneur, et si quelqu'un des dits habitants des cinq villages y en trouve quelque étranger, soit qu'on l'y ait mené, soit qu'il y soit allé de lui-même, il pourra le prendre, le mener à la taverne, ou en quel lieu qu'il voudra, et dépenser sur le dit pourceau jusqu'à sa valeur, sans rien méfaire. 3. Que le seigneur ne pourra y établir aucun *Forestier. Droit sur les bois.* forestier sans les dits habitants, et si ces habitants prient le seigneur de changer le forestier, il est obligé d'en nommer un autre. 4. Que les dits habitants peuvent couper, sans rien méfaire, aux dits bois tous marins de chars, charrues, herses, traîneaux, et tous autres bois qui portent leur sève, sans permission de personne. Item d'y prendre et lever tous bois morts, et s'il arrivait quelque orvale qui abattît un arbre, ou plusieurs, les habitants les peuvent prendre, en laissant au forestier trois pieds devers la fonde, et s'il n'était enraciné, ils le peuvent tout prendre, sans nulle offense (V. l'an 1499).

1399
Prononciation à l'égard de Gorgier. Le comte Conrad, comme arbitre et seigneur de fief, adjugea à Jean de Longeville la troisième partie de tous les biens, tant meubles qu'héritages, appartenant à la terre de Gorgier, délaissés par Althaud d'Estavayer, qui en était en possession. Ce Jean de Longeville était fils d'Antoinette, fille d'Althaud d'Estavayer, et Anselme était fils de Jean, qui était fils du même Althaud. Cependant cette prononciation ne fut pas exécutée (V. l'an 1433).

Alliance du comte Conrad avec Berne. Le comte Conrad fit, l'an 1399, une alliance pour cinq ans avec la ville de Berne, laquelle a depuis continué et passé aux maisons de Hochberg et de Longueville, et elle est ensuite devenue perpétuelle.

Le 18 mars 1400 il apparut une comète avec une queue flamboyante. Cette même année la peste fit beaucoup de ravages en Suisse ; il croissait au corps de l'homme des vessies dont on ne pouvait pas guérir, ce qui dura deux ans. Les juifs furent soupçonnés d'avoir empoisonné les fontaines, ce qui fit qu'on en brûla plusieurs en divers lieux. On vit aussi des prodiges ; il y eut des fleuves qui séchèrent. Le 26 juin l'eau du lac de Zurich devint si froide, qu'on n'en pouvait pas boire ni y souffrir la main.

1400. Comète. Peste.

Prodiges.

Girard d'Estavayer, seigneur de Cugy, ayant conçu une haine mortelle contre Othon V, baron de Grandson, de ce que ce dernier avait violé sa femme, Girard l'accusa d'avoir empoisonné Amédée VII, comte de Savoie, mort l'an 1391. Pour soutenir son accusation, il se présenta à combattre contre lui ; et pour cet effet il lui forma un duel à Bourg en Bresse, en la présence d'Amédée VIII, qui avait succédé à son père. Othon se rendait en Angleterre, lorsque, étant à Calais, le duel lui fut notifié par un officier d'armes, de la part de Girard. Quoique Othon eût plus de soixante ans et qu'il ne fût pas obligé d'accepter le défi de Girard, qui était un jeune homme, cependant il retourna sur ses pas et se rendit à Bourg pour soutenir le combat. Girard fut le premier blessé ; mais par le défaut d'une lame à la cuirasse d'Othon, celui-ci reçut un coup mortel. Cependant il ne voulut jamais se rendre ni se rétracter, quoiqu'il y fût sollicité ; il répondait toujours qu'il se rendait à Dieu et à St-Anne. On assure que cet Othon était innocent, et qu'il était vertueux et de bonne renommée. Un maréchal de France, qui assista au combat, redemanda le corps à Amédée ; ce qui lui ayant été accordé, il le fit transporter à Lausanne, où il fut enseveli. Othon V avait épousé Jeanne, fille de Humbert d'Allaman, seigneur d'Aubonne, de Coppet et d'Allaman. Comme il ne laissa point d'enfants, son frère Guillaume eut la baronnie de Grandson.

Duel entre Girard d'Estavayer et Othon de Grandson.

Girard de Neuchâtel, baron de Boudry, seigneur de Vaumarcus, mourut environ ce temps. Il laissa un fils nommé Jean, qui lui succéda. Ce dernier fut attaqué par Guillaume, baron de Grandson, qui vint assiéger la ville de Boudry, à dessein de s'en saisir ; mais le comte Conrad lui fit lever le siége et l'en chassa. Le sujet de cette querelle procédait de ce que la comtesse Isabelle avait donné le tiers de Provence à Girard de Neuchâtel son neveu, sur lequel le baron avait des prétentions. Il renouvela la vieille querelle qu'il avait eue sur ce sujet

Mort de Girard, baron de Boudry.

Son fils Jean est attaqué par le baron de Grandson, qui assiége Boudry, Conrad lui fait lever le siége.

1400

l'an 1334, outre qu'il soutenait que les baronnies de Boudry et de Vaumarcus étaient des fiefs dépendant de sa baronnie de Grandson (V. l'an 1378 art. 8. 2).

Jean Compagnet de Courtelary épouse la fille de Jean de Vautravers.

Jean Compagnet, donzel de Courtelary, épousa, l'an 1400, Johannette, fille de Jean de Vautravers. Elle eut un fief qui porta depuis le nom de Courtelary. Jean Compagnet était fils d'Emer de Courtelary, qui vivait l'an 1390.

Vente faite à la ville de Bâle par l'évêque.

L'évêque de Bâle vendit à cette ville Liestal, Wallenbourg et Homberg.

Gouvernement de Zurich.

L'empereur Wenceslas remit à la ville de Zurich le gouvernement de leur ville, que les empereurs avaient toujours conservé depuis les ducs de Zæringen. Cet office de gouverneur ou baillif de la part de l'empire fut, par ce moyen, aboli en Suisse. On fit battre à Zurich cette année la première monnaie ronde.

Monnaie ronde.

Chapelle de Cressier bâtie.

Ce fut environ ce temps qu'un certain Esthévenin Berthoud bâtit et fonda une petite chapelle dans le village de Cressier (V. l'an 1608). Cet Esthévenin est enterré dans cette chapelle. On y voit sa tombe. Il ne laissa qu'une fille, nommée Jeanne, qui fut mariée à Jean Vallier, qui vivait l'an 1450, et qui était l'aïeul du gouverneur Pierre Vallier.

Jean Vallier.

Pâturages de la Sagne.

Mahaut de Neuchâtel et Guillaume d'Arberg, son fils, seigneur de Valangin, donnèrent encore aux habitants de la Sagne, par un nouvel accensement, une partie de leurs pâturages communs, moyennant la cense de douze sols lausannois et dix florins d'entrage, payés comptant. L'acte est du 15 octobre. Elle et son fils leur avaient déjà donné, en décembre 1399, le grand pâturage qu'on appelle le Commun.

Confirmation des franchises des Verrières par Vauthier de Neuchâtel, seigneur des Verrières.

Vauthier de Neuchâtel, seigneur des Verrières, déclare, par un acte authentique daté du 13 août 1400, aux habitants des Verrières, qu'ayant vu et entendu lire leurs actes du jeudi après la Toussaint 1337, du 30 juillet 1357, du mardi après la Madelaine 1373 et du 17 novembre 1376, il les approuve et confirme en tout ce qu'ils contiennent. Et même il ajoute qu'à l'égard des *Intentes*, il affranchit les habitants de sa ville des Verrières des dites intentes. Il leur accorde la permission de ne jamais faire faire, pour lui, ses hoirs et successeurs, intentes d'autre part.

Intentes.

Confrérie du St-Esprit à Neuchâtel.

L'an 1400 il y avait dans Neuchâtel une confrérie qu'on nommait du St-Esprit, à laquelle Estiennette, fille de Hugues de Grandson, avait donné une cense de trois émines et demie de froment à retirer sur une ouche gisant à Cernier.

Diverses censes foncières au Val-de-Ruz.

Il paraît, par les reconnaissances de Rolet Bachie et autres intentes, qu'on payait dans ce temps au Val-de-Ruz des censes foncières en divers lieux, savoir: au seigneur de Valangin et aux églises du dit Valangin, aux abbés de Cerlier, de l'Ile de St-Jean, de Fontaine-André, de Bevaix, du prieuré de Môtiers, de Corcelles, aux chanoines de Neuchâtel, qui y avaient des dîmes et des censes. Il y avait, outre cela, plusieurs fiefs et diverses censières, comme les Pichat de Neuchâtel, les Grads. Aimonette, veuve d'Othon de Giez, donzel, et plusieurs autres y possédaient des censières. Chacun avait, dans ce temps, la liberté d'engager ses possessions à qui bon lui semblait, soit à des couvents, soit à des particuliers, pour une cense directe et perpétuelle. On pouvait accenser ses terres à qui l'on voulait, ou faire des amodiations perpétuelles, et c'est de là que sont procédés les terrages, les censières, les moiteresses, les tierces, gerles et autres droits semblables. 1400

Autrefois ou pouvait faire des retenues sur les fonds.

Origine des censières.

Il y avait aussi en ce temps plusieurs confréries, et entre autres celle de Fontaines, qui possédaient plusieurs censes foncières, ainsi que l'assure le dit Rolet Bachie, qui fait aussi mention de plusieurs censes dues à la fabrique du temple de Fontaines, c'est-à-dire qu'elles devaient être employées à y faire les réparations nécessaires. Le même commissaire parle encore de plusieurs familles qui habitaient le Val-de-Ruz l'an 1400, dont il y en a beaucoup qui subsistent encore aujourd'hui.

Confréries.

Fabrique du temple de Fontaines.

Principales familles du Val-de-Ruz en 1400.

Ainsi à *Valangin*: Jannin Fauche; Jean Vauthier; Matthieu Tissot; Wuillomenet Besson; Humbert Cordier; Perret d'Engolon; Jean Credo, etc.

A Valangin.

A *Fontaines*: Othon Aubert; Perroud Cholvin; Jaquet de la Grange; Raymond Buchinel; Nicolet de Montmolens; Perroud Lorent; Varnier Cosandier; Othenin Maillardet; Perroud Billon; Othon Bruechaux; Jean Reynaud; Jean Jaquier; Jaquet Pugin alias Varnod; Amiet de la Chinaul; Rolet Girard; Jannin Tribolet; Jannin Quarrel; Perret Chastrou; Etienne Leschery; Richard Mausans; Henri Clerc; Etienne Martinet; Jacob Fabry; Nicolet Challendes; Othon Avoyer; Jaquet Rossel; Nicod Robert, etc.

A Fontaines.

A *Bussiez*: Jannin Bertin; Vionod de Bussiez; Perroud Perchollet, etc.

A Bussiez.

A *Boudevilliers*: Hugon Gallot; Jehannoud Pitet; Jannin Paradix; Hugonin Vallet; Perroud Gallant; Jean Rossel; Perroud Huguet; Jannin Chanel, etc.

A Boudevilliers.

A *Coffrane*: Johannin Aubertier; Vauthier Fabry; Jannin Henrioud; Perroud Quarteret; Hugo Borgeys, dit Francey; Nicolet de Montmolens; Biscentius Wastel; Stephanod Porcelet, etc.

A Coffrane.

A *Malvilliers*: Jannin Griffon, etc.

A Malvilliers.

A *Engolon*: Jaquet Besson; Pétremand Gardillet; Cuanier Raguel; Johannet Du For; Amiet Maillar; Jacquet Gerba; Cuanet d'Engolon, etc.

A Engolon.

1400

Aux *Geneveys-sur-Coffrane:* Etienne Esplatenier; Nicolet Droz, etc.

A *Fenin:* Jannin Maridor; Cuanier Chavornay; Udriet Vilpic; Girard Tissot; Perroud Rossel, etc.

A *Villard:* Perroud Lorimier; Cuanier Alisson, etc.

A *Sales ou Saules:* Udrion de Sales; Girard de Sales, etc.

A *Savagnier:* Henri Rossel; Girard Bosset; Aubert Basin; Jannin Mortier; Etienne Berthoud; Jean Rosselet; Amiet Gros; Jacquet Warnier; Jannin Colet; Vormard de Courtines, etc.

Au *Pâquier:* Amiod Dardel, fils d'Amiod Enchi, albergeant, etc.

A *Villiers:* Hugonin Rosselet; Jean Jaquet; Perroud Bachilin; Perroud Espaye; Perroud Morel; Amiet Paillard; Perrin Huguet, etc.

A *Dombresson:* Hugonin Audengier; Perrin Magnin; Perroud Morel; Girard Vomaret; Perroud Paccot; Théobald Perrin; Jean Quartier; Perroud Fallet; Perroud Gascon; Perroud Amiot; Jaquet Berthoud, etc.

A *St-Martin:* Borquin des Epines; Perronet des Epines, fils bâtard de Renaud des Epines, curé de St-Martin; Jean Tornare; Rollet Chollet; Johannet Clerc; Jean Mauley; Jean Reynaud; Richard Quinchi; Amiod Cordier; Perrin Jaquet; Jannin Blandenier; Perroud Morel; Nicolet Pury; Amiet Huguet; Jaquet Berthoud, etc.

Aux *Geneveys-sur-St-Martin:* Amiet Tripet; Hugon Chacirata; Etienne Berthier; Jaquet Ogier, etc.

A *Chésard* et à *Essert:* Perroud Chollet; Udriet Mayor; Perronet Labran; Wuillomenet Gallon; Berthoud Miquin; Amiet Vallin, etc.

A *Cernier:* Richard Tornaire; Amiet Colon; Jannin Quarrel; Perroud Chanterel; Jacquet Lo Vevo; Perroud de la Chinaul; Perroud Cramel; Hugon Malagrin; Berthoud Magnin; Perrin Pury; Rolet Bayard; Jean Rossel; Perroud Chancelier; Perroud Gratamaul; Aubert Basin; Vauthier Thiébaud; Pierre Crostel, chanoine de Neuchâtel. Ce Pierre Crostel de Cernier, chanoine de Neuchâtel, alla en 1401 demeurer à Valangin, où il fallait nécessairement habiter pour jouir de la franchise des bourgeois, tant à l'égard de la personne que des biens-fonds qu'on possédait, lesquels n'étaient point francs lorsqu'on faisait sa demeure hors du bourg. (V. l'acte du 12 mai 1372.)

A *Fontaine-Melon:* Jean Benguerel; Perronet Audangier; Girard Martinet; Jean et Perroud Tribolet, frères, fils d'autrefois Nicolet, fils d'autrefois Jehanin Ecofiez, francs habergeants; Rolet Girard; Nicoud Robert; Jannin Henriod; Jannin Maillard; Jannin Benguerel, fils d'autrefois Jaquet Melioret; Girard Tissot; Perroud Valet, etc. Il y a encore aujourd'hui plusieurs familles à Neuchâtel qui, suivant toutes les apparences, ont tiré leur origine du Val-de-Ruz.

Guillaume d'Arberg, seigneur de Valangin, fit, l'an 1401, un renouvellement d'alliance et de bourgeoisie avec la ville de Berne, et il s'en fit de nouveau bourgeois (V. l'an 1385). Mais cette bourgeoisie ne devait durer que pour un temps (V. l'an 1427).

<small>1401. Bourgeoisie de Boudry avec Valangin renouvelée.</small>

Odon de Villars, seigneur de Baux, comte de Genevois, vendit, le 5 août 1401, son comté à Amédée VIII, comte de Savoie, pour la somme de 45,000 florins d'or. Les comtes de Savoie ont possédé ce comté jusqu'à l'an 1497, où Philippe II, duc de Savoie, étant mort, Philippe, duc de Nemours, son fils, qui avait épousé Charlotte d'Orléans, fille de dame Jeanne de Hochberg, comtesse de Neuchâtel, eut le comté de Genevois.

<small>Comte de Genevois.</small>

Les villes de Berne et de Fribourg firent une combourgeoisie perpétuelle, qu'elles jurèrent dans le temple de Laupen le 11 novembre 1402, ou plutôt elles renouvelèrent ce qu'elles avaient juré dans le même lieu le 11 novembre 1377.

<small>1402. Berne et Fribourg renouvellent leur combourgeoisie.</small>

Vauthier de Colombier possédait, en 1402, la maison que la bourgeoisie de Valangin possède aujourd'hui dans le bourg de Valangin, et que Jean d'Arberg avait remise à Othenin-le-Bel l'an 1350.

<small>Maison des Bourgeois de Valangin.</small>

Des difficultés étant survenues entre l'évêque de Bâle et le comte de Neuchâtel au sujet des habitants de Lignières, dont les uns dépendaient de l'évêque et les autres du comte, et à l'égard de plusieurs choses que les susdits habitants avaient à démêler avec les bourgeois du Landeron et pour lesquelles ils étaient en conteste, les dits évêque et comte ayant consenti que, pour terminer ces différends, la justice du Landeron, après avoir entendu la lecture des droits et franchises des uns et des autres, les rédigeât par écrit, cela fut exécuté le 22 septembre, sur le jour de St-Maurice, à l'assemblée qui se tint pour lors, et qui lui a fait donner le nom de plaid de St-Maurice. L'acte fut rédigé par écrit et contient ce qui suit:

<small>1403. Difficultés à l'égard du Landeron et de Lignières, entre le comte de Neuchâtel et l'évêque de Bâle.</small>

<small>Plaid de St-Maurice.</small>

Henri Blayer, châtelain du Landeron pour le comte Conrad de Fribourg, séant comme juge dans cette partie au nom du dit comte, le jour St-Maurice 22 septembre, en tenant le plaid du dit St-Maurice à l'heure accoutumée de plaidoyer, au grand poêle du Landeron, en la présence du notaire sousnommé, de plusieurs témoins et des prud'hommes jurés du dit plaid, savoir: trois de Lignières, hommes de Mgr l'évêque de Bâle, et trois de Lignières, hommes de Mgr le comte de Neufchâtel, et trois du Landeron, à la requête desquels prud'hommes et jurés du dit plaid furent lues de mot à mot les franchises, droits et libertés que le dit comte de Neufchâtel a et doit avoir de toute ancienneté au lieu de Lignières, appartenances et dépendances du dit lieu,

<small>Teneur de l'acte juridique contenant les droits seigneuriaux et de régale que le c.te de Neuchâtel et l'évêque de Bâle avaient sur le Landeron et Lignières.</small>

1403

Les bans de 60 sols et de 10 livres.

Messagers des deux seigneurs. Justiciers.

Quels bans et de quel lieu doivent venir à Lignières.

Mesures à l'étalonage de Neuchâtel.

Étrangers qui viennent à Lignières.

Les corvées sont à l'évêque.

Les gages aux messagers de Neuchâtel.

Restrictions sur les corvées.

Les terrages sont communs.

Délimitation des chemins.

Amendes des viaisons.

Puissance d'établir fours et moulins.

Les favres doivent 3 ferrures.

L'ohmgeld est dû à Neuchâtel.

Un setier de vin par mariage.

Puits.

Bétail du Landeron.

Chasse et poursuite.

Querelles.

qui contiennent comme suit : 1. Mgr de Neufchâtel a à Lignières tous gros bans de 60 sols et de 10 livres, et toute seigneurie haute et moyenne et basse, et punitions de corps, suivant le démérite, dès le petit chêne de Nods tendant vers la combe St-Imier. 2. Item les messagers de Neufchâtel, au nom de mon dit seigneur et de celui de Bâle, doivent être assis en la justice de Lignières, l'un auprès de l'autre, et personne n'y doit juger et connaître que les gens des dits seigneurs de Neufchâtel et de Bâle, s'ils n'étaient appelés par les dites parties et spécialement du village de Lignières. 3. Item toutes offenses, clames et barres, et toutes les autres choses qui se font dès l'Armont se doivent déterminer au lieu de Lignières. 4. Item Mgr. de Neufchâtel a telles franchises au village de Lignières, qu'on ne peut y avoir autre mesure que celle de Neufchâtel, tant pour le blé, avoine, que pour le vin, ni pour quelque autre chose que ce soit, ni même au moulin, que le coppet de Neufchâtel. 5. Item tous les étrangers venant demeurer au dit Lignières sont à Mgr de Neufchâtel, excepté ceux de l'évêché. 6. Item Mgr de Bâle doit avoir les corvées au dit Lignières sur toutes gens et des défauts dont l'on gage par les messagers de Mgr de Neufchâtel, qui doit avoir pour sa peine laquelle amende qu'il veut, et doit avoir chaque charrue pour ses dépens, en carême une émine de froment, en sémoraux une rase, et en automne une émine de froment. 7. Item Mgr de Bâle ne peut ni ne doit faire faire les dites corvées aux gens de Mgr de Neufchâtel hors la dîmerie du dit Lignières, mais au dit lieu seulement. 8. Item les terrages de Lignières, s'il y en a, se doivent partager entre les deux seigneurs. 9. Item Mgr de Neufchâtel peut faire faire les viaisons au dit Lignières toutes les fois qu'il lui plaira, et y doit assister le messager de Mgr de Bâle, et l'on doit payer la dépense des jurés et à ceux qui y sont de droit, des gens de l'évêché, sur les amendes de 3 sols, et s'il y en a de reste, elles se partageront entre les deux seigneurs également, et toutes les autres amendes depuis 3 sols en haut sont à Mgr de Neufchâtel. 10. Item Mgr de Neufchâtel peut faire au dit Lignières et en la dite seigneurie, tant qu'elle s'étend, fours et moulins toutes fois et quantes qu'il lui plaira. 11. Item Mgr de Neufchâtel a sur tous les favres tenant boutique au dit Lignières, chacun an, trois ferrures de chevaux. 12. Item tous ceux qui vendent vin au dit Lignières doivent au dit Mgr de Neufchâtel, pour le droit de forrage, un quarteron de vin de chaque bosse, grosse ou petite. 13. Item tous ceux qui se marient et qui font noces dans la dite paroisse, doivent chacun un setier de vin à Mgr de Neufchâtel. 14. Item tous les puits dessus Lignières portant aigues devers le dit Lignières, sont aux deux seigneurs et à leurs gens. 15. Item la virie et bétail du Landeron doivent aller à la fin du dit Lignières, après que les blés sont moissonnés et recueillis, trois jours avant ceux du dit Lignières. 16. Item si Mgr de Bâle lève la chasse sur lui, il la peut suivre jusques à la Reuse; et si Mgr de Neuchâtel la lève sur lui, il la peut suivre jusques à la Suze de Freyvilliers, et où la nuit prend la chasse, il peut prendre des vivres, ni tout prendre ni tout payer. 17. Item si un des hommes de Mgr de Bâle a commencé querelle, Mgr de Neufchâtel lui doit aider à faire sa paix; et s'il ne la peut faire, il le doit conduire, s'il en est requis, un jour et une nuit, et s'il avait chaussé un de ses éperons, il ne doit pas attendre de chausser l'autre pour lui aider à faire sa paix de ceux qui sont contre le plaid. 18. Item Mgr de Neuchâtel a sur chacun cordonnier qui tient serviteurs, tant à Lignières comme à la paroisse de St-Maurice, chacun an, trois paires de souliers. 19. Item au printemps, si besoin est, les bêtes de Lignières peuvent aller pâturer au pâquier du Landeron et descendre par le sentier de la vigne d'Espagny, en bas la côte de Guillemberg, et y pâturer. 20. Mgr de Neufchâtel prend sur un porc que l'on vend en menu dans la châtellenie du Landeron, deux deniers bâlois; sur le bouc et chèvre, chacun une maille bâloise; sur le mouton et brebis, un denier bâlois; et sur toutes choses gisantes devers vent du Ruz-de-Vaux, l'on en doit prendre droit au Landeron. 21. Item le messager de Mgr de Bâle et celui de Mgr. de Neufchâtel doivent être assis en justice au Landeron, le jour St-Maurice, l'un auprès de l'autre, et le messager de Mgr de Neufchâtel doit le repas au messager de Mgr de Bâle, lui troisième; tous bans et clames qui se commettent le dit jour se doivent partager entre les-dits deux seigneurs, et se doit faire aussi de même le repas aux jurés du dit plaid; et des dites clames, la première est au clerc de Mgr de Neufchâtel, et la seconde aux jurés du plaid. 22. Le même jour, les brevards du Landeron doivent à Mgr de Neufchâtel trois corbeilles de raisin, et les doivent cueillir, une sur les vignes de M. l'abbé de St-Jean, l'autre sur celles de M. l'abbé de Frienisberg, et la troisième sur les vignes rière le Comté; desquelles corbeilles mon dit seigneur de Neufchâtel en aura deux, et la troisième sera mise sur table devant les prud'hommes. 23. Item tous ceux qui doivent la rente du plaid de St-Maurice, tant en blé qu'argent, la doivent payer sur le dit jour; autrement le défaillant est pour trois sols d'amende. 24. Item les brevards du Landeron doivent à Mgr de Neufchâtel par an trois fass d'avans (c'est-à-dire trois faisceaux d'osiers) pour relier ses bosses, et en doivent faire l'un sur M. l'abbé de St-Jean, l'autre sur M. l'abbé de Frienisberg, et le troisième sur le comté, et en les lui portant, il leur doit donner à manger. 25. Item toutes les mesures se doivent mesurer le dit jour, aux dépens de Mgr de Neufchâtel. 26. Item ceux qui tiennent fiefs de Mgr de Neufchâtel et que l'un de ses hommes le requière de l'assister en conseil, en quelque part que ce fût, il lui doit donner avis et conseil; et si l'autre ne le veut faire et qu'il perde sa cause par son défaut, il lui doit amender ses missions et pertes, spécialement quand c'est de ceux qui suivent le plaid de St-Maurice. 27. Item tous ceux à qui l'on doit dîme, la doivent recouvrer en temps de vendanges, et s'ils ne le font, celui qui la doit, le doit mettre dans un tonneau, et si le dit vin se perd, il est perdu pour celui à qui il est dû, et amender la fuste à qui il appartient. 28. Item tous ceux de l'évêché demeurant dans le comté, depuis le Ruz-de-Vaux jusques au Ruz-de-Ville, doivent chacun an à Mgr de Neufchâtel la taille, à savoir: chacun une émine de froment, deux émines d'avoine, et deux émines de pois. 29. Item tous les susdits doivent la taille à MMgrs de Neufchâtel et de Bâle, laquelle ils peuvent faire partager parmi et parmi, chacun an, et doit jeter au terme que l'on doit jeter les autres tailles. 30. Item si les dits seigneurs avaient guerré avec quelques étrangers, le premier des dits seigneurs qui requerra les siens les doit avoir et le doivent suivre un jour et une nuit à leurs missions, et de là en avant doivent être payés par tel que le seigneur qui les commande les doit avoir. 31. Item si Mgr de Neufchâtel et Mgr de Bâle avaient guerre par ensemble,

1403 les dessus nommés demeurant entre les deux Ruz, ne doivent suivre ni servir les dits seigneurs, mais ils doivent demeurer en paix; toutefois, mon dit seigneur de Neufchâtel les doit faire avertir trois jours auparavant, afin de retirer leurs biens en sûreté. 32. Item de toutes les choses gisantes dès le Ruz-de-Vaux en haut et dès là plus en bas se doit faire droit et raison au Landeron. 33. Item si on se clame de toutes gens errant dedans le ban, ils doivent faire droit dedans le dit ban. 34. Item de toutes gens desquels on se clame le jour du plaid de St-Maurice, ils doivent faire droit le dit jour, ou le dimanche jour des cendres. 35. Item le plaid de St-Maurice a telles franchises, que si un homme a fait ou commis acte repréhensible, dont il dût perdre la vie, et s'il se retire au sentier appelé Estrayes, il doit y être sûr. 36. Item Mgr de Neufchâtel peut et doit mettre son ban pour vendanger au regard des prud'hommes de la châtellenie du Landeron, et qui vendangera devant le dit ban est pour 60 sols d'amende. 37. Item si un prud'homme a une vigne qui soit assez à meureté et prête à vendanger, qui se voudrait gâter, il doit aller par devers le châtelain pour prendre congé de la vendanger avant le ban, et s'il ne veut lui permettre, il doit mener des prud'hommes sur le lieu, et s'ils reconnaissent que le fruit vienne à diminution, il la peut vendanger sans préjudice. 38. Item les meuniers doivent tenir les moulins et battoirs en bon et suffisant état et moudre quatre sacs pour une émine dès la Chandeleur jusques à la St-Jean-Baptiste, et dès la St-Jean à la Chandeleur trois terciers pour une émine. 39. Item l'abbé de Frienisberg doit mettre un brevard, auquel il doit donner trois sols bâlois, et à tous les brévards un repas. 40. Item l'abbé de l'Ile de St-Jean doit mettre un brévard, auquel il doit donner 14 sols bâlois; aussi doit donner un repas aux autres brévards, lesquels lui doivent porter une corbeille de raisin quand ils veulent prendre le dit repas. 41. Item tous les favres tenant serviteurs dans la châtellenie du Landeron doivent à Mgr de Neufchâtel chacun trois ferrures. 42. Item tous les escoffiers demeurant en la châtellenie du Landeron tenant serviteurs doivent chacun an à Mgr de Neufchâtel trois paires de souliers. 43. Item tous les mazeliers qui tuent grosses bêtes pour vendre en la châtellenie du Landeron, doivent donner les langues à Mgr de Neufchâtel. 44. Item si un gentilhomme, un ……, et un bourgeois du dit lieu vient en la place où l'on vend le poisson pour en acheter, et s'il y trouve des cossons, ces derniers se doivent ôter jusques à ce qu'ils aient acheté ce qu'ils en désirent. 45. Item si un homme étranger, quel qu'il soit, a du marin ou autre bois sur la rive du lac, ou en la paroisse de St-Maurice, et un homme des gens de Mgr de Neufchâtel en a à faire, il le peut prendre sans préjudice pour tel prix qu'il lui avait coûté et le lui payer. 46. Item Mgr de Neufchâtel doit avoir sur tous ceux qui vendent vin en la châtellenie du Landeron, de chacune bosse un quarteron de vin. 47. Item un prud'homme peut et doit vendre du vin de son crû, par un jour et une nuit, sans préjudice. 48. Item quand le vin est crié à la coutume et l'hôte n'en veut tirer à celui qui en désire, il peut mettre son gage sur la bosse et en tirer lui-même, en tant que le dit gage vaille le tiers plus. 49. Item si un chevalier, ou gentilhomme, ou femme enceinte, errant par chemin dedans le ban, s'ils désirent des raisins, ils en doivent demander au brévard, et s'il ne lui en veut pas donner, ils doivent entrer dans la vigne et en prendre chacun plein son chapeau pour lui et son serviteur, et la femme enceinte tant qu'elle en peut soutenir sur sa main devant son pic.

Lesquelles libertés, droits et franchises, ainsi qu'elles sont ci-devant contenues, ont été lues, de mot à mot, comme sus est dit, je, le dit Henri Blayer, châtelain et juge que dessus, demandai aux prud'hommes jurés du dit plaid de St-Maurice devant nommés, si ces franchises, libertés et droits étaient notoires et manifestes, lesquels, d'un commun accord, sans discord, déclarèrent et rapportèrent qu'ainsi était, et que de tout temps on en avait ainsi joui et usé, sans aucun empêchement ni difficulté quelconque, et qu'elles se rapportaient ainsi au dit plaid de St-Maurice. Lesquelles choses ont ainsi été faites. Et je, le dit Henri Blayer qui dessus, en ai demandé instrument au notaire public soussigné, lequel j'ai signé de mon propre scel, et fait signer par le dit notaire soussigné. Fait et passé l'an 1403, le jour de St-Maurice. Présents : Nicolas de Diesse, Jean-Henri Pétremand Compagnet, Jean Perrin, Perroud de Domdidier, Estevenin de l'Ile, Wuillesme de Cottens, écuyer, etc. Et signé *Simon de la Bruyère*, notaire impérial.

Le comte Conrad, poussé par un motif de zèle et de religion, partit le 4 mars 1404 pour aller dans la Terre-sainte, à dessein de visiter le St-Sépulcre. Il y eut un grand nombre de nobles et autres qui l'accompagnèrent. Ce voyage dura près de deux ans. Il laissa l'administration des affaires publiques pendant son absence à quatre personnes qu'il choisit et assermenta, savoir : Jean Vauthier de Colombier, seigneur du dit lieu, qui eut le titre d'administrateur du comté, et qui est considéré comme le second gouverneur de Neuchâtel, cet office ayant été interrompu depuis Othon de Vaumarcus (V. l'an 1354). Les autres trois qui furent établis étaient Jacques Leschet, chanoine, Jean Choudin et Guillaume Cottenet.

1404
Le comte Conrad va en la Terre-Sainte.

Il laisse l'administration entre les mains de quatre personnes.

On croit que c'est ici l'origine du conseil d'état. Les comtes précédents ayant toujours fait leur séjour dans le comté de Neuchâtel, n'avaient que des conseillers honoraires, qu'ils consultaient quand ils le trouvaient à propos, de sorte qu'il n'y avait point de conseil qui fût réglé et ordinaire, et le comte jugeait seul (V. l'an 1034). Mais depuis ce temps-là il devint nécessaire, parce que les comtes de la maison de Fribourg et de celle de Hochberg ont presque toujours demeuré dans le Brisgau, où ils avaient de belles seigneuries et d'où ils étaient originaires, et où ils étaient obligés de remplir les offices que la qualité de princes de l'empire exigeait d'eux. Et la maison de Longueville qui leur a succédé, ayant fait son séjour en France, il a été nécessaire d'établir un conseil d'état pour gouverner le comté en leur absence. Et comme ce nouvel établissement ne fut pas agréable au conseil de ville, qui exerçait la justice à Neuchâtel de la part du seigneur, et qu'il appréhendait que

Origine du conseil d'État.

Le conseil de ville est mécontent de cet établissement.

1404

Origine des quatre maîtres-bourgeois, appelés Quatre-Ministraux.

ce nouveau conseil n'empiétât sur celui de la ville, ce dernier ne voulut pas permettre que le conseil d'état jugeât des différends qu'avaient les bourgeois, mais que la justice en prît toujours connaissance comme auparavant. Et pour se fortifier contre ce nouveau conseil du comte, qui était composé de quatre personnes, le conseil de ville voulut aussi avoir quatre maîtres-bourgeois pour les opposer à ceux-là, au lieu qu'auparant il n'y en avait que deux. Le comte, pour apaiser les bourgeois, se vit obligé de leur accorder leur demande et de leur permettre qu'ils eussent quatre maîtres-bourgeois dans la suite. Et c'est ici le commencement des difficultés qui survinrent entre le comte Conrad et la ville de Neuchâtel, comme on le verra ci-après.

Le comte est reçu chevalier du St-Sépulcre.

Le comte Conrad, dès qu'il fut arrivé au Levant, fut d'abord établi chevalier du St-Sépulcre. Ces chevaliers portèrent d'abord le titre de chevaliers de St-Jean de Jérusalem, puis celui de chevaliers de Rhodes, puis enfin celui de chevaliers de Malte.

La bourgeoisie paie l'aide de chevalier.

La bourgeoisie de Neuchâtel paya pour lors au comte Conrad une aide pour avoir passé la mer et obtenu l'ordre de chevalier. C'est à quoi la bourgeoisie était tenue, parce qu'alors les comtes étaient obligés de faire une dépense extraordinaire, allant au-delà de leurs revenus, qui n'étaient pas considérables; c'est pourquoi ils demandaient une aide à leurs sujets (V. les ans 1188 et 1454, art. 55).

Mort d'un fils à Conrad.

Il mourut cette année au comte Conrad un fils nommé Louis.

Philippe, duc de Bourgogne, meurt insolvable.

Philippe-le-Hardi, duc et comte de Bourgogne, mourut le 27 avril 1404. Jean, son fils, surnommé sans Peur, lui succéda. Le comte Conrad était son vassal à l'égard des seigneuries qu'il possédait en Bourgogne. Comme Philippe avait fait beaucoup de dettes, la duchesse Marguerite, sa veuve, pour témoigner qu'elle renonçait aux biens de son époux, posa pour

Bourse et clef jetées par la veuve sur la bière.

cet effet sur son tombeau sa ceinture, sa bourse et sa clef; et c'est ce qui se pratique encore en divers endroits de la Suisse, quand un homme meurt insolvable et que l'héritier veut renoncer à l'héritage.

Difficulté entre Cudrefin et Neuchâtel.

Après le départ du comte Conrad, il se suscita une difficulté entre les villes de Neuchâtel et de Cudrefin, au sujet d'un gagement fait à ceux-ci sur le lac par le sautier du comte. Les bourgeois des deux villes s'aigrirent tellement, qu'ils se faisaient prisonniers et s'attaquaient les uns les autres. Ceux de Cudrefin ayant attrapé par surprise les quatre conseillers que le comte avait établis avant son départ, les maltraitèrent et emprisonnèrent avec d'autres notables bourgeois de Neuchâtel, ce qui fit que la ville et communauté de Neuchâtel, pour maintenir l'honneur de leur seigneur et bourgeoisie, prirent aussi quelques prisonniers à ceux de Cudrefin par droit de représailles; mais ils les rendirent ensuite et ils allèrent retirer par la force leurs bourgeois hors de la prison. Guillaume de Montenach, évêque de Lausanne, pacifia ce différend qu'il y avait entre le comte Conrad et le bâtard de Savoie, qui était seigneur de Cudrefin.

1405

Il y eut cette année une grande sécheresse, tellement que la plupart des fontaines tarirent.

Sécheresse.

Guillaume de Vienne épousa, l'an 1405, Alixe, fille aînée de Jean de Châlons IV. Leur fille unique, nommée Marguerite, a été l'aïeule de dame Jeanne de Hochberg, de laquelle est sortie la maison de Longueville. Et c'est pour la succession et les prétentions de cette Alixe que les maisons de Nassau et de Longueville ont plaidé depuis l'an 1530 jusqu'à présent, sans que cela ait jamais pu être terminé par aucun juge, si ce n'est par rapport à Neuchâtel, l'an 1707, que les Etats adjugèrent le comté de Neuchâtel et Valangin à Frédéric Ier, roi de Prusse, comme héritier de la maison de Nassau, et celle-ci de Châlons.

1405
Mariage de Guillaume de Vienne avec Alixe de Châlons.
C'est de là qu'est survenu le procès entre la maison de Nassau et celle de Longueville.

Rodolphe, marquis de Hochberg, beau-frère du comte Conrad, fut cette année le médiateur d'une paix qu'il fit entre les baillifs que les ducs d'Autriche avaient établis en Alsace, au Sundgau, Brisgau et Ergau, et entre la ville de Bâle, qui s'étaient fait une cruelle guerre et brûlé les uns aux autres plusieurs villages et châteaux.

Rodolphe de Hochberg médiateur entre Bâle et les ducs d'Autriche.

Jean de Châlons IV, voyant que la seigneurie d'Orbe, qu'il possédait, parviendrait, après sa mort, à son fils Louis-le-Bon, aussi bien que le comté de Cerlier et la baronnie de Grandson, que Guillaume, frère d'Othon IV, dont il a été parlé en l'an 1400, tenait pour lors, et duquel le dit Louis devait aussi recueillir la succession, le susdit Guillaume n'ayant point d'enfants, Jean de Châlons, souhaitant d'agrandir encore davantage les états de son fils, vint à Neuchâtel en l'absence de Conrad, qui était en la Terre-sainte. Il persuada au conseil de ville que les franchises qui avaient été accordées aux bourgeois par les comtes précédents ne pouvaient pas être valables s'il ne les ratifiait en qualité de seigneur suzerain, vu que les comtes de Neuchâtel étaient ses vassaux. C'est pourquoi le conseil l'ayant prié de confirmer leurs franchises, il le fit, et leur en donna un acte authentique. Par ce moyen, Jean de Châlons acquit l'affection des bourgeois de Neuchâtel, et ce d'autant plus que le comte Conrad n'en était pas fort aimé.

Jean de Châlons se rend à Neuchâtel en l'absence de Conrad et y confirme les franchises aux bourgeois de Neuchâtel.

Les communiers du Locle bâtirent, l'an 1405, une chapelle, ou plutôt ils firent une adjonction à celle qu'ils avaient bâtie

Chapelle bâtie au Locle.

l'an 1351, parce que s'augmentant en nombre, la première était devenue trop petite pour les contenir. Cette chapelle fut dédiée à Ste-Madelaine.

1406
Jean de Châlons recouvre ses seigneuries en Bourgogne.

Le 6 janvier 1406 Jean de Châlons IV fut remis en possession des seigneuries qui lui avaient été confisquées dans la Franche-Comté l'an 1392. Jean-sans-Peur en fit la main levée et les lui rendit comme comte et duc de Bourgogne, à condition qu'il payerait 10,000 florins, et que la restitution des seigneuries qu'il lui remettait, durerait aussi longtemps qu'il lui plairait et aux comtes de Bourgogne ses successeurs.

Retour du comte Conrad de la Terre-Sainte.

Conseil de reprendre les terres accensées.

Le comte Conrad revint de son voyage du Levant au commencement de cette année. Dès qu'il fut de retour, il y eut un sien clerc et secrétaire domestique, nommé Simon de la Bruyère, qui lui persuada que ses prédécesseurs et lui, ayant accensé plusieurs pièces de terres tant à des ecclésiastiques qu'à des séculiers, non-seulement dans la mairie de Neuchâtel, mais aussi dans le reste du comté, et ce pour des sommes et des censes très chétives, et que ces terres, valant beaucoup plus, il lui en reviendrait de très grands avantages s'il les retirait d'entre les mains des possesseurs, ayant le droit d'en faire la rétraction, et même qu'il pourrait les reprendre sans rien restituer pour les avoir défrichées, puisque les fruits que les possesseurs en avaient retirés jusque-là, suffisaient et au-delà pour les dédommager et récompenser du capital, ce conseil fut approuvé par le comte, parce qu'il y trouvait un profit considérable. Il se mit en train de l'exécuter, sans examiner les suites de cette affaire et même l'injustice qu'il y avait dans un pareil procédé.

Ce conseil est approuvé par le c^{te}.

Conrad renouvelle l'alliance avec Soleure.
Il attaque les biens des chanoines.
Ceux-ci ont recours à Berne, et sont reçus bourgeois.
Promesse des Bernois.

Le comte Conrad alla d'abord à Soleure, où il renouvela l'alliance avec ce canton, pour en être soutenu dans le dessein qu'il avait formé. Dès qu'il fut de retour, il attaqua les chanoines, qui possédaient plusieurs terres considérables qui leur avaient été accensées par les précédents comtes; mais les chanoines eurent, dans cette occasion, leur recours à la ville de Berne, qui les reçut au nombre de ses bourgeois, dont ils retirèrent un acte authentique, et par lequel la ville de Berne leur promit de les maintenir dans leurs droits et franchises, ce qui les mit à couvert des recherches du comte.

Les bourgeois de Neuchâtel sont aussi en butte aux mêmes procédés de la part du comte. Leur consternation Le conseil de ville a aussi recours à Berne.

Plusieurs bourgeois de Neuchâtel, ayant aussi été attaqués pour le même sujet, en furent tout consternés, parce qu'ils auraient été ruinés si on leur avait ôté les terres qu'ils possédaient. C'est pourquoi le conseil de ville épousa leur parti, et il fut résolu de recourir au même remède auquel les chanoines avaient recouru. La bourgeoisie de Berne fut demandée par le conseil de ville et fut obtenue tout de suite et très facilement, parce que Berne n'était pas peuplée en ce temps-là, et que le magistrat était bien aise d'augmenter le nombre des bourgeois et de se fortifier par-là contre ses ennemis, et de réparer les pertes qu'il avait souffertes par les guerres précédentes, outre que l'acquisition de cette bourgeoisie était en ce temps-là très onéreuse à ceux qui l'acquéraient, à cause des contributions de guerre et de l'obligation où les bourgeois se constituaient par-là de servir de leurs personnes dans les différentes et continuelles guerres que la république naissante avait à soutenir.

Raisons pour lesquelles les Bernois recevaient facilement des bourgeois.

Le comte Conrad, voyant que cette alliance allait se conclure et qu'il ne pouvait pas s'y opposer, ni de fait ni de droit : de fait, parce qu'il n'était pas assez puissant pour forcer LL. EE. à renoncer au dessein qu'elles avaient formé d'augmenter leur bourgeoisie, et de droit, parce que les Neuchâtelois étant libres, *sans être hommes liges du comte* (ils avaient reconnu Jean de Châlons pour leur suzerain), ils pouvaient prendre telle bourgeoisie qu'ils trouvaient à propos, le comte prit le même parti que le conseil de ville : il se rendit à Berne pour traiter d'une alliance avec cette ville et pour en être reçu bourgeois, ce qui lui fut aussi accordé, l'alliance qu'il avait faite en l'année 1399 et qui n'était que pour cinq ans étant expirée ; de sorte que, pour recevoir les bourgeois et le comte à la bourgeoisie de Berne, on passa trois actes authentiques.

Politique du comte.

Il prend le parti de se faire aussi bourgeois de Berne.

La ville de Neuchâtel passa le premier acte en faveur de LL. EE. de Berne, et il contient toutes les choses auxquelles elle s'engage envers elle. La ville de Berne passa le second en faveur de la ville de Neuchâtel, et lui fait par-là plusieurs promesses. Le troisième contient tout ce que le comte Conrad et la ville de Berne se promettent réciproquement. Ces actes sont si importants, qu'il importe de les rapporter dans tout leur contenu.

La ville de Neuchâtel, s'engageant la première, est la première reçue.

TRAITÉ ENTRE LA VILLE DE BERNE ET LA VILLE DE NEUCHATEL.

Nous les bourgeois et toute la communauté de Neufchâtel au diocèse de Lausanne, tant ceux du dehors que les manants et habitants en la dite ville, voulons et désirons être notifié à tous et un chacun qui contempleront et orront les présentes :

Les bourgeois et toute la communauté de Neuchâtel.
Les bourgeois du dehors compris.

Que, procédant d'un sain et déliberé conseil, et considérant diligemment l'utilité et honneur de nous et de notre dite ville, nous avons, au su et par le consentement de généreux et puissant seigneur Conrad, comte de Fribourg, comte et seigneur de Neufchâtel, notre très-généreux seigneur, pour nous et nos successeurs universels, tous et chacuns autres qui appartiennent à notre ville, tant ceux du dehors que les incoles y manant et habitant comme hommes libres, spontanément et volontairement pris et accepté, et par ces présentes *recevons et ac-*

Hommes libres.

1406

Bourgeoisie jurée.

Promesses des Neuchâtelois.

Sans jamais se séparer.

Berne promet de défendre Neuchâtel.

Berne réserve l'empire et les alliés de Berne.

Neuchâtel promet secours.

Maintenir leur honneur.

Les Bernois ont passage par Neuchâtel pendant guerre et autrement.

Les bourgeois de Neuchâtel exceptent ce qu'ils doivent au comte.

Convention de la marche.

Walperswyl, lieu de réunion.

ceptons fermement, et avec toute caution en icelles due et nécessaire, soit de droit ou de fait, à savoir: *une perpétuelle bourgeoisie* avec la louable ville de Berne au diocèse du dit Lausanne, laquelle bourgeoisie aussi, nous, les dits de Neufchâtel en général et en particulier, avons présentement jurée par nos serments solennels, corporellement prêtés sur les Saints-Évangiles, par paroles expresses, à mains levées, pour nous et nos successeurs universels, et avons fermement promis, et par les présentes promettons par nos dits serments, d'icelle avoir ferme, inviolable, et du tout entière à perpétuité, aussi la tenir et observer, et en icelle bourgeoisie demeurer et persévérer, sans la résigner pour aucun accident et événement, ni aussi nous départir ou retirer d'icelle nullement à jamais. Et pour ce que les dits nos seigneurs de Berne nous ont fait et démontré une faveur et grâce spéciale par la dite réception et acceptation, singulièrement en ce qu'ils nous ont promis de nous fidèlement défendre et maintenir avec les nôtres, tout ainsi que les autres leurs bourgeois contre tous nos perturbateurs et invaheurs quelconques, qui nous voudraient perturber contre droit et justice, s'étant en ce toutes fois expressément excepté et réservé le St-Empire romain, les villes et bourgeois de leurs confédérés de Fribourg et Soleure, ensemble tous autres auxquels, avant la présente bourgeoisie, ils sont de même alliés et astreints par bourgeoisie, confédération, serments ou par lettres, comme toutes ces choses se verront être contenues plus amplement et avec plus grande efficace aux lettres qui sur ce ont été remises.

A cette cause, nous, les dits de Neufchâtel, promettons réciproquement pour nous et nos successeurs singuliers, fermement et par nos dits serments, vouloir aider et faire fidèle et effectuel secours et assistance aux dits nos seigneurs de Berne et leurs successeurs universels contre toutes et chacunes personnes, ecclésiastiques et séculières, avec nos corps et biens et toute notre puissance, ou pour le moins avec telles forces que nous en serons requis et par eux exhortés, le tout fidèlement et effectuellement, et mêmement de détourner et eschevir leur dam et incommodité, aussi de procurer leur honneur et commodité de tout notre pouvoir; leur permettant et à tous ceux qui leur appartiennent de passer et repasser par notre dite ville de Neufchâtel et y avoir et tenir accès ouvert, soit en allant ou en retournant, toutes et quantes fois que sur toutes et singulières choses prémises nous en serons par eux requis, sans aucune contradiction ni exception des personnes, à condition que ce soit sans aucun notre dommage, offense et dégât ni des nôtres. Toutes fois nous, les dits bourgeois de Neufchâtel, exceptons expressément en icelles tous les droits auxquels nous sommes obligés et entenus de droit envers le dit notre généreux seigneur Conrad de Fribourg, comte et seigneur de Neufchâtel, et envers ses héritiers et successeurs, selon les antiques privilèges et nos louables coutumes.

Item a été convenu entre les dits seigneurs de Berne et nous que, pour raisons de toutes et quelconques prétentions ou discordes qui pourraient ci-après survenir entre nous, les dites parties, nous devrons, pour l'accord d'icelles, nous assembler quand l'une partie sera sur ce requise par l'autre, c'est à savoir au village et lieu de Walperswyl, lequel nous avons mutuellement choisi pour lieu de marche pour nous accorder. Et ne pouvant alors par voie amiable être terminée la cause, pétition ou discrépance dont sera question, partie actrice devra choisir et élire un superarbitré, savoir: un des conseillers de la ville où le rée sera résident et fera sa demeure, et devra telle ville compellir immédiatement et par son serment le superarbitre de s'entremettre de tel fait, si avant la sommation il n'avait abjuré telle charge. Mais avenant que pétition ou discorde fût mue par la généralité d'une ville ou par quelques bourgeois particuliers contre la généralité de l'autre ville, lors l'autre ville actrice ou les bourgeois d'icelle devront prendre et élire un superarbitre entre les conseillers des villes de Fribourg, Soleure ou Bienne, selon leur plaisir, et adonc devrons, nous, les dites deux villes, sérieusement et diligemment requérir celle des dites trois villes en laquelle le superarbitre aura été choisi, d'icelui vouloir induire et compellir et assumir et entreprendre tel fait, moyennant qu'il n'ait abjuré telle charge, comme dit est, et étant tel superarbitre et moyenneur ainsi compelli, il devra alors préfiger, établir et nommer jour à la dite marche aux ambes parties, sinon que par consentement d'icelles, il le puisse transmuer en un autre lieu; lors devront les deux parties commettre et adjoindre au dit superarbitre chacune deux honnêtes hommes ou arbitres, lesquels, avec le surarbitre, seront tenus de jurer de vouloir décider la cause en laquelle ils auront été choisis et élus, selon l'équité du droit et selon leur conscience, sans aucune intermise ni dilation, sinon qu'ils puissent, par le consentement des ambes parties, terminer et assoupir telle cause par voie amiable. Mais avenant que les dits arbitres fussent discordants, ils seront entenus de présenter leur connaissance au superarbitre quinze jours après que les demandes et réponses d'ambes parties auront entièrement été produites; lequel, après avoir entendu l'opinion des arbitres, et que leur jugement lui aura été présenté et mis en mains, devra donner aux ambes parties sa sentence définitive par écrit duement dans un mois. Et tout ce qui sera décrété et connu par le superarbitre et arbitres ou par la plupart d'iceux devra être accepté et tenu par les parties pour fait et agréable. Que s'il avenait que le superarbitre ou quelques-uns des arbitres mourussent ou devinssent inutiles par autre infortune avant l'expédition de la cause, lors ils pourront et devront constituer un autre, ou autres, dans le terme d'un mois, au lieu d'iceux, qui de même se devront obliger et astreindre, comme les précédents auraient fait; et devront ambes parties aussi satisfaire au dit superarbitre, et chacune d'icelles à leurs arbitres, effectuellement les frais et dépens qu'ils auront supportés en la cause. De même devra chacune ville compellir les leurs d'obtempérer et satisfaire aux prédits jugements et connaissance, aussi payer les frais et dépens de leurs juges.

Mais au fait des dettes, le créditeur devra convenir et rechercher son débiteur en la ville et rière le juge où il fera sa résidence, auquel lieu bonne, prompte et briève justice devra à l'acteur être administrée. Mais pour dettes non reconnues, ne sera loisible ni permis à nulle rière les dites deux villes de gager ni arrêter l'autre, sinon pour dettes confessées et reconnues, et pour dettes dont apparaîtront lettres scellées.

Item nous, les prénommés de Berne et de Neufchâtel, ni les nôtres ne nous devrons aucunement quereller pour aucune chose que ce soit par devant aucun juge étranger, ecclésiastique ni séculier, sinon pour usure manifeste et causes matrimoniales.

Item nous, les dits de Neufchâtel et nos successeurs, serons ente-

1406

Deux marcs d'argent en place des tributs.

nus donner et payer à nos dits seigneurs de Berne ou à leur trésorier, qui pour lors sera sur chacune fête de St-André apôtre, deux marcs de bon argent en reconnaissance de dite bourgeoisie, laquelle devra perpétuellement durer. Et en contemplation de la dite cense, nous devrons être libres et acquittés de tous autres tributs, tailles, enquêtes et autres impositions qu'ils ont accoutumé de percevoir sur autres leurs bourgeois.

Châtiment si les Neuchâtelois renoncent à la bourgeoisie de Berne.

Item a été arrêté et expressément conditionné que si nous, les dits de Neufchâtel ou nos successeurs, résignions et nous déportions de la présente bourgeoisie (ce que toutes fois nous ne pouvons ni ne devons faire), et qu'en ce ne fussions recors et souvenants de notre serment et promesse et salut (ce que toutes fois n'advienne), en ce cas nous serons tenus et obligés immédiatement de donner et payer aux dits de Berne, pour une amende d'avoir faussé notre foi et serment, 1000 marcs de bon et pur argent, sans aucune exception de droit et de fait.

Les péages restent comme d'ancienneté.

Item, avons aussi convenu que chacune partie devra payer les péages d'ancienneté accoutumés, selon que jusques ici a été accoutumé de faire.

Le meurtrier a son refuge d'un pays à l'autre.

Et si quelqu'un des nôtres rière nous, les dites deux villes, commettait un homicide, il devra être proclamé et banni du lieu rière lequel l'homicide aura été perpétré, et pourtant ne perdra l'autre ville et seigneurie rière laquelle tel acte aura été fait.

Berne reconnu pour juge entre le comte et la ville de Neuchâtel.

Il a aussi été dit manifestement que si le prédit nôtre seigneur Conrad de Fribourg, ses hoirs et successeurs ci-après, avaient pétition et discorde contre nous, les prédits de Neufchâtel en général, ou nous de Neufchâtel contre le prédit seigneur, ses héritiers et successeurs, nous devrons telles pétitions et difficultés proposer à l'avoyer et conseil de Berne et nous tenir au jugement et connaissance que de ce qu'ils rendront, en satisfaisant et obtempérant pleinement à icelle, et si l'une des parties méprisait d'y obtempérer et satisfaire, lors nos dits

Les seigneurs doivent obliger la partie condamnée à obéir à la sentence. Berne et Neuchâtel ne doivent être gagés ni barrés. La bourgeoisie doit être jurée de six en six ans.

seigneurs de Berne devront soutenir et maintenir la partie obéissante contre l'autre, pour faire valoir ce qu'ils auront entre elles ordonné et jugé. Nous voulons aussi et avons expressément convenu que nulle de nous les parties ne doivent être gagées ni barrées ou retenues pour l'autre pour quelque cause que ce soit. Finalement a été dit que nous, les dits de Neufchâtel et nos successeurs perpétuels, devrons et serons tenus de renouer la présente bourgeoisie dors en avant perpétuellement toujours de six en six ans, continuellement suivants, savoir, sur la fête de la Ste-Trinité, et lors faire le serment en la dite notre ville de Neufchâtel, avec toute notre communauté, entre les mains des seigneurs députés de Berne, quand sur ce par eux en serons requis, et encore que telle requête et rénovation ne se fît au temps des dits six ans,

Elle durera pendant que les deux villes subsisteront.

ce néanmoins la dite bourgeoisie devra rester en sa pleine force et vigueur avec toutes les autres choses ici ténorisées à tout jamais, et tandis que les prédites villes de Berne et de Neufchâtel dureront et demeureront en être. Et pour le tout ce que dessus fermement et inviolablement avoir pour agréable et satisfaire à toutes les choses par effet,

Les Neuchâtelois se constituent débiteurs de 1000 marcs d'argent s'ils n'exécutent ce qu'ils ont promis.

nous, les dits de Neufchâtel, obligeons nous et tous nos successeurs, par nos serments prédits et sous l'amende des dits 1000 marcs d'argent, aux mains des dits seigneurs de Berne et de leurs successeurs quelconques, vouloir être vrais et légitimes débiteurs et pleiges par ces présentes lettres. Et pour mémoire perpétuelle de ces choses, comme aussi pour évident témoignage et corroboration de toutes et chacunes choses promises, nous, les dits bourgeois de Neufchâtel, avons fait mettre le scel de notre ville aux présentes, et avons aussi prié les vénérables seigneurs en Christ du chapitre de l'Eglise de Neufchâtel d'apposer de même le scel du dit chapitre pour nous aux présentes; ce que nous, le dit chapitre, à la requête des dits bourgeois de Neufchâtel, reconnaissons avoir fait, toutes fois sous le grief et préjudice de notre Eglise. Donné et passé à Berne, la sixième férie avant la fête St-George, l'an de N. S. 1406.

1406

Comme il n'est point fait mention dans cet acte des Quatre-Ministraux ou maîtres-bourgeois et que ce n'est point en leur nom qu'il a été passé, on pourrait conclure de là que les maîtres-bourgeois d'alors n'avaient pas l'autorité que les Quatre-Ministraux ont aujourd'hui. Cependant il y a bien de l'apparence que c'est vers ce temps qu'ils ont commencé (V. l'an 1404 et l'acte de 1447).

Observations sur cet acte. Quatre-Ministraux

Une autre observation de la dernière importance pour la ville de Neuchâtel, c'est qu'on se demande si la ville de Neuchâtel était fondée à prétendre que ses bourgeois fussent bourgeois de la ville de Berne en vertu de ce traité. Sur quoi on distingue les temps, pendant que la ville de Berne n'était pas assurée que les huit premiers cantons et leur état fussent pleinement établis, et qu'elle était d'ailleurs exposée aux courses de ses ennemis. On n'a point douté à Berne, par les faits qu'il nous en reste, que les bourgeois de Berne n'estimassent que les Neuchâtelois fussent bourgeois de leur ville, quoiqu'ils n'y demeurassent pas; car ils en ont soutenu toutes les charges, jusqu'à ce que la ville de Berne, une fois cantonnée, a commencé peu à peu à regarder la ville de Neuchâtel comme si elle était simplement sous sa protection, et surtout depuis que les charges y sont devenues lucratives.

Raisons de ceux qui soutinrent que les Neuchâtelois sont bourgeois de Berne.

Cependant, il paraît évidemment par cet acte que les bourgeois de Neuchâtel sont de véritables bourgeois de Berne. 1° Il contient une lettre de bourgeoisie dans toutes les formes; elle est générale et sans restriction, et par conséquent l'acte comprend tous les droits des bourgeois sans réserve. Quelle apparence, en effet, y aurait-il que la lettre de combourgeoisie de la Neuveville avec Berne, qui n'est qu'une lettre de protection, ainsi que cela y est exprimé, qui est limitée au *droit des halles et maison marchande de la ville de Berne*, qui ne l'oblige à payer qu'un marc d'argent annuellement, pendant que Neuchâtel en doit le double, et que la Neuveville fournit au canton moins de troupes que Neuchâtel, ait et doive avoir plus d'avantages à Berne que cette dernière? 2° L'acte ci-dessus déclare que, moyennant deux marcs d'argent que les bourgeois de

1406. Neuchâtel paieront annuellement, ils seront libres et quittes des tributs, tailles, enquêtes et autres impôts dont LL. EE. de Berne *chargent leurs autres bourgeois.* Ce qui suppose que, sans cette convention à forfait, la ville de Berne aurait eu le droit, en vertu de cette réception à bourgeoisie, d'imposer des tailles et des impôts à ses bourgeois de Berne demeurant à Neuchâtel, comme on en usait envers les bourgeois demeurant dans la ville de Berne. En vertu de quoi serait-ce donc que ceux de Neuchâtel auraient été obligés de satisfaire à ces impôts? Serait-ce en vertu du droit que les patrons ont sur leurs clients? Non, sans doute; les clients ne furent jamais mis au niveau de leurs maîtres, comme les bourgeois de Neuchâtel sont mis au niveau de ceux de Berne, étant tous obligés les uns comme les autres à travailler pour la défense de leur commune bourgeoisie. D'ailleurs, ces mots de *patrons* et de *clients* ne se trouvent point dans cet acte, non plus que celui de *protection,* mais bien celui de bourgeoisie.

De plus, le magistrat de Berne, promettant de maintenir les bourgeois de Neuchâtel, ainsi que les autres bourgeois, on ne voit pas qu'il mette aucune différence entre les uns et les autres. Enfin, puisque LL. EE. sont devenues juges des différends que le comte, devenu lui-même bourgeois de Berne, peut avoir avec les bourgeois de Neuchâtel, il est évident qu'elles ne sont devenues juges que par la raison qu'elles avaient la juridiction sur les uns et sur les autres, tout comme elles l'avaient sur les bourgeois demeurant à Berne, tout comme toute autre bourgeoisie a le droit de juger des différends qui surviennent entre ses bourgeois. Le comte Conrad ne s'y serait pas soumis, s'il n'y avait été obligé en qualité de véritable bourgeois, d'autant plus qu'un seigneur tel que Conrad, qui tranchait déjà du souverain, ne se serait jamais soumis sans nécessité à la juridiction d'un autre.

On observe encore que cet acte déclare qu'on ne se pourra pas actionner, pour quelque sujet que ce soit, devant aucun juge étranger, si ce n'est pour usure manifeste et pour causes matrimoniales, ce qui n'est absolument réservé que parce que le jugement de ces causes appartenait à l'évêque de Lausanne dans tout son diocèse, et que personne que lui n'en pouvait juger. Les empereurs avaient donné ce droit aux évêques, parce que c'étaient des causes mixtes (V. l'an 1177). On les envisageait alors comme causes en partie civiles, en partie ecclésiastiques.

SECOND TRAITÉ
PAR LEQUEL LA VILLE DE BERNE ADMET A LA BOURGEOISIE
LA VILLE DE NEUCHATEL.

1406

Au nom de Dieu amen! Il advient aucunes fois que les hommes mettent en oubli les choses de grande conséquence, si elles ne sont fidèlement réduites par écrit. A cet effet:

Nous, l'advoyer et conseil de toute la communauté de la ville de Berne, au diocèse de la ville de Lausanne, savoir faisons à tous ceux qui ces présentes lettres verront et orront, que par mûre délibération eue pour la singulière amitié et faveur que nous avons envers les sages, les bourgeois de Neufchâtel, du même diocèse de Lausanne, avons iceux bourgeois tant forains que ceux du dedans et à eux appartenant, reçu et par ces dites lettres recevons nos perpétuels bourgeois fermement et sous toute clause due et nécessaire en tel droit, soit de droit ou de fait; leur promettant par notre bonne foi, en vertu des dites présentes, de les secourir, défendre et maintenir fidèlement à l'encontre de tous perturbateurs et invadeurs, qui tâcheraient de les perturber contre droit et justice, soient iceux séculiers ou ecclésiastiques; y employant fidèlement et de fait nos corps et biens, voire toutes nos forces ou seulement telle puissance dont serons par iceux requis, leur prêtant fidèlement aide et faveur; évitant leur dommage et avançant leurs honneurs et profit selon notre pouvoir, accordant aux dits de Neufchâtel et à tous ceux qui leur appartiennent, passage par notre dite ville et par nos terres, seigneuries et pays, leur ayant et tenant iceux comme passages ouverts, toutefois sans aucunement faire dommage, offense ni dégât à nous ni aux nôtres de Berne, toutes et quantes fois que serons requis d'eux sur toutes les choses susdites, sans contredit ni exceptions quelconques, comme nos autres bourgeois, sans fraude ni barrat. Ce nonobstant, nous réservons avant toutes choses le St-Empire romain et nos bien-aimés bourgeois et confédérés de Fribourg et de Soleure, et tous autres quelconques auxquels sommes aucunement astreints et obligés par alliance, obligation et serment, par telle convenance aussi que les dits de Neufchâtel sont tenus de nous bailler fidèlement aide et secours, et à tous nos successeurs contre toutes et chacunes personnes temporelles et spirituelles selon leur pouvoir, voire avec toute leur puissance ou avec celle qu'ils seront requis de nous, empêchant et évitant notre dommage comme nos autres bourgeois, tout dol et fraude y entièrement exclus, réservant toutefois par eux, signamment en cet endroit, tous les droits en quoi ils sont tenus et redevables au très illustre et puissant seigneur M. Conrad de Fribourg, comte et seigneur de Neufchâtel, ou à ses hoirs et successeurs, au contenu de leurs anciens privilèges, antique usance, comme toutes et singulières ces choses plus amplement sont contenues ès lettres sur ce faites, et à nous baillées par les dits bourgeois de Neufchâtel.

Item a été pourparlé et arrêté entre nous, les dits seigneurs de Berne, et nos bourgeois du dit Neufchâtel, que pour toutes demandes ou différends quelconques qui pourront dorénavant s'élever entre nous, les dites parties, nous nous devons assembler et convenir, quand l'une des dites parties en sera requise de l'autre, c'est à sa-

1406

voir au village de Walperswyll, lequel nous avons mutuellement choisi pour lieu de *marche* et d'assemblée. Et en cas qu'alors les causes, pétitions et controverses n'y puissent être terminées par voie d'amitié, adonc l'acteur devra élire un moyenneur, c'est à savoir un du conseil de la ville où le réc est résident; alors icelle ville devra immédiatement contraindre ce médiateur, qui n'aura juré avant la date des dites présentes d'entreprendre telle charge de superarbitre, qu'il se charge de le faire. Mais si l'affaire ou la demande et différend étaient mus d'une ville en général ou de quelques bourgeois en particulier, à l'encontre de l'autre ville aussi en général, alors la ville qui sera actrice entre nous et les bourgeois d'icelle ville, peut et doit prendre et élire un superarbitre du conseil des villes de Fribourg, de Soleure et de Bienne, de laquelle il plaira, et adonc devons nous, les dites deux villes, prier affectueusement et diligemment cette ville, en laquelle icelui superarbitre qui n'aura fait serment de ne se charger du fait, comme dessus est dit, entreprenne la charge. Le dit superarbitre étant ainsi constitué, alors il devra assigner aux dites deux parties une journée, au lieu dit de la marche, si tant n'était qu'il plût changer et transférer le dit lieu de marche en un autre lieu, par le consentement des parties. Ce fait, les dites ambes parties devront alors ordonner et adjoindre avec le dit superarbitre deux honorables personnes ou arbitres, lesquels superarbitre et arbitres seront tenus de jurer qu'ils décideront et définiront la cause en laquelle ils sont élus, selon droit et au plus près de leur conscience, sans délai quelconque, sinon qu'ils puissent mener à fin et assoupir icelle cause par voie d'amitié, par le su et consentement des dites deux parties: et le cas advenant que les dits arbitres fussent tables, alors ils seront tenus de présenter leurs prononciations et sentences au dit superarbitre quinze jours après que les parties leur auront entièrement baillé d'un côté et d'autre leurs demandes et réponses, et un mois après que la prononciation et sentence des dits arbitres aura été au superarbitre donnée, icelui sera tenu de bailler définitivement sa sentence par écrit et duement scellée aux dites ambes parties, et comme qu'il soit alors connu et jugé par les dits superarbitre et arbitres, ou par la plus grande partie d'iceux, les dites deux parties le devront observer et le tenir pour ferme et agréable. Si le cas advenait que le dit superarbitre ou quelqu'un des arbitres passât de ce monde à l'autre, ou devînt inutile par quelque inconvénient, avant l'expédition de la cause, alors les dites parties en peuvent et doivent choisir et subsister un autre ou autres en leur place, un mois après, lesquels s'obligent et astreignent ne plus ne moins que les premiers. Si devront aussi les dites deux parties satisfaire réellement au dit superarbitre, et une chacune partie à ses arbitres, les coûts et dépens par eux soutenus et à soutenir pendant la dite cause, et devra aussi une chacune partie induire et engager les siens qu'ils satisfassent et obéissent à la prononciation et sentence rendue par iceux comme dessus, et qu'ils paient les frais et missions à leurs juges touchant les dites dettes. Le créditeur prendra en cause son débiteur en la ville où il est résident et par devant son juge ordinaire; adonc y sera incontinent administrée briève justice ordinaire à l'acteur et au créditeur; mais quant aux dettes non reconnues, nulle des dites parties ne pourra ni ne devra gager ni

<small>Le débiteur doit être actionné devant son juge.
Pour dettes non confessées on ne doit gager personne.</small>

ne barrer l'autre, en icelle ville ni dehors, en quelque lieu que ce soit, fors que pour dettes reconnues et dettes dont il y a lettres signées.

Item nous, les dites ambes parties de Berne et de Neufchâtel, ni les nôtres ne nous devrons inquiéter par justice étrangère ou en cour d'église les uns les autres pour quelque cause intervenant, sinon pour usure manifeste et mariages. *Justice étrangère.*

Item seront tenus nos dits bourgeois de Neufchâtel de payer et réellement expédier, par un chacun an, sur le jour de la St-André apôtre, deux marcs de bon argent à nous ou à notre boursier pour et en notre nom, pour leur bourgeoisie, sans aucun contredit, jouxte la teneur des dites lettres à nous par eux baillées. *Deux marcs d'argent.*

Item a été arrêté que chacune des dites parties paiera et expédiera l'ancien et accoutumé péage, comme il en a été de coutume jusques à présent. *Ancien péage.*

Et si quelqu'un des nôtres, de nous les dites parties, commettait homicide d'hui en avant en l'une des dites villes, icelui personnage peut et doit être proclamé comme homicide en cette ville ou seigneurie où il aura fait l'homicide, et néanmoins ne sera portant fugitif de l'autre ville et seigneurie en laquelle il n'aura point fait de violence. *Homicide.*

Il a aussi été clairement dit et arrêté qu'en cas que le dit seigneur Conrad de Fribourg, ses hoirs ou successeurs par ci-après fissent quelque demande ou différend contre les dits de Neufchâtel en général, ou eux, les dits de Neufchâtel, contre lui, ses hoirs et successeurs, alors icelles parties nous devront mettre devant icelles demandes et controverses, desquelles serons tenus en connaître, et ce que adonques sera ordonné et connu par nous, les dites parties le devront tenir, garder et avoir pour agréable; mais si aucune d'icelles parties différait d'obéir et satisfaire à la sentence baillée par nous, les dits de Berne, adonc sommes tenus et obligés de maintenir à notre pouvoir sur icelle notre connaissance la partie obédiente contre la désobéissante. *LL. EE. juges entre la ville et le comte.*

Item voulons et avons expressément arrêté, que nulle de nous les dites ambes parties ne doit être, pour quelque cause que ce soit, gagée, adjournée, ni barrée ou retenue pour cause de l'autre partie.

Et finalement il a été dit et conclu que nous, les dits de Berne, devons et sommes tenus de renouveler par notre serment mutuellement et par ensemble, dorénavant perpétuellement, notre dite bourgeoisie, toujours de six ans en six ans continuellement suivants, à savoir le jour de fête de Ste-Trinité, au lieu de notre ville de Berne, avec toute notre communauté, en présence des députés ambassadeurs des dits de Neufchâtel, quand nous en serons requis d'eux. En cas qu'icelle renouvellation ou requête ne se fît pendant les dits six ans, ce nonobstant icelle bourgeoisie doit demeurer en sa force et vigueur. *Renouvellement de bourgeoisie.*

Et afin que toutes et singulières les choses dessus dites, ainsi qu'elles y sont clairement articulées, puissent être tenues pour agréables, fermement, inviolablement accomplies réellement et de fait, à perpétuité et si longtemps que les dites deux villes de Berne et de Neufchâtel seront et pourront être, nous, les dits de Berne, nous obligeons, nous et nos perpétuels successeurs, par notre susdit serment, etc. etc. Nous les dits advoyer, conseil et communauté de la ville de Berne, avons mis notre sceau à ces dites présentes lettres,

1406 qui furent faites et données en notre ville de Berne, le sixième jour devant la fête St-George, l'an de grâce 1406.

TROISIÈME ACTE
PAR LEQUEL LE COMTE CONRAD EST REÇU BOURGEOIS DE BERNE, LE 22 AVRIL 1406.

Au nom de Dieu amen! Nous, comte Conrad de Fribourg, comte et seigneur de Neufchâtel, d'une part, et nous, l'advoyer, conseil et bourgeois et communauté généralement de la ville de Berne, d'autre part, faisons savoir à tous qui les présentes lettres verront et orront lire, à présent ou à l'avenir, que nous des deux côtés une perpétuelle et loyale amitié avons arrêtée en termes et conditions ci-après écrites.

Perpétuelle bourgeoisie. Premièrement avons, nous le dit comte Conrad de Fribourg, pour nous, nos hoirs et tous nos successeurs (lesquels aussi à ce fermement obligeons), en la prédite ville de Berne une perpétuelle bourgeoisie à nous acceptée et reçue pour notre utilité et de tous les nôtres, honneur et conservation commune de notre pays et de nos gens, laquelle bourgeoisie incontinent pour nous, tous nos hoirs et successeurs, corporellement par le nom de Dieu avons promis et juré d'observer, d'ici perpétuellement à jamais, fermement et invariablement, et de en icelle perpétuellement demeurer, sans telle bourgeoisie jamais pour chose quelconque pouvoir quitter ni abandonner; par nos dits serments et de bonne foi prêtés sans aucun dol, promettons en outre pour nous et les nôtres que dessus, aux dits de Berne et aux leurs, contre toutes personnes spirituelles ou séculières, de quelque dignité ou état qu'elles soient, prétendant iceux de Berne, en corps, biens et libertés, droitures ou leurs bonnes coutumes, contre droit assaillir, dommager ou perturber, fidèlement, avec corps et biens et toute puissance ou telle qu'ils nous sommeront, assister, afin de leur dommage eschever, profit et honneur avancer. A cet effet, devront aussi tous nos châteaux, villes et forteresses leur être ouvertes et patentes pour en icelles s'entretenir en toutes leurs nécessités (toutes fois à nous et aux nôtres sans dommage et dégât), promptement sans délai, toutes et quantes fois que métier leur sera, et nous en solliciteront de bonne foi sans aucun dol.

Le comte Conrad réserve Soleure et Morat. Et cependant il tient fief. Réservons néanmoins, nous le dit comte Conrad de Fribourg, parmi ce, *tous nos seigneurs desquels à présent pouvons tenir fiefs*, aussi nos chers et féaux combourgeois de Soleure et Morat, en tels termes où iceux nos chers seigneurs ci-après à l'avenir auraient guerre avec les dits de Berne ou les leurs, que nous devons et voulons en icelles guerres nous tenir coi, sans à aucune partie aider, ni par nos châteaux, villes et forteresses contre les dits de Berne, nos prédits seigneurs, ni les leurs aucunement laisser passer ni en icelles entretenir.

L'achat de sel et vin permis aux Bernois dans le comté. Nous ne devons aussi aux dits bourgeois de Berne pour ce, le train, cours et achat de sel, vin ni autres choses déneguer, ni empêcher, car le dit trafic ou achat à eux et aux leurs dors en avant (soit de sel, vin et toutes autres leurs nécessités) en toute notre seigneurie perpétuellement leur sera ouvert, sans pour aucune chose à jamais, par nous ni les nôtres, leur en être fait interdit ni empêchement.

Et cas advenant que nous, le dit Conrad, dès à présent d'aucun seigneur aucun fief à nous, par donation, succession, acquisition ou moyen de service dévolu reconnaîtrions et recevrions envers iceux, devons et voulons nous toujours cette bourgeoisie réserver.

1406

D'autre part confessons, nous les dits de Berne, avoir notre dit bénin seigneur, comte Conrad de Fribourg, et tous ses hoirs et successeurs pour notre perpétuel bourgeois et en la protection de notre ville accepté et reçu, lui promettant par notre bonne foi (tout dol forclos), contre toute personne ecclésiastique et séculière, qui en corps, biens, honneur ou liberté contre droit assaillir, dommager et perturber le voudraient, loyalement assister avec corps, biens et toute puissance pour son dommage eschever, utilité et honneur avancer, toutes fois et quantes besoin lui sera et qu'il nous sommera, sans retardation ni contredit, dedans les suivantes bornes et limites, à savoir jusques à la forêt dessus Vaumarcus et jusqu'à l'église des Verrières ou environ.

Protection accordée au comte.

Limites de la protection.

Réservons aussi, nous les prédits de Berne, parmi ce, le St-Empire romain, nos chers combourgeois de Fribourg, nos chers et féaux alliés de Soleure, et tous ceux auxquels ci-devant par alliance, bourgeoisie, serment et lettres sommes obligés sans fraude.

Réserve de ceux de Berne.

Nous, le dit comte Conrad, devons et voulons aussi aux dits de Berne, nos honorables ambassadeurs, toutes les fois qu'ils en auront de besoin, à leurs dépens prêter et accorder; ce que voulons et devons, les dits de Berne, réciproquement aussi faire. Et ne doit aucune de nous les parties, ni aussi les nôtres, pour l'autre en aucune chose rester engagée ni saisie. Aussi ne doit entre nous, les dites parties, ni aussi les nôtres, aucun citer l'autre par devant aucune spirituelle ni séculière cour étrangère que pour cause matrimoniale ou usure manifeste.

Ambassadeurs réciproques.

Il ne se doit faire aucune saisie.

Cour étrangère.

Pour toutes choses, différends ou querelles que nous, le dit comte Conrad, ou les nôtres, contre les dits de Berne et les leurs; ou nous, les dits de Berne, ou les nôtres, contre le dit notre bénin seigneur comte Conrad et les siens dors en avant réciproquement aurons, nous devons les deux parties (étant l'une de l'autre sur ce sommée) convenir en droit commun à Walperswyl *) au village, et ne pouvant là le différend amiablement être appointé, si donc l'action est à aucun, à nous le dit comte Conrad appartenant, il choisira un moyen ou superarbitre au conseil de Berne, lequel lui plaira; si d'autre part est à aucun des nôtres de Berne, il choisira le moyen ou superarbitre entre les gens du dit comte Conrad, juré de son conseil, tel qu'il voudra; et devons aussi nous, lorsque les deux parties iceux superarbitres (n'ayant avant la conférence des présentes abjuré telles charges), promptement induire à s'entremettre de tel cas. Mais ayant nous, le dit comte Conrad, ou aucun des nôtres, particulière action contre la généralité de la ville de Berne; ou nous, la généralité de la ville de Berne, ou aucun des nôtres, particulièrement action contre notre dit seigneur le comte Conrad, pour ce doit la partie demanderesse, à laquelle l'action appartient, prendre le superarbitre entre les jurés du conseil de Fribourg, Soleure et Bienne, et devons

Comment les différends doivent être décidés.

Walperswyl, lieu de marche.

Moyen ou superarbitre.

---

*) Walperswyl fut choisi comme étant pour lors le lieu limitrophe entre Berne et Neuchâtel, Berne ne possédant pas en ce temps-là le comté de Cerlier. Le mot de marche dérive de l'allemand *Marke*, qui signifie limite, parce qu'on choisissait ordinairement pour le lieu de la marche, le lieu qui était sur la frontière des deux états, pour y terminer les différends qu'il y avait entre eux.

1406

aussi lors nous, les ambes parties, la ville où le superarbitre réside, instamment prier icelui superarbitre (qui précédemment ne l'aurait abjuré), promettre vouloir induire à s'entremettre du dit cas. Étant donc le superarbitre ainsi induit ou préparé, il baillera aux ambes parties promptement jour d'assignation au dit lieu de marche (sinon que par consentement des ambes parties il la puisse établir ailleurs).

Deux prud'hommes. Lors chaque partie fera deux prud'hommes avec le dit superarbitre ou moyen asseoir, et feront les dits cinq serment de promptement du dit cas juridiquement (en tant que leur savoir portera) sentencer, sinon qu'ils puissent obtenir des parties consentement d'une vision amiable; et où les arbitres sont de différente opinion, ils doivent dans quinze jours (après avoir des parties leurs demandes, dires et réponses par écrit à point de conclure reçu) leurs sentences, rédigées par écrit et scellées, présenter au superarbitre ou cinquième, et icelui dans un mois (dès que la sentence des arbitres reçue aura) aux parties sa sentence écrite et scellée délivrer; lors doivent les deux parties fermement tenir et exécuter ce que par tous les arbitres ou la plupart d'entre eux sera prononcé; et où le

Si un arbitre vient à mourir. dit moyen cinquième ou aucun des arbitres irait de vie à trépas, ou deviendrait autrement inhabile avant la décision du cas, l'on peut un autre, dedans un mois après, au lieu du défaillant poser, qui semblablement s'oblige comme les autres étaient obligés. Les ambes parties fourniront au superarbitre, et chacun à part à ses arbitres,

Frais. au dit cas leurs dépens et frais de bouche. Et devons, nous les parties, les nôtres à ce compellir, qu'à la sentence ils satisfassent et paient les dépens. Et ne doit aucune partie rière soi l'autre par-

On ne peut gager sans titre. tie gager, arrêter ni saisir pour non confessées dettes pécuniaires;

Le défendeur recherché pardevant son juge. l'une et l'autre partie recevra droit au jugement par devant le juge où le querellé réside en ressort, et doit-on alors à l'auteur illec promptement et généralement faire administrer justice.

Les prévôt, chapitre et bourgeois de Neuchâtel reconnus bourgeois de Berne par le comte et les Bernois. Nous, le prédit comte Conrad, confessons aussi, puisque le prévôt, chapitre et les bourgeois en général de notre ville de Neufchâtel ci-devant des dits de Berne sont avenus de notre consentement perpétuels bourgeois, et icelle perpétuelle bourgeoisie promise et jurée à l'observer perpétuellement, pour ce est-il que si nous, nos hoirs et successeurs par ci-après, aucune action ou différend avec les dits prévôt et chapitre ou les bourgeois de la ville de Neufchâtel aurons, ou eux réciproquement contre nous, icelles actions et querelles devons nous respectivement sans délai rapporter par

Berne arbitre du prévôt, des bourgeois de Neuchâtel et du comte. devant l'avoyer et conseil de la ville de Berne, et ce que lors entre nous sur ce sera prononcé et sentencé, nous devrons d'un côté et d'autre fermement tenir, et ne voulant l'une des parties lors acquiescer ni satisfaire à ce que par le conseil de Berne aurait été prononcé, lors doivent les dits de Berne l'obéissante partie jouxte leur sentence maintenir contre la partie désobéissante, sans colère.

Anciens péages continueront. Nous, le dit comte Conrad, et nous, les dits de Berne, avons aussi convenu que chacun des nôtres rière l'autre part sera tenu les anciens et accoutumés péages fournir et payer, ainsi que jusques ici a été usité sans aguet.

Renouvellement de bourgeoisie doit se faire dans un an. Et afin que cette bourgeoisie obtienne éternelle vigueur, nous voulons, le dit comte Conrad, que tous nos hoirs et successeurs, qui la dite seigneurie de Neufchâtel dès à présent perpétuellement possederont, dedans un mois (après que par les dits de Berne sommé en serons) jurent et promettent cette dite bourgeoisie perpétuellement vouloir observer aux mêmes termes, comme à eux aussi avons juré, et ces présentes lettres contiennent; et au cas que le dit serment et sommation ainsi ne se feraient, ce nonobstant doit la dite bourgeoisie en perpétuelle vigueur demeurer. »

La bourgeoisie doit être perpétuelle.

Nous, le dit comte Conrad, nos hoirs et successeurs devons et promettons aussi d'annuellement, aux dits de Berne ou à leur trésorier, en reconnaissance de notre dite bourgeoisie, au jour de St-André, payer et rendre un marc de bon argent, et pour les choses premises fermement tenir et garder sans à icelles jamais contrevenir. Obligeons nous, le dit comte Conrad, nous, nos hoirs et successeurs, et aussi nous, les dits de Berne, nous et nos successeurs, par notre bonne foi, sans aucun dol, chacune de nous les parties, à l'autre en vrais principaux et pleges validement par ces présentes.

Le comte doit un marc d'argent.

Et pour des dites choses perpétuelle reconnaissance et ferme témoignage, avons, nous, le dit Conrad, comte de Fribourg, notre propre scel, et nous, les dits de Berne, le scel de notre ville pour nous commandé pendre à ces lettres, passées double semblable, à chaque partie une. Donné et fait à Berne, le vendredi veille de St-George, 22 avril 1406.

Ces sortes de traités, de convenir d'un juge entre le prince et ses sujets, ont été souvent pratiqués en Allemagne, entre autres entre les rois de Danemark et leurs sujets, entre le roi de Suède et ses sujets. Il y en a plusieurs exemples outre ceux-là, en Allemagne, entre des princes et leurs sujets, et même depuis le commencement du 17me siècle, entre les comtes et princes d'Ostfrise et d'Embden et les Etats d'Ostfrise et les bourgeois d'Embden, qui sont leurs sujets, lesquels, en faisant alliance avec la république des Provinces-Unies des Pays-Bas, l'ont constituée juge des démêlés qu'ils pourraient avoir ensemble, et cela à perpétuité. C'est pour cette raison que les rois mêmes et tous les autres princes chrétiens qui ont quelques différends avec leurs sujets, ne les jugent pas eux-mêmes. (Voyez le Mémoire de Mme de Longueville contre Mme de Nemours, pag. 56 et 57.)

Les princes ne jugent pas eux-mêmes les différends qu'ils ont avec leurs sujets.

Comme il y avait beaucoup de désunion entre le comte Conrad et les bourgeois de Neuchâtel sur divers articles et qu'ils venaient de reconnaître LL. EE. de Berne pour juges de tous les différends qui naîtraient entre eux, c'est pourquoi les bourgeois les prièrent de vouloir juger pour la première fois des difficultés qu'ils avaient pour lors. C'est ce que firent LL. EE., et voici la prononciation qu'ils rendirent et qui est datée du 14 mai 1406 :

Difficultés entre le comte et les bourgeois de Neuchâtel.

Puisque les parties sont nos bourgeois et que de leurs prétentions et demandes elles s'en sont volontairement remises sur nous, tant d'une part que d'autre, et nous ont donné pleine puissance de sur

Jugement de LL. EE. de Berne.

1406

elles les en appointer, soit par voie amiable ou de droit, et promis et juré avec serment étroit pour eux et leurs successeurs, de tenir pour agréable, ferme et stable, et de satisfaire et accomplir tout ce que par nous sera prononcée sur elles, etc.

GRIEFS DU COMTE.

Dédommagement demandé par le c^{te} aux Quatre ses conseillers et aux bourgeois, à l'occasion de la difficulté avec la ville de Cudrefin.

1. Le comte Conrad se plaint du sieur Jean Vauthier de Colombier, chevalier, de messire Jacques Leschet, chanoine, de Nicolet Choudin et de Guillaume Cottens, bourgeois de Neufchâtel, qui leur ayant donné l'administration et conduite des affaires de son comté de Neufchâtel, il se serait pendant ce temps suscité un différend entre ses sujets et ceux de Cudrefin à cause d'un gagement et pour ce venus si avant, que les uns les autres se prenaient prisonniers et se faisaient plusieurs dommages, le tout contre sa volonté et permission, à quoi les quatre susnommés et ceux de la ville eussent bien pu pourvoir comme de raison, à faute de quoi il lui était arrivé une grande perte qu'il estime jusqu'à 1000 livres lausannoises. Outre ce qu'en vertu d'une prononciation rendue par l'évêque de Lausanne entre lui et le bâtard de Savoie, seigneur de Cudrefin, il répète lui être payée par les susnommés la somme de 130 livres lausannoises.

A quoi les quatre susnommés répondaient qu'il était vrai que le sautier du seigneur comte Conrad avait gagé certains de Cudrefin sur le lac pour les droits du dit seigneur comte et pris leurs filets et bateaux, et qu'ensuite ceux de Cudrefin ayant redemandé plus que le sautier ne confessait leur avoir pris de gage; que pendant ces entrefaites ceux de Cudrefin avaient saisi outrageusement les dits quatre prisonniers et d'autres honorables bourgeois qu'ils avaient blessés; mais que la communauté de Neufchâtel, pour maintenir l'honneur de leurs bourgeois et de leur seigneur le comte Conrad, vengèrent et délivrèrent et lâchèrent les prisonniers qu'ils avaient pris à ceux de Cudrefin par droit de représailles; partant ils ne croyaient pas que les dits quatre ou le général de la dite ville soient tenus de rien donner pour ce fait à leur dit seigneur.

Sentence.

Sur quoi il fut prononcé par LL. EE. que, puisque les quatre susnommés n'avaient rien soumis à l'évêque de Lausanne, ni les bourgeois de Neufchâtel, et qu'avant que les dits bourgeois eussent rien entrepris sur ceux de Cudrefin, ils avaient été emprisonnés par ceux de Cudrefin, outre que les quatre susnommés avaient mandé aux dits de Cudrefin qu'ils voulaient restituer ce que le sautier leur avait pris de gage, que pour toutes ces raisons ni les quatre susnommés ni les bourgeois ne devaient rien à leur comte et qu'ils devaient demeurer quittes envers lui.

Garde des portes de la ville.

2. Le comte Conrad se plaignait que depuis que les bourgeois de Neufchâtel avaient obtenu la bourgeoisie de Berne, ils avaient fait garder si étroitement leurs portes que les messagers du comte n'avaient pu sortir pour négocier ses affaires, ce qui lui avait bien causé pour 1000 livres lausannoises de perte.

A quoi ceux de Neufchâtel ayant répondu qu'ils avaient le droit de garder les portes de leur ville, qu'ils ne croyaient pas qu'ils dussent rien pour cela à leur seigneur, puisqu'ils laissaient toujours librement entrer et sortir les gens du comte.

Sentence

Sur quoi LL. EE. sentencèrent que le comte ne leur pouvait rien demander à cet égard; que ceux de Neufchâtel avaient le droit de garder les portes de leur ville, qu'ils devaient demeurer auprès de leurs franchises, mais qu'ils seraient obligés de laisser sortir et entrer indifféremment et de jour et de nuit de la ville, le comte et les siens toutes les fois qu'ils en seraient requis, mais sans dommage de la dite ville.

3. Le comte fit des plaintes contre les bourgeois de ce que depuis qu'ils avaient pris la combourgeoisie de Berne, ils avaient laissé entrer Vauthier, bâtard de Neufchâtel, en leur ville, quoiqu'il fût son ennemi déclaré. *Vauthier, bâtard de Neuchâtel, ennemi du comte.*

Ceux de Neufchâtel ayant répondu qu'ils étaient assurés que cela n'était pas arrivé, et que si cela était, ils en auraient bien du déplaisir.

Sur quoi il fut prononcé par LL. EE. que le comte se devait contenter de leurs excuses sans leur rien demander, moyennant qu'à l'avenir ils ne laissent entrer le dit Vauthier dans leur ville sans le consentement du comte. *Sentence.*

4. Le comte actionnait ceux de Neufchâtel de ce qu'ils avaient reçu ceux de Legneurres à la protection et bourgeoisie de leur ville, ce qu'ils ne devaient ni ne pouvaient, ceux de Legneurres étant ses sujets. *La seigneurie de Lignorre appartient au comte et ses habitants sont bourgeois de Neuchâtel.*

Ceux de Neufchâtel ayant répondu que ceux de Legneurres ont de tout temps vécu et demeuré dans les franchises de leur ville et qu'ils étaient sous leur bannière. *Ils sont sous la bannière de Neuchâtel.*

Sur quoi il fut prononcé que les dits de Legneurres doivent demeurer tant envers le dit seigneur comte Conrad qu'envers la ville de Neufchâtel indifféremment auprès de tous les droits et franchises, comme ils ont accoutumé et joui de tout le temps passé. *Sentence.*

5. Le comte ayant encore demandé à ceux de Neufchâtel une amende de dix livres à cause de Bertholomé le Peletier, laquelle lui fut connue, et qu'il avait fait constituer prisonnier, mais qui fut relâché à la requête des dits bourgeois. *Une amende de 10 livres demandée à la ville de Neuchâtel.*

Ceux de Neufchâtel répondirent que le dit Bartholomé fut saisi prisonnier le grand jeudi en sa maison, et qu'ils ne croient pas que la dite amende ait été connue suivant la coutume du lieu et de la ville de Neufchâtel.

Il a été prononcé que s'il se prouvait que cette amende eût été connue au comte selon la dite coutume, le comte pourra se la faire payer du dit Peletier selon les loix et les coutumes de la dite ville. *Sentence.*

GRIEFS DE LA VILLE.

La ville de Neufchâtel fit aussi de son côté les demandes suivantes au comte Conrad.

1. Qu'il contraint les habitants de la ville de Neufchâtel de lui payer des censes pour les arcades qu'ils avaient sur la rue, ce dont ils prétendent d'avoir été affranchis par la feue comtesse Isabelle; que celui qui hausse sa maison devant ou derrière de murailles ne doit aucune cense des arcs. *Cense pour les arcades des maisons.*

A quoi le comte ayant répondu que lui et tous ses prédécesseurs comtes avaient reçu les censes des arcs jusqu'au temps présent, et

1406 que les bourgeois avaient depuis peu reconnu devoir payer la dite cense, comme il paraît par ses rôles.

Sentence.

Sur quoi il fut jugé, après avoir entendu le contenu de la dite franchise touchant les dits arcs, que celui d'entre les bourgeois de la dite ville de Neufchâtel qui a construit de murailles sa maison maintenant et à l'avenir (en la sorte que porte la dite lettre de franchise) qu'il ne doit point payer de cense pour les dits arcs. Quant aux maisons qui ne sont de présent ou ne seront à l'avenir faites de murailles, elles payeront au contenu de la franchise la cense des dits arcs, comme du passé il a été pratiqué.

Bourgeois prisonniers.

2. Ils se plaignirent que le comte Conrad faisait prendre prisonniers par ses officiers leurs bourgeois en leur ville et dans leurs maisons, nommément Jean Morel et certains autres, et que son maire gageait aussi leurs bourgeois en leur ville et maisons, ce qu'il ne doit faire suivant la lettre de leurs franchises.

A quoi le dit seigneur comte ayant répliqué que le dit Morel avait insolemment arraché le sceau d'une lettre devant la justice, et qu'il aurait pour ce sujet été connu par les bourgeois que le comte le pouvait faire saisir prisonnier; et que pour les gagements que son maire doit avoir faits en leurs maisons, il répond qu'il était fondé de pouvoir par ses officiers faire gager pour ce qui lui est dû.

Sentence

La sentence porta qu'à l'égard du dit Morel, le comte à l'avenir ne devra prendre prisonnier aucun bourgeois ni dans ni hors la ville au contenu des franchises de leur ville, mais quant au dit Morel il le peut châtier de son insolence, ainsi qu'il a été connu par les dits bourgeois, et si cela n'avait été connu, il le peut actionner par la justice; mais pour les gagements il est décidé que le comte Conrad ni ses officiers ne doivent gager aucun bourgeois en sa maison, pour quelle cause que ce soit, sans jugement, ainsi que le porte leur franchise, et si les gagements que le maire de Neufchâtel a faits sont sans connaissance de justice, le dit comte les doit faire rendre aux dits bourgeois.

Criées faites dans la ville de Neufchâtel par le comte.

3. Que le comte avait fait faire des cris dans la ville par son sautier, et que cela était contraire à leurs franchises.

A quoi le comte ayant répliqué qu'il n'avait fait crier autre chose si ce n'est que s'il y avait quelqu'un qui n'eût pas fait sa reconnaissance des biens et censes qu'ils tiennent de lui, il eût à les venir reconnaître, et qu'il croyait n'avoir rien fait en cela qui fût contraire à la ville de Neufchâtel.

Sentence.

Il fut là-dessus prononcé que le dit cri serait sans le préjudice de la ville et que le comte n'avait à leur rendre compte du dit cri en aucune façon.

Copie des franchises demandée par le comte.

4. Et quant à la copie que le dit comte Conrad demande aux bourgeois de leurs franchises et qu'ils prétendent n'y être tenus, suivant même la franchise à eux concédée par le feu comte Rodolphe de Neufchâtel, après avoir entendu la dite franchise.

Sentence.

LL. EE. ont prononcé que les dits bourgeois ne sont entenus de ce faire à leur dit seigneur, ainsi qu'est à voir par la dite franchise, n'était qu'ils fissent cela de leur franche volonté, afin que le comte puisse tant mieux savoir comment il doit se conduire envers eux.

Juifs. Prêts à intérêts.

5. Et pour ce qui regarde les juifs qui se sont habitués à Neuf-

châtel, les bourgeois se plaignaient de ce que les juifs ne leur prêtaient pas sur le même pied qu'aux sujets du comte.

LL. EE. ont prononcé que le dit Conrad doit faire qu'ils portent des marques, en sorte qu'on les puisse reconnaître, et que les dits juifs prêtent aux bourgeois de Neufchâtel à même intérêt comme aux autres sujets du comté. — Sentence.

6. Plus se plaignent les dits bourgeois que le comte a gagé leurs bourgeois forains pour la réfaction des chemins, nonobstant la franchise à eux donnée par le comte Louis de Neufchâtel, qui porte expressément qu'il ne doit contraindre les bourgeois forains à aucun service. — Bourgeois forains gagés pour la réfaction des chemins.

À quoi le comte Conrad répondit, que, puisqu'ils se servaient des chemins, il était juste qu'ils s'aidassent à les maintenir.

Il fut prononcé qu'après avoir entendu au vrai la dite franchise, le comte doit rendre les gages aux bourgeois forains qu'il a fait gager à l'occasion des dits chemins, et que les bourgeois de Neufchâtel doivent demeurer avec leurs bourgeois forains auprès de leurs dites franchises sans être molestés par le comte Conrad. — Sentence.

7. Et en outre les dits bourgeois disent que le comte Conrad avait envoyé un de ses officiers, nommé Richard de Baume, à Boudevilliers, qui commanda à certains de leurs bourgeois forains de faire les corvées, à quoi ils ne sont obligés au contenu de leur prédite franchise. — Bourgeois forains de Boudevilliers.

À quoi le comte ayant répondu qu'il y en a quelques-uns à Boudevilliers qui lui doivent la dite corvée, et particulièrement à cause des biens qu'ils possèdent au dit lieu. — Corvées.

Il fut sentencé que la ville de Neufchâtel, à l'occasion de leurs bourgeois forains, doivent demeurer auprès de leurs franchises, comme il est contenu ci-dessus : mais que, si le comte Conrad peut prouver qu'il y ait des bourgeois forains à Boudevilliers qui possèdent des terres qui soient chargées de corvées, il pourra s'en prévaloir ainsi que de raison. — Sentence. Terres chargées de corvées.

8. De plus se plaignent les dits bourgeois que le comte a fait juger par ses taillables contre la teneur de leurs franchises, qui ne contiennent point que les mains-mortables puissent juger sur les bourgeois. — Taillables ne peuvent point juger.

Sur quoi le comte a répliqué qu'il y a à la vérité appelé leurs bourgeois, mais qu'ils n'avaient pas voulu comparaître.

Il fut là-dessus sentencé, que les bourgeois doivent demeurer auprès de leurs franchises, et que la sentence rendue par ces mains-mortables doit être nulle, et si l'acteur ou le réé désire par ci-après la justice pour ce fait, ils la doivent demander au contenu des dites franchises de la ville. — Sentence. Jugement rendu par les taillables est nul.

9. Quant au cimetière que les dits bourgeois prétendent d'être franc et qu'ils y peuvent faire garde. — Cimetière.

Il a été déclaré que le dit cimetière doit être commun, tant pour l'allée et venue du dit sieur comte, prévôt et chapitre, qu'aux autres bourgeois de Neufchâtel. — Sentence. Doit être commun.

10. Et en outre que le comte avait pris à leurs bourgeois de leurs bovailles. — Bovailles que le cte prétend avoir à meilleur marché.

1406

A quoi le comte ayant répondu qu'il avait ce droit, qu'il pouvait prendre à son choix la première de leurs bovailles, et que les vendeurs devaient la lui donner à un gros meilleur marché qu'aux autres.

Sentence.

Il fut dit que, si le comte a ce privilége, il doit demeurer auprès; toutefois qu'il paie à ceux dont il confesse avoir eu de leurs bovailles ce qu'il en peut devoir.

Le comte avait pris des bêtes avec promesse de dédommagement.

11. Les bourgeois alléguèrent encore que le comte devait avoir pris les bêtes d'Ancheman Tissot de Travers, en lui promettant de le garder de dommages envers Jean de Blois à cause de son emprisonnement.

Sentence. Le comte doit les restituer. On peut actionner le c^{te} par justice.

Il fut là-dessus prononcé que si le dit Tissot peut duement prouver que le comte lui ait pris de ses biens, il les lui doit restituer; plus, s'il lui semble que le comte ait pris quelque chose touchant le dit emprisonnement, le dit Tissot pourra actionner le comte par justice.

Le comte avait saisi le foin d'un pré.

Et quant à Jean Chovet et Jean Gy, dont le comte se doit avoir saisi de leur foin sur leurs biens, comme aussi de leurs champs; à quoi le comte ayant répliqué qu'il lui était venu à notice que feu le comte Louis avait donné à messire Ully le dit pré et champs sa vie durante et non pas à perpétuité; ceux de Neufchâtel ayant au contraire produit une lettre scellée par laquelle il paraissait que Batsman d'Abwyl et Catherine, sa sœur, du vouloir et consentement de la comtesse Isabelle de Neufchâtel, ont vendu le bien de messire Ully, tant champs que pré.

Sentence. Le comte doit rendre ce foin.

Il fut déclaré que, puisque la dite vendition avait été faite par le consentement de la seigneurie, le comte doit aussi laisser les dits Gy et Chovet posséder les dits champs et prés sans leur donner empêchement et qu'il devait ordonner à ses officiers de s'en déporter.

Le comte ne peut se saisir des biens des sujets sans connaissance de justice.

12. Les bourgeois se plaignirent encore que le comte avait mis entre ses mains la vigne des enfants de Jean Sevelier gisante au Landeron.

Le comte Conrad ayant allégué que ceux qui prétendaient d'avoir droit à la dite vigne l'avaient prié de prendre la dite vigne et biens entre ses mains jusqu'à ce que la justice en eût connu. A quoi ceux de Neufchâtel ayant répliqué qu'il avait été connu au Landeron à l'instance des dits enfants qu'on devait mettre leurs biens en main tierce.

Biens mis en main tierce.

Sentence.

Il fut jugé que si les dits de Neufchâtel ou les enfants peuvent légitimement prouver que le dit dépôt leur a été connu, que les dits enfants doivent aussi mettre les dits biens entre les mains du comte, qui assignera promptement journée à toute partie au Landeron, et qu'il pourvoira par bonne et briève justice que la difficulté soit incessamment terminée.

Bonne et briève justice.

Gages retenus.

13. De plus les dits bourgeois représentèrent que le châtelain de Thielle avait gagé plusieurs personnes et qu'il retenait ces gages quoique le comte lui eût ordonné de les rendre.

Sentence. Doivent être rendus.

Sur quoi il fut prononcé que tous les gages que les bourgeois pourront prouver que le comte a promis de leur rendre, qu'il sera obligé d'ordonner au dit châtelain de les restituer.

Tyrannie d'un châtelain.

14. Les bourgeois se plaignirent encore du même châtelain qui étant redevable de la somme de dix goulden à Henri Favre, leur bour-

geois, ensuite d'un passement obtenu par le dit Favre contre lui; cependant, au lieu de le payer, il menaçait de le maltraiter tant en sa personne qu'en ses biens.

Il fut là-dessus sentencé que ce que le dit Henri pourra duement prouver par gens ou titres lui avoir été adjugé contre le dit châtelain, il l'en pourra actionner par justice, mais quant aux menaces, le comte devra mettre le dit Henri en sa sauvegarde à ce qu'il soit assuré du dit châtelain sans exception.

1406

Sentence.
Il doit être actionné par justice.

Et le sujet sauvegardé du comte.

15. Enfin pour ce qui regarde le différend au sujet du pont-levis, les dits bourgeois prétendant qu'il n'y en devait point avoir, puisque leurs franchises portent qu'ils doivent garder toutes les portes de leur ville.

Pont-levis de Neuchâtel.

A quoi le comte ayant répondu que lui et ses prédécesseurs avaient gardé paisiblement jusqu'à présent le dit pont-levis et la porte derrière et la forteresse sans empêchement de ceux de la ville.

LL. EE. retirent ce point touchant le pont-levis et la porte pour le consulter dans la suite et avoir sur ce avis pour en ordonner comme ils le trouveraient à propos.

Cet article reste indécis.

LL. EE. ordonnèrent à chaque partie d'observer de point en point la présente prononciation ensuite du serment qu'elles avaient prêté de s'y soumettre, ce dont on donna à chaque partie un double scellé du sceau de LL. EE. Le comte Conrad et la ville de Neufchâtel y apposèrent aussi leurs sceaux pour approbation de tout ce qui y est contenu. Donné à Berne le jour et an que dessus.

Il paraît, par cette prononciation, que du temps du comte Conrad la ville de Cudrefin était une seigneurie qui appartenait à un bâtard de la maison de Savoie; que le comte Conrad possédait la seigneurie de Lugnores, qui est entre les deux lacs de Neuchâtel et Morat, et que les habitants de cette seigneurie étaient déjà en ce temps bourgeois forains de la ville de Neuchâtel. On voit en outre qu'il y avait pour lors des juifs qui habitaient dans la ville de Neuchâtel; ils y occupaient un coin de rue et ils avaient leur cimetière près de l'Hermitage; ils s'y étaient habitués de nouveau depuis l'an 1348, le comte les y ayant reçus, parce qu'ils lui payaient un tribut. Enfin il paraît que les arcades des maisons de la ville qui avançaient sur la rue et qui n'étaient que de bois devaient une cense au comte (V. l'an 1454, art. 39); mais que la comtesse Isabelle, pour encourager les bourgeois à construire des arcades de pierre (sans doute pour être tant plus en assurance contre le feu), affranchit de censes toutes les arcades des maisons qu'on hausserait devant ou derrière les murailles. On voit encore par cet acte que le comte ne peut ni emprisonner ni gager un bourgeois que par connaissance de justice; que les bourgeois ne sont pas obligés de lui donner leur franchise par écrit (V. l'an 1648); que les taillables ne pouvaient pas être admis à rendre aucun jugement, ni exercer aucune charge de judicature; enfin qu'il

Observations sur cette prononciation.
Cudrefin était une seigneurie.
Les habitants de Lugnores étaient bourgeois forains de Neuchâtel.

Cense des arcades.

Un bourgeois ne peut être emprisonné ni gagé sans connaissance de justice.

Les taillables ne peuvent être jugés

1406

Pont-levis et porte secrète du donjon.

y avait une porte derrière le donjon, au haut de la ville, et un pont-levis que le comte tenait et dont lui seul pouvait disposer; mais comme cela était très dangereux, puisqu'un comte aurait pu par ce moyen introduire en secret des troupes dans la ville pour égorger et assujettir les bourgeois, c'est pourquoi n'ayant pas pu souffrir ces choses, ils sont enfin venus à bout de les abolir.

Entreprise de Vauthier, baron de Rochefort, et de sa sœur, bâtarde de Neuchâtel.

Fabrication d'un faux, supposé avoir été donné par le comte Louis.

Cet acte portait que le comté devait revenir à Jean de Châlons.

Vauthier, bâtard de Neuchâtel, baron de Rochefort et seigneur des Verrières, fit cette année contre le comte Conrad une fourberie des plus insignes. Après s'être associé avec sa sœur Marguerite, bâtarde du comte Louis, et avec Jacques Leschet, chanoine de l'église de Neuchâtel, tous ensemble ils composèrent un faux acte en parchemin, dans lequel ils supposaient que le défunt comte Louis avait tellement affranchi ses sujets, qu'ils n'étaient plus obligés de rendre aucun devoir ni hommage au comte qu'autant qu'il leur plairait, et que si lui ou ses successeurs venaient à les traiter avec trop de rigueur, qu'en ce cas le comté de Neuchâtel retournerait à la maison de Châlons, dont il mouvait déjà en fief. Le sceau du comte Louis fut contrefait avec une pâte qu'ils avaient faite et qu'ils appliquèrent au sceau d'un vieux acte qu'ils possédaient, et l'ayant laissé devenir dure, ils s'en servirent ensuite comme d'un cachet, pour faire le scel de ce nouvel acte; mais comme il était nécessaire que l'acte parût vieux, ils l'oignirent d'une certaine matière et le pendirent à la cheminée pour être parfumé et paraître vieux.

Motifs de Vauthier et de ses complices en faisant cet acte faux.

Ce qui porta Vauthier à faire ce faux acte, fut que d'abord après la mort de la comtesse Isabelle, le comte Conrad avait attaqué Vauthier pour le faire déchoir de la baronnie de Rochefort, et que Vauthier appréhendait encore que le comte ne lui ôtât les Verrières et autres terres qu'il avait défrichées avec beaucoup de dépens. Marguerite, sa sœur, à laquelle le comte Louis avait aussi remis plusieurs terres, était dans les mêmes appréhensions; et Jacques Leschet craignait aussi que le comte Conrad n'en usât de même envers les chanoines, auxquels plusieurs accensements avaient été faits par les comtes précédents. Vauthier et ses complices datèrent leur fameuse pièce du mois de juin 1402. Et comme ils supposaient un faux acte dont ils inséraient la copie dans celui-ci et par lequel le comte Louis, qui parlait dans cet acte, accordait des franchises aux chanoines et aux bourgeois de Neuchâtel, aussi fallut-il y mettre encore une fausse date qui se rapportât au temps du comte Louis; cette date fut celle du 12 mai 1362.

Ce que contenait le dit acte.

Vauthier présente ce faux acte au conseil de ville.

Vauthier, baron de Rochefort, présenta cet acte au conseil de ville le 13 août. Il y avait environ cinq ou six mois qu'il avait été dressé. Ce conseil n'était pour lors composé que de seize conseillers. Vauthier les sollicita fortement à se distraire, en vertu de cet acte, de l'obéissance due au comte Conrad et de reconnaître Jean de Châlons pour leur souverain; il avait dessein, au cas que le conseil de ville ne voulût pas se soumettre à Jean de Châlons, de porter les bourgeois à se cantonner, à se déclarer libres, et conséquemment à se détacher du comte Conrad, qui faisait le tyran.

Il incite les bourgeois à se distraire du comte Conrad.

Le conseil, qui croyait cet acte véritable, qui n'aimait pas le comte Conrad, et qui souhaitait d'user de reconnaissance envers Jean de Châlons, lequel avait l'année précédente confirmé toutes leurs franchises et était un puissant prince, capable de les protéger, se rangea facilement de son côté. Il le reconnut, mais ce fut pourtant avec cette modification que ce n'était qu'au cas que la maison du comte Conrad vînt à défaillir et à s'éteindre, c'est-à-dire à manquer de mâles. C'est ce qui paraît par l'acte qui en fut dressé en latin. Voici la traduction de cet acte telle qu'elle fut produite en 1707 par le roi de Prusse pour fonder ses droits à la souveraineté :

Le conseil de ville croit cet acte véritable.

Sans vouloir se distraire de l'obéissance, il reconnait Jean de Châlons pour suzerain.

Nous le Conseil et la Communauté de la Ville de Neuf-Châtel au Diocese de Lausanne, et par especial Pierre Maillefert, Henry Fevre, Jean Chaudecier, Jehan Breillier, Anchem de Tissot Gouverneurs esleus dudit lieu, Vuillemeno de Cotens, Nicolet Eslordy, Regnaut de Cotent, Nicolet de Florete, Guillemin Chevillart, Giraut Bonne, Pierre Pegalt, Jehan Morel, Anthoine Jocier, Pierre Jaquemet, Crestin Petet, Conseillers et Jurés de la Ville, Bourgeoisie, et Communauté dudit lieu de Neuf-Châtel, tant en notre nom comme au nom de toute la dite Communauté et Bourgeoisie, et de la volonté et consentement exprès d'iceux et d'un chacun d'eux et de tous autres à qui y pourroit touchier, tant pour le tems present qu'avenir, faisons sçavoir à tous que comme nôtre Très-Chier et redouté Seign. Monsr. Jehan de Chalon, Seigneur d'Arlay et Prince d'Oranges, en rénumeration des bons et agreables services, et de la bonne amour, féaulté, et obéissance, que nous et nos Prédécesseurs, Bourgeois et Habitans, dedans et deffieur dudit lieu de Neuf-Châtel, avons fait à yceluy Seigneur et nos Seigneurs ses Devanciers, cui Dieu perdoint, nous ait ottroyé par ses Lettres patentes, que les Libertés et Franchises à nous données par feus de bonne mémoire Nos Seigneurs jadis Comtes de Neuf-Châtel, c'est asçavoir Henri, Bartho, Roul, Louïs, Isabel, que Dieu absoille, et par Monsr. Conraud à present Comte de Neuf-Châtel, soyent valables et estables perpetuellement, et comme Seigneur Souverain du fief dudit Neuf-Châtel, et de la Comté d'icelui à nôtre priere et supplication les ait confermées et ratifiées, et par sesdittes Lettres ait fait commandement à Monsr. le Comte dudit Neuf-Châtel, tant present que avenir, que lesdittes libertés et franchises et bonnes coustumes vuillent tenir en tous leurs points, sur les peines comprises ès Lettres desdittes Franchises et libertés, et sur toutes autres peines que de droit ils pourroient en-

Motifs de la reconnaissance des bourgeois de Neuchâtel.

1406

courre; Nous tant en nos presents noms, comme ès noms que dessus, et nous faisans forts pour tous les autres Bourgeois et Habitants, tant présens qu'à venir, dedans et deffuer dudit lieu de Neuf-Châtel, pour considération et regard des choses dessusdittes, et que à ce faire nous soyons tenus. Avons reconnus et recongnoissons pour nous et nos Hoirs et Successeurs, Bourgeois et Habitans dessusdits, yceluy Seigneur Monsr. Jehan de Chalons, Seign. d'Arlay et Prince d'Orange, être notre Souverain et Seigneur dudit fié de Neuf-Châtel et de la Comté d'icelui, et ledit fié reconnoissons à luy appartenir. Et promettons et jurons par nos sermens donnés aux Saints Evangiles de Dieu ès main du notaire cy-subcript; que au cas que le dit Monsr. Conraud à présent Comte de Neuf-Châtel decederoit de cest siecle sans Hoirs de son corps naturel et legitime, ou ses Enfans naturels et legitimes, ou les Hoirs de sesdits Hoirs descendans en droitte Ligne trepasseroient sans Hoirs procréés de leur corps en leal Mariage, qui par les droits des fiés d'Alemaigne le pourroient ou devroient succeder; Nous recevrons et serons tenus de recevoir pour nous et nos dits Hoirs et Successeurs ledit nôtre redoubté Seigneur Monsieur Jean de Chalon, Seigneur d'Arlay et Prince d'Orange, et ses Hoirs, Seigneurs d'Arlay, à Seigneur dudit lieu de Neuf-Châtel, et du Comté d'iceluy, et luy ferons et à sesdits Hoirs ouverture et obeissance dudit lieu de Neuf-Châtel, et non à autres, et iceluy et sesdits Hoirs recevrons et devrons recevoir comme Seigneur Successeur au dit Comté selon la nature des fiefs d'Allemagne. Et lui baillons et à sesdits Hoirs aide et faveur contre tous comme bons et loyalx subgetz sont tenus de faire à leur droiturier Seigneur, pour ce que se aucun demandoit ou quereloit icelui Comté ou partie d'icelui, iceluy Seigneur nous a promis pour lui et ses Hoirs de y faire selon la nature des fiés d'Alemagne devant l'empereur notre Souverain Seigneur de qui il tient le dit Comté en fié; pour ce aussi que se ledit Monsr. Conrault à présent Comte de Neuf-Châtel, ou sesdits Enfans ou Hoirs Comtes d'icelui lieu vouloyent donner, vendre, ou transporter par Testament, Institutions d'Héritié, ou autrement, ledit Comté ou partie d'icelui à autres, que à leurs Enfans qui leur deussent succeder, comme dit est, nous promettons en nos bonnes fois et sermens pour nous, nos Hoirs et Successeurs, habitans et à habiter, dedans et deffuer dudit Neuf-Châtel, que nous ne tiendrons pour Seigneur ne rendrons obeissance aucune à celuy ne à ceux à qui ou esquels ledit Transport, Donation ou Institution de Héritié en seroit fait, comme dit est, nous rendrons toute obeissance audit Monsieur Jean de Chalons, Seigneur d'Arlay et Prince d'Orange et à sesdits Hoirs, et luy et ses Hoirs recevrons pour Seigneur dudit lieu de Neuf-Châtel, et du Comté d'icelui. Item, nous garderons et serons tenus de garder bien et loyalement pour nous, nos Hoirs et Successeurs Habitans et à habiter, dedans et deffuer dudit Neuf-Châtel, tant presens que à venir, les Droits, Noblesse et Souverainetés dudit Monsr. Jean de Chalon, Seigneur d'Arlay et Prince d'Oranges, et de sesdits Hoirs, et leurs serons aidans et favorables en iceux et éviterons et empescherons tous Dommages et entreprises, qui se pourront faire à l'encontre d'icelui Seigneur, sesdits Hoirs et leurs Droits. Toutes lesquelles choses dessusdittes et chascune d'icelles par nous ainsi connuës et promises, nous avons promis et juré, jurons et promettons ès noms que dessus ès mains du Notaire cy-après nommé, solennelle et legitime stipulation sur ce intervenant, et sous l'espresse et hypotheque obligation de tous nos biens et de ceux de nos Hoirs et Successeurs, Bourgeois et Habitans dudit Neuf-Châtel, presens et à venir, tenir et garder mêmement sans corrompre et sans aller à l'encontre, à iceluy Seigneur Monsr. Jehan de Chalon, Seigneur d'Arlay, et à sesdits Hoirs, submettans pour ce nous et nosdits Hoirs et Successeurs aux Jurisdictions, contraintes et compulsions des Cours de l'Auditour de nôtre Très-Saint Pere le Papé, de l'empereur, du petit Seel de Montpelier, du Comte de Bourgogne, des Officiaulx des Cours de Losanne et de Besançon, et de toutes ….... ensemble et de par foi, à tenir et garder audit nôtre Redouté Seigneur Monsieur Jean de Chalon, seigneur d'Arlay et Prince d'Orange, et à sesdits Hoirs toute la teneur des presentes, toutes exceptions, raisons et allegations tant de droit, de fait, que de coutumes de Païs contraires à ces presentes cessans et autres mises, auxquelles nous avons renoncé et renonceons par ces presentes, et au droit disant que generale renonciation ne vault si l'especiale n'est devant mise. En temoignage desquelles choses nous avons fait mettre à ces presentes le Seel du venerable Chapitre de l'Eglise Collégiale dudit Neuf-Châtel; ensemble le Seel de la Communauté dudit lieu. Ce fut fait audit Neuf-Châtel le 13ᵉ jour d'Aoust l'an mil quatre cent et six. Donné comme dessus. *P. Cabame de Bugalla*, Notaire impérial et Juré de la Cour de Lausanne.

Ils se soumettent à la juridiction du pape, de l'empereur et des évêques.

Il paraît par cet acte qu'il n'y avait encore en ce temps-là aucun tribunal reconnu, où l'on dût decider de la succession feudale du comté, que celui de l'Empereur, en qualité de seigneur souverain du fief et de l'arrière-fief; que les bourgeois déterminent la nature du fief de Neuchâtel, ils le font fief inaliénable hors de la famille, se fondant sans doute sur les investitures de 1288. Mais ce qu'il y a de particulier, et qui paraît révoquer ce que les bourgeois avaient arrêté avec les ministres de Jean de Châlons, c'est que ce prince, en recevant, une année après, l'hommage de Conrad de Fribourg, consent qu'il lui soit rendu selon les us et coutumes de Bourgogne. Et comme, suivant ces us, les fiefs sont aliénables, il paraît néanmoins que le prince et le comte, d'un commun accord, en fixent la nature sur un autre pied : ils établissent que si Conrad meurt sans laisser aucun mâle, ses filles ou les filles de ses hoirs, une ou plusieurs du chesaul de Neuchâtel, pourront reprendre de Jean de Châlons ou de ses hoirs le comté de la même manière qu'il l'avait repris, et Jean de Châlons garantit Conrad au cas que le roi des Romains vienne à lui demander quelque chose.

Observations sur cet acte. Il n'y avait aucun tribunal reconnu dans l'État pour juger des prétentions de Châlons. Les bourgeois ont fait le fief inaliénable.

Il est certain que, quoique le comte et les bourgeois vinssent de faire un traité par lequel ils avaient reconnu un juge, il y avait encore entre eux beaucoup de mécontentement. Le comte était chagrin de ce qu'il se trouvait empêché de repren-

La haine du comte contre les bourgeois continuait encore malgré l'acte de combourgeoisie.

1406

dre les terres des sujets, tant aux chanoines qu'aux bourgeois, et ces derniers étaient fâchés de ce que le comte avait conçu une entreprise aussi injuste et tyrannique comme était celle-là, et de ce qu'il leur avait causé tant de frais et de peines, et ils appréhendaient même encore quelque mauvais traitement pour l'avenir. C'est ce qui les porta aussi à passer la susdite reconnaissance en faveur de Jean de Châlons. Il est fait mention dans cet acte de cinq gouverneurs élus par le conseil de ville. C'étaient sans doute ceux qui avaient soin des affaires de la bourgeoisie et auxquels les quatre maîtres-bourgeois ont succédé.

Les cinq gouverneurs de la ville.

Franchises de Valangin, données par Mahaut et son fils Guillaume.

Mahaut, dame de Valangin, et Guillaume d'Arberg, son fils, accordèrent de grandes franchises aux bourgeois de Valangin. Celles qui avaient été concédées aux habitants du bourg de Valangin, l'an 1352, et qui sont spécifiées dans le présent acte de dame Mahaut, sont non-seulement confirmées, mais aussi augmentées en faveur des bourgeois de Valangin, qui, ayant assuré que leur acte avait été consumé par un incendie, cette dame voulut bien leur en passer un autre; mais, afin de le rendre d'autant plus authentique et de le conserver d'autant mieux, ils l'allèrent montrer, par le consentement de dame Mahaut, au chapitre de Neuchâtel et à l'abbé de Fontaine-André, auxquels ils en demandèrent un vidimus, et c'est ce qui leur fut accordé. Cet acte est de la teneur suivante :

Nous Prévot et Chapitre de Neufchâtel au Diocèse de Lausanne, savoir faisons à tous, Que nous avons veu les Lettres saines et entières en seels et escritures, desquelles mention est faite cy-dessous, dont la teneur s'ensuit :

Nous MAHAUT *de Neufchastel* en Bourgogne, Dame de Vallengin, et Guillaume d'Arberg, fils d'icelle Dame Mahault, savoir faisons à tous ceux qui verront et orront cettes présentes Lettres, Que nous desirants et affectans, pour le tems avenir, le tres grand et évident profit de nostre Bourg de Vallengin, aussi l'augmentation et accroissement d'iceluy Bourg, et de tous les habitans qui y sont à présent, demeurants au dit Bourg de Valangin, ou qui pour le tems avenir y seront, Et aussi que ledit Bourg, pour le temps avenir se puisse meilleurer et édifier en fortification : Pour ce, Nous MAHAULT et Guillaume dessus nommés, pour nous et nos hoirs et les ayant cause de nous, perpetuellement avons baillé, donné, ottroyé, baillé, et délivré par la teneur de cettes, donnons, ottroyons, baillons et délivrons à nos aimés et feaux Bourgeois du dit Bourg de Vallengin, tant demeurans audit Bourg comme dehors d'iceluy Bourg, qui à présent y sont, ou qui pour le tems avenir y seront, pour eux et leurs hoirs, Successeurs et les ayant cause d'Eux, les franchises, Libertés et Coûtumes; desquelles iceux habitans dudit Bourg de Valengin et dehors d'iceluy, ja pieça avoyent usé paisiblement sans cōntredit d'aucuns; Disans qu'ils étoient et devoyent estre francs et quittes de toutes Tailles, charcuses, rentes, ventes, Longelt de vin et d'autres obventions, Giettes et novalitez quelconques, Ensembles de plusieurs autres Coûtumes desquelles ils ont usé, et d'icelles franchises et Libertés, ensemble d'icelles Coutumes en avoyent usés et jouy paisiblement, et encore usent et jouissent, et de ce disoyent et affirmoyent avoir eu Lettres de Nos Predecesseurs, Seigneurs de Vallengin, lesquelles Lettres, par Orvale de feu ou autrement, ont esté arsées et perduës, mais, ce nonobstant, à la supplication et requeste desdits nos Bourgeois, qui à présent sont audit Bourg de Valengin et dehors, icelles Franchises, Libertez et Coutumes, desquelles ils ont usé, pour eux et leurs hoirs, perpetuellement, sans revocquer, confirmons et approuvons, louons et ratifions par la teneur d'icestè; EN OUTRE statuons, ordonnons et ottroyons à iceux nos aimés Bourgeois du dit Bourg de Valengin, tant demeurants audit Bourgs comme dehors, qui à présent y sont, ou qui pour le tems avenir y seront; Que, outre toutes ces franchises, Libertés et Coûtumes, desquelles ils ont usé et usent audit Bourg et dehors, Que iceux nos Bourgeois, tant dudit Bourg que dehors demeurants, qui à présents y sont, ou qui pour le tems avenir y seront, usent paisiblement et jouissent, pour eux et leurs hoirs perpétuellement des Libertez, Franchises et Coutumes de Neufchâtel, desquelles à présent l'on use audit Neufchastel, soit par Lettres ou autrement, ou desquelles l'on pourroit et devroit user audit lieu de Neufchastel, pour le tems avenir, Auxquelles Franchises et Libertez de Neufchastel, Ensemble des Coûtumes d'iceluy lieu, Nous, pour nous et nos hoirs et ayant cause de nous, avons mis et établis, mettons et establissons par la teneur de cette, Ensemble tous leurs biens, meubles et heritages, maxs et Successions quelconques, Sauf et à nous reservé, pour nous et les nôtres perpétuellement, dix huit Livres de blanche Monnoye, prenable et coursable à Neufchâtel, au pain et au vin, et à nous et aux nostres, devoir payer chacun an à la Feste Saint Gal Confesseur, par les Tenementiers et ceux qui à present tiennent, et qui pour les tems avenir tiendront les possessions, heritages et tenements de Vauthier le Favre, de Coffrane, de Jaquet de la Grange, et Jaynin son frère de la Grange, Amiest, Bouchenel, Willemier de la Grange, Amiest Billon, Pernier d'Houvin, Henry Chouvin, Willemin fils de Rolier Croisier de Fontaines, Jaynin dit Ravenel de Dombresson, Jeanneret Maulmary, Vomar de Courtine de Savaigner, Jeanneret de Saules, Jaquier Gerbe, Perrod fils Jeannet, Alisson Perrod Lorimier, Cugnier son Frere, de Villard, Perrod fils Allisons de Villard, Cuanier Perrod, Willier et Jaynin freres, fils de Chavarnay de Fenin, Perrot dit Fissot de Fenin, Jeannette fille de Perrot de Villard, et de leurs hoirs lesquels dessus nommez ja long

1406

Confirmation des franchises dont les bourgeois avaient joui jusques-là.

Ils peuvent user des franchises de la ville de Neuchâtel et de Valangin.

Réserve des censes et des fonds que tiennent certains possesseurs.

1406 temps avoyent bonnes Lettres de feu nostre Très cher Pere et Seigneur Messire Jean d'Arberg jadis Seigneur de Valangin, que Dieu pardoin, lesquelles ils ont par devers eux, Et par la vertu desquelles Lettres, ils étoyent et encore sont tenus, pour eux et leurs hoirs perpetuellement à nous et aux nostres hoirs à payer chacun an comme dit est, les dites dix-huit Livres de blanche monnoye. Reservé aussi et à nous retenus pour nous et nos hoirs à tousjours-mais, sur nosdits Bourgeois et leurs hoirs, tous bans de Dix Livres, Soixante Sols, neuf Souls et quatre Sols, Ensemble, Clames et deffauts, et avec ce toutes Seigneuries et jurisdictions et Domination basses et moyennes. Que nous avons et devons avoir pour nous et nos hoirs sur iceux nos Bourgeois et leurs hoirs perpétuellement quand le cas y aviendra ou qu'ils le mefferont, et aussi reservons et retenons à nous et aux notres, comme dessus, le droit que iceux nos Bourgeois et leurs hoirs nous doivent pourront et devront devoir à cause de nos Fours, de nos Moulins et Batteurs, aussi nos Rentes et Censes, soit de froment, d'argent, d'Avoine, d'Orge, de Cire, de fromage, de Gelines, ou autrement par quelque manière que ce soit, Ensemble la Chevauchée pour nostre propre guerre et non autrement, toutes fois que mettier fera, comme accoutumé est anciennement. *Lesquelles* franchises, Libertez et Coutumes dessus dites, et une chacune d'icelle, Nous MAHAULT et Guillaume dessus nommés, pour nous et nos hoirs, et les ayant

Les franchises sont promises par serment. cause de nous comme dessus, avons promis et promettons par serment pour ce donné corporellement sur Saints Evangiles de Dieu et sous l'obligation de tous nos biens, meubles et non meubles, presents et avenir, acquis et à acquerir, à nosdits Bourgeois et à leurs hoirs perpetuellement maintenir, guerantir, deffendre et non venir au con-

Peine que s'inflige le seigneur s'il contrevient à son serment. traire, taisiblement ne en appert; *Et au cas* que nous ou nos hoirs, ou les ayant cause de nous, feroyent le contraire au tems avenir, (laquelle chose Dieu ne veuille) en iceluy cas, nous voulons et les nostres que dessus, à la requeste de nos dits Bourgeois ou de leurs

Juridiction de la cour de Lausanne. hoirs, être contrains et compelis par la Jurisdiction et Cohertion de la Cour de Lausanne et de toutes autres Cours Ecclesiastiques et Seculieres Sentence d'excommuniement, nonobstant à la Jurisdiction et Cohertion desquelles Cours, Nous et nos hoirs, submettons ensemble tous nos biens quelconques, pour iceux vendre, distraire et alliener à la observation des choses par avant dites et une chacune d'icelles. Et aussy qu'ils ne soyent tenus ne leurs hoirs, à nous ne aux nostres, d'obéir ou de faire obéissance aucune, ne payer les Rentes, Censes ou autres droits jusques à tant que nous ou les nostres dessus dits ayent laissé jouir et user lesdits nos Bourgeois, ou leurs hoirs, desdites Franchises, Libertés, et Coûtumes comme dessus par nous sont données, ottroyées, et concedées; Et si tant estoit que nos hoirs et les ayans cause de nous ne voulussent tenir lesdites franchises, Libertez et Coutumes, En icelui cas, nous voulons et ottroyons que nosdits Bourgeois et leurs hoirs, ne soyent tenus de obéir à eux ne à leurs hoirs, Seigneurs de Vallengin, ne payer leur Rentes ou Censes jusques à tant que icelles ayent ratifié et approuvé par leur Serment, ensemble leurs Lettres dessous leurs Séels, comme en tel cas appartient; Et pour ce que cette chose demeure ferme et stable pour le tems avenir, NOUS MAHAULT et Guillaume dessus nommés, avons prié et requis être mis en ces presentes les Séels de Venerable Chapitre de Neufchastel et de Religieuse personne l'Abbé de Fontaine André avec les nostres. Et nous Chapitre de Neufchâtel et Abbé de Fontaine André, nos Séels avons mis en cestes à la Requeste des dessus nommés Seigneur et Dame de Valangin avec les Séels d'iceux mis en cestes présentes, Qui furent faites et données le mardy après le Dimanche de Reminiscere, l'an de nostre Seigneur courant 1406 : Donné quand à nostre Vision, le septième jour de Mars, l'an de nostre Seigneur courant mille quatre cent et six, dessous nostre Séel dudit Chappitre, duquel nous usons en tel cas en signe de Verité.

1406

Avant cet acte, les bourgeois de Valangin ne différaient des taillables qu'en ce qu'ils pouvaient tester, vendre, donner leurs biens, et en ce qu'ils pouvaient posséder des charges de judicature, ce que ne pouvaient pas les taillables ; les bourgeois devaient à la place de la taille la communance une fois l'an à la volonté du seigneur et à l'équipolent de leurs biens ; plus un chapon pour la chaponnerie, les corvées et charrois de leurs corps et de leurs bêtes à la volonté du seigneur ; la chevauchée les obligeait à suivre sa bannière lorsqu'ils en étaient requis, mais ce ne fut après cet acte de Mahaut que pour la propre guerre du seigneur. Ils devaient encore, avant cet acte, une émine rase de froment pour la tournerie, une émine pour la gerberie et tous autres trahus qu'on avait accoutumé de prendre sur les taillables (V. l'an 1352). Mais depuis lors les bourgeois de Valangin ont été aussi francs que les bourgeois de Neuchàtel.

Différence qu'il y a entre les bourgeois de Valangin et les taillables, après cet acte de Mahaut.

Guillaume de Menthonay, évèque de Lausanne, fut assassiné le 9 juillet 1406 dans son château de Lucens par son homme de chambre, nommé Merlet, qui, pour punition de cet horrible parricide, fut condamné à être écartelé. Guillaume de Challant de la vallée d'Aoste, de la maison des comtes de ce nom, fut élu évèque en sa place ; il était fort aimé d'Amédée VIII, qui l'établit son chancelier.

L'évêque de Lausanne assassiné.

Guillaume de Challant succède à l'évêché.

La chapelle de Corcelles, aussi bien que le prieuré qui avait été rebâti l'an 1340, fut entièrement consumé l'an 1406.

Chapelle et prieuré de Corcelles brûlés.

Les chanoines de Neuchâtel, non contents d'avoir fait une

1407

1407

Jean de Châlons confirme les franchises au prieuré et chapitre de Neuchâtel.

combourgeoisie avec Berne, trouvèrent nécessaire, pour se mettre tant plus en sûreté contre le comte Conrad, de demander à Jean de Châlons IV une confirmation de toutes les franchises qui leur avaient été accordées par les comtes Rodolphe et Louis et par la comtesse Isabelle; ce qu'il leur accorda et leur en passa un acte.

Jean de Châlons entreprend de se faire reconnaître prince de Neuchâtel.

Jean de Châlons, voyant qu'il avait acquis l'affection de tous les habitants du comté de Neuchâtel et même celle de Guillaume de Challant, évêque de Lausanne, avec qui il avait fait cette même année une alliance offensive et défensive pour se fortifier d'autant plus, crut que le temps lui était favorable pour se mettre en possession du comté de Neuchâtel. Il attaqua pour cet effet le comte Conrad et commença par une action en main mise, qu'il fonda sur ce que le comte n'avait pas spécifié toutes les parties du comté qu'il tenait de lui en fief lorsqu'il lui rendit

Raisons pour lesquelles il demandait la commise sur le comte Conrad.

hommage le 5 août 1397, soutenant que ce défaut de dénombrement et de déclaration non donnée suffisait pour faire tomber son fief en commise. Jean de Châlons fit notifier cette main mise à Conrad par une députation; mais ce dernier n'ayant

Raisons de Conrad contre la commise.

pas voulu rendre obéissance, parce qu'il n'avait jamais été requis et qu'il n'avait pas refusé de faire ce dénombrement et que, sans ce refus, Jean de Châlons n'était pas en droit de se saisir de son comté, ce dernier trouva que cette réponse était raisonnable; c'est pourquoi il fit notifier au comte Conrad qu'il

Jean de Châlons somme Conrad de faire le dénombrement des parties du comté qu'il tient de lui en fief.

Conrad obéit.

eût à venir faire ce dénombrement. Conrad obéit, et s'étant rendu pour cet effet à Nozeroy, il comparut devant le comte Jean de Châlons, auquel il demanda d'abord la levée de la main mise par la tradition du sceptre qu'il tenait en sa main et qu'il remit entre les mains de Jean de Châlons. Conrad lui ayant ainsi rendu obéissance, Jean de Châlons leva la main mise. Ils

Ils passent trois actes entre eux.

passèrent entre eux trois actes dans Nozeroy.

Par le premier Conrad reprend le fief.

Il accuse tout ce qu'il tient relevant de Jean de Châlons.

Par le premier le comte Conrad reprend en fief et hommage lige de Jean de Châlons, baron d'Arlay et prince d'Orange, savoir : tout ce qui était au Val-de-Ruz dès le ruisseau en haut devers Neuchâtel, comme aussi Boudevilliers et tout ce qui en dépend, les châteaux de Thielle, de Boudry et le Val de Vaulrond, qui est le Val-de-Travers, le château de Vaumarcus, de Rochefort, la baronnie de Neuchâtel et la ville avec tout ce qui en dépend; Conrad excepte les dîmes de blé et de vin qu'il

L'hommage est rendu selon la coutume de Bourgogne.

tenait de l'évêque de Lausanne et qui sont dans le comté. Il déclare qu'il rend cet hommage suivant les us et coutumes de Bourgogne. Il réserve que, s'il meurt sans laisser aucun mâle,

Cas auquel la terre reviendra à Jean de Châlons ou à ses hoirs.

ses filles ou les filles de ses hoirs, une ou plusieurs du chesaul de Neuchâtel, pourront reprendre de Jean de Châlons ou de ses hoirs le comté de la même manière qu'il l'avait repris; que Jean de Châlons le doit maintenir au cas que le roi des Romains vienne à lui demander quelque chose; que le même doit, sous la peine de tous les fiefs, lui aider et à ses hoirs de tout son pouvoir contre toutes manières de gens, pendant que lui Conrad et ses hoirs voudront *ester à droit* par devant lui et ses hoirs. Conrad promet de servir Jean de Châlons comme un fidèle vassal y est obligé; il excepte les mêmes acquisitions que les comtes Rollin et Louis avaient faites dans la châtellenie du Landeron, dans le Val-de-Ruz, à Bevaix, à Boudry, à Gorgier et au Val-de-Travers, comme cela est déjà contenu dans la lettre d'hommage du 2 mai 1357. L'acte est daté de Nozeroy du 24 août.

1407. Jean de Châlons doit garantie à Conrad contre l'empereur.

Conrad doit servir Jean de Châlons. Exception des terres qui ne relèvent pas de fief.

Le second acte contient des réserves et protestations réciproques faites entre Jean de Châlons et Conrad de Fribourg, et est aussi daté du 24 août 1407.

Le second acte contient des réserves qui ne sont pas connues.

Le troisième acte contient la levée que Jean de Châlons fait de la main mise, après avoir reçu le bâton que Conrad lui présenta; et comme il y avait quelques difficultés entre eux au sujet de ce fief, ils choisirent pour les terminer chacun deux arbitres auxquels ils soumirent leurs différends. Jean de Châlons choisit messire Pierre Dupré, chevalier, et maître Lion de Nozeroy, doyen de Valence; ceux du comte Conrad furent Antoine de Vuillafans, chevalier, et maître Jean Langiet. Ils s'engagent tous deux à ne pouvoir acquérir aucun nouveau droit et seigneurie l'un sur l'autre qui pût préjudicier à leurs droits, etc. Cet acte est aussi daté de Nozeroy du 24 août 1407. Il est signé P. Visemo; les sceaux des deux comtes y sont appendus.

Le troisième acte est celui de la main-levée accordée à Conrad.

Environ la St-Martin 1407, le froid commença d'une manière si violente qu'on ne se souvenait pas d'en avoir senti un semblable; on le nomma le *froid d'hiver*, et il fut aussi fort long, car il dura douze semaines. Tous les lacs de la Suisse, le Rhin, l'Aar et les autres rivières gelèrent, tellement qu'on les traversait avec des charriots chargés.

Froid extraordinaire.

Tous les lacs de la Suisse gèlent.

La difficulté entre le comte Conrad et la ville de Neuchâtel recommença au sujet du pont-levis et de la porte qui était derrière le donjon, par laquelle on pouvait entrer et sortir facilement et à toute heure depuis le château. Le conseil de ville, qui a la police entre les mains et la garde des portes, ne voulut point souffrir cette entrée, par laquelle le comte, avec qui il avait eu beaucoup de différends, aurait pu introduire dans la ville des troupes pour égorger les bourgeois ou pour les réduire dans la servitude. Le comte fut obligé d'abattre ce pont et de murer cette porte.

1408. La difficulté entre le comte Conrad et la ville de Neuchâtel pour le pont-levis continue.

Le comte fait abattre le pont-levis.

1408

Pouvoir donné aux gens du Locle de vendre leurs héritages à ceux qui voudraient résider au Locle.

Douze deniers par livre.

Mahaut de Neuchâtel, dame de Valangin, et Guillaume d'Arberg, son fils, donnèrent le 4 mai 1408 aux habitants de la ville du Locle la puissance de vendre tous les héritages qu'ils tenaient d'eux l'un à l'autre, ou à ceux qui seraient ou voudraient être résidents au dit Locle et non autrement, à condition de payer douze deniers par livre. Ils leur accordèrent de pouvoir bâtir des maisons partout où il leur plairait, sans que la dite comtesse et son fils leur pussent rien demander à ce sujet, mais qu'ils payeraient ce qu'ils étaient tenus de payer. Avant cette concession, les habitants des Montagnes ne pouvaient vendre leurs terres que par la permission du seigneur de Valangin, auquel ils étaient obligés de donner une pièce d'argent, que le seigneur leur demandait à sa volonté et à proportion de la valeur de la pièce (V. l'acte du 12 mai 1372).

Prétentions de l'évêque de Bâle sur Valangin.

Offre de droit devant l'empereur, que l'évêque élude.

Humbert de Neuchâtel, évêque de Bâle, prétendant que le château de Valangin et le Val-de-Ruz relevaient en fief de son évêché, alléguant, entre autres raisons, que tous les fiefs mouvaient du roi des Romains, voulut obliger Guillaume à lui rendre hommage; mais Guillaume, par le commandement de Conrad de Fribourg, son seigneur féodal, offrit à l'évêque le droit par devant le roi des Romains. L'évêque aima mieux tout quitter que d'accepter cette offre (V. l'an 1520).

Débats pour la pêche du Doubs.

Le comte Conrad possédant la garde du val ou du prieuré de Morteau et en étant le seigneur, il arriva que ses pêcheurs sur le Doubs avaient souvent des difficultés avec les pêcheurs de dame Mahaut de Valangin, chacun voulant s'attribuer toute la rivière; ce qui fut la cause que le comte et cette dame firent un accord entre eux dont la teneur suit:

Accord entre le comte de Neuchâtel et la seigneurie de Valangin sur les limites de la terre et de la pêche.

Nous Conrad Comte de Fribourg et de Neufchatel, faisons savoir à tous ceux qui verront et orront ces présentes lettres, que aussi estoit que nos gens de nostre office. C'est assavoir, nos ventiers, et nos pêcheurs et autres gens chasseurs, tourniers avoient aucun débat de Royès et limitations avec les gens et officiers de nostre chiere sœur, Mahaut de Neufchatel, Comtesse Dame de Valengin, et Guillaume de Arberg Escuyer Fils de Noble et Puissant Seigneur Messire Jean d'Arberg jadis sire de Vallengin que Dieu pardoinct, est aussi que nostre Chiere Sœur et Guillaume nostre neveu dessus nommés, amiablement sont venus par devers nous pour faire dudit débat toutes raisons et toutes amitiés. Et nous Conrad comte dessus nommé pour estre consonnant à toutes raisons, ces chouses que sont estées faites et limitées au temps passé par nos prédécesseurs, anciens Seigneurs et Comtes de Neufchatel, ensemble, celles-cy dessous escripte par nous nouvellement limitées par la teneur des présentes lettres, à nostre Chiere Sœur et Guillaume nostre neveu dessus nommés pour nous et nos Hoirs quenconques, et pour leur et leurs hoirs leur avons reconfert et reconfermons, et baillons et ottroyons perpétuellement par la teneur de ces présentes lettres. C'est assavoir en tant comme il touche es Royes autrefois anciennement sont estés limitées, par aucun lieu par devers les joux. Et de nouvelle les déclairons par tout la teneur de ces présentes. C'est assavoir par Monmollin tendant Contremont la vi des Molles, et dès en qu'il tendant à une pierre crosiere, qu'est dessus le creux des molles. Et dès en qu'il tendant au creux de la louvatière, et dès en qu'il tendant à une pierre crosiere estant boaine plantée au prais corvoyers, que est es Hoirs Henry de Monmollin, et dès en qu'il tendant à une sauge croisiere qu'est en la Sagniole, et dès en qu'il tendant au Rouchat Croisiers qu'est entre deux Sagnioles, dès en qu'il tendant au hault de Martel, et dès en qu'il tendant à la Roche fenduc appellée la pourte du Locle. Et dès en qu'il tendant contrevault la Combe de Goudebat durant le rus que porte Aigue tant que au fil du Doub passant par Mortaux. Et dès en qu'il tendant le Contrevault le fil du Doub en tant quees Limites de nostre Dame de Basle. Item, entant que il touche au débat de nos pescheurs de ladite riviere nos dits pescheurs ne doivent passer, par sur l'un sur l'autre, outre le fil de la dite riviere, et pourtant pour éviter le débat de nos dits pêcheurs présents et avenir avec nostre sœur Mahault et Guillaume nostre neveu dessus nommés. Avons partir ladite riviere du Doub, que dès la rouche du Escheleur en tant que es limite de nostre dame de Basle es toute entièrement à nostre chiere sœur Mahault et Guillaume nostre neveu dessus nommés et de ladite rouche dudit escheleur est nostre entant que au sault de Montron tout entièrement, et dès ledit sault en tant que à la rouche dessous Malpas, se doit tenir toujours par le fil de ladite riviere pour maintenir les limites des Royes de nostre fiez tenant de Bourgogne, nostre partie devers vent et devers joran. Item entant comme il touche et compette au piage et ventes anciennement par nos prédécesseurs sont esté libérées à notre bien amez le sire de Vallengin. Et par ces présentes leurs reconformons comme dessus à nostre chere sœur et Guillaume nostre neveu dessus nommés que leur gens du Vault de Ruz, de la Sagne, du Locle et des Brenets, et tous autres habitans dedans leurs limites, sont francs et quitte dudit piage et ventes, par la forme et maniere que sont les gens que s'appelant les royes. C'est assavoir de tout ce qui acheteront pour leurs substances de leurs houstel et maniere de pain, de vin, de drap, de sault, de fer, d'acier et de toutes autres denrées qui acheterons, par tout nostre Comté de Neufchatel, en foire, en marchier ou autre part, et tout ce qui acheterons pour revendre en marchandises, s'en payerons et serons entenus de payer ledit piage et ventes. Par conditions que nostre chere sœur et Guillaume nostre neveu dessus nommés. Nous ont donnez et l'on voulut que nous devons avoir et lever le piage des biens passant par le Locle des gens et marchands estrangers et non pas des gens à nostre chere sœur et Guillaume nostre Neveu dessus nommés, et nous ont donnez licence de eslire un homme de leurs gens, au lieu du Locle pour recollir nostredit piage, parmy luy payant sa peine audit piageur. *Item* en tant comme il touche es jouissances des joulx, les gens de notre chiere sœur Mahault et Guillaume notre neveu dessus nommés pouvant et devant chasser, champoyer, bochoyer et tournay par-dessus nos vaines joux de sapin, parmy en nous payant nos droicts dus et accoutumez de payer des bestes prises en nosdits joux, d'ont ort et bestes rous-

1408

ses, et aussi nos gens pareillement par-dessus leurs joux, leurs bois banneaux. Et promettons nous Conrad Comte de Fribourg et de Neufchatel dessus nommé par notre bonne foy donnez en lieu de serment pour ce donnez corporellement aux Saints Evangiles de Dieu, les chouses dessus escrites et limitées, maintenir, garder et deffendre, contre tous et envers tous jugement et dehors à notre bon Amez le Sire de Vallengin dessus nommés pour nous et nos hoirs et pour leurs hoirs. En renonçant nous ledit Conrad Comte dessus nommez à tous droicts et à toutes coutumes, et à toutes renonciations faisant au contraire de ces présentes, de faict de droict, de coustume par nous ou par autres, au temps à venir, non-faire dire, n'y venir contre la teneur de ces présentes, en témoignage de laquelle chouse, nous Conrad Comte de Neufchatel dessus nommés, nostre propre Scel de nostre courroye, avons commandé estre mis appandant à ces présentes lettres sauf notre droit et l'autrui. Que furent faites et données le septieme jour du mois de septembre, l'an mil quatre-cent et huit. [1])

Nouveau voyage de Conrad en Terre-Sainte. Vauthier établi gouverneur.

Le comte Conrad entreprit de nouveau le voyage de la Terre-Sainte; mais ce voyage ne dura qu'environ un an. Comme il s'était réconcilié avec Vauthier, baron de Rochefort, qu'il avait regardé auparavant comme son ennemi déclaré (V. la prononciation du 14 mai 1406, art. 3), il l'établit pour gouverner l'état en son absence, ceux qu'il avait nommés, lorsqu'il fit son premier voyage, étant tombés dans sa disgrâce (V. la prononciation du 14 mai 1406, art. 1). Conrad donna à Vauthier le titre de lieutenant du comté [2]).

1409

Franchises accordées à ceux du Locle et de la Sagne.

Mahaut de Neuchâtel en Bourgogne, dame de Valangin, et Guillaume d'Arberg, son fils, confirmèrent à ceux du Locle et de la Sagne leurs franchises, savoir aux francs habergeants qui leur avaient envoyé pour leurs députés Perroud Sandoz, Jacob Montandon, Besancenet le Clerc, et le Stèphe du Locle; Perrenod de la Sagne, Othenin, Pierre l'abbé, le Tochenet et Vuille de la Sagne. L'acte déclare qu'ils jouiront des mêmes franchises

---

[1]) Il paraît par cet acte que le Doubs appartient à la seigneurie de Valangin depuis la Roche des Echelleurs jusqu'à la borne dite des Trois-Evêques. La justice de la Chaux-de-Fonds lève les corps morts qui s'y sont noyés jusqu'au bord devers la Bourgogne, et l'amodiateur de la Maison Monsieur a la pêche dans toute la rivière, dans l'étendue ci-dessus limitée, et outre cela le droit de passage (on appelle ce droit le *droit de bac*), et le seigneur retire encore les rentes ou péages.

[2]) On peut regarder ce Vauthier comme le troisième gouverneur qu'il y a eu à Neuchâtel (V. les ans 1351 et 1404). Il est à remarquer, qu'à cette époque de réconciliation, le comte Conrad n'avait pas encore la connaissance de l'acte supposé que Vauthier avait fabriqué avec Jacques Leschet, ni de celui que le conseil de ville avait passé le 13 août 1406 en faveur de Jean de Châlons et qu'on lui avait envoyé en secret. Quant à celui du conseil de ville, il avait été rendu public et reçu par un notaire impérial.

dont avaient joui ceux qui premièrement fondèrent le lieu par lettres et par bonnes coutumes. Il leur est permis de tenir leurs terres closes depuis la St-George jusqu'à la St-Martin, puisqu'ils paient les censes à quatre deniers par faux; réservant les hauts chemins de trente-deux pieds de large, dès le pont du Locle au Goudebat, et dès le dit pont à la Chaux-de-Fonds, et dès le dit pont au mont Dard; les autres chemins se feront par-dessus les héritages des particuliers, de la largeur dont ils conviendront entre eux. Ils feront leur cueillette de foin et de vaigne (c'est-à-dire de grain) l'un par dessus l'autre sans point de danger. Ils laisseront toujours une ouverture pour aller à la Joux depuis le fond des villes de la Sagne et du Locle. L'acte est du 8 mars 1409; il est scellé des sceaux de Mahaut et de Guillaume.

Rodolphe, marquis de Hochberg, beau-frère du comte Conrad et aïeul de Rodolphe de Hochberg, comte de Neuchâtel, fut cette année moyenneur de paix entre le duc d'Autriche et les villes de Strasbourg, Berne, Bâle et Soleure, qui s'étaient fait une cruelle guerre. Les villes de Berne, Bâle et Soleure marchèrent le 6 novembre 1409 avec 4000 hommes et sept canons devant Rhinfeld, où elles causèrent à leur ennemi beaucoup de dommage et lui brûlèrent plusieurs villages; c'est ici la première fois qu'on s'est servi de canons dans la Suisse (Voyez l'an 1309). *Rodolphe de Hochberg, médiateur de paix.* *Premier usage de canons en Suisse.*

Jean Vauthier, seigneur de Colombier, qui avait épousé dame Othenette et acquis par ce mariage le fief de Cormondrèche, rebâtit, l'an 1409, le prieuré de Notre-Dame de Corcelles, qui, il y avait trois ans, avait été entièrement consumé, et il augmenta même ses revenus. Humbert de Bussi, qui était prieur en ce temps, était en même temps collateur des églises de Corcelles, de Cornaux, et il envoyait un de ses moines pour faire le service divin dans la chapelle de Coffrane. Jean Vauthier bâtit aussi un temple à Corcelles; il n'y avait auparavant qu'une chapelle, qui avait aussi été brûlée l'an 1406. *Prieuré de Corcelles rebâti.* *Humbert de Bussi, prieur.* *Temple de Corcelles.*

Le comte Conrad revint de son voyage du Levant environ le mois d'octobre 1409. On lui découvrit d'abord après son arrivée les deux actes qui avaient été dressés en 1406, l'un par Vauthier de Rochefort et ses complices, et l'autre par le conseil de la ville de Neuchâtel en faveur de Jean de Châlons IV. Comme les auteurs de ce dernier étaient connus d'une manière incontestable, le comte Conrad se rendit d'abord à Berne pour en porter ses plaintes à LL. EE., aussi bien que de diverses autres choses. Il soutint entre autres que cet acte était une ligue et une confédération des bourgeois de Neuchâtel contraire à leur qualité de sujets et à la juridiction immédiate qu'il avait sur *Retour du comte Conrad. Il découvre les deux actes faits contre lui.* *Il va à Berne pour se plaindre.*

1409

eux; que le conseil de ville s'était émancipé de faire une chose qui n'était pas de sa compétence; qu'il était allé au delà de son pouvoir; que lui Conrad ne lui avait pas soumis ses droits ni son comté pour en pouvoir disposer, etc. Il pria LL. EE. qu'il leur plût de faire connaître au conseil de la ville de Neuchâtel la conséquence de cet acte, à cause des troubles qui en pourraient naître entre les comtes de Châlons et ceux de Neuchâtel; que pour toutes ces raisons et autres il leur demandait justice en vertu de la combourgeoisie contre les bourgeois de Neuchâtel. Sur quoi LL. EE. se réservèrent d'en juger par la suite et renvoyèrent cette affaire.

Le comte se récrie contre le faux acte.

Mais pour ce qui était de l'acte qui avait été fait par Vauthier de Rochefort et ses complices daté du 2 mai 1362, ce qui était une fausse date dont les complices s'étaient servis pour cacher leur fourberie par cette antidate, l'auteur n'en étant pas encore connu, Conrad ne put pas l'attaquer; mais il ne laissa pas que de se récrier fortement contre cet acte, par lequel on attentait à ses droits et qu'on avait sujet de regarder comme fort suspect.

1410

Troubles survenus au sujet de cet acte.

Berne, Fribourg, Soleure et Bienne interviennent.

Fourberie découverte.

Il y eut sur ce sujet à la fin de 1409 et au commencement de 1410 de grands troubles à Neuchâtel; ce qui obligea les villes voisines, Berne, Fribourg, Soleure et Bienne, à s'entremettre dans cette affaire par leurs ambassadeurs, qui reconnurent d'abord au parchemin et à l'écriture (dont la forme n'était pas en usage au temps de la date de l'acte) qu'il y avait de la fourberie; mais l'auteur ne put pas encore être découvert. La conférence sur cette affaire se tint à Bienne, où les susdits ambassadeurs s'assemblèrent; on y travailla encore dès-lors à la découverte du coupable, qui ne fut reconnu que deux ans après.

Mort de Mahaut.

Mahaut de Neuchâtel, dame de Valangin, mourut en ce temps après un veuvage de vingt-cinq ans. Comme elle était sœur utérine de Marie de Vergy, épouse du comte Conrad, et qu'ils avaient encore quelques biens à démêler, ce comte fit pour ce sujet avec Guillaume d'Arberg, son neveu, une convention et un relief.

Le comte Conrad pacifie Berne avec le comte de Savoie.

Le comte Conrad s'employa de tout son pouvoir à pacifier un différend qui s'éleva entre Amédée VIII, comte de Savoie, et LL. EE. de Berne, et dont voici le sujet. Les habitants de la seigneurie d'Oltingen, laquelle appartenait à Hugues de Montbéliard, s'étant mutinés contre lui, se saisirent de son château, qu'ils démolirent, et ils massacrèrent le dit Hugues leur seigneur. Sur quoi Amédée VIII, qui était son seigneur féodal, voulut faire la guerre aux Bernois, croyant qu'ils avaient incité ces sujets à la rébellion. Tout était préparé de part et d'autre pour en venir à une bataille: Soleure, Berthoud et Thoune avaient déjà envoyé leurs troupes à Berne. Mais tout cela fut apaisé par les grands soins du comte Conrad, qui vint à bout de persuader à Angélique de Bagnes, veuve du dit Hugues, de vendre sa seigneurie aux Bernois, qui l'ayant achetée pour la somme de 7000 goulden, condamnèrent les sujets à la payer; et ainsi la ville de Berne eut cette seigneurie pour les dépens que cette affaire lui avait causés.

1410. Berne gagne la seigneurie d'Oltingen.

Le 23 janvier 1410 il fit un ouragan des plus violents qui causa beaucoup de dommage aux arbres, aux fenêtres et aux toits des maisons.

Violent ouragan.

Guillaume d'Arberg, seigneur de Valangin, accorda à Perrin Quinche des Geneveys-sur-St-Martin, pour lui et ses hoirs, qu'ils seraient quittes de tout ce que devaient les bourgeois de communance, pour la somme de vingt sols bons lausannois censaux (c'est-à-dire de cense annuelle), monnaie coursable au pays de Vaud. Il l'allibère des rentes, corvées et autres usages de vignes que devaient les bourgeois de communance, à la réserve des charrois. Cet affranchissement fut fait pour la somme de huit bons florins de bon or et léal poids. Guillaume excepte ses droits, censes et rentes; que s'il *fait estaire*, c'est-à-dire s'il demande quelques subsides à l'avenir, le dit Quinche et ses hoirs seront obligés de les payer tout de même que les personnes franches. L'acte est daté du 20 janvier 1411 et scellé du sceau du comte Guillaume.

1411. Franchise accordée par le seigneur de Valangin aux Quinche.

Usages de vigne.
Bourgeois de communance.

Estaire.

Le même Guillaume rendit hommage à Conrad de Fribourg son oncle. On dressa deux actes. Le premier contient la reprise du fief que fit pour lors Guillaume, qui reconnut d'avoir reçu son fief de Conrad de Fribourg. Par le second, Conrad donna à Guillaume, son neveu, en accroissement de fief, la moitié du Val-de-Ruz et les hommes y habitants qui étaient taillables et que l'on nomme *roturiers*. Cette moitié qu'il lui donne s'étend depuis le Seyon jusqu'au haut de Chaumont, où sont contenus les villages de Fenin, Velars, Saules et Savagnier, qui jusqu'alors avaient été du comté de Neuchâtel. Conrad confirma aussi à Guillaume le plaid de mai (V. l'an 1372). Ces actes sont tous deux datés du 14 juillet 1411.

Guillaume rend hommage à Conrad.

Accroissement de fief à Guillaume.

Quatre villages sont donnés au seigneur de Valangin.

Guillaume épousa cette année Jeanne de Boffremont, famille qui était une des plus considérables de la Franche-Comté. La charge de sénéchal a été héréditaire pendant quelque temps dans cette maison. La seigneurie de Boffremont, qui était très considérable, parvint par ce mariage aux seigneurs de Valangin, qui l'ont toujours possédée pendant qu'ils ont subsisté. Cette seigneurie était en Lorraine.

Mariage de Guillaume.

La seigneurie de Boffremont parvient aux seigneurs de Valangin.

Itel Trosberg, tenant le fief qu'on a depuis appelé de Gruère,

Fief de Gruère.

1411 rendit hommage au comte Conrad et lui fit le dénombrement de son fief, ensuite duquel il est dit dans l'acte de reprise: « Lesquelles choses je confesse par la teneur des présentes « avoir en fief et hommage lige, à cause de mon dit seigneur « le comte et des siens, pour moi et les miens, affirmant et en « vérité reconnaissant que j'ai fait cette présente déclaration au « mieux et plus véritablement que j'ai pu, en protestant ex-« pressément que si, par ignorance ou autrement, j'avais oublié « ou laissé de mettre en cette présente déclaration aucune chose « que je tienne ou doive tenir du dit Mgr. le comte en fief et « arrière-fief, de les déclarer et de donner par manière d'addi-« tion, toutes et quantes fois que duement en serai informé, et « que la commission d'icelle ne me puisse tourner à préjudice « ni à mes hoirs au temps à venir, protestant aussi d'user tou-« jours de vérité et de faire tout ce que devrai et suis tenu « de faire, tant de droit que de coutume, selon qu'en tel cas « appartient » (V. les ans 1349, 1357). Ce fief est exprimé dans l'acte par six terciers de froment à Boudevilliers, qui font six sacs ou deux muids.

Ce fief était à Boudevilliers.

Le susdit Trosberg demeurait à Valangin; mais son fief étant à Boudevilliers, il était vassal du comte de Neuchâtel. Il tenait ce fief de sa femme Marguerite, qui était fille d'Othenin de Giez. Elle avait été mariée d'abord à Jean Richard de Courtelary, duquel elle avait eu une fille, et ensuite à Itel Trosberg, duquel elle eut aussi une fille nommée Aimonette, qui fut mariée à Jean Blayer le jeune, demeurant à Valangin, lequel eut le susdit fief de Gruère.

Accensement d'un muid de froment.

Cette même Marguerite, du consentement de son mari, accensa cette année à Perrin Hugues de Dombresson un muid de froment qui lui était dû par les Quinche à St-Martin. Il a appartenu dès-lors à Pierre, fils de Claude Blayer, et a été du fief Blayer.

Fief Blayer.

Maladie contagieuse nommée le tac.

Il y eut cette année une maladie contagieuse nommé le *tac*, qui fut presque universelle; elle faisait perdre le boire, le manger et le dormir; lorsqu'on mangeait on avait une forte fièvre, et ce qu'on avalait paraissait amer et puant. Le malade tremblait toujours; il était las et tout rompu de ses membres, et on n'osait le toucher en aucun endroit de son corps. Ce mal était accompagné d'une forte toux qui tourmentait jour et nuit. Il durait trois semaines et peu de personnes en moururent. Lorsqu'on voulait guérir, on jetait beaucoup de sang par le nez, par la bouche et par le fondement.

1412

Décharge de la main-morte à ceux

Guillaume, seigneur de Valangin, confirma aux habitants du Locle et de la Sagne toutes les lettres scellées par lui et ses prédécesseurs en faveur des dits habitants. Il les affranchit, aussi bien que ceux du Val-de-Ruz, de la main morte, et il leur accorde la permission de se pouvoir hériter jusqu'à la cinquième ligne et jointe. Il les exempte de garder les aires des oiseaux gentils en ses bois et joux et autre part, et ce moyennant la somme de 301 bons écus d'or, qu'il confesse d'avoir reçus. Le dit seigneur se retient tous bans, censes, coutumes, clames grosses et petites, et raisons quelconques et en quelque lieu et manière que ce soit, comme aussi la justice haute et basse. L'acte est du 24 avril 1412 et scellé du sceau du dit seigneur et du prévôt et chapitre de Neuchâtel, qui leur en accordèrent un vidimus le 14 juin 1429.

1412 du Locle et de la Sagne, et autres franchises à eux accordées par le seigneur de Valangin.

Par un acte daté du 9 mai 1412, le comte Conrad et Marie de Vergy, son épouse, accensent à Girard Robelles des Bulles une pièce de terre gisante au lieu dit ès Plaignes, touchant d'une part aux raisses et confins de la Ste-Croix, et d'autre part touchant au mont des Salges, et le sentier de Buttes devers la bise, et devers le vent touchant les Saignes Bovet, et ce sous la cense annuelle d'une livre de cire et un écu délivré comptant et que la dite comtesse confesse d'avoir reçu pour une fois d'entrage, la dite cense rendable au château du Châtelard. Cet acte, auquel le sceau de la comtesse est apposé, fait voir que le Val-de-Travers s'étendait plus avant sur le baillage de Grandson qu'il ne fait aujourd'hui.

Accensement à Girard Robelles des Bulles par la comtesse de Vergy.

Le Val-de-Travers plus étendu qu'aujourd'hui.

Guillaume de Valangin affranchit de la main morte les Geneveysants et habergeants par un acte du 9 mai 1412, et ce pour la somme de 272 bons louis d'or au coin du roi de France. Il est dit qu'ils pourront à l'avenir posséder leurs terres comme un bien propre en payant les censes foncières dues; qu'ils pourront acheter et vendre des fonds, et même acheter des bourgeois de Valangin en payant, pour le lod, un gros par florin et demi-gros pour les engagères; qu'ils ne pourront sortir du pays pour s'habituer à autre part; ce qui arrivant, le dit seigneur pourra se saisir des biens qu'ils posséderont pour lors. Ce fut aussi dès-lors qu'on les nomma francs habergeants.

Affranchissement de la main-morte accordé par Guillaume aux Geneveysants et habergeants.

Francs habergeants.

Guillaume, baron de Grandson, mourut cette année. Comme il mourut sans enfants et qu'il était descendu de cet Othon Ier, frère de Jean de Châlons, dont j'ai parlé l'an 1237, et que par la mort de ce Guillaume la postérité d'Othon Ier fut éteinte, la baronnie de Grandson retourna ainsi à Jean de Châlons IV, aussi bien que le comté de Cerlier, que Guillaume possédait (V. l'an 1337), quoique Jean de Châlons ne fût son parent qu'au cinquième degré.

Mort de Guillaume, baron de Grandson.

La baronnie revient à Jean de Châlons IV.

Le comte Conrad travaillait toujours à découvrir l'auteur du

Le comte Conrad cherche à décou-

1412
vrir les auteurs du faux acte.

faux acte qui avait été produit par Vauthier, baron de Rochefort, et par Jacques Leschet, chanoine, ce qu'ils ne niaient pas; mais tout en soutenant que l'acte était véritable, ils protestaient que, s'il était faux, ce n'étaient pas eux qui l'avaient fabriqué.

Il envoie cet acte à Paris.

Conrad envoya cet acte à Paris pour consulter le Parlement, où il y avait d'ailleurs des habiles experts, connaisseurs d'écritures. Celui qui porta cet acte à Paris s'appelait Guyot du Pont, qui était

Bucéphale.

monté sur un grand Bucéphale, appartenant au Grand Jacques de Vautravers, et qui ne se laissait approcher, brider ni monter que par ceux qu'il connaissait particulièrement. L'acte ci-dessus

Le parlement de Paris déclare l'acte faux.

ayant été examiné et contrôlé par le Parlement, fut déclaré faux; la fausseté en ayant paru, ainsi qu'il a déjà été observé, par cela même que le caractère et la forme de l'écriture n'étaient pas encore en usage l'an 1362, qui était la date que portait cet acte.

Les coupables Vauthier et Leschet sont saisis.

Vauthier et Leschet furent alors saisis comme en étant les auteurs, ce qu'ils finirent par confesser, et ils furent condamnés à mort.

Le baron de Rochefort est décapité.

Vauthier fut décapité le 18 août sur un échafaud qui fut dressé sur le bord du lac, dans la ville, sous un grand mûrier, lequel fut renversé par un violent orage l'an 1663, et qui était en la place où le chancelier Montmollin a depuis bâti une belle maison.

Les enfants de Vauthier.

Ce Vauthier laissa deux fils et une fille. Il sera question de ces deux fils en l'an 1434. Sa fille se maria avec Claude de Menthon, qui fut depuis établi baillif du Pays de Vaud, l'an 1443, et qui s'intitulait baron de Rochefort et co-seigneur d'Aubonne, et dont le fils, aussi nommé Claude de Menthon, fut également baillif du Pays de Vaud en 1485. Le sujet de la mésintelligence qu'il y avait entre le comte Conrad et Vauthier, procédait de la donation que le comte Louis avait faite au dit Vauthier de la baronnie de Rochefort et d'une partie des villages des Verrières; sur quoi Conrad lui avait intenté un procès qui ne fut terminé que par la mort de Vauthier, Conrad s'étant pour lors saisi des dites terres et seigneuries.

Le chanoine Leschet fut noyé, mais seulement quatre ans plus tard.

Quant à Jacques Leschet, chanoine, il fut condamné à être noyé, mais il ne fut exécuté que le 14 août 1416. Après avoir été mis dans un sac de cuir, il fut conduit bien avant sur le lac, jeté dans les eaux et noyé. Ce qui fut cause qu'on ne le fit mourir que quatre ans après Vauthier, c'est qu'il fallut bien du temps pour obtenir de l'évêque de Lausanne qu'il fût dégradé et privé de son caractère; ce à quoi enfin l'évêque se décida par un acte authentique. Avant cela Leschet avait été seulement mis aux arrêts; mais après sa dégradation, on l'emprisonna et on lui fit son procès dans toutes les formes. Il était chanoine depuis l'an 1396.

Marguerite, sœur de Vauthier, est

Marguerite de Neuchâtel, bâtarde du comte Louis et sœur

de Vauthier, fut aussi condamnée et adjugée en corps et en biens au bon vouloir du comte Conrad, qui voulut bien lui pardonner. La baronnie de Rochefort et la seigneurie des Verrières furent confisquées et retournèrent au comte Conrad, aussi bien que la plupart des terres qui avaient été inféodées à Marguerite de Neuchâtel, veuve de Petremand de Vaumarcus.

1412 aussi condamnée, mais obtient grâce de Conrad. Rochefort et les Verrières confisqués.

Françoise, fille de François de Colombier et veuve du susdit Vauthier, redemanda le corps de son époux, après qu'il eut été décapité; ce qui lui fut accordé. Elle conserva sa chemise tout ensanglantée pendant plusieurs années, jusqu'à ce que ses deux fils, qui étaient fort jeunes à l'époque de la mort de leur père, fussent en état de se venger (V. l'an 1434). Vauthier portait depuis l'an 1408 le titre de lieutenant du comté, étant pour lors châtelain de Neuchâtel, qui était l'office le plus considérable de l'Etat; celui qui possédait cet emploi gouvernait le comté en l'absence du seigneur (V. l'an 1354). La perfidie de Vauthier envers le comte Conrad fut cause que cet office fut supprimé: non-seulement celui de lieutenant du comté fut aboli jusqu'à l'an 1457, mais aussi celui de châtelain de Neuchâtel fut entièrement supprimé, et en sa place on subrogea l'office de maire, qui commença l'an 1415, auquel Matthieu de Cottens, écuyer, fut établi premier maire de Neuchâtel. Cet office a toujours subsisté depuis ce temps-là.

Le corps de Vauthier est accordé à sa veuve, qui conserve la chemise ensanglantée de son mari.

Vauthier était lieuten[t] du comté et châtelain de Neuchâtel.

Le maire de Neuchâtel substitué au châtelain.

Conrad étant devenu possesseur du château de Rochefort, dont Vauthier avait fait un repaire de brigands qui tuaient les passants et se saisissaient de leurs dépouilles, permit à ceux qui habitaient autour de le détruire; et comme on avait en horreur ceux qui tenaient ces châteaux, desquels le public était fort incommodé, cela fut bientôt exécuté. Mais comme depuis le château de Rochefort on pouvait découvrir ceux de Roussillon au-dessus de Buttes et du Châtelard, qui était sur le bord du lac auprès de l'abbaye de Bevaix, et que ces manoirs se donnaient un signal de l'un à l'autre au moyen de linges qu'ils exposaient lorsque venait à passer quelqu'un qui leur paraissait une bonne proie, le comte Conrad fit aussi démolir ces deux châteaux. Celui de Roussillon avait été bâti l'an 874, par Girard de Roussillon, comte de Bourgogne, pour y recevoir un péage des voyageurs et des marchandises qui y passaient. Le dit château était sur une hauteur et tout près du grand chemin d'alors par lequel on transportait les marchandises depuis la Franche-Comté en Suisse. On pouvait depuis le château de Roussillon découvrir non-seulement le château de Rochefort, mais aussi le Château-franc, qui était au-dessus de Ste-Croix, d'où l'on apercevait celui de la Molière, qui était

Le château de Rochefort, qui était devenu un repaire de voleurs, est démoli.

Les châteaux de Roussillon, au-dessus de Buttes, et du Châtelard, près de Bevaix, en connivence avec celui de Rochefort, partagent le même sort.

Château de Roussillon.

1412
Château du Châtelard.
Péage par eau.

Ce péage appartient à Boudry.

Succession arrêtée en faveur d'Alix de Châlons.

Et substitution en sa faveur.

Dîmes des Verrières appréciées en grain.

1413
Acte d'inféodation de la Terre de Travers par le cte Conrad à Jean de Vaumarcus.

Teneur de l'acte.

près d'Estavayer. Tous ceux qui habitaient ces différents châteaux étaient en correspondance entre eux. Celui du Châtelard était aussi sur un grand passage : on s'y embarquait pour passer le lac, lorsqu'on se transportait depuis la Bourgogne dans le Pays de Vaud. On paie encore aujourd'hui des censes foncières qui procèdent du château de Roussillon, et on paie aussi un péage au lieu où était le château du Châtelard. Ce péage appartient aujourd'hui à la ville de Boudry (V. les ans 1369 et 1562).

Guillaume de Vienne ayant épousé Alix, fille aînée de Jean de Châlons IV, il fut déclaré dans le contrat de mariage, passé le 21 octobre 1412, qu'elle et ses descendants succéderaient aux mâles de la maison, s'ils venaient à défaillir. Jean de Châlons IV fit son testament, dans lequel il confirma le traité de mariage ci-dessus et y ajouta même une substitution en faveur d'Alix et de ses enfants, au défaut des mâles de la maison de Châlons (V. les ans 1405, 1416 et 1417).

Les habitants de la seigneurie des Verrières, voyant que cette seigneurie avait été réunie à la directe et qu'elle était retournée au comte Conrad, qui en était le seigneur suzerain, s'adressèrent à lui pour le prier de leur amodérer et aborner leur dîme pour une certaine quantité de grain fixe payable annuellement et perpétuellement en espèces, savoir celle des Cinq-Bourgeaux sans y comprendre les dîmes de la Côte-aux-fées, des Jeunes gens et Allemands au lieu appelé la Ronde-fontaine, qui se paiera comme du passé. Le comte leur accorda cette demande et amodéra toutes ces dîmes à 120 muids, dont le paiement de 30 muids sera fait à leur curé et 90 muids au souverain, qui ne sera pas obligé de supporter aucune orvale.

Le comte Conrad, voulant gratifier Jean, fils de Girard de Neuchâtel, érigea en sa faveur et lui remit la seigneurie de Travers, dont il lui passa un acte d'inféodation qui contient ce qui suit :

Nous Conrad Comte de Frybourg et de Neufchatel, faisons sçavoir à tous les présent et advenir, que comme la noble et puissante Dame, Madame Isabelle Comtesse et Dame, Madame de Neufchatel, nostre très-aimée dame et tante de très glorieuse mémoire, ait donné par son dernier Testament à feu noble personnage, le Seigneur Girard Bastard de Neufchatel, Chevalier, Seigneur de Vaumarcus nostre bien aimé oncle, la somme de Deux Mille florins d'or, et qu'elle les ait assignés et affectés sur notre Chateau de Boudry, et sur toutes ses appartenances et dependances, pour estre tenus et possedés par le dit Seigneur nostre oncle, et par ses héritiers, tant qu'il ait esté satisfait de ladite somme de florins, et sous de certaines conditions qui sont exprimées dans le Testament, et d'autant que nous souhaitons d'accomplir de tout nostre possible ledit

Testament selon la volonté dudit Seigneur Girard nostre oncle, nous avons 1413
assigné et affecté pour ladite somme audit Seigneur Girard, tant pour luy
que pour les siens sus-nommés, cent et cinquante florins du revenu annuel qui se tire en nostre Vallée du Vautravers, et que nostre dit oncle et
les siens sus-mentionnés doivent annuellement recevoir et lever jusques à
ce que nous ou les nostres l'ayons entierement satisfait de la dite somme,
c'est assavoir six-vingt et onze florins d'or et cinq sols Lausannois, des
tailles, rentes et Censes qui nous sont d'heues en nos Villages de Travers,
Rosieres et Noiraigue, et les revenus que l'on nous doit en nostre ville
de Neufchatel dix-huict florins d'or, et dix sols de la mesme monnoye
toutes les années sur le Jeudy Sainct, comme cela paroist plus amplement
couché dans une Lettre qui en a esté reçue et signée de la main de feu Simon Gruyere Notaire, sous nostre sceau et datée du quatorziéme jour du
mois de Decembre de l'an du Seigneur Mille trois-cents et nonante-six.
Et comme après l'assignation cy-dessus marquée, que nous avons faites à
iceluy nostre oncle, nous avons trouvé que feu nostredite oncle sus-nommé
estoit réellement obligé à feue nostredite Dame et tante de la somme de
trois Cents florins d'or, selon que l'affaire est contenue dans une Lettre ou
Cedule qui a esté pour c'est effet receue par feu Nicolas de Grandson Notaire de Neufchatel en la place desquels nous avons ordonné que l'on de-
voit oster et defalquer vingt-cinq florins d'or susdit de la dite assignation.
Au surplus comme nous ledit Conrad avons repassé ainsi que la raison Motifs de la con-
le veut sur les choses considerables, et sur les services que l'on ne doit cession.
point supprimer par des subterfuges sur les obéissances et sur les devoirs et
Curialités de Cour qui nous ont esté faits et rendus en plusieurs façons
par nostre bien aimé et fidele cousin Jean de Neufchatel, Chevalier Seigneur de Vaumarcus fils et héritier universel de feu ledit Seigneur Girard,
nostre bien aimé oncle que comme ledit Seigneur Jean, s'est demonstré
fidele sujet envers nous, employans ses biens et mesme son corps jusques
à la mort, ce qui le rend digne que nous et les nostres sus-allegués le
considerions, veu aussi l'estat de sa personne qui pour ses services ega-
lement Nobles et notables, s'est rendu recommandable auprès de nous,
et aussi de peur que l'on ne nous puisse charger du vice d'ingratitude, nous
avons remis et quitté, remettons et quittons, tant pour nous, que pour
nos héritiers, et nos successeurs quels qu'ils soient audit Seigneur Jean,
après l'avoir bien merité en recompense et reconnoissance des susdits
services curialité et devoirs de Cour qu'il a rendus; et confessons par ces
présentes de l'adveu, lods consentement et bonne volonté de Jean de Fribourg nostre bien aimé fils, présent d'avoir remis et quitté irrevocablement et pour jamais les susdits trois Cents florins d'or, dont nous avons
treuvé que le feu Seigneur Girard, nostre oncle estoit obligé à feüe Madame Isabelle nostre Dame et tante, comme il est dit cy-dessus, remettant
le sus-nommé Seigneur Jean nostre bien aimé Cousin, voulant qu'il soit
remis dans ladite assignation de cent cinquante florins d'or de rente annuelle, et pour lesdits six-vingt florins et cinq sols de rentes assignés,
comme il en est parlé cy-devant sur nos villages de Travers, de Rosieres et de Noiraigue, tant pour le payement d'iceux, que pour les susdits services, et pour l'augment du fief qu'il tient de nous, nous de Inféodation.
l'adveu lods, consentement et volonté du sus-mentionné Jean de Fribourg nostre bien aimé fils, avons donné et donnons et confessons
d'avoir donné irrevocablement et à jamais le mieux, le plus seurement,
et le plus advantageusement qu'il se puisse dire, escrire, entendre ou

1413 dicter audit Seigneur Jean notre bien aimé cousin, présent stipulant et acceptant pour luy et les héritiers legitimement *engendrés* ou à *engendrer* de son corps, nosdits villages de Travers, Rosieres et Noiraigue, y compris tous nos hommes en général et en particulier, qui font maintenant leur residence, ou qui la feront ci-après dans nosdits Villes et villages qu'ils soient tailliables, censiers, francs, assenentés et tous autres de quelque condition qu'ils soyent, et en outre toutes les choses et les possessions quelles qu'elles soyent, pour lesquelles l'on nous doit des tailles, censes, services, et tributs estans scitués et gisantes dans le territoire, fenage et confins desdits Villages de Travers,

Limites de la seigneurie. Rosieres et Noiraigues, lesquelles limites et confins s'estendent depuis le ruisseau nommé de Croset, scitués entre les Bornes de Couvet et de Travers, jusques à l'arbre appellé le fau placé entre la Clusette et le village de Brot, arbre qui separe les Seigneuries de Vaumarcus et de Rochefort et passant en droite ligne dudit arbre par la Combe qui s'appelle du vent, jusques aux termines qui separent les Seigneuries de Gorgier, de Rochefort et de Vaumarcus, et dudit arbre nommé le fau tendant par la fontaine dite du pras de Brot jusques aux confins qui terminent les Seigneuries de Mortau, du Vautravers et de Rochefort, et de ledit Ruisseau du Croset, tirant vers le couchant par la combe du pré dit à Munsy, ladite Combe demeurant du costé de la bise au susdit Seigneur Jean, jusques au lieu dit au Rionterdor, et de ce lieu tirant droit au joran jusques aux termines qui bornent les Seigneuries de Mortau et du Vautravers, comme aussi depuis le Ruisseau de Croset, jusques à la Combette, tirant le haut de la Montagne de Mosset droit par la Montagne au dessus de Mosset, jusques à la sagnette au petit Rollin de Couvet, ladite sagnette restant du coste de vent, et de ladite sagnette tendant droit dans un pré assis au mont Rion du costé de la bise dit des Charbonnieres vers un arbre appellé le plane où l'on a fait deux croix, et dudit arbre tirant droit vers uberre, jusques aux limites qui partagent les Seigneuries du Vautravers et de Grandçon, tout autant qu'elles s'estendent en longueur et en largeur, avec leurs fonds et leurs fruicts, leurs droits, Jouïssances, Inhances, et en général avec toutes leur appartenances et leurs appendances. Item nous

Conrad donne tous les droits qu'il a sur Travers. avons donné et donnons ainsi que dessus audit Seigneur Jean tant pour luy que pour les siens, dont il est parlé cy-dessus, généralement tout ce que nous avons, et que nous pouvons devons avoir de droit, tiltres et actions, raisons, réclamations chablige [1]) ou possessions dans lesdites limites, aussi bien que toute la Seigneurie, tout le gouvernement Mere, mixte, empire et toute la Juridiction moyenne et basse, reser-

Ce que le comte réserve. vant seulement par nous, et pour les nostres cy dessus mentionnés la seule souveraineté, la chevauchée, et le feurcry [2]) sous les condi-

Conditions. tions cy après marquées. 1. Ledit Seigneur Jean et les siens susdits auront le droit et le pouvoir de mettre et d'establir leurs officiers avec le serment de la solemnité, dont l'on a accoustumé d'user en pareil cas, lesquels officiers auront toute la jurisdiction temporelle de régir et de gouverner et d'administrer à la requesté de qui que ce soit la

---

[1]) *Chablige.* C'est le droit qu'avait le seigneur de couper du bois dans toutes les forêts du détroit de la seigneurie, ou plutôt un droit qui lui adjugeait tous les bois que les vents et les orages font tomber. Ce droit s'appelle *Chablis.*

[2]) *Feurcry* se compose de deux mots : *feur*, qui signifie dehors ; *foras* et *cry*, qui signifie la publication ; en sorte que le comte se réserve de faire publier ses mandemens, etc.

Justice au nom dudit Seigneur Jean et des siens de cy-dessus selon le pouvoir qu'ils en auront receu, et selon la loüable Coutume des susdits lieux donnés. 2. Pareillement si quelque malfaiteur se trouve maintenant ou cy après dans la Seigneurie que nous avons donné audit Seigneur Jean, ledit Seigneur Jean ou les héritiers susdits, pourront ou d'eux mesmes, ou par lesdits officiers le saisir, le serrer dans leurs prisons, et proceder contre lui suivant la coûtume dudit lieu, que s'il trouve en lui quelque sujet qui le rende digne du dernier suplice, ledit Seigneur Jean et les siens ci-dessus nommés auront le pouvoir et l'authorité de présenter, ou en personne, ou par leurs officiers establis dans leur Seigneurie, ledit criminel au jugement à la justice des jurés de ladite Seigneurie et selon l'exigence du cas le juger à la mort, et estant ainsi jugé le nous faire mener, ou à nostre Chatelain du Vautravers garotté par la corde et en chemise devant nostre Chateau du Chatelard pour recevoir la dernière execution de la justice; et quant à la confiscation dudit condamné, elle appartiendra audit Seigneur Jean et aux siens, dont il est parlé ci-devant. 3. Voulans en outre que toutes les appellations evoquées des officiers dudit Seigneur ou des siens sus-alleguez, soyent renvoyées audit Seigneur Jean, et aux siens ci-devant nommés, ou bien à son Lieutenant pour en déterminer, mais les appellations evocquées des officiers dudit Seigneur Jean et des siens comme dessus seront immédiatement renvoyées à nous ou aux nostres sus-nommés, ou à nostre Lieutenant pour estre décidés. 4. Item il a esté convenu entre nous ledit Comte et ledit Seigneur Jean que toutes les possessions que nos hommes de Couvet ont et tiennent riere les bornes de nostre village de Couvet, et qu'ils tiennent de nous à censé, ou taille ou autrement en la manière qui est spécifiée dans nos extentes, ou dans nos connoissances, demeurent à nosdits sujets, ledit Seigneur Jean et les siens que dessus n'auront que le seul gouvernement mixte empire et toute la moyenne et basse Jurisdiction sur ces gens-là, deplus pour ce qui est des hommes dudit Seigneur Jean, et de tout ce qu'ils possedent rière les limites de nostre village de Couvet, à cense ou à taille, ces possessions ou ces choses-là, appartiendront à pur et à plein audits sujets dessus nommé Seigneur Jean; mais cependant toute sorte de Jurisdiction sur ces choses nous demeurera et aux nostres sus-mentionnés. 5. Item ni ledit Seigneur ni les siens, ne pourront recevoir, alliener ni hériter hors des limites de ladite donnation, aucun de nos hommes de quelque condition qu'il soit à moins que cela ne se fit de nostre plein gré ou des nostres ci-dessus marqués. 6. De plus nous avons voulu et voulons que les pasturages et messeleries des villages de Couvet et de Travers soyent reiglés entre nos sujets de Couvet et de Travers, et qu'ils en usent comme l'on avoit autres fois accoutumé de faire. 7. En outre s'il arrivoit que ledit Seigneur Jean vint à sortir de ce monde sans laisser ni un ni plusieurs heritiers legitimement engendrés, ou à engendrer de son corps, cette donnation doit alors retourner à nous, ou aux nostres ci-devant allegués. 8. D'ailleurs ni ledit Seigneur Jean, ni les siens ne pourront donner, leguer ni disposer des choses ci-devant couchées que nous lui avons baillées que jusques à la somme de Mille Six Cents et cinquante florins d'or sus-mentionnés tant seulement. 9. Item ledit Seigneur Jean et les siens nommés ci-dessus, confesseront qu'ils tiennent de nous et des nostres comme dessus, toutes

1413

Droit criminel.

1413

les choses ci-devant marquées par augment du fief qu'il tient de nous, et le mesme Seigneur Jean le reconnoistra pour fief toutes les fois qu'il en sera recherché de nous ou des nostres ci-devant nommés. 10. De plus ledit Seigneur Jean et les siens sus allegués seront chargés de la garde de nostre fort de la Clusette, et le feront garder en tems de guerre, et pour la garde dudit fort, ils conserveront, tireront et exigeront les emoluments sus nommés qui nous estoient d'heus dans tout ce pays-là que nous lui avons donné, voulons aussi que tous les hommes qui font leur residence dans ces lieux que nous avons baillé audit Seigneur Jean comme il est dit ci-devant soyent tenus de veiller dans le Chateau de Vaumarcus comme ils estoient obligés de faire en nostre Chateau de Chatelard au Vautravers, et qu'ils porteront assistance audit Seigneur Jean et aux siens susdits, selon toutes les aides et les dons que les hommes sont obligés de prester à leurs Seigneurs, et nullement à nous ni aux nôtres, constituant au reste nous le comte susdit de tenir et de posseder au nom dudit Seigneur Jean les choses sus alleguées que nous lui avons baillées jusqu'à ce que ledit Seigneur Jean en personne ou quelque autre en son nom les ait pleinement apprehendées en personne, comme nous l'avons fait, et que nous les possedons et tenons sans lezion de la justice des droits, et sans offense de la Seigneurie, ou du gouvernement, nous lui avons octroyé par ces présentes plein pouvoir de le faire.

Devestiture et investiture.

Nous ledit Comte nous devestissant, et les nostres sus-nommés des choses que nous avons baillées ci-dessus conjointement avec leurs droits sus allegués, nous en investissons par ces présentes ledit Seigneur Jean tant pour lui que pour les siens de ci-dessus perpetuellement et personnellement, corporellement sans nous reserver de ces choses que la terre seule, la souveraineté, le feurcry et les appellations sus-mentionnées, ordonnant, commandons et enjoignons par la teneur de ces présentes universellement à tous nos hommes desdits Travers, Noiraigue et Rosieres et aux autres qui resident dans l'enclos desdites limites, ou à qui que ce soit que cette affaire concerne, qu'elle peut ou pourra concerner ci-après qu'en tant qu'en eux, et ils respondent, relevent dès maintenant ci-après et à jamais dudit Seigneur Jean et des siens sus-marqués, eu esgard aux choses que nous lui avons données ci-dessus, qu'ils les payent leur satisfassent semblablement leur obeïssent, fassent hommages ou relevent d'eux et non point à nous ni aux nostres, sans qu'ils s'attendent ou doivent s'attendre de recevoir à l'advenir ni de nous ni des nostres, aucun autre ordre sur ce sujet, et pour ce qui regarde les choses sus-alleguées nous déchargeons par ces présentes, et par l'adveu lods ci-devant couché, les hommes de Travers, Rosieres et de Noiraigue avec eux qui habitent riere les limites de la Seigneurie que nous avons donnée audit Seigneur Jean ainsi que dessus, et de toutes choses en general et en particulier qu'ils payeront, satisferont audit Seigneur Jean et aux siens sus-nommés qu'ils respondront ou feront pour lui, eu esgard aux choses qui concernent ladite donnation; nous ledit Conrad promettant pour nous et pour les nostres de ci-dessus par nos serments prestés en personne sur les saints Evangiles de Dieu y adjoustant une solemnelle stipulation envers les choses précédentes, sous l'expresse hypothesque et obligation de tous nos biens universellement meubles et immeubles, présentes et advenirs, quels qu'ils soient, de maintenir perpetuellement audit Seigneur Jean et aux siens dont il est parlé ci-dessus les choses précédentes, que nous lui avons baillées en la maniere sus-mentionnée, à nos dépens et des nostres, et de le recompenser de tous dommages, quittons audit Seigneur Jean tant pour lui que pour les siens ci-dessus mentionnés.

1413

Et moi Jean de Fribourg fils du susdit Seigneur, de l'authorité dudit Seigneur Comte mon tres redouté père et Seigneur, estant présent et authorisant (ce que nous ledit Comte confessons estre vray) j'advoüe, loüe, j'approuve et confirme par ces présentes géneralement toutes les choses sus-alleguées qui ont esté faites, remises, cedées et données par ledit Seigneur Comte Monseigneur et père, et je confesse que toutes ces choses se sont faites de l'adveu du lods et consentement de ma volonté, et nous ledit Comte donnateur, et Jean le laudateur consentant, promettons par nos serments personnellement, corporellement presté sur les saints Evangiles de Dieu et sous l'obligation de tous nos biens quels qu'ils soyent, de tenir, accomplir et inviolablement observer toutes les choses susdites ainsi qu'il convient à chacun de nous, et de n'y jamais contredire ni agir à l'encontre ni y contrevenir, soit de nous mesmes ni par autres, ou par d'autres, en façon que ce soit, et de ne point donner nostre consentement à qui y voudroit contrevenir, renonceans ainsi nous ledit père et fils en vertu de nos serments prestés selon qu'il convient à un chacun de nous à toute exception de fraude, de force de craindre au fait et au droit, ou à tous procés intenté aux voyes de fait, à tous procés, à toute Circonvention, Cavillation, et au benefice du restablissement des mineurs dans leur entier droit d'une Confession erronnée, et d'une promesse indeue, et au droit par lequel on subvient à ceux qui ont esté trompés dans leurs contracts, et à la loy, droit qui porte qu'une donnation excedant la somme de Cinq Cents florins d'or Ducas, ou escu d'or n'est pas vallable, n'ayant pas esté signifiée au Juge, ou au Prestre, comme aussi au droit qui veut qu'une donnation faite peut estre librement revoquée en cas d'ingratitude, et pour subvenir à la disette, et à tout autre droit, tant Canoniq, que Civil, et à toutes autres usances, Coustumes et statuts, donnés ou à donner, pour lequel ou par lesquels nous ou l'un de nous pourroit contrevenir aux choses, ou à l'une des choses sus alleguées, ou par lequel nous pourrions nous deffendre, ou nous maintenir et particulierement à la Loy qui dit que la Renonciation génerale ne vaut, et voulons aussi nous lesdites père et fils que si l'on trouve dans ceste Lettre quelque doute qui soit obscur, ou qui y ait esté imprudemment inseré, ladite Lettre qu'elle soit scelée, ou non produite en justice, ou non produite, soit devant le procés intenté ou après, et si souvent qu'il sera besoin, puisse et doive estre refaite, recrite, redictée, y adjoustant une ou plusieurs clausules, periodes, une fois ou souvent, en prenant encore un ou plusieurs hommes sages, tant que la présente Lettre et ce qui y est couché ait la pleine force et vigueur, sans toutes fois changer de fait, quoi que ce soit dans la substance, ces choses ont ainsi esté passées à Mostier au Vautravers, assavoir au poisle du Prioré de ce lieu, en la présence des discrets et Nobles personnages Monsieur Hugues de Mortau Prieur dudit Prioré, Hugues Mongnier Prestre et nostre receveur audit Vautravers, Jean de Collombier Chevallier, et Guillaume du Terraux Donzel et nostre Chatelain du Chatetard audit Vautravers,

Ratification de Jean de Fribourg, fils de Conrad.

Renonciation à toute exception.

Témoins.

1413

ayant esté demandés et nommement requis de s'y rencontrer comme tesmoins pour donner plus de force et de fermeté à toutes les choses susdites, en foy dequoi nous ledit Comte Conrad Donnateur, Jean son fils laudateur, Hugues de Mortau Prieur, Hugues Mongnier Prestre Receveur, Jean de Colombier Chevalier et Guillaume du Terraux Chastelain comme les tesmoins sus nommés qui avons assisté à toutes les choses prénommées, avec les susdits Seigneurs tant le Comte que son fils, et qui avons veu et ouy qu'elles ont esté ainsi passées, confessons en tant qu'en nous est, que toutes les choses sus mentionnées generales et particulieres, sont veritables, et ayant recherché le seau de la Cour de Monsieur le vénerable Official de Lausanne, nous l'avons fait attacher, et c'est écrit, avec les nostres présens en nostre présence, et pour donner plus de poids et de force à la chose nous lesdits Comtes comme Donnateur, et Jean son fils laudateur, avons trouvé bon de faire apposer nos propres seaux aux présentes Lettres pour nous, et en la présence desdits tesmoins, et nous l'official de la Cour de Lausanne à la priere et requeste des Seigneurs sus mentionnés tant du Comte comme Donnateur, que de Jean son fils comme laudateur, d'Hugues Prieur, d'Hugues receveur, de Jean de Collombier Chevallier, et de Guillaume du Terraux Chatelain, comme tesmoins entrevenus, ces choses nous ayant esté présentées, et ayant esté fidelement relatées par Guillaume Menta de Grandson, Clerc Notaire Juré de ladite Cour, que nous avons établi en nostre place pour ceste affaire, et en quoi nous adjoustons une foi entiere, nous avons fait apposer à ces présentes lettres le seau de ladite Cour, avec ceux dessus nommés Seigneurs, tant du Comte que de son fils, donné le vingt-huictiéme jour de Mars Mille quatre Cents et treize.

Les dimes de grains ne sont pas comprises dans l'acte.
Il n'est point fait mention dans cet acte des dîmes de grains; aussi elles n'appartiennent pas au seigneur. Celle de Travers dépend du prieuré de Môtiers; et le souverain retire celles de Noraigue, de Rosières, du Cachot et des montagnes de Travers.

De même le grand pré rière Travers.
Il y avait encore rière Travers un grand pré qui appartenait au dit prieuré et qui ne fut point compris dans cette donation.

Censes remises à Jean de Neuchâtel par Conrad.
Le même jour, 28 mars 1413, le comte Conrad remit encore à Jean de Neuchâtel, par un acte, la somme de 14 livres lausannoises à retirer à Neuchâtel, payables sur le Jeudi-Saint annuellement, et c'est pour lui achever le paiement des 150 florins que Conrad avait assignés à Girard, père du dit Jean. Le comte avait déjà remis à Jean la seigneurie de Travers pour 120 florins de rentes; il lui avait en outre cédé 18 florins 18 sols à retirer sur la ville de Neuchâtel, et maintenant il lui donne encore les dites 14 livres lausannoises, moyennant lesquelles Jean remit à Conrad la lettre d'assignation créée en faveur de Girard son père.

Dime de Vuens donnée à Fontaine-André.
Conrad de Fribourg donna cette année la dîme de Vuens à l'abbé de Fontaine-André.

Volées d'oiseaux prodigieuses.
Il parut cette année en Suisse des volées prodigieuses de petits oiseaux, semblables à des pinsons rouges, volant par

troupes, qui tenaient sur la terre l'espace d'une lieue de long et large d'un quart de lieue. On ne pouvait pas voir le soleil à travers ces volées, tant elles étaient proches l'une de l'autre; on en prenait plusieurs à la chandelle pendant la nuit : ces oiseaux salissaient des forêts entières lorsqu'ils venaient à s'y poser.

Le dimanche avant la fête St-Vincent 1414, la communauté de Dombresson reconnut, entre les mains du commissaire Rollet Bacchie d'Espendes, qu'elle tenait son four du seigneur de Valangin, avec les fonds de terre du fournage, en toute propriété, les fruits, jouissances, etc., pour lequel cette communauté doit payer chaque année, à la St-Martin, au château de Valangin, pour chaque mariage qui fera sa résidence sur le dit jour au dit village de Dombresson, savoir : deux émines de froment bon et recevable, à la mesure de Valangin, et chaque personne qui résidera au dit lieu à la dite St-Martin, et qui sera dans un âge légitime à se marier et à payer le *Trentaneum*[1]), devra donner une émine de froment de cense annuelle. Ce fut sous cette condition que cette commune ne sera pas obligée de payer pour ceux qui seront allés faire leur résidence autre part avant la dite fête St.-Martin, où qui seront morts avant ce temps-là; mais la commune devra payer la dite cense pour tous ceux qui feront leur résidence au dit Dombresson le jour avant la St-Martin, tout de même que s'ils y avaient demeuré pendant toute l'année, pourvu que ces personnes soient en âge compétent, comme il est dit ci-dessus, et chaque personne de la dite communauté pourra faire un four pour son usage sur sa terre, et celui qui n'aura pas de terre, le pourra bâtir sur la terre ou pâturage de la communauté, au lieu le moins dommageable, le tout sans fraude, etc.

1414
Reconnaissance de Dombresson.

Guillaume d'Arberg, seigneur de Valangin, ayant eu de sa femme Jeanne, fille de Philibert de Boffremont et d'Agnelle de Jonvelle, son épouse, savoir : la somme de 3500 écus d'or pour sa dot, laquelle il lui avait assignée par plusieurs fois sur certains villages et possessions du Val-de-Ruz, Jeanne pria le comte Conrad de lui vouloir confirmer, comme seigneur de fief, les dites assignations, ce qui n'avait pu être fait valable-

Conrad ratifie les assignaux que Guillaume d'Arberg avait donnés à sa femme.

---

[1]) Le *Trentaneum* était une redevance personnelle, qui consistait en une émine de froment, que tous les non-mariés qui avaient trente ans étaient obligés de payer annuellement au seigneur de Valangin; et ceux qui étaient mariés, quoiqu'ils n'eussent pas trente ans, lui en devaient deux. Blaise Borquin légua à toutes les églises du Val-de-Ruz un *Trentaneum* pour dire tous les dimanches, pendant une année, une messe dans chaque église (V. l'acte de 1464).

1414

ment sans le consentement du seigneur féodal. Ce comte lui accorda sa demande. L'acte est scellé du sceau de Conrad et daté du 20 décembre 1414.

Jacquet Robert, de Cornaux, ayant vendu des terres au Val-de-Travers, Jean de Colombier, chevalier, son neveu, en fit la réemption comme suit :

Retraction lignagère de Jean de Colombier sur Pierre Borey, de terres au Val-de-Travers.

Je, Richard de Bame, châtelain du Vauxtravers, faisant comme juge pour noble et puissant seigneur Monseigneur Conrad, comte de Fribourg et Neufchâtel, à Môtiers au Vauxtravers, au lieu et en la place accoutumée de plaidoyer, l'an et jour que dessous, présents les gentilshommes et prud'hommes ci-dessous nommés. Noble homme messire Jean de Colombier, chevalier, se clama à moi de Pierre Borey de Vauxtravers, disant que chose véritable était qu'icelui Pierre Borey s'y avait acheté de Jacquet Robert de Cornaux plusieurs héritages séants en la ville de Couvet, lesquels se pouvaient rappeler et rappelait à cause du lignage. Le dit Pierre Borey, avoir ouï la demande du dit messire Jean, demanda conseil, lequel lui fut octroyé par moi, et lui être conseillé, répondit de sa bouche que le dit messire Jean de Colombier ne rappelait pas à temps dû les dits héritages, et le dit messire Jean de Colombier disait que

Sentence du châtelain du Val-de-Travers.

si faisait. Et sur ce j'envoyai les gentilshommes et prud'hommes d'un sent pour moi rapporter que sur ce était à faire ; lesquels gentilshommes et prud'hommes avoir été d'un sent et être retournés en jugement, par devant moi firent à parler un de leurs du consentement de leurs tous, disant que les avoir ouïs les débats des parties, d'un sent et d'autre et vu ce aussi que l'an et jour n'était pas passé que la dite vendition avait été faite, que je devais donner passement au dit messire Jean de Colombier, chevalier, de sa demande. Pourquoi je, Richard dessus nommé, de la connaissance et adjudication des dits gentilshommes et prud'hommes ci-dessus nommés, ai donné et donne au dit messire Jean de Colombier, chevalier, ce présent passement. En temoin desquelles choses, je le dit Richard de Bame, châtelain dessus nommé, et nous, Claus de Diesse, Guyet de Buttes, et Guillaume Duterraux, écuyers, Perrin Vaulongin, Jean Reuge, Jean Dupasquier, Jean Bovet, Jaquier Alixon, Esthevenon Luquin, Nicolet de St-Sulpit, etc., que les choses susdites avons connues et adjugées, le scel aux contraux de Neufchâtel avons prié être mis en ce présent passement. Et nous, Conrad, comte, dessus nommé, aux supplications et requêtes des dessus nommés, notre scel aux contraux du dit Neufchâtel avons commandé mettre en ce présent passement. Qui fut fait et donné le 9 mars 1414.

Mort de Vauthier, seigneur de Colombier. Ses femmes et ses fils.

Vauthier, seigneur de Colombier, mourut cette année. Il avait épousé Othenette, fille d'Othe-le-Bel, de laquelle il eut une partie du fief de Cormondrèche, celui de Savagnier et autres biens, et il en eut deux fils : Jean, qui fut seigneur de Colombier, et Regnault. En secondes noces Vauthier épousa Simonette, de laquelle il eut un troisième fils nommé Vauthier, qui s'intitulait donzel, bourgeois de Neufchâtel, demeurant à Cormondrèche.

L'empereur Sigismond étant arrivé à Berne le 3 juillet avec 800 chevaux, et Amédée VIII, comte de Savoie, l'y ayant accompagné avec 600 chevaux et lui ayant rendu hommage dans cette ville, le comte Conrad s'y rendit aussi pour rendre ses devoirs à l'empereur, qui alla de là à Aix-la-Chapelle, où il fut couronné au mois de septembre 1414. En partant de Berne, il passa à Soleure, où il donna à l'avoyer de la dite ville le droit de juger sur le sang, c'est-à-dire la justice criminelle.

1314. Arrivée de l'empereur Sigismond à Berne. Le comte Conrad s'y rend aussi. L'empereur accorde à Soleure le droit de justice criminelle.

Le pape Jean XXIII, ayant indiqué un concile à Constance qui devait commencer le 1er novembre 1414, il y arriva lui-même avec six cents personnes, entre lesquelles il y avait neuf cardinaux. Othon, marquis de Hochberg, était évêque de Constance. Il était fils de Rodolphe de Hochberg, beau-frère du comte Conrad (V. l'an 1428). Il se trouva dans ce concile trois papes: Benoît XIII, Grégoire XII et Jean XXIII, et ce fut principalement à leur occasion que ce concile fut assemblé, parce qu'ils troublaient l'église en se combattant l'un l'autre. C'est pourquoi ils furent tous trois déposés, et un quatrième fut établi en leur place, savoir: Othon Colonna, qui prit le nom de Martin V.

Concile de Constance. Trois papes en présence. Ils sont tous trois déposés et Martin V est élu.

Il y eut un grand nombre de personnes considérables qui se rendirent pour lors à Constance, savoir: 2 reines, 5 patriarches, 33 cardinaux, 47 archevêques, 228 évêques, 132 abbés, 155 prévôts, 500 princes ecclésiastiques, 5 princesses séculières, 39 ducs, 32 princes, 131 comtes, parmi lesquels était Conrad, comte de Neuchâtel, 79 barons, Philibert de Naillac, grand-maître des chevaliers de St-Jean de Jérusalem, 1500 chevaliers de toutes nations, 20,000 gentilshommes, 83 ambassades royales, 62 villes impériales et 352 villes particulières, 5000 autres personnes, sans compter les prêtres, les moines, les marchands, les artisans, ceux qui étaient au service des grands, et qui étaient en très grand nombre. Ce concile dura près de quatre ans. L'empereur Sigismond y arriva aussi avec l'impératrice le 24 décembre. On tient qu'il y avait dans la ville de Constance 60,500 personnes, sans compter les naturels habitants.

Les rois, reines, princes, comtes, archevêques, cardinaux, évêques et autres personnes considérables qui se rendirent au concile. Le comte Conrad.

Le 7 juin 1415 il y eut une éclipse de soleil si extraordinaire, qu'elle épouvanta les habitants de la terre. Sous l'horizon la nuit fut si obscure, que les oiseaux tombaient à terre.

1415. Eclipse effroyable.

Jean Huss et Jérôme de Prague furent brûlés par sentence du concile, le premier le 6 juillet, et l'autre au mois de septembre suivant, et cela pour avoir osé combattre les erreurs de l'église romaine. On reproche encore à l'empereur Sigismond sa faiblesse d'avoir manqué à sa parole, ayant condamné Jean

Jean Huss et Jérôme de Prague brûlés.

1415

Deux des papes se sauvent de Constance.

Le troisième voulait en faire autant.

Huss à la mort, malgré le sauf-conduit qu'il lui avait donné pour se rendre au concile.

Benoît XIII et Grégoire XII, papes, se retirèrent dès le commencement du concile, n'ayant pas voulu y assister, parce qu'ils remarquèrent que tout était disposé à les condamner; sur quoi l'empereur fit fermer les portes de la ville, afin que Jean XXIII ne s'évadât pas comme les autres, comme on remarqua qu'il en avait le dessein, afin de faire lever le concile par son évasion, ou de rendre nul tout ce qui s'y passerait, si aucun pape ne l'autorisait par sa présence.

Frédéric, duc d'Autriche, le fait sauver.

L'empereur cite Frédéric d'Autriche.

Il est mis au ban de l'empire.

L'empereur ordonne aux huit cantons de prendre les pays du duc.

Les huit cantons s'exécutent.

Schaffhouse déclarée ville-libre.

L'empereur reprend quelques villes.

Conquêtes des huit cantons.

Berne et Soleure se mettent de la partie, assistées du comte Conrad et des troupes de Neuchâtel.

Conquêtes de Berne.

Soleure en cède sa part.

Frédéric, duc d'Autriche, qui avait aussi le même dessein, favorisa ce pape, le fit évader, lui donna une retraite dans ses terres, et se retira aussi lui-même. L'empereur ayant fait citer le dit duc à paraître devant lui et celui-ci n'ayant pas voulu obéir, le fit mettre au ban de l'empire, et sollicita si fortement les huit cantons à se saisir des terres que le duc d'Autriche avait en Suisse, qu'ils se virent obligés de le faire. L'empereur les ayant menacés, sur la difficulté qu'ils en faisaient, de les mettre eux-mêmes au ban de l'empire, et leur ayant de plus donné de grandes assurances, aussi bien que tout le concile, que leurs conquêtes subsisteraient, ils se mirent en train d'exécuter ces ordres.

Frédéric tenant la ville de Schaffhouse en gage de l'empire, l'empereur la déclara libre et qu'elle ne pourrait plus à l'avenir être engagée et détachée de l'empire. Ce dernier se saisit lui-même de Diessenhofen, de Frauenfeld et de Winterthur. Zurich prit Mellingen; Lucerne Sursée, et ces deux cantons s'étant joints avec ceux de Zoug et de Schwyz, prirent Bremgarten. Les cantons de Berne et de Soleure (assistés du comte Conrad de Fribourg avec ses troupes de Neuchâtel, et de la ville avec ses troupes bourgeoises, qui marchèrent pour la première fois depuis que l'alliance avait été contractée avec Berne, et de celles de Bienne et de la Neuveville qui se joignirent aussi aux Bernois) se saisirent de Zofingen, Arbourg, Arau, Lenzbourg, Kœnigsfelden, Brugg, etc., comme aussi des châteaux de Wartberg, Wicken, et des forteresses de Trostberg, Liebeck, Bruneck, etc. Tous les huit cantons s'étant joints, prirent Baden, Zurzach, etc. Les Bernois avaient un gros canon qu'ils avaient fait venir deux ans auparavant de la ville de Nuremberg; on s'en servit pour prendre la forteresse de Baden; les autres cantons n'avaient que des arquebuses. Dans dix-sept jours les Bernois prirent dix-sept places, tant villes que châteaux, qui leur demeurèrent par un traité qu'ils firent avec Soleure, qui céda sa part des conquêtes pour 2000 goulden, et ils en donnèrent 1000 à la ville de Bienne et rien au comte Conrad, ni à la ville de Neuchâtel, parce qu'on les regardait comme bourgeois de Berne. C'est par cette guerre que les ducs d'Autriche ont été privés de tout ce qu'ils avaient en Suisse, savoir: du Thurgau, de l'Ergau, des comtés de Baden, de Habsbourg et des provinces libres, etc.

1415. Bienne en retire mille goulden. Neuchâtel rien du tout. Pour quelle raison.

Le comte Conrad obtint de l'empereur d'être libéré de l'hommage qu'il devait au comte d'Autriche pour le Landeron, qui fut par ce moyen purifié de fief; il avait cessé d'être une baronnie lorsque Conrad de Fribourg, qui en était le baron, devint comte de Neuchâtel l'an 1395, et en cette année 1415, il fut entièrement réuni à la directe (V. l'an 1358). Et c'est ce dont il lui passa un acte authentique.

Le comte Conrad est libéré de l'hommage qu'il doit au duc d'Autriche pour le Landeron. Landeron réuni au comté.

Sigismond confirma encore au comte Conrad la concession du château de Neuchâtel et ses appartenances en fief accordées par l'empereur Rodolphe en l'an 1288, sauf ses droits, ceux de l'empire et de tous autres, et sous cette réserve pour l'empire de pouvoir décider les droits, appartenances et actions à qui que ce soit au château et comté de Neuchâtel.

Confirmation par Sigismond à Conrad de l'inféodation de 1288. Réserve pour l'empire.

L'empereur envoya encore au comte Conrad un acte par lequel il lui déclarait qu'il était le juge de tous les différends qui surviendraient entre les comtes de Châlons et ceux de Neuchâtel.

L'empereur se déclare juge entre Châlons et Neuchâtel.

Le même empereur donna encore aux villes de Berne et de Soleure la protection de l'abbaye de Bellelai.

Protection de l'abbaye de Bellelai.

L'empereur partit de Constance l'an 1416 pour aller en France. Il passa par Soleure. Il était accompagné de Louis, duc de Bavière, de Frédéric, marquis de Brandebourg, de Frédéric, comte de Toggenbourg, et autres. De Soleure il passa par Arberg, où Amédée VIII lui vint au devant, et de là il alla avec lui jusqu'aux frontières de France. L'impératrice et la plupart des princes qui l'avaient accompagné jusqu'à Morat, retournèrent depuis là en Allemagne. Le comte de Savoie alla au devant de l'empereur à son retour de France, ce qui porta ce monarque à le créer duc; ce qu'il fit dans le château de Montluet, où Amédée l'avait rencontré. Ce dernier, pour témoigner sa reconnaissance à l'empereur, lui donna la somme de 12,000 francs.

1416. L'empereur va en France. Le comte de Savoie est fait duc.

Guillaume d'Arberg, seigneur de Valangin, remet à ceux du Locle les obventions des lods et autres émoluments jusqu'au 19 mai 1415 pour vingt écus d'or, à condition qu'ils ne vendront plus, ni aliéneront, ni transporteront leurs héritages sans lods et scels; si ce n'est à cause de partage et de mariage. L'acte est scellé du sceau du comte et daté du 22 mars 1416.

Guillaume d'Arberg quitte les obventions des lods et autres émoluments à ceux du Locle pour vingt écus d'or.

Le 22 mai 1416, Marie de Baux, épouse de Jean de Châlons IV,

Testament et sub-

1416
stitution de Marie de Baux.

fit son testament, par lequel elle constitua son fils Louis son héritier universel, lui substituant Alix, sa fille aînée, au cas que Louis ou ses descendants mâles vinssent à manquer ou à s'éteindre.

Traité de mariage entre Jean de Fribourg et Marie de Châlons.

Le 13 juillet 1446, il se fit un contrat de mariage entre Jean, fils du comte Conrad, et Marie, fille puînée de Jean de Châlons IV, qui était présent et consentant. Par ce traité, le comte Conrad donnait à son fils le comté de Neuchâtel pour en jouir comme de son propre héritage, pour lui, ses hoirs et ayant cause de lui perpétuellement; ce que toutes les parties promettent par serment d'exécuter, renonçant à toutes choses contraires à leurs conventions. Marie eut le comté de Cerlier et le tiers de la saunerie de Salins. La bourgeoisie de Neuchâtel obtint d'eux,

Sel accordé à la ville de Neuchâtel.

par un acte authentique, le droit d'avoir du sel à très bas prix et à perpétuité, sans qu'on le leur pût jamais ôter, et c'est ce qu'ils accordèrent aussi aux habitants des Verrières et à quelques

Jean de Châlons remet aussi à Jean de Fribourg le droit de seigneur féodal sur le comté.

autres sujets du comté. Jean de Châlons remit aussi à Jean de Fribourg et à sa fille Marie le *droit de Seigneur féodal* qu'il avait sur le comté de Neuchâtel, mais avec cette réserve, qu'au cas qu'ils n'eussent point d'enfants, tout cela devait retourner à la maison de Châlons. La consommation de ce mariage se fit le 23 octobre 1446 [1]).

1417
Le burgrave de Nuremberg achète le marquisat de Brandebourg.

L'empereur Sigismond mit, l'an 1417, Frédéric V, burgrave de Nuremberg, en possession du marquisat de Brandebourg, qu'il lui avait vendu l'an 1444 pour la somme de 400,000 florins. Il avait vendu en même temps à la ville de Nuremberg, pour la somme de 240,000 florins, son burgraviat, duquel il s'était pourtant réservé le titre et quelques droits. Ce qu'il vendit consistait au château qu'il avait dans Nuremberg, en quelques villages et forêts, et au droit d'avoyerie et de Schultheiss et de burgrave. Ce Frédéric V était issu des comtes de Hohenzollern, et c'est de lui qu'est descendue la maison de Brandebourg d'aujourd'hui.

Renouvellement de la combourgeoisie avec Berne.

Le vendredi avant la St-Laurent 1417, l'alliance et combourgeoisie fut renouvelée entre LL. EE. et la ville de Neuchâtel. Ceux-ci, ayant représenté que le sceau de leur lettre était gâté et qu'ils priaient d'en avoir une nouvelle, cela leur fut accordé, et LL. EE. leur en donnèrent une qu'on leur assura être entière-

---

[1]) Il y a deux observations sur ce traité de mariage : 1° C'est des clauses de ce traité que les prétendants français à cette souveraineté ont prétendu, en 1707, que l'arrière-fief de la maison de Châlons était éteint, puisque Jean de Fribourg avait eu des enfants de Marie de Châlons. 2° Quant au sel, la ville ni les particuliers n'ont pu venir à bout d'en obtenir la continuation, dès que Maximilien d'Autriche eut épousé Marie, fille unique de Charles, duc de Bourgogne.

ment conforme à l'original du mois d'avril 1406. (Voyez les trois actes : celui de Berne à Neuchâtel, celui de Neuchâtel à Berne, et le troisième entre le comte Conrad et la ville de Berne, qui sont déjà rapportés tout au long ci-devant en l'année 1406.)

On prétend néanmoins s'être aperçu que la copie que LL. EE. donnèrent en l'an 1417 n'avait pas été traduite du latin en français suivant l'esprit de l'original latin, et qu'il y avait même quelque différence entre cette copie et la traduction qui fut prise l'an 1406, rapportée ci-devant. C'est ce qui se justifie par une autre traduction accordée à la ville de Neuchâtel après l'inondation du 8 octobre 1579, qui enleva les archives. C'est pourquoi quand la ville députa à Berne, l'an 1719, à l'occasion du commerce des vins dont LL. EE. avaient privé les bourgeois de Neuchâtel, la ville ayant obtenu copie de l'original latin, elle le fit imprimer avec la traduction française à côté, et c'est à quoi on s'en tient aujourd'hui à l'égard de l'acte de la ville de Berne en faveur de la ville de Neuchâtel.

Remarques sur la copie de l'acte de combourgeoisie.

Le 22 obtobre 1417, Jean de Châlons IV fit son testament, qui était conforme à celui de Marie Baux, son épouse, fait l'année précédente. Il y a une substitution dans ce testament dont on doit rapporter les termes, parce qu'il a été une des pièces du procès entre le roi de Prusse et les prétendants du chef de la maison de Longueville en 1707. Cette substitution est couchée en ces termes(1) :

Jean de Châlons IV fait son testament.

Substitution notable dans ce testament.

Item et au cas que j'irais de vie à trépassement sans laisser enfants mâles, ou mes enfants mâles sans laisser aucuns enfants mâles, ou leurs dits enfants sans laisser enfants mâles procréés de leurs corps en loyal mariage, je fais, nomme et ordonne mon héritier et aux dits enfants substitue et institue mon hoir en tous mes biens quelconques, étant et séant au royaume de France, la dite Alix, ma fille, par telle manière et condition, que si mes dits enfants, ou leurs enfants mâles, ou les enfants mâles d'iceux enfants mâles, laissaient aucunes filles procréées de leurs corps en loyal mariage comme dessus, que la dite Alix, par rapportant son mariage en partage, parte avec les dites filles par égale portion ès dites choses étant au dit royaume. Et au cas que mes dits enfants mâles, ni leurs dits enfants mâles, ne laisseraient aucunes filles procréées de leurs corps en loyal mariage comme dessus, que la dite Alix et ses hoirs procréés comme dessus, succèdent en tous mes dits biens, et à défaut de la dite Alix et de ses dits hoirs, je substitue à la dite Alix et à ses dits hoirs la dite Marie ma fille et ses enfants procréés en loyal mariage comme dessus. Item et aux biens étant et séant au comté de Bourgogne, tant aux archevêchés de Besançon, de Lyon, comme de Lausanne, étant en l'empire, je fais et ordonne mon héritier et aux dits enfants substitue messire Hugues de Châlons, fils

---

(1) Jamais l'original n'en a été produit, et les copies en sont dissemblables et défectueuses. Celle donnée ici, est celle que le comte de Montbéliard a fait imprimer en 1707. (Note de J.-F. Boyve.)

1417 de feu messire Louis de Châlons, comte de Tonnerre, et à défaut de lui, ses enfants mâles, et à défaut de ses dits enfants mâles, messire Louis de Châlons, frère du dit messire Hugues, et après lui ses enfants mâles, c'est à savoir : les aînés premièrement, et après les enfants mâles du dit messire Hugues, les autres enfants mâles puînés, portant les armes de Châlons; et c'est à savoir que le fils aîné succédera aux choses dessus dites et seront tenus de porter mes armes, sur privation de la dite hoirie. Et après le fils second puîné (magne), et ensuite successivement de l'aîné de ses dits enfants, tant du second comme du tiers, et pareillement des autres, en gardant l'aigneté et l'anéasse, et cette représentation aux enfants des dits messire Hugues et messire Louis. Item au cas que je ou mes enfants mâles iraient de vie à trépassement sans enfants mâles, et les dits messire Hugues et messire Louis de Châlons frères aussi iraient de vie à trépassement sans enfants mâles, en celui cas je substitue et institue les dites Alix et Marie de Châlons, mes filles, et leurs enfants mâles vueuillant porter les armes de Châlons, sur peine de perdition de la dite hoirie. Et si les enfants de la dite Alix et de la dite Marie, mes filles, ne voulaient ou refusaient de porter mes armes, et si elles n'avaient pas d'enfants, je substitue Jeanne de Montbéliard, femme du dit messire Louis, mon fils, et ses hoirs procréés de son corps en loyal mariage, parmi ce qu'elle et ses hoirs seront tenus de porter mes armes et nom de Châlons. Et si elle ou ses enfants étaient refusants de porter mes armes et nom de Châlons, je substitue mon hoir en tous mes biens celui ou celle qui pour lors sera comte ou comtesse de Montbéliard, descendant de feu messire Henri de Montbéliard, parmi ce que celui où celle qui tiendra cette présente hoirie, portera et sera tenu de porter le nom et les armes de Châlons, sur peine d'être privé d'icelle hoirie. Et cas qu'ils en soient refusants ou délayants, au dit cas je substitue mes hoirs les plus prochains de mon lignage, c'est à savoir celui ou ceux à qui il devra advenir par ligne, et seront toutes les dites substitutions de l'un à l'autre, si les cas ils avenaient sans détractions ou détraction d'aucune quarte, etc.

Tremblement de terre.

Le 24 juillet on sentit un tremblement de terre qui fit du ravage en divers lieux, mais surtout à Bâle, où il renversa plusieurs bâtiments; trois cents maisons avaient déjà été consumées dans la dite ville onze jours auparavant.

1418
Mort de Jean de Châlons IV et de sa femme. Ses charges.

Ses enfants.

Marie de Baux, épouse de Jean de Châlons, mourut l'an 1417, et le dit Jean de Châlons l'an 1418, et cela de la peste dans la ville de Paris. Il avait été fait chambrier de France, l'an 1415, et gouverneur du Languedoc en 1417. Il fut lieutenant-général des terres du duc Jean de Bourgogne, qui l'envoya, en 1408, en qualité de général, au secours de Jean de Bavière, évêque de Liége. Jean de Châlons laissa trois fils et deux filles : Louis, surnommé le Bon; Huguenin, mort sans enfants; et Jean, seigneur de Viteaux de l'Ile, tige des comtes de Joigny. Ses filles furent Alix, mariée à Guillaume de Vienne, et Marie, qui fut comtesse de Neuchâtel. Ce Jean de Viteaux épousa, le 1er mai 1424, Jeanne de la Tremouille.

Le concile de Constance, qui avait tenu quarante-cinq sessions, étant fini, le pape Martin V en partit au mois de mai 1418, et vint à Berne, où il fut douze jours. Il y entra avec un train royal; il avait douze chevaux de main couverts d'écarlate qui précédaient son cortège. Il donna plusieurs absolutions aux Bernois. De là il alla à Fribourg, où il fut trois jours, puis à Genève, où il séjourna trois mois, et de là il traversa les Alpes et alla en Italie.

Humbert de Neuchâtel en Bourgogne, évêque de Bâle, mourut à Delémont. Hartmann de Münchenstein, chantre de l'église de Bâle, fut élu en sa place; mais à cause de son âge avancé, le pape Martin V donna l'évêché à Conrad Elias de Laufon. Toutefois ce dernier s'en déporta, ce qui fit que Martin V confirma Hartmann.

Par un acte du mercredi après la St-Martin d'hiver 1418, un accord fut fait entre Hugues Barbier, curé du Locle, et les paroissiens de cette église pour la pension du dit curé. Ceux-ci s'engagent : 1° De lui donner annuellement une émine du meilleur blé qui croisse dans leurs champs. 2° Que chaque paroissien qui a une charrue devra arrer une pose de champ à son curé, à défaut de quoi, si le curé n'en a pas de besoin, ils devront lui donner chacun annuellement deux sols et demi bons lausannois. 3° Que, lorsqu'un paroissien mourra, le curé le devra enterrer sans appeler aucun autre que son clerc, et que pour cela on devra lui payer trois préverels; que cependant les héritiers du défunt pourront appeler à leurs dépens quelque autre prêtre pour aider le curé, s'ils le trouvent à propos. 4° Les héritiers devront encore payer pour le trépassé, savoir pour l'aumône, cinq sols bâlois; pour la messe, quinze deniers bons lausannois; pour les préverées quand il part de la table. 5° Plus pour les ressats, chacun douze sols bâlois. 6° Que le curé ne pourra rien demander à ses paroissiens pour la confession, que ce qu'ils feront volontairement. 7° Que chaque épouse qui sort de sa paroisse devra donner, en quittant, douze sols petite monnaie. — Cet acte fut passé par le consentement de l'évêque de Lausanne, qui y fit appendre son scel par Pierre Baudin, clerc de Lausanne, qui avait été commis de l'official pour faire le susdit accord.

Il y avait eu une grande cherté en Suisse pendant les années précédentes, à cause du concile de Constance; mais cette année 1418 ayant été très abondante, les denrées retournèrent à très bas prix.

1419
Massacre du duc Jean de Bourgogne, sur le pont de Montereau.

Jean, fils du comte Conrad de Fribourg, se rencontra à Montereau-Fault-Yonne, où le dauphin Charles VII, feignant de faire une entrevue de pacification entre lui et Jean de Bourgogne, Charles fit massacrer le dit Jean, le dimanche 10 septembre 1419, sur le pont du dit Montereau, où Jean de Fribourg s'étant rencontré et ayant tiré l'épée pour défendre Jean, duc et comte de Bourgogne, son seigneur féodal, on lui arracha son épée par ordre du dauphin et on le constitua prisonnier; mais il fut bientôt relâché, parce qu'étant le vassal de Jean de Bourgogne, à cause des seigneuries qu'il possédait dans la Franche-Comté, il avait été obligé de défendre son seigneur.

Jean de Fribourg veut défendre le duc.

Arberg incendié.

La ville d'Arberg fut presque entièrement consumée par un fâcheux accident.

1420
Guillaume de Valangin sommé par l'évêque de Bâle de lui rendre hommage.

Hartmann Münch, évêque de Bâle, ayant sommé Guillaume d'Arberg, seigneur de Valangin, de lui rendre hommage, et ce dernier l'ayant refusé, Hartmann le fit citer par devant un certain tribunal, qu'on nommait le *Mannengericht* à Bâle. Il se plaignait de ce que Guillaume avait rendu hommage à Conrad de Fribourg et reconnu de tenir de lui plusieurs pièces, entre autres la place où la Neuveville était située, lesquelles pièces l'évêque soutenait être de son fief. Le dit juge de Bâle condamna Guillaume, lui confisqua tout ce dont il est fait mention dans l'acte de l'année 1296 et l'adjugea à l'évêque. Guillaume n'ayant point appelé de cette sentence devant l'empereur, l'évêque crut que la sentence était par là devenue souveraine et absolue (V. l'an 1520).

Le juge de Bâle condamne le dit seigneur de Valangin.

Rodolphe Hofmeister se reconnait vassal du comte Conrad de Fribourg pour la dîme de Bretiége.

Rodolphe Hofmeister, avoyer de Berne, reconnut, l'an 1420, que le comte Conrad de Fribourg lui avait prêté la dîme de grains de Bretiége avec toutes ses appartenances, en vrai fief mâle d'Allemagne et en la manière des fiefs, pour en jouir durant sa vie, à condition qu'il ne l'aliénerait ni ne la mettrait hors de ses mains à l'avenir sans le consentement du dit Conrad; en vertu de quoi Conrad reconnut qu'il était devenu son homme. Rodolphe fit foi et hommage à ce comte et lui jura la fidélité qu'un homme est tenu de faire à son seigneur au sujet de son fief, suivant le droit et la coutume des fiefs, sans fraude.

Achat de la dîme d'Areuse par Renaud de Colombier.

Renaud de Colombier, chevalier, fils de messire Henri, seigneur de Colombier, acheta la dîme d'Areuse de noble Jean de Bellevaux, écuyer, et de Catherine sa femme. L'acte est du 19 septembre 1420. Le même Jean de Bellevaux fit son testament la même année.

Lac de Neuchâtel gelé. Année de froid et de chaud.

Au mois de janvier 1420, le lac de Neuchâtel gela entièrement; mais quoique l'hiver fût extrêmement froid, cependant, comme il ne dura pas, on trouva des roses ouvertes le 7 avril. Au milieu du même mois, on eut des cerises et des fraises, et les raisins étaient en fleurs, et au commencement de mai, des verjus. Le 8 juin il tomba de la neige sur les montagnes et il fit une gelée qui retarda la maturité des fruits. Le 22 juillet, les raisins furent mûrs, et on vendangea au mois d'août; on moissonna à la Pentecôte. L'année fut extrêmement chaude et sèche, et très abondante en vins et en grains. L'Aar avait tellement gelé au mois de janvier, que la glace était épaisse de deux toises et demie.

1420
Phénomènes de végétation.

Épaisseur de la glace.

Conrad de Fribourg donna, par un acte du 1er avril 1421, à son bien-aimé et féal écuyer, le Grand Jacques de Plancone, pour lui et ses hoirs, et ce en accroissement de fief, tout le fief et héritage délaissé par Rollin, fils de feu Jean Vaucher, qui était échu au dit comte, lequel fief était gisant en tout le comté de Neuchâtel, tant au Val-de-Travers, à Cormondrèche, comme autre part au dit comté, en quelque lieu que le dit fief pourra se trouver, soit le dit fief en terres, prés, planches, vignes, rappes, courtils, vergers, cours d'aigues, pêches, bois, maisons, censes, rentes d'or et d'argent, de froment, de blé, de foin, d'avoine, poulailles, domoinges, corvées, râclages, tavernages ou autrement, en quelle manière que le dit fief se pourra trouver, ensemble le fond, droits, propriétés, appartenances et dépendances du dit fief, etc. Les sceaux du comte Conrad et de Jean son fils, qui y consentit, sont appendus à l'acte.

1421
Augmentation de fief accordée à Grand Jacques.

Le 4 juin 1421, Guillaume d'Arberg, seigneur de Valangin, donna aux bourgeois du bourg de Valangin une quantité de terres assises près du dit bourg, comme on tend vers Bussiez dès le Battieux tendant vers le Perreret vers le sentier de Bussiez, jusqu'à Tertré Bérar, pendant envers le bourg de Valangin, et dès la grande charrière par laquelle on va dès Bussiez à Boudevilliers, tout le pendant de Biollart jusqu'à la prise de Jaquet Fenon, jusqu'à la terre au Grossat, ainsi comme dès les limites susdites s'étend la dite terre vers le bourg de Valangin, excepté les terres et prés que le dit seigneur tenait, et la terre des donzels, etc. Guillaume réserve les prés, moulins, battoirs, folles raisses, et autres aisements, et le cours de l'eau qu'il tenait dans les susdites limites, et la terre des gentilshommes. Il est dit qu'ils pourront partager entre eux la dite terre et la vendre, si bon leur semble, en payant le lods. Pour lequel accensement ils lui donnèrent neuf florins d'or d'entrage, valant chacun quinze sols lausannois, et ils lui doivent

Guillaume de Valangin accorde des terres aux bourgeois du bourg.

payer une cense annuelle de dix-sept émines de froment et de quatre sous trois deniers lausannois.

1421
Rodolphe d'Erlach se reconnaît vassal du comte Conrad pour plusieurs choses, entre autres pour Kriegstetten.

Rodolphe d'Erlach reconnut, l'an 1421, pour lui et ses copartageurs, d'avoir reçu réellement pour eux et leurs hoirs légitimes procréés de leurs corps, soit fils et filles, en vrai fief mâle, de Conrad de Fribourg, la collature de l'église de Kriegstetten, avec une vigne au Landeron, ensemble une autre vigne auprès du Schlossberg, et quatre fossuriers de vigne auprès des fossés de la Neuveville. Il promit pour lui et ses hoirs feudaux, soit fils ou filles et ses copartageurs, de faire et être obligé de faire à ce sujet ce qu'un vassal est obligé de faire justement par droit à son seigneur de fief, sans fraude. La collature et avoyerie de l'église de Kriegstetten n'ayant pas été donnée en fief aux années 1310, 1347 et 1349 pour les hoirs, ce fut à ce sujet qu'elle ne passa pas aux descendants de ceux qui en furent pour lors invêtus.

1422
Grand temple de Berne bâti.

On commença à bâtir le grand temple de Berne. Matthieu, fils de l'architecte de Strasbourg, eut la direction de ce superbe bâtiment. On commença sa fondation en faisant plusieurs processions, et on le dédia à St-Vincent.

Jaquet de Diesse.

Jaquet de Diesse, donzel, fils de Claus, demeurait, l'an 1422, auprès du Schlossberg, où il avait une maison.

Henri de Pierrabot.

Henri de Pierrabot, qui vivait en ce temps, tenait en fief du comte Conrad les Planches de Pierrabot, qui sont au-dessus de la ville de Neuchâtel. Elles ont passé dans la suite par une discussion, dont la ville retint les collocations, et elle en fit des pâturages, qu'elle possède encore aujourd'hui.

Pierrabot advenu à la ville de Neuchâtel.

Bois accensé à la communauté de la Sagne.

La communauté de la Sagne accensa à six particuliers une prise de bois du commun, pour la cense annuelle et perpétuelle de 12 sols lausannois. L'acte est daté du 15 février 1422.

1423
Jean de Fleckenstein, évêque de Bâle.

Hartmann Münch, évêque de Bâle, résigna l'an 1423 son évêché à Jean de Fleckenstein, abbé de Seltz, de l'ordre de Cluny, qui fut élu en sa place. Le premier était fort avancé en âge, de sorte que se voyant hors d'état de payer les dettes faites par ses prédécesseurs, il prit son congé. Le pape Martin V confirma Jean et lui laissa son abbaye, afin qu'il pût subsister, l'évêché étant appauvri.

Cet évêque veut retirer les terres de Thiébaut de Neuchâtel. Refus.

L'évêque Jean voulut retirer les villes et les terres engagées à Thiébaud de Neuchâtel en Bourgogne, qui refusant de les rendre, l'évêque, assisté de ses amis, les reprit par la force, et entre autres St-Ursanne et Héricourt. La paix fut faite par Jean de Fribourg, comte de Neuchâtel.

Accord.
Accensement de vignes à Jean de Corgenay.

Jean de Colombier, frère de Vauthier, seigneur de Colombier, et Renaud, frère du dit Vauthier, accensèrent des vignes à Jean de Corgenay, chevalier, le 3 février 1423.

1423

Rodolphe Hofmeister, avoyer de Berne, qui avait déjà reconnu, en l'an 1420, tenir la dîme de Bretiége de Conrad de Neuchâtel, pour en jouir durant sa vie (V. l'an 1420), reprit cette dîme en vrai fief mâle, pour lui et ses hoirs qui pourraient succéder aux fiefs, savoir: les fils procréés de son corps pour en jouir à la manière des fiefs, et sans le pouvoir aliéner que par le consentement de Jean de Fribourg ou de ses hoirs et successeurs, seigneurs de Cerlier ou d'Erlach, et qu'en cas que lui et ses hoirs vinssent à manquer de mâles, le fief retournerait au comte. Le consentement des seigneurs de Cerlier est réservé, parce que Jean de Fribourg, fils de Conrad, était devenu seigneur de Cerlier par son mariage avec Marie de Châlons, fille de Jean IV (V. 1416).

Rodolphe Hofmeister, avoyer de Berne, prend pour lui et les siens la dîme de Bretiége.

Guillaume, seigneur de Valangin, ayant fait ériger un gibet à quatre piliers (au lieu qu'auparavant il n'y en avait que trois), le comte de Neuchâtel les fit abattre, vu qu'il n'était par permis au vassal de Valangin de se mettre au niveau de son seigneur suzerain, et cela d'autant plus que c'était le comte de Neuchâtel qui lui avait remis la juridiction criminelle (V. l'an 1303).

1424
Gibet de Valangin à quatre piliers, abattu par ordre du comte de Neuchâtel.

Cette difficulté à l'égard de ce gibet provenait de quelques autres griefs que le comte avait contre Guillaume. Guillaume avait ordonné de saisir Jean de Sales, gentilhomme du comte Jean, qui fut tué en l'arrêtant prisonnier, et d'un autre côté Guillaume avait affranchi les habitants du bourg de Valangin de l'échute de leurs successions, qui lui appartenait, et ce sans le consentement de Jean de Fribourg, qui prétendait que tous ces hommes, ou du moins les choses dont ils avaient été affranchis, lui étaient acquises comme seigneur du fief de Jean de Fribourg, et que Guillaume avait reprises de l'évêque de Bâle.

Griefs du comte de Neuchâtel contre le seigneur de Valangin.

Toutes ces difficultés furent remises par compromis à la décision de Jean de Roche-taillée, cardinal de Rohan, archevêque de Besançon, qui, par sa prononciation, rendue à Vercel le 8 février 1424, déclara: Que Guillaume d'Arberg, vassal du comte Jean, n'avait pu édifier un nouveau gibet à quatre piliers; ensuite de quoi le comte Jean, qui avait pris le gouvernement du comté depuis la maladie de son père, permit de son bon gré à Guillaume de rétablir le gibet à trois piliers comme il était auparavant. De plus, Jean remit l'offense de la mort de Jean de Sales; et réciproquement le seigneur de Valangin lui céda ses prétentions sur le village de Boudevilliers et se reconnut non-seulement vassal, mais aussi sujet du comte Jean. Quant aux affranchissements des hommes et aux choses reprises

Accord entre le c[te] et le seigneur.

Le c[té] est reconnu suzerain du seign[r] de Valangin.

L'offense commise contre Jean de Sales est pardonnée.

Le seign[r] de Valangin renonce à ses prétentions sur Boudevilliers. Il se reconnaît vassal et sujet.

1424

Les hommes de Valangin restent au comte.

de l'évêque de Bâle, le jugement en fut remis au comte de Neuchâtel, comme seigneur de fief (V. l'an 1358), et qui, ensuite du droit qu'il avait d'en juger, devait déclarer que ces hommes lui appartenaient, et les remettre ensuite de grâce spéciale au seigneur de Valangin, à condition qu'il les tiendrait de lui en fief comme auparavant. Plusieurs vassaux du comté furent présents à cet accord, fait l'an et jour susdits.

Mort du comte Conrad.

Conrad de Fribourg, dont la santé était fort caduque depuis longtemps, avait remis, comme on l'a fait observer, les rênes de l'état au comte Jean son fils. Conrad mourut le jour des Rameaux, 16 avril, à midi. Il ne laissa qu'un fils unique, nommé

Titres du comte.

Jean, qui lui succéda. Conrad se donnait les titres de comte de Fribourg, comte de Neuchâtel, chevalier du St-Sépulcre, seigneur de Melun, de Badenwyler, de Champlitte, de Villaufans, de Vannes, d'Avellin, de Bauce, de Seurres, de Belfort; landgrave de Brisgau, gardien du val de Morteau. Il fut enseveli dans le mausolée de ses prédécesseurs qui était dans le

Ses femmes et ses enfants.

temple de Neuchâtel. Il avait eu deux femmes: 1° Marie de Vergy, de laquelle il eut deux fils: Louis, qui mourut jeune, et Jean, son successeur; 2° Elpide, dame de Bauce, qui lui apporta cette seigneurie. Il en eut un fils nommé Diébold, qui fut seigneur de Châtel-sur-Moselle. Il en avait encore eu la seigneurie d'Avellin et de Belfort. Cette Elpide se remaria, après la mort de Conrad, à Othon, seigneur de Villars.

Caractère de Conrad. Sa violence fut cause que les chanoines et les bourgeois de Neuchâtel prirent la bourgeoisie de Berne.

Conrad était un homme rude et violent, qui pour cette raison n'était point aimé de ses sujets. Les chanoines se firent bourgeois de Berne et l'un deux conspira contre lui. Ses vassaux et ses officiers ne lui étaient pas fort affidés. Walther, baron de Rochefort, s'étant soulevé contre lui, et les bourgeois de Neuchâtel en ayant aussi été maltraités, ils prirent de là occasion de se faire bourgeois de Berne et de passer un acte par lequel ils s'engageaient de reconnaître Jean de Châlons pour leur souverain, au cas que les descendants de Conrad, savoir les mâles, vinssent à défaillir. C'est ainsi que ceux dont on vient de parler en usèrent envers Conrad pour se mettre à couvert de ses outrages et de ses violences.

Personnes notables qui ont vécu dans le pays pendant le règne de Conrad.

Les hommes les plus considérables qui vivaient de son temps dans le comté de Neuchâtel, sont Claus ou Nicolas de Diesse; Girard de Diesse; Jean de Bellevaux; Henriet de Pierrabot; Guillaume du Terraux, donzel et châtelain du Châtelard; Léonard de Vaumarcus; Jean Vauthier de Colombier; Matthieu de Cottens, écuyer, major de Neuchâtel; Mathey de St-Loup; messire Antoine de Villaufans; Jean Langiet, prévôt de Neuchâtel (ces trois derniers étaient conseillers du comte Conrad);

Simon de la Bruyère, notaire public de l'autorité de l'empereur, juré de la cour de Lausanne et clerc du comte Conrad; Jean du Vautravers; Loys de Vaumarcus et dame Alixon, son épouse, fille de François de Colombier; Anselme d'Estavayer, seigneur de Gorgier, et Guyette son épouse; Renaud de Colombier; Jean de Corgenay; Jacques du Vautravers, dit Grand Jacques; Rollin, fils de Guyot de Buttes, donzel; Jean Vaucher, donzel du Vautravers; Jean Sappin, donzel du Vautravers; Guillaume de Borgilles, donzel du Vautravers; Jean de Frontenay, donzel du Vautravers; Rodolphe de la Croix, chevalier du Vautravers; George Compagnet, donzel du Vautravers; Nicolas de Galera, donzel du Vautravers; Jean, fils de Girard de Neuchâtel; Etienne de Cléron, donzel; Willermus, curé d'Engolon; Guillaume Berthelier, prêtre, vicaire perpétuel de l'église de Fontaines; Isabelle de Sellesemberg et Jaquet son fils, donzel; Richard de Balmes, châtelain du Vautravers; Itel Trosberg; Pétremand d'Erlach et Adélaïde de Courtelary, son épouse.

Le comte Conrad avait succédé à Isabelle sa tante au commencement de l'année 1396, et étant mort le 16 avril 1424, il avait régné vingt-huit ans, trois mois et quinze jours.

1424

JEAN DE FRIBOURG,

QUATORZIÈME COMTE DE NEUCHATEL, ET DES SEIGNEURS DE VALANGIN SOUS SON RÈGNE.

JEAN, comte de Fribourg, succéda à son père au mois d'avril 1424. Il avait épousé Marie, fille de Jean de Châlons IV et de Marie de Baux, qui lui avait apporté le comté de Cerlier, la baronnie de Grandson et la seigneurie de Vercel (V. l'an 1446). Jean de Fribourg était maréchal de Bourgogne, seigneur de Badenwyler et de Champlitte. Cette dernière seigneurie lui était venue de Marie de Vergy, sa mère, et elle retourna à cette maison après la mort de Jean de Fribourg. Guillaume de Vergy était baron de Champlitte et gouverneur de la Franche-Comté l'an 1495, et Claude de Vergy était baron de Champlitte l'an 1550.

Jean de Fribourg. Son épouse. La dot de celle-ci. Ses seigneuries. Sa mère.

Jean de Fribourg établit Jacques de Vaumarcus bailli de Cerlier; Simon d'Oussans était bailli pour ce comte à Champlitte, et Jean de Neuchâtel, baron de Vaumarcus, prit en sa garde, de la part du comte Jean, la forteresse et le château de Badenwyler, la seigneurie et toutes ses dépendances, comme il paraît par un acte daté du 31 août 1424, qui est scellé du sceau du dit Jean de Neuchâtel, dont les armes sont barrées. Jean de Fribourg lui avait engagé la seigneurie de Badenwyler, et Jean de Neuchâtel lui promet, par l'acte ci-dessus, qui est un revers,

Il établit un bailli à Cerlier. Jean de Neuchâtel, gouverneur de Badenwyler.

de lui remettre la dite seigneurie lorsqu'il le requerra, sans que le comte soit obligé de lui donner ni or ni argent pour ce sujet.

Jean de Fribourg prête serment aux peuples du comté.

Jean de Fribourg prêta serment à tous les peuples du comté de Neuchâtel. Suivant la pratique de ses prédécesseurs, il fit le serment accoutumé, et les peuples le lui prêtèrent réciproquement le 12 juin 1424.

Confirmation des franchises des Verrières.

Ce comte confirma aux habitants du village des Arsonets, dit des Almands, et à la communauté de la Fraize, qui sont rière la paroisse des Verrières, l'acte d'accensement de leurs pâturages que la comtesse Isabelle leur avait passé le 28 septembre 1383.

Et de celle des bourgeois de Boudry.

Il renouvela aussi aux bourgeois de Boudry leurs franchises, en même temps que ceux-ci lui prêtèrent serment de fidélité. L'acte est daté du 9 août.

Alliance avec Berne renouvelée.

Il renouvela aussi l'alliance et combourgeoisie avec Berne, que son père avait faite en 1406.

Triple alliance contre le duc d'Autriche.

Jean de Montjoie, qui avait épousé Jeanne de Villernoz et qui était le fils de Louis de Montjoie, fit l'an 1424 une alliance avec l'évêque de Bâle, et il se ligua avec le comte Jean de Fribourg, son parent, contre le duc d'Autriche, qui était son seigneur féodal, lequel aussi lui confisqua tous ses biens, et ne les rendit qu'en l'an 1439 à Jean Louis de Montjoie son fils (V. l'an 1312).

Incendie à Neuchâtel.

Le 15 juillet, il arriva un grand incendie à Neuchâtel par la négligence d'une servante, qui avait mal éteint une chandelle.

Guerre de Louis de Châlons contre Catherine de Bourgogne.

Louis de Châlons, dit le Bon, fils de Jean de Châlons IV, déclara la guerre à Catherine de Bourgogne, fille de Jean-sans-Peur. Elle demeurait pour lors à Belfort. Cette princesse demanda du secours à la ville de Bâle, et par ce moyen elle repoussa son ennemi, qui était entré dans le Sundgau.

Guillaume d'Arberg, seigneur de Valangin, rend hommage à Jean.

Et renouvelle son alliance avec Berne.

Guillaume d'Arberg, seigneur de Valangin, ayant été condamné, par sentence du 8 février, à reconnaître le comte de Neuchâtel pour son seigneur féodal, rendit la dite année l'hommage au comte Jean de Fribourg. Et le 13 décembre le dit Guillaume renouvela son alliance de combourgeoisie avec Berne.

1425

Confirmation à ceux du Landeron.

Les bourgeois du Landeron ayant demandé au comte Jean une copie de l'acte que le comte Louis leur avait accordé en date du 17 janvier 1349, il voulut bien le leur donner. L'acte qu'il leur en passa est daté du 13 mars 1425.

Hommage de Jean de Fribourg à Amédée VIII, duc de Savoie.

Par un acte du 16 octobre 1425, il paraît que Jean de Fribourg rendit hommage à Amédée VIII, duc de Savoie, à Romont, de la seigneurie de St-Aubin et des autres fiefs qu'il tenait de lui, à cause desquels il se déclare homme lige du dit duc et de ses successeurs. St-Aubin était pour lors séparé de Gorgier.

1425

On ne commença cette année à vendanger qu'à la St-Martin; on fit peu de vin et mal conditionné.

Vendanges tardives.

Le 13 septembre 1426 il naquit au comte Jean de Fribourg un fils qui fut nommé Jean.

1426
Naissance d'un fils à Jean de Fribourg.

Il paraît, par un acte de l'an 1426, que le patronage de la cure de la Madelaine du Locle appartenait pour lors au seigneur de Valangin et qu'il pourvut cette église.

Patronat de l'église du Locle.

Jean de Bâle, assisté des Bâlois, prit les villes d'Héricourt et de St-Ursanne à Thiébaud de Neuchâtel en Bourgogne. Ce dernier avait attaqué l'évêque l'année précédente de ce qu'il lui avait repris par la force les terres qu'il tenait de gage de l'évêché, sans lui vouloir payer les sommes pour lesquelles elles avaient été engagées. Ce différend fut apaisé par le comte Jean de Fribourg, qui en fut le seul arbitre choisi par les deux parties.

L'évêque de Bâle reprend les villes qu'il avait engagées à Thiébaud de Neuchâtel.

A la St-Martin il fit une si grande chaleur, que les arbres fleurirent de nouveau. Les vivres étaient à un si bas prix, que les hôteliers ne pouvaient pas faire l'écot la première fois; il fallait attendre la seconde fois. Mais au printemps de l'an 1427, les vivres renchérirent extraordinairement, et il y eut en Suisse une grande famine et une peste.

Chaleur extraordinaire.
Vivres à bas prix.

Famine et peste.

Au commencement de l'année 1427, Guillaume, seigneur de Valangin, confirma aux Guyot de Boudevilliers leur bourgeoisie, aussi bien qu'à tous ceux qui avaient été reçus bourgeois avant ce temps-là (V. l'an 1358). Guillaume ajouta plusieurs franchises à celles qui leur avaient été accordées, savoir qu'ils pourraient hériter des biens de leurs parents jusqu'à la cinquième lignée et jointe, c'est-à-dire jusqu'au cinquième degré. Les enfants, jusqu'à la cinquième génération inclusivement, pourront hériter des terres accensées à leurs parents, sans qu'ils soient obligés de les redemander au seigneur, lorsque celui à qui elles avaient été inféodées venait à décéder, comme cela se pratiquait pour lors; mais il ne leur accorda ce privilége, comme il est dit dans l'acte, qu'à la condition qu'ils demeureraient et résideraient *rière nous et dessous nous et nos héritiers*, au Val-de-Ruz, *en notre seigneurie de Valangin et non autrement*, etc.

1427
Confirmation de bourgeoisie de Valangin aux Guyot et autres.

Franchise de pouvoir hériter ses parents.

Par un autre acte du 15 avril 1427, le même seigneur de Valangin remit à Pierre Odet de Fontaines, pour lui et ses hoirs, le fief Maix et tennement appelé le fief Ampelichet, situé dans la paroisse du dit lieu, pour lequel, outre les censes dont il était chargé, le dit Pierre Odet lui promet deux émines de

Fief Ampelichet.

froment de rente annuelle, rendables à Valangin à chaque St-Martin, et il donna au seigneur vingt florins d'entrage, etc.

Mort de Guillaume d'Arberg, seigneur de Valangin. Son épouse.

Guillaume d'Arberg, seigneur de Valangin, mourut au mois de février 1427 [1]. Il laissa de Jeanne de Boffremont, son épouse, un fils nommé Jean, qui lui succéda, et une fille nommée Isabelle, qui fut religieuse à Seckingen. Ce Jean IV était fort jeune quand son père mourut. C'est pourquoi Jean son oncle et frère de Guillaume, son père, eut l'administration de tout jusqu'à ce que ce sien neveu se mariât.

Son fils sous tutelle.

Ratification des franchises de Valangin.

Les bourgeois de Valangin ayant demandé la ratification de leurs franchises, Jean d'Arberg la leur accorda par un acte du 1er mars 1427; ce qui fut ratifié par le baron de Grandson [2] au nom de Jean de Neuchâtel, son oncle, seigneur de Montaguz et d'Amance, et de Thiébaud, seigneur de Neuchâtel en Bourgogne et de Châtel-sur-Moselle, son frère, et au nom de LL. EE. de Berne, qui avaient été nommées par Guillaume exécuteurs de son testament. Il confirma aussi les franchises des habitants du Locle et de la Sagne.

Et de celles du Locle et de la Sagne.

Augmentation de fief aux frères Blayer.

Jean d'Arberg, seigneur de Valangin, donna, par un acte daté du 3 juin 1427 et signé par Jean Dumont, quatre émines de froment et quatre sols lausannois, en accroissement de fief, et qui lui étaient dus sur plusieurs pièces de terres, à donzel Claude et Guillaume Blayer, frères, auxquels il était déjà dû dix-sept émines de froment, dix-sept d'avoine et quatre chapons, dont Jacques Haller de Courtelary, donzel, qui était châtelain de Schlossberg, percevait pour lors la portion de Guillaume Blayer, sous bénéfice de réachat. Cet accensement avait déjà été fait par Guillaume d'Arberg aux prédécesseurs de Nicolet Bourquin de Savagnier.

Jean de Valangin se fait bourgeois de Berne.

Jean IV, seigneur de Valangin, se fit aussi bourgeois de Berne, comme son père Guillaume avait fait l'an 1401; mais ce fut sous d'autres conditions, car il la rendit perpétuelle, au lieu qu'auparavant elle n'était que pour un temps. Cette bour-

[1] Pour concilier ces dates de la mort de Guillaume d'Arberg avec celles de ces actes ci-dessus, voyez l'année 1342 ci-devant, où il est dit que l'année commençait en ces temps-là à Pâques, et que depuis elle a commencé à l'Annonciation, ce qui a duré jusqu'en l'an 1563 (V. l'an 1563).

[2] Ce baron de Grandson était Louis-le-Bon, fils de Jean de Châlons IV, et ce Jean et Thiébaud de Neuchâtel en Bourgogne étaient des parents maternels, et sans doute frères ou neveux de Mahaut de Neuchâtel en Bourgogne, mère de Guillaume d'Arberg, seigneur de Valangin, qui mourut l'an 1440 (V. les ans 1409 et 1410), et par conséquent oncles du jeune Jean.

geoisie est datée du vendredi avant Ste-Lucie 1427, et elle contient ce qui suit :

Nous avons considéré les fidèles services et l'amitié que le feu comte Guillaume, notre cher seigneur et combourgeois, nous a souventes fois témoignés. Et nous avons reçu et recevons par cette lettre, pour nous et nos successeurs, le dit comte Jean en notre protection et pour notre bourgeois, sous les paroles et conditions ci-après écrites : 1. Il a promis et juré religieusement, par le serment de son corps, devant Dieu et par les Saints, sans aucune fraude, d'être véritablement fidèle au St. Empire romain et à la ville de Berne, de détourner leur dommage et avancer leur profit, comme il est convenable à un seigneur de telle qualité. 2. Puis après, de donner aide et assistance à notre ville avec ses pays et sujets selon son pouvoir et la sommation que nous lui en ferons, de bonne foi et sans fraude, et particulièrement de nous ouvrir son château de Valangin, sans contredit, toutes les fois que nous en aurons besoin. 3. Néanmoins les droits des seigneurs dont il tient les fiefs sont ici réservés, et ceci ne leur doit porter aucun préjudice.

1427. Traité de combourgeoisie perpétuelle avec le seigneur de Valangin, reçu bourgeois de Berne.

Réserve.

Cette lettre contient encore :

Nous, les susnommés de Berne, pour nous et nos successeurs, promettons par notre bonne foi, sans fraude, de maintenir et protéger dans ses affaires le souvent nommé comte Jean d'Arberg, notre cher et fidèle combourgeois, puisqu'il s'est obligé à nous de la même chose par ses lettres, ainsi qu'il appert de celles que nous avons en mains.

Regnault de Colombier, fils de Henri, seigneur de Colombier, mourut le 12 septembre. Il ne laissa point d'enfants ; c'est pourquoi son frère Jean hérita de tous ses biens.

Le frère Henri Chalagrin, abbé de Fontaine-André, mourut le 2 des calendes d'avril 1428. Il avait succédé à Pierre des Granges.

Mort de Chalagrin, abbé de Fontaine-André.

La seigneurie de Gorgier étant en conteste entre Othenin Ansel et Pierre d'Estavayer, Humbert, bâtard de Savoie, seigneur de Cudrefin et conseigneur d'Estavayer, prononça sur leur différend. La sentence porta qu'ils devaient la partager entre eux ; ensuite de quoi, par un acte du 12 mai 1428, Anselmé ou Ansel d'Estavayer et Guyette Palouzet de Salins, sa femme, fille de feu Othenin Palouzet, écuyer, donnèrent et remirent à Jacques d'Estavayer, leur fils aîné, qui peu auparavant avait été émancipé, savoir : par donation valable, et irrévocablement faite entre les vifs, en propre droit, propriété, possession et seigneurie, au dit Jacques leur fils, présent et acceptant, pour lui et ses hoirs et ayant cause de lui au temps à venir, tous et singuliers leurs hommes et femmes, bourgeois et bourgeoises, tennementiers et censiers quelconques, de quelque état ou condition qu'ils soient, et toutes et singulières leurs censes, rentes, émoluments, trahus, dîmes, vignes, prés, fours, moulins, raisses,

1428. Abbé de Fontaine-André.

Donation de Gorgier à Jacques d'Estavayer par père et mère.

Hommes et femmes, tenuementiers et censiers. Dîmes, vignes, prés, etc.

1428

Fours, foules, moulins, juridictions.

Rière Bevaix et Cortaillod.

Limites.

Ponts, péages, poissonneries, dîmes, eaux, corvées, bans, échutes.

Mère mixte impère.

batteries, foules, dominations, juridictions et droitures, ensemble et avec toute seigneurie, etc.; lesquels, les dits Ansel et Guyette, et chacun d'eux conjointement ou divisément, ont et peuvent avoir et qui peuvent leur appartenir, par quelle manière, titre, action, raison ou cause que ce soit, aux villes et villages, finages, confins et territoires de St-Aubin, Gorgier, Montalchiez, Fresens, Sauges, Bevaix et Cortaillod, et en toute la châtellenie et juridiction des dits Gorgier et St-Aubin, et aussi en toute la seigneurie et territoire et finage de Bevaix et de Cortaillod. Item tous droits qu'ils ont aux tennements, héritages, terres et possessions, pour lesquelles les censes et rentes leur sont dues, ensemble les fonds, fruits, droits, appartenances des choses susdites, autant qu'à eux appartiennent, et généralement toutes actions, querelles, raisons, réclamations réelles et personnelles qu'ils ont ou peuvent avoir, ou autres en leur nom, par lequel titre, action, raison et cause que ce soit : c'est à savoir dès l'étang et ruisseau d'eau qui sort devers le château de Vaumarcus, tirant contre la bise, jusques au val de St-Imier et au dit val de St-Imier; et dès le milieu du lac, tirant contre la Valaise jusqu'au pendant de la joux, jusqu'au Vautravers, et ce tant en hommes, censes, rentes, prés, champs, jardins, vignes, bois, rivières, montagnes, joux, ponts, péages, poissonneries, dîmes, aigues, corvées, tant de bras comme de charrues, pâturages de glands, bans, clames, amendes, reprises, échutes, comme tous autres droits, choses, servitudes et usages quelconques, ensemble leurs fonds, appartenances et appendices. Item toute leur seigneurie, mère mixte impère et toute juridiction haute, moyenne et basse qu'ils ont et peuvent avoir aux lieux dessus dits, sans y rien retenir. Item tous leurs droits, actions, causes réelles mixtes utiles, civiles et directes, et toutes autres qu'ils peuvent avoir dans tout le comté de Neufchâtel et ses appendices; instituant le dit Jacques, leur fils, vrai possesseur de tout ce que dessus. Il pourra exercer toute juridiction temporelle sur les hommes sujets et censiers. Il pourra y établir des châtelains, justiciers, sergents et officiers en son nom, etc. Ils prient le comte Jean de Fribourg de vouloir recevoir le dit Jacques, leur fils, à hommage, en la forme et manière accoutumée. Les choses ci-dessus données étant du fief du dit seigneur comte, la susdite Guyette, autorisée de son dit mari, renonce au bénéfice du Vellejean, douaire, de donation pour noces, et à tout le fait du dit bénéfice, à la loi Julie défendant l'aliénation du fond dotal, etc. — Cet acte fut passé à Salins judiciellement en la cour du baillage d'Aval, où présidait Aimé de Chenecey, licencié aux lois, conseiller du duc et comte de Bourgogne, et autres.

1428

Jean, comte de Fribourg, et Jean d'Arberg, seigneur de Valangin, assistèrent, l'an 1428, à un duel à Bâle qui se fit entre un gentilhomme espagnol, nommé Jean de Merlo, qui défiait toute la noblesse allemande et qui fut vaincu par un gentilhomme suisse, nommé Henri de Ramstein. Guillaume de Hochberg, père du comte Rodolphe, était un des arbitres du combat.

Duel à Bâle, entre un noble espagnol et un gentilhomme suisse qui est victorieux.

Rodolphe de Hochberg, qui avait épousé Anne, sœur de Conrad de Fribourg et fille de Varenne du Landeron, sœur de la comtesse Isabelle, mourut le dimanche après la Chandeleur 1428. Il eut de cette sienne épouse sept fils et six filles, dont la plupart moururent jeunes; ceux qui parvinrent en âge furent Othon, l'aîné, qui naquit en mars 1388. Il fut établi évêque de Constance l'an 1413, et il mourut le 12 novembre 1451. Il avait résigné son évêché l'an 1433, à cause d'une paralysie dans laquelle il était tombé. Rodolphe de Hochberg eut encore un fils nommé Rodolphe, né l'an 1393, et qui mourut sans enfants en avril 1419, et il eut Guillaume, baillif du Sundgau, de l'Alsace et de la Forêt-Noire pour la maison d'Autriche. Ce dernier eut de la postérité, dont il sera parlé ci-après (V. les ans 1450 et 1457). Les trois filles de Rodolphe qui parvinrent en âge furent religieuses de Ste-Claire à Bâle.

Mort de Rodolphe de Hochberg, qui avait épousé la sœur de Conrad.

Thiébaud de Neuchâtel en Bourgogne, ayant des difficultés avec Albert, duc d'Autriche, au sujet de quelques seigneuries qu'il avait dans le Sundgau et qu'il tenait en fief d'Albert, se joignit avec Jean, baron de Montjoie, pour faire la guerre au duc. Ils entrèrent dans le Sundgau avec 2500 hommes. Le dit baron s'était allié avec l'évêque de Bâle l'an 1424, et depuis avec le comte Jean de Fribourg, qui avait aussi quelque différend avec le duc. Jean, qui était le fils de Louis, baron de Montjoie, dont on a parlé l'an 1342, ayant demandé du secours à ses siens alliés, ceux-ci le lui accordèrent: ils commirent pendant huit jours des actes d'hostilité dans le Sundgau; mais cette guerre fut terminée par la médiation de Guillaume de Hochberg et des villes de Berne, de Bâle et de Soleure.

Alliance de Thiébaud de Neuchâtel en Bourgogne avec le baron de Montjoie, contre le duc Albert d'Autriche. Guerre, à laquelle est mêlé le comte Jean.

Paix faite.

Il tomba l'an 1428 une prodigieuse quantité de neige qui fut suivie d'une grande abondance.

Neige considérable. Abondance.

Guillaume de Grunenberg reconnut cette année d'avoir reçu pour lui et ses hoirs féodaux de son corps, du comte Jean de Fribourg, comme comte de Neuchâtel, le fief de la dîme de Kriegstetten, avec tous ses droits et appartenances, et promit, pour lui et ses hoirs féodaux, de faire au dit seigneur, à ce

1429

Dîme de Kriegstetten.

sujet, ce que par droit un bon vassal est tenu envers son seigneur. Voici ce que contient l'acte que Jean de Fribourg fit expédier aux autres portionnaires de ce fief de Kriegstetten :

Acte en faveur de Hemmann de Spiegelberg.

Nous, Jean de Fribourg, comte de Neufchâtel, confessons publiquement par cette lettre que l'honorable Hemmann de Spiegelberg, chevalier, advoyer de Soleure, ayant prêté à vertueux et honorable Sr Conrad-Thiébaud Valdner, chevalier, notre conseiller et serviteur, quarante florins de Rhin bons en or et trébuchant en poids, et le dit Conrad-Thiébaud les lui ayant constitués sur un neuvième de la dîme du patronage de l'église de Kriegstetten que feu Ulrich Leberti de Soleure avait, comme aussi sur l'expectance des deux autres neuvièmes de la dite dîme que ceux de Durrac y ont eus, et que dans le temps présent dame Marguerite de Spins, femme légitime du dit Hemmann de Spiegelberg, a et doit avoir sa vie durant, le dit Conrad les ayant de nous en fief, chacun doit savoir que cela a été fait par notre volonté et dispense, et que nous le confirmons pour nous et nos héritiers au susdit Hemmann de Spiegelberg et à ses héritiers en vertu de cette lettre, laquelle a été scellée de notre sceau pendant, etc. Donné le mardi après le jour de St-Urbain pape l'an 1429.

Comme cette dîme est parvenue à la famille de Roll.

Ce Hemmann de Spiegelberg avait épousé Marguerite de Spins. De ce mariage sont sortis Kunegolt de Spiegelberg et une autre fille mariée à Rodolphe de Blumeneck, qui eurent une fille nommée Agathe de Blumeneck, qui fut mariée à Jean de Roll, et c'est par ce mariage que la maison de Roll de Soleure a acquis une portion de la dîme de Kriegstetten (V. l'an 1459).

Dîmes de Kriegstetten, de Kalten, de Gerlofingen, et fief mâle.

Rodolphe de Ringoltingen, de Berne, confesse d'avoir reçu de Jean de Fribourg, son seigneur, en vrai fief, pour lui et les héritiers de son corps, savoir mâles, les dîmes de Kriegstetten, de Kalten, de Gerlofingen, dessus et dessous, savoir : la part que le sieur Jean Grun de Grunenberg a possédée jusqu'ici, là autour par manière de fief, et il promet aussi pour lui et pour les héritiers de son corps, savoir mâles, de faire au susdit seigneur et à ses héritiers tout ce qu'un vassal est obligé de faire à cause de fief, et si lui ou les héritiers de son corps décèdent sans mâles, alors le dit fief doit retourner au susdit seigneur, en vertu de cette lettre, scellée de son propre sceau et datée du lundi après la St-Michel 1429.

Dîme de Mertzlingen donnée en fief mâle par Jean de Fribourg à Rodolphe Hofmeister.

Le comte Jean de Fribourg donna encore la dîme de Mertzlingen, en vrai et franc fief mâle, à Rodolphe Hofmeister, advoyer de Berne, et aux hoirs de son corps qui pourraient succéder au fief, pour le posséder selon le droit des fiefs, lequel promit de faire ce qu'un vassal est tenu et obligé de faire à son seigneur de fief. Et le mardi devant la St-Jacques de la même année, c'est-à-dire peu de temps après, le dit Hofmeister reprit cette dîme de Jean de Fribourg, pour lui et ses hoirs, en vrai fief pignoratif, pour 300 goulden, rachetable pour la dite somme, et de le desservir suivant le droit des fiefs mâles, comme un vassal doit faire à son seigneur, par justice et par droit.

Jean d'Arberg, seigneur de Valangin, par un acte du 14 février 1429, accorda à la justice de la Sagne le droit de se conformer aux us et coutumes de la justice de Valangin.

Le 7 août 1429 il naquit à Jean de Fribourg une fille qui fut nommé Jeanne.

Gaucour, gouverneur de Provence, voyant que Louis de Châlons, prince d'Orange, s'était déclaré en faveur de Philippe, duc et comte de Bourgogne, duquel il était vassal, l'alla attaquer dans sa principauté; mais Louis aima mieux se jeter dans le Rhône et de le passer à la nage sur son cheval que de tomber entre les mains de Gaucour.

L'été de l'an 1429 fut extrêmement chaud. Il y eut abondance de vin et de grain; mais la peste fit de grands ravages. L'automne fut si chaud que les arbres étaient fleuris à la St-Nicolas.

Guillaume de Hochberg, baillif du Sundgau, de l'Alsace et de la Forêt-Noire, fils de Rodolphe de Hochberg et d'Anne de Fribourg, épousa, l'an 1429, Elisabeth, fille de Guillaume de Montfort, de Bregenz, etc.

En l'an 1430, il naquit du susdit mariage un fils qui fut nommé Rodolphe et qui a été comte de Neuchâtel.

Il se suscita cette année une difficulté entre les villages de Champion et de Chulles, d'une part, et les bourgeois de Neuchâtel, d'autre part, au sujet du pâturage du Chablaix, que les premiers contestaient aux derniers. Ce différend fut soumis à Jean, comte de Fribourg, qui étant déjà le seigneur de toutes les parties intéressées, savoir comme comte de Neuchâtel et seigneur de Cerlier, dont il avait l'usufruit par sa femme, en fut aussi le juge et l'arbitre. Voici la sentence qu'il rendit:

Le nom de Dieu invoqué, prononçons et jugeons et déclarons de droit et de coutume, selon notre puissance, en bonne foi, de la force du compromis, et à cause de la puissance à nous donnée, selon le contenu du dit compromis et de ses causes appendantes, de ces choses en la manière ci-après écrite: 1° Que nous réservons et avons réservé à nous et aux nôtres perpétuellement, tous nos droits et pleine seigneurie et juridiction au marais du Chablaix, pour lequel est le débat, et selon les marchés contenus aux lettres d'accord et de partage auparavant faites entre furent de bonne mémoire les seigneurs de Neufchâtel et de Nidau. 2° Et ceci ainsi réservé, prononçons que paix et dilection doit être perpétuellement entre les dites parties pour les devant dits débats, querelles et allégations faites d'un côté et d'autre en langage romand et allemand et autres allégations de droit et de coutume qu'en ce nous meuvent. Prononçons que les dits de Neufchâtel,

1430

Mais ils ne doivent gager, sinon par le vouloir du comte.

Ceux de Chulles.

Les outrages et dommages sont réservés.

au nom que devant, et leurs successeurs, doivent avoir et user leur jouissance et usance, comme ils ont accoutumé d'en user au temps qu'ils ont accoutumé annuellement au dit marais du Chablaix, pourquoi le débat est. 3° Réservé est et retenu que les dits de Neufchâtel ne pourront et ne devront gager par eux, ni par autre au devant dit Chablaix, si ce n'était par le vouloir et consentement de nous, le devant dit comte et seigneur de Neufchâtel et de nos hoirs et successeurs, vu qu'en la dite lettre d'accord et partage est clairement contenu que la propriété du dit marais nous compète, comme au droit et souverain seigneur. 4° Et touchant ceux de Chulles, nous prononçons qu'iceux n'y doivent aller, pour ce que de ce ils n'ont mis en avant ni montré aucun droit, ni aussi en la lettre de partage ne sont contenus, combien que s'ils y allaient, si ne les ont ceux de Neufchâtel à gager, si ce n'était par notre vouloir et consentement. 5° Item pour les outrages et tous faits par les dites parties contre droit et coutume que nous appartiennent à juger, iceux réservons à nous, et aussi toutes peines qui sont à mériter contre le contenu du dit compromis. Réservons à nous et aux nôtres iceux à poursuivre et à recouvrer selon droit et coutume de la ville de Neufchâtel, quand à nous et aux nôtres il sera convenable.

Les pré, messellerie, terres, censes et vignes dont il a été parlé l'an 1359, parvinrent par loyale échute cette année à Jean, fils de Vauthier, seigneur de Colombier. Comme Jean de Giez avait bâti au-dessous de la Coudre, au lieu qu'on nomme Champreveyres, une maison et un pressoir pour y loger la récolte de ses terres qu'il possédait dans ce lieu-là, aussi dès que les seigneurs de Colombier ont tenu cette maison, on l'a nommée le pressoir ou le treuil de Colombier, et c'est le nom qu'on lui donne encore aujourd'hui.

Champreveyres, treuil de Colombier.

Le comte Jean conduit les troupes du duc et comte de Bourgogne, Philippe-le-Bon.

Le comte Jean de Fribourg conduisit, l'an 1430, une partie des troupes que Philippe-le-Bon, duc et comte de Bourgogne, envoyait en Lorraine en faveur d'Antoine, comte de Vaudemont, contre René, duc d'Anjou, qui avait épousé la fille unique de Charles, duc de Lorraine, mort cette année-là. Antoine était frère du dit Charles; ils prétendaient tous deux à la succession. Antoine vainquit René, et il eut par ce moyen le duché de Lorraine, de sorte que le comte Jean retourna victorieux avec les troupes qu'il commandait.

Franchises de Delémont.

Jean de Fleckenstein, évêque de Bâle, accorda de grandes franchises aux habitants du val de Delémont: il diminua les tailles auxquelles ils étaient assujettis.

Froid violent.
Été pluvieux.

Le commencement de l'année 1430 fut extrèmement froid; il y eut des gelées au printemps qui firent beaucoup de mal aux fruits de la terre. L'été fut pluvieux, on fit de très petites vendanges, peu de vin et de grain, de sorte qu'il y eut une grande cherté.

Disette de récolte.

Jean de Neuchâtel, fils de Girard, baron de Vaumarcus, seigneur de Travers, mourut l'an 1431. Il laissa un fils aussi nommé Jean, qui lui succéda.

1431. Mort de Jean, fils de Girard, baron de Vaumarcus.

Le concile de Bâle fut indiqué cette année. Il commença le 1er septembre 1431; la première session se tint le 13 décembre. Il dura dix-sept ans. Jean, comte de Thierstein, fut nommé par l'empereur Sigismond pour y tenir sa place en son absence. Le cardinal Julien y présida, et Eneas Sylvius était le secrétaire. Ce dernier fut depuis pape nommé Pie II. Le pape Eugène IV y fut déposé, et Amédée VIII, duc de Savoie, fut créé pape en sa place. Il tint son siége à Lausanne et fut nommé Félix V. La pragmatique sanction fut établie dans ce concile contre les papes et les annates condamnées. On y permit aux Bohémiens la communion sous les deux espèces, et on y exclut les neveux des papes du cardinalat. Le comte Jean de Fribourg alla souvent à Bâle pendant la tenue du concile.

Concile de Bâle.

Le duc de Savoie, Amédée VIII, fait pape.

Jean de Fribourg alla plusieurs fois à Bâle.

Guillaume de Challant, évêque de Lausanne, mourut. Il eut pour successeur Jean de Prangin.

Mort de Guillaume de Challant, évêque de Lausanne.

Le 18 mars 1432, on tint les Audiences à Valangin. Guillaume et Antoine Matthey, frères, à l'instance de Josué-Jean de la Sagne, recueilleur de l'aide, furent condamnés à contribuer leur contingent aux aides, dons et subsides, comme les autres habitants. Ils la contestaient, sous prétexte qu'ils étaient bourgeois de Valangin (V. l'an 1358).

1432. Audiences de Valangin.

Aides dues par les bourgeois de Valangin.

Par un acte du 6 mai 1432, Pierre, fils de Jean d'Estavayer, l'aîné, donne et remet à dame Marguerite, sa mère et veuve du dit Jean, pour les bienfaits qu'il en a reçus dans ses urgentes nécessités, et ce par donation entre vifs qui doit être valide, etc., et ce pour elle et les siens quelconques, toutes choses, possessions, censes, revenus et biens qu'il peut avoir dans la seigneurie de Gorgier et St-Aubin, tant en vertu d'une prononciation entre Anselme, son frère, et lui, par Humbert, bâtard de Savoie, comme aussi tous ses autres biens meubles et immeubles, présents et à venir, et là où ils se pourront trouver. L'acte est signé Rolet Bachié. Dans cet acte on donne à Humbert, bâtard, les titres de seigneur de Corberuz, Montagnac, Lemonte, Cudrefin, Grandcourt, et de conseigneur d'Estavayer.

Donation de Pierre d'Estavayer à sa mère.

De ce qu'il peut avoir à Gorgier et St-Aubin.

Et de tous ses biens.

Titres d'Humbert, bâtard de Savoie.

Il fit au commencement de 1432 un froid très violent qui fit périr des hommes et des bêtes. Les vignes et les arbres gelèrent tellement qu'il en fallut couper un grand nombre; ce qui causa une extrême cherté et une grande mortalité. Il était apparu une grande comète aux mois de janvier et février.

Froid violent. Arbres gelés. Cherté. Mortalité. Comète.

Au mois de février 1433, Louis, fils d'Amédée VIII, duc de Savoie, épousa Anne, fille de Janus, roi de Chypre, de Jérusalem et d'Arménie. On la tenait pour une des plus belles prin-

1433. Mariage de Louis de Savoie avec Anne, fille de Janus, roi de Chypre, etc.

1433

Jean de Fribourg convié aux noces.

cesses du monde. Il y eut plusieurs grands seigneurs qui furent conviés à ses noces et qui eurent l'honneur de l'accompagner jusqu'en Savoie, entre autres le duc de Bourgogne, Hugues de Lusignan, cardinal de Chypre, oncle de la princesse, le duc de Bar, le comte de Nevers, le prince d'Orange, le comte Jean de Fribourg, etc. Le susdit Louis était comte de Genève et fut duc de Savoie après la mort de son père. Janus donna à sa fille Anne 100,000 ducats d'or de Venise pour sa dot, et Amédée VIII lui en assigna 10,000 de douaire.

La mère de Jeanne de Hochberg était petite-fille de Louis et d'Anne de Lusignan.

Le comte Jean était vassal pour Gorgier et Lugnores.

Dame Marie de Savoie, mère de Jeanne de Hochberg, comtesse de Neuchâtel, a été la petite-fille du dit Louis de Savoie et d'Anne de Lusignan. Jean, comte de Fribourg et de Neuchâtel, était le vassal du duc de Savoie pour Gorgier et Lugnores, etc.

Vendition de la seigneurie de Gorgier à Jean de Neuchâtel, par Jacques d'Estavayer.

La seigneurie de Gorgier, se trouvant enfin réunie sous le susdit Jacques d'Estavayer, celui-ci la vendit, par un acte du 12 mai 1433, qui contient ce qui suit :

Teneur de l'acte.

Jacques, fils d'Anselme d'Estavayer et de Guyette, par le consentement de ses dits père et mère, vend à Jean de Neufchâtel, seigneur de Vaumarcus, perpétuellement et irrévocablement pour lui, ses hoirs, cohéritiers, successeurs et ayant cause de lui et qui l'auraient à l'avenir quelconques, et aussi pour celui ou pour ceux à qui il les voudrait vendre, donner, céder et en quelque autre manière transporter, moyennant le prix de onze cents florins d'Allemagne de bon or et de légitime poids, reçus par le dit vendeur. Le dit Jacques, en investissant le dit Jean de Neufchâtel, acheteur, comme en devant être le vrai seigneur propriétaire, comme en sa propre cause, voulant et entendant que si même les choses valaient le quadruple, ou qu'elles pussent valoir davantage à l'avenir, elles soient censées baillées et données au dit acquéreur, pour lui et les siens que dessus, par donation pure, mère et irrévocable faite entre vifs, en rémunération et récompense de plusieurs agréables services et curialités rendues par le dit Jean de Neufchâtel au dit Jacques d'Estavayer, à la charge de payer le lods de cette vendition par le dit acheteur à Jean de Fribourg et sous la réquisition du sceau du dit comte, lequel y fut apposé avec celui de Jean, seigneur de Blonay et bailli de Vaud pour le duc de Savoie.

A la charge de payer les lods.

Cet acte spécifie en détail ce qui est vendu, savoir :

Les hommes des cinq villages.

Les seigneuries et châtellenies de St-Aubin et de Gorgier avec leurs fonds, droits et actions. Item tous les hommes de quelque condition, qu'ils existent et soient dans les villages de St-Aubin, Gorgier, Sauges, Frésens et Montalchié et autres villages, qui doivent appartenir au vendeur à cause des dites châtellenies, seigneuries et villages, ou de quelque autre occasion, couleur et titre. Item toutes ses censes, revenus, lods, doubles reprises, selon les bonnes usances et coutumes d'Estavayer, moulins, battoirs, émoluments, dîmes, bois, vignes, prés, champs, tennements, fours, fournages, raisses, foules. Item seigneuries et juridictions, lesquelles le vendeur tient aux dites châtellenies, seigneuries et villages et en leur territoire, finages et confins. Item

Les censes, revenus, lods, bans, échutes moulins, fours, etc.

Seigneuries et juridictions.

toute seigneurie, nobleté, fidelté et fiefs, services, corvées, charrois, chevauchée, chaponneries, avoyeries et autres sortes de tributs à lui compétents. Item toute manière de jurisdiction haute et basse, mère mixte impère, directe seigneurie à lui compétents. Item tous ses hommes, censes, revenus, vignes, biens, tennements et possessions, et toutes autres actions qu'il a et peut avoir aux villages de Bevaix et Cortaillod. Item et généralement tous et singuliers droits réaux et personnels, et toutes et singulières actions réelles, personnelles, utiles, mixtes, prétoriales, civiles, directes et indirectes et autres quelconques, lesquelles il a et peut et doit avoir, ou qu'on a et possède en son nom, ce que Anselme et Guyette, ses père et mère, et ses prédécesseurs ont eu et dû avoir en aucune manière aux dites châtellenies, seigneuries et villages et en leurs détroits, territoires et confins, savoir: dès le bois dit de Seyti jusques à Boudry, et dès les limites et confins séparant les seigneuries de Grandson, Vauxtravers, Rochefort et ses dites seigneuries de St-Aubin et Gorgier jusqu'au milieu du lac, sans se rien retenir ni réserver dans les dites limites, quoique les dits biens soient en seigneurie, hommes, bans, clames, barres, saisines, censes, censières, châteaux, maisons, chesaux, curtils, ouches, vergers, forêts, bois, rappes, joux, fontaines d'eaux, cours d'eaux, moulins, battoirs, raisses, foules, fiefs, mazels, boucheries, fours, fournages, ports, péages, ventes, décimes, terrages, chevauchée, charrois, corvées de main et de bêtes, patronages et paratoires des églises, annonceaires, servitudes corporelles, exactions, prestations, chaponneries, annoyenneries, échutes, commises, tant réelles que personnelles ou civiles, si aucunes sont et se trouvaient avec leurs fonds et droits, etc. Item le dit Jacques vendeur vend au dit Jean de Neuchâtel, pour lui et les siens, les lettres de réachat, faisant pour lui, le vendeur, et pour Anselme et Guyette, ses père et mère, et pour leurs prédécesseurs ou autres des leurs, sur certains biens et possessions, censes et revenus quelconques vendus et en quelque manière par lui, le dit Jacques, ses père et mère ou aucun des leurs, à certaines personnes nommées dans les lettres de réemption; et premièrement toutes les lettres de réachat de certaines censes, revenus et d'autres émoluments, faisant pour le dit Jacques, vendeur, ses père et mère ou les leurs, contre messire Jean de Longeville et messire feu Jean, son père, chevalier. Et aussi toutes et singulières autres actions réelles, personnelles, utiles, prétoriales, civiles et autres quelconques qui lui appartiennent, contre le dit Jean et feu messire Jean, chevaliers, et contre les héritiers bientenants de feue dame Antoine d'Estavayer, mère du dit Jean de Longeville, et un chacun ou autres d'iceux, tant à cause de certaines venditions, cessions, donations ou autres aliénations quelconques faites et louées au profit des dits messires Jean, chevaliers, ou autres d'iceux par les dits Anselme et Guyette, ou pour cause de certaine assignation de feue dame Nicole, femme de feu messire Guillaume, oncle paternel de lui, Jacques, vendeur. Item aucunes lettres de réachat contre messire Jean de Colombier, son neveu, de certaines censes, redevances, biens et possessions que le dit Jean de Colombier tient et possède dans les dites limites. Item certaines lettres de réemption, faisant pour le dit Jacques de sept livres de censes, contre Pierre d'Estavayer, à lui assignées, en lui faisant assignation de vingt livres de censes à cause de composition faite entre le dit Pierre et les dits parents de Jacques. Toutes fois que messire Jean de Neufchâtel, acheteur, lorsqu'il

1433 voudra, ou quelque autre, racheter les dites sept livres du nombre des dites vingt livres, ils devront donner pour une fois au dit Pierre d'Estavayer 140 livres, comme ceci est plus amplement contenu en la lettre de la dite composition, etc.

Renonciation. Toutes les renonciations de droit usitées en ce temps-là sont la clôture de cet acte. Les parties renoncent à la lésion d'autre moitié. La mère Guyette renonce à l'assignation de dot qu'elle avait sur la terre, au privilége de la loi Julie, et à l'authentique *si qua mulier*; et Anselme le père, qui, conjointement avec sa

Confirmation. Sceaux. femme, ont approuvé et ratifié la vente de leur fils Jacques, veulent que si à l'avenir eux ou quelqu'un des leurs voulût s'opposer à ce contrat, qu'alors tout droit d'audience lui soit totalement dénié et d'icelle ils soient privés. Deux notaires ont signé l'acte le 12 mai 1433 : Claude David de Salins, Pierre Gruyères de Fribourg, notaires jurés.

Appellation au seigneur de Travers. Comme les appellations qui se faisaient depuis la justice de Travers en première instance par devant le seigneur du lieu, n'étaient pas encore bien réglées, le comte Jean voulut bien en marquer la manière et ordonner qu'à l'avenir elles se feraient comme suit : Quand un seigneur de Travers, étant féodal et vassal du prince, veut faire vider les causes jugées au dit Travers, dont en git appel devant lui, seigneur des assises qui se trouvent au dit lieu, il doit requérir par lettre un seigneur

Ceux qui composent les assises de Travers. gouverneur ambassadeur, ou lieutenant au gouvernement de ce comte, de lui envoyer des juges pour tenir les assises au dit Travers sur le jour spécifié par les dites lettres ; alors sont élus, par le commandement du prince ou de son lieutenant, quatre des bourgeois et conseillers de la ville de Neufchâtel, deux des bourgeois et conseillers de Boudry, quatre des jurés de la justice du Vautravers et deux justiciers de Rochefort, qui sont envoyés au dit Travers, à la réquisition du dit seigneur de Travers, pour juger en seconde instance sur les causes qui se présentent devant eux, et de leur sentence rendue, celle des

Appel aux Trois-États. parties qui s'y sent grevée en peut appeler devant les Trois-États à Neufchâtel, qui est l'extrême et dernière appellation.

Année chaude et sèche. Le printemps et l'été de 1433 furent extrêmement chauds et secs ; ce qui causa une si grande cherté en Italie, que le pape Eugène se vit obligé de permettre de manger de la viande aux jours maigres. Les vendanges y furent aussi fort petites ; mais dans le comté de Neuchâtel on eut abondance de vin et grain ; les vendanges commencèrent le 10 août ; il ne plut point pendant tout l'été jusqu'au mois de septembre.

L'empereur Sigismond au concile de Bâle. L'empereur Sigismond arriva à Bâle le 11 octobre 1433 pour assister au concile. Il y fut pendant sept mois. Le comte Jean de Fribourg y alla pour lui rendre ses devoirs, et c'est ce que firent aussi tous les seigneurs de la Suisse. Il donna à plusieurs d'entre eux et à diverses villes, comme Berne, Bâle et Soleure, des franchises considérables.

1433. Franchises accordées à plusieurs villes de la Suisse.

Vauthier de Neuchâtel, baron Rochefort, qui avait été décacapité l'an 1412, ayant laissé deux fils en mourant, leur mère leur montra, l'an 1434, la chemise ensanglantée de leur père, les sollicita fortement à venger sa mort et à aller brûler la ville de Neuchâtel. Ils y vinrent mettre le feu à l'hôpital, qui était hors de la ville dans le chemin du fornel, et ensuite ils s'évadèrent; ils allèrent, à ce qu'on a cru, s'habituer dans la Guyenne.

1434. Les fils de Vauthier, baron de Rochefort, brûlent l'hôpital de Neuchâtel.

Il y eut cette année une grande mortalité en Suisse. La peste y était si véhémente et l'air si corrompu, qu'il n'y avait ni montagne, ni val, ni lieu si écarté qu'il n'y mourût des gens de la contagion.

Peste en Suisse.

Jean-François de Cormondrèche mourut l'an 1434. Il possédait une partie du fief de Cormondrèche. Il était fils de Nicod de Cormondrèche, qui était le fils de Jean-le-Bel (V. les ans 1300 et 1356). Jean-François eut un fils nommé Jean Vauthier de Cormondrèche, donzel, qui eut deux fils, l'un nommé Jean, qui fut père de Guillaume Vauthier, lequel vivait l'an 1529, et qui eut un fils nommé Claude Vauthier de Cormondrèche, donzel et juré en la justice de la Côte l'an 1587. L'autre fils de Jean Vauthier était Nicod de Cormondrèche, qui vivait en 1493 et qui eut plusieurs fils, desquels Jean Vaucher, l'aîné, eut en fief environ le quart de tout ce que possédaient les seigneurs de Cormondrèche. Ce dernier eut un fils nommé Rollin (V. l'an 1421).

Généalogie de la famille Le Bel de Cormondrèche.

Jaquet de Vaumarcus épousa, l'an 1434, Isabelle, fille d'Ulrich Haller, dit de Courtelary, parce que ce dernier possédait le fief de ce nom (V. l'an 1400). Jacques Haller de Courtelary possédait en ce temps la portion du fief Blayer qui appartenait à Claude Blayer, sous bénéfice de réachat. Jaquet de Vaumarcus était conseiller de Jean de Fribourg et baillif de Cerlier. Il était fils de Louis de Vaumarcus.

Mariage de Jaquet de Vaumarcus, avec Isabelle Haller, dit de Courtelary.

Baillif de Cerlier.

Au mois de janvier 1435 les lacs de la Suisse gelèrent, et au mois d'août il fit un grand froid, qui causa une extrême cherté.

1435. Lacs gelés. Froid au mois d'août. Cherté.

Perrod d'Engolon, donzel, vivait en ce temps. Il eut deux fils : Guillaume d'Engolon, chapelain de Neuchâtel, et Girard d'Engolon, qui avait épousé Nicolette Marchand.

Famille d'Engolon.

Frédéric, dernier comte de Toggenbourg, entra dans le monastère de Ruti l'an 1435, et il mourut l'année suivante, 1436.

Maison de Toggenburg éteinte.

1436

1436	Par cette mort, la postérité de ce Diethelm, comte de Toggenbourg, dont il a été parlé à la date de 1248, fut entièrement éteinte. Il avait épousé la fille du comte Ulrich.
Louis de Châlons reconnu souverain	Louis de Châlons, dit le Bon, fut reconnu prince souverain d'Orange et indépendant d'aucun siége. Le comte de Provence le reconnut tel par un acte du 6 août 1436. Il cassa par ce moyen l'acte du 22 mars 1308, par lequel Charles II, comte de Provence, obligea Rémond III, prince d'Orange, de se constituer son vassal.
Mort de Jean de Fleckenstein, évêque de Bâle.	Jean de Fleckenstein, évêque de Bâle, mourut le 26 décembre 1436, pendant le concile. Le chapitre n'ayant pu s'accorder pour élire un évêque en sa place, le pape Eugène IV nomma
1437 Le pape nomme Frédéric de Rhein. Le défunt évêque avait racheté les terres engagées.	Frédéric de Rhein, l'an 1437; mais il ne dit jamais messe. Bourkhard de Rathsamhausen était son compétiteur. Ce Jean de Fleckenstein avait rédimé plusieurs terres engagées, savoir: St-Ursanne, Istein, Riehen, Birseck, les Franches-Montagnes, Laufon, Spiegelberg, Goldenfels, etc.
Fief de Kriegstetten.	Le comte Jean de Fribourg donna, l'an 1437, le fief de Kriegstetten à Guillaume de Grunenberg, pour lui et ses hoirs féodaux de son corps; mais ce fief retourna au comte Jean, faute de mâles.
Thuring d'Arberg descendu des comtes de Kybourg.	En ce temps vivait Thuring d'Arberg. Il y a de l'apparence qu'il était descendu des comtes de Kybourg. qui se donnaient ce titre (V. l'an 1385).
1438 Fief accordé à Hansmann et Ulrich de Stein.	Le comte Jean de Fribourg donna à Hansmann et à Jean-Ulrich de Stein un fief de quatre muids de vin à prendre sur la recette du Landeron, et ce en vrai fief mâle, pour eux et leurs hoirs procréés de leurs corps capables de posséder fief, etc. L'acte est daté de l'an 1438.
Accensement fait par les Blayer.	Jean Blayer, écuyer, et Aimonette, sa femme, fille d'Itel Trosberg, accensèrent à des particuliers de Savagnier trois pièces de terre situées au dit lieu, sous la cense annuelle de deux émines de froment et un chapon, payables à chaque St-Martin aux héritiers de Claude Blayer et de Guillaume Blayer, demeurant à Cerlier, et rendables dans leur maison de Valangin. L'acte est du 14 juin 1438, signé *Henri Uldry* des Verrières, clerc juré du seigneur de Valangin, et sous le scel du dit seigneur. Il y a encore d'autres accensements pareils faits par les mêmes à d'autres particuliers en date du 2 octobre 1438, signés par le même notaire.
Stérilité et cherté.	Cette année fut fort stérile à cause des pluies continuelles. Le sac de froment valut trois goulden et demi; cent pots de vin se vendaient quatre goulden et demi, et cent pots de petit

vin trois goulden, ce qu'on n'avait point vu auparavant, de sorte qu'il y eut une grande cherté en Suisse.

Guillaume de Châlons, fils de Louis-le-Bon, épousa, l'an 1438, Catherine, fille de Richard de Bretagne, comte d'Estampe, et de Marguerite d'Orléans, sœur de François II, dernier duc de Bretagne. Guillaume eut de sa femme le comté de Penthièvre, les seigneuries d'Embale, de Moncontour, etc., et les ports et havres qui sont entre Arganon et Crenon. Le susdit François II donna encore à sa sœur Marguerite, en mourant, plusieurs terres en Bretagne, lesquelles le roi Louis XII lui relâcha et même lui augmenta (V. l'an 1499).

Mariage de Guillaume de Châlons avec Catherine, fille de Richard de Bretagne.

Il tomba au commencement de cette année 1439 une prodigieuse quantité de neige, et le froid fut très violent. On passa l'Aar et autres rivières, comme aussi les lacs, avec des charriots chargés. Tous les vignobles gelèrent. L'été fut extrêmement pluvieux, et il y eut une grande cherté et mortalité en Suisse. Il mourut à Constance, dans dix mois, quatre mille personnes; on en enterrait à Berne vingt-quatre par jour, et cent par jour à Bâle, où plusieurs pères des plus vénérables du concile moururent de cette maladie contagieuse; et comme, outre la peste, la cherté augmentait tous les jours, le sac de seigle s'y vendait six livres bâloises; le sac d'épeautre huit livres, etc., ce qu'on n'avait jamais vu auparavant. Le magistrat, pour arrêter ces fléaux, fit faire des pèlerinages. Il envoya vingt-quatre prêtres à ses dépens à Notre-Dame-de-Todmos dans la Forêt-Noire, qui portaient une croix; il y eut bien quatre cents personnes de Bâle qui les y accompagnèrent. Le concile leur donna absolution de tous les péchés qu'ils avaient commis pendant sept ans. On fit encore un pèlerinage depuis la même ville d'environ cinq cents personnes qui allèrent à Notre-Dame-des-Hermites dans le canton de Schwyz. Le concile leur donna absolution pour tous les péchés commis pendant dix ans. Ils furent absents pendant dix jours. La peste était aussi en ce temps fort échauffée dans le comté de Neuchâtel.

Neige abondante. Année de gel des lacs et rivières. Vignobles gelés. Été pluvieux. Cherté. Peste. Mortalité extraordinaire.

Pèlerinages ordonnés.

Le concile donne absolution aux pèlerins.

Peste à Neuchâtel.

L'année 1439 est mémorable dans l'histoire de la Suisse. L'empereur Albert II confirma à la ville de Berne toutes les franchises que les empereurs ses prédécesseurs lui avaient accordées. Il ratifia aux Bernois l'acquisition qu'ils avaient faite des comtés d'Arberg, de Wangen, etc. etc. Il leur accorda le droit de pouvoir inféoder eux-mêmes les fiefs d'empire situés dans la Suisse qu'ils y possédaient, ou qu'ils pourraient y acquérir dans la suite, et qu'ils pourraient recevoir à leur serment les hommes de fief. Il se déporta du droit de seigneur féodal

L'empereur Albert II dégage les seigneuries de la Suisse de toute relevance féodale.

1439

Les comtés de Neuchâtel et Valangin purifiés de fief.

qu'il avait sur tous les fiefs de la Suisse, et la démembra par ce moyen entièrement de l'empire. Les comtes de Neuchâtel et les seigneurs de Valangin n'ont plus dès lors eu à rendre l'hommage, les premiers aux comtes de Châlons, et les derniers aux comtes de Neuchâtel, réservé la foi au roi des Romains, comme ils faisaient auparavant, et ceux qui possédaient des fiefs en Suisse furent tous allibérés; les comtés, baronnies, seigneuries, etc. ont été purifiés de fiefs par rapport à l'Empire. Berne et les autres cantons ont depuis acquis plusieurs fiefs, dont ils n'ont point été invêtus, et les ont possédés en souverains, sans qu'ils en aient jamais demandé la confirmation aux empereurs.

Echange d'évêchés entre Jean de Prangin et George de Saluces.

Jean de Prangin, évêque de Lausanne, fit un échange de son évêché de Lausanne avec George de Saluces, évêque d'Aoste, l'an 1439, tellement que ce dernier devint, par ce moyen, évêque de Lausanne, etc. Il fut confirmé par le nouveau pape Félix V, qui donna son consentement à cet échange. Ce nouvel évêque fut consacré le 20 avril 1440.

Le pape Eugène IV déposé au concile de Bâle.

Pourquoi il est déposé.

Gabriel de Condulmario, pape, nommé Eugène IV, fut déposé par le concile de Bâle, en la session 34, où présidait George, évêque de Dertosa en Espagne, et où assistèrent aussi environ trois cents pères, et ayant été condamné comme un réfractaire au concile, un rebelle qui méprisait ses arrêts et troublait l'église de Dieu, un dévoyé de foi, un endurci, un hérétique, un dissipateur des biens et des droits de l'église, un conducteur inutile et dommageable à l'église, qui s'était rendu indigne des titres, degrés, honneurs et dignités de l'église, et que, pour l'exécution de cette sentence, on procéderait contre lui par la voie de la justice, pour lui infliger les peines qu'il avait méritées. Le concile lui ayant même défendu de se donner à l'avenir le titre de pape, allibéra tous les chrétiens du serment qu'ils lui avaient prêté. Il défendit, sous de rigoureuses peines, à tous les Etats, empereurs, rois, princes, etc. etc. et à tous les séculiers et ecclésiastiques, d'assister, d'obéir, de favoriser et de donner aucun secours à Eugène IV, comme un hérétique reconnu, un destructeur de l'église, un parjure, etc. Cette sentence ayant été prononcée le 25 juin 1439, le concile résolut, en la session 37, qui se tint le 23 octobre, d'élire un autre pape; ce qui devait se faire par trente-deux personnes choisies par le concile et assermentées, qui entreraient dans le conclave, et qu'aucune élection ne serait valable que l'élu n'eût les deux tiers des suffrages, ce qui a toujours été pratiqué dès-lors. Le 5 novembre 1439, Amédée VIII, duc de Savoie, fut en conséquence élu pape, ayant eu vingt-six suffrages,

Amédée VIII de Savoie est élu pape

et le 17 novembre cette élection fut confirmée par le concile dans la trente-neuvième session.

Marguerite, fille du duc de Bourgogne Philippe-le-Hardi, épouse d'Amédée VIII, était morte quelque temps auparavant et avait laissé plusieurs enfants qu'elle avait eus d'Amédée. Ce dernier étant veuf, avait fait bâtir, après la mort de son épouse, un château à Ripaille, qui est sur le bord du lac Léman, proche de Thonon, où il s'était retiré avec six chevaliers pour y mener une vie privée, ayant avant cela remis à son fils Louis le duché de Savoie et tous ses états. C'est là où le concile de Bâle lui envoya des députés, entre lesquels était Frédéric, évêque de Bâle, pour lui annoncer cette nouvelle élection de sa personne; il l'accepta en se jetant à genoux et en pleurant, et choisit le nom de Félix V. Au lieu qu'il s'était laissé croître la barbe, qu'il avait résolu de ne point couper pendant sa solitude, il se fit d'abord raser, et il s'appliqua avec soin à apprendre les cérémonies de l'église et la manière de faire l'office divin.

Le 24 juin 1440, le pape Félix V fit son entrée à Bâle avec beaucoup de magnificence; il était accompagné de Philippe, comte de Genève, son fils, de Louis, marquis de Saluces, et d'un grand nombre de nobles et de chevaliers de Savoie et d'autres.

Le samedi 23 juillet 1440, Louis, duc de Savoie, fils aîné du pape, arriva aussi à Bâle avec un grand train; ses chevaux, avec ceux de son père, étaient au nombre de quatre mille, et le lendemain, dimanche 24 juillet, le pape fut couronné. Tous les comtes, barons et nobles des environs y assistèrent, et entre autres Jean de Fribourg, Guillaume de Hochberg, père de Rodolphe de Hochberg, qui fut comte de Neuchâtel, Jean, comte de Thierstein, etc. Il y eut environ cinq mille personnes qui assistèrent à ce couronnement. Ce nouveau pape étant monté sur une éminence avec deux mille ecclésiastiques et autres seigneurs, chanta la messe avec autant de facilité que s'il l'avait toujours pratiquée, quoiqu'il eût régné quarante ans sur ses états; ce qui fut admiré de tous les assistants. Louis, duc de Savoie, lui offrit un pain d'or, et Philippe, son puîné, un pain d'argent; Jean, comte de Thierstein, un tonneau d'or rempli de vin, et le marquis de Hochberg, un tonneau d'argent plein de vin. Le cardinal Louis de Ste-Susanne le couronna avec une triple couronne enrichie de pierres précieuses, estimée à 30,000 goulden. Chacun cria: *Vive le pape!* et il donna à tous les assistants une absolution plénière. Il créa vingt-trois cardinaux.

Le comte Jean de Fribourg, qui était gouverneur-général de Bourgogne, accorda au Grand Jacques, pour les bons services

1440

Conditions de cette légitimation.

qu'il en avait reçus, la légitimation de ses deux bâtards, Jacques et Jean, qui pourront lui succéder en son fief et hériter comme s'ils étaient sortis d'un loyal mariage, et acquérir d'autres fiefs, que si l'un d'eux meurt sans hoirs légitimes, les autres lui succéderont; mais lorsque les descendants de tous ces frères viendront à défaillir, tous leurs biens retourneront au comte de Neufchâtel. L'acte est daté du 14 juin 1440. Et le comte Jean y fit apposer le scel de sa courroie (V. l'an 1446).

Reprise d'une portion du fief de Kriegstetten.

Hennemann de Spiegelberg, avoyer de Soleure, fit une reprise d'une portion du fief de Kriegstetten qui lui avait été hypothéquée pour une somme d'argent (V. l'an 1429). Le comte Jean voulut bien l'en mettre en possession et lui accorder cette reprise pour lui et ses hoirs. L'acte est daté de l'an 1440.

Confirmation des franchises à la commune de la Sagne.

Jean d'Arberg, seigneur de Valangin, confirma aux habitants de la Sagne les franchises, libertés et coutumes à eux accordées par ses prédécesseurs, et ce à ceux tant seulement qui demeurent au dit lieu, et il jura par les saintes reliques de Dieu de les y maintenir. L'acte est daté du 20 novembre 1440.

Sous-inféodation à Perrin de Regnens par la femme de Jean Blayer.

Aimonette, fille d'Itel Trosberg, qui fut mariée à Jean Blayer, le jeune, de Bariscourt, demeurant à Valangin, vendit, l'an 1440, à Perrin de Regnens, donzel, écuyer, châtelain de Boudry, quarante sols blanche monnaie et deux muids de froment de rente annuelle à retirer à Boudevilliers, et ce pour la somme de cent florins d'or d'Allemagne. Le sceau du comte Jean est appendu à l'acte (V. l'an 1441).

Les habitants de la Sagne se rachètent d'un trop fait.

Des difficultés étant survenues entre Jean d'Arberg et les habitants de la Sagne au sujet de quelques trop faits, il les leur remet par un acte daté du 10 décembre 1440, moyennant la somme de 480 florins d'or, et 20 florins d'or pour les épingles. Le comte s'engage de faire arpenter leurs possessions, afin qu'ils en prêtent reconnaissance et en paient quatre deniers de cense par faulx.

1441

Le nouveau pape bénit les agnus Dei. Un présent d'une cloche.

Le nouveau pape Félix V, étant encore à Bâle le 22 avril 1441, y consacra dix mille *agnus Dei*; il porta lui-même la procession par les rues de la ville de Bâle; il donna au temple du Münster une cloche qui pesait soixante-et-dix quintaux.

Confirmation des franchises de Boudry.

Les bourgeois de Boudry, ayant demandé au comte Jean un acte de confirmation de leurs franchises, il le leur accorda. Il est daté du 4 avril 1441.

Accensement de Jean Blayer à des particuliers.

Noble Jean Blayer et Aimonette Trosberg, son épouse, accensèrent à des particuliers un pré à Chaumont, dont la cense se devait payer annuellement dans leur maison de Valangin. L'acte est du 26 avril 1441. On la paie encore aujourd'hui au fief Blayer.

Il tomba au mois de février 1442 une si prodigieuse quantité de neige, qu'on ne pouvait pas voyager ni à pied ni à cheval. Le foin devint si rare et si cher, que les paysans qui n'en pouvaient pas avoir, découvraient leurs toits de paille pour nourrir leurs bêtes; d'autres furent obligés de les assommer. Cependant l'année fut très abondante en vin et en grain.

L'empereur Frédéric III, ayant été couronné à Aix-la-Chapelle le 24 juin 1442, se rendit à Zurich, où il fit une alliance avec cette ville; de là il passa par Soleure et par Berne et alla à Fribourg; il reçut cette dernière sous la protection de l'empire. Il confirma à la ville de Berne ses franchises, et il avait déjà accordé la même chose à la ville de Soleure par un acte daté de Francfort du mardi après Kiliani. Les cantons de Lucerne, Schwyz, Unterwald, Zug et Glaris envoyèrent leurs députés à Fribourg pour demander la même faveur à ce monarque; mais ils ne purent rien obtenir. De Fribourg l'empereur alla à Besançon, où Philippe, duc et comte de Bourgogne, le reçut magnifiquement. Tous les vassaux du duc s'y trouvèrent. Louis de Châlons, prince d'Orange, et Jean son fils; Jean, comte de Fribourg et de Neuchâtel; Jean d'Arberg, seigneur de Valangin, et Albert de Valangin y allèrent aussi. L'empereur vint de Besançon à Bâle, où il s'entretint avec le pape Félix V. De là, après s'être rendu à Zurich par Constance, il se rendit à Lausanne le 17 novembre 1442.

Le 6 décembre il fit un froid très violent qui surpassa celui de 1407. Ce froid fit geler presque tous les ceps de vignes.

L'empereur, ayant mis une garnison dans Zurich, en vertu de l'alliance qu'il avait faite avec cette ville et de laquelle tous les autres cantons n'avaient pas pu la détourner, et Berne voyant que la guerre allait recommencer dans la Suisse, voulut se précautionner et se tenir sur ses gardes. A ces fins, cette ville écrivit une lettre, en date du 25 janvier 1443, au comte Jean de Fribourg, par laquelle LL. EE. se plaignaient à lui, qui était seigneur de Champlitte et maréchal de Bourgogne, de ce que le duc Philippe se proposait d'assister la maison d'Autriche contre les Suisses, sans qu'ils l'eussent aucunement désobligé, le priant d'avoir la Suisse en recommandation, et qu'il lui plût de tenir prêt le secours qu'il leur devait en vertu de leur alliance, et de le leur envoyer à la première sommation. Sur quoi le comte Jean, pour marque d'une sincère amitié, les avertit par Jean de Vaumarcus, un de ses conseillers, que quoiqu'il dût y avoir une assemblée entre le duc Philippe, le duc Albert d'Autriche et Guillaume de Hochberg, marquis de Rothelin, baillif d'Alsace, et en laquelle il devait aussi se rencontrer en

1443 qualité de vassal du comte de Bourgogne, cependant il demeurerait toujours dans leurs intérêts et qu'il n'entrerait dans aucun traité sans leurs ordres.

Accensements faits par Jean Blayer aux Maulmary.

Jean Blayer, le jeune, écuyer, demeurant à Valangin, avec Aimonette sa femme, accensèrent vingt-trois pièces de terres qui sont rière Dombresson et Savagnier, et ce suivant les bons us de Valangin, à Rolet et Richard Maulmary, frères, de Savagnier, et ce pour la cense annuelle de douze émines de froment et douze émines d'avoine, outre neuf florins d'or d'Allemagne de bon or et juste poids, délivrés d'entrage par les dits deux frères. L'acte est daté du 18 août 1443, passé à Dombresson et signé Henri Uldry, notaire, et scellé du sceau de Jean d'Arberg.

Tournois de Dijon.

Albert de Valangin assista à un tournois qui se tint en Bourgogne, à une lieue de Dijon, auprès d'un arbre appelé l'arbre de Charlemagne ou des Hermites, et proche le château de Couchey. Pierre de Boffremont, seigneur de Charny, avait fait convoquer ce tournois et publier que douze cavaliers avec lui, entre lesquels était le susdit Albert de Valangin, garderaient un pas, et que celui qui voudrait s'y trouver serait bien reçu. On fit pendre à cet arbre deux boucliers, l'un violet, semé de larmes noires, et l'autre noir, semé de larmes d'or, avec cet avertissement: que celui des cavaliers étrangers qui toucherait l'écu violet, serait obligé de se battre à pied, et celui qui toucherait l'écu noir, devait se battre à cheval, et celui qui toucherait les deux, à pied et à cheval. Pour l'ornement du lieu, Pierre de Boffremont fit couvrir d'une voûte de pierres de taille la Fontaine Charles, à la bordure de laquelle voûte il y avait en relief les armes, tant du seigneur de Charny, que des douze champions qui l'assistaient, entre lesquelles celles de Neuchâtel, que portait Albert de Valangin, tenaient le second rang. On y voyait encore ces armes à la fin du seizième siècle; mais cette voûte est depuis tombée en ruines. Ces douze champions combattirent tous ceux qui se présentèrent et gardèrent le susdit pas pendant l'espace de quarante jours.

Grand froid.
Neige en mai.
Été pluvieux.

Il fit un si grand froid au commencement de l'année 1443 que tous les lacs et rivières gelèrent, au point qu'on les pouvait passer avec des charriots chargés. Le 3 mai il tomba beaucoup de neige, qui fit bien du mal aux fruits de la terre. Pendant l'été il fit des pluies continuelles; on fit très peu de grain et de vin et mal conditionné.

www.ingramcontent.com/pod-product-compliance
Lightning Source LLC
Chambersburg PA
CBHW071711230426
43670CB00008B/979